기독교문서선교회 (Christian Literature Center: 약칭 CLC)는 1941년 영국 콜체스터에서 켄 아담스에 의해 시작되었으며 국제 본부는 미국 필라델피아에 있습니다. 국제 CLC는 약 650여 명의 선교사들이 59개 나라에서 180개의 서점을 운영하며 이동 도서 차량 40대를 이용하여 문서 보급에 힘쓰고 있으며 이메일 주문을 통해 130여 국으로 책을 공급하고 있는 국제적 문서선교 기관입니다.

임마누엘의 장군들

신국현 박사
서울부림교회 담임목사

만일 한 명의 신자(believer)를 포함한 인간 전체의 역사를 한마디의 말로 표현한다면 우리는 그것을 무엇이라고 말할 수 있을까?

아마도 우리는 이것을 '전쟁'이라는 말로 표현할 수 있을 것이다. 한 명의 신자의 삶도, 인간 전체의 역사도 결국은 선과 악의 전쟁, 가치관의 전쟁, 영역을 보존하고 확장하기 위한 전쟁, 생존을 위한 전쟁 등으로 점철되기 때문이다. 아마도 이 글을 읽는 독자들은 몇 페이지를 넘기지 않아 번연(John Bunyan)이 무엇을 말하고자 하는지 그 의도를 어렵지 않게 눈치챌 것이다.

『거룩한 전쟁』(The Holy War)에서 생생히 묘사하는 〈인간 영혼(Mansoul) 마을〉을 사이에 두고 벌어지는 샤다이왕(King Shaddai)의 왕국과 디아볼루스(Diabolus)와의 전쟁은 신자의 내면에서 벌어지는 치열한 영적 전쟁에 대한 아름다움과 비참함을 동시에 토해 낸다. 이것은 한 사람의 신자로서 번연이 먼저 겪은 신앙의 여정이면서 동시에 모든 신자의 여정이기도 하다.

앞서 번연은 『천로역정』(The Pilgrim's progress)이라는 유사한 흐름의 위대한 기독교 유산을 남긴 바 있다. 그러나 『천로역정』이 한 사람의 신자가 겪게 되는 죄와 회심, 기쁨과 환희에 초점이 맞추어져 있다면, 『거룩한 전쟁』은 한 사람의 내면의 치열한 영적 전쟁을 넘어 이 땅의 역사 속에서 실재하는 보편교회(Catholic Church)의 영적 전쟁을 상상하도록 만든다. 그러므로 『천로역정』을 읽고 본서 『거룩한 전쟁』을 읽으면 엄청난 성경 속의 보화를 발견하리라 확신한다.

수없이 무너지고 넘어지는 우리의 신앙 여정 속에서 이 책이 주는 위로는 다음과 같다.

첫째, 결국 우리 내면에서 겪고 있는 죄와의 싸움은 나 혼자만의 싸움이 아닌 교회공동체 전체의 싸움이다.
둘째, 디아볼루스(Diabolus)의 나라가 이 땅에서 잠시 잠깐은 승리한 듯 보이나 결국 그 모든 악한 권세는 때가 되면 샤다이의 아들 임마누엘(Immanuel)에 의해 결박되고 처참한 최후를 맞이하게 된다.
셋째, 이 책을 통해 우리가 사탄의 권세의 유혹과 겁박을 어떻게 이겨낼 수 있는지를 배우게 된다.

특별히 번연은 이 치열한 영적 전투의 현장성(現場性)에 대해 성경의 구절들을 근거로 들며 생생하게 표현함으로써 성경 텍스트가 우리의 인생에 던지는 메시지를 더욱 명확하게 이해하도록 하고, 더불어 우리가 하나님의 말씀을 거룩한 무기로 삼아 죄와 싸워 나갈 수 있도록 선한 도움을 준다.
사실 우리의 감각들은 늘 죄와 타협하여 우리의 입은 거짓과 아첨과 기만을 말하고, 우리의 귀는 유혹의 속삭임을 들으며, 우리의 눈과 코는 정욕을 담고, 우리의 촉각은 끊임없이 더 큰 즐거움과 쾌락을 요구한다. 결국, 우리의 감각들은 적극적으로 우리의 영혼을 사탄의 군사들에게 내어 주면서, 우리가 디아볼루스의 포로요, 그의 백성으로 살아가도록 한다.
이러한 현실은 당연히 신자들에게는 큰 두려움이 되는데, 디아볼루스의 군사들은 너무도 강인하고 빈틈이 없으며, 우리의 약점을 파고들기에 도무지 그들을 피하거나 이길 수 있는 길이 없어 보이기 때문이다. 책 한 페이지에서 샤다이 왕의 군사 보아너게가 말하는 바와 같이 "우리의 인생은 비참하고 반역하는 자들"일 수밖에 없다. 그러나 그 모든 전쟁은 그러한 비참한 상태로 끝이 나지 않는다.
이 위기의 현장에서 누가 우리를 구원해 주시는가?
바로 샤다이의 왕 임마누엘이 친히 그의 군사들을 이끌고, 디아볼루스의 군사들과 그 협력자들의 지위를 박탈하시고, 처절하게 심판하실 것이며, 그들에게 속아 죄의 노예가 되어 있던 그의 백성을 해방시키시고 구원해 주실 것이다.

사실 번연의 책은 진부하리만치 성경의 내용을 벗어나지 않기에 우리는 이 스토리에서 우리가 예상했던 큰 반전이나 예외성을 발견하지는 못할 것이다. 그럼에도 우리가 책장의 시작부터 마지막까지 우리의 모든 감각을 집중시킬 수밖에 없는 이유는 결국 디아볼루스 왕국과 샤다이 왕국의 전쟁이 오늘을 살아가는 우리의 전쟁이기 때문이며, 이 책을 통해 우리가 치르는 이 치열한 영적 전쟁의 전략과 답을 얻을 수 있기 때문이다.

부디 이 책을 읽는 모든 기독교 독자가 이 책을 통해 우리의 영적 허기를 채우고, 두려움을 극복하며, 그리스도의 사랑과 은혜를 확신할 수 있길 원한다. 더불어 이 모든 일을 그의 능력으로 이루어 가시는 임마누엘 예수 그리스도의 약속을 붙들고 오늘도 치열한 영적 전쟁에서 승리할 수 있길 원한다.

> 내가 속히 오리니 네가 가진 것을 굳게 잡아 아무도 네 면류관을 빼앗지 못하게 하라 (계 3:11).

추천사 2

최영한 목사
소명교회 담임, 상담심리학 박사과정

그리스도인으로서 어떤 책을 읽을까를 고민한다면 주저 없이 존 번연의 『거룩한 전쟁』을 읽으라고 권하고 싶다. 이 책은 그리스도인이 왜 경건 훈련을 해야 하고, 왜 신앙을 지켜야 하는지를 아주 명확하게 말해 준다.

존 번연은 이 책을 쓰기 위해 얼마나 성경을 읽었을까?

성경을 얼마나 읽으면 이런 글을 쓸 수 있는 걸까?

성경을 얼마나 읽어야 이런 영감과 영적 상상력이 나오는지 그에게 물어보고 싶다. 『거룩한 전쟁』을 읽는 내내 그의 성경 사랑과 탁월한 영성에 찬탄하며 경의를 표하지 않을 수 없다. 경외감마저 느껴진다.

성경 이야기를 어떻게 이렇게 박진감 넘치게 각색할 수 있을까?

성경 읽기가 어렵고 힘들다고 생각한다면 이 책을 읽으라!

성경이 지루하고 딱딱하고 재미없어 성경 읽기를 게을리하는 현대 그리스도인들에게 강력하게 추천하고 싶다. 이 책은 성경적 세계관과 영성 구축에 아주 탁월한 책이다. 왜냐하면, 이 책은 성경의 핵심인 복음을 우화 형식을 빌려 아주 쉽고 재미있게 잘 풀어 낸 복음의 정수이기 때문이다.

더 나아가서 존 번연의 『거룩한 전쟁』은 성경 이야기를 먼 나라 이야기나 신화쯤으로 인식하는 오늘의 그리스도인들에게 살아 있는 신앙을 불어넣어 준다. 영성을 잃어 가는 현대인들에게 경종을 울리며 관심도 흥미도 없는 보이지 않는 영적 세계(우리의 삶 속에 숨어 있는, 성경이 아니고서는 절대로 발견할 수 없는 영적 세계)를 잘 보여 준다.

그런 점에서 존 번연의 『거룩한 전쟁』은 당신의 영혼을 사탄의 손아귀에서 하나님께로 인도할 것이다. 사탄이 어떻게 우리의 영혼을 사로잡고 있으며 어떻게 조정하여 하나님을 대적하게 하는지 그 실체를 극명하게 보여 준다. 이 책을 읽는 순간 '거룩한 영적 전쟁'에 눈을 뜨게 되고 그때부터 영적 전쟁은 시작된다.

영적 전쟁에서 승리하고 싶은가?

그럼, 이 책을 읽으라!

이 책 안에 영적 전쟁 승리의 비결이 들어 있다. 존 번연의 『거룩한 전쟁』은 『천로역정』과 쌍벽을 이루는 책이다. 『천로역정』이 홍해를 건너서 가나안 땅을 찾아가는 인간 순례 여정 속에서 크리스천으로 거듭나 천국으로 가는 영적 순례의 길을 보여 준다면, 『거룩한 전쟁』은 그 순례길에서 인간이 죄와 씨름하며 겪는 영적 갈등과 고뇌를 다룬다. 번연은 인간 내면에서 벌어지는 영적 갈등을 〈거룩한 전쟁〉으로 묘사한다.

인간 심리 내면세계가 영적 전쟁터다!

그 전쟁터에서 디아볼루스가 진두지휘하는 군대와 샤다이왕의 왕자 임마누엘 장군이 거느린 군대가 〈인간 영혼 마을〉을 전쟁터로 삼고 한판 대결을 펼친다. 두 군대는 뺏고 뺏기는 치열한 공방전을 벌인다.

샤다이왕이 아끼는 아주 귀중한 〈인간 영혼 마을〉을 디아볼루스가 불신과 의심 장군을 앞세워 명철 경과 양심 서기관 그리고 자유의지 경을 설복시켜 자기 수하로 삼고 〈인간 영혼 마을〉을 정복한다. 그러자 샤다이왕은 〈인간 영혼 마을〉을 재탈환하기 위해 임마누엘 왕자와 상의하여 임마누엘 왕자를 총사령관으로 세워 다섯 장군과 함께 보낸다. 그 전투 과정에서 〈인간 영혼 마을〉이 어떻게 디아볼루스 군대의 손아귀에 넘어가는지, 임마누엘 왕자의 군대가 어떻게 재탈환하는지 그리고 빼앗긴 〈인간 영혼 마을〉을 디아볼루스가 어떻게 되찾으려 하는지 그의 교활하고 교묘한 꼼수와 계략이 잘 나타나 있다.

존 번연은 이 거룩한 영적 전쟁을 소개하며 거룩한 전쟁이 담고 있는 여러 메시지를 전달한다. 거룩한 전쟁이 무엇이고 왜, 어디서, 어떻게 일어나는지 보여 준다. 나아가 번연은 거룩한 전쟁의 승리비결을 말한다. 그것은 끝까지 여호와 경외 신앙을 잃지 않는 것이다.

　존 번연의 『천로역정』과 『거룩한 전쟁』을 읽고 성경을 읽는다면 성경 속 영적 세계가 눈앞에 선하게 펼쳐지리라 믿는다. 나아가 삼위 하나님이 누구시며 삼위 하나님이 어떤 일을 하시는지 알게 된다. 그리고 어둠의 세계와 그 어둠의 세계를 지배하는 악의 실체가 무엇인지 알게 된다. 우리가 사는 이 세상에 왜 악이 존재하고 그 악이 왜 사라지지 않는지를 이해하게 된다. 그리고 하나님이 그 악을 어떻게 다루시는지도 알게 된다.

　샤다이왕의 걸작 〈인간 영혼 마을〉을 놓고 벌이는 두 세력 간의 거룩한 (영적) 전쟁!

　이 거룩한 전쟁을 알 때 악이 지배하는 어둠의 세계에서 벗어나 생명의 선의 세계로 갈 수 있다.

　악의 대마왕, 디아볼루스 군대와 샤다이왕과 그의 아들 임마누엘 왕자의 군대가 벌이는 한 판 전쟁!

　어느 편에 서느냐가 운명을 결정한다!

C. S. 루이스(C. S. Lewis)
영국 옥스퍼드 막달렌 칼리지 영문학 교수, 기독교 변증가

기독교인이 되려고 정직하게 노력하는 사람은 곧 예리해진 그의 지성을 발견할 것이다. 기독교인 되기 위해 어떤 특별한 교육도 필요하지 않은 이유 가운데 하나는 기독교는 그 자체가 교육이기 때문이다. 이런 이유로 번연(Bunyan)과 같이 교육받지 못한 신자가 전 세계를 놀라게 하는 책을 쓸 수 있었다.

찰스 해돈 스펄전(Charles Haddon Spurgeon)
New Park Street Chapel 담임목사, 19세기 "설교의 황태자"

나는 존 번연을 내가 의미하는 것의 한 예로 인용하고 싶다.

> 존 번연의 작품 모두를 읽어라. 그러면 독자들은 그것이 성경 자체를 읽는 것과 거의 같다는 것을 알게 될 것이다.

그는 자기 영혼이 성경으로 흠뻑 젖을 때까지 성경을 읽었다. 또한, 매력적으로 그의 저술들이 시로 가득 차 있지만, 그가 우리에게 그의 『천로 역정』을 제공할 때마다 (모든 산문 시 가운데 가장 달콤한) 계속해서 우리에게 '어째서 이 사람이 살아 있는 성경인가'를 느끼게 하고, 말하게 한다. 그를 아무 데나 찔러 보라. 그의 혈통은 성경 혈통(Bibline)이다. 성경의 정수(精髓)가 그에게서 흘러나온다. 그는 말을 할 때면 반드시 성경 본문을 인용한다. 왜냐하면, 그의 영혼은 하나님의 말씀으로 가득 차 있기 때문이다. 나는 사랑하는 독자들에게 그가 보인 본을 추천한다.

길버트 키스 체스터턴(Gilbert Keith Chesterton)
영국의 그리스도교 변증가·언론인·비평가·작가

　두 번째 구금 기간 동안 그는 마침내 자신을 영국 불멸의 작가로 자리매김하게 한 작품인 『천로역정』을 저술했다. 그가 알레고리 유형의 이야기를 그 이전의 어떤 것에 빚지고 있는지에 대해 많은 논란이 있었다. 하지만, 이와 관련해서 언급된 모든 알레고리가 『허영의 시장』(Vanity Fair)과 다른 것만큼이나 『천로역정』과도 거의 다르다. 이 엘스토우(Elstow) 출신의 땜장이가 전보다 더 독창적인 작품을 만들어 낸 것이다.
　이것이 앞서 출판된 『넘치는 은혜』(Grace Abounding)와 후에 출판된 『거룩한 전쟁』을 완전히 하찮게 만든다고 말하는 것보다 이것에 대해 더 강하게 표현할 수 없다.

찰스 2세(Charles II)
대영 제국의 왕

　번연이 살던 시대의 가장 유명하고 존경받는 학문 지도자인 존 오웬(John Owen)이 한번은 번연의 설교를 들으러 갔다고 했다. 그 소식을 듣고 나는 학식이 풍부한 이 신학 박사에게 그처럼 철저하게 교육받은 누군가가 단순한 땜장이가 설교하는 것을 듣고 싶어 하는 이유를 물었다.
　오웬은 다음과 같이 답했다.
　　폐하, 황송한 말씀이오나, 만약 제가 사람들의 마음을 사로잡는 이 땜장이의 능력을 소유할 수 있다면, 저는 기꺼이 나의 모든 학문을 대가로 줄 것입니다.

거룩한 전쟁

이 세상 도시를 회복하기 위해 샤다이왕이
디아볼루스에 대항해서 벌이는 전쟁

The Holy War
Updated Edition Copyright © 2016
First Edition Published in 1682
Written by John Bunyan
Edited by Paul Miller
Translated by Jin Woon Kim

Copyright ⓒ 2016 by John Bunyan
Originally published in English under the title
The Holy War – John Bunyan
by Aneko Press Life Sentence Publishing, Inc.
203 E. Birch Street P.O. Box 652
Abbotsford, WI 54405
Translated and printed by permission of Aneko Press
All rights reserved.
This Korean Edition Copyright © 2024 by Christian Literature Center, Seoul, Korea.

거룩한 전쟁

이 세상 도시를 회복하기 위해 샤다이왕이
디아볼루스에 대항해서 벌이는 전쟁

2024년 12월 25일 초판 발행

지 은 이 | 존 번연
옮 긴 이 | 김진운

편   집 | 추미현
디 자 인 | 서민정, 소신애
펴 낸 곳 | (사)기독교문서선교회
등   록 | 제16-25호(1980.1.18.)
주   소 | 서울특별시 동대문구 천호대로71길 39
전   화 | 02-586-8761~3(본사) 031-942-8761(영업부)
팩   스 | 02-523-0131(본사) 031-942-8763(영업부)
이 메 일 | clckor@gmail.com
홈페이지 | www.clcbook.com
송금계좌 | 기업은행 073-000308-04-020 (사)기독교문서선교회
일련번호 | 2024-123

ISBN 978-89-341-2768-0 (03230)

이 한국어판 저작권은 Aneko Press Life Sentence Publishing, Inc.(와) 독점 계약한 (사)기독교문서선교회가 소유합니다. 신저작권법에 의하여 한국 내에서 보호를 받는 저작물이므로 무단 전재와 무단 복제를 금합니다.

거룩한 전쟁
The Holy War

존 번연 지음
김진운 옮김

CLC

⇾ 차례 ⇽

추천사 1 **신국현 박사** | 서울부림교회 담임목사	*1*
추천사 2 **최영한 목사** | 소명교회 담임, 상담심리학 박사과정	*4*
추천사 3 **C. S. 루이스** | 기독교 변증가	*7*
찰스 해돈 스펄전 | 19세기 "설교의 황태자"	*7*
길버트 키스 체스터턴 | 영국의 그리스도교 변증가	*8*
찰스 2세 | 대영 제국의 왕	*8*

『거룩한 전쟁』 개관 … *16*

서문 … *32*

독자에게 … *34*

등장인물 소개 … *43*

제1부
〈인간 영혼 마을〉의 기원

제1장	〈인간 영혼 마을〉의 기원	61
제2장	〈인간 영혼 마을〉의 타락	74
제3장	노예가 된 〈인간 영혼 마을〉	80
제4장	왕의 자비 메시지	96
제5장	샤다이왕이 군대를 파병하다	113
제6장	왕의 제안	122
제7장	〈인간 영혼 마을〉의 겨울	140
제8장	디아볼루스가 타협을 제시하다	155
제9장	오시는 임마누엘	172
제10장	확고한 임마누엘 왕자	193
제11장	디아볼루스와 맞서는 임마누엘 왕자	201
제12장	임마누엘의 승리	211
제13장	감옥에서의 탄원	226
제14장	석방된 죄수들	242
제15장	〈인간 영혼 마을〉에 입성하는 임마누엘 왕자	254
제16장	〈인간 영혼 마을〉이 새로워지다	267
제17장	디아볼루스를 심판하다	272
제18장	새로워진 〈인간 영혼 마을〉	304
제19장	육신의 안락에 의해 기만 당하다	330

제2부
〈인간 영혼 마을〉의 전쟁과 평화

제20장 하나님을 경외함 씨가 큰 소리로 말하다 338

제21장 디아볼루스의 계획 351

제22장 전쟁을 준비하는 디아볼루스 추종자들 377

제23장 준비하는 〈인간 영혼 마을〉 386

제24장 북소리와 기만 395

제25장 〈인간 영혼 마을〉에 대한 공격 411

제26장 임마누엘 왕자에게 탄원하다 429

제27장 성을 탈환하려는 계획 446

제28장 평원에서의 전투 454

제29장 임마누엘 왕자가 〈인간 영혼 마을〉을 회복하다 463

제30장 최후의 공격 470

제31장 심판의 날 488

제32장 임마누엘 왕자의 메시지 502

부록 존 번연의 생애 514

"나는 비유를 사용했다."

내가 여러 선지자에게 말하였고
이상을 많이 보였으며
선지자들을 통하여
비유를 베풀었노라(호 12:10).

〈인간 영혼 마을〉과 디아볼루스의 전쟁

『거룩한 전쟁』 개관

김 진 운 원장
써니스 잉글리쉬 클래스 영어학원 대표
합동신학대학원대학교 조직신학 박사과정

1. 서론

존 번연(John Bunyan, 1628-1688)은 영국의 청교도 작가로서 그의 가장 유명한 작품인 『천로역정』을 통해 많은 독자에게 널리 알려져 있다. 하지만, 번연의 또 다른 중요한 작품인 『거룩한 전쟁』은 종종 그중요성이 간과되곤 한다. 그의 불후의 명작인 『천로역정』이 없었다면 『거룩한 전쟁』이 우화(allegory, 풍유) 형식으로 그가 저술한 가장 뛰어난 작품이 되었을 것이다.*

『거룩한 전쟁』은 샤다이왕과 그의 아들 임마누엘 왕자가 디아볼루스를 상대로 벌인 성스러운 전쟁, 〈인간 영혼 마을〉을 되찾기 위한 전쟁, 즉 〈인간 영혼 마을〉의 패배와 재탈환을 그린 존 번연의 소설이다. 우화(알레고리) 형식으로 쓰인 이 소설은 인간의 영혼 안에 벌어지는 치열한 영적 전쟁을 구속의 드라마를 배경으로 그려 내고 있다.

〈인간 영혼 마을〉은 완전하신 샤다이(전능자)의 형상을 지니고 있지만, 디아볼루스의 속임수에 넘어가 그의 은혜로운 통치를 버리고 타락하여 대신 디아

✝ David Madsen, *Weaver of Allegory: John Bunyan's Use of the Medieval Theme of Vice and Virtue as Devotional Writer and Social Critic in The Holy War*, 5.

볼루스를 섬기게 된다. 인간 영혼은 샤다이왕의 왕권과 통치를 거부했지만, 전능하신 샤다이왕은 그의 아들 임마누엘을 보내 왕권을 되찾아오게 한다. 전체 이야기는 구속의 파노라마와 맞물려 타락의 과정, 회심, 임마누엘과의 교제, 더 많은 복잡한 교리를 생생하게 묘사하는 기독교 문학의 걸작이다.

2. 줄거리

『거룩한 전쟁』은 기독교적 비유와 상징으로 가득 찬 알레고리 소설로, 인간의 영혼을 상징하는 도시 〈인간 영혼(Mansoul) 마을〉에서 벌어지는 영적인 전쟁을 중심으로 이야기가 전개된다. 이 작품은 번연의 대표작인 『천로역정』과 마찬가지로 기독교 신앙의 개념들을 상징적인 사건과 등장인물로 표현하며 죄와 구속, 믿음과 회복의 과정을 다룬다.

이야기는 하늘의 왕이자 창조주이신 샤다이왕과 그의 아들 임마누엘 왕자가 세우신 〈인간 영혼 마을〉이라는 아름다운 도시를 중심으로 시작된다. 〈인간 영혼 마을〉은 완벽하게 설계되고 창조되었으며, 임마누엘 왕의 통치 하에 평화와 기쁨을 누리고 있었다. 이 도시는 인간의 영혼을 상징하고, 성벽과 탑 그리고 성문은 각기 다른 영적 요소를 상징한다. 특히, 도시에는 눈 문(Eye-gate), 귀 문(Ear-gate), 입 문(Mouth-gate), 코 문(Nose-gate), 감각 문(Feel-gate)이라는 다섯 개의 성문이 있는데, 이는 인간의 다섯 가지 감각(눈, 귀, 입, 코, 손)을 상징한다. 이 성문들은 외부의 영향으로부터 도시를 지키거나 열어 주는 중요한 요소이다.

하지만, 〈인간 영혼 마을〉의 평화로운 시절은 오래가지 않는다. 하늘에서 쫓겨난 타락한 천사이자 악마인 사탄, 즉 디아볼루스가 임마누엘 왕에 대한 반역을 계획하며, 〈인간 영혼 마을〉을 점령하려고 한다. 디아볼루스는 교활한 전략을 사용하여 〈인간 영혼 마을〉의 지도자들과 주민들을 속이고 그들의 신뢰를 얻어, 도시의 통제권을 장악한다. 디아볼루스는 〈인간 영혼 마을〉의 방어 체계를 무너뜨리고, 도시의 주민들을 죄와 거짓 속으로 몰아넣는다.

디아볼루스는 〈인간 영혼 마을〉의 성문을 공격하기 위해 먼저 주민들의 마음과 생각을 혼란에 빠뜨린다. 그는 〈인간 영혼 마을〉의 다섯 감각 중 귀 문과 눈 문을 통해 그들을 유혹하고 속임수를 사용하여 침투한다. 〈인간 영혼 마을〉 주민들은 점차 임마누엘 왕자의 법과 명령을 무시하기 시작하고, 디아볼루스의 거짓말에 넘어가며 그의 지배를 받아들인다. 이로 인해 〈인간 영혼 마을〉은 죄와 어둠에 빠지게 되고, 임마누엘 왕의 다스림을 잃어버리게 된다.

디아볼루스는 자신을 〈인간 영혼 마을〉의 새로운 통치자로 세우고, 도시를 그의 추종자들로 가득 채운다. 이로 인해 도시의 내적 삶은 파괴되고, 주민들은 점점 더 타락해 간다. 디아볼루스는 〈인간 영혼 마을〉을 임마누엘 왕자와 철저히 단절시키려 하며, 도시를 자신의 완전한 통치 아래에 두고자 한다.

하지만, 임마누엘 왕자는 〈인간 영혼 마을〉을 포기하지 않는다. 왕자는 〈인간 영혼 마을〉을 다시 구원하기 위한 구속 계획을 세우고, 자신의 군대를 이끌고 〈인간 영혼 마을〉을 탈환하려 한다. 이때 등장하는 주요 인물은 보아너게 장군, 확신 장군, 심판 장군, 집행 장군과 그들의 부하들이다. 이들은 〈인간 영혼 마을〉로 가서 디아볼루스에 맞서 싸우고, 〈인간 영혼 마을〉 주민들에게 회개의 메시지를 전한다. 하지만, 〈인간 영혼 마을〉 주민들은 이미 디아볼루스의 거짓말에 깊이 빠져있어서 쉽게 회개하지 않는다.

임마누엘 왕자는 계속해서 〈인간 영혼 마을〉 주민들을 회복시키기 위해 노력하며, 그의 군대는 도시의 성문들을 공격한다. 〈인간 영혼 마을〉 사람들은 처음에는 저항하지만, 점차 임마누엘 왕자의 사랑과 은혜를 깨닫기 시작한다. 결국, 왕자는 〈인간 영혼 마을〉로 들어가게 되고, 도시를 회복시키며 그곳에서 다시 왕으로서 다스리기 시작한다.

디아볼루스는 패배하고 쫓겨나지만, 완전히 제거되지 않고 계속해서 〈인간 영혼 마을〉을 되찾기 위한 음모를 꾸민다. 임마누엘 왕자가 〈인간 영혼 마을〉을 다시 차지한 후, 도시의 주민들은 회개하고 임마누엘 왕자의 법을 따르기로 다짐한다. 도시 안에서는 다시 평화와 기쁨이 회복되고, 임마누엘 왕자의 통치 아래에서 새로운 삶을 살아가게 된다.

하지만, 디아볼루스와 그의 하수인들은 완전히 사라지지 않았고, 여전히 〈인간 영혼 마을〉을 공격하기 위한 기회를 엿보고 있다. 이로 인해 〈인간 영혼 마을〉은 계속해서 영적인 전쟁 속에 놓이게 되고, 임마누엘 왕자와 그 군대의 도움 없이는 살아남을 수 없는 상황이 된다. 〈인간 영혼 마을〉 주민들은 지속적으로 믿음과 순종을 유지해야 하며, 디아볼루스의 거짓과 유혹에 맞서 싸워야 한다. 임마누엘 왕자는 이들을 도우며, 〈인간 영혼 마을〉을 완전히 구속할 때까지 그들을 보호하고 이끄신다.

3. 신학적 특징(칼빈주의)

『거룩한 전쟁』은 인간 영혼의 구속 과정과 신앙의 투쟁을 상징적으로 묘사한다. 〈인간 영혼 마을〉은 하나님과의 관계를 상징하는 도시이며, 디아볼루스는 사탄을 상징하며 인간을 죄와 타락에 빠지게 한다. 임마누엘 왕자는 예수 그리스도를 상징하며, 그가 〈인간 영혼 마을〉을 다시 회복시키는 과정은 구속의 역사를 나타낸다. 이 작품은 독자들에게 신앙생활에서 직면하는 영적 전쟁의 현실과 하나님의 은혜와 사랑을 통한 구원의 과정을 깊이 묵상하게 한다. 작품 전반에 걸쳐 번연은 기독교 신앙의 핵심 교리와 개념을 상징적이고 생동감 있게 전달하며, 인간의 영적 상태와 구원의 필요성을 강조한다.

『거룩한 전쟁』은 하나님의 절대 주권, 인간의 전적 타락, 제한 속죄, 무조건적인 선택 그리고 성도의 견인과 같은 교리가 드러나 있다. 이러한 교리들은 개혁주의 신학 전반에 걸쳐 중요한 위치를 차지하며, 번연의 『거룩한 전쟁』에서도 중심적인 역할을 한다. 번연은 칼빈주의 신학의 맥락에서 신앙의 여정과 영적 전쟁을 서술하며, 하나님의 주권적 은혜와 인간의 타락, 구속의 필요성에 대해 깊이 묵상하게 한다.

첫째, 『거룩한 전쟁』에서 인간 영혼의 타락은 칼빈주의의 교리 중 전적 타락(Total Depravity)의 교리와 깊이 연결된다. 〈인간 영혼 마을〉은 창조 당시 완벽하고 아름답게 설계된 도시였으나, 디아볼루스(Diabolus, 사탄을 상징)가 유혹하고 그의 통치 아래 들어가면서 타락하게 된다. 번연은 인간 영혼의 본성이 본질적으로 부패하고, 하나님의 은혜가 없이는 결코 자신을 구원할 수 없다는 개혁주의의 관점을 명확히 드러낸다.

인간은 스스로 구원에 이를 수 없으며, 디아볼루스의 지배 아래에 있는 인간 영혼은 그리스도의 구속 없이는 회복될 수 없는 상태에 놓인다. 디아볼루스는 〈인간 영혼 마을〉의 다섯 감각(문) 중 "귀 문"과 "눈 문"을 통해 〈인간 영혼 마을〉에 침투한다. 이 장면은 칼빈주의가 강조하는 원죄와 인간 본성의 부패함을 상징적으로 보여 준다. 인간은 감각과 마음을 통해 죄에 노출되고, 죄로 인해 하나님과의 관계가 단절된다. 번연은 이러한 타락을 통해 인간의 전적인 무능력함을 강조하며, 인간은 오직 하나님의 주권적인 은혜로만 구원받을 수 있음을 드러낸다.

둘째, 무조건적 선택(Unconditional Election) 교리가 『거룩한 전쟁』에서 명확하게 드러난다. 임마누엘 왕자(Emmanuel, 예수 그리스도를 상징)는 〈인간 영혼 마을〉을 자신의 백성으로 선택하고, 그들이 타락했음에도 그들을 구속하려 한다. 이는 하나님께서 자신의 택한 백성을 사랑하시고 구원하시기로 미리 결정하신 선택 교리와 부합한다.[*]

임마누엘 왕자는 〈인간 영혼 마을〉 주민들의 선한 행동이나 그들의 능력에 의존하지 않고, 자신의 주권적인 은혜로 그들을 구속한다. 이 점은 칼빈주의의 교리인 하나님의 주권적 은혜와 일치한다. 구원은 인간의 자격이나 노력에 달려 있지 않으며, 오직 하나님의 은혜에 의한 것이다. 번연은 임마누엘 왕자가 〈인간 영혼 마을〉을 회복시키기 위해 기꺼이 전쟁을 감행하는 과정을 통해 구속이 하나님의 주권적이고 능동적인 행위임을 강조한다.

셋째, 칼빈주의의 제한된 속죄(Limited Atonement) 교리는 구원이 모든 사람에게 제공되는 것이 아니라, 하나님이 미리 선택하신 자들에게만 주어진다는 교리다. 『거룩한 전쟁』에서 임마누엘 왕자의 구속 사역은 〈인간 영혼 마을〉 전체를 대상으로 하지만, 이 구속은 궁극적으로 임마누엘이 선택한 백성에게만 적용된다.

〈인간 영혼 마을〉 주민들은 회개의 메시지를 받아들이고 임마누엘 왕의 은혜를 누리지만, 이 구원은 오직 그들이 임마누엘의 통치를 받아들이고 회개할 때만 적용된다. 이와 같은 제한적 속죄 개념은 번연의 신학적 틀 속에서 〈인간 영혼 마을〉의 구속 과정에 반영되어 있다. 인간은 스스로 선택할 수 있는 능력이 없으며, 하나님의 은혜에 의해 선택된 자들만이 구원의 은혜를 받는다. 번연은 임마누엘의 주권적인 구원을 통해 이 교리를 강조

[✝] *The Cambridge companion to Bunyan*, edited by Anne Dunan-Page, 6.

하고 있다.

넷째, 성도의 견인과 성도의 지속적인 영적 전쟁에 관해 많은 것을 시사해 준다. 『거룩한 전쟁』의 마지막 부분에서는 디아볼루스가 완전히 사라지지 않고, 계속해서 〈인간 영혼 마을〉을 되찾으려 시도하는 장면이 등장한다. 이는 칼빈주의 교리 중 성도의 견인(Perseverance of the Saints)과 관련이 있다. 구원받은 자들은 여전히 영적 전쟁 속에서 싸워야 하며, 성령의 도움 없이는 끝까지 신앙을 지킬 수 없다. 그러나 하나님은 그들의 구원을 완성하기까지 끝까지 지키신다.

번연은 〈인간 영혼 마을〉이 구원받은 후에도 디아볼루스의 유혹과 공격에 직면하지만, 임마누엘 왕자의 보호와 지배 아래 계속해서 신앙을 유지할 수 있음을 보여 준다. 성도의 견인은 인간의 힘이 아니라 하나님의 은혜에 의해 유지된다.

존 번연의 『거룩한 전쟁』은 칼빈주의와 개혁주의 신학의 교리들을 상징적이고 구체적으로 묘사한 작품이다. 인간의 타락한 본성, 하나님의 주권적인 선택과 구속 그리고 성도의 견인이라는 칼빈주의 교리들은 이 작품의 구조와 주제 속에서 일관되게 드러난다. 번연은 이 작품을 통해 하나님의 구원 계획과 인간의 영적 전쟁을 다루며, 칼빈주의 신학의 핵심을 문학적 형식을 통해 전달한다.

이 책은 단순한 종교적 알레고리 소설을 넘어서, 신학적 깊이를 가진 작품으로써 칼빈주의의 중요한 교리들을 반영하고 있다. 번연의 작품은 독자들에게 인간의 죄성과 하나님의 은혜 그리고 구원의 여정에서의 지속적인 싸움에 대해 깊이 성찰하게 하는 중요한 문학적 기여를 한다.

4. 존 번연의 『거룩한 전쟁』에서 나타난 의의 전가 교리

존 번연의 『거룩한 전쟁』은 신학적 알레고리로서 인간의 타락, 구속, 회복을 상징적으로 묘사한 작품이다. 번연은 기독교 신앙의 중요한 교리들을 상징적 사건과 인물들을 통해 전달하며, 그중에서도 의의 전가(義의 전가, Imputation of Righteousness) 교리는 중심적인 위치를 차지한다. 의의 전가 교리는 개혁

주의 신학과 칼빈주의 신학에서 핵심적인 구원론의 요소로, 죄인이 그리스도의 의를 덧입어 하나님의 앞에서 의롭다고 여겨지는 과정을 의미한다.

의의 전가(Imputation of Righteousness) 교리는 칼빈주의와 개혁주의 신학에서 중요한 위치를 차지하는 개념이다. 이 교리에 따르면, 인간은 스스로 의를 성취할 수 없는 전적으로 타락한 존재로, 오직 예수 그리스도의 의만이 그를 하나님 앞에서 의롭다고 인정받을 수 있게 한다.

의의 전가는 이중적인 과정을 포함한다.

첫째, 인간의 죄가 그리스도에게 전가되는 것
둘째, 그리스도의 의가 인간에게 전가되는 것

이를 통해 죄인은 하나님 앞에서 의롭다 여겨지며, 이는 인간의 공로가 아니라, 전적으로 그리스도의 공로와 은혜에 의한 것이다.

의의 전가는 종교개혁 시기에 마르틴 루터(Martin Luther)와 존 칼빈(John Calvin)에 의해 재발견되고 강조되었으며, 구원의 과정에서 중요한 역할을 한다. 이 교리는 인간의 타락과 구속에 대한 성경적 이해를 기반으로 하며, 칭의(Justification) 교리와 깊이 연관되어 있다. 하나님은 그리스도의 공로를 인간에게 전가하심으로써 인간을 의롭다고 선언하신다. 이 교리는 번연의 『거룩한 전쟁』에서도 중요한 주제로 등장한다.

번연의 『거룩한 전쟁』에서 〈인간 영혼 마을〉은 인간 영혼을 상징하며, 〈인간 영혼 마을〉의 타락은 인간이 죄로 인해 하나님과 단절된 상태를 나타낸다. 〈인간 영혼 마을〉은 디아볼루스의 속임수로 인해 타락하게 되고, 그 결과 하나님의 거룩한 통치에서 벗어나 죄와 악의 지배를 받게 된다. 이 상태는 칼빈주의 신학에서 말하는 인간의 전적 타락(Total Depravity)과 일치한다. 인간은 스스로 의롭게 될 수 없으며, 하나님과의 관계를 회복하기 위해서는 외부로부터 의가 전가되어야 한다.

이때 〈인간 영혼 마을〉은 스스로의 노력으로 의를 얻을 수 없으며, 외부로부터 주어지는 구속적 은혜가 필요하다. 이는 의의 전가 교리의 필요성을 상징적으로 보여 준다. 〈인간 영혼 마을〉이 타락한 후, 디아볼루스의 지배 아래에서는 어떠한 의도 생산되지 않으며, 오직 죄만이 남는다. 이러한 상태에서 〈인간 영혼 마을〉은 임마누엘의 구원과 의의 전가 없이는 회복될 수 없는 상태에 놓인다.

〈인간 영혼 마을〉을 회복하기 위한 임마누엘 왕자의 구원 사역은 의의 전가 교리의 구현이다. 임마누엘은 〈인간 영혼 마을〉의 타락한 상태를 바로잡기 위해 자신의 의를 그들에게 전가하는 역할을 한다. 이는 임마누엘이 〈인간 영혼 마을〉을 구속하려고 그들에게 다가가고, 그들의 죄를 감당하는 과정에서 구체적으로 나타난다. 〈인간 영혼 마을〉 주민들은 스스로 의롭게 될 수 없으며, 오직 임마누엘 왕이 그들에게 자신의 의를 전가함으로써 그들이 다시 하나님의 백성으로 인정받을 수 있다.

이 책에서 임마누엘은 먼저 〈인간 영혼 마을〉을 위해 전쟁을 벌이고, 그들의 죄로 인해 생긴 결과를 감당한다. 이는 그리스도의 대속적 사역을 상징하며, 예수 그리스도가 죄인의 죄를 대신 짊어지고 십자가에서 죽으심으로써 그들에게 의를 전가하는 구속의 과정을 알레고리로 표현한 것이다. 임마누엘의 이 사역을 통해 〈인간 영혼 마을〉은 죄의 지배에서 벗어나 하나님의 의롭다 하심을 입게 된다.

> 이런 방법으로 나는 〈인간 영혼 마을〉 사람들이 저질렀던 죄악을 대속했고 나의 아버지는 나의 희생을 받으셨다. 약속한 때가 왔을 때 나는 몸에는 몸, 영에는 영, 생명에는 생명, 피에는 피를 주었다. 따라서 나는 나의 사랑하는 〈인간 영혼 마을〉을 구속했다. … 나는 이 일을 마음 내키지 않거나 불완전하게 한 것이 아니라 온 마음을 다했다. 아버지의 율법과 공의에 관한 한 임박한 결과에 대해서는 율법과 공의가 충족되었고 아버지는 〈인간 영혼 마을〉이 구원받아야 하는 것에 동의하셨다.[*]

번연의 『거룩한 전쟁』에서 〈인간 영혼 마을〉의 회복 과정은 칭의(Justification)와 의의 전가 교리와 밀접한 연관이 있다. 칭의는 의의 전가의 결과로, 하나님께서 죄인을 의롭다고 선언하시는 과정이다. 〈인간 영혼 마을〉이 임마누엘 왕을 통해 구속되고 나서 그들은 의롭게 여겨지며, 다시 하나님과의 관계가 회복된다.

✢ John Bunyan, *The Holy War*, 166-167.

번연은 다음과 같이 언급한다.

> 그리고 왕자는 그들에게 일곱 개의 인으로 봉인된 서면 양피지를 주었다. 이 안에는 대 사면장이 포함되어 있었다. 왕자는 다음 날 해가 뜨면 마을 전체가 들을 수 있도록 시장 경, 자유의지 경 그리고 양심 서기관에게 대사면을 선포하라고 명령했다. 게다가 왕자는 죄수들에게 상복을 벗기고 재대신 기쁨으로 띠를 띠우게 했다. 기쁨의 기름이 상복을 대체했고 찬송의 옷이 무거운 심령을 대체했다.
>
> 주께서 나의 슬픔이 변하여 내게 춤이 되게 하시며 나의 베옷을 벗기고 기쁨으로 띠 띠우셨나이다. 이는 잠잠하지 아니하고 내 영광으로 주를 찬송하게 하심이니 여호와 나의 하나님이여 내가 주께 영원히 감사하리이다(시 30:11-12).
>
> 그는 세 사람에게 금과 보석을 주고 머리에 묶은 밧줄을 제거했다. 밧줄 대신에 그는 그들 목에 금 사슬과 귀에는 귀걸이를 걸어 주었다. 죄수들은 임마누엘 왕자의 은혜로운 말과 자신들에게 행해진 모든 것에 거의 기절할 지경이었다. 왜냐하면, 이런 은혜와 유익 그리고 갑작스럽고 영광스러운 사면이 너무 엄청난 일이어서 그들은 비틀거리지 않고는 도저히 그 모든 것을 받아들일 수 없었기 때문이다.[*]

〈인간 영혼 마을〉은 용서를 받았고 죄인들은 애통의 옷을 벗고 찬양의 옷을 입게 되었다. 그들은 죄의 용서를 받았을 뿐만 아니라 그리스도의 의가 그들에게 전가된 것이다. 이는 개혁주의 신학에서 의의 전가 교리가 구원의 핵심적인 요소로서 작용하는 방식과 일치한다. 〈인간 영혼 마을〉 주민들이 임마누엘 왕을 받아들이고 회개하는 장면은 인간이 믿음으로 그리스도의 의를 받아들이는 과정을 상징한다. 번연은 이를 통해 의의 전가가 단순히 하나의 교리가 아니라, 실제로 인간 구원의 과정에서 필수적인 역할을 한다는 점을 강조한다. 인간은 자신의 의로는 하나님 앞에서 설 수 없으며, 오직 그리스도의 의가 전가될 때 비로소 의롭다 여겨지고, 구원의 완성을 이룰 수 있다.

✢ Ibid., 224.

의의 전가는 단순히 구원의 출발점일 뿐만 아니라, 성도의 견인과도 밀접한 관련이 있다. 『거룩한 전쟁』에서 〈인간 영혼 마을〉이 구속된 후에도 디아볼루스의 공격이 계속되는 장면은 구원받은 성도가 여전히 영적 전쟁 속에서 살아가야 함을 상징한다. 하지만, 번연은 〈인간 영혼 마을〉 주민들이 임마누엘 왕의 의를 덧입고 있다는 사실이 그들이 끝까지 구원을 유지할 수 있는 근거가 됨을 보여 준다. 성도의 견인은 의의 전가 교리와 연계되어 이해될 수 있다. 한 번 의롭다 여겨진 성도는 그리스도의 의를 계속 덧입고 있으며, 이는 그들의 구원이 끝까지 보존될 수 있도록 돕는다.

번연은 〈인간 영혼 마을〉이 디아볼루스의 공격을 받을 때마다 임마누엘 왕의 보호를 통해 그들이 무너지지 않고 끝까지 견디게 되는 과정을 묘사하며, 의의 전가가 단순한 법적 선언에 그치지 않고, 신자의 삶 속에서 지속적으로 작용하는 힘임을 강조한다.

존 번연의 『거룩한 전쟁』은 의의 전가 교리가 어떻게 기독교 신앙의 핵심 요소로 작용하는지를 상징적으로 잘 보여 준다. 〈인간 영혼 마을〉의 타락과 구속, 회복의 과정은 의의 전가를 통해서만 가능하며, 이 교리는 인간이 스스로 의롭게 될 수 없다는 개혁주의 신학의 핵심 진리를 반영한다. 번연은 그리스도의 의가 인간에게 전가됨으로써 죄인이 의롭다 여겨지고, 구원이 완성될 수 있음을 작품 전반에 걸쳐 강조한다.

이는 의의 전가 교리가 단순한 교리적 선언을 넘어서, 신앙의 실천적 중요성을 지닌다는 사실을 상기시킨다. 따라서 번연의 『거룩한 전쟁』은 의의 전가 교리가 신자들의 영적 전쟁 속에서 어떻게 그들을 구원하고 보호하는지를 문학적 알레고리로 생생하게 전달하며, 신학적 깊이를 제공하는 중요한 작품이라 할 수 있다.

5. 문학사적 의의

존 번연의 『거룩한 전쟁』은 문학사적으로 중요한 작품으로 평가받는다. 이 책은 17세기 영문학에서 종교적 상징주의와 우화 문학의 발전에 기여했으며, 기독교 문학의 흐름 속에서 신학적 주제를 예술적으로 풀어낸 독특한 작품이다. 『거룩한 전쟁』의 문학사적 의의는 다음과 같은 몇 가지 측면에서 논의될 수 있다.

첫째, 기독교 우화 문학의 대표적인 작품이다.

『거룩한 전쟁』은 기독교 우화 문학(Christian allegory)의 전통에서 중요한 작품으로 꼽힌다. 번연은 인간 영혼의 구원 과정을 비유적이고 상징적으로 묘사하여, 그 당시 독자들이 쉽게 이해할 수 있는 방식으로 신학적 개념을 전달한다. 기독교 우화는 복잡한 신학적 개념을 대중에게 전달하기 위한 수단으로 사용되었는데, 번연의 작품은 이러한 장르의 성공적인 예로 남아 있다. 특히, 의인화된 등장인물과 상징적인 도시, 〈인간 영혼 마을〉은 독자들이 추상적인 신학적 개념을 구체적으로 이해할 수 있도록 돕는다. "디아볼루스"는 사탄을, "임마누엘"은 예수 그리스도를 상징하는 등 번연은 기독교 신앙의 핵심적인 진리들을 상징적 인물과 사건을 통해 표현한다. 이러한 비유적 서술 방식은 이후에 등장한 기독교 우화와 상징주의 문학에 큰 영향을 미쳤다.

둘째, 이 작품에는 존 번연의 독창적인 서사 기법이 등장한다.

번연의 서사 기법은 단순히 신학적 교리를 나열하는 데 그치지 않고, 서사적 긴장감과 극적인 사건 전개를 통해 독자의 흥미를 유지한다. 번연은 단순한 교훈적 이야기를 넘어서, 〈인간 영혼 마을〉의 전쟁을 통해 강렬한 서사적 긴장을 창출한다. 이러한 기법은 독자들에게 신앙적 교훈을 전달하는 동시에, 흥미진진한 이야기를 읽는 재미를 제공했다. 전쟁의 전략, 전투 장면 그리고 다양한 갈등 요소는 이 책을 단순한 설교문이 아닌 문학작품으로서 성공하게 만든 요소이다.

셋째, 종교적 상징주의의 발전을 들 수 있다.

『거룩한 전쟁』은 종교적 상징주의의 중요한 작품으로, 의인화와 상징적 장소를 활용하여 추상적인 신학적 개념을 구체적이고 이해하기 쉬운 형태로 변형했다. 〈인간 영혼 마을〉이라는 도시는 인간 영혼을 상징하며, 그 도시에 대한 전쟁은 영혼이 겪는 내적 갈등과 구원의 과정을 나타낸다. 이러한 상징적 서술 방식은 당시의 종교적 담론을 문학적 방식으로 풀어내는 데 있어 매우 중요한 역할을 했다.

번연의 상징주의는 기독교 문학뿐만 아니라 이후의 우화 문학과 상징주의 문학에 큰 영향을 미쳤다. 특히, 종교적 우화에서 선과 악의 대립을 상징적으로 표현하는 방식은 이후 많은 작가가 채택한 기법으로, 번연은 이 전통을 강화하고 발전시켰다.

넷째, 이 책은 개신교 문학의 정점이라고 할 수 있다.

번연은 청교도 문학의 대표적인 작가로 평가되며, 『거룩한 전쟁』은 청교도 신앙의 중심 주제들을 문학적으로 잘 표현한 작품이다. 청교도들은 개인의 영적 성장과 내적 갈등을 중요시했는데, 번연은 이를 인간 영혼의 영적 전쟁이라는 극적인 방식으로 풀어내었다. 이러한 주제는 당시 종교적 분위기와 밀접하게 연결되어 있으며, 개신교 문학에서 인간과 하나님의 관계를 중시하는 신앙적 메시지를 담고 있다. 번연의 다른 대표작인 『천로역정』과 더불어 『거룩한 전쟁』은 17세기 개신교 문학의 정점으로 평가되며, 영문학사에서 종교적 문학의 위치를 확고히 다지는 데 기여했다. 이 책은 또한 청교도 운동의 사상적 토대를 문학적으로 표현함으로써, 청교도들의 신학적 교리를 대중에게 널리 알리는 역할을 했다. 이 책은 청교도 문학의 백미라고 할 수 있다.

6. 17세기 영문학에서의 위치

17세기 영문학은 종교적, 정치적 혼란 속에서 다양한 문학적 실험과 발전이 이루어진 시기였다. 번연의 작품은 그러한 시대적 배경 속에서 영국 종교 개혁 이후의 종교적 갈등과 영적 부흥을 반영한다. 청교도 혁명과 왕정복고의 시기를 겪으면서, 종교적 논쟁이 치열해지던 시기에 번연의 작품은 개인의 신앙적 체험을 강조하고, 영혼의 구원에 관한 강력한 메시지를 전했다. 이 시기 영문학에서 번연은 복잡한 신학적 논쟁을 대중적이고 문학적인 방식으로 전달하는 데 탁월했으며, 그의 작품은 종교적 교리와 문학적 상상력이 결합된 독창적인 작품으로 평가받는다. 단순한 문학적 오락을 넘어서, 번연의 글은 독자들에게 강력한 종교적, 영적 메시지를 전달했다.

7. 문학적 영향

번연의 『거룩한 전쟁』은 후대에 큰 영향을 미쳤다. 그의 종교적 상징주의는 영국 문학의 다른 작가들뿐만 아니라, 미국의 초기 청교도 문학에도 영향을 주었다. 번연의 상징적인 영적 전쟁과 구원의 이야기는 현대까지도 영향을 미치며, 많은 기독교 문학 작품이 그의 스타일과 주제를 차용해 왔다. 특별히 C. S. 루이스(Clive Staples Lewis), J. R. R. 톨킨(John Ronald Reuel Tolkien) 등의 작가는 번연의 작품에서 영향을 받았으며, 특히 C. S. 루이스의 『나니아 연대기』 시리즈는 『거룩한 전쟁』과 유사한 기독교적 상징주의를 바탕으로 영적 전쟁을 다룬다.

종합적으로 볼 때, 존 번연의 『거룩한 전쟁』은 기독교 문학에서 중요한 위치를 차지하며, 신학적 주제를 상징적이고 서사적으로 표현한 문학사적 의의가 크다. 번연은 단순한 설교자가 아니라, 신학적 메시지를 문학적으로 전달하는 데 탁월한 능력을 발휘한 작가로 평가된다.

8. 현대를 살아가는 기독교인에게 주는 『거룩한 전쟁』의 메시지

존 번연의 『거룩한 전쟁』은 단순히 과거의 문학적 유산이 아니라, 오늘날 21세기를 살아가는 기독교인에게도 여전히 생생한 영적 교훈과 도전을 던져 주는 작품이다. 이 책의 마지막 부분에서 임마누엘 왕자는 〈인간 영혼 마을〉 주민들에게 구속과 회복의 은혜를 누리면서도 경계해야 할 것들에 대해 권면한다. 이 권면은 오늘날의 기독교인이 살아가야 할 신앙의 길을 명확히 제시해 준다.

임마누엘 왕자의 마지막 권면은 크게 두 가지로 요약될 수 있다.

첫째, 경계와 깨어 있음
둘째, 끝까지 견디며 은혜 안에 거하라는 부름

이 두 가지 권면은 21세기를 살아가는 우리에게도 구체적이고 중요한 신앙적 메시지를 전해 준다.

9. 경계와 깨어 있음: 세상 속의 영적 전쟁 인식

임마누엘 왕자는 〈인간 영혼 마을〉 주민들에게 디아볼루스(사탄)의 계속된 공격과 유혹에 대해 경고한다. 〈인간 영혼 마을〉 주민들이 임마누엘 왕자의 통치를 받아들이고 그분의 은혜 안에 머무르게 되었음에도 불구하고, 디아볼루스는 여전히 기회를 노리고 있으며, 주민들이 다시 그에게 마음을 열지 않도록 주의해야 한다고 말한다. 이는 구속받은 성도가 여전히 세상 속에서 치열한 영적 전쟁을 경험하게 될 것임을 상징한다.

오늘날 21세기를 살아가는 기독교인들도 이와 같은 영적 경계를 결코 소홀히 해서는 안 된다. 우리는 이미 예수 그리스도를 통해 구속받았지만, 여전히 세상은 죄의 영향력 아래 있으며, 영적 적들은 우리의 마음을 흔들기 위해 끊임없이 유혹과 도전을 던진다. 물질주의, 세속적인 성공, 자아중심적 욕망 등 현대 사회에서 기독교인들이 직면하는 유혹들은 사탄의 전략적 공격과 다름없다. 임마누엘 왕자가 〈인간 영혼 마을〉 주민들에게 지속적으로 깨어 있으라고 명령한 것처럼, 오늘날의 성도들도 세상 속에서 영적 분별력을 가지고 깨어 있어야 한다.

> 우리의 싸움은 혈과 육에 대한 것이 아니요, 이 세상 주관자들과 하늘에 있는 악의 영들에 대함이라(엡 6:12).

현대를 살아가는 성도는 물질적이거나 눈에 보이는 현실만을 바라보는 것이 아니라, 그 이면에서 벌어지는 영적 전쟁을 인식해야 한다. 이를 통해 우리는 일상 속에서 더 깨어 기도하고, 성경적 가치에 뿌리내리며, 세상의 유혹에 흔들리지 않도록 자신을 지켜 나가야 할 것이다.

> 나의 〈인간 영혼 마을〉이여!
> 너희는 믿어야 한다. 내가 너희에게서 떠나 있을 때도 나는 여전히 너희를 사랑하고 나의 마음 안에 너희를 영원히 품고 있다는 것을 알아야 한다.
> 그러므로 나의 〈인간 영혼 마을〉이여!
> 내가 너희를 사랑한다는 것을 기억하라. 내가 너희에게 경계하고 싸우고 기도하며 또한 나의 원수들과 싸우는 기술을 가르쳤기 때문에 이제 나는 너희에게

너희를 향한 나의 사랑이 항상 동일하다는 것을 믿어야 한다고 명령한다.
나의 〈인간 영혼 마을〉이여!
나는 너희를 향한 나의 마음과 나의 사랑을 정했다!
깨어 있으라!
보라, 나는 너희가 이미 받았던 것 외에 어떤 다른 짐도 너희에게 부과하지 않았다.
내가 올 때까지 내가 말한 것을 굳게 붙들라!

　임마누엘 왕자는 또한 〈인간 영혼 마을〉 주민들에게 끝까지 자신의 은혜 안에 머물며, 그분의 사랑과 보호 안에 계속해서 살아가도록 당부한다. 이는 단순히 구원받은 이후의 삶이 자동으로 평탄하게 흘러가는 것이 아니라, 지속적인 신앙의 결단과 인내가 필요함을 의미한다. 〈인간 영혼 마을〉 주민들은 임마누엘 왕의 은혜로 구속받았지만, 여전히 그들의 마음과 삶 속에서 그 은혜를 기억하고 붙들어야 했다.
　오늘날 기독교인들도 마찬가지로 한 번 구원받았다는 사실에 안주해서는 안 된다. 신앙생활은 끝없는 경주와 같으며, 하나님과의 관계는 계속해서 유지되고 깊어져야 한다. 많은 현대 기독교인이 세상의 유혹이나 시련에 의해 흔들리면서도 "한 번 구원은 영원한 구원"이라는 안일한 생각에 빠질 수 있지만, 임마누엘 왕자는 우리에게 지속적으로 은혜 안에 머무르라는 부르심을 주고 있다. 이는 성경의 '성도의 견인' 교리와 맞닿아 있으며, 신자는 그리스도의 은혜 안에서 날마다 살아가야 함을 상기시킨다.
　21세기의 기독교인들은 물질적 풍요와 빠른 속도로 변화하는 세상 속에서 신앙적 안일함에 빠지기 쉽다. 하지만, 그리스도인의 여정은 끝없는 영적 경주이며, 우리는 끝까지 주님의 은혜를 기억하고 의지해야 한다. "너희가 끝까지 견디는 자는 구원을 얻으리라"(마 24:13)는 예수님의 말씀처럼, 신앙은 단순히 과거에 받은 은혜에 의지하는 것이 아니라, 매일의 삶 속에서 그리스도의 은혜에 의존하며 끝까지 달려가야 하는 여정이다. 번연의 작품에서 임마누엘 왕자는 이를 상징적으로 강조하며, 〈인간 영혼 마을〉 주민들이 그 은혜 안에 남아 있을 것을 권면한다.

10. 그리스도의 임재와 동행에 대한 소망

마지막으로, 임마누엘 왕자가 〈인간 영혼 마을〉 주민들에게 남긴 권면은 그들의 삶 속에 임마누엘의 지속적인 임재를 상기시킨다. 임마누엘은 '하나님이 우리와 함께하신다'는 뜻으로 그분은 〈인간 영혼 마을〉 주민들의 모든 상황 속에서 그들과 함께하시며 그들을 지키고 인도하신다. 이는 현대 기독교인들에게도 강력한 소망의 메시지를 전달한다. 21세기를 살아가는 기독교인들은 불확실한 미래와 고난 그리고 여러 도전 속에서도 그리스도가 우리와 함께하신다는 사실을 기억해야 한다. 우리가 마주하는 영적 전쟁과 현실의 어려움 속에서도 주님은 결코 우리를 홀로 두지 않으신다.

번연이 『거룩한 전쟁』을 통해 전달한 메시지는 임마누엘 왕자가 인간 영혼과 함께하듯, 그리스도는 오늘도 우리와 함께하시며 우리의 싸움을 대신 싸워 주신다는 것이다. 우리는 혼자가 아니며, 임마누엘 왕의 권면처럼 그분의 동행을 의지하며 나아가야 한다.

11. 결론

존 번연의 『거룩한 전쟁』은 오늘날의 기독교인들에게 강력한 영적 메시지를 던져 준다. 임마누엘 왕자가 〈인간 영혼 마을〉 주민들에게 마지막으로 권면한 말씀은 21세기 성도들에게도 동일하게 적용된다. 우리는 영적 전쟁 속에서 항상 깨어 있어야 하며, 끝까지 그리스도의 은혜 안에 머물며, 주님과 동행하는 삶을 살아야 한다. 이 메시지는 오늘날 우리에게도 깊은 도전과 위로를 주며, 우리의 신앙 여정에서 매일 새롭게 실천해야 할 중요한 과제를 상기시켜 준다.

그리스도와의 동행, 끝까지 견디는 신앙 그리고 깨어 있는 영적 분별력은 오늘날의 기독교인이 세상 속에서 살아가며 붙들어야 할 핵심적 가치이다. 임마누엘 왕자의 권면을 통해 우리는 날마다 그리스도의 은혜를 의지하며, 그분의 임재 속에서 믿음의 싸움을 지속해 나가야 한다.

서문

A. R. 버크랜드(A. R. Buckland)
영국의 작가, 편집자

    1682년 도르먼 뉴먼(Dorman Newman)은 킹즈 암즈(King's Arms in the Poulty) 출판사에서 한 권의 책을 출판했다. 그리고 벤자민 앨솝(Benjamin Alsop)은 엔젤 & 바이블(Angel and Bible in the Poulty) 출판사에서 같은 원고를 출판했다.
    이 책은 이 세상 중심 도시를 회복하기 위한 샤다이왕이 디아볼루스(Diabolus)에 대해 벌이는 『거룩한 전쟁』(*The Holy Was Made by King Shaddai Upon Diabolus, to Regain the Metropolis of the World*) 또는 『인간 영혼 마을의 상실 및 회복』(*The Losing and Taking Again of the Town of Mansoul*)이란 제목이 붙여졌다.
    이 책은 존 번연(John Bunyan)의 작품이었다. 그리고 그는 16년 전에 『죄인의 괴수에게 넘치는 은혜』(*Grace Abounding to the Chief of Sinners*)라는 제목으로 자기의 영적 투쟁에 관한 이야기를 출판했다. 그리고 4년 전에 『천로역정』(*The Pilgrim's Progress*) 제1부를 완성했다. 번연(Bunyan)은 재빠르게 그다음 책으로 『악인 씨의 삶과 죽음』(*The Life and Death of Mr. Badman*)을 완성했다. 이 책은 그의 눈을 통해서 본 영국인의 삶과 특징에 대한 엄숙한 사실적 묘사이다.
    『천로역정』과 같이 『거룩한 전쟁』에서도 번연은 풍유(allegory)를 사용했다. 문학 작품으로서 이 책은 『천로역정』보다 절대 열등하지 않다. 번연이 다른 어떤 것을 저술하지 않았다면 『거룩한 전쟁』이 그를 영국 산문의 대가 가운데 입지를 다지게 했을 것이다. 양심에 호소하는 데 있어서, 이 책은 『천로역정』만큼이나 효과적이다.

하지만, 독자의 시선을 끄는 데는 『천로역정』만큼 성공하진 못했다. 그런데도 맥카우레이(Macaulay)는 다음과 같이 제안한다.

"만약, 『천로역정』이 없었다면 『거룩한 전쟁』이 기독교 풍류 문학 가운데 첫 번째가 되었을 것입니다."

『거룩한 전쟁』의 세세한 내용을 작업할 때 번연은 그 자신이 겪었던 경험을 마음에 두고 있는 것처럼 보인다. 도시의 요새화, 반대 세력의 움직임, <인간 영혼 마을> 도시 사무소의 변화는 그가 최근에 목격했던 장면과 사건의 재현이었다. 그는 이러한 실제 경험을 비범하게 성공적으로 각색하고 그 경험을 기독교 생활에 존재하는 은혜 교리와 시험을 제시하는 데 사용했다.

사실 등장인물과 사건은 모든 시대의 등장인물과 사건이다. 이런 요소는 <인간 영혼 마을>의 이야기에 영원한 신선함을 제공한다. 그리고 이런 영원한 신선함은 전 세계 사람의 필요를 채운다. 『거룩한 전쟁』은 문학이 거의 없는 몇몇 언어를 포함해서 많은 언어로 번역되었다(콩고[Kongo]에서 『거룩한 전쟁』의 1907년 판 출판 준비를 하고 있을 때 '종교책자협회'[The Religious Tract Society]가 출판을 도왔다).

독자에게

존 번연(John Bunyan)

사람들은 오래전에 했던 일을 말하고 싶어 하고
역사 지식에서 동료들보다 훨씬 뛰어나지만
정작 인간 영혼(Mansoul)의 싸움에 대해서는
말하지 않는 것이 저에게는 정말 이상합니다.
대신 그들은 오래된 우화, 쓸모없는 것들,
어떤 유익도 가져오지 않는 지식으로
인간 영혼을 죽게 내버려 둡니다.
사람들이 원하는 것을 그들 자기의 것이 되게 하십시오.
하지만, 그들이 이런 사실을 알 때까지,
그것은 그들에게 알려지지 않았습니다.

나는 다양한 종류의 이야기가 있다는 것을 잘 알고 있습니다.
어떤 이야기는 외국 이야기이고, 어떤 이야기는 국내 이야기입니다.
또한, 어떤 이야기들은 생각이 작가를 이끌면서
창조되고 쓰인 기록입니다.
(사람은 책을 통해 책을 쓴 작가들에 대해 추측할 수도 있습니다.)

어떤 사람들은 결코, 존재하지 않았던 이야기,
또한 존재하지도 않을 결국 해체되어 없어질(논점 없는 이야기)

이야기를 반복할 것입니다.
그런 주제들은 하찮은 것들에서부터 산더미처럼 쌓여 가고
사람들, 법, 나라들과 왕들과 같은 것에 관해 말합니다.
그들의 이야기가 매우 지혜로운 것처럼 보이고
모든 페이지가 엄청난 중요성을 띠고 있는 것처럼 보입니다.
하지만, 앞면 삽화는 모든 것이 무가치하다고 말하고 있습니다.
그렇지만 이런 방식의 이야기를 좋아하는 사람들도 있습니다.

하지만, 독자들이여!
이같이 여러분을 괴롭히는 무가치한 이야기를 쓰는 것보다
나는 해야 할 다른 중요한 일이 있습니다.
어떤 사람들은 내가 여기서 말하고 있는 것을 매우 잘 알고 있습니다.
그들은 기쁨의 눈물을 흘리며
이 이야기가 말하는 것을 잘 알 수 있습니다.

〈인간 영혼 마을〉은 많은 사람에게 잘 알려져 있습니다.
누구도 인간 영혼이 겪는 고통을 의심하지 않습니다.
인간 영혼의 역사를 잘 알고 인간 영혼과
인간 영혼이 벌이는 싸움이 자세히 보여 주는 것을 깊이 생각해 보세요.

그런 후에 〈인간 영혼 마을〉과 이 마을의 상태에 관해
내가 들려주는 것을 들으려고 귀를 기울여 보십시오.
어떻게 인간 영혼이 길을 잃고 포로가 되어 노예가 되었는지,
어떻게 자기를 구원할 분에게 대적했는지
어떻게 〈인간 영혼 마을〉이 적대적으로 자기의 주님을 대적했고
주님의 원수와 함께 반역했는지 말입니다.
왜냐하면, 그것은 사실이기 때문입니다.
이런 것들을 부인하는 사람은 최고의 기록을 비방해야 합니다.

나에 관해 말하자면 나 자신이 〈인간 영혼 마을〉에 있었습니다.
그때 〈인간 영혼 마을〉은 세워지고, 몰락하고 있었습니다.

나는 디아볼루스(Diabolus)가 인간 영혼을
자기 소유로 만드는 것을 보았습니다.
그리고 디아볼루스는 〈인간 영혼 마을〉로 하여금
자기의 압제 아래에 살게 했습니다.
그렇습니다. 〈인간 영혼 마을〉이 그를 주로 공공연히 인정하고
그에게 합심해서 복종할 때도 나는 거기에 있었습니다.

그때 〈인간 영혼 마을〉이 신성한 것들을 짓밟고,
돼지가 오물 가운데 뒹구는 것처럼
인간 영혼은 오물 속을 뒹굴었습니다.
그런 후에 〈인간 영혼 마을〉은 실제로 무기에 의존하여
임마누엘(Emmanuel) 왕자와 싸웠고
그분의 아름다움을 혐오했습니다.
내가 거기 있었고 디아볼루스와 〈인간 영혼 마을〉이
그렇게 하나가 되는 것을 보고
기뻐했다는 것을 인정합니다.

그렇다면 누구도 나를 우화 만드는 사람으로 여기거나,
나의 이름에 흠집을 내거나
그것에 참여한 자로 여기지 않게 해야 합니다.
그들의 조롱에 관해서는 내가 아는 바로는
여기 마음에 두고 있는 내가 감히 말하지만,
사실이라는 것입니다.

나는 임마누엘 왕자의 무장한 사람들이
내려오는 것을 보았습니다.
그들은 군대로 수천 명씩 그 마을을 포위했습니다.
나는 장군들을 보았고 나팔이 울리는 소리를 들었습니다.
또한, 어떻게 그의 군대가 온 지면을 덮었는지를 보았습니다.
그렇습니다. 나는 어떻게 그들이 전투 대열로
전열을 가다듬는지를 보았습니다.

나는 죽는 날까지 그 장면을 기억할 것입니다.

나는 바람에 나부끼는 다채로운 깃발을 보았습니다.
또한, 나는 내부에 있는 자들에게서
해를 끼치려는 의도를 보았습니다.
그리고 지체 없이 인간 영혼을 파괴하고
인간 영혼을 빼앗아 가려는 의도를 보았습니다.
나는 마을에 대항하기 위해
언덕들이 쌓아 올려지는 것을 보았습니다.

마을을 무너뜨리기 위해
어떻게 투석기들이 배치되는 것도 보았습니다.
돌들이 내 귀로 쌩하고 지나가는 소리를 들었는데,
그것은 내가 잊지 못할 소리였습니다.
그 소리는 나를 두려움으로 채웠습니다.
나는 돌들이 떨어지는 소리를 들었고,
그것들이 무슨 일을 했는지 보았습니다.

나는 늙은 모르스(Mors, 죽음의 신)가 분명히
자기 그림자로 인간 영혼의 얼굴을 덮는 것을 보았습니다.
"화로다, 이날이여!
죽을 때 내가 죽으리로다"라고 외치는
인간 영혼의 울부짖는 울음소리를 들었습니다.

나는 엄청난 기습으로 공성퇴가
귀 문(Ear-Gate)을 쳐서 여는 것을 보았습니다.
나는 너무 두려웠습니다.
공성퇴가 귀 문뿐만 아니라
〈인간 영혼 마을〉도 쳐서 무너뜨릴 것입니다.

나는 싸움을 목격했고,

장군들이 소리치는 것을 들었습니다.
그리고 싸움에서 완전히 돌아선 자들을 보았습니다.
나는 상처를 입은 자들과 살해당한 자들을 보았습니다.
죽었지만 다시 살아날 자들을 보았습니다.
나는 다친 자들의 울부짖는 소리를 들었습니다.
반면에 두려움을 빼앗긴 사람들처럼
다른 병사들은 싸우고 있었습니다.
또한 "죽여라, 죽여라"라는 고함이 내 귀에 들렸습니다.
도랑은 피라기보다는 오히려 눈물이 흐르고 있었습니다.

사실 장군들이 항상 싸웠던 것은 아닙니다.
하지만, 그때 그들은 여전히 밤낮으로
우리를 괴롭혔습니다.
"일어나 공격하라! 마을을 점령하라!"는 그들의 외침으로 인해
우리는 잠을 잘 수도 없었고
누워있을 수도 없었습니다.
성문이 부서져 열릴 때 나는 거기에 있었습니다.

그리고 어떻게 〈인간 영혼 마을〉이
희망을 빼앗겼는지를 보았습니다.
나는 장군들이 마을로 진군해 들어가는 보았고,
어떻게 그들이 싸우고 그들의 적들을 베어
넘어뜨렸는지를 보았습니다.
나는 왕자가 보아너게*에게
성까지 올라가서 그의 원수를 사로잡으라고
명령하는 것을 들었습니다.
또한, 보아너게와 그의 동료들이 엄청난 치욕의 사슬로
그 원수를 묶어서 마을로 끌어내리는 것을 보았습니다.

✦ Boanerges, 우레의 아들, 예수님의 제자 야고보(James) 및 요한(John)에게 붙인 이름, 막 3:17, 역주.

나는 임마누엘 왕자를 보았습니다.
그때 그분은 자기의 〈인간 영혼 마을〉을 탈환했습니다.
〈인간 영혼 마을〉이 그분의 용서를 받고
그분의 율법을 사랑했을 때
〈인간 영혼 마을〉이 얼마나 화려했고 얼마나 크게 축복받았는지.
디아볼루스를 따르는 자들이 붙잡혀 재판받고 처형당할 때
나는 그곳에 있었습니다.

그렇습니다.
나는 〈인간 영혼 마을〉이 반역자들에게
십자가 형벌을 가할 때도 그 옆에 서 있었습니다.
나는 또한 〈인간 영혼 마을〉이
모두 하얀 옷을 입고 있는 것을 보았습니다.
나는 왕자가 〈인간 영혼 마을〉을
자기 마음의 기쁨이라고 부르는 것을 들었습니다.
나는 그분이 〈인간 영혼 마을〉을 보기도 좋은
금목걸이, 금반지, 금팔찌를 끼워 주는 것을 보았습니다.
무슨 말을 해야 할까요?

나는 사람들의 외치는 소리를 들었습니다.
또한, 왕자가 〈인간 영혼 마을〉의 눈에서
눈물을 닦아 주는 것을 보았습니다.
나는 사람들의 앓는 소리를 들었지만,
또한 많은 사람의 기쁨 또한 보았습니다.
이 모든 것을 여러분에게 말해야 하지만,
나는 그렇게 하지 않을 것이고, 또한 할 수도 없습니다.

하지만, 여기서 내가 언급한 것으로 여러분은
〈인간 영혼 마을〉에서 벌어졌던 비길 데 없는 전쟁은
결코 우화가 아니었다는 것을 잘 알 수 있습니다.
두 왕자 모두 〈인간 영혼 마을〉에 바람이 있었습니다.

한쪽은 자기의 이익을 지키는 것입니다.
반면에 다른 한쪽은 자기의 손실을 다시 얻으려는 것입니다.
디아볼루스는 "이 마을은 내 것이다"라고 외쳤습니다.
임마누엘(Emmanuel)은
〈인간 영혼 마을〉에 대한 신적 권리를 주장했습니다.
그래서 두 왕자는 임마누엘 왕자의 〈인간 영혼 마을〉에서
서로 격돌했습니다.
그리고 〈인간 영혼 마을〉은
"이 전쟁은 나를 파멸시킬 것이다"라고 울부짖습니다.

인간 영혼!
그의 싸움은 인간 영혼의 눈에는
끝나지 않을 것처럼 보였습니다.
한쪽이 〈인간 영혼 마을〉을 잃었지만,
또 다른 쪽에게 〈인간 영혼 마을〉은 소중한 것이 되었습니다.
마지막으로 인간 영혼을 잃었던 자는
"내가 〈인간 영혼 마을〉을 갖거나 아니면
갈가리 찢어 산산조각 내겠다"라고 맹세했습니다.

인간 영혼!
이곳은 바로 싸움이 일어나는 격전지였습니다.
따라서 인간 영혼의 고통은 단지 전쟁의 소음만 들리는 곳보다,
휘두르는 칼의 공포보다, 단지 소규모 접전이 벌어지는 곳보다,
그릇된 관념이 생각과 싸우는 곳보다 훨씬 컸습니다.
인간 영혼은 전사들의 검이 피로 붉게 물드는 것을 보았습니다.
또한, 상처를 입고 피 흘리는 자들의 부르짖는 소리도 들었습니다.

그렇다면 인간 영혼이 겪는 두려움이 그런 일에 경험이 없거나
북 치는 소리를 듣는 자들의 두려움보다 더 커야 하지 않을까요?
하지만, 인간 영혼은 두려움으로 인해 집에서 도망치지 않습니다.
인간 영혼은 나팔 소리를 들었을 뿐만 아니라,

자기 군사들이 땅에서 죽으면서 헐떡거리는 것도 보았습니다.
우리는 그들이 가진 가장 큰 열망은
단지 근거 없는 이야기인 그들과 함께
기꺼이 죽을 수 있다고 생각하지 말아야 합니다.
큰 전쟁의 엄청난 위협이
상호 관심사나 논쟁에 대한 논의로 끝나는 자들과 함께
인간 영혼은 기꺼이 죽을 수 있다고
생각하지 말아야 합니다.

인간 영혼!
그대의 엄청난 전쟁은
분명히 그대의 용기 또는 고통,
그리고 끝이 없는 그런 세계를 예고했습니다.
매일 두려움으로 시작하고 두려움으로 끝내는 자들보다
인간 영혼은 더 놀랐음에 틀림이 없습니다.

〈인간 영혼 마을〉에서 목숨이나 수족을 잃어버리는 것을 제외하고
교전 중인 그에게 어떤 다른 해도 가해지지 않습니다.
지금 하늘과 땅에 거하는 모든 사람은
이 이야기를 고백해야 한다고 말할 수 있어야 합니다.
사람들에게 별을 주의 깊게 바라보라고 말하며
이 모든 별은 마치 어떤 용감한 자들이 각각의 별 안에
그들의 세계를 가진 그들이 거주하는 장소라고
자신 있게 암시함으로써
사람들을 놀라게 하는 자로 나를 간주하지 말기 바랍니다.
왜냐하면, 그것은 그런 것이 사실임을 입증하는 것은
그들의 능력을 벗어나는 것이고
그들은 합리적인 논증이나 어떤 명확한 증거를
제시할 수 없을 것이기 때문입니다.

나를 그런 자로 간주하지 말기 바랍니다.
나는 여러분을 너무 오래 현관에 세워두었습니다.
횃불로 여러분에게 태양 빛이 비치지 못하게 했습니다.
자, 이제 앞으로 나아가 문 안으로 들어가세요.
그리고 거기서 마음을 기쁘게 하고 눈을 즐겁게 해 주는
마음과 영혼 안에 자리 잡은 모든 진귀한 것을
오백 배나 더 많이 보시기 바랍니다.
이것들을 가지고 만약 당신이 그리스도인이라면,
당신은 작은 것이 아닌, 가장 가치가 있는 것을 볼 것입니다.
또한, 내가 주는 열쇠 없이 나아가지 말아야 합니다.
왜냐하면, 사람들은 이런 신비한 이야기 속에서
길을 잃을 것이기 때문입니다.
내 수수께끼를 알고 내 암송아지로 밭을 갈게 하고 싶다면
나의 열쇠는 그 신비한 이야기를 푸는 데
도움이 될 것이기 때문입니다.
열쇠는 저기 창가에 놓여 있습니다.
안녕히 가시길,
다음에는 그대의 죽음을 알리는 조종(弔鐘)을
울릴지도 모르겠습니다.

등장인물 소개

- **각성 (Desires-Awake)** 영적으로 깨우려는 인간 영혼의 바람을 나타내는 겸손한 인물. 그는 명철 시장 경, 양심 서기관, 자유의지 경과 〈인간 영혼 마을〉 사람들이 임마누엘 왕자에게 보낸 두 번째 사자다. 하지만, 임마누엘 왕자가 마을을 점령한 후에 그들은 감옥에 수용되었다.

- **감정(Feeling)** 〈인간 영혼 마을〉 사람들의 열정을 자극함으로써 그들을 반란을 일으키는 데 있어서 추동자로서 행동했다.

- **거만(Loth-to-Stoop)** 이 인물은 교만하고 주님 앞에 겸손해지는 것을 꺼리는 자기만의 방식으로 행동하는 완고한 불신자를 나타낸다.

- **거짓 평화(False-Peace)** 이 이름은 가짜 평화(counterfeit peace)를 나타낸다. 이 인물은 마귀처럼 〈인간 영혼 마을〉을 배교와 지옥 같은 반란으로 이끌고 붙들어 배교 상태에 있게 했으며, 거짓되고 근거 없는 위험한 평화와 저주스러운 안락에 깊이 빠져있게 만든 장본인이다.

- **거짓말을 증오함(Hate-Lies)** 왕의 적들이 법정에 출두했을 때 그들에 대해 반대 증언하는 증인으로 역할을 했다. 그의 이름은 그 이름이 말하는 것을 의미한다. 그는 거짓말을 증오한다. 왜냐하면, 거짓말은 범죄자의 거짓, 속임수를 목적으로 내뱉은 거짓, 또는 다른 의도적인 진실 위반을 포함하기 때문이다.

- **건방짐(Impudent)** 육신의 정욕과 비열한 애착이 낳은 사악한 자손 중 한 명. 뻔뻔스럽고 겸손하지 못하거나 다른 사람을 경멸하는 대담함을 의미한다.

- **경험(Experience)** 〈인간 영혼 마을〉에서 태어난 토박이로 경험은 임마누엘

왕자에 의해 천명을 지휘하는 장군으로 임명되었다. 그의 이름은 시험, 사용, 연습 또는 일련의 관찰에서 파생된 지식을 의미한다.

· 고문(Torment) 부활을 의심하는 병사들(Resurrection-doubters)을 지휘하는 디아볼루스의 장군 가운데 하나. 그의 이름은 영원한 본성의 극심한 고통이나 고뇌를 나타낸다.

· 군대(Legion) 그리스도가 살던 시대에 보병의 십분의 일을 구성했던 기병을 제외하고 로마 군의 연대는 육천 명으로 구성되었다. 이 단어는 마태복음 26:53과 마가복음 5:9에서 엄청나게 많은 천사/귀신을 표현하기 위해 사용되다. 번연(Bunyan)은 이런 귀신의 특징을 담고 있는 같은 의미를 암시한다.

· 기대(Expectation) 선한 소망 장군의 기수(Standard-bearer). 그의 이름은 적어도 그 사건이 일어날 것이라고 믿을 만한 어떤 근거가 있는 미래의 사건을 기대하거나 기대하는 행위를 의미한다.

· 눈가리개(Blindfold) 디아볼루스 휘하에 있는 눈 문을 지키는 장군이다. 그는 임마누엘 왕자의 장군인 선한 소망 장군에 의해 살해되었다. 그가 〈인간 영혼 마을〉 주민들을 진리에 관해 아무것도 모르게 하려고 애쓰면서 그의 휘하에 천명의 의심 군대 병사들이 발톱으로 싸웠다.

· 달콤한 세상(Sweet-World) 눈, 귀, 미각 또는 코를 즐겁게 하는 것. 〈인간 영혼 마을〉을 속이기 위해 시장에 들어온 상인 가운데 한 명이다. 디아볼루스가 그들을 기반으로 입지를 강화하기 위해 그들은 사업에 열중하고 풍성하고 부유해졌다.

· 동정(Pitiful) 자애 장군의 기수로 섬겼다. 그의 이름은 동정심으로 가득 차 있다는 것을 의미한다. 그는 부드럽고 동정심이 많고 고통받는 사람들에게 슬픔과 동정을 느낄 마음이 있다.

· 득의양양(Puff-Up) 교만, 허영심 또는 자만심이 가득한 자다. 그는 디아볼루스의 주물공(founder)이었다.

· 듣는 것에 주의하라(Take-Heed- What-You-Hear) 샤다이왕의 군대가 〈인간 영혼 마을〉에 도착했음을 알리고 그분의 긍휼 메시지를 전했던 나팔수의 이름. 이 이름은 귀 기울여 들으며 또한 듣는 것에 주의를 기울이는 것을 의미한다.

· 디아볼루스(Diabolus) 마귀(the Devil), 하나님의 적, 지옥의 통치자. 교활한 거짓말로 인간 영혼의 타락을 촉발했고, 임마누엘 왕자의 정복에 맞서 〈인간

영혼 마을〉을 장악했던 속이는 자(the deceiver).

- 디아볼루스 사람(Diabolian) 마귀의 추종자.

- 루시퍼(Lucifer) 〈스트롱 용어 색인〉(Strong's Concordance)에 의하면 루시퍼는 "빛나는 자, 빛 담지자"(light-bearer)를 의미하는데, 이는 그가 천국에서 쫓겨나기 전의 상태를 가리킨다. 루시퍼는 여호와 하나님(Yahweh)을 반대하는 세력을 이끄는 천사의 히브리어 이름을 라틴어로 바꾼 것이다.

- 마비(Benumbing) 양심 서기관을 몇 번 쓰러뜨리는 디아볼루스 부하다. 그의 이름은 혼란을 주거나 무능력하게 만드는 것을 의미한다.

- 마음 선생(Mr. Mind) 임마누엘 왕자를 인간 영혼 안으로 받아들일 때까지 인간의 육신적이고 중생하지 못한 마음을 나타낸다.

> 전에 악한 행실로 멀리 떠나 마음으로 원수가 되었던 너희를 이제는 그의 육체의 죽음으로 말미암아 화목하게 하사 너희를 거룩하고 흠 없고 책망할 것이 없는 자로 그 앞에 세우고자 하셨으니(골 1:21-22).

- 망선(Forget-Good) 샤다이왕의 율법을 경멸했던 디아볼루스 휘하의 서기관. 그는 선한 것을 망각했고, 불순종을 기뻐했다. 그는 순종에 대한 어떤 것도 기억하지 못했다. 또한, 그는 자연스럽게 〈인간 영혼 마을〉과 이 마을에 사는 모든 사람에게 상처 주는 일만 하는 경향이 있었다.

- 명철(Understanding) 통찰력과 건전한 판단력을 가지고 있다. 〈인간 영혼 마을〉의 첫 번째이자 마지막 시장. 디아볼루스는 영예와 명예가 있는 직책에서 그를 제거했다. 왜냐하면, 그는 통찰력이 있는 사람이었기 때문이다. 따라서 디아볼루스는 태양 빛과 명철 시장 경의 궁전 창문 사이에 높고 강한 탑을 세우고 그의 집 전체를 어둡게 함으로써 명철 경에게서 자기가 하는 것을 이해할 수 있는 능력을 빼앗았다. 이것은 어두워진 명철을 나타낸다. 나중에 명철 시장 경이 디아볼루스가 샤다이왕의 자비와 은혜 제의를 거절했다는 소식을 들을 때 그는 양심 씨와 함께 모여서 마을의 일부 사람들을 모으고 그들이 고귀한 장군들이 요구하는 것이 합리적이라는 것을 이해하도록 돕기 시작한다.

- 모르스(Mors) 죽음에 해당하는 라틴어.

- 무덤(Sepulcher) 디아볼루스의 군대에서 영광을 의심하는 병사들을 지휘하도록 배치된 장군이다. 그의 이름은 무덤 넘어서는 어떤 삶도 없다는 생각

을 나타낸다. 또한, 그의 이름은 그가 코 문에 배치되었을 때 죽음의 냄새를 암시한다.

- 무엇이든(Anything) 해야 할 필요가 있는 것은 무엇이든지 했던 디아볼루스의 장군 가운데 한 명이다. 하지만, 그는 결코 어느 쪽에도 진실하지 않았다. 왜냐하면, 그는 무엇이든지 믿었기 때문이다. 양쪽에 대한 그의 뻔뻔스러운 우정으로 그는 다리 하나가 부러졌다. 또한, 그의 다리를 부러뜨렸던 사람은 그의 목을 부러뜨리길 바랐다.

- 무자비(Pitiless) 〈인간 영혼 마을〉의 마음을 진리나 회개로 이어지게 했을 생각에서 돌아서게 했던 디아볼루스 부하. 무자비 씨는 어떤 동정도 보이지 않는다. 그는 친절함, 부드러움과 긍휼에 대해 단지 반역적이고 악랄하게 마음을 닫는다. 그래서 〈인간 영혼 마을〉 사람들은 그들이 의로운 왕에게 고백했던 믿음을 버린 것에 대해 슬퍼하는 것이 허락되지 않았다.

- 무해(Harmless) 무흠 사령관의 기수로 섬겼다. 그의 이름은 다른 사람을 구하기 위한 유대감을 제공하는 것을 의미한다.

- 무흠(Innocent) 범죄, 죄 또는 죄책으로부터의 자유, 즉 온전한 정직을 의미하는 이름을 가진 인물로 마음과 삶의 오염되지 않은 순수한 자다. 하지만, 그는 자기의 주님이며 의로운 왕자인 임마누엘의 음성을 들을 때 죽어 넘어져서 비열한 디아볼루스 부하인 부적절한 휴식이 그에 대해 욕을 했다. 그의 죽음 이후에 〈인간 영혼 마을〉은 디아볼루스에 귀문을 열어 주었다.

- 바알세블(Beelzebub) 귀신에 해당하는 또 다른 이름으로 귀신의 왕(the prince of the devils, 막 3:22)이다.

- 보아너게(Boanerges) 샤다이왕이 〈인간 영혼 마을〉에 보냈던 네 명의 장군 가운데 한 명이다. 이 이름은 크고, 단호하고, 열정적인 설교자 또는 웅변가를 의미한다.

- 복수(Revenge) 육신의 정욕과 비열한 애착이 낳은 사악한 딸 가운데 한 명. 그녀의 이름은 받은 부상(실제 또는 상상)에 대한 대가로 고통이나 상처를 입히는 것을 의미한다.

- 부적절한 휴식(Ill-Pause) 일시적인 중지 또는 주저함을 의미한다. 이것은 좋은 판단에서 오류를 초래한다.

- 분노(Anger) 먼 나라에서 온 사람으로 가장하여 〈인간 영혼 마을〉의 주민

들을 돕겠다고 제안했던 디아볼루스의 부하. 그는 자신을 "선한 열정"(-Good-Zeal)으로 제시했다. 그러나 그의 본명인 분노는 마음의 폭력적인 열정을 의미한다. 그런 폭력적인 열정은 실제로 입은 부상이나 가상의 부상에 의해 흥분된 마음의 폭력적인 열정이고, 보통 복수하거나 공격하는 당사자에 만족하려는 성향을 동반한다.

- 격분(Fury) 디아볼루스의 장군 중 한 명. 그는 소명을 의심하는 병사들(Vocation-doubters, 하나님의 뜻에 따라 부르심을 받은)을 지휘했다. 그의 이름은 화냄, 광기, 사나움의 폭풍을 의미한다.

- 분별없음(Heady) 두 개의 커다란 대포를 귀 문(Ear-gate) 위에 있는 탑에 설치한 두 개의 커다란 대포 가운데 하나의 이름. 이것은 생각이나 숙고 없이 경솔하고 성급하며 심지어 폭력적인 방법으로 앞으로 돌진할 준비가 되어 있다는 것을 암시한다. 이런 대포들은 득의양양(Puff-up)이 성에서 주조했고, 샤다이왕의 군대에 해를 끼치도록 설계되었다.

- 불신(Incredulity) 디아볼루스의 친구와 그의 통치 아래에 있는 두 명의 시장 중 한 명이다. 그는 〈인간 영혼 마을〉이 재탈환 된 후에 처형을 피해 도주한다. 디아볼루스는 그에게 〈인간 영혼 마을〉에 대한 공격에서 의심 병사들로 구성된 군대 전체를 통솔할 책임을 제공함으로써 그에게 보상한다. 그의 이름은 믿음의 거절이나 보류를 의미한다. 즉, 믿기를 꺼리는 것이다.

- 비진리(No-Truth) 진리를 없애기 위해 일한다. 그는 샤다이왕의 형상을 훼손하고 대신에 디아볼루스의 끔찍하고 무서운 형상을 세웠다. 이것은 이전 왕에 대한 경멸을 보이고 〈인간 영혼 마을〉을 타락시키기 위한 방식으로 그렇게 했다. 그의 임무는 〈인간 영혼 마을〉을 마음에서 짐승 같은 야만 상태로 바꾸기 위한 것이었다.

- 빛을 미워함(Love-no-Light) 디아볼루스를 위한 한밤중 요새의 총독으로 임명됨. 한밤중의 요새(Midnight Hold)는 〈인간 영혼 마을〉이 참된 지식 자체를 알지 못하도록 막으려고 일부러 지어졌다. 다른 말로 해서 그는 마을의 참된 상태에 관해 〈인간 영혼 마을〉이 어둠 가운데 있도록 했다.

- 사기(Deceit) 〈인간 영혼 마을〉에 살면서 폭군 디아볼루스를 〈인간 영혼 마을〉로 귀환시킬 계획을 도왔던 디아볼루스 부하 중 한 명. 그의 이름은 문자 그대로 잡거나 은밀하게 하는 것을 의미한다. 결과는 속임수, 사기 또는 억압으로 얻어진다. 그는 인간 영혼이 그들의 왕자의 마음에서 나오는 사랑의

진실에 의문을 품게 하려면 절박함을 사용할 것을 권고했다.

- **사악한 질문(Evil-Questioning)** 〈인간 영혼 마을〉에 살면서 명철 시장 경(the Lord Mayor Understanding)에게 많은 고통을 주었던 교활하고 늙은 디아볼루스 추종자이다. 그는 교리의 진리에 대해 의심하고 조장한 혐의로 기소되었다.
- **살고 싶어(Would-Live)** 임마누엘 왕자가 마을을 점령한 후에 명철 경, 양심 씨, 자유의지 경 그리고 마을 사람들을 감옥에 넣었을 때 그들이 작성한 탄원서를 가져가기 위해 선택된 사람. 그의 이름에서 이 단어는 소원이나 기도의 의미를 나타낼 것이다. 따라서 그의 이름은 기도나 살아남고 싶다는 의미다.
- **살인(Murder)** 그는 디아볼루스 부하로서 인간 영혼의 죄로 인해 임마누엘 왕자가 마을을 떠났을 때 마을 안에 여전히 살고 있었다.
- **샤다이(Shaddai)** 이 이야기에서 우주의 왕이다. 또한, 〈인간 영혼 마을〉의 건축가이자 창조자. 〈인간 영혼 마을〉은 샤다이왕의 형상을 지니고 있다. 엘 샤다이(El Shaddai)는 하나님에 해당하는 유대 이름 가운데 하나다.
- **선을 증오함(Love-no-Good)** 〈인간 영혼 마을〉 사람이었고, 또한 디아볼루스 추종자였다. 그는 임마누엘 왕자의 군대가 〈인간 영혼 마을〉에 침입하기 위해 전투를 벌였을 때 치명상을 입었지만, 그의 생명은 한동안 지속했다. 그는 하나님의 율법이 요구했던 모든 것을 증오했고 악한 행동을 포용했다.
- **선한 소망(Good-Hope)** 샤다이왕의 여섯 번째 장군. 그의 이름은 약하거나 거짓이거나 잘못된 것이 아닌 건전하고 타당한 소망을 의미한다. 거짓된 희망의 반대.
- **소탐대실(Penny-wise-pound-foolish)** 적은 지출에 대해 인색하고 큰 지출에는 사치스럽다.
- **수석 비서관(Chief Secretary)** 성령을 나타내며 사랑이 많고 〈인간 영혼 마을〉의 영생 문제에 신실하게 관심을 둔다. 수서 비서관의 역할 가운데 하나는 결정되었던 모든 것을 신뢰할 만하게 기록하는 것이고, 그 기록한 것을 우주 왕국 모든 곳에 알려지게 하는 것이었다. 그는 샤다이왕의 모든 율법을 기록하는 수석 구술자(chief dictator)이며, 샤다이왕과 임마누엘 왕자와 함께 모든 신비와 신비의 지식에 능숙하게 숙련된 위격 이시다. 이 세 분은 본질에서 모두 한 분이시다. 이 이야기에서 수석 비서관은 왕에 관련된 모든 문제

에서 선견자이셨고, 〈인간 영혼 마을〉의 선과 위안을 위하여 일하셨다(또한 최고 비서관과 비서 경으로 불린다).

· 순전 장군(Innocency) 샤다이왕의 네 번째 장군. 샤다이왕의 장군 중 한 명이고 부적절한 휴식이 샤다이왕을 욕했을 때 죽어 넘어졌던 무흠 경과 혼동하지 말아야 한다. 순전 장군은 〈인간 영혼 마을〉을 구속하기 위해 임마누엘 왕자와 함께 보내졌던 장군 가운데 한 명이었다. 그의 이름은 죄책에서 자유롭고, 어떤 잘못도 하지 않으며 죄로 오염되지 않은 순수하고 올바른 것을 의미한다.

· 신뢰(Credence) 샤다이왕의 다섯 번째 장군. 〈인간 영혼 마을〉의 포위 공격에 참여하기 위해 임마누엘 왕자와 함께 온 다섯 명의 장군 중 한 명. 그의 이름은 개인적인 지식 이외의 출처에서 파생된 사실의 증거에 대한 마음의 의존을 의미한다.

· 신성 모독(Profane) 디아볼루스에 메시지를 전달하기 위해 디아볼루스 부하들이 선택한 사자였다. 신성 모독 씨는 디아볼루스를 다시 불러 〈인간 영혼 마을〉을 점령하도록 부탁했다. 그의 이름은 모든 거룩한 것에 대한 반대를 반영한다.

· 심판(Judgment) 샤다이왕의 세 번째 장군. 디아볼루스가 통치했을 때 〈인간 영혼 마을〉에 대항하기 위해 샤다이왕이 보냈던 장군. 그의 이름은 선고를 내릴 수 있는 권리나 능력을 의미한다.

· 아귀(Darkmouth) 육신의 정욕과 비열한 애착이 낳은 사악한 자식 가운데 한 명. 그의 이름은 그의 마음의 어두운 상태를 가리킨다.

> 선한 사람은 마음에 쌓은 선에서 선을 내고 악한 자는 그 쌓은 악에서 악을 내나니 이는 마음에 가득한 것을 입으로 말함이니라(눅 6:45).

· 아볼루온(Apollyon) 파괴자. 이 이름은 요한계시록 9:11에서 무저갱의 사자에게 쓰였다(히브리어 아바돈[*Abaddon*]).

· 안전(Secure) 임마누엘 왕자의 군대가 〈인간 영혼 마을〉을 되찾기 시작했을 때 죽임당했던 디아볼루스의 장군 가운데 한 명. 그는 심지어 맹인과 절름발이조차도 임마누엘 왕자의 군대에 대항해서 성문을 보호하고 성문이 무너지지 못하게 할 수 있다고 말했던 장군이었다. 그의 이름은 두려움에 의해 놀라지 않고 방해받지 않고 안전을 확신하는 것을 의미한다. 확신 장군

(Captain Conviction)이 안전 장군의 머리를 양날 검으로 베어 버렸다.

- 알렉토(Alecto) 강퍅하거나 끊임없는 분노를 나타내는 그리스 신화에 등장하는 복수의 여신 가운데 하나.

- 애착(Affection) 욕망, 성향, 선한 애정이나 비열한 애정과 같은 성향. 이 인물은 애착 씨로 소개되지만, 그의 원칙에서 부패했다. 그는 그런 부패한 원칙에 따라 생활하고 육체에 빠져 있어 비열한 애착으로 알려진다.

> 육체의 일은 분명하니 곧 음행과 더러운 것과 호색과 우상 숭배와 주술과 원수 맺는 것과 분쟁과 시기와 분냄과 당 짓는 것과 분열함과 이단과 투기와 술 취함과 방탕함과 또 그와 같은 것들이라 전에 너희에게 경계한 것 같이 경계하노니 이런 일을 하는 자들은 하나님의 나라를 유업으로 받지 못할 것이요(갈 5:19-21).

- 약속(Promise) 확신 장군을 위한 기를 나른다. 그의 이름은 다른 사람의 이익을 위해 중요한 무언가가 행해지거나 주어질 것에 대한 구속력 있는 선언을 의미한다.

- 양심(Conscience) 〈인간 영혼 마을〉의 최초이자 마지막 서기관. 그는 용기 있고 기회가 있을 때마다 진리를 말하는 데 신실했고 대담한 혀와 건전한 판단으로 가득 찬 지성을 갖추었지만, 그의 죄로 인해 때때로 샤다이왕의 율법을 망각했지만 다른 때에 〈인간 영혼 마을〉의 죄에 대해 슬퍼했다.

- 얼간이(Fooling) 이 디아볼루스 부하의 이름은 패배시키는 것, 실망하는 것, 또는 속이는 것을 의미한다. 이 인물은 샤다이왕의 성으로 가는 성문 앞에서 크게 소리 지르며 말했고, 〈인간 영혼 마을〉을 구원하기 위해 신뢰 장군(Captain Credence)을 디아볼루스에 넘겨야 한다고 요청했다.

- 오래 참음(Suffer-Long) 인내 장군의 기수. 그의 이름은 오랫동안 부상이나 도발을 참는 것과 쉽게 화를 내지 않고 인내하는 것을 의미한다.

- 오만(Haughty) 그의 이름은 교만하고 경멸적인 것을 의미하며, 다른 사람들에 대한 경멸과 함께 자신에 대해 높은 평가를 한다. 다른 특성으로는 고상하고 거만한 것을 포함한다. 그는 〈인간 영혼 마을〉 사람들이 샤다이왕의 장군들이 전달한 소환에 대담하게 맞서라고 교사(敎唆)했다.

- 오물(Filth) 도덕적 인물을 타락시키고 그의 가치를 훼손하거나 더럽히는 것을 나타낸다. 디아볼루스는 오물를 이용해서 글로 혐오스럽고, 더럽고 정욕적인 야수 조각을 그려 성의 문마다 올려놓게 했다. 그 속에서 그는 〈인간

영혼 마을〉에 있는 그의 진실하고 신뢰할 수 있는 모든 이에게 그들의 정욕적인 욕망이 그들에게 하고자 하는 것은 무엇이든지 하도록 허락했다.

- 옳게 행함(Do-Right) 〈인간 영혼 마을〉의 법정 서기관의 이름. 생포된 디아볼루스 부하들이 재판받기 위해 옳게 행함 씨 앞으로 인도되었다. 도덕과 종교 문제에서 그의 이름은 그가 정의롭고 공평한 것과 진리의 기준과 하나님의 공의나 뜻에 부합하는 것을 행하리라는 것을 의미한다.

- 이성(Reason) 임마누엘 왕자와 그의 군대가 〈인간 영혼 마을〉을 점령했을 때 무흠 장군(Captain Innocency)은 이성 씨의 집에 살았다. 그의 이름은 진리와 거짓과 선과 악을 구별하고 이성의 소유자가 사실 또는 명제에서 추론을 연역할 수 있는 마음의 능력을 반영한다.

- 인간 영혼 사랑(Mr. Love-to-Mansoul) 샤다이왕의 장군들이 샤다이왕에게 보낼 사자로 사용한 보발(步撥)의 이름. 그는 〈인간 영혼 마을〉의 전쟁이 어떻게 진행되고 있는지를 왕에게 전해야 했다. 그의 이름에서 "사랑"은 애국심의 사랑이나 사람이 자기 고국에 가진 애착과 같다.

- 인간의 날조(Man's Invention) 샤다이왕의 장군들이 〈인간 영혼 마을〉로 가는 길에 만났던 세 명의 젊은이 가운데 한 명. 보아너게 장군이 그를 자기 부대에 입대시켰다. 이 이름은 세상에서 자기의 방법을 발견하거나 찾는 것을 가리킨다. 디아볼루스 군대에 붙잡혔을 때 그는 편을 바꾸고 디아볼루스 밑에서 섬기기로 동의했다.

- 인간의 지혜(Human Wisdom) 샤다이왕의 장군들이 〈인간 영혼 마을〉로 가는 길에 만났던 세 명의 젊은이 가운데 한 명. 보아너게 장군이 그를 자기 부대에 입대시켰다. 이 이름은 천상의 지혜라기보다는 인간의 추론을 가리킨다. 디아볼루스 군대에 붙잡혔을 때 그는 편을 바꾸어 디아볼루스 밑에서 섬기기로 동의했다.

- 인내(Patience) 샤다이왕의 다섯 번째 장군. 〈인간 영혼 마을〉을 되찾기 위해 임마누엘 왕자와 합류한 장군 가운데 또 다른 장군이다. 그의 이름은 정의를 오래 기다리거나 불만 없이 좋은 것을 기대하는 행동이나 자질을 나타낸다.

- 임마누엘(Emmaneul) 히브리어 이름 임마누엘(*Immau'el*)에 근거해서 이 이름은 "하나님이 우리와 함께하신다"(God is with us)를 의미한다. 구약성경에서 메시아에 관한 예언된 이름이다. 『거룩한 전쟁』 이야기에서 임마누엘은 샤다이왕의 아들이고 인간 영혼을 회복하기 위해 전쟁을 이끄시는 분이다.

· 유황(Brimstone) 은혜의 상태에서 영광의 상태로 계속된다는 것을 믿지 않았던 견인을 의심하는 자들을 지휘하는 디아볼루스의 장군으로 섬겼다. 그의 이름은 영원한 화염과 구원받지 못한 자들의 고통과 관련된 유황과 같다.

· 욕망(Insatiable) 믿음을 의심하는 병사들을 지휘하는 장군으로 디아볼루스를 섬겼다. 그의 이름은 만족하거나 충족될 수 없는 것을 의미한다. 매우 탐욕스러움을 의미한다.

· 육신 사랑(Love-Flesh) 불법적인 욕정의 탐닉을 가진 그는 달콤한 죄, 요새(Sweet-Sin Hold)의 총독으로 임명되었다. 그는 간음에 중독되었다. 그의 욕망에는 한계가 없었고, 그가 하나님의 천국에서 했던 것보다 정욕을 마실 때 더 많은 달콤함을 발견했다.

· 육신의 안락(Carnal-Security) 임마누엘 왕자가 마을을 점령한 후에 마을에 남아 있던 디아볼루스 부하. 육신의 안락은 믿는 자들을 유혹하여 세상 지혜와 실천을 의지하게 만드는 마귀가 쓰는 전략의 일부다. 이런 방식으로 육신의 안락은 인간 영혼을 심각한 노예와 속박으로 이끌었다.

· 육신의 정욕(Carnal-Lust) 마음의 딸. 애착과 결혼하여 건방짐, 험한 입, 증오하는 비난과 같은 세 명의 악한 아들을 포함해서 몇몇 자녀가 있었다. 그들 또한 진리 조롱과 하나님 경멸이었고, 가장 어린 딸인 복수라는 세 명의 딸이 있다. 이들은 모두 성인이 되었고, 모두 결혼하여 악한 자식을 많이 낳았다.

· 육욕(Lustings) 절실한 욕망과 육식적 욕구가 있다. 육욕 경은 눈도, 귀도 없는 디아볼루스 부하였고, 디아볼루스 아래에서 시장 경으로 섬겼다. 그는 짐승처럼 완전히 육체적 욕망으로 행동했고 결코 선을 지지하지 않고 단지 악만을 선택했다.

· 완악한 마음(Hard-heart) 완악한 마음은 융통성이 없이 죄를 계속해서 짓는 것이다. 이런 디아볼루스 부하의 행동은 〈인간 영혼 마을〉이 그들의 자연적이고 도덕적인 악에 대해 어떤 후회나 슬픔을 보이지 않게 했다.

· 자고한 마음(High-Mind) 귀 문 위에 설치된 두 개의 대포 가운데 두 번째 대포. 자고(High)라는 용어는 이런 맥락에서 많은 가능한 의미를 지니는데, 여기에는 자랑스럽고, 과시적이고, 오만하고, 자랑스럽고, 시끄럽고, 폭력적이고, 가혹하고, 억압적인 의미가 포함되는 반면, '마음'이라는 단어는 의도, 목적 또는 계획을 의미한다. 이 대포는 샤다이왕의 군대에 해를 끼치기 위해 설치되었다.

- 자기 부정(Self-Denial) 임마누엘 왕자가 천 명이 넘는 〈인간 영혼 마을〉 사람을 지휘하도록 장군으로 임명했던 〈인간 영혼 마을〉에 거주하는 용감한 젊은 사람. 그는 유혈 병사에 대항하여 마을을 보호하도록 귀 문과 눈 문에 배치되었다. 그의 이름은 자기의 욕구나 욕망을 만족시키는 것을 삼가는 자아의 부정을 의미한다.

- 자랑(Boasting) 임마누엘 왕자의 군대가 〈인간 영혼 마을〉을 되찾기 위해 싸웠을 때 살해당했던 디아볼루스의 장군 가운데 한 명이다. 그는 누구도 귀문의 기둥을 흔들거나 디아볼루스의 마음에 의심을 불러일으킬 수 없다고 생각했다. (그의 이름이 암시하듯이) 자랑 장군은 허세를 부리며 말하고, 과시하고, 자신을 위해 영광을 취하는 것으로 알려져 있었다.

- 자만(Self-Conceit) 임마누엘 왕자가 마을을 점령한 후에 마을에 남아 있었던 디아볼루스 부하. 그의 이름은 과장된 자기 중요성의 의식을 가진 거짓 자만심을 의미한다.

- 자애(Charity) 샤다이왕의 일곱 번째 장군. 일반적으로 그의 이름은 사랑, 자비, 선의, 마음의 기질을 의미한다. 이런 것은 사람들에게 다른 사람들을 호의적으로 생각하게 하고 그들에게 유익을 베푼다. 신학적 의미에서 이것은 하나님에 대한 최고의 사랑과 인간에 대한 보편적인 선의를 포함한다.

- 자유의지(Willbewill) "일어날 일은 일어나고야 만다"(What will be will be)라는 어구에 기초한다. 이 어구는 우리가 받아들여야 할 절망적이고 변할 수 없는 상황에 갇혔을 때 언급되는 무언가이다. 이 경우 자유의지 경은 샤다이왕의 종으로 시작하지만, 도시가 점령되었을 때 디아볼루스에게로 자기의 충성을 바꾼다. 샤다이왕의 지배 아래에서 그의 변덕스러운 생각은 전쟁을 연장했다. 왜냐하면, 그는 다른 쪽보다 한쪽을 더 지지하는 것처럼 보이지 않았기 때문이다. 그런 후에 그가 회개에 이르고 임마누엘 왕자의 영원한 팔에 안겼을 때 그는 〈인간 영혼 마을〉의 유익을 위해 왕자의 지배 아래에 다스렸다.

- 작은 이익을 탐하다가 큰 것을 잃어버린(Get-i'the- hundred-and-lose-i'the-shire) 영국의 옛 주(州)의 지형에 있는 자유인 100명은 가족과 함께 사는 한 주(州)의 정치적 구역(a political subdivision of a shire)의 한 부분이었다. 그러나 수백 명의 전체 수가 그 주의 정치적 일치성을 구성하게 되었다.

- 저주(Damnation) 디아볼루스의 장군 가운데 한 명. 그의 이름은 영원한 고통

의 상태를 선고받았다는 것을 의미하며 그의 역할은 은혜를 의심하는 병사들(Grace-doubters)을 지휘하는 장군이 되는 것이었다.

- 저항(Resistance) 거대한 디아볼루스와 그의 군대가 마을 전체를 두려워했던 것보다 더 두려워했던 〈인간 영혼 마을〉의 위대한 장군이다. 저항 장군은 디아볼루스가 성문으로 왔을 때 마을에서 유일하게 전쟁에 능한 용사였다. 일단 디아볼루스와 그의 군대가 그를 죽이자 저항은 사라졌다. 그리고 〈인간 영혼 마을〉은 용기가 부족했다. 왜냐하면, 그의 죽음으로 인해 마을은 저항할 마음이 없어졌기 때문이다. 이것이 악마인 디아볼루스가 내내 계획했던 것이었다.

- 전지(Know-All) 왕의 원수들에 대한 증인으로 부르심을 받았다. 그의 이름은 그가 진리, 사실 또는 실제로 존재하는 어떤 것에 대해 명확하고 확실한 인식을 가지고 있다는 것을 의미한다.

- 전통(Tradition) 샤다이왕의 장군들이 〈인간 영혼 마을〉로 가는 길에 만났던 세 명의 젊은이 가운데 한 명. 보아너게 장군이 그를 자기 부대에 입대시켰다. 이 이름은 하나님의 전통이 아니라 인간의 전통을 의미한다.

> 누가 철학과 헛된 속임수로 너희를 사로잡을까 주의하라 이것이 사람의 전통과 세상의 초등학문을 따름이요 그리스도를 따름이 아니니라(골 2:8).

디아볼루스 군대에 붙잡혔을 때 그는 편을 바꾸고 디아볼루스 밑에서 섬기기로 동의했다.

- 젖은 눈(Wet-Eyes) 상한 심령을 가진 가난한 사람이었지만 탄원에서 말을 잘 할 수 있는 사람이었다. 각성씨와 동반해 두 번째로 탄원서를 임마누엘 왕자에게 가지고 갔다.

- 증오하는 비난(Hate-reproof) 바로 잡음을 증오하는 육신의 욕망과 비열한 애착 사이의 낳은 악한 자손 가운데 한 명. 왜냐하면, 그는 육신적이고 감정이 없으며 사납고, 무감각하고 심지어 금수 같은 사람으로서 어리석기도 하기 때문이다.

- 지식(Knowledge) 임마누엘 왕자는 양심 서기관 대신에 지식을 서기관으로 임명했다. 이것은 그가 양심 서기관이 자기의 의무를 제대로 수행하지 않았기 때문이 아니라, 임마누엘 왕자가 양심에게 또 다른 직책을 맡길 계획이었기 때문이다. 그의 이름은 진리와 사실에 대한 명확하고 확실한 인식을 암시한다.

- 진리 보증(Vouch-Truth) 법정에 샤다이왕의 증인 가운데 한 명. 이 이름은 진실이나 사실을 보증한다는 것을 의미한다.
- 진리 조롱(Scorn-Truth) 육신의 정욕과 비열한 애착이 낳은 사악한 딸 가운데 한 명. 그녀는 진리를 경멸했다.
- 진리 탐구(Search-Truth) 법정에서 샤다이왕의 증인 가운데 한 명. 이 이름은 진리를 추구하거나 찾는 것을 의미한다.
- 진실을 말함(Tell-True) 법정에서 왕의 적들에 대한 증인으로 역할을 했다. 그의 이름은 그가 증언한 모든 것이 상황에 관한 실제 상태에 부합한다는 것을 의미한다.
- 진실한 사람(True-Man) 임마누엘 왕자가 〈인간 영혼 마을〉에서 디아볼루스와 처음 전쟁을 벌였을 때 그의 아버지 궁전에서 데려왔던 사람 가운데 한 명이었다. 임마누엘 왕자는 그를 〈인간 영혼 마을〉에서 간수로 임명했다. 그의 이름은 신실하고 친구, 약속과 왕자에게 충실히 따르는 데 있어서 꾸준한 사람을 나타낸다. 그는 거짓, 변덕, 불성실한 사람이 아니다.
- 집행(Execution) 샤다이왕의 네 번째 장군. 샤다이왕이 〈인간 영혼 마을〉을 다시 탈환하기 위해 보낸 장군. 그의 이름은 법정의 선고나 판결을 이행하는 것을 의미한다. 그의 이름은 또한 공의가 수행되어야 할 과정이나 사법적 형벌이 가해지는 과정을 완성하는 데 있어서 율법의 마지막 행위를 의미한다.
- 최고 비서관(High Secretary) 샤다이왕과 임마누엘 왕자와 동등하신 분. 이분은 임마누엘 왕자의 승리로 정복 후에 〈인간 영혼 마을〉에 거주한다. 성령을 상징한다.
- 탐색(Prywell) 〈인간 영혼 마을〉 사람들을 사랑했고, 거리를 경계하며 걸었다. 왜냐하면, 그는 마을 안에 숨어 있는 디아볼루스 부하로부터인지 아니면 성벽 밖에서 오는 어떤 힘으로부터인지 어떤 해로운 것이 마을에 떨어질까 두려워했다. 그는 거리를 걸으며 마을에 대한 음모가 진행되고 있는지 아닌지를 파악하고 듣기 위해 모든 것에 주의를 기울였다. 그의 이름은 면밀히 조사한다는 것을 의미한다. 자세히 살피는 호기심으로 중요한 무언가를 발견하려는 시도를 의미한다.
- 탐욕(Covetousness) 어떤 좋은 것을 얻고, 소유하려는 강하거나 과도한 욕망

으로 이것은 보통 부나 탐욕에 대한 과도한 욕망에 적용된다. 〈인간 영혼 마을〉을 속이기 위해 그는 자신을 신중한 검소(Prudent-Thrifty)로 불렀다. 이 이름과 양의 옷을 입은 그는 마을 사람들에게 자기의 섬김을 임대하겠다고 제안했다.

· 티시포네(Tisiphone) 그리스어로 복수하는 살인을 의미한다. 이것은 그리스 신화에 나오는 복수의 여신 가운데 하나이다. 그녀는 자기 머리에 있는 뱀 가운데 한 마리의 독으로 키타이론(Cithaeron)을 죽였다.

· 편견(Prejudice) 사실이나 주장에 대해 적절한 조사 없이 의견을 가지거나 결정하는 사람. 사실이나 주장에 대한 적절한 조사는 공정하고 공평한 결정에 도달하는 데 필요하다. 편견과 같은 이런 인물은 화를 잘 내는 심술궂은 자이고, 귀 문이 있는 지역을 통솔한다.

· 평안 없음(Captain No-ease) 그는 디아볼루스 군대에서 구원을 의심하는 자들(Salvation-doubters)로 이루어진 부대를 지휘하도록 배치되었다. 그의 이름은 조용한 평온 상태의 부재를 나타내며 구원의 상태에 관해 평온을 근심과 불안으로 대체한다.

· 하나님 경멸(Slight-God) 육신의 정욕과 비열한 애착이 낳은 사악한 딸 가운데 한 명. 그녀의 이름은 선한 것은 가치 없을 뿐만 아니라 주목할 필요도 없다고 무시하는 것을 의미한다.

· 하나님 증오(Spite-God) 〈인간 영혼 마을〉이 옛적 왕에 관한 지식을 알지 못하기 위한 지휘소로 건설되었던 반항 요새를 다스리는 총독. 이 인물은 처음에 〈인간 영혼 마을〉에 대항하기 위해 무질서하고 천박한 군중과 함께 왔던 악독한 신성 모독자였다. 그의 이름은 하나님을 향한 뿌리 깊고 냉혹한 악의와 지독한 증오를 의미한다.

· 하나님의 평안(God's-Peace) 모든 이해를 넘어 그리스도 안에서 마음과 생각을 지킨다.

> 그리하면 모든 지각에 뛰어난 하나님의 평강이 그리스도 예수 안에서 너희 마음과 생각을 지키시리라(빌 4:7).

이 인물은 자유의지 경, 서기관, 부설교자, 마음과 〈인간 영혼 마을〉 출신의 모든 자를 통솔한다.

- **허풍(Bragman)** 디아볼루스 군대에서 인기 있는 장군이다. 그가 이끄는 중대는 임마누엘 군대에 횃불과 화살을 날렸다.

  > 횃불을 던지며 화살을 쏘아서 사람을 죽이는 미친 사람이 있나니 자기의 이웃을 속이고 말하기를 내가 희롱하였노라(잠 26:18-19).

  허풍 장군은 자기 행동의 장점이나 이점을 과시적으로 보여 주고 자랑스러운 이야기를 하는 것으로 알려져 있었다.

- **호기심(Inquisitive)** 가난한 환경에 살고 있고 대화, 조사 또는 관찰을 통해서 더 많은 것을 알고자 하는, 주목할 만한 영리한 친구.

- **호색(Lasciviousness)** 임마누엘 왕자가 마을을 떠났을 때 〈인간 영혼 마을〉에 남겨졌던 디아볼루스 부하 가운데 한 명이다. 그의 이름은 욕정, 음란함, 불규칙하게 음탕함을 탐닉하고 자극하는 경향을 의미한다. 하지만, 속임수의 하나로, 그는 자신을 무해한 오락으로 불렀다.

- **해악(Mischief)** 〈인간 영혼 마을〉을 다시 디아볼루스의 손아귀에 넘기는 방법에 대해 조언을 해 주었던 디아볼루스 부하. 이 이름은 의도했든 아니든 해, 상처, 부상, 피해 또는 악을 일으키는 것을 의미한다.

- **확신(conviction)** 샤다이왕의 두 번째 장군. 샤다이왕이 〈인간 영혼 마을〉로 그를 보냈다. 그의 이름은 오류나 주장된 진리를 인정하는 설득력 있는 사람의 행동을 가리킨다.

- **희망 없음 장군(Captain Past-Hope)** 희망 없음 장군은 디아볼루스 군대에서 지복을 의심하는 자들을 지휘하도록 배치되었다. 그의 이름은 희망의 상실을 나타낸다. 뜨거운 쇠와 강퍅한 마음의 상징은 화인 맞은 양심과 강퍅한 마음을 나타낸다.

제1부

⟨인간 영혼 마을⟩의 기원

Mansoul: it's origin

제1장

〈인간 영혼 마을〉의 기원

Mansoul: it's origin

　여행 중에 많은 지역과 나라를 거닐면서 나는 우연히 그 유명한 우주 대륙(Universe)이라는 곳에 이르렀다. 매우 크고 넓은 이 나라는 하늘의 네 지점 가운데 두 극 사이에 놓여 있다. 이곳은 물이 풍부하고 언덕과 계곡으로 절경을 이루고 위치적으로 멋진 곳에 자리 잡고 있다. 적어도 내가 있었던 곳에서 이 나라는 대체로 풍요롭고 인구가 많고 깨끗하고 달콤한 공기로 축복받은 나라였다.

　사람들은 피부색, 언어, 관습과 종교 방식에 있어서 다양하다. 그들은 행성들이 서로 다른 것만큼이나 서로 다르다. 심지어 더 작은 지역에서 그런 것처럼 어떤 이들은 옳고 어떤 이들은 그르다.

　내가 이 나라를 여행한 것은 행운이었다. 왜냐하면, 나의 주인(Master)이 그분을 위해 일하고 사업을 감독하게 하기 위해서 자기의 사업을 위해 나를 이곳으로 보냈기 때문이다. 나는 충분한 시간을 이곳에서 보내며 이곳 사람들의 언어, 관습 그리고 예절을 많이 배웠다. 진실을 말하자면 그들 가운데 거하면서 많은 것을 보고 듣는 것이 나를 매우 기쁘게 했다. 심지어 나는 그들 가운데 살았고 그곳 주민으로 죽기까지 했다. 왜냐하면, 나는 그들과 그들의 삶의 방식에 너무 매혹되어 있었기 때문이다.

　이제 이런 멋지고 고귀한 우주(Universe)의 나라에서 한 소유주, 즉 인간 영혼(Mansoul)으로 불리는 단결된 민족이 정직한 한 마을을 철저하게 다스린다. 이 마을은 세심하고 정교하게 지어진 건물들로 유명하다. 또한, 이 건물들의 위치는 편리하고 거기 거주하는 사람들의 욕구와 필요를 충족시키기 위해 잘 개조되었다. 〈인간 영혼(Mansoul) 마을〉은 또한 특권과 유익한

하늘에서 쫓겨나는 디아볼루스

기원(origin)으로 인정받고 있다. 이 마을이 있는 대륙처럼 이 마을은 하늘 아래 그 어느 곳과 비길만한 곳은 없다.

이 마을의 위치는 두 세계 사이에 놓여 있다. 가장 좋고 신뢰할 만한, 기록에 의하면 〈인간 영혼 마을〉의 설립자와 건축자는 한 분이신 샤다이(Shaddai)왕이었다. 그분은 자기의 기쁨을 위해 이 마을을 만드셨다. 또한, 양식과 화려함은 샤다이왕이 그 나라에서 했던 그 어떤 것보다 뛰어났다.

> 우리 주 하나님이여 영광과 존귀와 권능을 받으시는 것이 합당하오니 주께서 만물을 지으신지라 만물이 주의 뜻대로 있었고 또 지으심을 받았나이다 하더라 (계 4:11).

〈인간 영혼 마을〉은 매우 쾌적한 마을이어서 샤다이왕이 처음에 이 마을을 지으셨을 때 어떤 이들은 신들이 그 마을을 보러 내려왔고 기쁨으로 노래를 불렀다고 말했다.

샤다이왕은 그 마을을 보기에 아름답게 만드신 만큼 이 마을 주위에 모든 나라를 지배하기 위해 〈인간 영혼 마을〉을 강력하게 만들었다. 모든 나라는 〈인간 영혼 마을〉을 그들의 수도로 인정하고 그 마을에 경의를 표하도록 명령받았다.

그렇다. 〈인간 영혼 마을〉 자체가 모든 나라의 섬김을 요구하고 어떤 식으로든 그 명령을 거부한 자를 제압하기 위해 왕으로부터 직접적인 명령과 권한을 가지고 있었다. 이 마을 한 가운데 가장 유명하고 위엄 있는 궁전이 있었다. 궁전의 견고함으로 인해 성으로 불렸다.

또한, 궁전이 주는 즐거움으로 인해 낙원으로도 불렸다. 궁전의 규모는 모든 세상을 담을 수 있을 정도로 거대했다. 샤다이왕은 자신만을 위해 이 궁전을 만들었다. 이는 자기의 기쁨과 한편으로는 낯선 자들의 테러 행위가 마을에 닥치는 것을 원하지 않았기 때문이다. 샤다이왕은 또한 이 장소를 성채로 만드셨지만, 이 마을 사람들에게 성을 지키도록 위임했다.

이 마을의 성벽은 견고하고 조밀하게 이음새가 잘 고정되어 있었다. 마을 사람들이 없었다면 이 성벽들은 영원히 남아 있었을 것이고 흔들리거나 부서질 수 없었을 것이다. 〈인간 영혼 마을〉을 세우셨던 분은 그분의 뛰어난 지혜로 이 성벽을 지으셨다. 그 결과로 마을 사람들이 동의하지 않는 한 성벽은 결코 파괴되거나 가장 강력한 적대적인 원수라도 성벽에 손상을 가할 수 없었다.

> 누가 우리를 그리스도의 사랑에서 끊으리요. 환난이나 곤고나 박해나 기근이나 적신이나 위험이나 칼이랴 … 그러나 이 모든 일에 우리를 사랑하시는 이로 말미암아 우리가 넉넉히 이기느니라 내가 확신하노니 사망이나 생명이나 천사들이나 권세자들이나 현재 일이나 장래 일이나 능력이나 높음이나 깊음이나 다른 어떤 피조물이라도 우리를 우리 주 그리스도 예수 안에 있는 하나님의 사랑에서 끊을 수 없으리라 (롬 8:35, 37-39).

이 유명한 〈인간 영혼 마을〉은 출입하는 데 사용하는 다섯 개의 문이 있었다. 이 문들은 벽과 일치하도록 지어졌다. 다시 말해서 이 문들은 난공불락이었다. 어떤 외부인도 이 성문을 강제로 열 수 없었다. 단지 그 안에 있는 사람들의 의지와 허락에 의해서만 열 수 있었다. 이 문들의 이름은 귀 문(Ear-gate), 눈 문(Eye-gate), 입 문(Mouth-gate), 코 문(Nose-gate), 감각 문(Feel-gate)이었다(다섯 가지 인간 감각을 의미한다-역주).

독자들은 〈인간 영혼 마을〉에서 발견한 다른 것들을 통해서 그 장소가 가진 영광과 장점에 대해 더 분명한 모습을 보게 될 것이다. 〈인간 영혼 마을〉은 항상 성벽 안에 충분한 공급 수단을 가지고 있었다. 〈인간 영혼 마을〉은 전 세계에 존재했던 가장 훌륭하고, 가장 건전하고, 가장 탁월한 율법이 준비되어 있었다. 성벽 안에서 비열한 사람, 부정직한 악당, 믿음 없는 사람을 찾을 수 없었다. 모두 정직하고 신실한 사람이었고 강하게 결속되어 있었다. 그리고 이것은 중요한 문제이다.

> 행위가 온전하여 여호와의 율법을 따라 행하는 자들은 복이 있음이여 (시 119:1).

〈인간 영혼 마을〉이 샤다이왕에게 신실하려는 선함이 있는 한 〈인간 영혼 마을〉의 사람들은 그분의 은혜, 보호를 누렸다. 그리고 그들은 그분의 기쁨이었다.

그러나 얼마 후 디아볼루스(Diabolus)라는 이름의 강력하게 거대한 자가 유명한 〈인간 영혼 마을〉을 취해서 자기 소유로 만들기 위해 이 마을에 대한 공격을 시작했다. 이 거인은 어둠 세계의 왕이었고 미쳐 날뛰는 왕이었다. 그가 이 유명한 〈인간 영혼 마을〉을 점령한 것에 대해 이야기하기 전에 괜찮다면 먼저 이 디아볼루스라는 거대한 자의 기원에 관해 이야기해야겠다.

디아볼루스는 위대하고 강력한 왕이었다. 하지만, 그는 가난하고 거지와 같았다. 그의 기원에 관해서 말하자면 그는 한때 샤다이왕의 종 가운데 하나였다. 샤다이왕이 그를 창조했고, 그를 높고 강력한 지위에 올려놓았다. 그렇다. 샤다이왕이 가진 영토와 행하는 통치 가운데 최고에 속하는 것을 샤다이왕은 디아볼루스에게 부여하셨다. 디아볼루스는 '아침의 아들'(son of the morning)이 되었고 위엄 있는 지위를 부여받았다.

이것은 그에게 많은 영광을 가져다주었으며 그를 매우 기쁘게 했다.

> 네가 옛적에 하나님의 동산 에덴에 있어서 각종 보석 곧 홍보석과 황보석과 금강석과 황옥과 홍마노와 창옥과 청보석과 남보석과 홍옥과 황금으로 단장하였음이여 네가 지음을 받던 날에 너를 위하여 소고와 비파가 준비되었도다 (겔 28:13).

또한, 그의 지위는 만약 그의 마귀적인 마음이 만족할 줄 알고 지옥 자체만큼이나 확대되지 않았다면 그의 마음을 만족하게 했었을 수도 있는 유익을 그에게 제공했다. 그는 자신이 그런 정도의 위대함과 명예까지 높여지는 것을 보았고 더 많은 것을 원했다.

그의 마음은 더 높은 명예와 명성의 지위를 맹렬하게 탐했다. 그는 어떻게 자신이 만물의 주인이 되어 다스리는 지위를 얻을 수 있을지를 생각하기 시작했다. 그리고 그는 샤다이왕이 가진 유일무이한 권력을 가질 수 있을지를 생각하기 시작했다.

> 네가 네 마음에 이르기를 내가 하늘에 올라 하나님의 뭇별 위에 내 자리를 높이리라 내가 북극 집회의 산 위에 앉으리라 가장 높은 구름에 올라가 지극히 높은 이와 같아지리라 하는도다 (사 14:13-14).

하지만, 샤다이왕은 자기 아들을 위해 그런 지위를 남겨 두었고 이미 그에게 부여했다.

> 이러므로 하나님이 그를 지극히 높여 모든 이름 위에 뛰어난 이름을 주사. 하늘에 있는 자들과 땅에 있는 자들과 땅 아래에 있는 자들로 모든 무릎을 예수의 이름에 꿇게 하시고(빌 2:9-11).

디아볼루스는 행동에 나서기 전에 자기의 목적을 어떻게 하면 가장 잘 이룰 수 있을지를 생각했다. 그런 후에 그는 자기 생각을 몇몇 동료와 나누었다. 그들은 그에게 동의했고 함께 이 문제에 대해 교묘하게 논의했다. 그리고 그들은 샤다이왕의 아들에게 주어진 기업을 차지하기 위해 그를 죽이려는 방법을 함께 모의했다.

> 농부들이 그 아들을 보고 서로 말하되 이는 상속자니 자 죽이고 그의 유산을 차지하자 하고(마 21:38).

간단히 말해서 그들은 반역하기로 정해진 시간을 결정했다. 그런 후에 그들은 함께 반역을 성공시키겠다고 맹세했다. 반역자들은 미리 정해진 시간과 장소에 모여 공격했다.

이 모든 것을 보시는 샤다이왕과 그분의 아들은 그들의 영토에서 일어나는 모든 사건을 인식하고 사랑하는 자기 아들에 대한 그들의 반역에 크게 분노하고 불쾌해하셨다. 샤다이왕은 반역자들이 계획을 실행하기 위해 첫 발걸음을 뗀 바로 그때 그들을 제거했다. 샤다이왕은 그들이 모의하고 실행에 옮기려 했던 배반과 끔찍한 반역 그리고 음모에 대해 유죄를 선고하신 것이다.

그분은 신임, 특권, 명예 그리고 고위 직분의 모든 곳에서 그들을 쫓아냈다. 그리고 그들을 샅샅이 수색하여 왕의 궁전에서 추방하여 그들을 쇠사슬로 단단히 묶어 끔찍한 무저갱에 집어 던져 넣으셨고, 그들은 다시는 그분의 손에서 최소한의 호의도 기대할 수 없게 되었다. 거기서 그들은 샤다이왕이 정하셨던 심판을 영원히 따라야만 했다.

> 또 자기 지위를 지키지 아니하고 자기 처소를 떠난 천사들을 큰 날의 심판까지

아볼루온의 충고

영원한 결박으로 흑암에 가두셨으며(유 1:6).

    그들은 샤다이왕의 궁전에서 쫓겨나 그분의 궁전에서 추방됨으로써 끔찍한 무저갱으로 던져진 후에 그들이 섬기던 왕의 은택을 영원히 잃어버려 신임, 특권, 명예의 모든 지위를 박탈당했다는 것을 알게 되었다(우리는 그들이 예전에 가졌던 교만에 이제 샤다이왕과 그분의 아들에 대한 악의와 분노를 추가했다는 것을 확신할 수 있다). 그들은 맹렬한 분노로 이곳저곳을 돌아다녔다. 또한, 그들은 왕에게 속한 중요한 무언가를 체계적으로 찾기 시작했다. 그들이 이렇게 한 것은 왕에게 복수하고 왕에게 속한 중요한 무언가를 쓸모없게 만들기 위한 것이었다.
    드디어 자기들이 어디로 가는지를 알지 못하는 상황에서 반역자들은 우주라는 이 광대한 나라로 들어왔고 방향을 〈인간 영혼 마을〉 쪽으로 향했다. 그들은 이 마을이 샤다이왕의 중요한 작품이고 기뻐하는 것 가운데 하나라는 것을 알았다. 그래서 그들은 계획을 모의했고 이 마을에 대해 공격을 개시했다.

그들은 〈인간 영혼 마을〉이 샤다이왕에게 속했다는 것을 알게 된 이유는 샤다이왕 이 자신을 위해 이 마을을 건설하고 아름답게 꾸밀 때 그들이 그곳에 있었다. 따라서 그들을 위해 건설하고 아름답게 꾸며 놓은 이 곳을 발견했을 때 기뻐서 미친 듯이 소리를 질렀고 먹이를 본 사자처럼 으르렁거리며 말했다.

"이제 우리는 뜻밖에 횡재를 얻었다.
샤다이왕이 우리에게 행했던 것에 대해 복수할 수 있는 방법을 찾았다!"

근신하라 깨어라 너희 대적 마귀가 우는 사자 같이 두루 다니며 삼킬 자를 찾나니 (벧전 5:8).

그들은 이 유명한 마을을 얻기 위한 목적으로 전쟁 회의를 소집하여 〈인간 영혼 마을〉과 교전하기 위한 가장 최고의 방법을 얻기 위해 다음과 같은 네 가지 사항을 제안하여 신중하게 논의했다.

첫째, 〈인간 영혼 마을〉을 점령하기 위해 그들 모두가 이 계획에 참여하는지에 의문을 제기했다.
둘째, 지금 입고 있는 누더기와 구걸하는 복장을 한 상태로 〈인간 영혼 마을〉 사람들 앞에 가서 앉아야 하는지에 관해 이야기했다.
셋째, 〈인간 영혼 마을〉에 대한 그들의 의도와 그들이 모의했던 계획을 밝히는 것이 신중한 일지 아니면 언변과 기만적인 수단으로 공격해야 하는지에 대해 논의했다.
넷째, 만약 그들 가운데 일부가 마을의 주요 인사를 보았을 때 그들을 쏘라는 비밀 지령을 받았다면 그렇게 하는 것이 좋은지에 대해 논의했다. 왜냐하면, 그들은 자기들의 대의와 계획을 이런 방식으로 더 효과적으로 진척시키기로 했기 때문이다.

그들은 첫 번째 제안에 대해 반대 결정을 했다. 왜냐하면, 마을 사람들 앞에서 자기 모두 자신을 드러낸다면 그들을 놀라게 하고 두렵게 할 수 있음으로 그들 중 몇 명 또는 한 명만이 접근을 하는 것이 좋다고 생각했다.

디아볼루스는 말했다.

"우리가 이 마을을 점령하는 것은 불가능하오. 왜냐하면, 누구도 〈인간 영혼 마을〉을 소유한 주인의 동의 없이는 들어갈 수가 없기 때문이오. 따라서 단지 몇 명 또는 단지 한 명만이 〈인간 영혼 마을〉을 공격하게 해야 합니다."

디아볼루스는 동료들의 반응을 살핀 후 이어서 말했다.

"내가 들어가야 한다고 생각합니다."

그들은 모두 진심으로 고개를 끄덕이며 그 계획에 동의했다.

다음 두 번째 제안에 대해 그들은 누더기와 거짓 같은 모습으로 〈인간 영혼 마을〉 사람들 앞에 앉아야 하는지를 논의했다. 사나운 알렉토(Alecto, 그리스 신화에 나오는 복수의 여신 가운데 하나, 번연은 이 여신을 남자 신으로 묘사함-역주)는 말했다.

"절대 그렇지 않습니다."

왜냐하면, 비록 〈인간 영혼 마을〉 사람들이 그들에 대해 알고 있었고, 심지어 보이지 않는 것들까지 다루었지만, 〈인간 영혼 마을〉 사람들이 그들처럼 슬프고 비참한 상태로 보였던 적은 결코 없었기 때문이다.

그러자 아볼루온(Apollyon)이 말했다.

"이 조언이 타당한 것 같소."

그는 거지 같은 누더기를 걸친 가슴팍을 뼈만 앙상한 손가락으로 가르키며 말했다.

"심지어 우리 가운데 하나가 지금 있는 그대로 그들에게 나타난다면 그들 가운데 불안한 생각을 일으킬뿐만 아니라 그런 생각을 가중시킬 것입니다. 또한, 이것은 그들을 근심하게 만들며 그들이 사방으로 경계하게 할 것입니다. 그렇게 된다면 방금 디아볼루스 경이 언급했던 것처럼 우리가 그 마을을 차지할 수 있다고 생각해야 할 어떤 근거도 없을 것입니다."

그때 파리들이 힘이 센 거대한 거인 바알세불(Beelzbub)의 악취에 끌려 목과 머리를 기어갔다. 하지만, 그는 파리를 대수롭지 않게 무시했다.

"그렇습니다. 이 조언이 타당합니다. 왜냐하면, 〈인간 영혼 마을〉 사람들은 이전의 우리 모습만 보았을뿐 지금 우리의 모 습과 같은 그런 것을 결코 보지 못했기 때문입니다. 나는 그들 가운데 흔하 고 친숙한 그런 모습으로 그들과 마주치는 것이 최선이라고 생각합니다."

그들이 모두 이에 동의했을 때 결정해야 할 다음 것은 다음과 같은 것이었다. 즉, 디아볼루스가 〈인간 영혼 마을〉을 자기 소유로 삼으려 할 때 그리고 그가 〈인간 영혼 마을〉에 자신을 드러내려 할 때 어떤 모양, 어떤 색깔 그리고 어떤 복장을 해야 하는지였다. 이에 대해 그들 가운데 여러 가지 의견이 나왔다. 마침내 루시퍼(Lucifer)가 자기 생각을 밝혔다. 그는 자기 주인 디아볼루스가 〈인간 영혼 마을〉이 지배하고 있는 생물의 몸을 취하는 것이 최선이라고 대답했다.

> 여러 종류의 짐승과 새와 벌레와 바다의 생물은 다 사람이 길들일 수 있고 길들여 왔거니와(약 3:7).

"이것들은 〈인간 영혼 마을〉 사람들에게 친숙할 뿐만 아니라 그들의 권위 아래에 있습니다. 따라서 그들은 그런 생물들이 이 마을에 가하려는 시도를 절대 의심하지 않을 것입니다. 그들의 이해를 흐리게 하려고 디아볼루스 경이 〈인간 영혼 마을〉이 나머지 생물 가운데 어떤 생물보다 더 지혜롭다고 간주하는 짐승들 가운데 하나의 몸을 취하게 해야 합니다."

악귀 같은 모든 반역자는 이런 조언에 박수갈채를 보냈다. 그래서 거인 디아볼루스가 용의 형태를 취해야 한다고 결정했다. 왜냐하면, 그 당시에 용은 새가 소년에게 친숙한 것만큼이나 〈인간 영혼 마을〉에 친숙했기 때문이다.

> 이제 소같이 풀을 먹는 베헤못을 볼지어다 내가 너를 지은 것 같이 그것도 지었느니라. 그것의 힘은 허리에 있고 그 뚝심은 배의 힘줄에 있고. 그것은 하나님이 만드신 것 중에 으뜸이라 그것을 지으신 이가 자기의 칼을 가져오기를 바라노라(욥 40:15-16, 19).

그들이 그들의 의도를 알려야 하는지 아니면 디아볼루스가 사용하려는 방법을 고수해야 하는지에 대한 세 번째 제안에 이르렀을 때, 반역자들은 재빨리 둘 다 하지 않기로 했다. 왜냐하면, 이전의 논의는 〈인간 영혼 마을〉 주민들은 벽과 문이 난공불락인 강한 마을에(그들의 성은 말할 필요조차도 없이) 거주하는 강한 민족이라는 것과 그것은 또한 반역자들에게 그들의 일치된 동의 이외의 다른 방법으로는 이런 사람들의 마음을 사로잡을 수 없다는 사실을 상기시켜 주었기 때문이다.

군대 귀신(Legion)은 말했다.

"게다가 만약 그들이 우리의 의도를 발견한다면, 그들은 그들의 왕에게 도움을 요청할 수도 있습니다. 만약, 그들이 그렇게 한다면 나는 그것이 우리에게 무엇을 의미하는지를 매우 잘 알고 있습니다. 따라서 우리는 공명정대라는 거짓된 모습으로 그들을 공격하고 우리의 진짜 의도를 모든 종류의 거짓말, 아첨, 기만적인 말로 숨겨야 합니다. 절대 일어나지 않는 것들을 일어나는 것으로 속이고, 그들이 절대 찾을 수 없는 것을 약속해야 합니다. 이것이 〈인간 영혼 마을〉을 얻고 그들이 문을 열게 하고 심지어 그들이 우리가 그들에게 들어오기를 바라게 하는 방법입니다.

내가 이런 접근 방법이 최선일 것으로 생각하는 이유는 다음과 같습니다. 즉, 〈인간 영혼 마을〉 사람들은 모두 단순하고 순진무구합니다. 그들 모두 정직하고 진실합니다. 또한, 그들은 심지어 사기, 교활, 위선으로 공격받는 것이 무엇인지도 모릅니다. 그들은 거짓말과 이간 잘하는 말에 대해서도 낯설어하는 자들입니다. 따라서 우리가 이런 방식으로 위장한다면 그들이 우리를 전혀 알아차리지 못할 것입니다. 우리의 거짓말은 진실한 말로 그리고 거짓된 거래는 올바른 거래로 받아들여질 것입니다. 특별히 우리가 모든 거짓말과 꾸며낸 말을 할 때 우리가 그들을 많이 사랑하는 척 가장하고 우리의 의도는 단지 그들의 유익과 명예를 위한 것이라고 가장한다면 우리가 그들에게 약속하는 것을 그들은 믿을 것입니다."

> 그런 사람들은 거짓 사도요 속이는 일꾼이니 자기를 그리스도의 사도로 가장하는 자들이니라. 이것은 이상한 일이 아니니라 사탄도 자기를 광명의 천사로 가장하나니(고후 11:13-14).

잠시 반역자들은 침묵 속에 앉아 있었다. 누구도 이런 조언에 반대하지 않았다. 이런 조언을 받아들이는 것은 가파른 내리막을 흘러 내려오는 물처럼 상황을 잘 진행했다. 그들은 계속해서 마지막 제안을 고려했다. 마지막 제안은 다음과 같은 것이었다. 즉, 만약 그들이 자기들의 대의를 증진할 것으로 판단한다면 〈인간 영혼 마을〉의 주요 인사들 가운데 일부를 사살하라고 그들 부대의 다양한 일원에게 명령을 내리는 것이 최선인지를 결정하는 것이었다.

이 제안은 만장일치로 통과되었다. 그리고 이 계략에 의해 죽어야 할 사람으로 지명된 인사는 저항 장군이었다. 그는 〈인간 영혼 마을〉에서 훌륭한 사람이었고 거인 디아볼루스와 그의 군대가 두려워했던 마을 전체보다 더 두려워했던 인물이었다. 이런 제안은 그들이 누가 그를 제거해야 하는지를 논의하게 했다.

그들은 그 일을 실행하기 위해서 호수의 분노라는 티시포네(Tisiphone, 그리스 신화에서 티시포네는 복수의 여신[Erinys] 중 하나다. -역주)를 임명했다. 따라서 그들은 전쟁 회의를 끝내고 일어서서 그들이 결정했던 대로 실행에 옮기기로 했다. 단 한 명을 제외하고 그들은 모두 보이지 않는 모습으로 〈인간 영혼 마을〉로 행진했다. 그리고 그 한 명은 자기 모습이 아닌 용의 몸과 형태로 〈인간 영혼 마을〉에 접근했다.

그들은 마을 밖에서 일어나는 모든 것을 들을 수 있는 귀 문이라는 장소 앞에 모여 앉았다. 왜냐하면, 눈 문은 성문 밖에서 사물을 볼 수 있는 장소였기 때문이었다. 곧이어 디아볼루스도 〈인간 영혼 마을〉 사람들을 속이기 위해 귀 문 앞으로 와 함께 저항 장군에 대한 비밀 공격을 가할 준비를 했다.

모든 것이 준비되자 용의 모습을 한 거인 디아볼루스는 귀 문 가까이 올라갔다. 그리고 그는 저항 장군을 활의 사정거리 안으로 유인하기 위해 청중을 〈인간 영혼 마을〉 쪽으로 불렀다. 그가 데리고 갔던 유일한 자는 부적절한 휴식이라는 자였다. 그는 모든 어려운 문제에서 디아볼루스를 대변하는 자였다.

디아볼루스와 그의 동료들이 〈인간 영혼 마을〉을 찾다

제2장

〈인간 영혼 마을〉의 타락
The Fall of Mansoul

내가 언급했던 것처럼 디아볼루스는 용의 형상으로 그 당시의 방식으로 문 앞에 도착하여 청중을 위해 나팔을 불었다. 그러자 무흠 경, 자유의지 경, 시장 명철 경, 서기관 선생, 저항 장군을 포함한 〈인간 영혼 마을〉의 지도자들은 누가 거기에 있고, 그들이 무엇을 원하는지를 확인하기 위해서 성벽 쪽으로 내려왔다. 자유의지 경이 누가 문에 서 있는지를 보았을 때 그는 거기에 서 있는 자가 누구인지 무슨 이유로 왔는지 어째서 그런 이상한 소리로 〈인간 영혼 마을〉을 소란하게 했는지를 물었다.

디아볼루스는 마치 자신이 어린 양인 것처럼 연설하기 시작했습니다.

"유명한 〈인간 영혼 마을〉의 신사 숙녀 여러분!

보시다시피 나는 당신과 멀리서 사는 자가 아닌 가까이 사는 존재입니다. 나는 왕께서 여러분에게 경의를 표하고 여러분을 섬기기 위해 보냄을 받은 존재입니다. 나는 나 자신과 여러분에게 신실하고자 합니다. 나는 여러분에게 보고해야 할 다소 우려할 만한 것이 있습니다. 내가 여러분 앞에 설 기회를 주시고 내가 하는 말에 인내심을 가지고 듣기를 부탁드립니다.

또한, 내가 무언가를 말하기 전에 저는 장담합니다. 그것은 나 자신을 위한 것이 아니라 여러분을 위한 것입니다. 내가 여러분에게 말하고 싶어 하는 것은 내 이익을 위한 것이 아니라 여러분의 이익을 위한 것입니다. 일단 내가 내 생각을 공유하면 이 일은 아주 분명해질 것입니다.

신사 숙녀 여러분!

사실대로 말하자면 나는 여러분 자신이 알지 못하는 여러분을 포로로 삼고 노예로 삼고 있는 속박에서 여러분이 어떻게 큰 구원을 얻을 수 있는지 보여 주러 왔습니다."

이 말을 듣자 〈인간 영혼 마을〉은 귀를 쫑긋 세우고 귀담아듣기 시작했다. 그리고 그들은 '그것이 무엇일까, 바라건대 그것이 무엇인가' 하고 생각했다.

이윽고 디아볼루스가 말했다.

"나는 여러분의 왕, 그분의 율법 그리고 여러분 자신과의 관계에 관해 여러분에게 할 말이 있습니다. 여러분의 왕에 관해 나는 그분이 위대하고 강하시다는 것을 압니다. 하지만, 그분이 여러분에게 말했던 모든 것은 참되지 않으며 또한 여러분의 유익을 위한 것도 아닙니다.

무엇보다도, 그분이 말했던 모든 것은 진실이 아닙니다. 왜냐하면, 그분은 두려움으로 여러분을 떨게 했기 때문입니다. 그분이 금지했던 일을 여러분이 하게 된다면 어떤 결과가 일어날 것이라고 말했습니다. 하지만, 사실 그런 결과는 일어나지 않거나 이루어지지 않을 것입니다. 그러나 위험이 있다면, 그것은 단지 하찮은 작은 과일을 먹는 것과 같은 그렇게 작고 하찮은 일을 한 것으로 인해 받을 가장 큰 처벌에 대한 두려움인데 그런 두려움 가운데 사는 것은 끊임없는 노예 상태에서 사는 것입니다.

> 여호와 하나님이 그 사람에게 명하여 이르시되 동산 각종 나무의 열매는 네가 임의로 먹되. 선악을 알게 하는 나무의 열매는 먹지 말라 네가 먹는 날에는 반드시 죽으리라 하시니라(창 2:16-27).

그리고 그분의 율법에 관해서 말하자면 나는 그 율법이 비합리적이고 복잡하고 견딜 수 없다는 것을 말하고 싶습니다. 앞에서 암시했던 것처럼 비합리적입니다. 왜냐하면, 법을 어긴 것에 대한 형벌이 그 범죄에 맞지 않기 때문입니다. 생명과 하나의 열매 사이에 커다란 차이와 불균형이 존재합니다. 하지만, 개인은 이 법에 헌신해야 합니다. 그렇지 않다면 샤다이왕이 제정한 율법에 따라 처벌을 받을 것입니다.

게다가 이 법은 또한 복잡합니다. 우선, 샤다이왕은 여러분이 모든 나무에서 열리는 과일을 먹을 수 있다고 말씀하시지만, 한 나무에서 나오는 과일을 먹는 것을 금지함으로 결론을 맺으십니다.

그리고 마지막으로 이 법은 다음과 같은 사실에 비추어 볼 때 견딜 수 없는 것으로 간주해야 합니다. 즉, 여러분이 참으로 먹는 것이 금지되었음

저항 장군이 떨어져 죽다

에도 여러분에게 먹지 말라고 금지했던 그 과일은 단지 과일일 뿐이지 다른 어떤 것도 아닙니다. 여러분이 그 과일을 먹을 때 지금까지 여러분이 알지 못한 유익을 여러분에게 제공할 수 있습니다. 이것은 이 나무의 이름으로도 분명히 알 수 있습니다. 이 나무의 이름은 '선과 악을 알게 하는 나무'(the Tree of the Knowledge of Good and Evil)로 불립니다. 여러분 자신에게 물어보기를 바랍니다.

여러분은 그런 지식을 갖고 있나요?

아닙니다. 여러분은 갖고 있지 않습니다. 또한, 여러분이 샤다이왕의 계명을 고수하는 한 여러분은 심지어 여러분이 지혜롭게 되는 것이 얼마나 좋고, 얼마나 즐겁고, 얼마나 많이 바랄만한 것인지 상상할 수조차도 없습니다.

어째서 여러분은 무지와 무분별 가운데 묶여 있어야 합니까?

어째서 여러분은 지식과 명철을 넓히지 말아야 합니까?

유명한 〈인간 영혼 마을〉의 주민들이여!

원론적으로 여러분에게 말씀드리자면 여러분은 자유인들이 아닙니다!

여러분은 '내가 원하노니 그렇게 될지어다'라는 그분의 명령과 관련된 것 외에는 어떤 이유도 없는 위협으로 속박과 노예 상태에 갇혀 있습니다.

여러분이 여러분에게 금지된 바로 그것을 한다면 그것이 여러분에게 지혜와 명예를 가져다줄 수도 있다고 생각하지 않습니까?

그런 후에 여러분의 눈은 열릴 것이고 여러분은 신처럼 될 것입니다."

> 너희가 그것을 먹는 날에는 너희 눈이 밝아져 하나님과 같이 되어 선악을 알 줄 하나님이 아심이니라(창 3:5).

디아볼루스는 자기의 용머리를 옆으로 기울이며 말했다.

"이제, 이것이 사실이므로 여러분이 어떤 왕에 의해 지금보다 더한 노예 상태에 있거나 더 큰 속박 상태에 있을 수 있겠습니까?

내가 여러분에게 분명히 보여 주었던 것처럼 그분은 단지 여러분을 부자유함에 갇혀 있는 하찮은 사람으로 만들었습니다. 그리고 이런 사실은 상황을 어렵게 만들고 불이익을 만듭니다.

진실에 눈멀게 하는 것보다 더 큰 속박이 무엇이겠습니까?

눈이 없는 것보다는 눈이 있는 것이 더 낫고 어둡고 고약한 냄새가 나는 동굴에 갇혀 있는 것보다 자유로운 것이 더 좋다고 이성 자체가 여러분에게 말하지 않습니까?"

디아볼루스가 〈인간 영혼 마을〉에 이런 말을 전하는 동안 티시포네가 문에 서 있던 저항 장군에게 화살을 쏘았다. 화살은 저항 장군의 머리에 치명상을 입혔다. 마을 사람들은 대경실색했고 디아볼루스는 고무되었다. 저항 장군은 성벽 너머로 떨어져 죽었다. 저항 장군은 〈인간 영혼 마을〉의 유일한 전사였다. 그리고 그가 죽자, 불쌍한 〈인간 영혼 마을〉은 전의를 상실했다. 저항 장군의 죽음으로 인해 〈인간 영혼 마을〉 사람들은 맞설 용기를 상실했다. 그리고 이것은 정확하게 마귀가 내내 계획했던 것이었다.

그때 디아볼루스가 자기의 대변인으로 함께 데려왔던 부적절한 휴식이라는 자가 앞으로 나서서 〈인간 영혼 마을〉 사람들에게 연설했다.

그의 연설의 핵심은 다음과 같았다.

"신사 숙녀 여러분!

나의 주인은 오늘 순조롭게 여러분을 깨우칠 수 있는 발언 기회를 누리셨기 때문에 기쁘게 생각하고 있습니다. 우리는 승리하길 희망합니다. 또한, 여러분이 우리가 제공했던 좋은 조언을 버리지 않기를 바랍니다. 왜냐하면, 나의 주인은 여러분을 아주 많이 사랑하기 때문입니다. 비록 그가 샤다이왕의 분노의 위험을 무릅쓸 것을 알고 있지만, 여러분을 사랑하기 때문에 그는 기꺼이 그것 이상의 것을 하실 것입니다.

그가 말했던 것이 진실인지 아닌지를 확인하기 위해 다른 무언가를 언급할 필요가 없습니다. 왜냐하면, 이 논쟁을 끝낼 수 있는 바로 그 나무의 이름보다 더 강력한 증거는 없기 때문입니다. 이 시간에 나의 주인의 권위와 허락으로 나는 단지 이런 조언을 여러분에게 덧붙입니다."

그는 디아볼루스에게 큰절을 올리며 말했다.

"그분의 말을 생각해 보세요. 나무와 나뭇가지에 매달려 있는 먹음직스러운 열매를 보세요. 또한, 여러분이 아는 것이 매우 적다는 것을 기억하십시오. 그리고 이 나무의 열매는 여러분에게 더 많은 것을 알게 해 줄 것입니다. 그리고 만약 여러분이 여전히 이런 좋은 조언을 의심한다면 여러분은 내가 생각했던 그런 사람들이 아닙니다."

마침내 디아볼루스의 계책이 먹혀들었다. 마을 사람들에게 그 나무의 열매는 먹음직도 하고 보암직도 해 보였다. 그들은 그 나무 열매 먹기를 갈망했다. 그리고 그 나무의 열매가 자신을 지혜롭게 만들어 주기를 원했다. 그들은 늙은 부적절한 휴식이 충고했던 것을 실천했다. 그들은 나무에서 열매를 따서 먹었다.

> 여자가 그 나무를 본즉 먹음직도 하고 보암직도 하고 지혜롭게 할 만큼 탐스럽기도 한 나무인지라 여자가 그 열매를 따 먹고 자기와 함께 있는 남편에게도 주매 그도 먹은지라 (창 3:6).

그리고 나는 한 가지 이 사실을 미리 언급했어야 했다. 부적절한 휴식이 마을 사람들에게 연설할 때 무흠 경(Lord Innocency)은 그가 서 있던 바로 그 곳에 쓰러져 죽어 있었다. 그가 디아볼루스라는 거인 진영에서 날아온 화살에 맞아 죽었는지, 갑작스럽게 그를 덮쳤던 불안한 감정을 겪었는지 아니면 배신자 악당인 늙은 부적절한 휴식이 내뿜는 고약한 악취 때문에 죽었는지는 알려지지 않았다. 하지만, 나는 아마 그가 내뿜는 고약한 악취로 인해 죽었다고 생각한다.

이렇게 동시에 두 명의 용감한 사람인 저항 장군과 무흠 경이 죽었다. 나는 이들을 용감한 사람이었다고 생각한다. 왜냐하면, 그들이 〈인간 영혼 마을〉에 사는 동안 그들은 〈인간 영혼 마을〉의 아름다움과 영광이었기 때문이다. 이제 〈인간 영혼 마을〉에 고귀한 영혼은 더는 남아 있지 않았다. 왜냐하면, 모든 마을 사람이 타락하여 디아볼루스에게 복종했기 때문이다. 그리고 우리가 예상할 수 있는 것처럼 그들은 그의 노예와 봉신이 되었기 때문이다.

> 사람이 두 주인을 섬기지 못할 것이니 혹 이를 미워하고 저를 사랑하거나 혹 이를 중히 여기고 저를 경히 여김이라 너희가 하나님과 재물을 겸하여 섬기지 못하느니라(마 6:24).

이런 용감한 사람들이 죽고 난 후 마을 사람들은 무엇을 했을까?

그들은 바보의 낙원을 발견했던 사람들처럼 행동했다. 내가 앞에서 암시했던 것처럼 짧은 시간에 그들은 넘어졌다. 왜냐하면, 그들은 거인 디아볼루스가 했던 말의 진실을 규명하지 않았기 때문이다.

무엇보다도 부적절한 휴식이 그들을 가르쳤고 그들의 눈을 금단의 열매로 향하도록 지시했다. 금단의 열매는 그들의 마음을 사로잡았고 그들은 그 열매를 따서 먹었다. 그들이 그 나무의 열매를 먹자, 그들은 즉시 그 열매에 의해 취하게 되었고 그들의 귀 문과 눈 문이 열리게 되었다. 이렇게 그들은 모든 군대를 이끄는 디아볼루스가 〈인간 영혼 마을〉 안으로 들어오게 했다.

또한, 그들은 그들의 선한 샤다이왕과 그분의 율법 그리고 샤다이왕이 그 율법을 어긴 자와 관련해서 경고했던 심판과 엄중한 위협을 완전히 망각했다.

> 그리스도의 은혜로 너희를 부르신 이를 이같이 속히 떠나 다른 복음을 따르는 것을 내가 이상하게 여기노라 다른 복음은 없나니 다만 어떤 사람들이 너희를 교란하여 그리스도의 복음을 변하게 하려 함이라(갈 1:6-8).

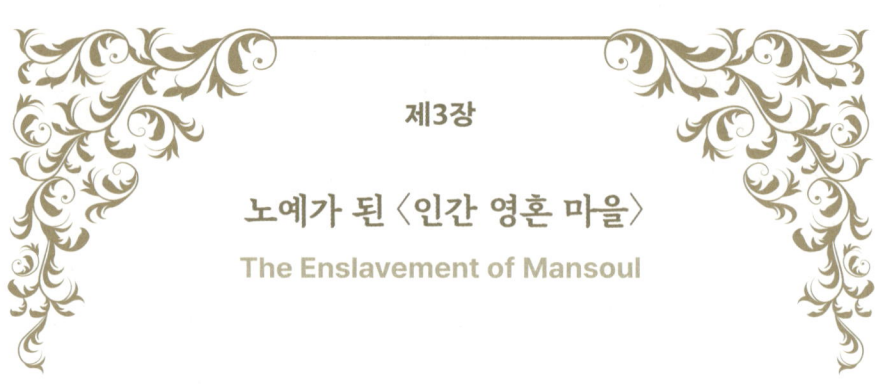

제3장
노예가 된 〈인간 영혼 마을〉
The Enslavement of Mansoul

　디아볼루스는 〈인간 영혼 마을〉의 문에 진입한 후 최대한 확고하게 정복하기 위해 〈인간 영혼 마을〉의 한복판까지 진군해 들어갔다. 그는 이미 마을 사람들이 자신에 대해 따뜻하고 호의적인 것을 알게 되었다. 그는 이런 상황을 이용하는 것이 최선이라고 생각했다. 그래서 그는 그들에게 또 다른 기만적인 연설을 했다.
　"아, 불쌍한 나의 〈인간 영혼 마을〉 사람들이여!
　나는 여러분을 명예의 위치에 올려놓고 여러분의 자유를 진작시킬 목적으로 여러분을 이렇게 섬겼습니다. 하지만, 이제 여러분은 누군가가 여러분을 지켜주길 원할 것입니다. 왜냐하면, 나는 샤다이왕이 여기서 일어난 일에 대해 듣게 되면 그가 오리라는 것을 확실히 알기 때문입니다. 그는 여러분이 자신과의 약속을 깨뜨리고 자기의 속박을 날려버린 것을 유감스러워할 것입니다.

　그렇다면 여러분은 어떻게 할 것입니까?
　지식을 넓힌 후에도 여러분은 그런 특권이 침해당하고 빼앗기는 것을 허용 할 것입니까?
　그런 일이 일어나지 않게 하려 한다면 여러분은 무엇을 하기로 결단하겠습니까?"

　그러자 그들은 모두 이구동성으로 디아볼루스에게 말했다.
　"제발 당신이 우리를 다스려 주기를 원합니다."

> 우리에게 왕을 주어 우리를 다스리게 하라 했을 때에 사무엘이 그것을 기뻐하지 아니하여 여호와께 기도하매. 여호와께서 사무엘에게 이르시되 백성이 네게 한 말을 다 들으라 이는 그들이 너를 버림이 아니요 나를 버려 자기들의 왕이 되지 못하게 함이니라(삼상 8:6-7).

디아볼루스는 그들의 제안을 받아들였고, 〈인간 영혼 마을〉의 왕이 되었다. 이제 그가 해야 할 일은 마을의 성과 함께 모든 권력을 소유하는 것이었다. 그는 샤다이왕이 자기의 기쁨과 즐거움을 위해 건축했던 성으로 입성했다. 그리고 그 성은 거인 디아볼루스의 거처이자 악당들의 소굴이 되었다.

이제 그는 이 웅장한 왕궁을 소유하게 되자 왕궁을 자기를 위한 군사 기지로 바꾸었다. 그리고 온갖 설비로 왕궁을 강화하고 요새화하려고 준비했다. 이것은 샤다이왕과 샤다이왕을 위해 왕궁을 되찾고 다시 그분의 율법에 대한 순종을 회복하려고 애쓰는 자들을 대항하려는 목적이었다.

디아볼루스는 여전히 자기의 입지가 매우 공고하다고 생각하지 않았다. 그는 기존의 영향력 있는 인물들을 물러나게 하고 자기가 원하는 인사 한 명을 임명함으로써 마을을 재편할 수 있는 방법을 생각해 냈다. 그리고 그는 명철이라는 이름의 시장과 양심라는 이름의 서기관에게서 그들의 자리와 권력을 빼앗았다.

명철 시장 경에 관해 말하자면 그는 명철한 사람이었고 〈인간 영혼 마을〉 사람들과 함께 거인 디아볼루스를 마을에 들이는데 동의했지만 디아볼루스는 그가 특별한 영예와 명예의 자리에 그대로 남아 있는 것이 좋지 않다고 생각했다. 왜냐하면, 그는 통찰력 있는 사람이었기 때문이다.

디아볼루스는 명철 시장 경에게서 지위와 권력을 박탈했을 뿐만 아니라 높고 강한 탑을 세움으로써 그가 자신이 하는 것을 보지 못하게 했다. 이 높고 거대한 탑은 태양 빛과 명철 시장 경의 집 창문 사이에 서 있어서 태양을 완전히 차단하여 그의 집 전체는 캄캄하고 어두운 암흑 자체였다.

또한, 디아볼루스는 그를 죄수처럼 그의 집에 가두었다. 가령 그가 귀가 할 시간을 약속하고 외출을 허용하더라도 집의 경계선 밖으로 나갈 수 없도록 제한했다. 빛으로부터 고립된 그는 마치 장님으로 태어난 사람과 같았다.

이런 그에게 〈인간 영혼 마을〉을 위해 중요한 무언가를 하려는 마음이 있다 하더라도 이제 더 이상 어떻게 할 수 있을까?

그는 어떻게 〈인간 영혼 마을〉을 위해 유익한 무언가를 할 수 있을지를 생각했다. 그러나 〈인간 영혼 마을〉이 디아볼루스의 권력과 지배 아래 있는 한 이 마을은 그에게 복종해야만 했다. 상황이 이러하므로 자기가 돕는 것은 불가능한 것이라고 생각했다. 이렇게 전쟁을 통해 이 마을을 디아볼루스의 지배에서 구원되기 전까지 명철 시장 경은 유명한 〈인간 영혼 마을〉에 유익이 되기보다는 약점이 되었다.

양심 선생은 〈인간 영혼 마을〉이 점령당하기 전에 서기관 씨로 알려졌다. 그는 왕의 율법에 정통한 사람이었다. 그는 용감한 혀와 건전한 판단력을 갖춘 지성으로 무장되어 있을뿐만 아니라 신실해서 모든 사안에 대해 진실을 말하는 사람이었다. 그러나 디아볼루스는 서기관이 해 왔던 일을 계속하도록 허락할 수 없었다.

왜냐하면, 비록 서기관이 디아볼루스가 마을로 입성하는 것에 동의했지만, 디아볼루스는 그를 완전히 자기의 소유로 만들기 위해 계획한 모든 계략, 음모, 술수, 방책에 그가 동의하지 않을 것을 알았기 때문이다. 그리고 서기관이 샤다이왕의 지배 아래에 가지고 있던 원래 지위에서 축출되었고, 그가 거인 디아볼루스의 법과 그를 섬기는 것에 만족했지만 양심 서기관은 전적으로 디아볼루스의 사람이 아니었기 때문이다.

디아볼루스는 양심 서기관이 가끔 샤다이왕을 떠올리며 그분의 율법에 대한 두려움을 느낄 것을 알고 있었다. 또한, 그런 후에 양심 서기관은 포효하는 사자처럼 큰 목소리로 디아볼루스를 대적하여 말하곤 했다는 것을 디아볼루스는 알고 있었다.

그는 또한 끔찍한 발작을 경험하곤 했다. 발작이 일어날 때 질러대는 그의 목소리는 〈인간 영혼 마을〉 전체를 뒤흔들어 놓았다. 이런 이유로 이제 〈인간 영혼 마을〉의 새로운 왕이 된 디아볼루스는 그를 용납할 수가 없었다. 그는 〈인간 영혼 마을〉에 살아남았던 다른 어떤 사람들보다 양심 서기관을 더 두려워했다.

내가 언급했듯이 양심 서기관의 말은 천둥소리와 섞인 힘찬 천둥처럼 마을 전체를 뒤흔들었다. 거인 디아볼루스가 양심 서기관을 전적으로 자기 사람으로 삼을 수 없었으므로 그가 했던 것은 이 나이 든 신사를 타락시키고 유혹해서 의무와 충성에서 벗어나게 하며 또한 마음을 무디게 하고 강퍅하게 하여 아무런 유익이 없는 결실 없는 헛된 노동의 생활방식으로 이끌 방안을 모색하는 것이었다. 그리고 그는 자기의 계획을 성취했다. 그는 양심 서기관의 도덕과 인격의 순수성을 타락시켰고 조금씩 그를 죄악과 사악함으로 끌어들였다.

> 속지 말라 악한 동무들은 선한 행실을 더럽히나니(고후 15:33).

양심 서기관은 너무 타락해서 죄 의식을 거의 잊어버렸지만, 디아볼루스 가 할 수 있는 일은 여기까지 였다. 이 일을 이루었으므로 그는 또 다른 계획에 대해 생각하기 시작했다.

디아볼루스는 양심 서기관이 미쳤고 그를 존경하거나 그의 말에 귀를 기울여서는 안된다고 마을 사람들을 설득하는 데 집중했다. 디아볼루스는 양심 서기관의 발작을 가리키며 말했다.

"만약, 그가 제정신이고 바른 정신이라면 왜 항상 그렇게 행동하지 않습니까?

하지만, 모든 미친 사람이 발작할 때 미친 소리를 많이 하는 것처럼 이 늙고 어리석은 서기관도 발작하며 미친 소리를 합니다."

어떻게 해서든 디아볼루스는 〈인간 영혼 마을〉 사람들에게 영향을 끼쳐 양심 서기관의 말이면 무엇이든지 무시하고 경멸하게 했다. 그리고 우리가 이미 알고 있는 것 외에도 디아볼루스에게는 이 노신사가 술로 기분이 좋을 때 발작 가운데 그가 확언했던 말을 반박하고 부정하게 하는 방법이 있었다. 이것은 그를 우스꽝스럽게 보이게 만들고 사람들로 하여금 그를 무시하게 했다.

이 모든 일이 있고 난 뒤에 양심 서기관은 더 이상 샤다이왕의 말을 거침없이 대변하지 않고 오히려 억지로 강요받아 말하게 되었다. 그리고 그는 다른 때라면 아무 말도 하지 않을 어떤 것에 대해 화를 내기도 하며 행동에 있어서 너무 일관성이 없었고 때때로 깊이 잠들어 있는 것처럼 행동하거나 죽은 사람처럼 행동했다. 이렇게 양심 서기관이 쇠퇴하는 동안 〈인간 영혼 마을〉 전체는 허영과 헛된 노력을 추구했고 디아볼루스가 부르는 피리 소리에 따라 춤을 추었다.

이는 우리가 이제부터 어린아이가 되지 아니하여 사람의 속임수와 간사한 유혹에 빠져 온갖 교훈의 풍조에 밀려 요동하지 않게 하려 함이라 (엡 4:14).

그러나 여전히 때때로 양심 서기관의 천둥소리와 같은 목소리가 전달하는 메시지는 〈인간 영혼 마을〉을 두렵게 했다. 그리고 사람들은 이런 사실을 디아볼루스에게 보고했다. 디아볼루스는 그들에게 이 늙은 신사가 그들에게 말하는 것은 그들을 사랑해서도 아니고 또한 그들을 긍휼히 여기기 때문도 아니라고 말했다. 그는 그것을 "사소한 일에 대해 떠벌리는 것을 좋아하는 어리석은 그의 취향"이며 결국 그 늙은이는 다시 조용해질 것이라고 설명했다.

그러나 사실 양심 서기관이 〈인간 영혼 마을〉의 죄에 대한 격렬한 반응은 양심 서기관 안에서 그들에게 주어지는 하나님의 목소리였다. 그러나 거짓말쟁이이자 사기꾼인 디아볼루스는 사람들의 인식을 왜곡시켰다. 그리고 그는 〈인간 영혼 마을〉에서 자기의 입지를 확고하게 만들기 위해 자기가 할 수 있는 모든 주장을 강요했다.

그는 종종 말했다.

"오, 〈인간 영혼 마을〉 사람들이여!

이 늙은 신사의 분노와 그의 높고 우레와 같은 말소리에도 불구하고 여러분은 샤다이왕에게서 어떤 말도 듣고 있지 못하다는 것을 생각해 보십시오. 여러분도 알다시피 샤다이왕은 〈인간 영혼 마을〉을 잃어버린 것이나 마을의 반란을 중하게 여기지 않고 있습니다.

또한, 샤다이왕은 〈인간 영혼 마을〉 사람들이 나에게 몸을 맡긴 것과 앞으로 있을 심판에 대해 수고스럽게 상기시키지도 않을 것입니다. 여러분은 그의 것이었지만 이제 합법적으로 내 것이라는 것을 그는 알고 있습니다. 그래서 이제 그는 우리를 떠나보냈고 우리를 서로에게 맡겼습니다."

그는 계속해서 말했다.

"내가 세상에서 여러분을 위해 나의 힘의 최대 범위 내에서 그리고 내가 가지고 있고, 얻을 수 있는 최상의 것으로 어떻게 여러분을 섬겼는지를 생각해 보십시오. 마찬가지로 지금 여러분이 따르고 있는 법과 관습 그리고 이것으로 여러분은 나를 경외하고 있음을 보여 주고 있는데, 이런 것은 여러분이 처음 소유했던 낙원보다 여러분에게 더 많은 위안과 평화를 주고

자유의지 경이 임무를 부여받다

있습니다.

여러분이 매우 잘 아는 것처럼 나는 여러분의 자유를 확대해 왔습니다. 나는 여러분이 속박당하고 있다는 것을 알게 되었고 그래서 여러분을 자유롭게 했습니다. 나는 여러분에게 어떤 구속도 가하지 않았습니다. 나는 여러분을 놀라게 할 어떤 법 규정이나 심판을 여러분에게 가하지 않았습니다. 그리고 나는 여러분 가운데 누구에게도 여러분의 행동에 대한 책임을 묻지 않습니다.

하지만, 이 미친 사람은 예외입니다. 여러분은 누구를 의미하는지 알것입니다. 나 자신이 여러분의 통제를 받지 않은 것만큼이나 통제 없이 왕처럼 살 수 있는 기회를 나는 여러분 모두에게 허용했습니다."

양심 서기관(the Recorder)이 저주스러운 말로 〈인간 영혼 마을〉 사람들을 질책할 때 마다 디아볼루스는 이런식으로 〈인간 영혼 마을〉을 잠잠하게 했다.

왜냐하면, 이 노신사의 잔소리로 인해 마을 전체가 그에게 분노했기 때문이다.

〈인간 영혼 마을〉의 악당 무리가 종종 양심 서기관의 파멸을 요구하며 양심 서기관이 그들로부터 수천 마일 떨어진 곳에 살기를 바란다고 말하는 것을 들었다. 특히, 그가 자신들을 위협하고 비난하며 극심한 공포와 고통을 주었던 것을 기억할 때 그와 그의 동료, 그의 연설, 심지어는 그의 모습이 보이지 않는 곳에 있기를 바란다고 말하는 것을 들었다. 그러나 지금 그들이 그를 보았을 때 그들이 목격했던 것은 타락한 성품을 가진 사람일뿐이었다.

하지만, 그들의 모든 악한 소망은 헛된 소망이었다. 나는 어떻게 양심 서기관의 생명이 그들 가운데서 보존되었는지 잘 모른다. 이것은 샤다이왕의 권능과 그분의 지혜가 양심 서기관의 생명을 보존했다는 것 외에는 달리 설명할 길이 없다. 게다가 그의 집은 성처럼 견고했고 마을에서 요새처럼 굳건하게 서 있었다. 그뿐만 아니라 디아볼루스의 부하나 폭도 가운데 어떤 자들이 양심 서기관을 없애버리려고 시도한다면 수문을 열어 넘쳐나는 물로 그를 둘러싼 모든 악한 자를 익사시키곤 했다.

> 여호와는 나의 빛이요 나의 구원이시니 내가 누구를 두려워하리요. 여호와는 내 생명의 능력이시니 내가 누구를 무서워하리요. 악인들이 내 살을 먹으려고 내게로 왔으나 나의 대적들, 나의 원수들인 그들은 실족하여 넘어졌도다 (시 27:1-2).

여기서 나는 양심 서기관에 관한 이야기를 잠시 접어 두고 자유의지(Willbewill) 경에 대해 말하길 원한다. 그는 유명한 〈인간 영혼 마을〉의 좋은 가문에서 교육받은 엘리트 가운데 한 사람이었다. 자유의지 경은 〈인간 영혼 마을〉의 누구 못지 않은 귀족이었으며 내 기억이 맞다면 그는 그 어느 누구보다 더 많은 땅을 소유했다. 사실 그는 〈인간 영혼 마을〉에서 자기만의 독특한 특권을 가지고 있었다.

그는 큰 힘과 결단력 그리고 용기를 가진 사람이었고 아무도 그의 영향력을 무시할 수 없었다. 그러나 나는 그가 자기 재산이나 특권, 힘 아니면 그 무엇에 자부심을 느꼈는지 알 수 없지만 그가 〈인간 영혼 마을〉에서 노예처럼 경멸받았던 것은 무언가에 대해 가졌던 그의 교만 때문이었다. 그 결과 그는 비록 그가 얻으려고 했던 자리가 보잘것없는 지배자나 통치자일 지라도 디아볼루스 휘하에서 직책을 얻기로 했다.

그는 단호한 결단력이 있는 사람이었기 때문에 시간을 낭비하지 않았다. 그는 자신이 그런 직책에 임명되어야 한다고 생각했다. 디아볼루스가 귀문에서 연설했을 때, 자유의지 경은 디아볼루스의 조언에 동의하는 첫 번째 사람으로 나섰고, 그의 조언을 유익한 것으로 받아들였다. 그는 또한 샤다이왕의 적들이 마을에 들어오도록 기꺼이 문을 열었던 최초의 사람 중 한 명이었다. 그 때문에 디아볼루스는 그에게 호의를 느꼈고 자유의지 경의 용기와 힘을 이해했고 이것을 이용하여 가장 조심스럽고 까다로운 일에서 그가 행동할 수 있도록 계획했다.

디아볼루스는 자유의지 경을 불렀다. 그리고 그는 자유의지 경이 이 직책을 마음에 받아들일 수 있도록 비밀스러운 문제를 그와 함께 의논했다. 하지만, 결코 자유의지 경에게 디아볼루스의 설득이 필요하지 않았다. 왜냐하면, 처음부터 자유의지 경은 기꺼이 디아볼루스가 마을에 입성하도록 했고 기꺼이 그를 섬기는 사람으로 드러났기 때문이다. 폭군 디아볼루스는 자유의지 경이 자원하는 마음으로 자기를 섬기고 함께하고 싶어한다는 것을 알고 그를 성의 대장(captain of the castle)이자 성벽의 총독이며 〈인간 영혼 마을〉 문의 수호자로 임명했다.

그의 임무는 다음과 같은 조항이 포함되었다. 이 조항에 의하면 그가 없이는 인간 영혼의 모든 마을에서 어떤 것도 할 수 없었다. 그는 디아볼루스에 버금가는 실세로 그의 의지와 그가 기뻐하는 경우를 제외하고 어떤 것도 해서는 안 되었다.

디아볼루스는 또한 자기 비서로 마음 선생(Mr. Mind)을 두었다. 이 사람은 모든 사안에 대해 자기 주인인 디아볼루스처럼 말했다. 왜냐하면, 그와 그의 주인인 디아볼루스는 원칙적으로 일치했고 실제로도 크게 다르지 않았기 때문이다. 결과적으로 〈인간 영혼 마을〉은 디아볼루스의 계획 대로 의지와 마음의 정욕을 채우도록 만들어졌다.

나는 자유의지 경 손에 권력이 주어졌을 때 자유의지 경이 얼마나 권력에 대해 간절했을까 하는 생각을 지울 수 없다.

그 이유는 다음과 같다.

첫째, 그는 자신이 이전의 왕인 신실한 주님을 순종하거나 섬긴 것을 단호하게 부인했다. 그리고 자기의 위대한 주인인 디아볼루스에게 서언(誓言)했고 그에게 충성과 신실함을 맹세했다. 그러자 그는 진급하여 새로운 계급과 더 높은 지위에 안착했다. 그리고 자유의지 경이 〈인간 영혼 마을〉에서 이룬 업적은 직접 눈으로 보지 않는 한 믿어지지 않을 것 이다.

둘째, 자유의지 경은 양심 서기관을 비방해서 죽게 했다. 그를 쳐다보지도 않고 그의 입에서 나오는 말도 듣지 않았다. 자유의지 경은 양심 서기관을 보면 눈을 감았고, 그가 말을 하면 귀를 막곤 했다. 그는 마을 어디에서도 샤다이왕의 율법이 조금이라도 보이는 것을 용납하지 않았다.

예를 들면, 디아볼루스의 비서인 마음 선생(Mr. Mind)이 자기 집에 샤다이왕의 율법이 적힌 오래되고 찢어진 양피지를 가지고 있었는데 자유의지 경이 그 양피지를 보았을 때, 마음 선생은 그것을 등 뒤로 숨기기도 했다. 그러나 양심 서기관도 그의 서재에 일부 법 조항이 담긴 양피지가 있었지만 자유의지 경은 그것에 접근하지 못했다.

그는 "늙은 시장의 집 창문들은 〈인간 영혼 마을〉의 유익이 되기 위해 항상 너무 밝다"라고 말했다. 그는 이 때 촛불 빛도 참기 어려워 했다.

자유의지 경은 자기 주인인 디아볼루스를 기쁘게 하는 것을 제외하고는 어떤 것도 그를 기쁘게 하지 못했다.

> 악을 행하는 자마다 빛을 미워하여 빛으로 오지 아니하나니 이는 그 행위가 드러날까 함이요(요 3:20).

누구도 자유의지 경처럼 왕인 디아볼루스를 뛰어난 성품, 기민한 행동과 위대한 자부심이라고 선포하지 않았다.

> 법을 버린 자는 악인을 칭찬하나 율법을 지키는 자는 악인을 대적하느니라 (잠 28:4).

자유의지 경은 〈인간 영혼 마을〉 전역을 돌아다니며 모든 사람이 들을 수 있도록 큰 목소리로 이 위대한 주인에 대해 외쳤다. 그는 심지어 부도덕하고 평판이 나쁜 군중 가운데 쓸모없이 버려진 사람처럼 보이도록 자신을 위장하기도 했다. 이것은 자기의 강력한 왕에 대해 말할 기회를 얻기 위함이었다.

그리고 그가 이런 분별없는 자들을 발견할 때마다 자신을 그들처럼 만들어 초대나 명령 없이도 모든 악행에 가담했다.

> 도둑을 본즉 그와 연합하고 간음하는 자들과 동료가 되며. 네 입을 악에게 내어 주고 네 혀로 거짓을 꾸미며. 앉아서 네 형제를 공박하며 네 어머니의 아들을 비방하는도다. 네가 이 일을 행하여도 내가 잠잠하였더니 네가 나를 너와 같은 줄로 생각하였도다. 그러나 내가 너를 책망하여 네 죄를 네 눈앞에 낱낱이 드러내리라 하시는도다 (시 50:18-21).

자유의지 경 휘하에는 애착 씨(Mr. Affection)라는 대리인이 있었다. 그는 원칙에서 너무 부패했고 그 부패한 원칙에 따라 삶을 살았다. 그는 완전히 육신의 욕망에 굴복했다. 그래서 사람들은 그를 '비열한 애착'(Vile-affection)으로 불렀다. 그와 마음 씨(Mr. Mind)의 딸인 육신의 정욕(Carnal-Lust)은 같은 부류에 속하는 사람들이었다.

이 둘은 너무 잘 어울렸고 사랑에 빠져 결혼했다. 내가 알기로 그들은 건방짐(impudent), 험한 입(Blackmouth), 증오하는 비난(Hate-reproof)이라는 사악한 세 명의 아들과 진리 조롱(Scorn-Truth), 하나님 경멸(Slight-God) 그리고 복수(Revenge)라는 세 명의 딸이 있었다. 이들은 모두 성인이 되어 이 마을에서 결혼했고 그들 역시 악한 자식들을 낳았는데 너무 많아서 여기에 적을 수가 없다.

디아볼루스는 〈인간 영혼 마을〉에 수비대를 설치하고 그 수비대로 자기를 지키게 하면서 몇몇 사람을 공직에서 제거했다. 그리고 그가 원하는 자질이 있다고 생각하는 다른 사람들을 그 자리에 앉히면서 축복의 샤다이왕 형상을 훼손하기로 했다.

예를 들어, 〈인간 영혼 마을〉의 장터와 성문 위에 있는 축복의 샤다이왕 형상은 너무나 정확하게 금으로 새겨져 있어서 이 세상의 다른 무엇보다도 샤다이왕을 잘 보여 주고 있었다. 비열하게도 디아볼루스는 그 형상을 훼손하라고 명령했고 비진리 씨(Mr. No-truth)는 뻔뻔스럽게도 그 형상을 훼손했다.

비진리 씨에게 샤다이왕의 형상을 훼손하라고 명령한 디아볼루스는 이전 왕인 샤다이왕을 경멸하고 그의 〈인간 영혼 마을〉을 타락시키기 위해 이번에는 비진리 씨에게 그 자리에 끔찍하고 두려운 자기의 형상을 세우도록 명령했다.

계속해서 디아볼루스는 〈인간 영혼 마을〉에 남아 있는 샤다이왕의 모든 율법과 율례를 파괴했다. 여기에는 모든 행정 서류와 함께 윤리에 대한 가르침은 물론 사건과 감정과 같은 자연스러운 것들을 지배하는 법까지 포함되어 있었다. 그는 심지어 이것들과 관련된 형벌 사항도 없앴다.

디아볼루스와 자유의지 경은 〈인간 영혼 마을〉에 선한 것은 그 어떤 것도 남기지 않았다. 그들의 계획은 비진리 씨로 하여금 〈인간 영혼 마을〉을 발정 난 암돼지처럼 만들어 야만적이고 잔인한 마을이 되게 하려는 것이었기 때문이다.

디아볼루스가 〈인간 영혼 마을〉의 율법과 좋은 환경을 그가 할 수 있는 한 파괴한 후에 그는 자신이 추진하는 계획의 영향력을 더욱더 강하게 확대했다. 그의 목표는 〈인간 영혼 마을〉을 왕 샤다이에 멀어지게 하는 것이었다. 이런 목적을 이루기 위해 그는 쓸모없는 칙령, 법령과 명령이 〈인간 영혼 마을〉에서 실제 권력이 행사되는 모든 장소나 모임에 발효되도록 명령했다. 이런 변화는 샤다이왕에게 속한 것이 아니라 세상에 속한 안목의 정욕과 이생의 자랑을 포함한 육신의 정욕을 누리기 위한 자유를 제공했다.

> 이는 세상에 있는 모든 것이 육신의 정욕과 안목의 정욕과 이생의 자랑이니 다 아버지께로부터 온 것이 아니요 세상으로부터 온 것이라(요일 2:16).

그는 경건치 않은 모든 것을 장려하고 승인하고 홍보했다. 그리고 정욕을 제어하는 모든 것을 폐기했다.

> 육체의 일은 분명하니 곧 음행과 더러운 것과 호색과 우상 숭배와 주술과 원수 맺는 것과 분쟁과 시기와 분 냄과 당 짓는 것과 분열함과 이단과 투기와 술 취함과 방탕함과 또 그와 같은 것들이라 전에 너희에게 경계한 것 같이 경계하노니 이런 일을 하는 자들은 하나님의 나라를 유업으로 받지 못할 것이요 (갈 5:19-21).

디아볼루스는 〈인간 영혼 마을〉의 사악함을 부추기기 위해 더 많은 짓을 했다. 그는 자기의 명령을 따르면 평화, 만족, 즐거움과 쾌락이 따른다고 〈인간 영혼 마을〉 사람들에게 약속했다.

> 가시떨기에 떨어졌다는 것은 말씀을 들은 자이나 지내는 중 이생의 염려와 재물과 향락에 기운이 막혀 온전히 결실하지 못하는 자요(눅 8:14).

"여러분은 내가 장려하는 것과는 반대되는 일을 하지 않은 것에 대해 누구에게도 변명할 필요가 절대 없을 것입니다. 대신에 이것은 아주 먼 다른 나라에서 행해진 일들, 즉 그들이 전혀 모르는 일들에 대해 듣는 것을 좋아하는 사람들을 위한 하나의 모범으로 역할을 하게 될 것입니다."

이제 〈인간 영혼 마을〉 사람들은 디아볼루스에게 완전히 복종하게 되었다. 즉, 디아볼루스가 그들을 부를 때 〈인간 영혼 마을〉 사람들은 고개를 끄덕이며 다가와서 절을 하고 심지어 그 앞에서 무릎을 꿇었다. 마을에서는 더 이상 그를 높이는 소리외에는 어떤 것도 들을 수 없었고 볼 수도 없었다. 하지만, 디아볼루스는 〈인간 영혼 마을〉이 세상에서 가장 오래된 시설이라는 것을 알고 있었다.

그리고 만약 그가 이 마을의 위대함을 유지하지 않는다면, 그가 〈인간 영혼 마을〉에 해를 끼쳤기 때문에 사람들이 자신을 대적할지 모른다고 우려했다. 그는 사람들에게 그들의 위대함을 감소시키거나 그들이 가진 유익한 것 가운데 어떤 것도 빼앗을 의도가 없다는 것을 보여 줄 필요가 있었다. 또한, 그가 이 마을에서 명철 시장(Mayor Understanding)과 양심 서기관이 맡고 있던 직책을 빼앗음으로 그들을 무력화시켰기 때문에 새로운 시장과 서기관을 선출하기로 했다. 그리고 자기 자신과 사람들의 탐심을 기쁘게 할 만한 후임자들을 선택했다.

디아볼루스는 〈인간 영혼 마을〉의 시장으로 육욕 경(the Lord Lustings)을 임명했다. 그는 눈도 귀도 없었다. 그는 인간으로서든지, 시장으로서든지 순전히 본능적인 충동에 의해 움직이는 짐승처럼 행동했다. 〈인간 영혼 마을〉이 파괴되는 것을 목격했고 그것에 대해 슬퍼했던 사람들의 눈에 비친 시장의 가장 수치스러운 모습은 그가 절대 선을 지지하지는 않고 단지 악만을 선택했다는 것이다.

디아볼루스의 형상이 세워지다

그다음 디아볼루스가 임명한 서기관은 망선(Forget-Good)이라는 이름으로 알려진 자였다. 망선이라는 자 역시 매우 유감스러운 인물이었다. 그는 불순종을 기뻐했고 순종에 대한 어떤 것도 기억하지 못했다. 그는 자연스럽게 〈인간 영혼 마을〉과 이 마을에 사는 모든 사람에게 해로운 짓만 했다.

> 그는 훈계를 받지 아니함으로 말미암아 죽겠고 심히 미련함으로 말미암아 혼미하게 되느니라(잠 5:23).

이 두 사람은 그들이 가진 권력으로 악을 선호하고 실천하며 악의 모범을 보임으로써 많은 연설을 했고 글을 썼다. 그들이 그렇게 한 목적은 〈인간 영혼 마을〉 사람들을 세우기 위함이었는데, 그들이 했던 방식은 오히려 그들에게는 해로운 것이 되었다. 그러나 〈인간 영혼 마을〉 사람들은 권력의 자리에 앉은 사람들이 악하고 부패한 경우, 그 결과로 그들은 지역과 나라 전체를 부패시킨다는 것을 인식하지 못했다.

> 바아사가 여호와 보시기에 악을 행하되 여로보암의 길로 행하며 그가 이스라엘에게 범하게 한 그 죄 중에 행하였더라(왕상 15:34).

이 두 직책을 채운 후에 디아볼루스는 자치구 사람들을 〈인간 영혼 마을〉의 시의원로 임명했다. 마을 사람들은 필요할 때 이런 자들 가운데 장교, 장관 그리고 행정관들을 선택할 수 있었다.

그들 가운데 지도적인 인물의 이름은 다음과 같다.

불신(Mr. Incredulity), **거만**(Mr. Haughty), **욕설**(Mr. Swearing), **매춘**(Mr. Whoring), **완악한 마음**(Mr. Hard-Heart), **무자비**(Mr. Pitiless), **분노**(Mr. Fury), **비진리**(Mr. No-Truth), **거짓말**(Mr. Stand-to-Lies), **거짓 평화**(Mr. False-Peace), **술 취함**(Mr. Drunkeness), **속임수**(Mr. Cheating), **무신론**(Mr. Atheism). 이들의 숫자는 모두 합해서 열세 명이었다.

이 집단 가운데 불신 씨(Mr. Incredulity)가 가장 연장자였고 무신론 씨(Mr. Atheism)가 가장 나이가 어렸다. 일반 의원들과 집행관, 경사(警査), 치안관 그리고 다른 직책의 사람들을 뽑는 선거가 열렸다. 하지만, 그들 모두 이미 언급한 자들과 관련이 있었다. 즉, 그들은 모두 그들의 아버지, 형제, 사촌

시장이 된 육욕 경

또는 조카들이었다.

　디아볼루스가 자기의 계획을 진행해 나감에 따라 다음 단계는 마을 안에 몇 개의 요새를 짓는 것이라고 결정했다. 따라서 그는 난공불락으로 보이는 세 개의 요새를 지었다.

　첫 번째 요새는 '반항 요새'(the Hold of Defiance)로 불렀다. 마을 사람들이 옛날 왕인 샤다이에 관한 지식을 알지 못하도록 마을 전체의 지휘소로 건설되었기 때문이다. 그리고 가능한 한 많은 빛을 어둡게 하기 위해 전략적으로 눈 문 근처에 세웠다.

　두 번째 요새는 '한밤중 요새'(Midnight Hold)로 불렀다. 일부러 〈인간 영혼 마을〉 사람들이 인간 영혼 자체에 대한 참다운 지식 자체를 알지 못하게 하려는 의도로 지어졌기 때문이다. 이 문은 가능하면 성을 더 눈멀게 하기 위한 목적으로 오래된 성 옆에 견고히 세웠다.

세 번째 요새는 '달콤한 죄 요새'(Sweet-Sin Hold)로 불렸다. 그는 이것으로 〈인간 영혼 마을〉을 모든 선한 욕망으로부터 보호했기 때문이며 시장에 세워졌다.

디아볼루스는 하나님 증오 총독에게 이 요새 가운데 첫 번째 요새를 지키도록 했다. 왜냐하면, 그는 가장 악독한 신성 모독자(blasphemous wretch)였기 때문이었다. 그는 완전히 무질서하고 천박한 군중들과 함께 왔다. 천박한 군중들은 처음에 〈인간 영혼 마을〉에 대항하기 위해 왔었다. 그가 그들을 데려왔던 이유는 그가 그들 가운데 하나였기 때문이다.

한밤중 요새의 총독으로 임명된 자는 빛을 미워함이라는 자였다. 이 자 또한 〈인간 영혼 마을〉에 저항하기 위해 처음 왔던 폭도 가운데 속해 있던 자였다. 또한, 달콤한 죄 요새의 총독으로 임명된 자는 육신을 사랑함이라는 자였다. 그는 욕망의 불법적 탐닉에 굴복한 자였다. 그는 간음에 중독되어 있었고 그의 욕망에는 어떤 한계도 없었다. 이 자는 하나님의 천국에서 채웠던 것보다 욕정을 더 채울 때 더 많은 달콤함을 발견했던 자였다.

이렇게 자기에게 흡족한 사람들을 요직에 세우자 디아볼루스는 자기가 안전해졌다고 생각했다. 그는 멈추지 않고 계속해서 〈인간 영혼 마을〉을 장악해 군대를 주둔시켰고 옛 관리들을 제거한 후 새로운 자들을 그 자리에 앉혔다. 그는 샤다이왕의 형상을 제거하고 그 자리에 자기의 형상을 세웠다. 그리고 자기의 헛된 거짓말을 촉진하기 위해 이 마을에서 오래된 율법 책을 제거했고 자기 사람들을 재판관으로 세우는 등 새로운 의원들을 임명했다. 게다가 그는 새로운 요새를 건축하고 거기에도 자기 사람들을 배치했다.

그가 이 모든 것을 했던 이유는 선한 샤다이왕이나 그의 아들이 자기에게 적대적인 의도를 가지고 침입할 경우를 대비해 자기의 안전을 지키기 위한 것이었다.

> 만일 우리의 복음이 가리었으면 망하는 자들에게 가리어진 것이라 그중에 이 세상의 신이 믿지 아니하는 자들의 마음을 혼미하게 하여 그리스도의 영광의 복음의 광채가 비치지 못하게 함이니 그리스도는 하나님의 형상이니라 (고후 4:3-4).

제4장

왕의 자비 메시지
The King's Message of Mercy

　이 모든 일이 진행되면서, 누군가가 이보다 훨씬 전에 선한 샤다이왕에게 우주 대륙에 있는 그분의 〈인간 영혼 마을〉의 상황을 보고하기 위해 소식을 전했을 것이라고 생각할 수도 있다. 누군가가 왕에게 〈인간 영혼 마을〉을 상실했고 전에 샤다이왕의 신하 가운데 하나였던 배반자, 거인 디아볼루스가 왕에게 반란을 일으켜 등을 돌리고 자신을 위해 그 마을을 점령했다고 소식을 전했을 수도 있다. 그렇다. 〈인간 영혼 마을〉의 상태를 왕에게 알리는 전언이 왕에게 전달되었다

　전언은 어떻게 디아볼루스가 교활하고 교묘한 거짓말과 기만으로 순진하고 단순한 〈인간 영혼 마을〉 사람들에게 접근했는가를 보고했다. 그리고 전언은 디아볼루스가 정의롭고 고귀하고 용감한 저항 장군이 마을 사람과 함께 문에 서 있을 때 그를 어떻게 교묘하게 살해했는가를 보고했다.

　전언은 용감한 무흠 경이 디아볼루스의 더러운 악당, 부적절한 휴식이 주님이시며 의로운 샤다이왕을 말로 비난하는 소리를 들었을 때 죽음을 맞이했다고 알렸다. 어떤 사람들은 그의 죽음이 슬픔 때문이었다고 했고, 어떤 사람들은 부적절한 휴식이 숨 쉴 때 나는 독한 악취가 그를 죽게 했다고 말했다.

　전령(傳令)은 추가로 다음과 같은 내용에 대해 부적절한 휴식이 그의 주인 디아볼루스를 대신해서 마을 사람들에게 짧은 연설을 했으며 단순한 마을 사람들은 그가 말하는 것을 사실로 믿었다고 보고했다. 그리고 그들은 모두 유명한 〈인간 영혼 마을〉의 중요한 문인 귀 문을 여는 데 동의했으며 디아볼루스와 그의 부하들이 〈인간 영혼 마을〉을 차지했다고 보고했다.

그 밖에도 전언에는 디아볼루스가 양심 시장 경과 서기관을 어떻게 대했는지 그리고 더 이상은 권력과 신임을 받지 못하게 된 것에 대한 상황과 정보가 담겨있었다. 그리고 전령(傳令)은 어떻게 자유의지 경과 그의 비서인 마음 씨(Mr. Mind)가 함께 배반자가 되었는지를 자세히 설명했다. 그는 두 사람이 어떻게 시내를 돌아다니며, 방탕하게 술을 마시고 시끄럽게 즐겼으며 어떻게 사악한 자들에게 사악한 길을 가르쳤는지 말했다. 전령은 계속해서 설명했다.

"디아볼루스는 자유의지 경을 자신이 신임하는 직위에 임명했습니다. 그리고 〈인간 영혼 마을〉의 요새화된 장소에 그를 배치했습니다. 그뿐만 아니라 사람들이 '악한 욕정 씨'(Vile-Affection)라고 부르는 욕정 씨가 가장 반역적인 일에서 그의 대리인으로 역할을 했습니다. 괴물이 되어버린 자유의지 경은 공개적으로 샤다이왕을 거부했습니다. 자유의지 경은 디아볼루스를 신뢰했고 그에게 충성을 맹세했습니다. 디아볼루스는 한때는 유명했지만, 지금은 멸망하고 있는 〈인간 영혼 마을〉의 새로운 왕, 아니 반역적인 폭군이 되어 자기에게 충성하는 시장과 서기관을 세웠습니다."

전령의 얼굴은 점점 진지하면서도 상기된 얼굴로 말했다.

"디아볼루스는 욕망 씨를 시장으로 임명했고, 망선 씨를 서기관으로 임명했습니다. 이 작자들은 〈인간 영혼 마을〉에서 볼 수 있는 가장 비열한 자 가운데 두 명입니다."

신실한 전령은 디아볼루스가 임명한 치안 판사들을 상세히 설명했다. 또한, 그는 디아볼루스가 〈인간 영혼 마을〉에 몇 개의 강한 요새와 탑 그리고 거점을 건설했으며 어떻게 샤다이왕에게 저항하고 그가 자기의 이익을 지키기 위해 무기와 갑옷으로 마을을 무장시켰는지를 설명했다. 이것은 샤다이왕이 〈인간 영혼 마을〉을 과거 순종의 삶으로 되돌리려고 할 경우를 대비해서 취했던 조치였다.

이제 이 전령은 개인적으로 전언을 전하는 것이 아니라 샤다이왕과 그의 아들, 고관들, 주요 장군들과 귀족들이 있는 열린 궁전에서 전언을 전했다. 그들은 모든 이야기를 듣고 유명한 〈인간 영혼 마을〉이 점령당했다는 생각에 몹시 슬퍼했다. 왜냐하면, 그들은 샤다이왕과 그의 아들이 이런 일이 일어날 것을 훨씬 전에 예견하고 〈인간 영혼 마을〉을 위한 탈출 방법을 충분히 계획하고 있었다는 것을 이해하지 못했기 때문이었다.

〈인간 영혼 마을〉의 상실에 대한 소식

> 너희가 알거니와 너희 조상이 물려 준 헛된 행실에서 대속함을 받은 것은 은이나 금 같이 없어질 것으로 된 것이 아니요. 오직 흠 없고 점 없는 어린 양 같은 그리스도의 보배로운 피로 된 것이니라(벧전 1:18-20).

전언을 들었던 자들은 〈인간 영혼 마을〉의 상실과 비참함에 대해 크게 울부짖고 신음하며 슬퍼했다. 샤다이왕 또한 그런 비극적인 소식이 그의 마음을 슬프게 했다는 것을 분명히 인정했고, 그의 아들 또한 그 슬픔에 동참했다. 하지만, 샤다이왕과 아들이 세워 놓은 계획을 통해 왕과 아들은 주변에 있는 모든 사람에게 유명한 〈인간 영혼 마을〉에 대해 그들이 가진 사랑과 긍휼을 보여 주었다.

샤다이왕과 아들이 궁정 밀실로 물러났을 때 그들은 처음부터 계획했던 것을 추가로 논의했다. 다시 말하자면 그 계획은 〈인간 영혼 마을〉을 잠시 잃어버리는 것을 허락하고 반드시 다시 찾아 왕과 아들이 영원한 명성과 영광을 얻도록 하자는 것이었다.

> 하나님이 모든 사람을 순종하지 아니하는 가운데 가두어 두심은 모든 사람에게 긍휼을 베풀려 하심이로다 깊도다 하나님의 지혜와 지식의 풍성함이여 그의 판단은 헤아리지 못할 것이며 그의 길은 찾지 못할 것이로다(롬 11:32-33).

샤다이왕의 아들인 임마누엘(Emmanuel)은 온유하고 의로우셨다. 임마누엘 왕자는 고통받는 자들을 위해 큰 애정을 항상 가진 그런 분이었다. 그의 마음은 디아볼루스에 대해 적대적이었다. 임마누엘 왕자는 〈인간 영혼 마을〉을 회복하려는 목적을 갖고 계셨다. 그는 자신이 〈인간 영혼 마을〉을 회복하기 위한 임무를 완성할 것이라고 약속하셨다. 따라서 그분은 〈인간 영혼 마을〉 향해 가진 자기의 목적에서 확고하셨고 마음을 바꾸지 않을 것이다.

한편, 악한 디아볼루스는 임마누엘의 왕관과 위엄을 빼앗으려고 했다. 그래서 샤다이왕과 그분의 아들 임마누엘은 미리 다음과 같이 하기로 하셨다. 즉, 어느 때에 임마누엘 왕자가 우주의 나라(the country of Universe)로 여행할 것이고 일단 거기에 도착하면 디아볼루스와 그의 폭압에서 완전한 구원의 토대를 놓음으로써 공의와 공평으로 〈인간 영혼 마을〉의 악한 행동을 구속하실 것이다.

> 하나님이 세상을 이처럼 사랑하사 독생자를 주셨으니 이는 그를 믿는 자마다 멸망하지 않고 영생을 얻게 하려 하심이라 하나님이 그 아들을 세상에 보내신 것은 세상을 심판하려 하심이 아니요 그로 말미암아 세상이 구원을 받게 하려 하심이라(요 3:16-17).

임마누엘 왕자는 적절한 때에 〈인간 영혼 마을〉을 장악하고 있던 거인 디아볼루스와 전쟁을 벌이기로 했다. 따라서 임마누엘 왕자는 당연히 강한 손으로 디아볼루스를 그의 요새에서 끌어낼 것이고 자신을 위해 〈인간 영혼 마을〉을 자기의 거처로 삼을 것이라고 약속하셨다.

> 내가 내 언약을 나와 너 및 네 대대 후손 사이에 세워서 영원한 언약을 삼고 너와 네 후손의 하나님이 되리라(창 17:7).

이 모든 것이 합의에 이르자 결정된 모든 것에 대해 신뢰할 수 있는 기록을 작성하고 우주 왕국의 모든 지역에 이런 소식을 공표하라는 명령이 수석 비서 경(Lord Chief Secretary)에게 내려졌다.

왕과 그의 아들의 목적이 궁정에서 처음 공표되었을 때, 고관대작, 주요 장군 및 귀족들은 귀속 말로 이 계획을 서로에게 반복해서 전했다. 이 소식은 이곳에서부터 왕의 궁전 전체에 울려 퍼져 나가기 시작했고, 모두가 샤다이왕과 그의 아들 임마누엘이 비참한 〈인간 영혼 마을〉을 위해 계획하고 착수한 영광스러운 계획에 경탄했다.

궁정을 자주 드나드는 높은 고관들이나 장군들, 대신들은 이런 좋은 소식을 혼자만 알고 있을 수 없었기 때문에 샤다이왕과 그의 아들이 〈인간 영혼 마을〉을 위해 품었던 사랑을 알리는 데 동참했다. 그래서 이 기쁜 소식은 공고문이 완성되기도 전에 온 세상에 전해지기 시작했다.

> 천사가 이르되 무서워하지 말라 보라 내가 온 백성에게 미칠 큰 기쁨의 좋은 소식을 너희에게 전하노라 … 홀연히 수많은 천군이 그 천사들과 함께 하나님을 찬송하여 이르되 지극히 높은 곳에서는 하나님께 영광이요 땅에서는 하나님이

기뻐하신 사람들 중에 평화로다 하니라(눅 2:10, 13-14).

다음은 공표 내용을 간단히 줄인 것이다.

〈인간 영혼 마을〉의 상태에 대해 염려하는 모든 사람에게 말하노라. 위대한 왕, 샤다이왕의 아들인 임마누엘 왕자는 〈인간 영혼 마을〉을 다시 왕에게 되찾아오기로 그분의 아버지와 함께 언약으로 확약하셨다. 그분의 비길 데 없는 사랑의 힘으로 그분은 〈인간 영혼 마을〉이 디아볼루스에게 장악되기 전의 상태보다 더 좋고 행복한 상태로 만드실 것이다.

이런 공고문이 여러 장소에서 공표되자, 압제자 디아볼루스는 몹시 괴로워했다. 그는 '이제 나는 부당한 대우를 받고 나의 거처도 빼앗기겠구나'라고 생각했다.

그리고 드디어 이 소식이 디아볼루스에게 전해졌다. 그런 계획이 자신에게 불리하게 세워졌다는 소식을 들었을 때 그가 가졌을 불만이 얼마나 컸을지 상상할 수 있을 것이다. 하지만, 그는 그것에 대해 한참을 생각한 후에 네 가지 결정을 내리고 행동에 옮겼다.

첫째, 그는 〈인간 영혼 마을〉 사람들을 향한 샤다이왕의 계획이 그들의 귀에 들어가지 않게 해야겠다고 결정했다.

그는 다음과 같이 말했다.

"내 생각에 만약 〈인간 영혼 마을〉 사람들이 이전 왕 샤다이와 그의 아들 임마누엘이 마을을 위해 좋은 것을 계획하고 있다는 사실을 알게 된다면 나의 통치 아래에 있는 〈인간 영혼 마을〉이 나에게 반기를 들고 내가 세운 정부에서 돌아서서 그를 다시 따를 것이 분명하다."

그래서 디아볼루스는 자신만의 계획을 세웠다. 다시 한번 그는 자유의 지 경(Willbewill)을 추켜세웠고 엄격한 명령으로 마을의 모든 성문 특별히 귀 문과 눈 문을 밤낮으로 지키라는 책임을 위임했다.

일렀으되 이 백성에게 가서 말하기를 너희가 듣기는 들어도 도무지 깨닫지 못하며 보기는 보아도 도무지 알지 못하는도다 이 백성들의 마음이 우둔하여져서 그 귀로는 둔하게 듣고 그 눈은 감았으니 이는 눈으로 보고 귀로 듣고 마음으로 깨달아 돌아오면 내가 고쳐 줄까 함이라 하였으니(행 28:26-27a).

그는 자유의지 경에게 다음과 같이 말했다.

"나는 우리 모두를 배신자로 만들고 〈인간 영혼 마을〉을 다시 샤다이왕에게 속박하게 하는 계획을 들었소. 나는 그 계획이 단지 소문이길 바라오. 하지만, 만전을 기하기 위해 〈인간 영혼 마을〉에 그런 소식이 들어가게 해서는 안 되오. 왜냐하면, 사람들이 그것을 들으면 낙담할 것이기 때문이오. 그런 소식은 나만큼이나 당신도 환영하지 못할 소식이라고 확신하오."

디아볼루스는 이마를 찡그리며 말을 이었다.

"그런 소문이 우리 백성을 괴롭히기 전에 함께 지혜를 모아 미연에 방지하는 것이 최선이라고 생각하오. 이 문제에 대해 내가 말한 대로 해 주길 바라오. 마을의 모든 성문에 매일 강한 경비대를 배치하시오. 문에 들어가는 모든 사람을 멈춰 세워 철저히 조사하고 그 들이 어디서 왔는지 파악하여 이곳에 거래하러 온 그들의 진정한 의도를 파악하시오. 그들이 우리의 훌륭한 통치를 선호한다는 것을 경이 분명히 보지 않는 한, 절대 그들을 〈인간 영혼 마을〉 안으로 들여보내지 마시오.

그리고 암행하는 자들을 은밀히 준비시킬 것을 명하오. 그래서 그들이 〈인간 영혼 마을〉 전역을 계속해서 감시하게 하시오. 그들이 생각하기에 우리에게 음모를 꾸미고 있거나 샤다이왕과 그의 아들 임마누엘이 의도한 일에 대해 지껄이는 자는 누구든지 제압하고 제거할 수 있도록 그들에게 권한을 주시오."

자유의지 경은 고개를 숙이고 자기의 주이며 주인인 디아볼루스가 명령하는 대로 자기가 할 수 있는 모든 근면함으로 기꺼이 디아볼루스의 명령을 따랐다. 그는 가능한 모든 사람이 〈인간 영혼 마을〉의 성벽 너머로 나가지 못하도록 막았고 샤다이왕의 소식을 마을에 전하려고 하는 사람이 마을로 들어오지 못하도록 막았다.

둘째, 이런 목표가 이루어지면서 디아볼루스는 〈인간 영혼 마을〉 사람들에게 새로운 맹세와 말도 안 되는 끔찍한 계약을 맺어 〈인간 영혼 마을〉을 더 견고하게 지켰다. 마을 사람들은 계약에 서명함으로써 그들은 절대 디아볼루스를 버리거나 그의 지배를 저버리지 않겠다는 데 동의했다. 그들은 자기가 디아볼루스를 배반하거나 어떤 방식으로든지 그의 법들을 바꾸지 않겠다고 말했다. 대신 어떤 속임수, 법이나 직책으로 〈인간 영혼 마을〉을 차지하려고 하는 자들에 맞서 그들은 디아볼루스를 그들의 합법적인 왕으로서 세울 것이고 그를 그들의 왕으로 고백하고 지지하고 인정해야 했다. 왜냐하면, 디아볼루스는 아마도 샤다이왕이 죽음과 맺은 이런 계약과 지옥과의 합의에서 그들을 해방시킬 힘이 없다고 생각했기 때문이다. 그리고 어리석은 〈인간 영혼 마을〉 사람들은 가장 끔찍한 이런 의무에 동의하는 것을 멈추지 않았고 심지어 주저하지 않고 동의했다. 마치 그것이 고래 입에 있는 작은 물고기에 지나지 않는 것처럼 그들은 그것을 씹지도 않고 삼켜 버렸다.

사실 그들은 이런 일에 전혀 고민하지 않았다. 그뿐만 아니라 그들은 폭군인 자칭 그들의 왕에 대한 충성심을 대담하게 떠벌리며 자랑하기도 했다. 그리고 그들은 그를 끝까지 따를 것이고 새로운 누군가 때문에 그들의 주인으로서 그를 버리지 않겠다고 맹세하기도 했다.

> 이제도 너희가 허탄한 자랑을 하니 그러한 자랑은 다 악한 것이라(약 4:16).

디아볼루스는 이런 방식으로 더 단단히 불쌍한 〈인간 영혼 마을〉 사람들을 속박했다.

셋째, 질투심에 사로잡힌 디아볼루스는 오물 씨(Mr. Filth)의 도움으로 또 다른 큰 악행을 저질러 〈인간 영혼 마을〉을 더 타락시켰다. 오물 씨는 혐오스럽고, 더럽고 음탕한 짐승 같은 글을 써서 그것을 성문에 붙였다. 이 글에서 그는 〈인간 영혼 마을〉에 있는 진실하고 신뢰할 수 있는 그의 모든 아들에게 그들의 음탕한 욕망이 이끄는 대로 무엇이든지 할 수 있는 권한을 부여했다.

누구도 무언가로 그들을 방해하거나 통제하게 하지 않았다. 그들을 방해하거나 통제했다면 그들의 왕인 디아볼루스의 불쾌감을 불러일으켰을 것이다. 그가 이런 일을 하는 데에는 다음과 같은 이유가 있었다.

즉, 〈인간 영혼 마을〉은 점점 더 약해질 수 있다. 그 결과로 샤다이왕이 구원하실 것이라는 소식이 마을에 도착한다고 하더라도 〈인간 영혼 마을〉 사람들은 그 소식을 믿거나 소망하거나 동의할 수 없을 것이다. 게다가 이

성문의 경비병

런 것은 죄악이 크면 클수록 자비에 대한 희망이 줄어든다는 추론을 더욱 뒷받침했다.

그들의 왕 샤다이의 아들인 임마누엘 왕자가 〈인간 영혼 마을〉의 끔찍하고 불손한 행위를 본다면 그는 그들을 구원하겠다는 구속 언약에 대해 마음을 바꿀 수도 있다. 왜냐하면, 디아볼루스는 샤다이왕이 거룩하고 그의 아들 임마누엘 왕자 또한 거룩하다는 사실을 알고 있었기 때문이다. 그는 자신이 겪었던 불행한 경험에 근거해서 확실히 그런 사실을 알고 있었다. 회고해 보자면 디아볼루스는 자신이 저질렀던 부정과 죄의 결과로 가장 높은 자리에서 쫓겨났다.

너 아침의 아들 계명성이여 어찌 그리 하늘에서 떨어졌으며 너 열국을 엎은 자여 어찌 그리 땅에 찍혔는고(사 14:12).

자기 운명의 결과로써 디아볼루스는 〈인간 영혼 마을〉이 죄로 인해 똑같은 운명을 겪을 것이라고 결론을 내렸다. 하지만, 〈인간 영혼 마을〉과의 유대가 깨질 것을 두려워해서 그는 샤다이왕의 계획을 좌절시킬 또 다른 방법을 생각했다.

넷째, 그는 샤다이왕이 〈인간 영혼 마을〉을 전복하고 완전히 파괴하기 위해 군대를 일으키고 있다는 소문을 퍼트림으로써 〈인간 영혼 마을〉에 있는 모든 사람의 마음을 매우 교활한 방법으로 사로잡으려고 시도했다. 디아볼루스는 이런 짓을 했다. 이는 〈인간 영혼 마을〉 사람들이 그들이 구원받을 수 있다는 소식을 미연에 듣지 못하도록 방지하기 위해서였다. 왜냐하면, 그는 다음과 같이 생각했기 때문이다.

즉, 만약 내가 이런 거짓말을 먼저 제안한다면, 그들이 나중에 듣는 소식은 마치 거짓말인 것처럼 모두 사라져 버릴 것이다.

〈인간 영혼 마을〉 사람들이 자기가 틀림없이 구원받을 것이지만 샤다이왕이 그들을 멸망시키려 한다는 것이 왕의 참된 의도라는 것을 들을 때 그들은 이에 대해 무엇이라 말할까?

따라서 그는 마을 사람 전체를 시장으로 불러들여 기만적인 혀로 〈인간 영혼 마을〉 사람들에게 연설했다.

"나의 아주 좋은 친구들이여!

여러분은 모두 나의 합법적 시민이고 유명한 〈인간 영혼 마을〉 사람들입니다. 여러분은 내가 도착한 첫날부터 지금까지 내가 어떻게 행동했는지 알고 있습니다. 여러분은 또한 나의 통치하에서 누려온 자유와 큰 특권을 알고 있습니다. 나는 여러분의 명성과 나의 명성을 바라고 있습니다. 또한, 나는 여러분이 만족하고 기뻐하길 바라고 있습니다. 나는 여러분으로 인해 근심됩니다. 나의 유명한 〈인간 영혼 마을〉이여! 이제 나는 성벽 너머에서 울려 나오는 성가신 소문을 알려야 할 것 같습니다.

나는 방금 매우 총명한 루시퍼 경(Lord Lucifer)으로부터 편지를 받았습니다. 루시퍼 경에 의하면 여러분의 옛 왕 샤다이가 여러분을 완전히 파괴하고 대적하기 위해 군대를 모으고 있다는 겁니다. 이것이 내가 여러분을 여기에 소집한 이유입니다. 나는 내 의견을 제시하기 위해 여기에 왔습니다. 내가 판단하기에 이것이 이런 시기에 가장 좋은 행동 방침입니다.

나에 관해 말하자면 나는 단지 한 사람에 불과합니다. 또한, 만약 내가 나만의 이익을 좇고 나의 〈인간 영혼 마을〉을 이런 모든 위험 가운데 놓으려고 한다면 나는 내가 사는 곳을 쉽게 바꿀 수 있을 것입니다. 하지만, 나는 절대 그럴 수 없습니다.

　내 마음은 여러분과 강하게 결합하여 있고 나는 여러분을 떠나고 싶지 않습니다. 사실, 나는 가장 큰 위험이나 위험이 나에게 닥친다고 하더라도 기꺼이 여러분과 함께 생사고락을 함께할 것입니다.

　나의 〈인간 영혼 마을〉이여!
　나의 이런 제안에 대해 어떻게 생각합니까?
　여러분은 지금 옛 친구를 버리고 갈 겁니까, 아니면 나와 함께하겠습니까?"

　마을 사람들은 이구동성으로 외쳤다.
　"당신과 함께하지 않는 자는 죽게 하라!"

> 그가 권세를 받아 그 짐승의 우상에게 생기를 주어 그 짐승의 우상으로 말하게 하고 또 짐승의 우상에게 경배하지 아니하는 자는 몇이든지 다 죽이게 하더라 (계 13:15).

　디아볼루스의 얇은 입술 모서리에 만족스러운 미소가 잠깐 흘렀다.
　"우리가 긍휼을 바라는 것은 헛된 일입니다. 왜냐하면, 샤다이왕은 긍휼을 베푸는 방법을 모르는 왕이기 때문입니다. 사실, 그가 처음에 우리 앞에서 앉아 말할 때, 그는 자비를 말하고 긍휼을 베풀어 주는 척할지 모릅니다. 하지만, 단지 이것은 여러분을 안심시켜 분란을 일으키지 않게 하기 위한 술책입니다. 그는 단지 자신이 다시 한번 〈인간 영혼 마을〉의 주인이 되기 위해 이런 일을 할 것입니다.

　따라서 샤다이왕이 하는 말은 단 한마디의 말도 믿지 말기 바랍니다. 왜냐하면, 그가 하는 말은 우리를 정복하고자 하는 것이고 우리를 무자비한 승리의 전리품으로 만들려고 하는 것이기 때문입니다. 그러는 동안 우리는 우리가 흘린 피투성이 가운데 뒹굴 것입니다. 마음속으로 나는 우리가 최후의 한 사람까지 그에게 저항하고 어떤 조건을 제시하든지 간에 그를 믿지 말아야겠다고 결심했습니다. 왜냐하면, 위험은 자비의 말을 가장하여 그 문을 통해서 오기 때문입니다.
　그런데도 우리가 우리 삶에 대해 우쭐해질 수 있겠습니까?
　나는 여러분이 그렇게 비참하게 종노릇하는 삶을 살지 않도록 여기에 숨겨진 책략의 기본을 충분히 이해하길 바랍니다. 그가 우리를 항복시키거나 심지어 우리의 생명이나 〈인간 영혼 마을〉의 일부 수하들의 생명을 구해 준다고 가정해 봅시다.

　그런 것이 여러분에게 어떤 도움이 되겠습니까?
　여러분은 〈인간 영혼 마을〉에서 가장 중요한 사람들인데 그런 것이 여러분에게 어떤 도움이 될 수 있겠습니까?
　특별히 내가 여러분을 그런 중요한 자리에 있게 했고, 나를 충실하게 지지함으로써 여러분은 그런 고귀한 자리에 있게 되었는데 그런 것이 여러분에게 도움이 될 수 있겠습니까?

　또한, 그가 여러분 모두의 목숨을 살려준다고 가정해 봅시다. 여러분은 그가 여러분을 전에 죄수로 만들었던 똑같은 속박 아래에 있게 할 것이고 아니면 그보다 더 나쁜 상황에 있게 할 것이라는 사실을 확신할 수 있을 것입니다.
　그렇다면 여러분의 삶이 여러분에게 어떤 유익을 가져올 수 있을까요?
　여러분이 샤다이왕과 함께 살면서 지금 나의 지배 아래서 누리는 것처럼 쾌락을 누리면서 살 수 있을 것으로 생각합니까?
　대답은 절대 아니라는 것입니다. 그와 함께 산다면 여러분은 여러 가지 법에 따라 얽매일 것이고 그런 법들은 여러분을 억압하여 여러분은 결핍으로 압제당할 것입니다. 또한, 지금 여러분이 혐오하는 바로 그 일을 여러분은 하게 될 것입니다.
　여러분이 나와 함께한다면 나도 여러분과 함께할 준비가 되어 있습니다. 왜냐하면, 비참한 노예처럼 사는 것보다는 용감하게 죽는 것이 더 낫기 때문입니다. 하지만, 내가 말하건대 이제 노예의 이런 삶이 〈인간 영혼 마을〉에서 아주 좋은 삶으로 여겨 질 것입니다."
　디아볼루스는 슬프게 고개를 저었다.
　"가련한 〈인간 영혼 마을〉을 대적하여 불어대는 샤다이왕의 나팔 소리

〈인간 영혼 마을〉을 선동해 무기를 들게 하는 디아볼루스

에는 오직 피, 피, 오직 피만이 있을 뿐입니다. 여러분에게 간청합니다. 관심을 가지기를 바랍니다. 나는 그가 오는 소리를 듣고 있습니다! 당장 일어나서 무기를 잡기 바랍니다. 그러면 내가 여러분에게 몇 가지 전쟁 기술(奇術)을 가르쳐 줄 수 있습니다.

나는 머리 꼭대기에서 발가락까지 덮을 수 있는 〈인간 영혼 마을〉 사람에게 안성맞춤인 갑옷이 있습니다. 만일, 여러분이 그 갑옷을 잘 입고 고정하여 붙들어 맨다면 샤다이왕의 군대가 공격해도 상처를 입을 수 없습니다.

이런 목적을 위해 내 성에 온 여러분을 환영합니다. 곧 있을 전쟁을 위해 이리로 와서 무장하기를 바랍니다. 투구, 호심경(護心鏡), 칼, 방패와 같은 중요한 것이 있고 이것들이 여러분을 준비시켜 대장부처럼 싸울 수 있게 할 것입니다.

여러분의 남은 인생이 잘 되길 바라는 마음으로 나의 투구를 착용합니다. 이 투구를 착용했던 사람들은 비록 그들이 갈증에 술 취함을 더하게 하려고 그들 마음의 사악함 가운데 행했다 하더라도 평안을 얻었다고 합니다.

나의 〈인간 영혼 마을〉 사람들이여!

이런 입증된 갑옷을 소유할 수 있는 사람은 누구나 화살, 단도(短刀), 검, 방패에 의해 상처를 입을 수 없습니다. 따라서 계속 착용하십시오. 그러면 여러분은 많은 공격을 좌절시킬 수 있을 것입니다.

나의 호심경(護心鏡)은 철로 만들어진 호심경입니다. 나는 이것을 나의 나라에서 쇠를 모아 만들었습니다. 그리고 나의 모든 병사는 이것으로 무장했습니다. 간단하게 말해서 이것은 냉혹한 마음입니다. 즉, 쇠처럼 단단한 마음이고 돌만큼 감각 없는 마음(past feeling)입니다. 만약,, 여러분이 이것을 얻고 착용한다면 자비가 여러분의 마음을 사로잡지 못할 것이고, 심판이 여러분을 두렵게 하지 않을 것입니다. 이런 이유로, 이것은 샤다이왕을 증오하고 내 깃발 아래서 기꺼이 그와 싸우기를 원하는 모든 사람에게 가장 필요한 갑옷입니다.

> 또 철 호심경 같은 호심경이 있고 그 날개들의 소리는 병거와 많은 말들이 전쟁터로 달려들어 가는 소리 같으며(계 9:9).

나의 검은 지옥 불이 타고 있는 혀입니다. 이 혀를 사용하여 여러분은 전심으로 샤다이왕, 그의 아들, 그의 길과 그의 백성을 악평할 수 있습니다. 이 검을 사용하십시오. 이 검은 천 번을 정련(精鍊)한 것으로 잘 알려졌습니다. 이 검을 소유한 자는 누구든지 내가 바라는 대로 이 검을 간수할 수 있고 사용할 수 있으며 결코 나의 원수에게 정복당할 수 없습니다.

> 네 혀가 심한 악을 꾀하여 날카로운 삭도 같이 간사를 행하는도다. 네가 선보다 악을 사랑하며 의를 말함보다 거짓을 사랑하는도다(시 52:2-3).

나의 방패는 불신앙입니다. 나의 방패는 말씀의 진리를 의심합니다. 또한, 나의 방패는 샤다이왕이 사악한 사람들을 위해 예정해 놓았던 심판을 언급하는 모든 말씀에 의문을 제기합니다. 이 방패를 사용하십시오. 샤다이왕은 이 방패를 부수려고 많은 공격을 했습니다. 때때로 이 방패는 부서졌습니다. 하지만, 사람들은 임마누엘 왕자가 나의 종들을 상대로 벌였던 전쟁을 기록했고 그들은 샤다이왕이 나의 종들의 불신앙 때문에 아무 권능도 행할 수 없었다고 증언했습니다.

> 그들이 믿지 않음으로 말미암아 거기서 많은 능력을 행하지 아니하시니라 (마 13:58).

나의 이 무기를 올바르게 다루기 위해서는 여러분은 진리라고 주장하는 것을 믿지 말아야 합니다. 임마누엘 왕자가 심판에 대해 언급한다면 여러분은 그것에 대해 전혀 신경 쓰지 마시기 바랍니다. 그가 자비를 언급하며 〈인간 영혼 마을〉 사람들이 자신에게 돌아오면 그들에게 그 자비를 베풀겠다고 약속하더라도 그에게 주의를 기울이지 마시기를 바랍니다.

그가 어떤 해도 가하지 않고 단지 유익만을 줄 것이라고 약속한다고 하더라도 그가 하는 말을 믿지 말기 바랍니다. 대신 나의 종들이 해야 하는 것처럼 진실에 의문을 제기하고 불신앙의 방패를 올바르게 휘두르기 바랍니다. 내가 말한 것과 다른 방식으로 행하는 사람은 나를 사랑하는 것이 아니며 나는 그를 적으로 간주합니다.

나의 탁월한 갑옷의 또 다른 조각 또는 일부는 기도가 없는 어리석은 영혼입니다. 즉, 자비를 위해 부르짖는다는 바로 그런 생각을 경멸하는 영혼입니다.

나의 〈인간 영혼 마을〉이여!

반드시 이 무기를 사용하길 바랍니다. 여러분이 나에게 속하길 원한다면 절대 자비를 구걸하지 마시기를 바랍니다. 나는 여러분이 강한 사람들이라는 것을 알고 있습니다. 또한, 나는 효능이 입증된 갑옷으로 여러분을 무장시켰다고 확신합니다. 따라서 샤다이왕에게 자비를 베풀어 달라고 울부짖을 생각은 꿈도 꾸지 말기 바랍니다. 그런 생각을 버리기를 바랍니다.

이 모든 갑옷 외에도, 나는 사용할 준비가 되어 있는 유용한 손 무기가 있습니다. 여기에는 묵직한 나무망치, 횃불, 화살, 죽음이 포함됩니다."

자기 사람들에게 갑옷과 무기에 관해 이야기한 후 디아볼루스는 계속해서 말했다.

"기억하십시오. 나는 여러분의 합법적인 왕입니다. 여러분은 나와 나의 대의에 충실하겠다고 맹세했고 언약을 맺었습니다.

〈인간 영혼 마을〉 사람들이여!

이것을 염두에 두고 강하고 용맹한 모습을 보이십시오. 내가 항상 여러분에게 보여 준 친절을 잊지 마시기를 바랍니다. 나는 여러분에게 눈에 보이는 구체적인 것들을 주었습니다.

하지만, 나의 사자 같이 용맹한 〈인간 영혼 마을〉 사람들이여!

내가 여러분에게 부여했던 이런 특권, 하사품, 보호, 이익, 명예는 다른 자가 여러분에 대한 나의 지배권을 그의 손에 넘기려고 할 때와 마찬가지로 충성의 보답을 원합니다.

한마디만 더 하고 말을 마치겠습니다.

우리가 대동단결(大同團結)하면 이런 모욕이나 공격을 막아 낼 수 있지 않겠습니까?

나는 그런 사실에 대해 의심하지 않습니다. 짧은 시간 안에 모든 세계가 우리의 것이 될 것이고, 그날이 오면 나는 여러분을 왕, 왕자, 장군으로 세울 것입니다.

그때 우리는 얼마나 멋진 날을 보내게 될까요!"

> 장차 한 능력 있는 왕이 일어나서 큰 권세로 다스리며 자기 마음대로 행하리라 (단 11:3).

말을 마친 디아볼루스는 〈인간 영혼 마을〉에서 부하들과 종들을 그들의 선하고 합법적인 샤다이왕에 대항하여 무장시키고, 마을 문마다 경비병들을 두 배로 늘렸다. 그런 후에 그는 자기의 성채로 떠났다. 그의 부하들은 결연한 의지와 (하지만 쓸모없는) 용맹함을 보여 주기 위해 매일 무기를 가지고 훈련했다. 그들은 서로 전쟁 기술을 가르쳤고, 샤다이왕을 무시하며 폭군을 찬양하는 노래를 불렀다. 그들은 또한, 샤다이왕과 그들의 왕 사이에 전쟁이 일어난다면 자기가 어떤 유형의 사람이 될 것인지에 관해서도 이야기했다.

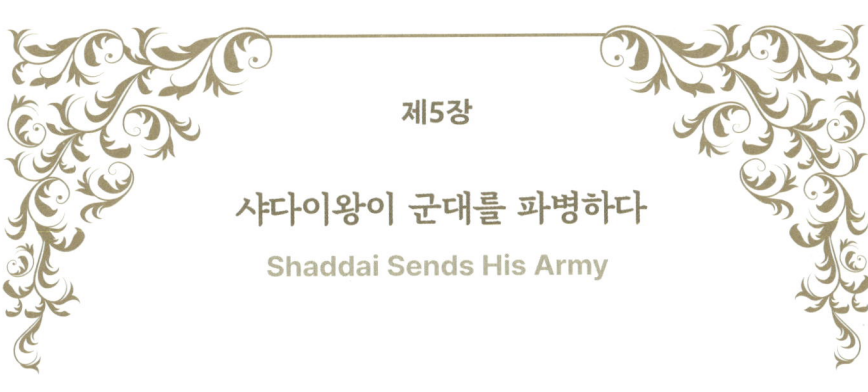

제5장

샤다이왕이 군대를 파병하다
Shaddai Sends His Army

이제 선한 샤다이왕은 〈인간 영혼 마을〉을 거짓 왕 디아볼루스의 폭정 아래에서 되찾기 위해 군대를 보낼 준비를 했다. 샤다이왕은 자기 아들인 용감한 임마누엘 왕자의 통솔 아래에 군대를 보내지 않는 것이 최선이라고 생각했다. 대신 그는 자기 군대를 그의 종들 가운데 일부의 통솔 아래에 두었다.

이것은 그가 〈인간 영혼 마을〉의 폭력과 난폭함을 줄이고 〈인간 영혼 마을〉 사람들이 왕에게 복종할 수 있을지를 판단하기 위함이었다. 군대는 약 사만 명으로 구성되어 있었고, 샤다이왕이 자기의 궁정에서 직접 뽑았기 때문에 모두 진실한 병사였다.

샤다이왕의 군대는 네 명의 용감한 장군의 지휘하에 〈인간 영혼 마을〉로 갔다. 각각의 장군이 만 명을 통솔했다.

첫 번째 장군의 이름은 보아너게(Boanerges)였다.

> 또 세베대의 아들 야고보와 야고보의 형제 요한이니 이 둘에게는 보아너게 곧 우레의 아들이란 이름을 더하셨으며(막 3:17).

두 번째 장군의 이름은 확신(Captain Conviction)이었다.

> 그들이 이 말씀을 듣고 양심에 가책을 느껴 어른으로 시작하여 젊은이까지 하나씩 하나씩 나가고 오직 예수와 그 가운데 섰는 여자만 남았더라(요 8:9).

세 번째 장군의 이름은 심판(Captain Judgment)이었다.

> 그가 와서 죄에 대하여, 의에 대하여, 심판에 대하여 세상을 책망하시리라. 죄에 대해지라고 함은 그들이 나를 믿지 아니함이요(요 16:8-9).

네 번째 장군의 이름은 집행(Captain Execution)이었다.

> 그는 하나님의 사역자가 되어 네게 선을 베푸는 자니라 그러나 네가 악을 행하거든 두려워하라 그가 공연히 칼을 가지지 아니하였으니 곧 하나님의 사역자가 되어 악을 행하는 자에게 진노하심을 따라 보응하는 자니라(롬 13:4).

이 장군들은 샤다이왕이 〈인간 영혼 마을〉을 다시 찾기 위해 보낼 장군들이었다.

샤다이왕은 이 네 장군을 〈인간 영혼 마을〉에 첫 번째로 보낼 자격이 있다고 생각했다. 왜냐하면, 그는 일반적으로 모든 전쟁에서 그들을 최전방으로 보냈으며, 또한 그들은 매우 용감했고 종종 전쟁의 향방을 정할 수 있었기 때문이다. 그들은 중요한 무언가를 시작하기 위해 대화를 시작하고 검의 힘으로 나아갈 수 있도록 훈련받았다. 게다가 그들의 부하들도 그들과 비슷했다.

샤다이왕은 장군들에게 각각 깃발을 내걸게 했는데 이것은 왕이 가진 대의의 선함과 〈인간 영혼 마을〉에 대한 자기의 권리 때문이었다.

> 주를 경외하는 자에게 깃발을 주시고 진리를 위하여 달게 하셨나이다(시 60:4).

첫 번째 장군 보아너게에게 만 명의 병사가 주어졌다. 왜냐하면, 그는 최고 사령관이었기 때문이다. 그의 기수의 이름은 우레 씨(Mr. Thunder)였다. 그는 검은색 깃발을 가지고 있었다. 그리고 그의 방패의 문양은 세 개의 불붙는 우레였다.

두 번째 장군 확신 또한 만 명의 병사를 통솔했다. 그의 기수는 슬픔 씨(Mr. Sorrow)였다. 그는 창백한 깃발을 가지고 있었다. 그의 방패의 문양은 율법책이었고, 이 책에서 나오는 불타는 화염으로 활짝 펼쳐져 있었다.

세 번째 장군 심판 장군(Judgement Captain)도 만 명의 병사를 지휘하고 있었다. 그의 기수 위에는 공포 씨(Mr. Terror)라는 이름이 쓰여 있었다. 그는 붉은 깃발을 가지고 있었다. 그리고 그의 방패는 불타는 용광로처럼 타올랐다.

네 번째 장군은 집행 장군(Captain Execution)이었다. 그 또한 만 명의 병사를 통솔했다. 그의 기수 위에 적힌 이름은 공의 씨(Mr. Justice)였다. 그 또한 붉은 깃발을 가지고 있었다. 그리고 그 깃발에는 도끼가 뿌리에 놓여 있는 열매 없는 나무 문양이 새겨져 있었다.

> 이미 도끼가 나무뿌리에 놓였으니 좋은 열매를 맺지 아니하는 나무마다 찍혀 불에 던져지리라(마 3:10).

네 명의 장군이 지휘하는 각각의 만 명의 병사는 모두 왕에게 충성스럽고 용감한 병사들이었다. 장군들과 부하들 그리고 부하 장교들이 샤다이왕에게로 집결했고, 출정할 때가 되자 왕은 그들의 이름을 호명하며 왕을 위해 수행하는 임무에 걸맞은 갑옷을 입혔다.

(군대를 전장으로 소집했던 분은 왕이었기 때문에) 왕이 자신의 군대를 소집했을 때 왕은 모든 병사 앞에서 장군들에게 임무를 위임하고 몇 가지 명령을 내렸다. 그리고 병사들이 장군들의 명령을 신실하게 귀 기울여 듣도록 용기 있게 그 명령을 행해야 한다고 말했다.

> 오늘 네 하나님 여호와께서 이 규례와 법도를 행하라고 네게 명령하시나니 그런즉 너는 마음을 다하고 뜻을 다하여 지켜 행하라(신 26:16).

이러한 명령의 본질은 이름, 호칭, 지위 그리고 약간의 차이가 있는 특정 임무를 제외하고는 각각의 장군에게 동일했다.

임마누엘의 장군들

다음은 샤다이왕이 장군들에게 내린 명령에 대한 간략한 요약서다.

〈인간 영혼 마을〉의 위대한 샤다이왕은 〈인간 영혼 마을〉을 상대로 전쟁을 벌이는 것에 대해 그의 신실하고 고귀한 보아너게 장군에게 명령한다. 보아너게 장군, 그대는 나의 용맹하고 충성스러운 종 만명을 거느리는 용맹하고 우뢰와 같은 장군 중의 한 명이요. 그대는 내 이름으로 이 군대를 거느리고 비참한 〈인간 영혼 마을〉로 진군하시오. 그대가 〈인간 영혼 마을〉에 도착했을 때 그들에게 평화 조건을 제시하고 사악한 디아볼루스의 멍에와 폭정을 버리고 그들의 합법적인 왕이며 주님인 나 샤다이왕에게 돌아오라고 명령하시오. 또한, 그들에게 명령하여 〈인간 영혼 마을〉에서 디아볼루스에게 속한 모든 것에서 스스로를 정결케 하고 순종의 진리에서 깨닫게 되는 만족에 주의를 기울이게 하시오

따라서 그대가 그들에게 명령을 내렸을 때 그들이 진심으로 진리 가운데 이 명령에 순종한다면, 그대의 능력을 최대한 발휘하여 나를 위해 〈인간 영혼 마을〉에 수비대를 세우시오. 그들이 기꺼이 나에게 항복한다면, 그곳에서 태어나서 사는 사람 가운데 가장 보잘것 없는 자도 다치게 해서는 안 되오. 대신, 기꺼이 항복하고 나오는 자들을 당신의 친구나 형제로 대하시오. 왜냐하면, 내가 그들을 사랑하고 소중히 여기기 때문이오. 그들에게 내가 올 시간을 정하고 있다고 말하고 내가 자비롭다는 것을 반드시 알게 하시오.

그러나 그들이 그대의 항복 권고(summons)와 그대의 권위에 저항한다면, 즉 그들이 대적하고, 그대에게 맞서고, 반란을 일으킨다면, 나는 그대에게 그대가 가진 모든 교묘한 책략, 권능, 힘을 사용하고 그대 손의 힘으로 그들을 굴복시키기를 명령하오. 잘 가시오.

이렇게 각각의 장군은 왕으로 부터 그분의 권위를 부여받았다.

> 예수께서 열두 제자를 불러 모으사 모든 귀신을 제어하며 병을 고치는 능력과 권위를 주시고(눅 9:1).

진격할 날이 정해졌고 그들이 만날 장소는 미리 결정되었다. 각각의 장

군은 명분과 소명에 어울리게 화려하게 등장했다. 샤다이왕에게서 임무를 위임받은 후에 그들은 휘날리는 깃발을 앞세우고 유명한 〈인간 영혼 마을〉로 진군하기 위해 출발했다. 보아너게 장군이 진두진휘하고 확신(Conviction) 장군과 심판(Judgment) 장군이 본 대열을 섰으며 집행(Execution) 장군이 후군을 이루었다.

〈인간 영혼 마을〉은 샤다이왕의 궁전에서 멀리 떨어져 있었다. 그래서 그들이 행군할 때 여러 나라와 지역을 통과하며 많은 사람을 만났지만, 누구도 다치게 하거나 학대하지 않았을뿐만 아니라 오히려 그들이 지나갔던 곳마다 그 나라 사람들을 축복했다. 그들은 또한 여행 내내 왕이 제공한 경비로 살았다.

여러 날 동안 진군한 끝에 드디어 〈인간 영혼 마을〉이 보이는 곳에 이르렀다. 그리고 〈인간 영혼 마을〉을 보았을 때, 장군들은 마을의 처지를 보고 애타는 마음을 가눌 수가 없었다. 왜냐하면, 그들은 〈인간 영혼 마을〉이 디아볼루스의 의지와 그의 방식과 계획에 어떻게 굴복했는지 금방 파악했기 때문이다.

장군들은 귀 문까지 행진하여 마을 앞에 앉았다. 왜냐하면, 귀 문은 마을에서 어떤 일이 일어나고 있는지를 듣는 장소였기 때문이다.

> 그러므로 믿음은 들음에서 나며 들음은 그리스도의 말씀으로 말미암았느니라 (롬 10:17).

그들은 장막을 치고 자리를 잡은 후 공격 전략을 논의했다. 마을 사람들은 휘날리는 깃발을 펄럭이며 번쩍이는 갑옷을 입은 뛰어나게 훈련된 웅장한 큰 무리의 군대를 처음 보았을 때 집 밖으로 나와서 그 모든 것을 바라볼 수 밖에 없었다. 그러자 여우같이 교활한 디아볼루스는 백성들이 이 광경을 보고 장군들에게 성문을 열어 줄까봐 두려워서 성에서 서둘러 나와 마을 사람들을 마을 중심부로 모이게 했다.

그리고 그는 그들에게 다음과 같이 기만적인 연설을 했다.

"신사 숙녀 여러분!

여러분은 나의 충성스럽고 사랑스러운 친구들이지만, 여러분이 최근에 보여 준 부주의한 행동으로 인해 여러분을 꾸짖지 않을 수 없습니다. 나는 여러분이 단지 어제 우리의 귀 문 앞에 앉아 있었던 그렇게 크고 힘센 군대를 보기 위해 나간 것에 대해 말하고 싶습니다.

여러분은 그들이 누구인지, 어디서 왔는지 알고 있습니까?
〈인간 영혼 마을〉 앞에 진치고 있는 그들의 목적을 알고 있습니까?
여러분은 그들이 유명한 〈인간 영혼 마을〉을 계속해서 포위하기 위해 참호를 팠던 것을 보지 못했습니까?

그들은 내가 오래전에 경고했던 바로 그 사람들입니다. 그들은 이 마을을 파괴하러 왔습니다. 사실, 나는 여러분의 몸을 보호하기 위해 머리부터 발끝까지 큰 비용을 들여 여러분을 무장시켰습니다. 또한, 나는 여러분의 마음을 위해 훌륭한 요새를 만들었습니다.
여러분은 처음 그들을 보았을 때, 왜 '경보를 울려라!'라고 소리치지 않았습니까?
여러분이 그들에 대해 마을 전체에 경고했더라면, 우리는 그들을 방어하고 만반의 저항 태세로 그들을 맞이할 위치에 있었을지도 모릅니다. 여러분이 그렇게 행동했더라면, 여러분은 내 마음에 드는 용사라는 것을 입증했을 것입니다. 그러나 이제, 여러분이 한 행동을 보면 그들이 우리가 그들과 백병전(白兵戰)을 벌일 때 여러분이 그들과 맞설 용기가 부족하다는 것을 알게 될까 봐 약간 두렵습니다.

내가 성문에 경계병을 두 배로 늘리라고 명령하지 않았습니까?
내가 여러분을 쇠처럼 단단하게 하고 여러분의 마음을 맷돌 조각처럼 단호하게 하려고 애쓰지 않았습니까?
무엇을 생각하고 있었습니까?
전쟁을 위해 훈련도 받지 않은 여인들과 같은 모습을 보여 주며 불구대천의 원수를 보려고 순진한 무리처럼 나갔습니까?
아아, 준비하시오!
방어 태세에 돌입하시오!
북을 크게 울리시오!

꾸짖는 디아볼루스

적들이 이 마을과 주민들을 정복하기 전에 호전적으로 모여서 적들이 〈인간 영혼 마을〉에 용맹한 사람들이 있다는 것을 알게 합시다.

나는 이제 견책하는 것을 그만두고 더는 여러분을 나무라지 않을 것입니다. 나에게 더 이상 그런 행동을 보이지 않게 하는 것은 여러분의 의무입니다. 이 시점부터 내가 명령하지 않는 한 여러분 가운데 한 사람도 〈인간 영혼 마을〉 성벽 너머로 여러분의 머리를 보이는 것을 허락하지 않겠소!

내 말을 들었으니, 이제 내가 명령한 대로 하시오. 나는 여러분의 상관으로서 여러분과 함께 살 것이고, 나는 여러분을 안전하게 그리고 여러분의 명예를 지킬 것입니다. 잘 가시오."

이상하게도 이 연설은 마을 사람들을 변하게 했다. 그들은 공포에 사로잡혀 어쩔 줄 모르는 사람들처럼 우왕좌왕하다가 소리치며 달렸다.

"사람 살려!
사람 살려!

세상을 발칵 뒤집어 놓은 사람들이 이곳에도 왔습니다!"

그러나 유대인들은 시기하여 저자의 어떤 불량한 사람들을 데리고 떼를 지어 성을 소동하게 하여 야손의 집에 침입하여 그들을 백성에게 끌어내려고 찾았으나 발견하지 못하매 야손과 몇 형제들을 끌고 읍장들 앞에 가서 소리 질러 이르되 천하를 어지럽게 하던 이 사람들이 여기도 이르매(행 17:5-6).

그들 중 누구도 가만히 있지 못했고 모든 감각을 빼앗긴 사람처럼 행동했다. 그들은 다시 외쳤다.
"우리의 평화를 빼앗고 죽이려는 자들이 왔다!"
이 메시지가 공중에 울려 퍼졌다. 이 소리를 들은 디아볼루스는 말했다.
"옳지, 이것이 내가 좋아하는 모습이지. 이제 너희들은 내가 바라는 대로 행동하는구나. 이제 너희들은 너희의 왕인 나에게 복종하는 모습을 보여 줘야 한다. 이대로 있다가 그들이 할 수 있는 한 마을을 점령하게 놔두자."

그 때에 너희는 그 가운데서 행하여 이 세상 풍조를 따르고 공중의 권세 잡은 자를 따랐으니 곧 지금 불순종의 아들들 가운데서 역사하는 영이라(엡 2:2).

제6장

왕의 제안
The King's Offer

　왕의 군대가 〈인간 영혼 마을〉에 도착하기 사흘 전에 보아너게 장군은 나팔수에게 귀 문으로 내려가라고 명령했다. 그곳에서 위대한 샤다이왕의 이름으로 〈인간 영혼 마을〉 사람에게 "샤다이왕의 메시지에 귀 기울여 들으라"고 요구했다. 이 메시지는 그가 자기 주인 이름으로 그들에게 전하라고 명령받은 메시지였다. 그래서 이름이 명심(Take-Heed—What-You-Heard)인 나팔수는 귀 문으로 올라가서 마을 사람들이 들을 수 있도록 나팔을 불었다.

　하지만, 누구도 나타나지 않았고 어떤 식으로도 반응을 보이지 않았다. 명심하라. 이것이 디아볼루스가 〈인간 영혼 마을〉 사람들에게 행하라고 명령했던 방식이다. 그래서 나팔수는 서둘러 돌아와 보아너게 장군에게 보고했다. 이 소식은 장군을 슬프게 했다. 그는 나팔수에게 그의 장막으로 가라고 말했다.

　다음 날 보아너게 장군은 나팔수를 귀 문으로 다시 보냈다. 하지만, 여전히 문이 닫혀 있었다. 아무도 오지 않았다. 사실 그들은 심지어 그에게 답변도 하지 않았다. 왜냐하면, 그들은 그들의 왕 디아볼루스의 명령에 복종하며 준수했기 때문이다.

　그 후 장군들과 다른 야전 장교들은 〈인간 영혼 마을〉을 점령하기 위해 무엇을 더 할 수 있는지 숙고하기 위해 전쟁 회의를 소집했다. 그들이 함께 모여서 자신들의 임무에 관한 구체적인 내용을 철저히 논의한 후, 그들은 지난번 나팔을 불게 했던 나팔수에게 마을에 또 다른 항복 권고를 보내기로 했다.

그리고 이번에는 〈인간 영혼 마을〉 사람들이 그 메시지를 듣는 것을 또다시 거부한다면 나팔수는 다음과 같은 내용을 마을 사람들에게 전해야 했다. 그것은 바로 장군들과 야전 장교들이 그들이 할 수 있는 모든 수단을 다 동원하여 무력으로 마을 사람들을 샤다이왕에게 항복시키겠다는 내용이었다.

그래서 보아너게 장군은 그 나팔수에게 다시 귀 문으로 올라가라고 명령했다. 그리고 그는 바로 위대한 샤다이왕의 이름으로 "귀 문으로 내려오라"는 항복 권고문을 매우 큰 소리로 전달해야 했다. 이 항복 권고문 의하면 마을 사람들은 왕의 가장 고귀한 장군들이 말하는 것을 듣기 위해 공개 환영회를 열어야 한다. 나팔수는 자신이 명령받은 대로 했다.

그는 귀 문으로 다가가 나팔을 울리고 〈인간 영혼 마을〉 사람들에게 세 번째 항복 권고문을 보냈다.

> 누구든지 내게 들으며 날마다 내 문 곁에서 기다리며 문설주 옆에서 기다리는 자는 복이 있나니 (잠 8:34).

이번에 그는 그들에게 "여전히 왕이 보낸 장군들 접견하기를 거부한다면 힘으로 공격하고 무력으로 회개하게 만들겠다"라고 경고했다.

그때 〈인간 영혼 마을〉의 총독이며 성문 관리자인 자유의지 경(내가 전에 언급했던 배도자)이 나섰다. 그는 나팔수가 누구인지, 어디서 왔는지 알고 싶다고 요구하면서 상당히 불쾌한 말로 대답했다.

"무슨 연유로 〈인간 영혼 마을〉에 대해 그런 참을 수 없는 말을 하면서 성문 앞에서 그렇게 소란을 피우고 있는 것이오?"

나팔수는 똑바로 서서 큰 소리로 외쳤다.

"나는 위대한 샤다이왕의 군대 장군인 가장 고귀한 보아너게 장군의 종이다. 여러분과 〈인간 영혼 마을〉은 위대한 샤다이왕에게 반역했고 계속해서 저항하고 있다. 나의 주인인 장군께서는 여러분과 〈인간 영혼 마을〉 전체에 전할 특별한 메시지가 있으니 평화롭게 들으라. 그러나 듣지 않는다면, 여러분은 그런 행동에 대한 대가를 치를 것이다."

자유의지 경은 다음과 같이 말했다.

"당신의 메시지를 나의 주인에게 전할 것이오. 그리고 그분이 뭐라고 말하실 지 두고 봅시다."

그러나 나팔수는 재빨리 대답했다.

"우리의 메시지는 거인 디아볼루스가 아니라 비참한 〈인간 영혼 마을〉 사람들에게 전하는 것이다. 우리는 디아볼루스나 그를 대변하는 자의 어떤 대답도 전혀 고려하지 않을 것이다. 우리는 디아볼루스의 잔인한 폭정 아래서 이 마을을 되찾고 이전에 이 마을이 가장 위대한 샤다이왕에게 순종했던 것처럼 이 마을이 왕에게 다시 순종하도록 그들을 설득하라고 왕이 친히 우리를 보내셨다."

> 하나님께 아뢰기를 주의 일이 어찌 그리 엄위하신지요 주의 큰 권능으로 말미암아 주의 원수가 주께 복종할 것이며(시 66:3).

자유의지 경은 말했다.

"내가 당신의 메시지를 마을 사람들에게 전하겠소."

"자유의지 경, 우리를 속이지 마십시오. 경이 그렇게 한다면 그것은 단지 경 자신을 더 속이는 일이 될 것입니다."

나팔수는 잠시 말을 멈추고는 덧붙였다.

"당신들이 평화로운 방식으로 항복하지 않으면 우리는 당신들과 전쟁하여 무력으로 샤다이왕의 지배 아래 있게 할 것입니다. 그리고 내가 말하고 있는 것이 진실이라는 것을 알게 하기 위해 보여 줄 것이 있습니다. 이것은 당신에게 표지가 될 것입니다.

경은 내일, 산에 세워진 뜨겁고 불타는 벼락이 달린 검은 깃발을 보게 될 것입니다. 그 깃발은 당신이 당신의 왕에 대한 반항의 표시이자 당신들을 당신의 주님이자 합법적인 왕에게 데려오겠다는 우리의 결의의 표시입니다."

나팔수가 말을 마치자 자유의지 경은 성벽을 떠났고, 나팔수도 진영으로 다시 돌아왔다. 그가 도착했을 때, 전능한 샤다이왕의 장군들과 부하 장교들은 그를 만나 그가 발언 기회를 얻는 데 성공했는지, 성공했다면 그 과정이 어떻게 진행되었는지 알고 싶어 했다.

나팔수는 다음과 같이 보고했다.

"내가 나팔 소리를 내며 〈인간 영혼 마을〉 사람들이 듣도록 큰소리로 외쳤을 때 성문을 책임지고 있는 마을의 총독 자유의지 경이 내가 부는 나팔 소리에 응했습니다. 그는 성벽 너머로 바라보며 내가 거기서 무엇을 하고 있는지, 어디서 왔는지 그리고 어째서 그렇게 시끄러운 소리를 내는지 그 이유를 물었습니다. 나는 그에게 내가 온 목적과 누구의 권위로 이 메시지를 가져왔는지 말했습니다. 그는 그 메시지를 자기 주인과 〈인간 영혼 마을〉 사람들에게 전달하겠다고 말했습니다."

그러자 용감한 보아너게 장군은 말했습니다.

"여기 참호에서 조금 더 기다려 보고 이 반역자들이 어떤 결정을 내리는지 지켜봅시다."

용감한 보아너게 장군과 그의 동료들이 〈인간 영혼 마을〉에 샤다이왕의 메시지를 공개적으로 수용하라고 제시했던 최후통첩 날짜가 다가오자, 샤다이왕 진영 전체에 있는 모든 전사에게 완전히 무장을 하고 하나가 되어 대기하라는 명령이 떨어졌다. 〈인간 영혼 마을〉이 자비의 메시지를 받아들여도 그들은 준비해야 했고, 마을 사람들이 왕의 자비의 메시지를 받아들이지 않는다면 그들은 그 마을을 무력으로 왕의 지배하에 굴복시켜야 했기 때문이다.

최후통첩의 날짜가 왔을 때 나팔수들은 모든 전사가 당일의 일을 위해 만반의 준비를 하도록 진영 전체를 향해 신호를 울렸다. 〈인간 영혼 마을〉 안에서 주민들은 샤다이왕의 진영 안에서 불어대는 나팔 소리를 들었다. 그들은 그 소리가 마을을 급습하는 신호임이 틀림없다고 생각했다.

그들은 그 생각에 소름이 끼쳐 처음엔 어떻게 해야 할지 몰랐다. 하지만, 잠시 후 그들은 마음을 가라앉혀 진정시켰고 전쟁을 위해 그들이 할 수 있는 준비를 하기 시작했다. 적어도 그들은 샤다이왕 군대가 자기들의 마을을 급습할 때를 대비해 스스로의 안전을 지키기 위한 조치를 취했다.

주어진 최후통첩의 시간이 지나갔을 때 보아너게 장군은 나팔수를 다시 보냈다. 나팔수의 임무는 장군들이 샤다이왕으로부터 가져온 메시지에 대한 〈인간 영혼 마을〉 사람들의 반응을 듣기 위해 공개 환영회를 열도록 요구하는 것이었다.

나팔수는 그가 부는 나팔의 날카로운 외침 소리로 자기의 존재를 알렸다. 마을 사람들이 올라왔지만, 그것은 나팔수를 접견하기 위한 것이 아니었다. 귀 문을 그들이 할 수 있는 한 안전하고 튼튼하게 하기 위함이었다. 그들이 성벽 꼭대기에 왔을 때, 보아너게 장군은 시장 경을 접견하기를 원했지만, 그때 불신 경(Lord Incredulity)이 욕망 경(Lord Lustings)을 대신해서 시장 경(Lord Mayor)으로 등장했다.

그래서 불신 경은 성벽 꼭대기에서 자신을 드러냈고 자신을 시장 경으로 소개했다. 하지만, 보아너게 장군은 그를 바라보자마자 소리쳤다.

"이 작자는 시장 경이 아니오!
〈인간 영혼 마을〉의 이전 시장인 명철 경(Lord Understanding)은 어디에 있소?
나는 그에게 나의 메시지를 전할 것이오!"

거인 디아볼루스 또한 성문으로 내려왔다. 그리고 이번에는 거인 디아볼루스가 보아너게 장군에게 대답했다.

"보아너게 장군, 당신은 대담하게도 〈인간 영혼 마을〉 사람들에게 당신의 왕 샤다이에게 항복하라고 네 차례의 항복 권고를 전달하였소. 하지만, 나는 샤다이왕의 권위를 인정하지도 않으며, 이 순간에 논쟁하고 싶지도 않소. 하지만, 나는 무슨 이유로 이런 소동을 일으키고 있는지 분명히 묻고 싶소. 그리고 당신이 여기에 왜 왔는지 스스로 알고 있는지 묻고 싶소."

보아너게 장군의 깃발은 검은색이고 방패 위에 문장(紋章)은 불타는 세 개의 우레였다. 그는 거인 디아볼루스와 그의 말에 전혀 신경을 쓰지 않았다. 대신 그는 〈인간 영혼 마을〉 사람들에게 연설했다.

"오, 비참하고 반역하는 〈인간 영혼 마을〉 사람들이여!
나는 나의 주인이신 가장 자비롭고 위대한 샤다이왕께서 주신 권위로 여러분에게 다음과 같은 사실을 알게 하려고 여기에 왔습니다."

그는 그들에게 샤다이왕의 통치권을 나타내는 국새를 보여 주었다.

"나는 여러분을 다시 그분에게 순종하게 하려고 여기에 왔습니다. 내가 보낸 항복 권고문에 쓰인 그분의 뜻에 여러분이 항복하도록 샤다이왕께서는 여러분이 마치 나의 친구나 형제인 것처럼 여러분에게 그분의 메시지를 전하라고 명령하셨습니다. 그리고 만약 여러분이 항복하기를 거부하고 오히려 반항하는 것을 선택한다면, 우리에게 여러분을 무력으로 굴복시키라고 명령하셨습니다.

성벽에서 연설하는 불신 경

> 그러므로 여호와께서 이 재앙을 간직하여 두셨다가 우리에게 내리게 하셨사오니. 우리의 하나님 여호와께서 행하시는 모든 일이 공의로우시나 우리가 그 목소리를 듣지 아니하였음이니이다(단 9:14).

그런 후에 확신 장군(Captain Conviction)이 엷은 깃발을 나부끼며 앞으로 나섰다. 그의 방패 위에는 율법 책이 활짝 열려 있었다.

그는 다음과 같이 말했다.

"오, 〈인간 영혼 마을〉 사람들이여!

들으시오. 여러분은 한때 순수함으로 유명했지만, 지금은 타락하여 거짓말하고 속임수를 쓰는 자들이 되었습니다. 여러분은 나의 형제 보아너게 장군이 했던 말을 들었습니다. 그가 제시한 평화 조건과 자비를 받아들이는 것이 현명할 것입니다.

특히, 샤다이왕은 여러분이 반역했던 왕이시고 왕께서 친히 여러분에게 제시한 것입니다. 그분은 여러분을 갈기갈기 찢을 만큼 강력한 분이십니다. 왜냐하면, 그분은 샤다이, 즉 우리의 왕이시기 때문입니다. 그분이 진노하실 때 그 어떤 것도 그분 앞에서 견딜 수가 없습니다.

"가령 여러분이 우리의 샤다이왕에 대해 죄를 짓지 않거나 반역하지 않았다고 해도 여러분이 그분을 섬기는 것을 버린(이것은 여러분 죄의 시작이었습니다). 그날 이후로 여러분이 행한 모든 행동이 여러분에게 매우 불리하게 증언하고 있습니다.

> 만일 우리가 죄를 범하지 아니하였다고 하면 하나님을 거짓말하는 이로 만드는 것이니 또한 그의 말씀이 우리 속에 있지 아니하니라(요일 1:10).

여러분이 폭군 디아볼루스의 말을 듣고 그를 왕으로 받아들인다는 것이 무엇을 의미한다고 생각합니까?

또한, 샤다이왕의 율법을 거부하고 디아볼루스에게 복종한다는 것이 무엇을 의미합니까?

이런 문제로 인해, 여러분이 성문을 닫고 왕의 충실한 종인 우리에게 대항하여 무기를 든다는 것은 또한 무엇을 의미하겠습니까?

> 그 조상들의 하나님 여호와께서 그의 백성과 그 거하시는 곳을 아끼사 부지런히 그의 사신들을 그 백성에게 보내어 이르셨으나. 그의 백성이 하나님의 사신들을 비웃고 그의 말씀을 멸시하며 그의 선지자를 욕하여 여호와의 진노를 그의 백성에게 미치게 하여 회복할 수 없게 하였으므로(대하 36:15-16).

그렇다면 샤다이왕의 통치를 받고 나의 형제의 초대를 받아들이시오. 그로 인한 대가가 너무 크다고 생각하지 마시오. 그분의 자비를 받아들이고 여러분의 적과 서둘러 화해하시오.

오, 〈인간 영혼 마을〉이여!

그분의 자비를 받아들이는 것을 금하거나 방해하지 마시오. 왜냐하면, 여러분이 그분의 자비를 금하거나 방해한다면 디아볼루스의 간사한 계략에 속아 수천 가지의 재앙에 직면하게 될 것이기 때문입니다.

아마도 디아볼루스는 심지어 우리가 오늘 여기서 하는 일에 대해서도 우리가 우리 자신만의 유익을 추구한다고 생각하도록 여러분을 속였을 것입니다. 분명히 말하지만, 그것은 사실이 아닙니다. 우리는 우리의 왕과 여러분에 대한 그분의 사랑에 순종하기 위해 여기에 왔습니다. 우리는 여러분의 행복을 원합니다. 이것이 우리가 이 일을 착수하게 된 이유입니다.

다시 한번 여러분에게 말합니다. 〈인간 영혼 마을〉 사람들이여!

내가 말한 것을 숙고해 보시오.

샤다이왕께서 지금 자신을 이렇게 낮추시는 것은 놀라운 은혜가 아니고 무엇이겠습니까?

여러분이 그분에게 순복하도록 그분은 우리를 통해 진심으로 간청하시고 합당한 설득으로 여러분과 변론하고 계시고 있지 않습니까?

그분께서 여러분에게 필요한 것이 있습니까?

아니 그렇지 않습니다. 하지만, 우리는 여러분에게 그분이 필요하다고 확신합니다. 그분은 자비가 많으신 분입니다. 〈인간 영혼 마을〉 사람들이 죽지 않고 살기 위해 그분을 의지해야 한다는 것이 그분의 뜻입니다."

> 주의 약속은 어떤 이들이 더디다고 생각하는 것 같이 더딘 것이 아니라 오직 주

께서는 너희를 대하여 오래 참으사 아무도 멸망하지 아니하고 다 회개하기에 이르기를 원하시느니라(벧후 3:9).

심판 장군이 붉은 옷을 입고 앞으로 나섰다. 그의 방패에 있는 상징은 불타는 용광로였다. 그는 말했다.

"〈인간 영혼 마을〉의 주민들이여!

여러분은 너무 오래 반역 가운데 살았고 샤다이왕에게 반역 행위를 저질렀습니다. 우리가 오늘 이런 모습으로 여기에 온 것은 우리만의 메시지를 전하거나 여러분과 다툼으로 인해 고통이나 상해를 가하려고 온 것이 아님을 알아 주길 바랍니다. 여러분을 다시 그분에게 순종하게 하려고 우리를 보내신 분은 다름 아닌 나의 주인이신 샤다이왕이십니다. 여러분이 평화로운 방법으로 항복하기를 거부한다면, 우리는 여러분이 그렇게 하도록 무력을 사용하여 항복을 촉구할 권한이 있습니다.

또한, 우리의 왕 샤다이가 능력이 없다고 스스로 생각하지 마십시오. 아니면 폭군 디아볼루스가 샤다이왕이 능력이 없다고 생각하도록 여러분을 설득하는 것을 허용하지 마십시오. 왜냐하면, 그분은 자신 힘으로 여러분을 끌어내려 그분의 발밑에 무릎 꿇게 할 수 있기 때문입니다. 그분은 매우 강력하셔서 산을 건드리기만 해도 연기가 날 정도입니다.

여호와의 영광이 영원히 계속할지며 여호와는 자신께서 행하시는 일들로 말미암아 즐거워하시리로다. 그가 땅을 보신즉 땅이 진동하며 산들을 만지신즉 연기가 나는 도다(시 104:31-32).

또한, 이런 사실도 알기 바랍니다. 용서하거나 살리려는 왕의 마음이 항상 여러분 앞에 항상 열려 있는 것은 아닙니다. 왜냐하면, 솥처럼 타는 그분의 심판이 있기 때문입니다. 그날은 더디 오지 않을 것입니다.

너희는 여호와를 만날 만한 때에 찾으라 가까이 계실 때에 그를 부르라. 악인은 그의 길을, 불의한 자는 그의 생각을 버리고 여호와께로 돌아오라 그리하면 그가 긍휼히 여기시리라 우리 하나님께로 돌아오라 그가 너그럽게 용서하시리라(사 55:6-7).

오, 〈인간 영혼 마을〉이여!

심지어 그렇게 많이 샤다이왕을 격노하게 한 후에도 우리의 왕께서 여러분에게 자비를 베푸시는데 그런 자비로운 행위가 여러분 눈에는 하찮은 것으로 보입니까?

그분은 여전히 여러분에게 은혜의 황금 규를 내밀고 계시며 그분의 은총의 문이 여러분에게 닫히지 않게 할 것입니다.

> 이르시되 내가 은혜 베풀 때에 너에게 듣고 구원의 날에 너를 도왔다 하셨으니 보라 지금은 은혜 받을 만한 때요 보라 지금은 구원의 날이로다(고후 6:2).

그렇다면 여러분은 그분을 자극하여 그 문이 닫히게 해야 하겠습니까?

그렇게 한다면 지금 내가 여러분에게 말하는 것을 생각하기를 바랍니다. 그 길은 영원히 여러분에게 열리지 않을 것입니다. 가령, 여러분이 그분을 보거나 그분 앞에 서지 않을 것이라고 말하더라도, 심판은 여전히 그분의 것입니다. 따라서 그분을 신뢰하십시오. 왜냐하면, 내가 분명히 말하지만, 그분의 진노가 쏟아지는 날이 곧 올 것이기 때문입니다.

> 다만 네 고집과 회개하지 아니한 마음을 따라 진노의 날 곧 하나님의 의로우신 심판이 나타나는 그날에 임할 진노를 네게 쌓는도다. 하나님께서 각 사람에게 그 행한 대로 보응하시되(롬 2:5-6).

이것을 알고 두려워하십시오. 왜냐하면, 그분이 단번에 여러분을 죽이실 수도 있기 때문입니다. 또한, 일단 이런 일이 일어나면 심지어 아무리 큰 대속물이라도 여러분을 구할 수 없습니다.

그분께서 여러분의 재물의 공로에 근거해서 심판하실까요?

절대 아닙니다. 금이나 강한 힘과 같은 것에 관해서는 절대 그렇지 않습니다. 그분은 심판을 위한 보좌를 준비하셨습니다.

> 보라 여호와께서 불에 둘러싸여 강림하시리니 그의 수레들은 회오리바람 같으리로다 그가 혁혁한 위세로 노여움을 나타내시며 맹렬한 화염으로 책망하실 것이라(사 66:15).

〈인간 영혼 마을〉이여!

우리가 전하는 메시지에 귀를 기울이시오. 여러분이 악인들의 심판을 완수하고 공의와 심판이 여러분을 사로잡을 것입니다."

심판 장군이 〈인간 영혼 마을〉 사람들에게 연설을 했다. 일부 마을 사람들은 심판 장군이 계속해서 자기의 주장을 변호하는 동안 디아볼루스가 장군의 말에 떨고 있는 것을 알아차렸다.

"오, 이 비참한 〈인간 영혼 마을〉이여!

우리를 맞이하기 위해 성문 여는 것을 아직 거부하고 있습니까?

우리는 여러분 왕인 샤다이왕의 대리인입니다. 또한, 우리는 여러분이 사는 것을 본다면 기뻐할 것입니다.

멸망을 당하지 않고 이런 상태 가운데 여러분의 마음이 견디며 계속 살아갈 수 있겠습니까?

아니면 샤다이왕이 여러분의 심판을 선언하는 그날에도 강건할 수 있습니까?

나는 묻습니다. 우리 왕이 디아볼루스와 그의 천사들을 위해 준비하셨던 진노의 바다에서 강제로 마셔야 하는 것을 여러분은 견딜 수 있겠습니까?

이것에 대해 잠시 생각해 보고 무엇을 해야 할지 결정하시기 바랍니다."

그리고 네 번째 장군인 고귀한 집행 장군(Captain Execution)이 앞으로 나섰다.

"〈인간 영혼 마을〉 사람들이여!

여러분은 한때 유명했지만, 지금은 열매 없는 가지와 같습니다. 이곳은 한때는 기쁨을 주었고 탁월하다는 찬사를 받았지만, 지금은 단지 디아볼루스의 소굴에 불과합니다. 위대한 샤다이왕의 이름으로 전하는 말에 귀를 기울이고 주목하기 바랍니다. 이미 도끼가 나무뿌리에 놓였으니 좋은 열매 맺지 아니는 나무마다 찍혀 불에 던져지리라(눅 3:9)고 하신 말씀을 명심하기 바랍니다.

오, 〈인간 영혼 마을〉이여!

지금까지 여러분은 이런 열매 없는 나무였습니다. 여러분은 가시덤불과

엉겅퀴만 맺었을 뿐입니다. 여러분의 악한 열매는 여러분이 좋은 나무가 아니라는 것을 보여 줍니다. 여러분의 포도송이는 아주 씁니다. 여러분은 왕을 대적하여 반란을 일으켰습니다.

보십시오!"

집행 장군은 자기와 함께 서 있는 군대를 향하여 넓게 쓸어버리는 몸짓을 했다.

"샤다이왕의 힘과 권능이 여러분 앞에 있습니다. 우리는 여러분의 뿌리에 놓여 있는 도끼입니다.

무슨 말을 하겠습니까?

편을 바꾸어야 하지 않겠습니까?"

누구도 대답하지 않았다. 잠시 후에 장군은 말했다.

"한 번 더 묻겠습니다. 첫 번째 공격을 가하기 전에 말하십시오.

돌이켜서 샤다이왕을 따라야 하지 않겠습니까?

도끼가 먼저 분명한 위협으로 여러분의 뿌리에 놓일 것임이 틀림없습니다. 여러분은 이런 위협을 경시해서는 안 됩니다. 여러분이 이런 위협을 무시한다면 도끼는 여러분의 뿌리에 놓일 것입니다. 그리고 심판이 실행될 것입니다. 도끼와 심판 사이에 여러분의 회개가 필요합니다.

> 그러나 악인이 만일 그가 행한 모든 죄에서 돌이켜 떠나 내 모든 율례를 지키고 정의와 공의를 행하면 반드시 살고 죽지 아니할 것이라(겔 18:21).

이제 시간이 다 되었습니다.

어떻게 하겠습니까, 돌이키겠습니까?

아니면 내가 여러분을 공격할까요?

〈인간 영혼 마을〉이여!

내가 여러분을 공격한다면 여러분은 멸망할 것입니다. 왜냐하면, 나는 여러분의 뿌리에 도끼를 찍을 권한이 있기 때문입니다. 샤다이왕에게 항복하는 것 외에는 어떤 것도 그분이 세웠던 계획의 실행을 막을 수 없을 것입니다. 자비가 그것을 막지 못한다면, 여러분은 단지 베어져 불 속에 던져져 불태워지는 것이 마땅할 것입니다.

샤다이왕의 인내심과 자제가 여러분 행동의 결과를 영원히 막지는 못할

〈인간 영혼 마을〉에 경고하는 집행 장군

것이라는 사실을 명심하기 바랍니다. 그분의 자애로 1년, 2년 또는 3년을 늦출 수도 있지만 3년 내내 반역함으로써 그분을 자극하고 이런저런 일을 저지른다면 '찍어 버리라'라는 명령 외에 여러분은 아무것도 기대할 수 없습니다. 그리고 그 후에는 여러분은 베어질 것입니다.

> 포도원 지기에게 이르되 내가 삼 년을 와서 이 무화과나무에서 열매를 구하되 얻지 못하니 찍어버리라 어찌 땅만 버리게 하겠느냐(눅 13:7).

내가 여러분에게 경고하는 것이 한가한 위협에 지나지 않는다고 생각하십니까?
아니면 우리 왕이 말씀하신 것을 일어나게 할 만큼 충분히 강력하지 않다고 생각하십니까?

〈인간 영혼 마을〉 사람들이여!

여러분은 알게 될 것입니다. 죄인들이 왕의 말을 가볍게 여기면 그들은 곧 그 위협이 진짜라는 것을 알게 될 것입니다. 그분의 말씀은 임박한 진노뿐만 아니라 불타는 숯으로 가득 차 있습니다. 여러분은 이미 오랫동안 완전히 쓸모없는 자들이었습니다.

그런 방식으로 계속해서 살아갈 계획입니까?

여러분의 죄 때문에 왕의 군대가 성벽에 서 있는 것입니다. 여기서 우리는 심판을 내릴 준비가 되어 있습니다. 또한, 심판과 함께 이 마을에 형벌도 내릴 준비가 되어 있습니다.

여러분은 정말로 이것을 원합니까?

여러분은 장군들이 했던 경고의 말을 들었습니다. 하지만, 여전히 성문은 우리에게 닫혀 있습니다.

〈인간 영혼 마을〉 사람들이여!

큰 소리로 말해 보시오. 그리고 우리에게 답변을 주기 바랍니다.

평화 조건을 받아들이겠습니까?

아니면 계속해서 죄 가운데 살아갈 계획입니까?"

그러나 〈인간 영혼 마을〉 사람들은 네 명의 고귀한 장군의 대담한 연설로 이루어진 경고의 말이 귀 문을 때렸지만, 그 힘은 귀 문을 깨뜨려 열기에는 충분하지 않았다.

> 우리는 하나님께 속하였으니 하나님을 아는 자는 우리의 말을 듣고 하나님께 속하지 아니한 자는 우리의 말을 듣지 아니하나니 진리의 영과 미혹의 영을 이로써 아느니라(요일 4:6).

〈인간 영혼 마을〉 사람들은 말했다.

"장군들의 요구에 대해 답을 준비할 시간을 주시오."

결국, 장군들은 더 많은 시간을 주는 데 동의했다. 하지만, 〈인간 영혼 마을〉 사람들이 부적절한 휴식을 그들에게 넘겨주어 그가 행한 대로 그에게 갚을 수 있을 경우에만 시간을 주겠다고 동의했다. 〈인간 영혼 마을〉 사람들이 그를 성벽 너머로 넘겨주는 것을 거부한다면 장군들은 더 이상의 시간 주는 것을 고려하지 않을 것이다.

장군들은 말했다.

"우리는 부적절한 휴식이 〈인간 영혼 마을〉에서 숨을 쉬는 한 모든 선하고 진지한 심사숙고는 수치와 침묵에 묻히고 단지 해악만 초래할 것이라는 사실을 알고 있습니다."

이 모든 일이 진행되는 동안 디아볼루스가 거기 있었다는 것을 기억하라. 디아볼루스는 부적절한 휴식을 잃고 싶지 않았다. 왜냐하면, 그는 자기의 대변자였기 때문이었다. 바로 그 순간에 그는 성급하게 스스로 그들에게 대답하기로 했다. 하지만, 그는 입을 열기 전에 다시 마음을 바꾸었다. 그리고 그는 현 시장인 불신 경(the Lord Incredulity)에게 이렇게 명령했다.

"이 부랑자들에게 답변하시오. 그리고 반드시 큰 소리로 말해서 〈인간 영혼 마을〉 사람들이 당신이 하는 말을 듣고 이해할 수 있게 하시오."

그래서 디아볼루스의 명령에 따라 불신 경은 〈인간 영혼 마을〉 사람들에게 말했다.

"여러분!

이들은 침입자입니다. 그들은 우리 왕에게서 왕으로서 누리는 합법적이고 평화로운 권리를 빼앗으려 하고 있습니다."

그런 후에 그는 장군들과 그들의 군대에 시선을 돌리며 말했다.

"당신들은 〈인간 영혼 마을〉을 괴롭히고 있습니다. 당신들은 이 마을에 대항하여 진을 쳤습니다. 하지만, 우리는 당신들이 어디에서 왔는지 알지 못합니다. 또한, 우리는 당신들이 어디에서 왔는지 또는 당신들의 정체가 무엇인지 절대 알 수 없을 것입니다. 우리는 당신들을 믿지 않을 것입니다.

당신들은 당신들이 전하는 말로 끔찍한 위협을 하고 있습니다. 또한, 당신들은 샤다이왕에게서 그렇게 하라는 권한을 받았다고 주장하고 있습니다.

> 내가 진실로 진실로 너희에게 이르노니 내 말을 듣고 또 나 보내신 이를 믿는 자는 영생을 얻었고 심판에 이르지 아니하나니 사망에서 생명으로 옮겼느니라 (요 5:24).

하지만, 그는 무슨 권리로 당신들에게 그렇게 하라고 명령하는 것입니까? 이것이 우리가 이해할 수 없는 부분입니다. 샤다이왕과 같은 권한으로 〈인간 영혼 마을〉 사람들에게 그들의 주인을 버리고 보호를 위해 위대한 샤다이왕에게 항복할 것을 요구했습니다. 그리고 당신들은 그들에게 그들이 항복한다면 샤다이왕은 과거에 지었던 죄로 그들을 책망하지 않을 것이라고 말하고 있습니다. 게다가 당신들은 〈인간 영혼 마을〉 사람들을 공포로 떨게 했고, 그들이 당신들의 명령에 따르지 않으면 그에 대한 형벌로서 엄청나게 폭력적인 파괴를 가하겠다고 위협했습니다.

이제 장군들이여!

당신들이 어디서 오셨든 그리고 당신들의 계획과 목적이 옳다고 해도 당신들은 이것을 알아야 합니다.

나의 주 디아볼루스 경이나 나 자신 그리고 우리의 용감한 〈인간 영혼 마을〉 사람들도 당신들과 당신들의 메시지 또는 당신들을 보냈다는 당신의 왕에 대해 우리는 어떤 관심도 없습니다. 우리는 그가 가진 힘, 위대함 또는 복수를 두려워하지 않습니다. 또한, 우리는 당신들의 명령에 전혀 굴복하지 않을 것입니다.

당신들이 우리를 상대로 전쟁을 일으키겠다고 위협한다면, 만약 전쟁이 일어난다면 우리는 최선을 다해 스스로를 방어할 것입니다. 그러니 우리도 당신들에게 대항할 능력이 없지 않다는 것을 알아야 합니다. 그리고 이 얘기를 길게 끌고 싶지 않고 분명히 말씀드리겠습니다. 우리는 당신들을 당신의 왕에 대한 순종을 저버린 떠돌이 반란군에 불과하다고 생각합니다.

당신들은 소란스럽게 모여서 한편으로 능숙한 아부를 기반으로 어떤 어리석은 마을과 도시 또는 국가가 그곳을 버리고 당신들에게 맡기도록 설득할 수 있는지 알아보기 위해 이곳저곳을 돌아다니고 있습니다.

그리고 다른 한편으로는 우리를 겁주기 위해 위협을 가하고 있습니다 지금 말하지만 〈인간 영혼 마을〉 사람들은 당신들의 아첨과 위협에 쉽게 넘어갈 사람들이 절대 아닙니다.

나는 이 말로서 나의 말을 마치려 합니다. 우리는 당신들을 무서워하지 않습니다. 우리는 당신들을 두려워하지도 않습니다. 또한, 우리는 당신들의 항복 권유에도 복종하지도 않을 것입니다. 우리의 성문은 굳게 닫혀 있을 것입니다. 왜냐하면, 우리가 당신들을 쫓아낼 것이기 때문입니다.

> 지혜로운 자는 두려워하여 악을 떠나나 어리석은 자는 방자하여 스스로 믿느니라 (잠 14:16).

또한, 우리는 성문 앞에 오래 앉아 있는 당신들을 용납하지도 않을 것입니다. 왜냐하면, 우리 백성은 조용히 평화롭게 살아야 하기 때문입니다. 당신들의 출현이 이런 우리의 소망을 방해하고 있습니다. 왜냐하면, 당신들의 등장이 이 백성을 방해하고 있기 때문입니다. 그러므로 일어나십시오. 소지품을 챙기고 썩 꺼지기를 바랍니다. 그렇지 않으면 우리가 성벽에서 공격을 개시할 것입니다."

절박한 자유의지 경은 늙은 불신 경이 전한 이 선언을 지지했다.

"여러분!

우리는 당신들의 요구와 위협의 외침을 들었습니다. 우리는 당신들의 항복 권유를 들었지만, 당신들의 무력을 두려워하지도 않습니다. 또한, 우리는 당신들의 위협을 고려하지도 않습니다. 우리는 변화할 마음이 전혀 없으며 당신들이 우리를 발견한 것과 같은 방식으로 계속 살 것입니다."

> 여호와께서 또 모세에게 이르시되 내가 이 백성을 보니 목이 뻣뻣한 백성이로다 (출 32:9).

그는 목소리를 조금 더 강하게 높이며 말했다.

"이제 사흘 안에 이 지역을 떠날 것을 명령합니다. 그렇지 않으면 당신들은 〈인간 영혼 마을〉에서 잠자고 있는 사자인 디아볼루스님을 깨우는 것이 무엇을 의미하는지 직접 배우게 될 것입니다."

이름이 망선(Forget-Good)인 서기관 또한 자기의 견해를 밝혔다.

"보시다시피 나의 주인들은 당신들의 거칠고 분노에 찬 연설에 온화하고 부드러운 말로 답변했습니다. 내가 듣기로 그들은 당신들에게 조용히 떠나고 당신들이 왔던 곳으로 돌아가라고 요구했습니다. 우리가 무력으로 당신들에게 대항하여 검을 휘두를 수도 있지만 우리는 불안이나 성가신 일에서 벗어나 자유롭게 살고 싶고 다른 사람들을 사랑하고 싶지 해치거나 괴롭히고 싶지 않다는 것을 이해하기 바랍니다. 그러니 그들의 친절한 제안을 받아들이고 물러가길 바랍니다."

이에 대한 반응으로 〈인간 영혼 마을〉 사람들은 종을 울리며 축하하고 성벽 위에서 춤을 추었다. 또한, 그들은 마치 디아볼루스와 그의 부하들이 장군들을 제압한 것처럼 기쁨의 함성을 질렀다.

이런 반응에 만족한 디아볼루스는 성으로 돌아갔다. 그리고 불신 시장과 망선 서기관도 집으로 돌아갔다. 하지만, 자유의지 경은 남아서 성문이 안전한지 살피기 위해 특별히 주의를 기울였다. 그는 경계병들을 두 배로 늘렸고, 걸쇠를 두 배로 늘려 설치했고, 자물쇠와 빗장을 두 배로 늘려 채우고 걸었다. 특히, 그는 귀 문을 안전하게 하고 지키기 위해 주의를 기울였다. 왜냐하면, 왕의 군대가 그 문으로 들어가려고 전력을 다해 노력했기 때문이다.

자유의지 경은 쉽게 분노하며 성질이 급한 늙은 편견 씨(Mr. Prejudice)를 승진시켜 귀 문 구역을 통솔하게 했다. 그런 후에 그는 귀머거리 60명을 그의 권한 하에 두었다. 그들은 전략적으로 그런 특별한 임무에 유익했 던 자들이었다. 장군들이나 병사들이 말하는 모든 것은 그들에게 중요하지 않았다. 왜냐하면, 그들은 장군들이나 병사들이 하는 말을 들을 수 없었기 때문이다.

> 그러나 여호와께서 그들에게 선지자를 보내사 다시 여호와에게로 돌아오게 하려 하시매 선지자들이 그들에게 경고하였으나 듣지 아니하니라(대하 24:19).

제7장

〈인간 영혼 마을〉의 겨울
Winter in Mansoul

　이제 장군들은 〈인간 영혼 마을〉을 다스리는 자들의 답변을 들었고, 이 마을에 사는 옛 주민들의 소식을 들을 수 없다는 것을 알게 되었다. 〈인간 영혼 마을〉 사람들이 샤다이왕의 군대와 싸우기로 결정했다는 것이 분명해졌다. 장군들은 전투에서 그들을 추격하고 군대의 힘과 영향력으로 그들과 싸워 이기려고 만반의 준비를 했다.

　먼저, 그들은 귀 문에 대항하여 군대를 강화했다. 왜냐하면, 그들이 귀 문을 뚫을 수 없다면 마을을 점령하기 위해 아무런 도움도 될 수 없다는 것을 알았기 때문이다. 그들이 귀 문에 병력 배치를 마친 뒤 나머지 병사들을 전략적인 장소에 배치했다. 그런 후에 그들은 "너는 거듭나야 하리라"라는 메시지를 소리치며 전달했다.

> 예수께서 대답하여 이르시되 진실로 진실로 네게 이르노니 사람이 거듭나지 아니하면 하나님의 나라를 볼 수 없느니라(요 3:3).

　그들은 나팔 소리를 내며 이 메시지를 따라 했다. 마을 사람들도 그런 함성에 맞서 함성으로 응수했고 명령에 맞서 명령으로 응수했다.

　이렇게 전투가 시작되었다.

> 또 너희 땅에서 너희가 자기를 압박하는 대적을 치러 나갈 때에는 나팔을 크게 불지니 그리하면 너희 하나님 여호와가 너희를 기억하고 너희를 너희의 대적에게서 구원하시리라(민 10:9).

마을 사람들은 두 개의 커다란 대포를 귀 문 위에 있는 탑에 설치했다. 하나는 자고한 마음(High-mind)으로 불렀다. 다른 대포는 분별없음(Heady) 을 불렀다. 그들은 이 두 개의 무기를 많이 신뢰했다. 왜냐하면, 디아볼루스 의 주물공 득의양양(Puff-up)이 성에서 이 두 개의 대포를 주조했기 때문이 었다. 그는 다양한 형태로 금속을 주조하는 데 능숙했던 자였다. 그는 많은 해를 끼치기 위해 이 대포를 주조했다. 마을 사람들은 이 대포로 샤다이왕 의 진영을 괴롭히고 성문을 안전하게 확보하려 했다.

하지만, 조금도 방심하지 않고 경계하는 장군들의 눈은 대포를 즉시 발 견했고 그 대포가 감행할 공격에 대비했다. 그 결과, 포탄이 그들의 귓가에 윙윙하는 소리를 내며 지나갔지만, 그들에게 어떤 해를 끼치지 않았다. 마 을 사람들도 샤다이왕 진영을 공격하기 위해 사용했던 다른 작은 무기들을 가지고 있었지만, 그것 외에는 자랑할 만한 성과를 거두지 못했다.

샤다이왕의 장군들은 돌을 날리는 데 사용하는 몇 대의 투석기(投石器) 와 두세 개의 파성퇴(破城槌)를 가지고 왔다. 진영에서 온 사람들은 이 전쟁 도구를 사용하여 마을에 화공을 날렸고 귀 문을 목표로 하여 돌을 날렸다. 그들은 진실로 용감하다고 밖에 표현할 수 없을 정도로 강한 결단력으로 그들이 해야 할 의무를 수행했다. 그들은 마을의 집과 사람들을 공격했다. 그리고 파성퇴로 귀 문을 부수려고 했다. 왜냐하면, 만약 그들이 귀 문을 부 숴서 열지 않으면 성벽을 공격해 보았자 그것은 소용 없는 일이라는 것을 알고 있었기 때문이다.

샤다이왕 진영과 〈인간 영혼 마을〉 사람들은 몇 차례의 소규모 접전과 활 발한 교전을 벌였다. 장군들은 전쟁 도구로 귀 문을 부숴서 열거나 귀 문 너머의 탑을 부숴 무너뜨릴 목적으로 수많은 용감한 공격을 시도했다. 하지만 〈인간 영혼 마을〉 사람들은 공격에 견디고 한 걸음도 뒤로 물러 서지 않았다. 왜냐하면, 그들은 디아볼루스의 분노와 자유의지 경의 용기 그리고 늙은 불신 경의 행동에서 힘을 얻었기 때문이다. 그리고 시장과 서기관인 망선 씨는 이렇게 격려했다.

"〈인간 영혼 마을〉이 유리한 고지를 회복했고, 샤다이왕 진영은 이번 여름 전쟁에서 지고 있는 것처럼 보입니다."

상황을 파악한 장군들은 일단 후퇴하여 겨울 숙소로 자리를 잡았다. 이 전쟁에서 양쪽 모두 많은 손실이 있었다고 생각할 수도 있지만 실제로 일어났던 상황은 다음과 같다.

    샤다이왕의 장군들이 〈인간 영혼 마을〉을 치기 위해 왕의 궁전에서 〈인간 영혼 마을〉로 행진할 때 그들은 그 나라를 가로질러 갔다. 도중에 그들은 우연히 샤다이왕의 병사가 되고 싶어 하는 세 명의 젊은이를 만났다. 그들은 예의 바른 사람들이었고 용기와 뛰어난 능력을 갖추길 원하는 사람들이었다. 그들의 이름은 전통(Tradition) 인간의 지혜(Human-Wisdom) 그리고 인간의 날조(Man's Invention)였다.

> 또 이르시되 너희가 너희 전통을 지키려고 하나님의 계명을 잘 저버리는 도다 (막 7:9).

> 어떤 길은 사람이 보기에 바르나 필경은 사망의 길이니라(잠 16:25).

> 이제도 그들은 더욱 범죄하여 그 은으로 자기를 위하여 우상을 부어 만들되 자기의 정교함을 따라 우상을 만들었으며 그것은 다 은장색이 만든 것이거늘 그들은 그것에 대하여 말하기를 제사를 드리는 자는 송아지와 입을 맞출 것이라 하도다(호 13:2).

    이 세 명의 젊은이는 장군들에게 다가가 샤다이왕을 섬기겠다고 제안했다. 장군들은 그들의 계획을 설명하고 젊은이들에게 너무 성급하게 그런 제안을 하지 말라고 제안했다.
    하지만, 세 명의 젊은이는 말했다.
    "우리는 장군들의 계획을 듣고 한동안 고민하고 결정했습니다. 우리가 일부러 장군들을 만나러 온 것은 우리가 장군들의 지도 아래에 입대할 수 있기를 바라는 마음에서 입니다."
    보아너게 장군은 그들을 살펴보며 그들의 제안을 고려해 보았다. 그러고는 그들이 용기 있는 사람처럼 보였기에 그들을 그의 중대에 입대시켰다. 그들은 전쟁터로 갔다. 전쟁이 시작되었을 때, 가장 치열한 접전지 가운데 한 곳에서 전투가 진행되는 동안 자유의지 경의 부하들로 이루어진 한 중대가 뒷문에서 달려 나와 후방에서 보아너게 장군 병사들을 공격했다. 마침 이 세 명의 젊은이들은 대열의 뒤쪽에 있었고 치열한 교전 중에 그들은 포로로 잡혀 마을로 끌려갔다.

그리고 그들이 포로로 잡혀간 이야기가 거리에 퍼지는 데는 그렇게 오래 걸리지 않았다. 왜냐하면, 사람들이 그 이야기를 퍼트리기 시작했기 때문이다.

"자유의지 경의 부하들이 샤다이왕 진영에서 눈에 띄는 세 명의 포로를 사로잡았다."

포로들에 대한 이 소식은 마침내 자기의 성안에 있는 디아볼루스의 귀에도 도달했다. 그리고 디아볼루스는 자유의지 경에게 이 문제의 세부 사항에 대해 알아보라고 요구했다.

자유의지 경은 두 진영 사이에 있었던 전투와 세 명의 젊은이를 포로로 잡은 것에 대해 디아볼루스에게 상세하게 설명했다. 그리고 그가 설명을 끝냈을 때 디아볼루스는 그 포로들을 불러오도록 했다. 그들이 그의 앞에 나타났을 때, 디아볼루스는 다음과 같은 질문에 대답할 것을 요구했다.

"너희들은 누구냐?
어디서 왔는가?
샤다이 진영에서 무엇을 했는가?"

그들은 주저 없이 대답했다. 그들이 대답이 끝났을 때 디아볼루스는 다시 그들을 감옥으로 보냈다. 오래지 않아 그는 다시 그들을 불렀다. 이번에는 디아볼루스가 그들이 전에 섬겼던 장군들에 대항하여 자신을 기꺼이 섬길 수 있는지 물었다. 세 사람은 서로를 쳐다보며 어깨를 으쓱하고 고개를 끄덕였다. 이 제안은 그들에게는 받아들일 수 있는 적합한 제안처럼 보였.

그들은 말했다.

"우리는 종교에 따라 살지 않고 오히려 성공의 운명에 따라 살아갑니다. 주인 디아볼루스님이 기꺼이 우리를 환대했기 때문에 우리는 기꺼이 당신을 섬기겠습니다."

> 그의 아들들이 자기 아버지의 행위를 따르지 아니하고 이익을 따라 뇌물을 받고 판결을 굽게 하니라(삼상 8:3).

대포를 주조하는 득의양양

그런 후에 디아볼루스는 자신이 직접 쓴 친서와 함께 이 세 명의 젊은이를 무엇이든 장군(Captain Anything)에게 보냈는데, 이는 이들을 그의 중대에 받아들이게 함이었다. 〈인간 영혼 마을〉에서 필요한 무엇이든지 실행하는 것으로 유명한 무엇이든 장군은 디아볼루스의 친서를 읽었다.

친서는 다음과 같이 적혀 있었다.

나의 가장 친애하는 무엇이든 장군!
나의 친서를 가지고 가는 이 세 사람은 전쟁에서 나를 섬기기를 바라고 있소. 나는 이들을 통솔하는 데 있어서 장군보다 더 나은 적임자가 없다는 것을 알기에 이들을 장군에게 맡기오. 나의 이름으로 이들을 거두어 주시고 필요하다면 샤다이왕과 그의 군대를 대적하는 일에 이들을 요긴하게 써주기를 바라오.
건승을 바라오.

귀문에 대한 첫 번째 공격

그래서 무엇이든 장군은 세 명의 젊은이를 자기 수하로 받아들였고 그들 가운데 두 명에게 병장의 직책을 주었다. 그리고 세 번째 젊은이인 인간의 날조(Man's Invention)는 자기의 기수로 삼았다.

이 모든 일이 진행되는 동안, 샤다이왕의 진영은 계속해서 〈인간 영혼 마을〉을 공격했다. 그들은 시장의 집 지붕을 무너뜨렸다. 그들은 투석기를 사용하여 자유의지 경을 거의 죽일 뻔했지만, 그는 곧 상처에서 회복되었다. 하지만, 모든 이가 그렇게 운이 좋았던 것은 아니었다. 왜냐하면, 시의원 가운데 몇몇은 장군들의 단 한 번의 공격으로 목이 베였기 때문이다.

그들의 이름은 **욕설**(Mr. Swearing), **매춘**(Mr. Whoring), **분노**(Mr. Fury), **항상 거짓말**(Mr. Stand-to-Lies), **술 취함**(Mr. Drunkenness), **속임수**(Mr. Drunkenness)였다.

또한, 그들은 귀 문에 있는 탑 위에 세워진 두 개의 대포를 넘어뜨리고 부셔서 납작하게 만들어 제거했다.

내가 앞에서 언급했던 것처럼, 왕의 고귀한 장군들은 그들의 겨울 숙소로 후퇴했다. 그들은 참호를 파서 방비하고 모든 보급품과 함께 몸을 숨겼다. 또한, 그들은 샤다이왕에게 가장 유리하도록 군대를 배치했다. 군대가 이런 식으로 배치되어 있는 동안 적을 가장 괴롭혔던 것은 임박한 진노와 왕이 제공하는 자비에 대해 〈인간 영혼 마을〉을 향해 열정적으로 외치는 장군들의 열렬한 고함 소리였다.

> 왕의 노함은 사자의 부르짖음 같고 그의 은택은 풀 위의 이슬 같으니라
> (잠 19:12).

그들은 마을을 괴롭히기 위해 할 수 있는 모든 일을 했기 때문에 이 계획은 적중했다.

〈인간 영혼 마을〉은 더는 두려움 없이 잠을 잘 수 없었다. 그들은 폭식과 탐닉과 같은 과도한 식탁이 주는 쾌락을 즐길 수 없었다. 전쟁으로 인해 그들은 과거에 그들이 했던 것처럼 습관적인 음탕함과 과도한 정욕의 즐거움에 참여할 수도 없었다.

샤다이 진영에서 온 강렬한 메시지는 무시무시한 경고와 함께 경고에 경고가 거듭된 내용이 담겨있었다. 처음에는 하나의 성문에서 또 하나의 다른 성문으로 전달되었고, 이후에 모든 성문으로 한꺼번에 전달되었다. 밤이 가장 길고 날씨가 가장 추울 때 다가올 일에 대한 위협이 자주 발생하자 마을 사람들은 더는 예전처럼 평화를 누리지 못했다.

때때로 나팔 소리가 울렸고 투석기들은 돌들을 마을로 날렸다. 샤다이 왕의 병사 중 만 명은 자정에 〈인간 영혼 마을〉 성벽 주위를 뛰어다니며 전쟁의 사기를 북돋우는 함성을 외쳤다. 일부 마을 사람들은 부상을 입었다. 그들의 애절한 비명 소리는 가중되었고, 점점 쇠약해져 가는 〈인간 영혼 마

을〉 사람들을 크게 괴롭혔다. 그렇다. 〈인간 영혼 마을〉 사람들은 자기들을 포위한 사람들로 인해 매우 극심한 고통을 겪고 있었다. 심지어 그들의 왕인 디아볼루스조차도 잠을 설쳤다고 말할 수 있다.

이 시기에 〈인간 영혼 마을〉 사람들의 마음속에서는 새로운 의견들이 서로 부딪치기 시작했다. 어떤 사람들은 "이렇게 살 수는 없다"고 말했다. 또 어떤 사람들은 "곧 끝날 것이다"라고 말했다.

그러던 중 어떤 사람들은 "샤다이왕에게 돌아가 이런 고통을 끝냅시다"라고 말하기 시작했다. 그러나 어떤 사람은 두려움에 떨며 "나는 그가 우리를 받아줄지 의심스럽다"라고 말했다.

디아볼루스가 〈인간 영혼 마을〉을 빼앗기 전에 서기관으로 일했던 늙은 신사 양심 서기관이 큰 소리로 말하기 시작했다. 그의 말은 〈인간 영혼 마을〉에 큰 천둥소리 같았다. 마을에서 들리는 어떤 다른 외침도 그의 외침만큼 끔찍하게 무섭지는 않았다. 특히, 그의 외침이 병사들의 소음과 장군들의 외침과 결합했을 때 더 끔찍했다.

> 내가 누구에게 말하며 누구에게 경책하여 듣게 할꼬 보라 그 귀가 할례를 받지 못하였으므로 듣지 못하는 도다 보라 여호와의 말씀을 그들이 자신들에게 욕으로 여기고 이를 즐겨 하지 아니하니(렘 6:10).

마을 내에서는 생활용품들이 점점 부족해지기 시작했다. 〈인간 영혼 마을〉 사람들이 탐닉했던 물건들이 사라지고 있었다. 또한, 마을의 즐거운 것들이 손상되고 불타고 있었다. 마을 주민들의 얼굴에는 아름다움 대신 죽음의 그림자가 드리워진 주름이 새겨지기 시작했다.

이 세상에서 가장 경멸할 만한 조건과 결탁했음에도 불구하고 얼마나 〈인간 영혼 마을〉 사람들은 다시 한번 마음의 평화와 만족을 누리고 싶어 했던가!

겨울이 한창일 때 장군들은 보아녜게 장군의 나팔수 입을 통해서 메시지를 전달했다. 이것은 위대한 샤다이왕에게 항복하라는 항복 권고문이었다. 그들은 나팔수를 한 번이 아닌 세 번 더 보냈던 것은 〈인간 영혼 마을〉에 항복할 의지가 있는지 초대에 대한 응답으로 상황을 다르게 볼 수 있을지 모른다는 희망 때문이었다.

> 그러므로 여호와께서 그의 모든 종 선지자를 너희에게 끊임없이 보내셨으나 너희가 순종하지 아니하였으며 귀를 기울여 듣지도 아니하였도다(렘 25:4).

내가 아는 한, 늙은 불신 경의 저항과 자유의지 경의 변덕스러운 생각만 없었더라면 〈인간 영혼 마을〉은 일찍이 항복했을 것이다. 디아볼루스 이성적인 판단과는 거리가 먼 얼토당토않은 방식으로 말하기 시작했고, 〈인간 영혼 마을〉 사람들은 항복에 대한 합의에 이르지 못했다. 그들은 당혹스러운 두려움에 사로잡혀 괴로워했다.

내가 언급했던 것처럼 겨울 동안 왕의 군대는 〈인간 영혼 마을〉을 샤다이왕에게 항복시키기 위해 세 번이나 파병되었다. 처음 나팔수가 갔을 때 그는 평화의 말을 전하며 샤다이왕의 고귀한 장군들이 멸망해 가는 〈인간 영혼 마을〉을 불쌍히 여긴다고 말했다. 그는 〈인간 영혼 마을〉의 비참함에 대해 깊은 슬픔을 표현했고 그들이 자기들의 구원에 대해 그렇게 강하게 저항하는 것을 보고 괴로워했다.

나팔수는 그들에게 말했다.

"장군들은 나에게 다음과 같이 말했습니다. 만약 불쌍한 〈인간 영혼 마을〉 사람들이 겸비하여 스스로를 낮추고 샤다이왕에게 돌아온다면 당신들의 자비로운 왕은 그대들이 전에 지었던 반란과 가장 악명 높은 반역을 용서하고 잊을 것입니다."

> 내 이름으로 일컫는 내 백성이 그들의 악한 길에서 떠나 스스로 낮추고 기도하여 내 얼굴을 찾으면 내가 하늘에서 듣고 그들의 죄를 사하고 그들의 땅을 고칠지라 (대하 7:14).

그는 계속해서 그들에게 그들 자기의 최선의 이익에 반하는 행동을 하지 말고 그들 소견에 옳다고 생각하는 방식대로 행동하면 패배자로 될 뿐이니 조심하라고 경고하고 자기 진영으로 돌아갔다.

나팔수가 두 번째 〈인간 영혼 마을〉로 갔을 때, 그는 그들을 조금 더 가혹하게 대우했다. 그는 나팔을 울린 후에 그들에게 그들의 계속되는 반역이 〈인간 영혼 마을〉을 승리로 점령하거나 이를 위해 목숨을 바치기로 결심한 장군들의 사기를 자극하고 불을 지폈다고 전했다.

너희가 내 말을 순종하지 아니하고 너희 손으로 만든 것으로써 나의 노여움을 일으켜 스스로 해 하였느니라 여호와의 말씀이니라(렘 25:7).

세 번째 그가 갔을 때, 그는 더 단도직입적으로 그들을 대하며 그들이 너무 불경하고 불결하기 때문에 장군들이 그들에게 자비를 베풀지 심판을 내릴지 잘 모르겠다고 했다. 그는 장군들이 단지 자기에게 성문을 열라는 명령만 하라고 했다고 말한 후 다시 자기 진영으로 돌아갔다.

이 세 개의 항복 권고, 특히 마지막 두 번의 권고가 〈인간 영혼 마을〉 사람들을 너무 괴롭혔고 그래서 그들은 어떻게 해야 할지 심의하고 의견을 나누기로 결정했다. 회의 결과 그들은 다음과 같은 결론을 내렸다. 즉, 자유의지 경이 귀 문으로 올라가 나팔을 울려 샤다이왕 진영 장군들을 불러내어 서로 대화하게 하자는 것이었다.

그래서 자유의지 경은 성벽에서 나팔 소리를 울렸다. 갑옷으로 무장한 장군들이 만 명의 병사와 함께 도착했다. 모든 것이 호의적으로 보였다. 마을 사람들은 장군들에게 말했다.

"우리는 당신들의 항복 권고를 듣고 숙고해 보았습니다. 우리는 당신들과 당신들의 왕 샤다이와 기꺼이 합의할 의향이 있습니다. 하지만, 우리는 단지 특정 조건과 조항 그리고 거래 조건 제시에 기초해서만 그렇게 할 것입니다. 우리 왕의 명령에 따라 우리는 다음과 같은 조건을 제시하도록 임명받았습니다.

첫째, 시장 경과 망선 씨 그리고 용감한 자유의지 경이 샤다이왕의 지배 아래에서 이 마을과 성 그리고 〈인간 영혼 마을〉의 문들을 다스리는 감독자들이 되어야 합니다.

둘째, 우리의 위대한 거인 디아볼루스님 밑에서 지금 섬기는 누구도 샤다이왕에 의해 그들의 집이나 거주지에서 쫓겨나지 말아야 하고 그들이 유명한 〈인간 영혼 마을〉에서 지금까지 경험했던 자유를 누릴 수 있게 허락되어야 합니다.

셋째, 〈인간 영혼 마을〉은 우리의 유일한 주이자 위대한 보호자인 디아볼루스왕의 통치 아래에 전에 가졌던 동일한 권리와 특권을 누려야 할 것입니다.

세 번째 항복 권고

넷째, 우리의 선택과 동의에 의하지 않는 한 어떤 새로운 법, 새로운 관리, 또는 법 집행관이나 공무 집행관도 우리에게 어떤 권한도 갖지 못할 것입니다.

이것들의 우리의 거래 조건 제시, 즉 평화 조건입니다. 이런 조건에서 우리는 당신의 왕에게 항복할 것입니다."

자유의지 경은 고개를 높이 들고 마무리했다.

장군들이 〈인간 영혼 마을〉 사람들이 제시한 이러한 난해하고 대담한 제안을 들었을 때 고귀한 보아 너게 장군은 다시 한번 그들에게 말했다.

"오, 〈인간 영혼 마을〉의 주민들이여!

우리에게 와서 조건을 협상하자는 당신들의 나팔 소리를 들었을 때 나는 진심으로 기뻤다고 자신 있게 말할 수 있습니다. 그리고 당신들이 우리 왕이며 또한 주님이신 샤다이왕에게 기꺼이 항복할 의사가 있다고 말했을 때, 내 마음은 더욱더 기뻤습니다. 하지만, 당신들의 어리석은 조건과 어리석고 경박한 반대로 당신들은 자기 얼굴 앞에 죄악의 걸림돌을 두었습니다.

> 인자야 이 사람들이 자기 우상을 마음에 들이며 죄악의 걸림돌을 자기 앞에 두었으니 그들이 내게 묻기를 내가 조금인들 용납하랴(겔 14:3).

나의 기쁨이 슬픔으로 바뀌었고 당신들이 돌아올 거라는 희망은 악에 대한 두려운 기대로 사라졌습니다.

지금 당신이 합의 조건으로 제시하는 그런 제안은 〈인간 영혼 마을〉의 오래된 원수인 부적절한 휴식이 만들었다고 생각하는데, 샤다이왕을 섬기는 사람에게 그런 조건은 들을 가치도 없는 제안입니다 그러므로 우리는 그런 조건들을 가장 사악한 것으로 경멸하고 거절합니다.

> 그가 스스로 자랑하기를 자기의 죄악은 드러나지 아니하고 미워함을 받지도 아니하리라 함이로다. 그의 입에서 나오는 말은 죄악과 속임이라 그는 지혜와 선행을 그쳤도다(시 36:2-3).

〈인간 영혼 마을〉 사람들이여!

하지만, 만약 여러분이 여러분 자신을 우리 손이나 우리 왕의 손에 맡기고 그분을 신뢰하고 그분의 평화 조건에 동의한다면 나는 감히 말하건대 그것이 여러분에게 가장 유익이 된다는 것을 알게 될 것입니다. 여러분이 그분의 평화 조건에 따라 우리에게 온다면 우리는 여러분을 영접하고 여러분과 평화롭게 지낼 것입니다.

하지만, 만약 여러분이 우리 왕 샤다이의 품에 안기지 않거나 그분을 의지하지 않는다면 어떤 것도 바뀌지 않을 것입니다. 상황은 여러분이 처했던 때와 같습니다. 그 결과로 우리는 우리가 무엇을 해야 할지 잘 알고 있습니다."

시장인 늙은 불신 경이 붉어진 얼굴로 그리고 〈인간 영혼 마을〉 사람들에게 소리쳤다.

"지금 우리처럼 적으로부터 자유로운 사람이 누가 그렇게 어리석게도 권위의 지팡이를 자기의 손에서 벗어나 누구인지도 모르는 자의 손에 넘겨줄 수 있겠습니까?

나는 그런 제한된 조건에 절대 굴복하지 않을 것입니다. 결국 우리는 그들의 왕의 법이나 정의를 어떻게 집행하는지 알지 못하며, 특히 욕망과 애정에 관한 그분의 마음의 본질을 알지 못합니다.

어떤 사람들은 신하들이 조금이라도 그분의 방식이나 행동에 관한 삶의 계획에서 벗어나면 그분이 화를 내실 것이라고 말합니다. 다른 사람들은 그분이 그들이 할 수 있는 것보다 훨씬 더 많은 것을 요구한다고 말합니다.

〈인간 영혼 마을〉 사람들이여!

따라서 이 문제에서 여러분은 신중하게 일을 처리하고 심사숙고해서 결정하는 것이 현명한 처사일 것입니다. 왜냐하면, 항복해서 자신을 다른 누군가에게 내준다면, 여러분은 더는 자기의 것이 아니기 때문입니다. 또한, 무한한 힘에 여러분을 내주는 것은 모든 이성에 어긋나는 일입니다. 이것에 대해 심사숙고해 보시기 바랍니다.

여러분이 지금 진정으로 회개할 수도 있습니다. 하지만, 일단 회개하면 여러분들은 결코 비판이나 분노를 표현할 수 없습니다. 절대 불평하거나 비판할 수 없습니다.

여러분이 그의 것이 되면 그는 여러분 가운데 누구를 죽이실지 누구를 살려 주실지 알고 있습니까?

심지어 여러분은 그가 우리 모두를 때려죽이고 새로운 사람들을 보내서 자기 나라를 세우고 이 마을에 살게 할 수도 있다는 것을 모르고 있습니다."

불신 시장 경의 이 연설은 사람들을 실망시켰고 그들이 가졌던 합의에 대한 희망을 꺾어 버렸다. 장군들은 그들의 진영으로 돌아갔다. 불신 시장 경도 자기 성과 그의 왕에게로 돌아갔다.

디아볼루스는 불신 시장이 돌아오길 기다렸다. 왜냐하면, 그는 양쪽이 모두 자기의 주장을 되풀이했다는 말을 들었기 때문이다. 그래서 불신 시장이 왕궁 공무 집행실로 걸어 들어갔을 때 디아볼루스가 그를 맞이했다.

"어서 오시오. 나의 불신 시장 경, 경과 적들 사이에 상황이 어떻게 되었소?"

불신 경은 고개를 숙여 매우 정중하게 인사를 한 후에 샤다이왕의 장군들이 여차여차 말했던 것과 자신이 여차여차 말했던 것을 전하며 전체 상황의 내막을 소상히 설명했다. 디아볼루스는 매우 흡족해했다. 그는 불신 시장 경을 칭찬했다.

"나의 충실한 불신 시장 경!

경은 이미 열 번 이상 짐에 대한 충성심을 분명히 보여 주었소. 나는 경이 충실하지 않았던 것을 결코 발견한 적이 없소. 나는 경에게 약속하오. 만약, 우리가 이런 문제를 놓고 샤다이의 군대와 충돌한다면, 나는 경을 〈인간 영혼 마을〉의 시장이라는 직책보다 더 높은 직책에 임명할 것이오. 나는 경을 나의 전권 대신으로 삼을 것이오.

그리고 내 옆에서 경은 모든 열방을 다스릴 것이오. 그들이 경에게 저항할 수 없도록 나는 경이 그들을 쇠사슬로 속박하게 할 것이오. 경이 채워 준 차꼬에 만족하며 생활하는 자들을 제외하고 백성 가운데 누구도 더는 자유롭게 걷지 못할 것이오."

불신 시장은 얼굴에 미소를 지으며 디아볼루스의 왕궁 공무 집행실을 떠났다. 왜냐하면, 그는 왕의 높은 신뢰를 받았기 때문이다. 그는 의기양양하여 자기 집으로 돌아갔고 자기의 위대함이 더 크게 될 것을 기대했다.

교만은 패망의 선봉이요 거만한 마음은 넘어짐의 앞잡이니라(잠 16:18).

불신 시장과 디아볼루스가 이런 계획에 동의했음에도 불구하고 용감 한 장군들을 거부한 것으로 인해 〈인간 영혼 마을〉에서는 폭동이 일어났다. 늙은 불신 경이 성에 들어가 일어난 모든 일에 관해 보고하며 자기의 주 디아볼루스를 경하하는 동안 그들이 전혀 알지 못했던 다른 일이 일어나고 있었다.

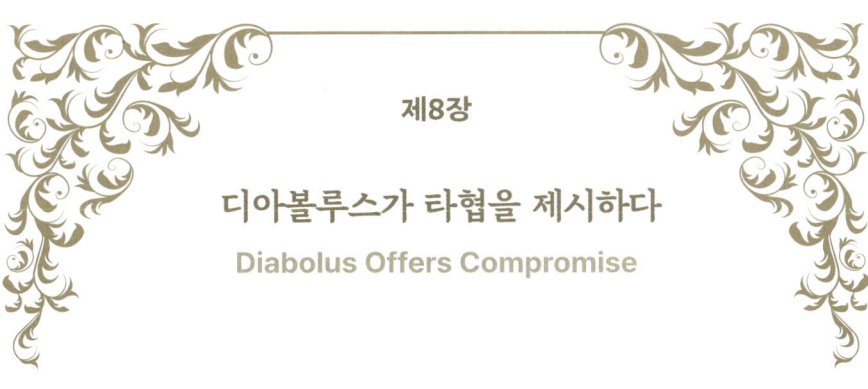

제8장

디아볼루스가 타협을 제시하다
Diabolus Offers Compromise

 귀 문에서 일어난 모든 일에 대한 소식이 디아볼루스가 〈인간 영혼 마을〉로 오기 전에 시장직을 수행했던 늙은 명철 경(Lord Understanding)과 늙은 양심 서기관의 귀에까지 들렸다. 그들은 그런 논의에 참석하는 것이 허락되지 않았다. 왜냐하면, 디아볼루스는 그들이 장군들을 지지하여 자기의 명령에 복종하기를 거부할까 봐 두려웠기 때문이다. 하지만, 그들은 그곳에서 오고 간 모든 말과 행동에 대한 소식을 전해 들었다.

 명철 경과 양심 서기관은 일어났던 일에 대해 우려했다. 그들은 일부 마을 사람들을 모으고 고귀한 장군들이 제시했던 요구가 합당하다는 것을 그들이 이해할 수 있도록 도왔다. 또한, 그들은 늙은 불신경이 전했던 연설이 초래할 나쁜 결과를 그들이 파악하도록 도왔다. 그들은 늙은 불신 경이 말한 내용에서 그가 장군들이나 그들의 왕 샤다이에게 경외심을 보이지 않았고 그가 간접적으로 불충실과 배반했음을 지적했다.

 명철 경과 양심 서기관은 다음과 같이 추론했다.

 "그분이 그들의 제안을 양보하지 않겠다고 말씀하셨을 때 그들이 그분의 뜻이 무엇이라고 생각할 수 있겠는가?

 마찬가지로 사실 샤다이왕께서 우리에게 자비를 베푸실 것이라고 말씀하셨음에도 불구하고 늙은 불신 경은 샤다이왕이 우리를 멸망시킬 것이라고 결론지었다."

> 그는 가난한 자와 궁핍한 자를 불쌍히 여기며 궁핍한 자의 생명을 구원하며 (시 72:13).

많은 사람이 명철 경과 양심 서기관이 제시한 증거에 귀를 기울였다. 그리고 그들은 늙은 불신 경이 했던 일이 악한 일이었다고 확신했다. 그들은 모든 길모퉁이와 〈인간 영혼 마을〉 전역에 걸쳐서 무리 지어 만나기 시작했다. 먼저, 그들은 그들끼리 조용히 이야기했다. 하지만, 그들은 공개적으로 말하기 시작했다. 마침내 그들은 마을 전역을 돌아다니며 외쳤다.

"오, 샤다이왕의 용감한 장군들이여!

우리는 장군들과 당신들의 왕 샤다이의 통치 아래 있기를 바랍니다!"

불신 시장 경은 〈인간 영혼 마을〉에 폭동이 일어났다는 소식을 들었을 때 사람들을 진정시키려고 서둘러 마을로 갔다. 그는 자기의 위상과 표정으로 그들의 열기를 진정시킬 수 있다고 생각했다. 하지만, 그들이 그를 보았을 때 그들은 그런 것에 전혀 감흥을 받지 않았다.

그들은 그를 공격하기 위해 그에게 접근했다. 의심할 여지 없이 그가 자기 집으로 서둘러 가지 않았더라면 그들은 그에게 해를 가했을 것이다. 사람들은 그를 따라 그의 집으로 가서 집을 공격했고 무너뜨리려고 했다. 하지만, 집이 견고하고 튼튼했기 때문에 그들의 노력은 실패했다. 그래서 불신 경은 용기를 내어 창문에서 사람들에게 말했다.

"신사 숙녀 여러분!

오늘 어째서 이런 격렬한 소란을 피우십니까?"

명철 경은 대답했다.

"당신과 당신의 주인이 진실과 사실에 따라 행동하지 않았기 때문입니다. 당신은 샤다이왕의 장군들에게도 마땅히 진실과 사실에 따라 행동해야 했습니다.

> 공의대로 소송하는 자도 없고 진실하게 판결하는 자도 없으며 허망한 것을 의뢰하며 거짓을 말하며 악행을 잉태하여 죄악을 낳으며(사 59:4).

당신은 세 가지를 잘못했습니다.

첫째, 당신은 양심 서기관과 내가 당신의 연설을 들을 수 있도록 참석하게 하지 않았습니다.

둘째, 당신은 장군들에게 샤다이왕을 명목상의 왕으로만 두고 〈인간 영혼 마을〉이 정욕과 음란, 간음의 불법적인 방종과 욕망을 채우기 위한 공허한 추구 속에서 살도록 하려는 의도가 아니라면 결코 허락할 수 없는 평화 조건을 제시했습니다.

> 그들은 평강의 길을 알지 못하며 그들이 행하는 곳에는 정의가 없으며 굽은 길을 스스로 만드나니 무릇 이 길을 밟는 자는 평강을 알지 못하느니라(사 59:8).

샤다이왕이 단지 이름뿐인 왕인 동안 디아볼루스가 여전히 권력을 쥐게 될 것이라는 사실을 삼척동자도 쉽게 알 수 있습니다.
셋째, 장군들이 우리를 자비롭게 받아 줄 조건을 밝힌 후, 당신은 때와 경우에 맞지 않게 아주 역겹고도 불경한 연설로 그런 조건을 망쳤습니다."

늙은 불신 경이 이런 반응을 듣고는 소리쳤다.

"반역이다, 반역이다!
〈인간 영혼 마을〉에 거하는 디아볼루스의 진실한 친구들이여!
무기를 들어라, 무기를 들어라!"

명철 경은 말했다.
"불신 경, 제 말을 왜곡해서 원하는 뜻으로 사용할 수 있겠지만, 그들과 같은 고관대작의 장군들은 경이 제공하는 것보다 더 나은 대우를 받을 자격이 있다고 나는 확신합니다."
늙은 불신 경은 인상을 찌푸렸다.
"불신 경, 그것이 좀 더 낫습니다."
그는 턱을 조금 더 높이 들고 말했다.
"나는 나의 왕과 그분의 통치 그리고 당신의 불법적인 행동으로 우리에게 반역을 일으켰던 백성을 진정시키기 위해 말했습니다."
이전 서기관인 양심 서기관은 말했다.
"불신 경, 당신은 명철 경에게 그런 식으로 대답해서는 안 됩니다. 명철 경이 진실을 말하고 있고 당신이 〈인간 영혼 마을〉의 원수라는 것이 명

명백백(明明白白)하게 드러났습니다. 당신의 무례하고 불경스러운 말이 악하다는 것을 아시기를 바랍니다.

또한, 당신은 장군들을 슬프게 했습니다. 당신은 〈인간 영혼 마을〉에 해를 끼쳤습니다. 왜냐하면, 만약 당신이 그들이 제시했던 조건을 수용했다면 나팔수의 경고와 전쟁의 공포는 이미 사라져 버렸을 것이기 때문입니다.

하지만, 당신이 했던 연설은 지혜가 결핍되어 있습니다. 그로 인해 무서운 경고의 소리는 계속되고 있습니다."

> 내 백성이 지식이 없으므로 망하는도다 네가 지식을 버렸으니 나도 너를 버려 내 제사장이 되지 못하게 할 것이요 네가 네 하나님의 율법을 잊었으니 나도 네 자녀들을 잊어버리리라(호 4:6).

늙은 불신 경은 노호(怒號)하며 대답했다.

"양심 서기관, 내가 이런 상황에서 살아남는다면 디아볼루스님에게 당신의 메시지를 전할 것이오. 그러면 당신은 답을 얻을 것이오. 그때까지 우리는 마을의 이익을 추구할 것이며 당신에게 조언을 구하지 않을 것입니다."

그는 시장 경을 조롱했다. 명철 경은 불신 경의 반응에 방해받지 않고 말했다.

"불신 경, 당신의 왕과 당신은 〈인간 영혼 마을〉에 낯선 외국인들입니다. 당신의 행동으로 당신은 우리를 더 큰 어려움에 빠뜨렸습니다. 당신이 안전할 수 있는 유일한 방법은 줄행랑치는 것이라는 것을 알아야 합니다. 우리를 떠나서 당신이 할 수 있는 일을 최선을 다해서 하시오. 아니면 우리를 불태우시오. 그리고 우리를 불태우면서 나는 연기 속에서 사라지거나 우리를 태울 때 나는 빛을 통해 떠나시오. 어느 방식이든지 단지 우리를 폐허 가운데 내버려두시오."

명철 경의 말은 불신 경의 표정을 더욱 일그러지게 했다.

"명철 경, 당신은 이 마을의 통치자인 나 불신 경의 지배를 받고 있다는 것을 잊었소?"

그는 손으로 자기 가슴을 쳤다.

"일개 백성인 주제에 그 주제에 맞게 행동하시오. 나의 주 디아볼루스왕이 오늘 여기서 당신이 했던 일을 들으면 몹시 기분이 상하실 것이라는 사

주인에게 보고 하는 늙은 불신 경

실을 알아야 합니다."

명철 경과 양심 서기관이 불신 경과 서로 비난하며 질책하는 동안 자유의지 경, 편견 씨, 부적절한 휴식, 새로 임명된 몇몇 행정 장관이 마을의 성벽과 문에서 내려왔다. 그들은 어째서 이런 혼란과 큰 소동이 일어났는지 물었다.

모든 사람이 한꺼번에 답변하기 시작했다. 이런 폭동적인 혼란 속에서 어떤 것도 뚜렷하게 들을 수 없었다. 늙고 교활한 불신 경이 먼저 모두에게 조용히 하라고 명령한 후에 말했다.

"자유의지 경, 여기에 짜증스럽고 괴팍한 자들이 있습니다. 이들은 성질이 악하고 불평합니다. 내가 두려워하는 것은 이들이 불만족 씨(Mr. Discontent)의 사주를 받아 나를 대적하기 위해 이 무리를 모았다는 것입니다. 이들은 마을 사람들을 선동해서 우리 왕에게 반란을 일으키게 했습니다."

참석했던 디아볼루스 추종자들은 일제히 일어나 이런 것들이 모두 사실

제8장 디아볼루스가 타협을 제시하다   159

이라고 인정했다.

　상황이 악화하고 있다는 것이 명철 경과 양심 서기관을 지지하는 사람들에게 명백해지자 그들은 명철 경과 양심 서기관을 돕기 위해 앞으로 나섰다. 군중은 양쪽에 모인 무리와 함께 갈라졌다.

　불신 경을 지지하는 자들은 명철 경과 양심 서기관을 투옥하라고 외쳤다. 하지만, 명철 경과 양심 서기관을 지지했던 사람들은 그들을 투옥하면 안 된다고 소리쳤다. 양측은 그들이 지지하는 사람들을 크게 소리치며 지지했다.

　디아볼루스 추종자들은 늙은 불신 경, 망선 씨, 신임 행정 장관은 그들의 위대한 디아볼루스에 대한 지지를 외쳤다. 그리고 다른 쪽은 이렇게 외쳤다.

　"우리는 샤다이왕, 그분의 율법 장군들과 그들의 자비를 지지하고 그들이 제시한 조건과 방식을 지지한다!"

　그들의 열띤 논쟁이 서로에게 주먹다짐으로 바뀔 때까지 말다툼과 소란은 잠시 계속되었다. 선한 늙은 양심 서기관은 디아볼루스 추종자 가운데 한 명에게 두 번이나 맞아 서 쓰러졌다. 양심 서기관을 가격했던 자의 이름은 마비 씨(Benumbing)였다. 또한, 명철 경은 권총에 맞아 죽을 뻔했지만 감사하게도 총을 겨누어 쏘았던 자는 조준을 잘못했다.

　다른 쪽도 다치지 않고 무사히 도망가지는 못했다. 왜냐하면, 자유의 지 경의 종인 마음 씨(Mr. Mind)가 디아볼루스 부하인 지각없는 두뇌 씨(Mr. Rashhead)의 머리를 가격했기 때문이다. 그리고 나는 늙은 편견 씨(Mr. Prejudice)가 발길질당해서 진흙 속에 굴러다니는 것을 보면서 실소(失笑)를 금할 수가 없었다. 왜냐하면, 그가 디아볼루스 추종자 일행 중에서 장군이 되었던 이후부터 단지 〈인간 영혼 마을〉에 피해를 주고 손해만을 입혔기 때문이다. 그들이 굴러 넘어지면서 늙은 편견 씨가 그들의 발 밑이 떨어졌다. 그리고 명철 경 진영의 일부 사람들이 그가 머리에 쓴 관을 부숴버렸다.

　무엇이든 씨(Mr. Anything)는 이런 혼란스러운 갈등 가운데 활기찬 모습을 보였지만, 양측 모두 그에게 반대했다. 왜냐하면, 그가 어느 쪽에도 진실하지 않았기 때문이다. 두 진영 모두와 화친하려는 그의 뻔뻔스러움으로 인해 어떤 사람이 그의 한쪽 다리를 부러뜨렸다. 그러나 그의 다리를 부러뜨린 사람은 다리가 아니라 그의 목을 부러뜨렸기를 바랐다.

양쪽 간에 싸움은 계속되었다. 싸움의 결과로 양쪽 모두 큰 손해를 입었다. 놀라운 것은 자유의지 경이 이런 상황에서 너무 무심하게 행동했다는 것이다. 그는 어느 편도 다른 편보다 더 지지하는 것처럼 보이지 않았다. 그리고 사람들은 늙은 편견 씨가 진흙탕에 굴러 넘어졌을 때 그가 미소 짓는 것을 볼 수 있었다. 또한, 무엇이든 장군(Captain Anything)이 늙은 편견 씨 앞으로 절뚝거리며 왔을 때 편견 씨는 그를 거의 알아채지 못했다.

소동은 마침내 진정되었다. 디아볼루스는 명철 경과 양심 서기관을 불렀다. 그는 그들을 가혹하게 대했고 감옥에 가두었다. 그는 그들을 〈인간 영혼 마을〉에서 일어난 불법적이고 폭력적인 폭동을 일으킨 선동자들로 비난했다.

> 정의가 뒤로 물리침이 되고 공의가 멀리 섰으며 성실이 거리에 엎드러지고 정직이 나타나지 못하는도다. 성실이 없으므로 악을 떠나는 자가 탈취를 당하는도다 여호와께서 이를 살피시고 그 정의가 없는 것을 기뻐하지 아니하시고 (사 59:14-15).

이 두 사람을 제거함에 따라 디아볼루스는 마을이 다시 안정되길 희망했다. 하지만, 이런 상황은 그런 목적에 부합하지 않았다. 왜냐하면, 모든 문에서 전쟁이 벌어지고 있었기 때문이다.

장군들에 관한 이야기로 돌아가자. 그들이 성문에서 후퇴하여 진영에 도착했을 때 그들은 그들이 무엇을 더할 수 있는지를 논의하기 위해 전략회의를 소집했다. 일부는 말했다.

"시간을 낭비하지 맙시다. 마을로 진격합시다."

하지만, 그들 가운데 대다수는 다시 마을로 가서 항복을 권하는 것이 낫다고 생각했다. 왜냐하면, 〈인간 영혼 마을〉이 전보다 더 항복하는 방향으로 기울어져 있는 것처럼 보였기 때문이다.

그들은 다음과 같이 추론했다.

"우리가 홧김에 경솔하게 행동함으로써 그들을 불쾌하게 한다면 우리를 기꺼이 따르고 싶어 하는 사람들조차도 샤다이왕을 따르라는 우리의 요구에 대해 저항하게 만들 수도 있습니다."

그들은 모두 이런 충고에 동의하고 나팔수를 불렀다. 그들은 그에게 전

명철 경에 의해 공격 당하는 불신 경

할 메시지를 주었다. 그리고 그들은 그의 안전을 빌었고 그를 보냈다. 몇 시간 후 나팔수는 마을의 성벽에 가까이 다가가서 귀 문으로 향했다. 거기서 그는 명령받은 대로 나팔을 울렸다.

〈인간 영혼 마을〉 안에 있는 사람들은 무슨 일이 일어나고 있는지 알아보기 위해 나왔다. 나팔수는 자기 말을 전했다.

"오, 강퍅하고 곤고한 〈인간 영혼 마을〉 사람들이여!
여러분은 어느 때까지 죄악 된 삶이 주는 안락을 사랑할 것입니까?
여러분은 어느 때까지 여러분의 무지를 기뻐할 것입니까?

> 너희 어리석은 자들은 어리석음을 좋아하며 거만한 자들은 거만을 기뻐하며 미련한 자들은 지식을 미워하니 어느 때까지 하겠느냐?(잠 1:22).

여러분은 아직도 평화와 구원의 제안을 무시하고 있습니까?
아직도 샤다이왕의 소중한 제의를 거부하고 디아볼루스의 거짓말을 믿고 있습니까?
샤다이왕이 여러분을 정복하고, 여러분이 그분에게 행했던 방식을 기억할 때, 그런 기억들이 여러분에게 평화와 위안을 가져다줄 것으로 생각하십니까?
아니면 여러분의 불온한 말로 그를 메뚜기처럼 묶어 둘 수 있다고 생각하십니까?
어째서 그분이 여러분에게 간청한다고 생각하십니까?
여러분이 그분보다 더 강하다는 것은 두려움 때문이라고 생각하십니까?

> 그들의 구원자는 강하니 그의 이름은 만군의 여호와라 반드시 그들 때문에 싸우시리니 그 땅에 평안함을 주고 바벨론 주민은 불안하게 하리라(렘 50:34).

그는 팔을 쭉 내밀어 하늘로 손짓했다.
"하늘을 보십시오!
별들을 보고 저 별들이 얼마나 높이 있는지 생각해 보십시오!
태양이 그 항로를 운행하는 것을 막을 수 있습니까?

아니면 달이 빛을 내는 것을 방해할 수 있는가?
별의 수를 세거나 하늘의 물주머니들을 붙들어 맬 수 있습니까?(욥 38: 37)
바닷물이 땅의 표면을 덮도록 요구할 수 있습니까?
교만한 자를 발견하여 낮아지게 하며 그들의 얼굴을 싸서 은밀한 곳에 둘 수 있습니까?(욥 40:12-13)

> 내가 땅의 기초를 놓을 때에 네가 어디 있었느냐 네가 깨달아 알았거든 말할지니라 누가 그것의 도량법을 정하였는지 누가 그 줄을 그것의 위에 띄웠는지 네가 아느냐 그것의 주추는 무엇 위에 세웠으며 그 모퉁잇돌을 누가 놓았느냐 그때에 새벽 별들이 기뻐 노래하며 하나님의 아들들이 다 기뻐 소리를 질렀느니라 바다가 그 모태에서 터져 나올 때에 문으로 그것을 가둔 자가 누구냐 네가 바다의 샘에 들어갔었느냐 깊은 물 밑으로 걸어 다녀 보았느냐(욥 38:4-8, 16).

그러나 이 모든 것은 단지 우리 왕께서 하시는 일 가운데 극히 작은 부분에 지나지 않습니다. 오늘 우리는 그분의 이름으로 여러분이 그분의 권위 아래에 나아올 것을 요구합니다. 따라서 그분의 이름으로 나는 여러분이 다시 그분의 장군들에게 항복할 것을 요구합니다."

그가 말을 다 전했을 때 〈인간 영혼 마을〉 사람들은 어떻게 대답해야 할지 잘 모르는 것처럼 보였다. 디아볼루스는 그들이 그런 제안에 대해 생각할 시간을 주고 싶지 않았다. 그래서 그는 직접 〈인간 영혼 마을〉 사람들에게 연설했다.

그는 그들에게 이를 다 드러내며 웃었다.

"친애하는 여러분, 나의 충성스러운 백성이여!

이것에 대해 생각해 보십시오. 이 나팔수가 자기 왕인 샤다이왕의 위대함에 대해 말했던 것이 사실이라 하더라도 그의 끔찍한 위엄은 어떤 의도가 계산되어 있습니다. 그것은 여러분의 마음에 공포를 불어넣어 여러분을 항상 속박 상태에 있게 하려는 것입니다. 결과적으로 여러분은 하고 싶은 것을 하기 위해 어쩔 수 없이 몰래 돌아다녀야 할 것입니다. 심지어 지금도 그는 멀리 떨어져 있습니다.

그런데 어떻게 여러분은 그를 그렇게 전능한 자로 생각할 수 있습니까?

또한, 그가 멀리 있는 동안 여러분이 차마 그를 생각할 수 없다면, 어떻

감옥으로 보내지는 명철 경과 양심 경

게 그의 임재 안에 있는 것을 감당할 수 있겠습니까?"

그는 자기 손바닥을 열심히 문질렀다.

"대신, 여러분에게 유익한 것이 무엇인지 생각해 보십시오."

그는 자기 손을 한 번 휘두르며 그들을 가리켰다.

"내가 여러분 모두에게 부여했던 의무와 책임에서 벗어나 누리는 자유를 기억하기를 바랍니다.

이 자가 말한 모든 것이 사실이라면, 어째서 샤다이왕의 백성은 그들이 가는 곳마다 노예가 되는 것일까요?

이 우주에 있는 누구도 그들만큼 불행하거나 짓밟히지는 않습니다.

나의 사랑하는 〈인간 영혼 마을〉 사람들이여!"

그는 두 팔을 쭉 뻗어 그들을 향해 손을 뻗었다.

"내가 여러분을 떠나기 싫어하는 만큼이나 여러분도 나를 떠나는 것을 싫어하는 것은 아닌지 이것에 대해 생각해 보시기 바랍니다. 왜냐하면, 선택은 이제 여러분의 몫이기 때문입니다. 선택은 여러분의 자유입니다. 여러분은 원하는 것을 할 자유가 있습니다. 여러분이 그런 지혜를 어떻게 사용하는지 안다면 여러분은 왕을 사랑하고 복종하는 법을 알게 될 것입니다."

그들이 이 연설을 들었을 때 〈인간 영혼 마을〉 사람들은 샤다이왕의 장군들에 대한 적개심이 더욱 커졌고 마음이 더욱 강퍅해졌다. 왜냐하면, 샤다이의 위대함에 관한 생각이 그들을 압도했기 때문이다. 샤다이왕의 거룩함에 관한 생각이 그들을 절망에 빠지게 했다.

> 뭇 백성이 우레와 번개와 나팔 소리와 산의 연기를 본지라 그들이 볼 때 떨며 멀리 서서 모세에게 이르되 당신이 우리에게 말씀하소서 우리가 들으리이다 하나님이 우리에게 말씀하시지 말게 하소서 우리가 죽을까 하나이다(출 20:18-19).

디아볼루스 진영에 있는 디아볼루스 부하들은 이 문제를 함께 상의했다. 상의가 끝난 후에 그들은 자기들의 메시지와 함께 나팔수를 장군들에게 다시 보냈다. 그들은 자기들의 왕인 디아볼루스와 끝까지 함께하고 샤다이왕에게 항복하지 않을 계획이었다. 그들의 사고방식으로 볼 때, 장군들이 추가적인 항복 권고를 하는 것은 무의미했다. 왜냐하면, 그들은 항복하기보다는 차라리 있는 곳에서 죽는 것이 낫다고 생각했기 때문이다.

샤다이왕에게 간청하는 장군들

> 슬프다 범죄한 나라요 허물진 백성이요 행악의 종자요 행위가 부패한 자식이로다 그들이 여호와를 버리며 이스라엘의 거룩하신 이를 만홀히 여겨 멀리하고 물러갔도다 (사 1:4).

이제 이런 보고에 기초해 볼 때 〈인간 영혼 마을〉은 다시 한번 장군들의 손길이 미치지 않은 것처럼 보였다. 하지만, 장군들은 자기들의 주님이 할 수 있는 것을 알았기 때문에 희망을 잃지 않았다. 그들은 지난번보다 더 엄격한 항복 권고문을 〈인간 영혼 마을〉로 보냈다. 하지만, 장군들이 그들을 샤다이왕에게로 이끌려고 했지만, 그들이 〈인간 영혼 마을〉을 샤다이왕과 화해시키려 하면 할수록 〈인간 영혼 마을〉 사람들은 그들로부터 더 멀어졌다.

이제는 너희가 하나님을 알 뿐 아니라 더욱이 하나님이 아신 바 되었거늘 어찌하여 다시 약하고 천박한 초등학문으로 돌아가서 다시 그들에게 종노릇 하려

하느냐(갈 4:9).

그래서 그들은 항복 권고문을 보내는 것과 같은 방식으로 그들을 다루는 것을 중단했다. 대신 그들은 〈인간 영혼 마을〉에 접근할 수 있는 또 다른 방법을 찾았다. 장군들은 모여서 자유롭게 논의했다. 이것은 〈인간 영혼 마을〉을 되찾고 디아볼루스의 압제에서 마을을 구원하기 위함이었다. 그들은 이런저런 방안을 말하며 가능한 계획에 대해 논의했다.

그런 후에 고귀한 확신 장군(Captain Conviction)이 일어서서 말했다.

"나의 형제들이여!

나는 이것이 우리가 해야 할 일이라고 생각합니다.

첫째, 우리는 이 마을에 맞서 계속해서 투석기를 사용해야 합니다. 이것은 위급한 불안감을 조성하기 위한 것입니다. 밤낮으로 그들을 괴롭히기 위한 것입니다. 이런 방식을 사용한다면 우리는 그들의 미친 마음을 억제할 수 있을 것입니다. 왜냐하면, 심지어 사자라도 계속해서 괴롭힘을 받으면 길들일 수 있기 때문입니다.

둘째, 나는 우리가 함께 모여 우리의 주님인 샤다이왕에게 탄원서를 작성해야 한다고 제안합니다. 이것은 여기서 일어나는 일과 〈인간 영혼 마을〉의 상태를 샤다이왕에게 분명히 이해시키기 위함입니다. 우리는 그분이 우리에게 부여하신 임무를 성공적으로 수행하지 못한 것에 대해 그분의 용서를 구하고 도움을 간청해야 합니다.

또한, 우리는 그분에게 더 많은 군대와 병력을 보내 주길 요청해야 합니다. 폐하께서 얻은 땅을 잃지 않고 〈인간 영혼 마을〉을 정복할 수 있도록 우리는 그분에게 보내 줄 군대와 병력을 이끌 용기 있고 언변이 좋은 사령관을 보내시도록 요청해야 합니다."

다른 장군들은 고귀한 확신 장군이 말했던 것에 동의했고 탄원서를 작성하여 사자(使者)로 하여금 빠른 속도로 샤다이왕에게 보냈다.

다음은 탄원서의 내용이다.

가장 자비로우시고 영광스러운 왕, 세상의 주님, 〈인간 영혼 마을〉을 설계하시고 지으신 분이시여!

우리는 우리의 주권자이시고 왕이신 당신을 경외함으로 살고 있습니다. 당신의 명령에 따라 우리는 유명한 〈인간 영혼 마을〉과 전쟁을 하고 있습니다. 우리는 주신 명령에 순종해서 〈인간 영혼 마을〉을 대적하여 올라갔습니다.

우선, 우리는 평화의 조건을 제시했습니다. 하지만, 그들은 우리의 경고를 받아들이지 않았습니다. 그들은 우리가 마을로 들어오지 못하게 성문을 닫고 그들 자기의 기준에 따라 계속 살기로 했습니다. 그들은 대포를 배치했고 그 대포로 우리를 공격하곤 했습니다. 또한, 그들은 우리에게 피해를 주기 위해 그들이 할 수 있는 모든 것을 했습니다. 그런데도 우리는 그들에게 반복해서 경고했습니다. 우리는 그 결과로 적절한 보복이 그들에게 임할 것이라는 것을 그들에게 알렸습니다. 심지어 우리는 그 마을에서 일부 사람들을 처형했습니다.

주로 디아볼루스, 불신 경, 자유의지 경이 우리를 대적하여 행동하는 자들입니다. 우리는 현재 겨울 진지에 갇혀 있습니다. 이런 때에 우리가 할 수 있는 것은 단지 마을에 고통과 괴로움을 주는 것뿐입니다.

우리가 이런 상황에 대해 더 깊이 숙고해 볼 때 우리는 다음과 같은 사실을 깨달았습니다. 즉, 마을에 단 한 명의 믿음직한 친구가 있었다면, 그런 친구가 나서서 우리의 항복 권고문이 담고 있는 진실을 지지했을 것입니다. 그런 후에 〈인간 영혼 마을〉 사람들은 항복했을지도 모릅니다. 하지만, 그 마을에는 단지 적들만이 살고 있었습니다. 누구도 우리 샤다이왕을 위해서 말하지 않았습니다. 우리는 우리가 할 수 있는 최선의 일을 했지만 〈인간 영혼 마을〉은 여전히 당신에게 대적하여 반역하는 상태로 살고 있습니다.

만왕의 왕이시여!

이제 부디 우리를 용서해 주십시오. 당신의 종인 우리는 성공하지 못했습니다. 우리는 〈인간 영혼 마을〉을 정복하는 가치 있는 임무에서 당신에게 전혀 도움이 되지 못했습니다. 이런 이유로 주여, 우리는 왕께서 더 많은 군대와 그 군대를 이끌 사람을 보내 주시기를 요청합니다. 그렇게 하실 때 〈인간 영혼 마을〉은 당신을 사랑하고 두려워할 것이고 진압될 것입니다.

우리의 직책을 포기하고 싶어서 이런 말씀을 드리는 것이 아닙니다. 왜냐하면, 우리는 이 전쟁을 위해서 기꺼이 목숨을 바칠 것이기 때문입니다. 우리는 〈인간 영혼 마을〉이 폐하를 위해 정복되길 원하기 때문에 이런 말씀을 드립니다. 이 점을 염두에 두고 우리는 이 문제를 해결하는 데 있어서 군대가 일찍 도착하기를 기도하고 있습니다.

또한, 이 마을을 정복한 후에 우리는 폐하의 다른 자비로운 계획에 참여할 기회를 가질 수 있기를 바라고 있습니다. 아멘.

왕에게 드리는 탄원서가 작성되자 장군들은 인간 영혼 사랑 씨(Mr. Love-to-Mansoul)라는 선량한 사람 편으로 그것을 왕에게 보냈다. 탄원서가 왕궁에 도착했을 때 탄원서는 먼저 왕의 아들인 임마누엘 왕자의 손에 전달되었다. 그는 탄원서를 펼쳐 읽었다. 그는 자기가 샤다이왕께 직접 탄원서를 전달하는 것이 적절하다고 생각했다. 그는 왕이신 아버지 앞에서 경의를 표하고 탄원서를 전달한 후 권위 있는 자기 자리로 가서 이 탄원서를 지지한다고 말했다.

샤다이왕이 탄원서를 보았을 때 탄원서의 내용이 그의 마음을 기쁘게 했다. 또한, 그의 아들이 탄원서를 지지했을 때 더욱 기뻐했다. 〈인간 영혼 마을〉에 대항하여 진을 친 그의 종들은 왕이 명령한 일에 너무 열성적이고 성실했다. 그뿐만 아니라 그들은 일을 완수하겠다는 결단력에서 확고부동했고 이미 유명한 마을 근처에 몇몇 지역을 확보하기도 했다. 왕이 탄원서를 다 읽은 후 왕은 그의 아들 임마누엘을 불렀다.

"제가 여기 있습니다. 내 아버지시여!"

샤다이왕은 말했다.

"내가 〈인간 영혼 마을〉의 상황, 우리가 계획했던 것, 그 마을을 되찾기 위해 내가 했던 모든 것에 대해 아는 것만큼이나 너도 잘 알고 있다."

> 이와 같이 그리스도도 많은 사람의 죄를 담당하시려고 단번에 드리신바 되셨고 구원에 이르게 하기 위하여 죄와 상관없이 자기를 바라는 자들에게 두 번째 나타나시리라 (히 9:28).

"이제, 나의 아들아!

네가 친히 그 전쟁을 준비하도록 하여라. 나는 너를 〈인간 영혼 마을〉에 있는 나의 진영으로 보낸다. 너는 성공하고 이기고 〈인간 영혼 마을〉을 정복하라."

임마누엘은 경외함으로 자기 머리를 숙였다.

"당신의 법이 저의 심중에 있습니다. 제가 당신의 뜻 행하기를 기뻐합니다.

> 나를 보내신 이의 뜻은 내게 주신 자 중에 내가 하나도 잃어버리지 아니하고 마지막 날에 다시 살리는 이것이니라 내 아버지의 뜻은 아들을 보고 믿는 자마다 영생을 얻는 이것이니 마지막 날에 내가 이를 다시 살리리라 하시니라 (요 6:39-40).

이날이 제가 항상 기다렸던 날입니다.

> 인자가 아버지의 영광으로 그 천사들과 함께 오리니 그 때에 각 사람이 행한 대로 갚으리라(마 16:27).

아버지께서 당신의 지혜로 적당하다고 생각하시는 어떤 군대이든지 저에게 주시옵소서. 그러면 제가 가서 멸망해 가는 〈인간 영혼 마을〉을 디아볼루스와 그의 권세에서 구해내겠습니다.

> 인자가 자기 영광으로 모든 천사와 함께 올 때에 자기 영광의 보좌에 앉으리니 (마 25:31).

"내 마음은 종종 비참한 〈인간 영혼 마을〉로 인해 아팠지만 이제 제 마음은 더할 나위 없이 기쁩니다."

> 주 여호와의 영이 내게 내리셨으니 이는 여호와께서 내게 기름을 부으사 가난한 자에게 아름다운 소식을 전하게 하려 하심이라 나를 보내사 마음이 상한 자를 고치며 포로된 자에게 자유를, 갇힌 자에게 놓임을 선포하며(사 61:1).

제9장

오시는 임마누엘
The Coming of Emmanuel

임마누엘은 기쁨으로 산 위로 뛰어오르며 말했다(아 2:8, KJV).

"지금까지 〈인간 영혼 마을〉을 가슴속에 매우 소중하게 간직해 왔습니다. 하지만, 오늘 〈인간 영혼 마을〉을 위한 보응의 필요성이 내 마음속에 있습니다. 저는 매우 기쁩니다. 아버지께서 저를 〈인간 영혼 마을〉 사람들을 구원하려고 장군으로 삼으셨습니다.

그날에 말하기를 이는 우리의 하나님이시라 우리가 그를 기다렸으니 그가 우리를 구원하시리로다 이는 여호와시라 우리가 그를 기다렸으니 우리는 그의 구원을 기뻐하며 즐거워하리라 할 것이며(사 25:9).

저는 저의 〈인간 영혼 마을〉 사람들에게 고통을 가했던 모든 자를 괴롭히기 시작할 것이고, 〈인간 영혼 마을〉 사람을 그들의 손에서 구원할 것입니다."

왕의 아들이 아버지에게 자기의 기쁨을 말한 후, 그가 했던 말이 왕궁 전체에 번개처럼 퍼졌다. 곧 유명한 〈인간 영혼 마을〉에 가려는 임마누엘 왕자의 계획과 왕자가 〈인간 영혼 마을〉에서 하려고 계획하는 것이 왕궁에 있던 모든 이가 나누었던 유일한 이야기였다. 심지어 왕의 동료와 고문들도 왕자의 계획과 전쟁의 정당성에 마음이 끌렸다.

모든 사람, 심지어 왕국의 가장 높은 고관들과 가장 위대한 귀족들도 임마누엘의 지도 아래 그를 섬기길 원했다. 모든 이가 샤다이왕을 위해 다시 한번 비참한 〈인간 영혼 마을〉로 가서 그 마을을 회복시키는 것을 돕기를 원했다.

계획이 결정되었다. 임마누엘 왕자가 〈인간 영혼 마을〉을 회복하러 오고 있다는 것을 미리 장군들에게 알게 하기 위해 임마누엘 왕자가 온다는 소식을 〈인간 영혼 마을〉 진영으로 보냈다.

> 그날에 말하기를 이는 우리의 하나님이시라 우리가 그를 기다렸으니 그가 우리를 구원하시리로다. 이는 여호와시라 우리가 그를 기다렸으니 우리는 그의 구원을 기뻐하며 즐거워하리라 할 것이며 (말 3:1).

오, 독자들이여!

독자들은 궁정의 고관들이 〈인간 영혼 마을〉의 장군들 진영에 이 소식을 전하기 위해 사환처럼 달려가길 얼마나 열망하는지 이를 봤어야 했다.

위대한 샤다이왕이 그의 아들인 임마누엘을 보내고 임마누엘이 그 임무에 보내진 것을 기뻐한다는 소식이 전해지자, 장군들은 온 땅이 갈라질 만큼 큰 소리로 기뻐했다. 산들도 메아리로 화답했고, 디아볼루스는 비틀거리며 흔들렸다. 하지만, 〈인간 영혼 마을〉에 대해서 말하자면 그들은 어리석음에 열중하는 정신을 가진 지혜롭지 못한 무리였고, 주로 쾌락과 정욕에 의존하면 살았다. 이런 이유로 인해 그들은 이런 상황 전개에 관심이 없었다.

> 사람이 미련하므로 자기 길을 굽게 하고 마음으로 여호와를 원망하느니라 (잠 19:3).

하지만, 〈인간 영혼 마을〉의 통치자인 디아볼루스는 혼란스러웠다. 그에게는 〈인간 영혼 마을〉 밖에 첩자가 있었는데, 그들은 디아볼루스에게 상황에 대한 모든 정보를 가져와 보고했다. 그는 자신을 대적하여 세워진 계획에 대해 들었고 임마누엘이 곧 강한 군대를 동원하여 자신을 침략하리라는 것을 알고 있었다.

디아볼루스는 왕궁이든지 왕국의 귀족이든지 임마누엘 왕자를 두려워할 만큼 다른 사람을 두려워하지 않았다. 왜냐하면, 기억하시겠지만 나는 앞에서 디아볼루스가 이미 임마누엘 왕자의 능력을 경험했다는 것을 보여 주었다. 또한, 이런 기억이 그를 더욱 두려워하게 했다.

왕의 아들인 임마누엘 왕자가 〈인간 영혼 마을〉을 구하기 위해 궁정을 떠날 출정의 시간이 가까이 다가왔다. 아버지 샤다이왕은 그를 군대를 이끄는 장군으로 세웠고 만반의 준비가 되었다. 그는 자신과 함께 출정하기로 계획했던 다섯 명의 고귀한 장군과 그들의 군대와 함께 진군하는 데 집중했다.

첫 번째 장군인 유명한 신뢰 장군(Captain Credence)이었다.
그의 군기는 붉은색이었고, 약속 씨(Mr. Promise)가 그의 군 깃발을 들었다.

> 여호와여 주의 말씀대로 주의 종을 선대하셨나이다. 내가 주의 계명들을 믿었사오니 좋은 명철과 지식을 내게 가르치소서(시 119:65-66).

거룩한 어린양이 그의 황금빛 방패의 상징이었다. 그의 휘하에 만 명의 병사들이 있었다.
두 번째 장군은 유명한 선한 소망 장군(Good-Hope)이었다.

> 나의 영혼아 잠잠히 하나님만 바라라 무릇 나의 소망이 그로부터 나오는도다 (시 62:5).

그의 군기는 청색이었고, 기수는 기대 씨였다(Mr. Expectation). 그의 방패의 상징은 세 개의 황금빛 닻이었다. 그 또한 만 명의 병사를 휘하에 두었다.
세 번째 장군은 용맹한 자애 장군(Captain Charity)이었다.

> 사랑은 이웃에게 악을 행하지 아니하나니 그러므로 사랑은 율법의 완성이니라 (롬 13:10).

그의 군기는 녹색이었고, 그의 기수는 동정 씨(Mr. Pitiful)였다. 품에 안긴 벌거벗은 세 명의 고아가 그의 방패의 상징이었다. 그 또한 휘하에 만 명의 병사가 있었다.

네 번째 장군은 용감한 사령관 순전 장군(Captain Innocency)이었다.

> 모든 일을 원망과 시비가 없이 하라. 이는 너희가 흠이 없고 순전하여 어그러지고 거스르는 세대 가운데서 하나님의 흠 없는 자녀로 세상에서 그들 가운데 빛들로 나타내며(빌 2:14-15).

그의 군기는 흰색이었고, 기수는 무해 씨(Mr. Harmless)였다. 순전 장군의 세 개의 황금빛 비둘기가 그의 방패의 상징이었다.

다섯 번째 장군은 참으로 충성스럽고 사랑받는 인내 장군(Captain Patience)이었다.

> 너희에게 인내가 필요함은 너희가 하나님의 뜻을 행한 후에 약속하신 것을 받기 위함이라(히 10:36).

그의 군기는 검은색이었고, 기수는 오래 참음(Mr. Suffering-Long)이었다. 이었다. 황금 가슴을 통과하는 세 개의 화살이 그의 방패의 상징이었다.

이들이 임마누엘 왕자가 함께 대동한 다섯 장군과 기수, 깃발, 방패 문양이었다. 그들과 함께 그들 휘하에 수만 명의 병사가 있었다. 따라서 신뢰 장군이 선두 사탄을 이끌고 인내 장군이 후미 사탄을 이끌며 용감한 임마누엘 왕자는 〈인간 영혼 마을〉로 진군했다. 나머지 세 명의 장군과 그들의 병사들은 군대의 본 대열을 구성했다.

그들은 화려한 나팔 소리를 내며 출정했다. 나팔 소리가 울려 퍼졌고 갑옷은 햇빛에 반짝였다. 다양한 색깔의 깃발이 바람에 휘날렸다. 왕자는 황금 갑옷을 입었다. 그리고 황금 갑옷은 왕자가 진군 맨 앞에 있는 전차를 타고 있을 때 마치 하늘의 태양처럼 빛났다. 장군들의 갑옷은 총기나 대포에서 발사된 포탄을 견딜 수 있는 것으로 입증되었다.

또한, 장군들의 갑옷은 진군할 때 반짝이는 별처럼 보였다. 궁정에서 나온 일부 사람도 샤다이왕에 대한 사랑과 〈인간 영혼 마을〉의 성공적인 구출에 대한 열망 때문에 함께 출정했다.

임마누엘 왕자가 〈인간 영혼 마을〉을 되찾기 위해 출정할 때 그의 아버지 샤다이왕은 그에게 54대의 파성퇴와 한꺼번에 돌을 휘감아 던질 수 있

인내의 장군과 오래 참음 씨

는 투석기 12개를 가져가라고 명령했다. 이 모든 것은 순금으로 만들어졌다. 이 무기들은 그들이 〈인간 영혼 마을〉로 진군할 때 군대의 정중앙 본 대열에 배치되어 실려 갔다.

그들은 행진해서 마을 가까이 5킬로미터 이내에 도착했다. 그들은 〈인간 영혼 마을〉에 주둔한 처음 네 명의 장군이 자기들을 만나 계획에 익숙해질 때까지 그곳에서 기다렸다. 그런 후에 그들은 마을로 향했다.

그들이 〈인간 영혼 마을〉에 도착했을 때, 노병들은 전투에 합류하기 위해 도착한 신병들을 보자 표정이 밝아졌다. 그들은 마을의 성벽 밖에서 큰 소리로 외쳤다. 이 강력한 소리는 디아볼루스를 놀라게 했다.

첫 번째 네 명의 장군을 동반한 군대는 마을 밖에 진을 쳤다. 반면에 나머지 네 명의 장군은 〈인간 영혼 마을〉의 성벽에 병력을 집중시켰다. 군대가 사방으로 마을을 에워싸고 포위했기 때문에 〈인간 영혼 마을〉 사람들은 어느 쪽을 보더라도 마을을 포위하고 있는 군대와 힘을 볼 수 있었다.

땅의 거대한 산더미에 의해 만들어진 방어벽들은 대포로부터 거대한 군대를 보호했다. 은혜 언덕(Mount Gracious)은 한쪽에 서 있었고 공의 언덕(Mount Justice)은 다른 한쪽에 서 있었다. 그런 후에 분명한 진리 언덕(Plain-truth Hill)과 무죄 제방(No-sin Banks)을 포함한 몇 개의 작은 제방이 군대의 진격을 돕기 위해 만들어졌다. 이곳은 그들이 〈인간 영혼 마을〉에 대항하여 많은 투석기를 세운 곳이다.

네 개의 투석기는 은혜 언덕에 또 다른 네 개의 투석기는 공의 언덕에 세웠다. 나머지는 마을 주변의 여러 곳에 배치되었다. 가장 훌륭하고 가장 큰 파성퇴 가운데 다섯 개가 경청 언덕(Mount Hearken)에 놓였는데, 이 언덕은 귀 문을 깨어 부수려고 의도된 귀 문에 대항하여 견고하게 구축된 언덕이었다.

〈인간 영혼 마을〉 사람들이 화려한 갑옷을 입고 진격하는 많은 병사, 바람이 휘날리는 다채로운 깃발, 파성퇴, 투석기, 병사들을 적극적으로 보호하는 방어벽을 보았다. 이 모든 것이 〈인간 영혼 마을〉을 대적하기 위해 다가오는 것을 보았을 때 그들은 진지를 바꿀 수밖에 없었다. 처음에 그들은 더 완고해졌다. 왜냐하면, 그들은 자기들이 충분히 보호받고 있다고 생각했기 때문이다. 하지만, 이제 다가오는 큰 군대를 보고 낙담하여 누구도 무슨 일이 일어날지 알 수 없다고 말했다.

선하신 임마누엘 왕자는 〈인간 영혼 마을〉을 포위하자, 은혜 언덕 위에 세워진 황금 투석기 가운데 흰 깃발을 내걸었다.

그는 두 가지 이유로 이렇게 했다.

첫째, 〈인간 영혼 마을〉 사람들이 자기를 의지한다면 그는 여전히 그들에게 자비로울 수 있고 자비로울 것이라는 사실을 알리기 위함이었다.

> 그에 대하여 모든 선지자도 증언하되 그를 믿는 사람들이 다 그의 이름을 힘입어 죄 사함을 받는다 하였느니라(행 10:43).

둘째, 그는 그들에게 어떤 변명의 여지도 남기길 원하지 않았다. 또한, 그는 만약 그들이 계속해서 반역한다면 그들은 파멸되리라는 것을 알리기 위함이었다.

> 내가 와서 그들에게 말하지 아니하였더라면 죄가 없었으려니와 지금은 그 죄를 핑계할 수 없느니라 (요 15:22).

그래서 세 마리의 황금 비둘기가 그려져 있는 흰 깃발이 이틀 동안 분명히 볼 수 있도록 걸려 있었다. 이것은 <인간 영혼 마을> 사람들에게 임마누엘 왕자의 제안을 생각할 시간과 여지를 주기 위함이었다. 하지만, 마을 전체가 왕자의 호의적인 신호를 볼 수 있었지만, 그들은 무관심하게 행동했고 그것을 무시했다.

그런 후에 임마누엘 왕자는 명령했다.

"붉은 깃발을 공의 언덕에 내걸도록 하시오."

이것은 심판 장군의 붉은 깃발이었다. 심판 장군의 방패 상징은 불타는 화로였다. 이것은 심판을 내리는 임마누엘 왕자의 권리와 권능을 상징했다.

> 이런 일을 행하는 자에게 하나님의 심판이 진리대로 되는 줄 우리가 아노라 (롬 2:2).

이 붉은 깃발은 며칠 동안 모두의 시야에서 바람에 휘날렸다. 하지만, 붉은 깃발 위에서는 흰 깃발이 휘날렸다. 하지만, 왕자는 그들에게 진격하지는 않았다.

그들이 응답하지 않자, 그는 또 다른 명령을 내렸다.

"그들에게 대적하는 검은 깃발을 걸도록 하시오."

이 깃발은 세 개의 불타는 천둥소리 문양을 지니고 있었고, 싸우기 위한 도전을 상징했다. 하지만, 다시 말하지만, 이것은 <인간 영혼 마을> 사람들에게는 상관없었다. 왜냐하면, 그들은 전처럼 무관심했기 때문이다.

임마누엘 왕자가 자비, 심판, 심지어 심판의 집행에 대해 <인간 영혼 마을> 사람들이 보이는 저조한 관심 때문에 그의 마음은 슬픔으로 가득 찼다.

> 슬프다 나의 근심이여 어떻게 위로를 받을 수 있을까 내 마음이 병들었도다 (렘 8:18).

임마누엘 왕자가 누구도 <인간 영혼 마을> 사람들의 마음에 가까이 다

귀문을 봉쇄하다

가갈 수 없다고 생각했을 때 그는 말했다.

"분명히 〈인간 영혼 마을〉 사람들의 이상한 행동은 전쟁의 방식과 전술에 대한 무지에서 비롯되는 것임이 틀림없습니다. 우리에 대해 숨겨진 반항과 자기 삶에 대한 혐오감은 아닐 것입니다.

> 그러므로 이르기를 그가 위로 올라가실 때 사로잡혔던 자들을 사로잡으시고 사람들에게 선물을 주셨다 하였도다(엡 4:18).

아니면 그들은 단지 그들만의 관습을 알고 내가 나의 원수 디아볼루스와 전쟁할 때 사용하는 책략의 의미를 모를 수도 있어서 그럴 것입니다."

그는 〈인간 영혼 마을〉에 전령을 보냈다. 이것은 그들에게 깃발들의 의미를 분명히 이해시키고 그들이 은혜와 자비, 아니면 심판과 심판의 집행 가운데 어떤 것을 선택할 것인지를 요구하기 위함이었다.

〈인간 영혼 마을〉 사람들은 지금껏 내내 성문들을 자물쇠, 걸쇠와 빗장으로 단단하게 잠가버렸다. 그들이 아는 한 이런 방법이 마을을 안전하게 방어할 수 있는 유일한 방법이었기 때문이다. 또한, 그들은 경비원과 감시원을 두 배로 늘려 경계를 강화했다. 디아볼루스는 마을 사람들이 모든 힘을 다해 저항하도록 격려하기 위해 그가 할 수 있는 모든 영향력을 발휘했다.

임마누엘 왕자의 전령이 그의 메시지를 전달했을 때 마을 사람들은 다음과 같이 답했다.

"위대한 임마누엘 왕자시여!

우리가 당신의 자비를 받아들일 것인지 아니면 당신의 공의 때문에 멸망할 것인지 물으신 메시지에 관하여 우리는 답을 할 수가 없습니다. 우리는 이곳의 법과 관습에 얽매여 있습니다. 또한, 우리는 당신에게 호의적인 답변이나 어떤 다른 답변을 하는 것이 허락되어 있지 않습니다.

그것은 우리 왕인 디아볼루스님이 세워 놓은 통치법에 위배됩니다. 평화와 전쟁을 결정하는 것은 디아볼루스님의 특권적인 왕의 권한입니다. 이 점에서 그가 없으면 우리는 아무것도 할 수 없습니다. 하지만, 이것은 우리가 할 일입니다. 즉, 우리는 우리 왕이 이 성벽으로 와서 우리를 위해 최선이라 생각하는 무슨 방법으로든지 당신을 대하도록 청원할 것입니다."

선한 임마누엘 왕자가 이 답변을 듣고 〈인간 영혼 마을〉 사람들이 노예 상태와 속박과 폭군 디아볼루스의 족쇄에 만족하며 사는 것을 목격했을 때 그의 마음은 슬펐다.

> 내가 사십 년 동안 그 세대로 말미암아 근심하여 이르기를 그들은 마음이 미혹된 백성이라 내 길을 알지 못한다고 하였도다(시 95:10).

또한, 왕자가 의심할 여지 없이 그들이 거인 디아볼루스의 지배 아래에 노예로 사는 것에 만족하고 있다는 것을 깨달았을 때 그런 사실이 그의 결정에 영향을 미쳤다. 하지만, 이제 다시 이야기로 돌아가자.

〈인간 영혼 마을〉 사람들은 이 소식을 디아볼루스에게 전했다. 그들은 그에게 임마누엘 왕자가 성벽 밖에 집결시켜 놓은 군대, 자비와 심판에 관한 그의 간청에 대해 말했다. 그런 후에 그들은 디아볼루스의 답변을 기다렸다.

디아볼루스는 왕자의 자비를 거절했다. 그는 화가 나서 허둥지둥 돌아다녔지만, 마음속으로는 두려움으로 가득 차 있었다.

그는 자기 가슴을 치며 말했다.

"내가 직접 성문으로 내려가서 내가 적절하다고 생각하는 대로 그에게 답변할 것이다."

디아볼루스는 입 문을 향해 쿵쿵거리며 내려가서 임마누엘 왕자에게 말했다. 하지만, 그는 마을 사람들이 이해하지 못하는 언어로 말했고 사람들의 시선에서 벗어난 곳에 머물렀다.

"만유의 주재이신 위대한 임마누엘 왕자시여!

나는 당신이 누구인지 압니다."

디아볼루스는 말할 때 몸을 숙였다.

"나는 당신이 위대한 샤다이왕의 아들인 것을 압니다.

> 네가 하나님은 한 분이신 줄을 믿느냐 잘하는도다 귀신들도 믿고 떠느니라 (약 2:19).

나를 괴롭게 하고 내가 소유한 땅에서 나를 쫓아내려고 오셨습니까?"

> 이에 그들이 소리 질러 이르되 하나님의 아들이여 우리가 당신과 무슨 상관이 있나이까 때가 이르기 전에 우리를 괴롭게 하려고 여기 오셨나이까(마 8:29).

그는 임마누엘이 공격할 것을 예상하듯 움찔했다.

"당신도 잘 알겠지만, 〈인간 영혼 마을〉은 두 가지 이유에서 소유권이 내게 있습니다.

첫째, 내가 이 마을을 정복했습니다. 따라서 그런 권리로 이 마을은 내 것입니다. 내가 이 마을을 쟁취했습니다.

전리품이 강한 자에게서 탈취되겠습니까?

아니면 승리자에게 사로잡힌 자를 건져 낼 수 있겠습니까?

> 용사가 빼앗은 것을 어떻게 도로 빼앗으며 승리자에게 사로잡힌 자를 어떻게

건져낼 수 있으랴(사 49:24).

다시 말하지만 디아볼루스는 왕자의 위대함에 움찔했다.

둘째, 〈인간 영혼 마을〉은 나의 것입니다. 왜냐하면, 그들은 나의 지배 아래에 있습니다. 그들은 나에게 마을의 성문들을 열었고 나에게 충성을 맹세했으며 또한 공개적으로 나를 그들의 왕으로 선택했습니다. 심지어 그들은 그들의 성을 내 통제하에 두기까지 했습니다."

그의 윗입술이 미소로 말려들어 비웃음을 자아냈다. 하지만, 그는 계속해서 몸을 숙였다. 왜냐하면, 그는 임마누엘 왕자의 위대함에 서 있을 수가 없었기 때문이다.

"그렇습니다. 그들은 〈인간 영혼 마을〉의 모든 힘을 내 권위 아래에 두었습니다. 그뿐만 아니라 〈인간 영혼 마을〉은 당신을 거절했습니다."

디아볼루스는 왕자가 대답하길 기대하며 쭈그리고 앉았다.

"그들은 당신의 율법, 이름, 형상, 즉 당신과 관련된 모든 것을 버렸습니다. 또한, 당신 대신에 그들은 나를 받아들였습니다. 그들은 나의 법, 내 이름, 내 형상 그리고 내 모든 것을 받아들였습니다."

그는 움찔하더니 잠시 눈을 감았다. 임마누엘 왕자가 아무 말도 하지 않자, 디아볼루스는 한쪽 눈을 떴고 그런 후에 다른 한쪽 눈을 떴다.

"내 말을 못 믿겠다면 장군들과 얘기해 보십시오. 그들은 〈인간 영혼 마을〉 사람들이 그들의 경고에 대답할 때마다 나에게 사랑과 충성심을 보여 주었는지 말해줄 것입니다."

다시 한번 그는 두려움에 움츠러들었다. 임마누엘 왕자가 대답하지 않자 그는 자기의 주장을 끝까지 밀어붙였다. 그는 굽은 자기 손가락으로 왕자를 가리키며 말했다.

"하지만, 그들은 항상 당신을 모멸하고, 격렬한 증오와 경멸과 멸시를 보여 주었습니다."

그는 손가락을 다시 자기 쪽으로 거둬들이고 땅을 바라보다가 다시 왕자를 바라보았다.

"당신은 의롭고 불의나 부정을 절대로 행하지 않으시는 거룩한 분이십니다.

> 그는 죄를 범하지 아니하시고 그 입에 거짓도 없으시며. 욕을 당하시되 맞대어 욕하지 아니하시고 고난을 당하시되 위협하지 아니하시고 오직 공의로 심판하시는 이에게 부탁하시며(벧전 2:22-23).

따라서 나는 당신에게 떠날 것을 요구합니다. 왜냐하면, 이 마을은 나의 정당한 기업이기 때문입니다."

디아볼루스는 마을 사람들이 사용하는 언어로 말할 수도 있었지만, 자기의 언어로 〈인간 영혼 마을〉에 머물게 해달라는 사법적인 간청을 했다. 그가 사용하는 언어는 지옥의 검은 구덩이 가운데에서 사용하는 지옥의 언어였다.

그래서 〈인간 영혼 마을〉 사람들은 그가 했던 말을 한마디도 이해할 수 없었다. 그리고 디아볼루스가 그들의 진정한 왕자인 임마누엘 앞에 서 있는 동안 그가 어떻게 웅크리고 움찔했는가를 볼 수도 없었다. 따라서 그들은 디아볼루스를 저항할 수 없는 강력한 힘으로 생각했다.

마을 사람들은 "누가 그와 전쟁을 할 수 있겠는가?"라고 말하며 디아볼루스의 용맹을 자랑했다. 하지만, 실제로 그들은 디아볼루스가 자기의 입장을 간청하여 임마누엘 왕자가 〈인간 영혼 마을〉을 강제로 그에게서 빼앗지 않고 그가 그곳에 계속 거주할 수 있게 해달라고 간청했다는 사실을 깨닫지 못했다.

이 가짜 왕이 말을 끝내자, 황금처럼 귀중한 왕자인 임마누엘이 일어서서 말했다.

"너 속이는 자여!

나의 아버지의 이름으로, 나의 이름으로, 또한 이 비참한 〈인간 영혼 마을〉의 유익을 위해, 나는 너에게 할 말이 있다. 너는 통탄스러운 〈인간 영혼 마을〉에 대해 합법적인 권리가 있는 것처럼 말한다. 하지만, 나의 아버지의 궁정에 있는 모든 이들은 네가 거짓말과 거짓된 주장으로 〈인간 영혼 마을〉의 성문으로 들어갈 수 있었다는 것을 명확히 알고 있다.

> 속이는 말로 재물을 모으는 것은 죽음을 구하는 것이라 곧 불려 다니는 안개니라 (잠 21:6).

너는 나의 아버지와 그분의 율법을 거짓되게 제시했고, 〈인간 영혼 마을〉 사람들을 기만했다. 너는 마치 마을 사람들이 너를 그들의 왕, 장군으로 받아들였고 너를 주군으로 섬기고 있는 것처럼 말한다. 하지만, 이것 역시 기만과 교활한 꾀로 이룬 것이다.

나의 아버지 궁정에서 〈인간 영혼 마을〉에 대한 너의 권리 주장에 대해 너는 심리를 받아야 한다. 그곳에서 거짓말, 기만, 죄악 된 속임수와 모든 종류의 끔찍한 위선이 허용된다면 나는 네가 합법적으로 정복을 했다는 것을 인정할 것이다.

하지만, 너 도적이여!

이런 술책을 사용함으로써 정복하지 못할 폭군이나 마귀가 어디 있겠는가?

나는 네가 〈인간 영혼 마을〉을 정복하는 데 있어서 사용한 거짓되고 위선적인 속임수를 폭로할 수 있다는 것을 너는 알 것이다. 왜냐하면, 너는 결코 진실을 말하지 않기 때문이다.

네가 나의 아버지를 거짓말하는 자처럼 보이게 만들었으며, 또한 〈인간 영혼 마을〉 사람들에게 그분을 이 세상에서 가장 큰 사기꾼으로 보이게 했던 것이 옳았다고 생각하는가?

너는 고의로 율법의 참된 목적과 취지를 왜곡한 것에 대해 과연 무슨 말을 할 수 있겠는가?

> 이같이 율법이 우리를 그리스도께로 인도하는 초등교사가 되어 우리로 하여금 믿음으로 말미암아 의롭다 함을 얻게 하려 함이라(갈 3:24).

지금 비참한 〈인간 영혼 마을〉 사람들에게서 순수함과 단순함을 강탈한 것이 과연 잘한 일이었는가?

너는 〈인간 영혼 마을〉 사람들이 나의 아버지의 율법을 어기는 동안 그들에게 행복을 약속함으로써 그 사람들을 정복했다. 만약, 네가 너 자기의 경험만을 언급했더라면 그것은 그들에게 영원한 파멸과 불행을 가져다주는 방법이라는 것을 너는 알고 있었다.

> 내가 칼과 기근과 전염병을 그들 가운데 보내 그들이 내가 그들과 그들의 조상들에게 준 땅에서 멸절하기까지 이르게 하리라 하시니라(렘 24:10).

오, 악의와 증오의 대가여!

너는 〈인간 영혼 마을〉에서 나의 아버지의 형상을 훼손했다. 그리고 그 대신에 너 자기의 형상을 세웠는데 이것은 내 아버지에 대한 큰 경멸이며 너 자기의 죄를 높이는 것이고 멸망해 가고 있는 〈인간 영혼 마을〉에 용납할 수 없는 피해를 보게 하는 것이다.

이 모든 것이 너에게는 하찮은 문제인 것처럼 너는 〈인간 영혼 마을〉을 속이고 파괴했을 뿐만 아니라 너의 거짓말과 기만으로 〈인간 영혼 마을〉을 점령함으로써 너는 그들이 그들 자기의 구원에 등을 돌리게 했다.

어떻게 너는 그들을 자극하여 내 아버지의 장군들을 대적하고 그들이 자기들을 속박에서 구원하기 위해 보냈던 자들을 대적하여 싸우게 했는가?

너는 나의 아버지와 그분의 율법을 경멸하여 이 모든 일을 했고 이보다 더 한 일도 저질렀다. 이것으로 인해 너는 비난을 받을 것이다. 왜냐하면, 너는 비참한 〈인간 영혼 마을〉에 대한 나의 아버지의 분노를 영원히 불러 일으키기 위해 이 모든 일을 했기 때문이다.

이런 이유로 나는 네가 나의 아버지에게 한 잘못에 대해 복수하기 위해 왔다. 또한, 나는 네가 그분을 대적하여 말했던 모욕적이고 부적절한 말과 불쌍한 〈인간 영혼 마을〉이 그분의 이름을 모독하게 하려고 네가 사용했던 말에 대해 너를 처리하기 위해 왔다.

> 하물며 하나님께서 그 밤낮 부르짖는 택하신 자들의 원한을 풀어 주지 아니하시겠느냐 그들에게 오래 참으시겠느냐 내가 너희에게 이르노니 속히 그 원한을 풀어 주시리라 그러나 인자가 올 때 세상에서 믿음을 보겠느냐 하시니라 (눅 18:7-8).

너, 지옥의 왕자여!

나는 이 일에 대해 너에게 보응을 할 것이다. 디아볼루스, 나 자신에 관해 말하자면 나는 너를 대적하기 위해 왔다. 이것은 〈인간 영혼 마을〉을 너의 불붙는 손가락에서 강제로 되찾기 위해서이다. 왜냐하면, 이 마을은 나의 것이기 때문이다. 이것은 가장 오래되고 신뢰할 만한 기록을 살펴보는 모든 사람이 알 수 있는 의심할 여지가 없는 분명한 권리이다. 따라서 너는 부끄러운 줄 알아야 한다.

나는 이 마을에 대한 나의 권리를 다음과 같이 변증한다.

첫째, 나의 아버지가 〈인간 영혼 마을〉을 직접 만드셨다. 그는 손으로 마을 중심에 있는 궁전을 포함한 모든 부분을 지으셨다. 그는 자기의 기쁨을 위해 마을을 만드셨다. 따라서 〈인간 영혼 마을〉은 나의 아버지의 것이고 최고 권세를 가진 그분의 권리이다. 이런 진실을 부정하는 자는 거짓말쟁이다.

둘째, 거짓말의 대가여, 〈인간 영혼 마을〉은 내 것이다. 나는 아버지의 상속자이고 그의 맏아들이고 그의 마음의 유일한 기쁨이다. 그러므로 나는 너를 대적하고 나의 권리로 네 손에서 내 유산을 되찾을 것이다.

나의 아버지의 상속자이므로 나는 〈인간 영혼 마을〉에 대한 권리와 자격이 있다. 나는 아버지와 맺은 언약이 있다. 이 언약에 의하면 〈인간 영혼 마을〉을 나에게 선물로 주실 것이다. 이 마을은 아버지의 것이었고 그분이 이 마을을 나에게 주셨다.

나는 어떤 때도 아버지가 나에게서 이 마을을 빼앗아 너에게 주도록 결코 아버지를 불쾌하게 한 적이 없다. 또한, 나는 어쩔 수 없이 내가 사랑하는 〈인간 영혼 마을〉을 너에게 팔거나 심지어 그것을 팔려고 내놓게 한 적이 없다. 〈인간 영혼 마을〉을 소유하는 것은 내 마음의 소망과 기쁨이다.

이 마을은 내 아버지의 것이며 나는 그의 상속자다. 나는 이 마을에 대한 값을 치루었고 내 것으로 만들었다.

> 그 안에서 너희도 진리의 말씀 곧 너희의 구원의 복음을 듣고 그 안에서 또한 믿어 약속의 성령으로 인치심을 받았으니 이는 우리 기업의 보증이 되사 그 얻으신 것을 속량하시고 그의 영광을 찬송하게 하려 하심이라(엡 1:13-14).

따라서 모든 합법적인 권리에 기초해서 〈인간 영혼 마을〉은 나의 것이다. 너는 나의 재산을 압수하고 점유하고 아무런 권리도 없이 그것을 소유하고 있는 약탈자, 폭군, 반역자다. 이것이 바로 내가 〈인간 영혼 마을〉을 산 이유다. 이 마을은 자진해서 나의 아버지의 율법과 계명을 어겼다. 그들이 그분의 율법을 어기던 그날에 나의 아버지는 그들이 죽을 것이라고 말씀하셨다.

임마누엘 왕자에게 호소하는 디아볼루스

이는 아담이 먼저 지음을 받고 하와가 그 후며. 아담이 속은 것이 아니고 여자가 속아 죄에 빠졌음이라(딤전 2:13-14).

또한, 나의 아버지의 말씀은 진리이다. 왜냐하면, 내 아버지가 자기의 말씀을 어기기보다는 천지가 없어지는 것이 더 가능하기 때문이다.

　　풀은 마르고 꽃은 시드나 우리 하나님의 말씀은 영원히 서리라 하라(사 40:8).

따라서 〈인간 영혼 마을〉이 너의 거짓말에 귀를 기울여 죄를 범했을 때 나는 그들을 대신해서 몸에는 몸으로 영에는 영으로 대속할 나의 아버지에게 언약의 보증이 되었다.

　　이와 같이 예수는 더 좋은 언약의 보증이 되셨느니라(히 7:22).

이런 방법으로 나는 〈인간 영혼 마을〉 사람들이 저질렀던 죄악을 대속했고 나의 아버지는 나의 희생을 받으셨다. 약속한 때가 왔을 때 나는 몸에는 몸, 영에는 영, 생명에는 생명, 피에는 피를 주었다. 따라서 나는 나의 사랑하는 〈인간 영혼 마을〉을 구속했다.

　　그리스도께서도 단번에 죄를 위하여 죽으사 의인으로서 불의한 자를 대신하셨으니 이는 우리를 하나님 앞으로 인도하려 하심이라 육체로는 죽임을 당하시고 영으로는 살리심을 받으셨으니(벧전 3:18).

나는 이 일을 마음 내키지 않거나 불완전하게 한 것이 아니라 온 마음을 다했다. 아버지의 율법과 공의에 관한 한 임박한 결과에 대해서는 율법과 공의가 충족되었고 아버지는 〈인간 영혼 마을〉이 구원받아야 하는 것에 동의하셨다.
　　또한, 나는 오늘 너를 대적하기 위해 이곳에 온 것이 아니라 오히려 나를 보낸 아버지께서 '가서 〈인간 영혼 마을〉을 구원하라'는 그분의 명령으로 여기에 왔다.
　　그러므로 너, 기만의 샘이여!

너, 어리석은 〈인간 영혼 마을〉이여!

이것을 알라. 이날 내 아버지의 명령이 없었다면 나는 너를 대적하러 오지 않았을 것이다."

그런 후에 황금 머리카락의 왕자는 〈인간 영혼 마을〉에 직접 연설했다.

"나는 디아볼루스와 〈인간 영혼 마을〉 사람, 모두에게 말하고 싶다."

하지만, 그의 입에서 말이 떨어지자, 〈인간 영혼 마을〉 사람들을 성문 경계를 이중으로 강화했다. 또한, 모든 사람이 왕자가 하는 말에 대해 한마디도 듣지 말라는 명령받았다.

하지만, 왕자는 좌절하지 않고 말했다.

"오, 불행한 〈인간 영혼 마을〉 사람들이여!

나는 여러분을 불쌍히 여기고 연민을 느끼지 않을 수 없다. 여러분은 디아볼루스를 여러분의 왕으로 받아들였다. 또한, 여러분은 여러분의 주권자인 주님을 대적하여 디아볼루스를 섬기도록 양육되었다.

여러분은 그에게 성문을 열었다. 하지만, 나를 대적하기 위해 성문을 빨리 닫았다. 그가 하는 말에 귀를 기울이지만 내가 하는 어떤 말에든지 다 귀를 막았다. 디아볼루스는 여러분에게 파멸을 가져왔다. 그리고 여러분은 그와 그가 가져온 파멸을 받아들였다.

나는 여러분에게 구원을 주려고 왔다. 하지만, 여러분은 내가 하는 말을 듣지 않거나 귀를 기울이려고 하지 않는다.

> 모든 사람에게 구원을 주시는 하나님의 은혜가 나타나. 우리를 양육하시되 경건하지 않은 것과 이 세상 정욕을 다 버리고 신중함과 의로움과 경건함으로 이 세상에 살고(딛 2:11-12).

신성한 것들을 침해하고 모독한 더러운 손으로 여러분은 자신과 내 모든 것을 빼앗아 나의 원수에게 주었다. 그는 나의 아버지의 가장 큰 원수다. 여러분은 그에게 절을 하고 복종했다. 여러분은 자신이 그의 것이라고 맹약했다.

가련한 〈인간 영혼 마을〉 사람들이여!

내가 여러분에게 어떻게 해야겠는가?

내가 여러분을 구원해야 하는가, 아니면 멸망시켜야 하는가?
여러분을 어떻게 해야 하는가?
여러분을 맹렬히 공격하여 가루로 만들어 버려야 하는가?
아니면 가장 풍성한 은혜를 기억하게 하는 기념비로 만들어 하는가?
〈인간 영혼 마을〉 사람들이여!
내 말을 들어라!

내가 여러분에게 하는 말에 주의를 기울이면 여러분은 살 것이다. 그리고 내가 긍휼히 풍성하다는 것을 여러분을 알게 될 것이다. 그러니 내게 성문들을 열어라.

> 내가 내 종 모든 선지자를 너희에게 보내고 끊임없이 보내며 이르기를 너희는 이제 각기 악한 길에서 돌이켜 행위를 고치고 다른 신을 따라 그를 섬기지 말라 그리하면 너희는 내가 너희와 너희 선조에게 준 이 땅에 살리라 하여도 너희가 귀를 기울이지 아니하며 내게 순종하지 아니하였느니라(렘 35:15).

〈인간 영혼 마을〉 사람들이여!
나는 여러분을 해하려는 명령을 받지 않았고, 또한 그럴 마음도 없다.
어째서 여러분은 여러분의 친구에게서 도망치면서도 여러분의 원수에게 매달리는가?
모든 것이 절망적이라고 느끼지 말라!"
그는 계속해서 격려했다.
"여기에 모인 이 거대한 군대는 여러분을 해치기 위해 온 것이 아니다. 이 군대는 여러분을 속박에서 구원하고 다시 순종하게 하기 위해 여기에 왔다. 여러분의 죄에 대해 안타깝게 여기고 나를 성문 안에 들여보내는 것이 여러분에게 유익하다.

> 볼지어다 내가 문밖에 서서 두드리노니 누구든지 내 음성을 듣고 문을 열면 내가 그에게로 들어가 그와 더불어 먹고 그는 나와 더불어 먹으리라(계 3:20).

내 임무는 여러분의 왕인 디아볼루스 그리고 그를 지지하는 모든 디아볼루스 추종자에 대항하여 전쟁을 벌이는 것이다. 그는 집을 소유하고 있는 무장한 강한 자다. 나는 그를 쫓아낼 것이다. 나는 그의 전리품을 취할 것이고, 그의 무기를 나눌 것이다. 나는 그에게서 그의 성을 빼앗아 나 자신이 그 집을 점령해야 한다. 그리고 이 모든 것이 일어나면 디아볼루스는 쇠사슬에 묶인 채 나를 따라올 것이고 〈인간 영혼 마을〉은 그 모습을 보고 기뻐할 것이다.

> 사람이 먼저 강한 자를 결박하지 않고는 그 강한 자의 집에 들어가 세간을 강탈하지 못하리니 결박한 후에야 그 집을 강탈하리라(막 3:27).

내가 원한다면, 지금 당장 내 힘을 발휘해서 그가 너희를 떠나게 할 수 있다. 하지만, 내 마음은 그를 벌하길 원하기 때문에 그와의 전쟁을 통해서 실행된 정의가 만방에 드러나게 하여 모든 이가 그것을 인정하게 하고 싶다. 그는 〈인간 영혼 마을〉을 기만으로 빼앗았다. 또한, 그는 폭력과 이중성으로 이 마을을 유지하고 있다. 나는 지켜보는 모든 자의 목전에서 그를 벌거벗겨 적나라하게 드러나게 할 것이다. 그래서 그들은 그의 실체를 있는 그대로 볼 수 있을 것이다. 나의 모든 말은 진실하고 참되다. 나는 나의 〈인간 영혼 마을〉을 그의 손에서 구원할 만큼 충분히 강하다."

임마누엘 왕은 이 연설이 〈인간 영혼 마을〉에 잘 전달되기를 바랐으나 그들은 한마디 말도 들으려 하지 않았다. 그들은 귀 문을 더 단단히 닫았고, 귀 문 앞에 장벽을 세웠다.

> 그들이 듣기를 싫어하여 등을 돌리며 듣지 아니하려고 귀를 막으며(슥 7:11).

그들은 귀 문을 잠근 후 빗장으로 고정하고, 경계병을 배치했다. 디아볼루스는 마을 사람 누구도 임마누엘 왕자에게로 가서는 안 된다고 명령했다. 그들은 왕자의 진영에서 나온 누구도 그 마을에 들어가지 못하게 했다. 마을 사람들은 디아볼루스가 무섭게 그들이 하고 싶은 것을 추구하고 그들의 합법적인 주님이자 왕자를 거역하도록 홀렸기 때문에 그의 말에 따라 행동했다.

어리석도다 갈라디아 사람들아 예수 그리스도께서 십자가에 못 박히신 것이 너희 눈앞에 밝히 보이거늘 누가 너희를 꾀더냐(갈 3:1).

이런 이유로 임마누엘 왕자를 대표하는 어떤 것이나 어떤 사람도 그가 원하는 대로 마을로 들어갈 수 없었다.

제10장

확고한 임마누엘 왕자
Emmanuel of Remains Firm

임마누엘 왕자가 〈인간 영혼 마을〉 사람들이 짓는 죄의 만연함과 심지어 자기 말이 무시당하는 것을 보았을 때 그는 군대를 소집해서 정해진 시간에 출정할 채비를 하라고 명령했다.

> 그런 사람은 여호와의 말씀을 멸시하고 그의 명령을 파괴하였은즉 그의 죄악이 자기에게로 돌아가서 온전히 끊어지리라 (민 15:31).

임마누엘 왕자는 〈인간 영혼 마을〉을 점령할 수 있는 다른 합법적인 방법이 없었고 무엇보다도 이제 귀문은 가장 영향력 있는 문이 되었기에 마을을 점령하기 위해 장군들과 사령관들에게 파성퇴, 투석기 그리고 그들의 병사들을 귀 문과 눈 문에 배치하도록 명령했다.

임마누엘 왕자는 자기의 군대를 배치하고 디아볼루스와의 전투를 준비하면서 〈인간 영혼 마을〉에 메시지 하나를 더 보냈다. 이것은 그들이 마음의 변화가 있는지 그래서 평화롭게 항복할 의사가 있는지, 아니면 그들이 여전히 완강해서 어쩔 수 없이 임마누엘 왕자가 격분한 자기 분노의 힘을 사용해야 하는지를 알기 위함이었다.

보냈던 메시지에 대한 반응으로 〈인간 영혼 마을〉 사람들과 그들의 왕 디아볼루스는 전쟁 회의를 소집했다.

첫째, 그들은 임마누엘 왕자에게 역제안할 것인지에 대해 투표했다. 그들은 왕자와 흥정하는 것이 좋은 생각이라는 데 동의했다.

둘째, 그들은 이런 임무에 누구를 보낼지를 결정해야 했다. 그들은 마을에서 거만 씨(Loth-to-Stoop)라는 이름의 노인을 선택했다. 그는 자기만의 방식을 고수하는 고집 센 사람이었고, 디아볼루스를 위해 많은 일을 했던 사람이었다. 그래서 그들은 그에게 임마누엘 왕자에게 정확히 무슨 말을 해야 할지 말해 주었다.

거만 씨는 지정된 시간에 임마누엘 왕자의 진영으로 갔다. 그들은 그를 공개적으로 환영했다. 그는 디아볼루스 방식의 예법으로 한두 번 인사를 한 후에 디아볼루스의 메시지를 전했다.
"위대한 임마누엘 왕자님!
나의 주인이 얼마나 선량한 왕인지 모두에게 알리고 그가 전쟁보다는 〈인간 영혼 마을〉의 절반을 기꺼이 왕자님의 손에 넘겨주겠다는 메시지를 왕자님에게 전해 드리라고 저를 보냈습니다. 저에게 당신의 부왕인 샤다인 왕께서 이런 제안을 받아들일지 아닌지를 알려 주십시오."
임마누엘 왕자는 이 고집 센 작은 남자를 잠시 살펴보고 말했다.
"〈인간 영혼 마을〉 전체가 나의 것이다. 나의 아버지가 이 마을을 나에게 선물로 주셨다. 또한, 내가 이 마을을 값을 주고 샀기 때문에 이 마을은 내 것이기도 하다. 따라서 나는 〈인간 영혼 마을〉의 반을 잃는 것에 동의하지 않는다."

> 양은 내 음성을 들으며 나는 그들을 알며 그들은 나를 따르느니라 내가 그들에게 영생을 주노니 영원히 멸망하지 아니할 것이요 또 그들을 내 손에서 빼앗을 자가 없느니라(요 10:27-28).

거만 씨는 임마누엘 왕자의 말에 마음이 동요해서 자신이 맡은 소임에 영향을 주지 않게 했다. 그는 왕자의 말에 반박했다.
"왕자님!
나의 주인이 〈인간 영혼 마을〉의 일부만을 소유할 수 있다면 자신은 왕자님에게 '만유의 주'라는 명목상의 직함을 주는 것을 기뻐하고 만족해할 것이라고 말씀하셨습니다."
임마누엘 왕자는 고개를 흔들었다.

임마누엘 왕자 진영에 파견된 거만 씨

"단지 이름과 말뿐만 아니라 실제로 마을 전체가 나의 것이다. 따라서 나는 만물의 유일한 주이며 소유자이다. 그렇지 않으면 전혀 아무것도 아닌 자가 될 것이다."

거만 씨의 턱 근육이 경련을 일으켰다.

"왕자님, 제 주인이 자발적으로 자기의 지위를 양도한 것을 고려해 보십시오. 그는 〈인간 영혼 마을〉에 사적으로 살 수 있는 장소를 배정받는 것에 만족할 것입니다. 그리고 왕자님은 나머지 모든 것의 주인이 되실 것입니다."

황금 머리의 임마누엘 왕자가 말했다.

"아버지가 나에게 주셨던 모든 자는 나에게 올 것이다. 또한, 아버지가 나에게 주셨던 모든 자 가운데 나는 하나도 잃어버리지 않을 것이다. 심지어 머리카락 하나도 잃지 않을 것이다.

> 아버지께서 내게 주시는 자는 다 내게로 올 것이요 내게 오는 자는 내가 결코 내쫓지 아니하리라(요 6:37).

나는 그가 〈인간 영혼 마을〉의 작은 구석에서도 기거해서 살도록 허락하지 않을 것이다. 왜냐하면, 나는 이 모든 것을 혼자 소유할 것이기 때문이다."

거만 씨는 포기하지 않았다. 그는 자기 주인의 계획을 고집했다.

"하지만, 제 주인이 단지 이렇게 가끔 그가 오랜 지인을 위해 이 나라에 들어올 때 이틀, 열흘, 또는 한 달 정도 여행자로 대접받는 것을 조건으로 마을 전체를 왕자님에게 양도한다고 가정해 보십시오.

이정도 작은 청 하나는 허락해 주실 수 있지 않겠습니까?"

"안 된다."

임마누엘 왕자는 단호한 어조로 대답했다.

"디아볼루스는 여행객으로 다윗에게 와서 오래 머물지 않았지만, 다윗은 거의 자기 영혼을 희생할 뻔했다. 나는 디아볼루스가 〈인간 영혼 마을〉에 머무는 것을 더는 허락하지 않을 것이다."

거만 씨가 이맛살을 찌푸리며 쏘아보았다.

"왕자님. 당신은 너무 완고하십니다. 나의 주인은 왕자님은 〈인간 영혼 마을〉에 있는 그의 친구들과 가족들이 여전히 마을에서 사업을 할 자유가 있고 그들이 현재 거주하는 집에서 사는 것을 즐길 수 있다면, 나의 주인은 왕자님이 말씀하셨던 모든 것을 포기할 의향이 있다고 하셨습니다.

적어도 이것만은 허락해 주실 수 없습니까?"

다시 한번 황금 머리의 왕자 임마누엘은 거만 씨의 조건에 동의하지 않았다.

"안 된다. 그건 허락할 수 없다. 왜냐하면, 그런 조건은 나의 아버지의 뜻에 어긋난다. 〈인간 영혼 마을〉에 거주하거나 언제든지 발견되는 디아볼루스 추종자들은 그들의 땅과 자유뿐만 아니라 그들의 생명도 잃게 될 것이다."

거만 씨의 눈이 놀라움으로 커졌다.

"왕자님!

하지만 나의 이 문제에 관해 왕자님에게 양도한다면 적어도 그가 우연한 기회로 여행자들을 통해서 서신이나 그 외의 방법으로 소통하게 해서 그가 〈인간 영혼 마을〉과 맺고 있는 우정을 잃어버리지 않게 해야 하지 않겠습니까?"

임마누엘 왕자는 대답했다.

"절대 안 된다. 어떤 방식으로든지 그런 교제, 우정, 친밀한 관계가 유지된다면 그런 것은 〈인간 영혼 마을〉을 부패시킬 것이다.

> 그러므로 너희는 그들 중에서 나와서 따로 있고 부정한 것을 만지지 말라 내가 너희를 영접하여(고후 6:17).

그들이 한때 나에게 보여 준 사랑이나 우정 대신에 디아볼루스와의 교류는 그들이 무관심하거나 적대적으로 되게 할 것이다. 즉, 그들을 나와 멀어지게 할 것이다. 그리고 그것은 그들이 내 아버지와 누리는 평화를 위태롭게 할 것이다."

거만 씨는 왕자로부터의 답변에 거절당하지 않게 하려고 최선을 다했다. 그는 다른 방향에서 임마누엘 왕자와 이 문제를 다루었다.

"위대한 왕자님!

하지만 제 주인이 저들을 떠난다면 〈인간 영혼 마을〉에 많은 친구와 소중한 친구가 있으니 왕자께서는 나의 주인의 풍부함과 선한 본성에서 나오는 사랑의 표지를 그들에게 주게 하시겠습니까?

나는 그의 오랜 친구들에게 준 친밀함이라는 관계에 대해 말하는 것입니다. 또한, 나는 한 때 그들의 왕이었던 분으로서 디아볼루스를 기억하는 것과 그들이 평화롭게 사는 동안 가끔 서로 함께 즐겼던 행복한 시절에 대해 말하고 있습니다."

임마누엘 왕자는 고개를 흔들었다.

"안 된다. 나의 〈인간 영혼 마을〉 어느 누구에게도 징표나 선물로서 디아볼루스가 남기는 가장 작은 찌꺼기, 파편, 먼지 한 알도 인정하거나 동의하지 않을 것이다. 그것은 그들이 가졌던 끔찍한 관계를 상기시키는 역할을 하는 것 외에 그것들이 어떤 목적에 유용하겠느냐?"

"왕자님!"

거만 씨는 잠시 멈추고 입술을 오므렸다.

"나는 나의 임무를 완수하기 위해 한 가지 더 제안할 것이 있습니다. 내 주인이 〈인간 영혼 마을〉을 떠난 후에도 마을에 사는 누군가가 중요한 일을 해야 하고, 만약 그들이 이런 일을 하지 않는다면 이 마을은 멸망하게 될 것이라고 가정해 보겠습니다. 그리고 누구도 나의 주인만큼 그들을 도울 수 없다고 가정해 보겠습니다.

그렇게 급한 경우에 나의 주인을 보내 주실 수 있습니까, 아니면 나의 주인이 마을에 들어올 수 없다면, 나의 주인과 관련된 사람이 머리를 맞대고 긴급한 문제를 논의할 수 있도록 나의 주인과 관련된 사람이 〈인간 영혼 마을〉 근처의 몇몇 마을에서 만날 수 있도록 허락해 주시겠습니까?

이것은 거만 씨가 그의 주인 디아볼루스를 대신하여 임마누엘 왕자를 함정에 빠뜨리기 위한 마지막 제안이었다. 하지만, 임마누엘 왕자는 그것에 속지 않았다.

임마누엘 왕자는 말했다.

"너의 주인이 떠나도 〈인간 영혼 마을〉에서 나의 아버지가 해결할 수 없는 사건, 의견 불일치, 그 밖의 어떤 것도 없을 것이다. 〈인간 영혼 마을〉에서 온 사람이 누구든지 그가 디아볼루스에게 조언을 구하는 것은 아버지의 지혜와 기술을 크게 폄하하는 것일 것이다. 왜냐하면, 나의 아버지는 그들에게 모두 기도와 간구로 그들의 모든 요청을 자신에게 알리도록 하셨기 때문이다.

> 아무것도 염려하지 말고 다만 모든 일에 기도와 간구로 너희 구할 것을 감사함으로 하나님께 아뢰라 그리하면 모든 지각에 뛰어난 하나님의 평강이 그리스도 예수 안에서 너희 마음과 생각을 지키시리라(빌 4:6-7).

그런 요청을 허락한다면 〈인간 영혼 마을〉에 있는 디아볼루스와 그의 추종자들이 선동적인 계획을 비밀리에 세우는 기회를 열어 줄 것이다. 그렇다면 그런 상황은 아버지와 나에게 슬픔을 가져다줄 것이며 〈인간 영혼 마을〉의 완전한 파괴를 가져올 것이다."

그러자 거만 씨는 대답했다.

"나는 이런 문제에 관한 왕자님의 답변을 나의 주인에게 전하겠습니다."

그러고는 왕자에게서 등을 돌리고 떠났다.

〈인간 영혼 마을〉로 돌아온 거만 씨는 직접 디아볼루스에게 모든 것을 말했다.

"왕께서 〈인간 영혼 마을〉을 떠나면 임마누엘 왕자가 결단코 왕이 다시 들어가는 것을 허락하지 않을 것이며 왕께서 〈인간 영혼 마을〉 사람 어느 누구와도 더는 할 수 없다고 했습니다."

〈인간 영혼 마을〉 사람들과 디아볼루스는 이 소식을 듣고, 일제히 임마누엘 왕자가 〈인간 영혼 마을〉에 접근하지 못하게 하는 것이 최선이라고 결정했다. 그래서 그들은 자기들이 그 제안을 거절한다는 것을 임마누엘 왕자와 그의 장군들에게 말하기 위해 늙은 부적절한 휴식을 보냈다.

이 늙은 신사는 귀 문 꼭대기로 걸어가서 장군들과 대면하기 위해 임마누엘 왕자 진영을 향하여 크게 외쳤다. 장군들은 그가 말하는 것을 허락했다. 다음은 그가 전한 메시지다.

"나의 주인께서는 여러분의 왕자 임마누엘을 위해 여러분에게 이 메시지를 전하라고 나에게 명령하셨습니다.

〈인간 영혼 마을〉 사람들과 그들의 왕은 생사를 함께하기로 결심했다. 임마누엘 왕자가 무력으로 〈인간 영혼 마을〉을 빼앗을 수 없는 한 이 마을이 그의 손에 있을 것으로 너희가 생각한다면 너희와 너희 왕자는 성공하지 못할 것이다."

이 거절의 메시지를 듣자마자 진영에서 온 일부 사람들은 서둘러서 임마누엘 왕자에게로 가서 늙은 부적절한 휴식 씨의 말을 전했다. 이 슬픈 소식을 들은 왕자는 말했다.

"나는 나의 검의 위력을 시험해 보아야겠다. 그들이 지금까지 거역하고 나의 메시지를 거절했지만, 나는 포위망을 풀지도 않고 떠나지도 않을 것이다. 나는 가장 확실하게 〈인간 영혼 마을〉을 원수의 손에서 구원할 것이고 이 마을을 나의 것으로 만들 것이다."

그들의 입에는 하나님에 대한 찬양이 있고 그들의 손에는 두 날 가진 칼이 있도다 이것으로 뭇 나라에 보수하며 민족들을 벌하며(시 149:6-7).

제11장

디아볼루스와 맞서는 임마누엘 왕자
Emmanuel Confronts Diabolus

임마누엘 왕자는 보아너게 장군, 확신 장군, 심판 장군, 집행 장군에게 나팔 소리를 울리고 깃발을 휘날리며 즉시 귀 문으로 진격하도록 명령했다. 그런 후에 그는 신뢰 장군에게 그들과 합류하라고 명령했다. 또한, 무력을 과시하기 위해 임마누엘 왕자는 그들에게 전투를 알리는 함성을 지르며 귀 문으로 접근하라고 명령했다.

신뢰 장군을 공격군(攻擊軍)에 추가한 후, 임마누엘 왕자는 선한 소망 장군과 자비 장군에게 눈 문 앞에 그들의 군대를 정렬(整列)시키라고 명령했다. 그는 나머지 장군들과 병사들을 마을 주변에 전략적으로 배치했는데, 이는 적에게 대항하기 위해 가장 유리한 곳을 선점하기 위해서였다. 왕자의 권위 아래에 있는 모든 사람은 자기들이 명령받은 모든 것을 했다. 그런 후에 그는 말씀이 그들보다 앞서가야 한다고 명령했다. 말씀은 다름 아닌 임마누엘 왕자였다.

> 태초에 말씀이 계시니라 이 말씀이 하나님과 함께 계셨으니 이 말씀은 곧 하나님이시니라(요 1:1).

경계 나팔이 울렸다. 파성퇴가 투석기와 함께 사용되었다. 파성퇴와 투석기는 커다란 돌들을 쏟아 댔고, 돌들은 마을의 주요 장소로 빙빙 돌며 떨어졌다. 전투는 이렇게 시작되었다.

디아볼루스 자신은 모든 문에 배치된 마을 사람들을 통제하고 지시했다. 임마누엘 왕자에 대한 그들의 저항은 더 강하고 더 사악했으며 매우 공격적이었다. 디아볼루스와 〈인간 영혼 마을〉은 며칠 동안 선하신 임마누엘 왕자를 분주하게 했다. 샤다이왕의 장군들이 전쟁에서 어떻게 대처했는지를 보는 것은 놀라운 광경이다.

보아너게 장군은 귀 문에 격렬한 공격을 연거푸 세 번 가함으로써 싸움을 시작했고, 이에 따라 귀 문기둥이 흔들렸다. 확신 장군은 보아너게 장군과 함께 움직였고, 두 장군은 귀 문이 흔들리기 시작했다는 것을 알아차렸다. 이런 사실을 알아차린 확신 장군과 보아너게 장군은 파성퇴로 귀 문 입구를 공격하라고 명령했다.

이제 확신 장군은 입구 근처로 올라갔다. 하지만, 그는 엄청난 힘으로 격퇴되었다. 그는 입에 세 군데 상처를 입었다. 이런 식으로 격퇴당했던 일부 군대는 여전히 장군들을 격려하기 위해 분투했다.

임마누엘 왕자가 두 장군이 보여 준 용기에 대해 들었을 때 그는 그들을 자기의 막사로 불러서 잠시 쉬라고 명령하고 기운을 새롭게 했다. 확신 장군이 상처를 치료하도록 보살핌을 받았다. 왕자는 두 장군에게 황금 사슬을 하사했고 용기를 내라고 말했다.

> 너는 여호와를 기다릴지어다 강하고 담대하며 여호와를 기다릴지어다 (시 27:14).

선한 소망 장군(Captain Good-Hope)과 자선 장군(Captain Charity)도 맹렬한 전투에서 잘 싸웠다. 그들은 눈 문을 상대로 싸워서 거의 문을 부수고 들어갈 뻔했다. 그들은 용감하게 싸웠다. 그래서 장군들 또한 왕자로부터 상을 받았다.

이런 치열한 교전에서 디아볼루스의 몇몇 장교가 살해되고 일부 마을 사람들이 다쳤다. 자랑 장군(Boasting Captain)이 살해된 장교 중에 있었다. 그는 누구도 귀 문의 기둥을 흔들거나 디아볼루스의 마음에 의심을 불러일으킬 수는 없다고 생각했다.

안전 장군(Captain Secure)도 전사했다. 그는 〈인간 영혼 마을〉에 사는 맹인과 절름발이조차도 임마누엘 왕자의 군대에 대항해서 성문을 보호하고 성문이 무너지지 않게 할 수 있다고 호언장담했던 장군이었다. 확신 장군은 이 장군의 머리를 양손 검으로 베어 버렸다. 하지만, 그는 이때 입에 세 군데 상처를 입었다.

눈 문에서 선한 소망 장군은 허풍 장군에게 치명상을 가했다. 이 자는 횃불과 화살을 날리는 중대를 통솔하는 인기 있는 장군이었다.

이들 외에 보아너게 장군의 병사 가운데 하나가 감정 씨의 눈에 상처를 입혔다. 감정 씨는 장군은 아니었다. 감정 씨는 〈인간 영혼 마을〉이 반란을 일으키도록 고무하는 데 있어서 충동자로 행동했던 훌륭한 인사였다. 그가 급하게 후퇴하지 않았더라면 그는 보아너게 장군에 의해 죽임을 당했을 것이다.

나는 자유의지 경이 평생 그렇게 겁에 질려 있는 걸 본 적이 없었다. 그는 평소 했던 대로 할 수 없었다. 또한, 임마누엘 왕자의 군대에 있던 몇몇 사람은 그가 성벽을 걸은 후에 그가 절뚝거리는 것을 목격했다. 그들은 그가 다리를 다쳤다고 말했다.

나는 이 마을에서 살해당한 많은 사람에 대한 상세한 내용이나 이름을 계속해서 언급할 수 없을 것이다. 왜냐하면, 많은 사람이 부상을 입어 불구가 되었고 황금 투석기가 쏜 돌덩어리들이 과녁에 맞혔다. 돌덩어리들이 디아볼루스 추종자들의 발 앞에 떨어져 그들을 강하게 타격하여 그들은 공중으로 날아가 마을 한가운데로 떨어졌다. 그들은 귀 문기둥이 흔들리고 귀 문이 갈라지는 것을 지켜보며 땅바닥에 널브러져 있었다. 귀 문이 부서져 거의 열리고 일부 장군이 죽자, 그들 가운데 많은 사람이 낙담하고 간담이 서늘해졌다.

〈인간 영혼 마을〉의 주민이었지만 디아볼루스 추종자인 선을 증오함(Love-no-Good) 씨는 치명상을 입었다. 하지만, 목숨이 잠깐 붙어있었다.

그리고 부적절한 휴식 씨를 기억하는가?

디아볼루스가 처음에 〈인간 영혼 마을〉을 점령하려고 시도했을 때 그는 그와 함께 왔던 자이다. 그는 머리에 심각한 부상을 당했다. 어떤 사람들은 그의 머리뼈에 금이 갔다고 보고했다. 내가 확실히 말할 수 있는 한 가지는 다음과 같다. 즉, 이 사건 이후로, 그는 과거에 그랬던 것처럼 〈인간 영혼 마을〉을 해칠 수 없었다는 것이다. 게다가 늙은 편견 씨(old Prejudice)와 무엇이든 씨(Mr. Anything)는 줄행랑을 쳤다.

전투가 끝났을 때 임마누엘 왕자는 비참한 〈인간 영혼 마을〉 사람들에게 자신이 여전히 은총의 선물을 제공하고 있다는 것을 보여 주기 위해 〈인간 영혼 마을〉 사람들이 보도록 다시 한번 은혜 언덕 위(Mount Gracious)에 흰 깃발을 달도록 명령했다.

> 너희는 그 은혜에 의하여 믿음으로 말미암아 구원을 받았으니 이것은 너희에게서 난 것이 아니요 하나님의 선물이라. 행위에서 난 것이 아니니 이는 누구든지 자랑하지 못하게 함이라(엡 2:8-9).

디아볼루스는 흰색 깃발이 다시 걸리는 것을 보았고, 그것은 자신을 위한 것이 아닌 〈인간 영혼 마을〉 사람들을 위한 것이라는 것을 알았다. 그래서 그는 또 다른 술책을 고안했다. 이것은 만약 디아볼루스가 〈인간 영혼 마을〉 사람들의 회개를 약속한다면 자신이 임마누엘 왕자가 마을을 포위한 그의 군대를 뒤로 물리게 하고 〈인간 영혼 마을〉을 점령하려는 그의 시도를 포기하게 할 수 있느냐를 알기 위해서였다. 이런 계획을 염두에 두고 어느 날 저녁 그는 해가 진 후에 잠시 성문으로 내려와서 임마누엘 왕자에게 담화를 요청했다.

임마누엘은 담화에 응했고 성문으로 내려왔다.

디아볼루스는 왕자에게 말했다.

"왕자님의 흰 깃발은 왕자께서 평화와 안정을 사랑하신다는 것을 보여 주는 듯합니다. 따라서 나는 만약 왕자께서 이런 조건을 허락하신다면 우리도 이것을 받아들일 준비가 되어 있다는 것을 왕자님에게 알게 하는 것이 좋다고 생각했습니다. 나는 왕자께서 신앙을 사랑하시고 그런 거룩함이 당신을 기쁘게 하는 것을 알고 있습니다."

디아볼루스의 옅은 미소와 함께 입꼬리가 올라갔다.

"나는 왕자께서 〈인간 영혼 마을〉에 대항하여 전쟁을 일으킨 목적은 이 마을이 거룩한 거주지가 되게 하기 위함임을 알고 있습니다.

> 그러므로 이제부터 너희는 외인도 아니요 나그네도 아니요 오직 성도들과 동일한 시민이요 하나님의 권속이라 너희는 사도들과 선지자들의 터 위에 세우심을 입은 자라 그리스도 예수께서 친히 모퉁잇돌이 되셨느니라 그의 안에서 건물마다 서로 연결하여 주 안에서 성전이 되어 가고 너희도 성령 안에서 하나님이 거하실 처소가 되기 위하여 그리스도 예수 안에서 함께 지어져 가느니라(엡 2:19-22).

보상 받는 장군들

왕자께서 군대를 마을에서 철수시키면 나는 〈인간 영혼 마을〉 사람들이 당신에게 순종하고 왕자님에게 절을 하게 할 것입니다. 무엇보다도, 나는 왕자님에 대한 적개심을 잠재우고 기꺼이 왕자님의 대리인이 될 것입니다. 내가 이전에 왕자님을 대적하기 위해 애썼던 노력처럼 동일한 노력을 하면서 나는 이제부터 〈인간 영혼 마을〉에서 당신을 섬길 것입니다.

또한, 나는 〈인간 영혼 마을〉 사람들을 설득해서 왕자님을 그들의 주님으로 받아들이도록 하겠습니다. 그들은 내가 왕자님의 대리인이라는 것을 알게 되면 그들이 조속히 그렇게 할 것입니다.

나는 또한 그들이 어디서 잘못했는지 그리고 죄가 어떻게 삶을 방해하는지를 보여 줄 것입니다. 나는 그들과 함께 거룩한 율법을 공유할 것이고 그들이 어떻게 거룩한 율법을 어겼는지 보여 주며 거룩한 율법에 순응해야 한다는 것을 설명하겠습니다. 나는 그들에게 당신의 법에 따라 개혁된 삶의 필요성을 인식시키겠습니다.

나는 이것 가운데 어느 것도 실패하지 않도록 일들을 준비할 수 있습니다. 나는 심지어 개인 재산을 들여 마을 안에서 강의에 유능한 사역자들을 세우고 유지하는 데 비용을 제공하겠습니다. 또한, 우리가 왕자님의 다스림 아래에 있다는 징표로서 왕자님은 우리에게 요구하기에 적합하다고 생각하는 것은 무엇이든지 받으실 수 있을 것입니다."

임마누엘 왕자는 참을성 있게 들었지만 디아볼루스의 술책에 속지 않았다.

왕자는 말했다.

"너, 속임수로 충만한 자여, 네 행위가 참으로 변덕스럽구나!

> 그의 입에는 저주와 거짓과 포악이 충만하며 그의 혀 밑에는 잔해와 죄악이 있나이다(시 10:7).

얼마나 자주 너는 네가 말한 것을 바꾸고 또 바꾸었는가!

이는 모두 네가 나의 〈인간 영혼 마을〉을 계속해서 소유할 만큼 강인한 척하기 위해서다. 나는 이미 〈인간 영혼 마을〉의 정당한 상속자로 선언되었다.

네가 지금 제안하고 있는 것은 그동안 처음부터 날조했던 제안보다 나은 것이 없다. 결국, 너는 너의 본색으로는 우리를 속일 수 없기 때문에 이제는 자신을 광명의 천사로 변모시켜 나를 속여 너를 의의 사역자라고 생각하게 하려 한다는 것이다.

> 이것은 이상한 일이 아니니라 사탄도 자기를 광명의 천사로 가장하나니. 그러므로 사탄의 일꾼들도 자기를 의의 일꾼으로 가장하는 것이 또한 대단한 일이 아니니라 그들의 마지막은 그 행위대로 되리라(고후 11:14-15).

디아볼루스!
너는 네가 제안하는 어떤 것도 고려할 가치조차 없다는 것을 알고 있다. 왜냐하면, 너의 유일한 동기는 속이는 것이기 때문이다. 너는 하나님에 대한 양심도 없고, 〈인간 영혼 마을〉을 사랑하지도 않는다.
이런 이유로 네가 말한 것들이 죄악 된 목적과 기만에서 비롯된다는 것이 명백하지 않은가?
또한, 이 시점에 지금 너의 눈에 의가 그렇게 아름다운 것이라면, 어떻게 과거에 그렇게 사악하게 굴었는가?
자기를 믿는 사람들을 죽일 목적으로 자기가 원하는 것을 무엇이든 제안하는 자는 버림당해야 한다. 또한, 그가 말했던 모든 것을 무시해야 한다. 너는 〈인간 영혼 마을〉의 개혁에 관해 이야기하고 심지어 네가 그 개혁을 주도하겠다고 말한다.
네가 이렇게 말하는 것은 인간이 율법의 의를 통해서 성취할 수 있는 최선의 것은 아무것도 없다는 것과 그렇게 성취한 것은 〈인간 영혼 마을〉에 내려진 저주를 제거할 수 없다는 것을 알기 때문이다. 왜냐하면, 법을 어김으로써 하나님이 선포하신 저주를 인간이 그 법을 준수함으로써 자신을 구원할 수 없기 때문이다. 더군다나 마귀가 악의 교정자가 되는 〈인간 영혼 마을〉에서 시행되는 개혁은 말할 것도 없다.
이 문제에 관해 네가 언급했던 것은 단지 교묘하게 위장한 속임수에 불과하다는 것을 너는 알고 있다. 그것은 네가 사용해야 할 첫 번째이자 마지막 카드다. 현재로서는 소수만이 네가 사용하는 속임수를 간파하고 있다. 또한, 너는 광명의 빛으로 옷을 입을 수도 있지만 네가 그들에게 갈라진 발굽을 보여 줄 때 곧 많은 사람이 실제 너의 실체가 무엇인지 분별할 것이다.

디아볼루스!

너는 이런 식으로 나의 〈인간 영혼 마을〉을 속이지 못할 것이다. 왜냐하면, 나는 여전히 나의 〈인간 영혼 마을〉을 사랑하기 때문이다.

나는 율법의 행위로써 〈인간 영혼 마을〉을 의롭게 하려고 온 것이 아니다. 만약, 그랬다면 나도 너와 같을 것이다. 나를 통해 그리고 〈인간 영혼 마을〉을 위해 내가 했던 것과 할 것은 〈인간 영혼 마을〉을 나의 아버지와 화목시키는 것이고 나는 이런 목적을 위해 왔다. 비록 그들이 그들의 죄로 아버지를 진노케 했고 그들이 율법으로는 자비를 얻을 수 없음에도 불구하고 말이다.

> 모든 것이 하나님께로서 났으며 그가 그리스도로 말미암아 우리를 자기와 화목하게 하시고 또 우리에게 화목하게 하는 직분을 주셨으니. 곧 하나님께서 그리스도 안에 계시사 세상을 자기와 화목하게 하시며 그들의 죄를 그들에게 돌리지 아니하시고 화목하게 하는 말씀을 우리에게 부탁하셨느니라(고후 5:18-19).

누구도 〈인간 영혼 마을〉을 네 손에 맡기기를 원하지 않음에도 불구하고 너는 〈인간 영혼 마을〉을 선한 영향력 아래에 있게 하겠다고 말한다. 나의 아버지는 이 마을을 소유하고 이 마을이 그분의 뜻에 순종함으로써 그분 보시기에 좋도록 이 마을을 지도하기 위해 나를 보냈다.

> 너희는 이 세대를 본받지 말고 오직 마음을 새롭게 함으로 변화를 받아 하나님의 선하시고 기뻐하시고 온전하신 뜻이 무엇인지 분별하도록 하라(롬 12:2).

결과적으로, 나는 〈인간 영혼 마을〉 소유할 것이고 너의 지위를 박탈할 뿐만 아니라 너를 쫓아낼 것이다. 나는 이 마을을 허물고 재건할 것이다. 나는 그들 마음에 나의 주권을 세울 것이고 새로운 법, 새로운 관리, 새로운 동기, 새로운 방식으로 그들을 통치할 것이다.

> 그런즉 누구든지 그리스도 안에 있으면 새로운 피조물이라 이전 것은 지나갔으니 보라 새것이 되었도다(고후 5:17).

놀라는 양심 서기관

〈인간 영혼 마을〉은 마치 옛것이 절대로 존재하지 않았던 마을과 같이 될 것이다. 왜냐하면, 이 마을은 우주 전체의 영광이 될 것이기 때문이다."

디아볼루스가 이 말을 들었을 때 그는 임마누엘 왕자가 자기의 간계를 간파했다는 것을 알았다. 그는 망신당했고 너무 당혹스러워서 처음에는 어떻게 해야 할지 결정할 수 없었다. 하지만, 자기 안에서 솟아오르는 부당함, 분노, 악의의 샘을 이용했다. 그의 마음속에서 샤다이왕, 그의 아들 임마누엘, 사랑하는 〈인간 영혼 마을〉에 대해 그가 품었던 모든 악의가 뒤틀렸다.

이런 것을 숙고하는 것이 그의 힘을 새롭게 했고 고귀한 임마누엘 왕자에 대항해서 새롭게 전투를 준비시켰다. 디아볼루스는 결심을 새롭게 하면서 〈인간 영혼 마을〉이 점령되기 전에 또 다른 싸움을 해야 한다고 주장했다.

"군사 행동을 지켜보기를 원한다면 산으로 올라와서 양 진영이 벌이는 전투를 지켜보십시오. 그러면 여러분은 얼마나 치명적인 공격이 가해지고 있는가를 목격하게 될 것입니다. 여러분은 유명한 〈인간 영혼 마을〉을 지키려고 애쓰는 한 진영과 주인이 되려고 애쓰는 한 진영을 목격하게 될 것입니다."

디아볼루스는 성벽에서 물러나서 〈인간 영혼 마을〉 중심에 있는 자기의 진영으로 돌아갔다. 임마누엘 왕자 또한 자기 진영으로 돌아갔다. 그들이 품고 있는 이견과 의도가 분명해지면서 둘 다 싸우기 위해 전투태세를 갖추었다.

디아볼루스는 〈인간 영혼 마을〉에 대한 자기 지배력을 상실할 것에 대해 우려하며 절망감으로 가득했다. 따라서 그는 왕자의 군대와 유명한 〈인간 영혼 마을〉에 자신이 어떤 해를 끼칠 수 있는지에 관해 결정했다. 유감스럽게도 그는 어리석은 〈인간 영혼 마을〉의 행복에 대해서는 안중에도 없었다.

그의 계획은 마을을 완전히 파멸시키고 보이는 모든 것을 파괴하는 것이었다. 이런 계획을 염두에 두고 그는 자기 부하들에게 인간 마을 사람들을 분열시켜 놓음으로써 그들이 할 수 있는 한 해악과 손해를 끼치라고 지시했다. 또한, 그들이 그 마을을 더는 방어할 수 없는 때가 오면 반드시 이 마을을 파괴하고 폐허로 만들라고 명령했다.

"임마누엘 왕자가 이사 와서 이 마을을 자기 집으로 만드는 것보다는 폐허로 만드는 것이 더 낫다."

제12장

임마누엘의 승리
Emmanuel's Victory

임마누엘 왕자는 다음 전투의 결과로 자기가 〈인간 영혼 마을〉의 주인이 되리라는 것을 알고 있었다. 그는 모든 장교와 고위 장군 그리고 전사들에게 명령을 내렸다.

"디아볼루스와 그를 지지하는 모든 자에게는 반드시 용맹한 전사임을 확실히 보여 주되, 〈인간 영혼 마을〉 주민들에게는 호의적이고 자비롭고 온유한 모습을 보여 주도록 하라. 그리고 디아볼루스와 그의 부하들을 대적하여 맹렬한 전선의 분노를 쏟아내라."

전쟁의 날이 이르자 명령이 떨어졌다. 왕자의 부하들은 용감하게 갑옷을 입고 무기로 무장하고 전투에 돌입했다.

마귀의 간계를 능히 대적하기 위하여 하나님의 전신 갑주를 입으라(엡 6:11).

그들은 왕자의 명령을 따랐고 그들의 힘과 에너지를 귀 문과 눈 문에 집중했다. 그리고 군호와 함께 마을을 공격했다.

"〈인간 영혼 마을〉은 정복될 것이다!"

디아볼루스는 왕자의 군대에 가능한 한 재빨리 반응했다. 그는 〈인간 영혼 마을〉 곳곳에 주요 고관들과 장군들의 주력 부대를 배치하여 강렬하게 저항하게 했다. 한동안 그들은 왕자의 군대에 맞서 치열하게 싸웠다.

하지만, 임마누엘 왕자와 그의 고귀한 장군들이 세 번, 네 번에 걸쳐 놀랄만한 공격을 했고, 마침내 귀 문은 부서져 열렸다. 한때 왕자에 대항하여 마을을 방비하는 데 효과가 있었던 빗장과 자물쇠는 산산조각이 났다. 왕자의 나팔 소리가 났고, 장군들은 함성을 질렀고, 마을은 흔들렸다. 디아볼루스는 자기의 요새로 퇴각했다.

그리고 왕자의 군대가 귀 문을 부수고 열었을 때, 그는 성으로 가서 그 안에 자기의 보좌를 세웠다. 그런 후에 그는 자기 병사들이 강력한 투석기를 세웠던 가까운 산에 그의 깃발을 세웠다. 그 산은 귀 문 가까이에 있는 경청 산(Hear-Well)으로 불리는 곳이었다. 경청 산은 귀 문 가까이 있었기 때문에 왕자는 그곳에 머물렀다.

왕자는 황금 투석기로 돌들을 마을로, 특별히 성으로 날리라고 명령했다. 왜냐하면, 디아볼루스는 몸을 피하고자 그곳에 후퇴해서 머물고 있었기 때문이다.

귀 문에서 곧장 뻗은 길에 양심 서기관의 집이 있었다. 양심 서기관은 디아볼루스가 마을을 점령하기 전에 〈인간 영혼 마을〉 사람들의 죄에 맞서 하나님의 목소리를 대변했던 사람이다. 그의 집 근처에는 성이 하나 있었는데 디아볼루스는 그 성을 오랫동안 자기의 시끄러운 소굴로 바꾸었다. 그래서 장군들은 그 거리를 비우기 위해 투석기를 사용했고 마을의 심장부를 향해 가는 길로 닦았다.

이 일을 완수하자 임마누엘 왕자는 보아너게 장군, 확신 장군, 심판 장군에게 〈인간 영혼 마을〉로 진군하여 그 거리를 따라 양심 서기관의 문으로 향해 가도록 명령했다. 그들은 깃발을 날리며 가장 호전적인 기세로 〈인간 영혼 마을〉로 행진해 들어갔다. 그들은 양심 서기관의 집으로 갔다. 양심 서기관의 집은 마치 성처럼 강했다. 또한, 그들은 성문들을 파괴하기 위해 파성퇴를 가져왔다.

그들이 양심 서기관의 집에 왔을 때 문을 두드렸고 출입을 요구했다. 이 노신사는 이 시점까지 그들의 계획을 이해하지 못했다. 그래서 그는 전투가 일어나는 동안 문을 굳게 닫고 있었다.

보아너게 장군이 다시 한번 문 앞에서 자신들을 들여보내 달라고 요구했다. 하지만, 아무런 대답이 없자 그는 파성퇴의 머리 부분으로 문을 가격했다. 강력하게 가격했으므로 집이 크게 흔들렸고 늙은 양심 서기관은 동요했다. 이 모든 소동으로 인해 양심 서기관은 문으로 다가가 떨리는 입술로 물었다.

"거기 있는 서 있는 분들은 누구시오?"

탄원서를 작성하는 양심 서기관과 명철 경

보아너게 장군은 대답했다.

"우리는 위대한 샤다이왕과 그의 아들인 복되신 임마누엘 왕자의 장군이며 사령관들이다. 우리는 당신의 집을 소유할 것을 요구한다. 이것은 우리의 고귀한 왕자님이 너의 집을 사용할 수 있도록 하기 위함이다."

이 말과 함께 파성퇴는 두 번째로 그 문을 가격했다. 두 번째 강타는 늙은 양심 서기관을 더욱더 두렵게 했다. 그는 감히 그 명령을 무시할 엄두를 내지 못했고 재빨리 문을 열었다.

세 명의 용감한 장군이 문을 통해 나아갔고 양심 서기관의 집으로 들어갔다. 그의 집은 임마누엘 왕자가 지내기에 적합한 장소였다. 왜냐하면, 양심 서기관의 집은 성에 가깝고 튼튼할 뿐만 아니라 장소가 넓으며 디아볼루스가 숨어 있는 소굴을 마주 대하고 있었기 때문이다. 디아볼루스는 너무 두려워서 자기의 요새에서 나올 수 없었다.

양심 서기관은 청천벽력처럼 너무 갑작스럽게 시작된 이 모든 상황이 어떻게 끝날지 알지 못했다. 왜냐하면, 그는 건전한 판단을 내릴 만큼 충분히 알지도 이해하지도 못했기 때문이다. 그래서 장군들은 임마누엘 왕자의 위대한 계획을 신중하게 설명했다.

> 그는 우리의 화평이신지라 둘로 하나를 만드사 원수 된 것 곧 중간에 막힌 담을 자기 육체로 허시고. 법조문으로 된 계명의 율법을 폐하셨으니 이는 이 둘로 자기 안에서 한 새 사람을 지어 화평하게 하시고. 또 십자가로 이 둘을 한 몸으로 하나님과 화목하게 하려 하심이라 원수 된 것을 십자가로 소멸하시고 (엡 2:14-16).

양심 서기관의 집이 어떻게 점령되었고 그의 방들이 압수되었다는 소문이 마을 전역에 퍼졌다. 그의 집은 전쟁의 지휘소가 되었다. 이런 사실이 공개적으로 언급되자마자 양심 서기관은 친구들과 이 소식을 공유했다. 그러나 안타깝게도 양심 서기관이 이런 일을 두려워하고 있었다. 장군들이 그 계획을 그에게 설명했음에도 불구하고 그는 두려움에 떨었다.

따라서 한 번에 조금씩 눈 속에서 굴러가는 눈덩이처럼 그의 초조함과 불안이 퍼지는 데는 그리 오래 걸리지 않았다. 곧 마을 전체는 임마누엘 왕자가 합법적인 권리로 〈인간 영혼 마을〉을 점령했다는 것을 이해했다. 그러나 그들은 〈인간 영혼 마을〉의 파멸 외에는 왕자에게서 어떤 것도 기대하지 않았음이 틀림없다.

많은 사람이 무슨 일이 일어나고 있는지 알아보려고 직접 왔다. 하지만, 그들은 자기들의 눈으로 집 안에 있는 장군들과 파성퇴가 성문을 가격하며 벌어지는 소동을 목격했을 때 그들 역시 두려움에 사로잡혔고 이런 모든 일로 인하여 놀라고 당황하여 서 있었다. 유감스럽게도 양심 서기관은 이런 두려움을 배가시켰다. 왜냐하면, 누군가가 그에게 무슨 일이 일어나고 있는지 말할 때마다 그가 말할 수 있는 것은 〈인간 영혼 마을〉이 맞이할 죽음과 파괴뿐이었기 때문이다.

늙은 양심 서기관은 말했다.

"여러분은 모두 합리적이고 분별력이 있습니다. 우리 모두 전에는 승리자이시고 영광스러운 임마누엘 왕자님을 경멸했고 배신했다는 것은 분명합니다. 우린 모두 반역자입니다.

하지만, 지금 보시다시피 그분은 〈인간 영혼 마을〉을 소유하기 위해 힘쓰실 뿐만 아니라 성문을 강제로 부수어 들어오시기까지 했습니다. 디아볼루스는 임마누엘 왕자님 앞에서 줄행랑을 치고 있습니다. 왕자님은 디아볼루스가 숨어 있는 성을 공격하기 위해 내 집을 요새로 만드셨습니다."

양심 서기관은 자기의 손을 꽉 움켜잡았다.

"나는 큰 죄를 범했습니다."

> 우리는 이미 범죄하여 패역하며 행악하며 반역하여 주의 법도와 규례를 떠났사오며 (단 9:5).

그는 깊은 한숨을 내쉬었다.

"죄가 없고 무고한 사람은 괜찮습니다. 하지만, 나는 죄를 고백합니다. 내가 죄를 지적하고 경고하고 말해야 했었음에도 침묵함으로써 큰 죄를 범했습니다. 또한, 나는 공의를 실천했었어야 함에도 오히려 공의가 실행되는 것을 방해함으로써 큰 죄를 범했습니다. 사실 나는 샤다이왕의 율법에 참여한 이유로 디아볼루스의 손에서 다소 고난을 겪었습니다."

그는 땅을 흘끗 보고 고개를 저었다.

"그렇지만 유감스럽게도 이제 그게 무슨 소용이 있겠습니까?
그것이 나의 불충과 내가 저지른 반역을 만회할 수 있겠습니까?
또한, 이런 사실이 〈인간 영혼 마을〉 사람들이 디아볼루스를 따라갈 때 내가 어떤 반대도 하지 않았던 것을 만회할 수 있겠습니까?"

파성퇴의 시끄러운 소리로 인해 그의 목소리는 거의 들리지 않았다. 그는 두 손을 귀에 대고 말했다.

"이와 같은 두렵고 무서운 분노가 시작된 것을 보면서 나는 어떻게 이 모든 것이 끝날지 생각하면 몸서리가 쳐집니다."

용감한 장군들이 늙은 서기관의 집에서 바쁘게 지내는 동안 집행 장군은 마을 다른 곳에서 매우 분주하게 보내고 있었다. 그의 임무는 마을을 둘러싼 뒷골목과 성벽을 확보하는 것이었다. 그는 또한 자유의지 경을 추격했고 그가 잠시도 쉬게 하는 것을 허락하지 않았다. 그는 자유의지 경을 끈질기게 추격했고 심지어 그의 부하 장교 가운데 세 명을 죽였다. 그 외에도 집행 장군은 자유의지 경의 용감하고 강한 부하를 많이 살해했다.

그는 디아볼루스를 위해 직무를 열정적으로 수행했던 많은 사람에게 상처를 입혔다. 이 때문에 자유의지 경의 남아 있는 추종자들도 쫓기는 신세가 되었다. 사실 자유의지 경 자신도 숨을 준비를 하고 있었다.

강력한 전사인 집행 장군은 세 명의 장교를 죽였다. 반란 중에 머리에 쓰고 있던 관이 손상되었던 늙은 편견 씨(old Mr. Prejudice)가 이 세 명의 장교 가운데 포함되어 있었다. 자유의지 경은 그를 귀 문의 책임자로 삼았다. 귀 문은 그가 집행 장군의 손에 쓰러진 장소이다. 장군의 손에 의해 쓰러졌던 두 번째 장교는 헛된 후퇴 씨(Backward-to-all-but-naught)였다. 그는 한때 귀 문 꼭대기에 장착되었던 두 개의 대포를 지키던 장군이었다.

집행 장군이 죽었던 두 장교 외에 세 번째로 죽였던 장교는 배반 장군(Captain Treacherous)이었다. 자유의지 경은 이 자를 많이 신뢰했었다. 하지만, 집행 장군은 나머지 두 장교처럼 그를 쓰러뜨렸다. 집행 장군이 살해한 이 자들은 모두 디아볼루스 추종자였다. 하지만, 〈인간 영혼 마을〉 사람들은 단 한 사람도 다치지 않았다.

선한 소망 장군과 자선 장군은 귀 문을 공격하면서 혁혁한 전과를 올렸다. 선한 소망 장군은 귀 문을 책임지고 있는 눈가리개 장군을 살해했다.

정복당한 디아볼루스

눈가리개 장군은 발톱 모양의 망치를 가지고 싸웠던 천 명의 병사를 이끌던 장군이었다. 선한 소망 장군은 눈가리개 장군을 죽였을 뿐만 아니라 무수히 많은 그의 부하를 죽이고 많은 자에게 상처를 입혔다. 나머지 병사들은 은밀하게 몸을 숨겼다.

부적절한 휴식 씨가 저 문 앞에 서 있었다. 나는 전에 그에 대해 말한 적이 있었다. 그는 턱수염이 허리띠까지 내려온 노인이었다. 이 사람은 디아볼루스의 대변인으로 일했고, 〈인간 영혼 마을〉에서 일어난 엄청나게 많은 문제에 책임이 있는 자였다. 하지만, 귀 문을 공격한 후에 그는 더 이상 〈인간 영혼 마을〉을 괴롭힐 수 없었다. 왜냐하면, 그는 선한 소망 장군의 손에 죽었기 때문이다.

이 모든 장면을 묘사하기가 어렵다. 이 시기에 디아볼루스 추종자들은 곳곳에 죽어 자빠져 있었다. 하지만, 〈인간 영혼 마을〉에는 여전히 너무 많은 사람이 살아 있었다.

유명한 〈인간 영혼 마을〉과 생사를 같이해야 한다는 것을 알았던 늙은 양심 서기관과 명철 경은 마을 사람들과 함께 어떻게 상황을 진행해야 할지를 놓고 심사숙고했다. 그들은 임마누엘 왕자에게 탄원서를 작성해서 보내는 것에 동의했다. 그러는 동안 임마누엘 왕자는 〈인간 영혼 마을〉의 성문에 앉아 있었다.

그래서 그들은 임마누엘 왕자에게 보내는 탄원서를 작성했다. 그리고 비참한 〈인간 영혼 마을〉에 사는 주민들은 탄원서 안에 그들이 지었던 죄를 고백하고 왕자 폐하에게 죄를 범한 것에 대한 슬픔을 표현했다. 그리고 자신들의 목숨을 살려 주길 기도했다.

> 내가 넘어지게 되었고 나의 근심이 항상 내 앞에 있사오니. 내 죄악을 아뢰고 내 죄를 슬퍼함이니이다(시 38:17-18).

탄원서 작성이 끝나자, 그들은 그것을 왕자에게 보냈다. 하지만, 실망스럽게도 왕자는 아무런 대답도 하지 않았다. 그것이 그들을 더욱 근심하게 했다.

그동안 양심 서기관의 집에 머물고 있던 장군들은 성문들을 부수기 위해 파성퇴를 사용하고 있었다. 많은 시간을 힘들게 노력한 끝에 난공불락

바싹 탄 땅

으로 불리는 성의 문이 부서지며 열렸다. 문은 여러 조각으로 부서졌고 디아볼루스가 숨어 있는 은신처까지 길이 열렸다.

난공불락의 성문이 열렸다는 소식이 귀 문에 있는 임마누엘 왕자에게도 보내졌다. 이로써 왕자는 장군들이 〈인간 영혼 마을〉의 성문으로 들어가는 길을 냈다는 것을 알게 되었다. 이 소식을 듣고 난 후 왕자 진영 전체에 나팔이 울렸다. 왜냐하면, 전쟁이 거의 끝나가고 〈인간 영혼 마을〉 자체가 해방될 것이기 때문이다.

왕자가 일어나 이 임무를 위해 그의 병사들 가운데 최정예 병사들을 모았다. 왕자는 황금 갑옷을 입고 자기 앞에 깃발을 앞세우고 마을로 진군했다. 그가 늙은 양심 서기관의 집까지 왔을 때 마을 사람들은 그를 보기 위해 문을 열고 나왔다. 그들은 그의 인격이 풍기는 영광에 사로잡히지 않을 수 없었다.

하지만, 왕자의 표정은 속마음을 드러내지 않았다. 사람들은 그 표정이 사랑인지 아니면 증오를 나타내는지를 알 수 없었다. 그들은 속마음을 드러내지 않은 그의 표정이 진정 무엇을 의미하는지 궁금해했다. 왜냐하면, 지금까지 그는 말이나 미소보다는 행동을 통해 더 많이 말했기 때문이다.

하지만, 불쌍한 〈인간 영혼 마을〉 사람들은 요셉의 형제들이 자기들을 향한 요셉의 행동을 해석했던 것과 같은 방식으로 임마누엘 왕자의 표정을 해석했다. 그런데 그런 해석은 그럴 때 일어나기 쉬운 방식과는 매우 다른 정반대의 방식이었다.

> 요셉의 형제들이 그들의 아버지가 죽었음을 보고 말하되 요셉이 혹시 우리를 미워하여 우리가 그에게 행한 모든 악을 다 갚지나 아니할까 하고(창 50:15).

왜냐하면, 그들은 만약 임마누엘 왕자가 우리를 사랑한다면 그는 그런 사랑을 그가 말하는 것과 우리에게 행동하는 방식으로 보여 줄 것이지만 그는 이런 것들 가운데 어떤 것도 하지 않는다고 생각했기 때문이다. 결과적으로 그들은 임마누엘 왕자가 자기들을 미워한다고 판단했다. 이런 잘못된 생각으로 그들은 만약 임마누엘 왕자가 우리를 미워한다면 〈인간 영혼 마을〉은 파괴될 것이고 단지 쓰레기 더미가 되리라 생각했다.

그들은 자기가 왕자의 아버지인 샤다이왕의 율법을 위반했고, 그의 적인 디아볼루스와 함께 그를 반대했었다는 것을 임마누엘 왕자가 모든 것을 이미 숙지하고 있다는 것을 알고 있었다. 왜냐하면, 그들은 임마누엘 왕자가 이 땅 위에서 행해진 모든 것을 알고 있는 하나님의 천사라고 확신했기 때문이다.

> 이는 왕의 종 요압이 이 일의 형편을 바꾸려 하여 이렇게 함이니이다 내 주 왕의 지혜는 하나님 사자의 지혜와 같아서 땅에 있는 일을 다 아시나이다 하니라 (삼하 14:20).

그리고 이 모든 것을 알고 있었기 때문에 그들은 자신들의 상태가 비참하다고 생각했다. 또한, 그것은 그들이 선한 왕자가 그들을 궁핍하게 하며 또한 그들을 이곳에 살지 못하게 할 것으로 생각하게 했다. 그들은 왕자가 〈인간 영혼 마을〉의 고삐를 수중에 가지고 있는 지금보다 그런 일을 행하기에 더 적절한 시기는 없다고 생각했다.

그리고 내가 이런 일이 일어나는 것을 지켜보았을 때 주민들이 왕자가 마을을 통해서 진군하는 것을 보면서 그들은 움츠러들었고 고개를 숙였으며 몸을 구부려 왕자의 발에서 먼지를 핥을 준비가 되어 있었다. 그들은 그들 자신을 도울 수 없었다. 왜냐하면, 그들은 왕자가 자신들의 왕자와 장군, 즉 그들의 보호자가 되기를 수없이 바랐기 때문이다.

그들은 서로 돌아보며 왕자가 어떻게 생겼는지 또한 어떻게 그의 영광과 용기가 세상의 다른 위대한 사람들보다 훨씬 더 위대했는지에 관해 이야기했다.

> 옛적에 선지자들을 통하여 여러 부분과 여러 모양으로 우리 조상들에게 말씀하신 하나님이. 이 모든 날 마지막에는 아들을 통하여 우리에게 말씀하셨으니 이 아들을 만유의 상속자로 세우시고 또 그로 말미암아 모든 세계를 지으셨느니라. 이는 하나님의 영광의 광채시요 그 본체의 형상이시라 그의 능력의 말씀으로 만물을 붙드시며 죄를 정결하게 하는 일을 하시고 높은 곳에 계신 지극히 크신 이의 우편에 앉으셨느니라(히 1:1-3).

그러나 그들의 그런 칭송의 말이 그들의 입술에서 나올 때도 이 가련한 사람들의 마음 안에 떠오르는 생각들은 극에서 극으로 흔들려 결국 회오리바람 앞에 밀려 요동하며 굴러다니는 던져진 공처럼 되었다.

> 오직 믿음으로 구하고 조금도 의심하지 말라 의심하는 자는 마치 바람에 밀려 요동하는 바다 물결 같으니(약 1:6).

임마누엘 왕자가 성문에 도착했을 때 그는 디아볼루스에게 나와서 항복하라고 명령했다.

하지만, 그 짐승이 왕자 앞에 모습을 드러내는 것을 얼마나 꺼렸는가!

그는 넘어져서 두려워하며 움찔했다. 하지만, 그는 강제로 왕자 앞에 끌려 나왔다. 임마누엘 왕자는 명령을 내렸다. 그들은 디아볼루스를 붙잡아 그를 위해 미리 정한 심판을 받도록 그를 단단히 쇠사슬로 묶었다. 하지만, 디아볼루스는 왕자 앞에 서서 자신을 위해 간절한 호소를 했다. 그는 왕자가 자신을 깊은 무저갱에 보내는 것이 아니라 평화롭게 〈인간 영혼 마을〉을 떠나게 해달라고 요청했다.

임마누엘 왕자는 그를 쇠사슬에 묶은 채로, 시장으로 끌고 나갔다. 왕자는 마을 사람들 앞에서 디아볼루스가 그토록 자랑했던 갑옷을 벗겨냈다. 이것은 자기 원수에 대한 임마누엘 왕자의 승리의 행동이었다. 디아볼루스의 갑옷이 벗겨지는 동안 황금빛 왕자의 나팔 소리가 울렸고 장군들은 함성을 질렀다. 병사들은 기뻐서 노래를 불렀다.

〈인간 영혼 마을〉 사람들에게 그들이 그렇게 많이 신뢰했던 자, 그들이 아첨하던 바로 그자에 대한 임마누엘 왕자의 승리가 시작되는 것을 지켜보게 했다.

임마누엘 왕자는 〈인간 영혼 마을〉 사람들과 자기의 지휘관들 앞에서 디아볼루스의 갑옷을 벗겨낸 후 디아볼루스를 자기의 병거에 쇠사슬로 묶으라고 명령했다. 그런 후에 그는 승리 가운데 〈인간 영혼 마을〉 전체를 지나 그의 진영이 세워진 평원으로 가는 눈 문으로 불리는 문까지 개선 행진했다.

임마누엘 왕자는 보아너게 장군과 확신 장군을 포함하여 그의 군대 가운데 일부를 주둔군으로 남겼다. 이는 디아볼루스를 위해 저항이 일어날 경우를 대비해서 아니면 디아볼루스를 따랐던 자들이 다시 〈인간 영혼 마을〉을 소유하려고 시도할 경우를 대비해 성문을 지키기 위함이었다.

그들은 폭군 디아볼루스가 고귀한 왕자의 손에 의해 사슬로 결박당하고 병거에 묶여 끌려가는 것을 보았을 때 커다란 함성이 터져 나왔다. 독자들은 그곳에 있지 않았기 때문에 임마누엘 왕자 진영에서 우렁차게 퍼지는 승리를 경축하는 고함을 상상할 수 없을 것이다.

그들은 말했다.

"임마누엘 왕자님은 디아볼루스를 감금했고 그의 힘을 쓸모없게 만들었다. 디아볼루스는 임마누엘 왕자의 검의 힘에 복종했고, 모든 조롱의 대상이 되었다."

> 여호와가 이같이 말하노라 용사의 포로도 빼앗을 것이요 두려운 자의 빼앗은 것도 건져낼 것이니 이는 내가 너를 대적하는 자를 대적하고 네 자녀를 내가 구원할 것임이라(사 49:25).

전쟁을 보기 위해 모인 사람 중에는 디아볼루스가 그들의 지휘권을 박탈한 사람들도 있었다. 그들은 디아볼루스가 사슬에 묶인 것을 보고 큰 목소리로 소리치고 다른 사람들과 함께 노래했다. 그들은 매우 아름다운 음으로 노래를 불러서 하늘 높은 곳에 거하는 자들도 어떻게 이런 영광의 노래가 울려 퍼지는지를 알기 위해 창문을 열고 바라보았다.

마을의 많은 사람도 이 광경을 보았다. 그들에게 그것은 마치 땅과 천국 사이에 있는 것 같은 착각이 들어서 꿈을 꾸는 것처럼 느껴졌다. 그들은 자기들의 최종 상황이 어떻게 전개될지 전혀 몰랐다. 하지만, 모든 일이 아주 훌륭한 방식으로 이루어졌으며 마치 마을을 향해 미소 짓는 것처럼 보였다. 그 결과 그들이 임마누엘 왕자의 명령에 순종하는 동안 그들의 눈, 머리, 심장, 마음, 그들이 가진 모든 것은 임마누엘 왕자에게 온전히 사로잡혔다.

> 새 노래로 여호와께 찬송하라 그는 기이한 일을 행하사 그의 오른손과 거룩한 팔로 자기를 위하여 구원을 베푸셨음이로다. 여호와께서 그의 구원을 알게 하시며 그의 공의를 뭇 나라의 목전에서 명백히 나타내셨도다(시 98:1-2).

따라서 용감한 왕자는 자기 원수인 디아볼루스에 대한 승리를 일단락 지었다. 그리고 모든 사람 앞에서 왕자는 디아볼루스가 경멸과 수치심을 당하게 했으며 더는 〈인간 영혼 마을〉의 소유자가 아니라고 선언했다. 그런 후에 디아볼루스는 왕자에게서 그의 진영 중앙에서 벗어난 바싹 탄 땅으로 쫓겨났는데 그곳은 사방이 소금으로 이루어져 있었다. 그는 거기서 쉬기를 구했으나 어떤 안식도 찾지 못했다.

> 더러운 귀신이 사람에게서 나갔을 때에 물 없는 곳으로 다니며 쉬기를 구하되 얻지 못하고 이에 이르되 내가 나온 내 집으로 돌아가리라 하고(눅 11:24).

보아너게 장군과 확신 장군은 위엄 있는 장군들이었다. 그들의 얼굴은 사자의 얼굴과 같았고 그들의 말은 바다의 우렁찬 파도 소리와 같았다. 그들은 계속해서 양심 서기관의 집에 머물렀다.

고귀하고 강한 임마누엘 왕자가 디아볼루스와의 전쟁에서 승리하셨을 때 마을 사람들은 흥미롭게 이 고귀한 장군들이 하는 것에 관심 가질 자유도 갖게 되었다. 하지만, 장군들은 자기가 하는 모든 일에서 두려운 위엄도 보여 주었다. 이것은 마을 사람들에게 두려움과 공포의 인상을 주기 위한 계산된 행동이었다. 독자들은 장군들이 개인적 지시를 받아 그렇게 하고 있다는 것을 알 수 있을 것이다.

그 결과로 그들은 계속해서 마을 사람들을 심적 고통 상태에 있게 했다. 〈인간 영혼 마을〉 사람들은 마음이 불안했다. 이런 모든 것은 〈인간 영혼 마을〉 사람들이 앞으로 행복할 것인지 의심 가운데 있게 했다. 왜냐하면, 그들은 상당한 시간 동안 안식, 편안함, 평화, 소망이 무엇을 의미하는지 몰랐기 때문이다.

> 그러므로 우리가 저 안식에 들어가기를 힘쓸지니 이는 누구든지 저 순종하지 아니하는 본에 빠지지 않게 하려 함이라(히 4:11).

임마누엘 왕자 자신은 〈인간 영혼 마을〉에 거주하지 않았다. 그는 아버지의 군대 중앙에 있는 왕자 전용 진영 막사에 머물렀다. 적절한 시기가 되자 그는 보아너게 장군에게 〈인간 영혼 마을〉의 모든 사람을 성 마당으로 모이게 하라는 명령을 내렸다. 그리고 그들 앞에서 왕자는 명철 경, 양심 서기관과 자유의지 경에 관해 그가 품고 있는 의도가 알려질 때까지 그들을 감금하고 엄히 감시하라고 명령했다.

장군들이 이 명령을 따랐을 때 〈인간 영혼 마을〉은 더 두려워했다. 왜냐하면, 그들의 사고방식으로 볼 때 이 모든 것은 그들이 이전에 갖고 있던 마을의 파멸에 대한 두려움을 확인시켜 주었기 때문이다. 그들은 감금되어 감시받는 세 사람에 대해 생각했고 그들이 어떤 방식으로 죽을지 그리고 그 과정에서 얼마나 많은 고통을 받을지 궁금했다. 그들의 마음을 가장 놀라게 한 것은 임마누엘 왕자가 그들 모두를 디아볼루스가 두려워하는 깊은 무저갱 속으로 보내라고 명령을 내릴까 하는 것이었다. 마을 사람들은 그들이 그런 무저갱의 형벌을 받아 마땅하다는 것을 알고 있었다.

그들이 선하고 거룩한 왕자의 손에 의해 수치를 당하고 마을 사람들 앞에서 칼에 의해 죽임을 당할 수 있다는 생각에 그들의 마음은 몹시 두려웠다. 마을 사람들은 또한 감금되어 감시받는 세 사람을 걱정했다. 왜냐하면, 그들은 자신들을 지지하고 이끌던 자들이었기 때문이다. 그들은 만약 이 세 사람이 사형받는다면 그들의 처형은 〈인간 영혼 마을〉이 망하는 파멸의 시작에 불과할 것이라고 믿었다.

제13장

감옥에서의 탄원
Petitions From Prison

장군들은 감옥에 있는 세 사람을 만났고 왕자에게 보내는 탄원서를 작성했다. 그리고 임마누엘 왕자에게 살고 싶어 씨(Mr. Would-Live) 편으로 탄원서를 보냈다.

다음은 탄원서 내용이다.

"위대하고 훌륭한 왕자, 디아볼루스를 이기신 승리자이시며 〈인간 영혼 마을〉의 정복자시여!

가장 곤고한 마을의 비참한 주민들인 우리는 겸손하게 당신 앞에서 자비를 구하고 우리가 이전에 지었던 죄를 부디 용서해 주실 것을 간구합니다. 제발 우리를 대적하지 마시길 바랍니다. 우리는 왕자께서 우리 마을 지도자들의 죄를 용서해 주시기를 간청드립니다. 당신의 무한한 자비에 따라 우리의 목숨을 살려 주시옵소서.

> 여호와여 우리에게 은혜를 베푸시고 또 은혜를 베푸소서 심한 멸시가 우리에게 넘치나이다(시 123:3).

우리를 죽게 하지 마시고 당신 앞에 살게 하소서. 우리는 자원하는 마음으로 당신의 종이 되겠습니다. 왕자님께서 합당하다고 생각하신다면 우리는 왕자님의 상에서 떨어지는 음식도 기꺼이 우리의 음식으로 삼겠습니다. 아멘."

청원자는 이 탄원서를 왕자에게 전달했다. 왕자는 그의 손에서 탄원서를 받았고 답변 없이 그를 돌려보냈다. 이런 반응이 〈인간 영혼 마을〉 사람들을 더 슬프고 괴롭게 했다. 왜냐하면, 그들은 탄원서 외에 또 무엇을 할 수 있을지 생각해야 했기 때문이다.

왕자의 이런 반응은 그들에게 두 가지 선택을 남겼다. 즉, 그들은 탄원하거나 아니면 그냥 죽을 수밖에 없다고 생각했다. 그들은 이것을 반복해서 논의했고 두 번째 탄원서를 보내기로 했다. 양식과 접근 방식에서 첫 번째 탄원서와 비슷하게 서면으로 작성했다.

그들은 탄원서 작성을 마치고 말했다.

"우리가 누구를 통해서 이 탄원서를 전달할까?"

일단 그들은 첫 번째 탄원서를 전달한 살고 싶어 씨 편으로는 보내지 않기로 했다. 왜냐하면, 그들은 아마도 살고 싶어 씨가 처신했던 방식에 대해 임마누엘 왕자가 불쾌감을 느꼈다고 생각했기 때문이다. 그래서 그들은 확신 장군에게 자신들의 전령이 되어 달라고 요청했다. 하지만, 실망스럽게도 그는 거절했다.

"나는 배신자를 위해 감히 임마누엘 왕자님에게 청원하고 싶지 않소. 나는 왕자님에게 반역했던 자들을 옹호하고 싶지는 않소. 하지만, 우리의 왕자님은 선하신 분이오. 여러분 가운데 한 명이 테두리를 머리에 쓰고 겸비하게 나아가 자비를 간청한다면 왕자님이 탄원서를 받아주실 것이라 생각하오."

> 그의 신하들이 그에게 말하되 우리가 들은즉 이스라엘 집의 왕들은 인자한 왕이라 하니 만일 우리가 굵은 베로 허리를 동이고 테두리를 머리에 쓰고 이스라엘의 왕에게로 나아가면 그가 혹시 왕의 생명을 살리리이다(왕상 20:31).

〈인간 영혼 마을〉 사람들을 두려움 때문에 그들은 할 수 있는 한 오랫동안 탄원서 보내는 것을 연기했다. 그들은 오래 지체하는 것이 더 좋다고 자신을 설득하려고 애썼다. 드디어 오래 지체하는 것이 가져올 수 있는 위험을 두려워했으므로 많은 사람이 힘과 용기를 잃었다.

그리고 그들은 탄원서를 각성 씨(Desires-Awake) 편으로 보내는 것이 최선이라고 생각했다. 그는 〈인간 영혼 마을〉의 보잘것없는 오두막집에서 살았다. 그는 이웃의 요청에 따라 집에서 나왔다. 그들은 그에게 자신들이 했던 일, 왕자에게 탄원하는 것에 대해 계획했던 것을 그에게 설명했다. 그리고 그들은 그에게 자신들의 탄원서를 임마누엘 왕자에게 전달해 달라고 요청했다.

각성 씨는 고개를 끄덕였다.

"멸망 당해 마땅한 유명한 〈인간 영혼 마을〉이지만 내가 구할 수만 있다면, 내가 최선을 다하지 않을 이유가 무엇이겠습니까?"

각성 씨가 기꺼이 그렇게 하겠다는 말을 듣자마자 그들은 탄원서를 그에게 건네주고 어떻게 전달해야 하는지, 왕자에게 무슨 말을 해야 할지를 지시했다. 그리고 안전한 여정이 되도록 빌어 주고 작별 인사를 나누었다.

각성 씨가 도착하자 왕자가 그에게 나왔다. 각성 씨가 왕자를 보자 그는 얼굴을 땅에 대고 납작 엎드려 외쳤다.

"오, 〈인간 영혼 마을〉이 왕자님 앞에 살기를 원합니다!

그는 일어서서 울면서 손을 뻗어 탄원서를 왕자에게 건넸다. 왕자는 탄원서를 받아서 읽었다. 그런 후에 돌아서서 우셨다. 그런 후에 마음을 가라앉힌 후에 발에 엎드려 울고 있는 각성 씨를 향해 돌아섰다. 그리고 그에게 말했다.

"너희 집으로 돌아가라. 너의 요청을 고려해 볼 것이다."

이런 상황이 일어나는 동안 각성 씨를 보냈던 〈인간 영혼 마을〉 사람들은 탄원서가 거부될 것이라는 두려움과 뒤섞여 죄책감에 시달렸다.

> 하나님이여 주는 나의 우매함을 아시오니 나의 죄가 주 앞에서 숨김이 없나이다 (시 69:5).

그들은 노심초사하며 각성 씨가 돌아오기를 기다렸다. 그들은 탄원서가 어떻게 되었는지 궁금했다. 드디어 그들은 전령이 돌아오는 것을 보았다. 그가 그들 사이에 들어오자, 사람들은 어떻게 되었는지를 물었다.

"임마누엘 왕자가 뭐라고 말씀하셨습니까?"

"탄원서는 어떻게 되었습니까?"

그는 두 손을 들며 말했다.

"감옥으로 가서 명철 시장 경, 자유의지 경, 양심 서기관을 볼 때까지 그것에 대해 말하지 않을 것입니다."

그런 후에 곧장 이 세 사람이 갇혀 있는 감옥 쪽으로 향했다. 많은 사람 그가 무슨 말을 할지 듣기 위해 그를 따라갔다.

그가 감옥 문 앞에 모습을 드러냈을 때 명철 시장 경의 얼굴은 흰 속옷처럼 창백해졌다. 양심 서기관은 두려워 떨며 물었다.

"선한 선생이여. 위대한 왕자가 당신에게 말했던 것을 우리에게 말해 주시오."

각성 씨는 다가가서 말했다.

"내가 나의 주님의 막사에 갔을 때 나는 그분을 불렀고, 그분은 나를 만나러 나오셨습니다. 나는 그분 발 앞에 엎드려서 탄원서를 전달했습니다. 주님의 인격의 위대함과 얼굴의 영광으로 인해 나는 서 있을 수가 없었습니다.

> 제사장이 그 구름으로 말미암아 능히 서서 섬기지 못하였으니 이는 여호와의 영광이 여호와의 성전에 가득함이었더라(왕상 8:11).

주님이 내 손에서 탄원서를 받자 나는 소리쳤습니다.
'오, 〈인간 영혼 마을〉이 왕자님 앞에 살기를 원합니다!'
주님은 잠시 탄원서를 읽으셨고 나한테서 등을 돌리셨습니다. 드디어 그분은 말했습니다.
'너희 집으로 돌아가라 너의 요청을 고려해 볼 것이다.'
여러분은 나를 왕자님에게 보냈습니다. 그런데 그분은 아름답고 영광스러운 분이십니다. 그분을 보는 누구나 그분을 사랑하고 경외해야 합니다.

> 말씀이 육신이 되어 우리 가운데 거하시매 우리가 그의 영광을 보니 아버지의 독생자의 영광이요 은혜와 진리가 충만하더라(요 1:14).

나는 최선을 다했지만, 이 일의 끝이 어떻게 될지 모르겠습니다."

답변이 끝나자 투옥된 세 사람과 각성 씨를 따라왔던 자들은 왕자가 했던 말을 어떻게 해석해야 할지 알 수 없었다. 몰려왔던 대부분의 사람이 감옥을 떠나고 감옥에 갇혀 있는 세 사람은 임마누엘 왕자의 말에 관해 이야기했다.

명철 시장은 말했다.

왕자 앞에 있는 각성 씨와 젖은 눈 씨

"왕자님의 답변이 가혹하게 보이지 않습니다."
자유의지 경은 고개를 천천히 저으며 말했다.
"불길한 예감이 듭니다."
양심 서기관은 둘을 번갈아 보며 말했다.
"그것은 죽음을 예고하는 것입니다."
감옥에 남아 있던 사람들은 세 사람의 죄수가 했던 말을 완전히 들을 수 없었다. 어떤 자들은 이 부분만을 들었고 어떤 자들은 저 부분만을 알아들었다. 그들은 전령인 각성 씨가 말했던 것과 또한 전령이 전한 메시지에 관해 세 사람의 죄수가 나누었던 일부 대화를 들었다고 생각했다.

하지만, 누구도 그 메시지를 제대로 이해하지 못했다. 따라서 이런 상황은 상당한 충격을 일으켰다. 여러분은 이런 상황을 일으킨 혼란스러운 생각과 〈인간 영혼 마을〉에 일어났던 혼란을 상상도 할 수 없을 것이다. 그들은 무엇을 생각해야 할지 몰랐고 정신이 없었다. 왜냐하면, 그들의 마음이 이리저리 뒤흔들렸기 때문이다.

　세 명의 죄수가 말하는 것을 엿들은 사람들은 서둘러 마을로 달려가서 자기가 들은 엇갈린 메시지를 반복하며 말했다. 한 사람은 이렇게 말했고 다른 사람은 그 반대로 말했다.

　"우리는 모두 틀림없이 죽임을 당할 것입니다."

　"우리는 모두 틀림없이 구원받을 것입니다."

　그러나 둘 다 자기가 진실을 말하고 있다고 확신했다.

　세 번째 사람은 왕자가 〈인간 영혼 마을〉에 조금도 관심이 없다고 말했다. 네 번째 사람은 감옥에 있는 세 사람이 사형당할 것임이 틀림없다고 말했다.

　이 모든 사람은 모두 확고했다. 그들은 모두 자기가 들었던 것에 대한 설명을 가장 진실하게 전했다고 믿었다. 그리고 그들은 자기의 설명 외에 다른 모든 설명은 잘못되었다고 믿었다. 이런 상반된 정보가 마을 전역에 걸쳐 전파됨에 따라 〈인간 영혼 마을〉 안에서 일어나는 괴로움과 소동은 흔한 일상이 되었다. 누군가가 지나갈 때 이웃이 자기의 이야기를 하는 것을 들으면 그는 멈춰서 상반된 견해를 말하는 지경에 이르렀다.

　더 혼란스럽게 두 사람 모두 자기가 말한 것이 진실이라고 단호히 주장했다. 따라서 어떤 사람도 그 문제에 대해 어떤 태도를 보여야 할지 또는 무엇을 생각해야 할지 알지 못했다. 일부 사람은 왕자가 〈인간 영혼 마을〉 사람들을 칼로 멸할 것이라고 말했다. 가엾은 〈인간 영혼 마을〉이 혼란 가운데 있음에 따라 빛도 희미해졌다. 날이 어두워지고 아침이 올 때까지 밤새도록 마을은 혼란 가운데 있었다.

　내가 얻을 수 있는 가장 신뢰할 만한 정보에 기초해 추측해 볼 때 이 모든 소란은 양심 서기관이 왕자의 답변은 죽음을 예고한다고 말했을 때 일어났다. 그의 말은 마을을 흥분시켰고 공포의 도가니로 몰아넣었다. 이전부터 〈인간 영혼 마을〉 사람들은 양심 서기관을 선견자로 간주했고 그가 하는 말을 최고의 연설가가 말하는 것과 동등한 것으로 생각했기 때문이다. 〈인간 영혼 마을〉은 그 자체가 공포가 되었다. 그리고 이때 그들은 자신들이 일으켰던 완고한 반역과 왕자에 대한 불법적인 저항이 가져온 결과를 느끼기 시작했다.

　여호와께서 이르시되 패역한 자식들은 화 있을진저 그들이 계교를 베푸나 나로 말

미암지 아니하며 맹약을 맺으나 나의 영으로 말미암지 아니하고 죄에 죄를 더
하도다(사 30:1).

즉, 그들은 죄책감과 두려움을 느끼기 시작했다. 죄책감과 두려움이 너
무 커서 그들은 죄책감과 두려움에 압도당했다. 어떤 사람들은 두려움보다
더 죄책감에 빠져 괴로워했다. 하지만, 〈인간 영혼 마을〉에서 가장 두려움
을 느끼는 사람들은 중요한 지도자들이었다.

갑작스러운 맹렬한 공포가 마을 안에 퍼졌다는 소문이 나돌기 시작했을
때 감옥에 투옥된 세 명의 죄수는 오히려 마음이 조금은 회복되었고 담대
해졌다. 그들은 다시 목숨을 위해 왕자에게 탄원하기로 마음을 먹고 세 번
째 탄원서를 작성했다.

다음은 탄원서의 내용이다.

"만유의 주시며 자비의 주이신 위대한 임마누엘 왕자님!
가련하고 비참하며 불행하게 죽어가는 〈인간 영혼 마을〉에 거주하는 우
리가 위대하고 영광스러운 만군의 주께 고백합니다. 우리는 왕자님의 아
버지와 왕자님에게 죄를 지었습니다. 우리는 당신의 〈인간 영혼 마을〉로
불릴 자격도 없고 오히려 지옥 무저갱에 내던져야 마땅합니다.
왕자께서 우리를 죽인다면 그것은 우리가 죽어 마땅하기 때문입니다. 왕
자께서 우리를 깊은 무저갱으로 내던질 판결을 하신다면 우리는 단지 당
신께서 하시는 일은 의롭다고 말할 수 있을 뿐입니다. 우리는 당신께서
무엇을 하시든지 또는 아무리 우리에 대한 당신의 심판을 보여 주는 선
택을 하시든지 간에 우리는 불평할 수 없습니다.
하지만, 당신의 자비가 우리를 다스리고 확장되게 하소서!
당신의 자비가 우리를 붙잡게 하시고 우리를 우리 죄에서 자유롭게 하시
옵소서. 그러면 우리는 당신의 자비와 심판을 찬송할 것입니다. 아멘."

여호와는 선하시니 그의 인자하심이 영원하고 그의 성실하심이 대대에 이르
리로다. 내가 인자와 정의를 노래하겠나이다 여호와여 내가 주께 찬양하리다
(시 100:5; 101:1).

이 탄원서는 첫 번째 탄원서와 마찬가지로 왕자에게 보내도록 작성되었다. 하지만, 다시 한번 그들은 누가 그것을 가지고 가야 할지 결정해야만 했다. 이런 의문은 많은 논의로 이어졌다. 어떤 사람들은 "살고 싶어 씨(Would-Live)가 첫 번째 탄원서를 전달했기 때문에 그가 다시 전달하게 하자"고 말했다. 하지만, 어떤 사람들은 그를 다시 보내는 것은 좋은 선택이 아니라고 생각했다.

마을에 선한 행실(Good-Deed)이라는 이름을 가진 노인이 있었다. 그가 이 이름을 가졌지만, 이 이름은 그가 누구인지를 보여 주는 성품과는 아무 상관이 없었다. 일부 사람은 그를 보내는 것에 찬성했지만, 양심 서기관은 그를 보내는 것에 반대했다.

그는 말했다.

"지금 우리에게 필요한 것은 자비이고 우리가 왕자님에게 자비를 간청하고 있습니다. 이런 이름을 가진 사람으로 탄원서를 보내는 것은 탄원서 자체를 반대하는 것처럼 보입니다.

우리가 자비를 구하는 탄원서를 보내려 할 때 정말 선한 행실 씨를 우리의 전령으로 보내야 한다고 생각합니까?"

이 노신사는 자기 말을 이해시키기 위해 잠시 멈추었다.

"왕자님이 이 탄원서를 받고 '너의 이름이 뭐냐'라는 물음에 그가 '나의 이름은 선한 행실이라는 노인입니다'라고 답할 때 여러분은 임마누엘 왕자님이 뭐라고 말할 것 같습니까?

그분이 '진실로 늙은 선한 행실이 아직도 〈인간 영혼 마을〉에 살아 있단 말인가?

그렇다면 그가 〈인간 영혼 마을〉 사람들을 그들이 겪고 있는 고통에서 구원하게 하자'라고 답하겠습니까?

그리고 이것이 그분이 말씀하시는 것이라면 나는 우리의 생명이 버림받았다고 확신합니다. 왜냐하면, 천명의 선한 행실도 인간 영혼을 구원할 수 없기 때문입니다."

우리를 구원하시되 우리가 행한 바 의로운 행위로 말미암지 아니하고 오직 그의 긍휼하심을 따라 중생의 씻음과 성령에 새롭게 하심으로 하셨나니(딛 3:5).

양심 서기관은 왜 늙은 선한 행실 씨가 이 탄원서를 임마누엘 왕자에게 전달하지 말아야 하는지에 대한 이유를 제시했다. 그의 말을 들은 후에 다른 두 죄수인 명철 시장과 자유의지 경과 〈인간 영혼 마을〉의 유력 인사들 또한 선한 행실 씨를 보내야 한다는 의견에 반대했다. 그 결과 선한 행실 씨는 고려에서 제외되었다.

그래서 그들은 각성 씨를 다시 보내기로 동의했다. 그들은 그를 불러서 두 번째로 탄원서를 전달할 의향이 있는지 물었다. 그는 그 임무를 받아들였다. 일단 그가 임무를 받아들이자, 그들은 그에게 어떤 식으로든지 말이나 행실로 왕자의 기분을 상하게 하지 않도록 주의를 주었다.

"이렇게 주의를 시키는 것은 당신이 왕자의 기분을 상하게 한다면 그로 인해서 〈인간 영혼 마을〉은 완전히 파멸될 수도 있음을 우리가 잘 알고 있기 때문입니다."

각성 씨가 이 임무를 받아들였을 때 그는 자기의 가까운 이웃인 젖은 눈 씨(Mr. Wet-Eyes)와 함께 가기를 요구했다. 젖은 눈 씨는 상한 심령을 지닌 가난한 사람이었지만 그는 탄원을 잘할 수 있는 사람이었다. 그래서 그들은 각성 씨가 젖은 눈 씨와 함께 가는 것을 허락했다.

하나님께서 구하시는 제사는 상한 심령이라 하나님이여 상하고 크게 뉘우치는 마음을 주께서 멸시하지 아니하시리이다(시 51:7).

따라서 두 사람은 자기들 앞에 놓인 이 임무에 대해 논의했다. 각성 씨는 자기 머리를 밧줄로 묶었다. 이것은 자기 목숨이 임마누엘 왕자의 손에 있음을 보여 주기 위한 것이었다. 젖은 눈 씨는 가면서 자기 손을 꽉 움켜잡았다. 이런 방식으로 그들은 세 번째 탄원서를 들고 왕자의 막사에 도착했다. 그들이 막사로 다가갔을 때 그들은 자기들이 그렇게 자주 오는 것에 대해 왕자가 부담을 느낄 수 있다고 생각하지 않을 수 없었다.

그래서 그들은 왕자의 막사 문 앞에 도착했을 때 가장 먼저 한 일은 그렇게 자주 왕자를 찾아와 귀찮게 한 것에 대해 용서를 구하는 것이었다.

"오늘 우리는 왕자님을 귀찮게 하거나 우리 자신만의 말을 하기 위해서 온 것이 아니라 어떤 필요가 우리를 왕자님 앞으로 오게 이끌었습니다. 왜냐하면, 우리는 샤다이왕과 그분의 아들 임마누엘에게 지었던 죄로 인해 밤낮 어떤 안식도 찾을 수 없기 때문입니다."

그들은 또한 지난번 방문에서 각성 씨의 부적절한 행동이 어떤 식으로든 임마누엘 왕자를 불쾌하게 했을 수도 있다고 생각했다. 그래서 그들은 각성 씨가 그렇게 자비로운 왕자에게서 어떤 선의에 대한 약속도 없이 빈손으로 돌아왔다고 생각했다. 그들이 용서를 구한 후 각성 씨는 그가 첫 방문 때 했던 것과 마찬가지로 왕자의 발 앞에 엎드리며 말했다.

"오, 〈인간 영혼 마을〉이 왕자님 앞에 살기를 원합니다."

그는 손을 내밀어 탄원서를 전달했다. 왕자는 탄원서를 읽고 감정에 북받쳐서 잠시 옆으로 몸을 돌렸다. 그는 마음을 가라앉힌 후에 땅에 엎드려 있는 각성 씨에게 돌아왔다.

왕자가 말했다.

"그대 이름은 무엇인가?

그런데 〈인간 영혼 마을〉에 있는 허다한 무리 가운데 어째서 네가 이런 임무에 선택되었는가?"

각성 씨는 왕자에게 간청하기 위해 땅에 얼굴을 대고 있었다.

"오, 나의 주여!

노하지 마십시오.

어째서 제 이름을 물으시는 겁니까?

나는 단지 죽은 자일뿐입니다. 저에게 주목하지 말아 주시기를 간청합니다. 저와 당신 사이에는 큰 간극이 있다는 것을 왕자님은 아십니다. 마을 사람들이 나를 주님께 보내기로 선택했던 이유는 오직 그들만이 알고 있습니다. 하지만, 그 이유가 그들이 제가 왕자님 앞에 은총을 입었다고 생각했기 때문일 수는 없습니다.

제가 판단해도 저는 은총을 받을 만하지 않습니다.

그럴진대 누가 나를 사랑할 수 있겠습니까?

그런데도 저는 살기를 바라며 마을 사람들 또한 살기를 소망합니다. 왜냐하면, 우리는 모두 큰 죄를 지었기 때문입니다.

모든 사람이 죄를 범하였으매 하나님의 영광에 이르지 못하더니 (롬 3:20).

〈인간 영혼 마을〉의 회개

이런 이유로 그들은 저를 보냈습니다. 저는 주님께 자비를 구하고자 그들의 이름으로 왔습니다. 당신의 종들이 어떤 자들인지 묻지 말아 주시고 대신 종들에게 자비를 베풀어 주시길 소망합니다.

> 여호와여 내 젊은 시절의 죄와 허물을 기억하지 마시고 주의 인자하심을 따라 주께서 나를 기억하시되 주의 선하심으로 하옵소서(시 25:7).

그러자 왕자가 물었다.
"그리고 이 중요한 일에 동행한 이 사람은 누구인가?"
"그는 가난한 이웃이고, 나의 친한 친구 중 한 명입니다. 황송하오나 왕자님. 그의 이름은 〈인간 영혼 마을〉의 젖은 눈입니다. 저는 그런 이름을 가진 많은 사람이 아무짝에도 쓸모없다는 것을 알고 있습니다. 하지만, 주여 내가 불쌍한 나의 이웃을 데리고 온 것으로 인해 왕자님이 불쾌하게 여기지 말아 주시기를 바랍니다."

왕자와의 이번 알현에서 젖은 눈 씨는 얼굴을 땅에 대고 각성 씨와 함께 온 것에 대해 용서를 구했다.
그는 말했다.
"오, 나의 주님!
 저는 제가 누구인지도 잘 모릅니다. 또한, 나의 이름이 가식인지 진실인지 잘 모릅니다. 특별히 어떤 사람들이 회개 씨(Mr. Repentance)가 나의 아버지이기 때문에 나에게 이런 이름이 주어졌다고 말했던 것을 성찰하기 시작할 때는 더더욱 저 자신이 누구인지 잘 모르겠습니다.
 선한 사람들도 악한 자녀를 가질 수 있고 신실한 자들도 때때로 위선자를 낳을 수 있습니다. 나의 어머니는 종종 요람에서부터 나를 이런 이름으로 불렀습니다. 하지만, 내가 애정이 많아 흘리는 눈물 때문인지 아니면 나의 마음이 온유해서인지 나는 말할 수 없습니다.

> 주 앞에서 낮추라 그리하면 주께서 너희를 높이시리라(약 4:10).

심지어 저는 저의 눈물 속에서도 더러움을 봅니다."
그는 흐느꼈다.

임마누엘 왕자 앞에 있는 죄수들

"또한 내 기도 속에서도 더러운 오물을 봅니다."

젖은 눈 씨가 흐느껴 울 때 그의 목소리가 떨렸다.

"하지만, 저는 왕자님이 우리 죄를 기억하지 마시기를 우리를 대적하지 않으시기를 또한 우리의 자격 부족으로 진노하지 않으시기를 기도합니다. 오히려 왕자님이 〈인간 영혼 마을〉 사람들이 범했던 죄를 자비하심으로 간과하시고 주님의 영광스러운 은혜 베푸시는 데 있어서 더는 지체하지 않기를 기도할 뿐입니다."

> 주와 같은 신이 어디 있으리이까 주께서는 죄악과 그 기업에 남은 자의 허물을 사유하시며 인애를 기뻐하시므로 진노를 오래 품지 아니하시나이다(미 7:18).

임마누엘 왕자는 두 사람에게 일어나라고 명령했다. 그들이 일어났을 때 그들의 무릎은 떨렸고 그들은 왕자 앞에서 두려워 떨었다.

왕자는 말했다.

"〈인간 영혼 마을〉은 나의 아버지에게 대적하여 반역했다. 그들은 나의 아버지가 그들의 왕이 되는 것을 거절했다. 대신에 그들은 자신들의 우두머리로 거짓말쟁이, 살인자, 반역 노예를 선택했다. 이 거짓의 왕인 디아볼루스는 전에 너희가 존경했지만, 심지어 나의 왕궁과 천상 궁전에서 나의 아버지와 나에게 대항하여 반역했던 자다. 이 자는 자기가 왕자와 왕이 될 것으로 생각했다. 하지만, 충분한 시간 동안 그곳에서 보낸 후에 그는 발각되고 붙잡혔다. 그의 악함으로 인해 그는 쇠사슬에 묶여 그를 따르던 동료들과 함께 무저갱으로 던져졌다."

> 용을 잡으니 곧 옛 뱀이요 마귀요 사탄이라 잡아서 천 년 동안 결박하여 무저갱에 던져 넣어 잠그고 그 위에 인봉하여 천 년이 차도록 다시는 만국을 미혹하지 못하게 하였는데 그 후에는 반드시 잠깐 놓이리라(계 20:2-3).

왕자의 얼굴은 슬픔으로 가득했다.

"그는 자신을 너희에게 보였고 너희는 그를 용납했다."

왕자의 눈에 의로운 분노가 번뜩였다.

"나의 아버지에게 대적하는 이런 공공연한 반역적인 행동은 오랫동안 계속되었다. 그러므로 아버지는 너희를 순종으로 이끌기 위해 강력한 군대를 보내셨다. 하지만, 너희들은 그분의 병사들, 그들의 장군들이나 그들의 교훈을 소중히 여기지 않았다. 너희가 그들에게 어떻게 반응했는지 너희는 잘 알고 있다. 너희는 반역했다. 너희들은 그들이 들어오지 못하도록 성문을 굳게 잠가 놓았다."

> 이 백성들의 마음이 완악하여져서 그 귀는 듣기에 둔하고 눈은 감았으니 이는 눈으로 보고 귀로 듣고 마음으로 깨달아 돌이켜 내게 고침을 받을까 두려워함이라 하였느니라 (마 13:15).

사실 너희들은 전쟁에서 그들에게 대항했다. 너희들은 나의 아버지가 보냈던 군대에 맞서서 디아볼루스를 위해 싸웠다. 그래서 그들은 더 많은 병력을 보내 달라고 나의 아버지에게 요청했다. 그래서 나의 병사들과 나는 너희를 진압하기 위해 왔다. 하지만, 너희들이 그분의 종들을 대우했던 것처럼 너희들은 그들의 주님을 대우했다.

> 농부들이 종들을 잡아 하나는 심히 때리고 하나는 죽이고 하나는 돌로 쳤거늘 다시 다른 종들을 처음보다 많이 보내니 그들에게도 그렇게 하였는지라 (마 21:35-37).

"너희는 적개심으로 나에게 대항했다. 그리고 내가 입성하지 못하도록 성문을 걸어 잠갔고 내가 하는 말에 전혀 귀를 기울이지 않았다. 너희들은 할 수 있는 한 오랫동안 저항했다. 하지만, 나는 너희를 정복했다.

너희가 나를 대적하여 승리하기를 희망하는 동안 너희가 나에게서 자비를 위해 부르짖었는가?

결코 아니다. 하지만, 이제 내가 마을을 점령했으니, 너희는 자비를 베풀어 달라고 부르짖는 것이다.

내가 나의 자비를 상징하는 백기와 공의를 나타내는 붉은 깃발 그리고 형벌을 예고하는 검은 깃발을 흔들 때 어째서 자비를 구하지 않았는가?

이 깃발들은 공식적으로 너희를 내 자비로 이끌기 위해 마련되었다. 이제 나는 디아볼루스를 정복했고, 너희는 은총을 위해 나에게 왔다.

하지만, 어째서 너희는 디아볼루스와의 싸움에서 나를 돕지 않았는가? 그런데도 나는 너희의 탄원서를 고려할 것이고 나의 영광을 위해 그것에 답할 것이다."

여호와의 인자와 긍휼이 무궁하시므로 우리가 진멸되지 아니함이니이다 이것들이 아침마다 새로우니 주의 성실하심이 크시도소이다(애 3:22-23).

제14장

석방된 죄수들
Prisoners Set Free

 "보아너게 장군과 확신 장군에게 내일 세 명의 죄수를 나에게 데려오게 하라고 전하라. 또한, 심판 장군과 집행 장군에게 내가 추후 명령을 내릴 때까지 성에 머물면서 <인간 영혼 마을>의 상황을 계속해서 안정시키라고 전하라."

 왕자는 이렇게 말을 남긴 후 돌아서서 막사에 있는 자기의 왕실로 들어갔다. 각성 씨와 젖은 눈 씨는 왕자로부터 받은 답변을 가지고 막사에서 나왔다. 그들은 멀리 가지 않아서 왕자가 아직 <인간 영혼 마을> 사람들에게 자비를 베풀 준비가 되어 있지 않다는 생각이 들어 두려워하기 시작했다.

 그들이 마을의 성문에 도착했을 때 돌아오기를 기다리던 마을 사람들이 그들을 맞이했다. 많은 사람이 그들을 에워싸며 물었다.

 "왕자님에게서 어떤 소식이 있습니까?
 임마누엘 왕자님이 우리의 탄원서에 대해 뭐라고 말했습니까?"
 "먼저 감옥으로 가서 우리가 받은 메시지를 전달해야 합니다."

 그들이 감옥으로 가는 동안 무리가 따라왔다. 감옥으로 가는 길에 걱정스러운 생각이 그들을 강하게 사로잡아 세 명의 죄수가 갇혀 있는 감옥에 도착했을 때 그들은 <인간 영혼 마을>이 어떻게 될 것인지에 대한 걱정으로 왕자에게서 받은 메시지를 거의 전달할 수 없었다.

 감옥 문에서 그들은 임마누엘 왕자가 전한 메시지의 첫 번째 부분을 세 명의 죄수에게 전달했다. 그들은 임마누엘 왕자가 샤다이왕과 자신에 대한 <인간 영혼 마을> 사람들의 불충에 대해 어떻게 생각하고 있는지를 말했다.

 "왕자는 어떻게 당신들이 디아볼루스를 지지하고 결국 그를 위해 싸우기로 선택했던 것에 대해 말씀하셨습니다. 그리고 당신들이 그분과 그분의 병사를 경멸했고 디아볼루스에게 복종했으며 그의 다스림을 받았던 것에 대해 말씀하셨습니다."

이 말을 듣자마자 세 명의 죄수는 얼굴이 창백해졌다. 하지만, 각성 씨와 젖은 눈 씨는 계속해서 말했다.

"왕자님은 이런 사실에도 불구하고 그분은 여전히 당신들의 탄원서를 고려할 것이고 자기의 영광을 위해 답변을 주시겠다고 말씀하셨습니다."

이런 말을 전할 때 젖은 눈 씨는 큰 한숨을 내쉬었다. 듣고 있던 모든 자의 심령이 낙담했다. 그들은 놀랄 만큼 두려움에 사로잡혔다. 또한, 죽음이 그들의 눈앞에 닥친 것처럼 보였다. 그들은 모두 말없이 서 있었다. 왜냐하면, 그들 중 누구도 무슨 말을 해야 할지 몰랐기 때문이다.

무리 가운데 가난한 환경에서 사는 눈에 띄게 영리한 사람이 있었다. 그의 이름은 늙은 호기심(old Inqusitive)이었다. 그는 탄원자들에게 물었다.

"당신들은 임마누엘 왕자가 말씀하셨던 것을 하나도 빠짐없이 모두 우리에게 말했습니까?"

"진실을 말하자면 그렇지 않습니다."

늙은 호기심 씨는 고개를 끄덕이며 말했다.

"나도 그렇게 생각했습니다. 제발 우리에게 그분이 당신에게 말씀하셨던 것을 말해 주시오."

각성 씨와 젖은 눈씨는 잠시 멈추고 어떻게 답해야 할지를 생각했다. 드디어 그들은 자기가 왕자에게서 받은 메시지 전부를 공유하기로 했다.

"왕자님이 우리에게 다음과 같이 말씀하셨습니다. 보아너게 장군과 확신 장군에게 내일 죄수들을 그분에게 데려오게 하라고 요청하셨습니다. 그리고 추가적인 명령이 있을 때까지 집행 장군이 성과 마을을 책임지고 다스리고 있어야 한다고 말씀하셨습니다."

각성 씨와 젖은 눈 씨는 왕자가 그들에게 하라고 명령한 것을 무리에게 전했다. 또한, 그들은 왕자가 등을 돌려 자기의 왕실로 들어갔다는 말도 했다. 무리는 이 모든 것을 귀 기울여 들었다. 이 죄수들을 왕자의 진영으로 데려오라는 것과 나머지 메시지로 인해 사람들은 활기를 잃어버렸다. 그들은 한목소리로 하늘에 닿을 만큼 부르짖었다.

양심 서기관은 말했다.

"이것은 내가 두려워했던 것입니다."

세 명의 죄수 모두 죽을 준비를 했다. 왜냐하면, 그들은 다음 날 해가 지면 죽을 것으로 생각했기 때문이다. 마을 사람 모두 이 상황을 지켜보고 똑같이 느꼈고, 때가 되면 그들 모두가 같은 운명을 맞이하리라 생각했다. 따라서 〈인간 영혼 마을〉 사람들은 베옷을 입고 재를 덮어쓰고 아침이 될 때까지 밤을 새웠다.

> 내가 금식하며 베옷을 입고 재를 덮어쓰고 주 하나님께 기도하며 간구하기를 결심하고(단 9:3).

죄수들이 왕자 앞에 가야 할 시간이 왔을 때 그들은 머리에 밧줄을 매고 상복을 입었다. 이것은 그들이 자신을 겸손하게 왕자의 처분에 맡겼다는 것을 보여 주기 위함이었다.

세 명의 죄수가 성문을 빠져나갔을 때 참견하기를 좋아하는 자들을 제외하고 〈인간 영혼 마을〉의 모든 사람이 성벽 위에 서 있었고 모두 상복을 입고 있었다. 그들은 아마 왕자가 그들을 보고 긍휼로 감동할지도 모른다고 생각했다.

하지만, 〈인간 영혼 마을〉의 참견하기를 좋아하는 자들은 이 일에 전혀 신경 쓰지 않았다. 그들은 무질서하게 거리를 뛰어다니며, 여기저기 떼를 지어 황급히 마을을 돌아다니면서 소리 질렀다. 몇몇 사람은 이런 말을 하고 다른 사람들은 저런 말을 하고 앞에서 말했던 자들과는 반대로 상황에 대해 허풍을 떨었다. 이 모든 실없는 소리로 인해 마을은 거의 완전히 혼란스러운 상황 가운데 있었다.

죄수들이 왕자가 머무는 진영으로 가서 그를 알현할 때가 왔다. 보아너게 장군은 경비병을 따라 죄수들과 함께 걸어갔고, 확신 장군은 그 뒤를 따라 걸어갔다. 경비병은 죄수들 사이에서 사슬로 묶인 채 걸어가는 죄수들 앞뒤로 깃발을 휘날리며 행진했다.

죄수들은 슬퍼하며 풀이 죽은 채로 왕자가 머무는 진영 쪽으로 걸어갔다. 그들은 걸으면서 겸손하게 가슴을 치며 내면의 문을 두드리고 감히 하늘을 향해 눈을 들어 쳐다보지도 못했다.

여호와를 경외하는 것은 지혜의 훈계라 겸손은 존귀의 길잡이니라 (잠 15:33).

이렇게 그들은 〈인간 영혼 마을〉의 문으로 성큼성큼 걸어가 드디어 왕자가 머무는 진영에 도착했다. 그들은 곧 자기가 왕자의 군대가 머무는 진영 한가운데 서 있는 것을 알게 되었고, 그 군대의 광경과 영광이 그들의 슬픔과 괴로움을 한층 고조시켰다. 그들은 더는 참을 수 없어서 모두가 듣게 부르짖었다.

"오, 비참한 〈인간 영혼 마을〉 사람들이여!"

쇠사슬이 끌리는 소리와 죄수들의 울부짖는 소리에서 나오는 비통한 음조가 함께 섞여 더욱더 서글픈 소리를 만들어 냈다.

죄수들이 왕자의 막사 문 앞으로 인도되었을 때, 그들은 땅에 꿇어 엎드렸다. 병사 가운데 하나가 안으로 들어가 죄수들이 도착했다고 왕자에게 말했다. 왕자가 그들이 도착했다는 보고를 들었을 때, 왕자는 자기의 보좌로 올라가 포로들을 안으로 데려오라고 명령했다.

사슬에 묶인 세 명의 죄수는 호위를 받으며 왕자 앞에 섰다. 그들이 보좌 앞에 가까이 가서 일단 왕자 앞에 서자 그들은 두려워 떨었고 수치심으로 얼굴을 가렸다. 그들은 왕자 앞에 꿇어 엎드렸다.

내 육체가 주를 두려워함으로 떨며 내가 또 주의 심판을 두려워하나이다 (시 119:120).

임마누엘 왕자는 보아너게 장군에게 말했습니다.

"죄수들에게 일어나라고 하라."

그래서 죄수들은 왕자 앞에 두려워 떨며 일어섰다.

왕자가 물었다.

"너희가 전에 샤다이왕의 종이었던 자들인가?"

"그렇습니다. 주님, 맞습니다."

"너희가 가증스러운 디아볼루스에 의해 자신을 타락시키고 더럽게 한 자인가?"

그들은 고개를 끄덕였고 땅을 응시했다.

"우리는 그 이상의 짓을 했습니다. 주님, 우리는 우리의 자유의지로 그렇게 했습니다."

"너희가 평생 그의 폭정 아래 살면서 그의 노예로 사는 것에 만족할 수 있었겠는가?"

죄수들은 곁눈질로 서로를 쳐다보았다. 그리고 그들은 그럴 수도 있었을 거라고 인정했다.

"그렇습니다. 주님, 왜냐하면, 우리의 본성은 그가 제시하는 삶의 방식에 만족했기 때문에 우리는 이보다 더 좋은 상황에서 점점 더 멀어졌습니다."

"내가 〈인간 영혼 마을〉을 대적하기 위해 왔을 때 너희는 내가 승리하지 않기를 마음속으로 열렬히 바랐는가?"

"네 그렇습니다. 주님!"

왕자는 잠시 그들에게 그들이 취했던 행동의 엄중함에 대해 생각할 시간을 주었다. 그리고 왕자는 물었다.

"너희는 너희가 범했던 이런저런 큰 죄에 대해 내 손으로 어떤 벌을 받아야 한다고 생각하는가?"

"우리는 죽음과 무저갱의 형벌을 받아 마땅합니다. 주님!"

왕자는 그들이 마땅히 받아야 한다고 그들이 고백한 형벌이 그들에게 내려져서는 안 되는 이유에 대해 그들이 할 말이 있는지 다시 한번 물었다.

"주님! 우리는 아뢸 말이 없습니다. 당신은 의로우시고 우리는 죄를 범했습니다."

그런 후에 황금빛 머리의 왕자는 물었다.

"너의 머리에 감긴 밧줄의 의미는 무엇인가?"

"이 밧줄은 우리의 운명이 왕자님의 처분에 있음을 의미합니다. 우리에게 긍휼을 베푸시는 것이 왕자님 보시기에 흡족하지 않으시면 이 밧줄로 우리를 묶어 우리가 함께 교수형을 당하게 해 주시옵소서."

"〈인간 영혼 마을〉에 있는 모든 이가 너희처럼 이런 고백을 하는가?"

> 사람이 마음으로 믿어 의에 이르고 입으로 시인하여 구원에 이르느니라 (롬 10:10).

"주님! 모든 〈인간 영혼 마을〉 사람이 그렇게 고백합니다. 하지만, 압제자 디아볼루스가 우리를 장악했을 때 마을로 들어왔던 그의 추종자들에 관해 말하자면 우리는 아뢸 말씀이 없습니다."

왕자는 전령을 불러 그에게 나팔을 불고 샤다이왕의 아들인 왕자가 아버지의 이름과 아버지의 영광을 위해 〈인간 영혼 마을〉에 대한 완벽한 정복과 승리를 획득했음을 임마누엘 왕자 진영 전체에 선포하라고 명령했다. 그런 후에 왕자는 죄수들에게 자신을 따라 "아멘"이라고 말하라고 지시했다.

죄수들은 왕자가 명령한 대로 했다. 음악이 위쪽 높은 곳에서 흘러나와 듣기 좋은 화음으로 진영을 가득 채웠다. 진영에 있던 장군들이 함성을 질렀다. 그리고 병사들은 왕자에게 승리의 노래를 불렀다. 화려한 깃발은 바람에 휘날렸고 큰 기쁨이 진영을 가득 채웠다. 이런 상황에서 부족한 것은 〈인간 영혼 마을〉 사람들의 마음에 여전히 그런 기쁨이 없었다는 것이었다.

왕자는 죄수들이 다시 한번 그의 앞에 나타나도록 요구했다. 그들은 또다시 두려움에 떨며 그의 앞에 서 있었다.

왕자가 그들에게 말했다.

"너희와 〈인간 영혼 마을〉 사람 모두가 나의 아버지와 나를 대적하여 범했던 이 죄들, 불법, 부정에 대해 나는 용서할 능력과 권한이 있다. 이것은 내가 나의 아버지에게서 받은 것이다. 그리고 나는 나의 이런 능력과 권한에 따라 너희를 용서한다."

> 또 범죄와 육체의 무할례로 죽었던 너희를 하나님이 그와 함께 살리시고 우리의 모든 죄를 사하시고(골 2:13).

그리고 왕자는 그들에게 일곱 개의 인으로 봉인된 서면 양피지를 주었다. 이 안에는 대 사면장이 포함되어 있었다. 왕자는 다음 날 해가 뜨면 마을 전체가 들을 수 있도록 시장 경, 자유의지 경 그리고 양심 서기관에게 대사면을 선포하라고 명령했다.

게다가 왕자는 죄수들에게 상복을 벗기고 재대신 기쁨으로 띠를 띠우게 했다. 기쁨의 기름이 상복을 대체했고 찬송의 옷이 무거운 심령을 대체했다.

주께서 나의 슬픔이 변하여 내게 춤이 되게 하시며 나의 베옷을 벗기고 기쁨으로 띠 띠우셨나이다. 이는 잠잠하지 아니하고 내 영광으로 주를 찬송하게 하심이니 여호와 나의 하나님이여 내가 주께 영원히 감사하리이다(시 30:11-12).

그는 세 사람에게 금과 보석을 주고 머리에 묶은 밧줄을 제거했다. 밧줄 대신에 그는 그들 목에 금 사슬과 귀에는 귀걸이를 걸어 주었다. 죄수들은 임마누엘 왕자의 은혜로운 말과 자신들에게 행해진 모든 것에 거의 기절할 지경이었다. 왜냐하면, 이런 은혜와 유익 그리고 갑작스럽고 영광스러운 사면이 너무 엄청난 일이어서 그들은 비틀거리지 않고는 도저히 그 모든 것을 받아들일 수 없었기 때문이다.

사실 자유의지 경은 이런 갑작스러운 일들이 벌어지자마자 기절해 버렸다. 왕자는 그에게 다가가 자기의 영원한 팔로 그를 감싸며 안았다. 왕자는 그를 껴안고 입을 맞추며 말했다.

"용기를 내고 담대 하라. 모든 것이 내 말에 따라 이루어질 것이다."

그는 또한 자유의지 경의 다른 두 동료에게도 미소를 지으며 입을 맞추며 포옹했다.

"이것을 너희를 향한 계속되는 나의 사랑, 은총 그리고 긍휼의 징표으로 받아들여라. 그리고 양심 서기관 나는 네가 여기서 들었고 보았던 것을 〈인간 영혼 마을〉을 전할 임무를 부여한다."

우리가 보고 들은 바를 너희에게도 전함은 너희로 우리와 사귐이 있게 하려 함이니 우리의 사귐은 아버지와 그의 아들 예수 그리스도와 더불어 누림이라(요일 1:3).

왕자의 말과 함께 그들의 발에 채워졌던 족쇄가 산산조각이 나서 공중으로 날아가 버렸다. 그들의 발걸음은 더 넓어졌다.

내 걸음을 넓게 하셨고 나를 실족하지 않게 하셨나이다(시 18:36).

그들은 왕자 앞에 엎드려 그의 발에 입을 맞추며 눈물로 발을 적셨다. 그리고 그들은 큰 목소리로 외쳤다.

〈인간 영혼 마을〉에 울리는 종소리

"주님의 영광을 송축합니다!"
왕자는 그들에게 말했다.
"일어나 마을로 가라!
 가서 내가 너희에게 베풀었던 모든 것을 〈인간 영혼 마을〉 사람에게 전하라!"

왕자는 마을로 가는 동안 피리와 작은 북을 연주하는 자들에게 그들 앞에서 연주하도록 명령했다. 그들이 생각지도 못했던 일이 그들을 위해 이루어졌다. 이제 그들은 전에 꿈꿔왔던 것보다 더 큰 것을 소유하게 되었다.

찬송하리로다 하나님 곧 우리 주 예수 그리스도의 아버지께서 그리스도 안에서 하늘에 속한 모든 신령한 복을 우리에게 주시되 곧 창세 전에 그리스도 안에서 우리를 택하사 우리로 사랑 안에서 그 앞에 거룩하고 흠이 없게 하시려고 그 기쁘신 뜻대로 우리를 예정하사 예수 그리스도로 말미암아 자기의 아들들이 되게 하셨으니 이는 그가 사랑하시는 자 안에서 우리에게 거저 주시는바 그의 은혜의 영광을 찬송하게 하려는 것이라 우리는 그리스도 안에서 그의 은혜의 풍성함을 따라 그의 피로 말미암아 속량 곧 죄 사함을 받았느니라 이는 그가 모든 지혜와 총명을 우리에게 넘치게 하사(엡 1:3-8).

왕자는 고귀한 신뢰 장군을 불러서 그와 그의 장교 중 일부가 이번 승리를 알리는 깃발을 날리며 이 소중한 사람들이 마을로 들어갈 때 앞서서 행진해야 한다고 명령했다. 왕자는 신뢰 장군에게 명령해서 만 명의 병사와 휘날리는 깃발을 가지고 눈 문에서 행진할 때 양심 서기관이 〈인간 영혼 마을〉에서 대 사면장을 읽게 하라고 명령했다.

신뢰 장군은 이런 방식으로 마을을 계속 행진하라는 명령을 따랐다. 그리고 그는 마을 중심가에 도착했고 성문에 도달했다. 일단 그곳에서 그는 자기 주인인 왕자가 도착할 때까지 그곳을 점령하고 있어야 했다. 왕자는 심판 장군과 집행 장군에게 〈인간 영혼 마을〉에서 철수하여 왕자의 막사로 돌아오고 요새는 신뢰 장군에게 맡기라고 명령했다. 이제 〈인간 영혼 마을〉은 처음 네 명의 장군과 그들의 병사들의 공포로부터 구원받았다.

죄수들이 고귀하신 임마누엘 왕자의 수중에서 환대를 즐긴 것과 그들이 그분 앞에서 어떻게 행동했는지를 독자에게 말했던 것을 기억하는가?

또한, 왕자께서 피리 부는 자와 북을 치는 자를 동반하여 그들을 집으로 돌려보냈던 것을 기억하는가?

이 모든 것을 듣고 나서 여러분은 죄수들의 죽음에 대한 소식을 기다리던 마을 사람들이 가시처럼 찌르는 고통스러운 슬픈 생각에 사로잡혔을 것으로 생각할지도 모른다. 하지만, 그들의 생각은 실제로 너무 혼란스러워 어느 한 가지 일에도 집중할 수 없었다. 하지만, 지금까지 큰 불확실성이 강한 바람처럼 몰아쳐 그들을 뒤흔들었다. 그래서 그들의 마음은 떠는 손에 의해 균형을 잃어버린 저울처럼 되었다.

〈인간 영혼 마을〉의 성벽을 한참 바라보다가 그들은 사람들이 마을로 돌아오는 것을 보았다고 생각했다. 마을 사람들은 그들이 누구인지 궁금했다. 하지만, 그들이 가까이 다가오자, 마을 사람들은 죄수들 임을 알아보았다. 하지만, 그들의 모습은 바뀐 사람들처럼 보였다. 그 모습은 마을 사람들을 놀라게 했고 마음은 경이로움으로 가득 찼다. 무엇보다도 죄수들이 집으로 돌아오고 있었을 뿐만 아니라 명예롭게 그들과 함께 가는 큰 무리

임마누엘 왕자 진영의 기쁨

의 군대 때문에 더욱 그랬다. 그들은 상복을 입고 진영으로 내려갔지만, 흰 옷을 입고 돌아왔다.

> 이기는 자는 이와 같이 흰 옷을 입을 것이요 내가 그 이름을 생명책에서 결코 지우지 아니하고 그 이름을 내 아버지 앞과 그의 천사들 앞에서 시인하리라 (계 3:5).

그들은 밧줄을 머리에 묶고 갔지만, 황금 사슬을 몸에 걸고 돌아왔다. 그들이 왕자가 머무는 진영으로 떠날 때 그들의 발은 족쇄가 채워졌지만, 지금은 족쇄가 풀리고 자유로운 발걸음으로 돌아왔다. 그들은 죽음을 예상하고 진영으로 갔지만, 삶을 확신하며 돌아왔다.

> 우리가 마음에 뿌림을 받아 악한 양심에서 벗어나고 몸은 맑은 물로 씻음을 받았으니 참 마음과 온전한 믿음으로 하나님께 나아가자 (히 10:22).

또한, 그들은 무거운 마음으로 진영에 갔지만 그들 앞에 피리와 북을 연주하는 자들을 앞세우며 돌아왔다.

그들이 눈 문에 도착하자마자 우울하고 불안정한 〈인간 영혼 마을〉 사람들은 환호성을 질렀다. 사실 그들은 너무 크게 환호성을 질러서 왕자의 군대 장군들이 그 소리에 깜짝 놀라 뛰어나오게 할 정도였다.

그렇지만 누가 그들의 그런 반응으로 인해 마을 사람들을 탓할 수 있었겠는가?

그들의 죽은 친구들이 다시 살아났다. 왜냐하면, 그들에게 있어서 〈인간 영혼 마을〉의 옛사람들이 그렇게 화려하게 빛나고 있는 것을 보는 것은 죽은 자들이 생명을 얻어 다시 살아나는 것과 같았기 때문이다.

> 내가 그리스도와 함께 십자가에 못 박혔나니 그런즉 이제는 내가 사는 것이 아니요 오직 내 안에 그리스도께서 사시는 것이라 이제 내가 육체 가운데 사는 것은 나를 사랑하사 나를 위하여 자기 자신을 버리신 하나님의 아들을 믿는 믿음 안에서 사는 것이라 (갈 2:20).

그들은 단지 도끼와 단두대만을 기대하고 진영으로 갔지만, 기쁨과 즐거움, 위로와 위안을 받으며 돌아왔다. 또한, 그들은 병자를 낫게 할 수 있는 음악 소리를 동반하며 돌아왔다.

제15장

〈인간 영혼 마을〉에 입성하는 임마누엘 왕자

Emmanuel Enters Mansoul

그들이 성문에 도착했을 때 사람들은 환호와 함께 그들을 맞이했다.
"환영합니다, 환영합니다!
당신들을 살려 주신 분은 복되십니다!"
그들은 더 많은 것을 알고 싶어 모여들었다.
"우리는 당신들이 평안하다는 것을 알게 되었습니다. 〈인간 영혼 마을〉은 어떻게 되는 것입니까?"
불확실성과 뒤섞인 희망으로 그들은 물었다.
"〈인간 영혼 마을〉도 무사하게 될까요?"
양심 서기관과 시장 경은 대답했다.
"오! 희소식이 있습니다. 매우 기쁜 소식입니다. 불쌍한 〈인간 영혼 마을〉을 구원할 큰 기쁨의 좋은 소식입니다."

> 온 땅이여 여호와께 즐거이 소리칠지어다 소리 내어 즐겁게 노래하며 찬송할지어다 (시 94:4).

마을 사람들은 또 다른 환호성을 질렀고 왕자의 진영에서 어떤 일이 있었는지 물었다.
"임마누엘 왕자님이 마을에 전하는 메시지가 무엇인가요?"
그래서 그들은 마을 사람들에게 진영에서 일어났던 모든 것과 왕자가 말했던 모든 것을 전했다. 이야기를 들은 〈인간 영혼 마을〉 사람들은 임마누엘 왕자의 지혜와 그가 베푼 은혜에 놀랐다.

왕자 맞이할 준비를 하다

그들이 다 그를 증언하고 그 입으로 나오는바 은혜로운 말을 놀랍게 여겨 이르되 이 사람이 요셉의 아들이 아니냐(눅 4:22).

그런 후에 양심 서기관은 왕자가 〈인간 영혼 마을〉에 전하라고 한 메시지를 모든 마을 사람에게 전했다.

"사면! 사면! 〈인간 영혼 마을〉을 사면합니다!

내일이면 모든 〈인간 영혼 마을〉 사람이 사면받았다는 것을 알게 될 것입니다!"

그는 계속해서 〈인간 영혼 마을〉 사람들이 다음 날 시장에 모여 대사면을 낭독할 때 그들이 들을 것을 명령했다.

여러분은 이것이 어떻게 상황을 바뀌게 했는지 상상할 수 있다. 희망적인 이런 일이 일어날 것이라는 암시는 〈인간 영혼 마을〉 사람들을 고무시켰고 그들의 태도에 변화를 가져왔다. 그들은 너무 기뻐서 심지어 그날 밤

임마누엘의 승리

누구도 잠을 잘 수 없었다. 노래와 잔치, 웃음소리와 함께 모든 집에서 음악이 흘러나왔다. 모든 사람이 〈인간 영혼 마을〉의 행복에 관해 이야기했고 그들이 부르는 모든 노래에서 반복되었다.

"오! 태양이 떠오르면 이런 행복이 더 하지 않겠는가!
이런 행복한 내일이 더 많이 오지 않겠는가!"

> 아침에 나로 하여금 주의 인자한 말씀을 듣게 하소서 내가 주를 의뢰함이니이다 내가 다닐 길을 알게 하소서 내가 내 영혼을 주께 드림이니이다(시 143:8).

〈인간 영혼 마을〉에는 다음과 같은 대화들이 오고 갔다.

"어제까지만 해도 누가 이런 날이 우리에게 이루어질 것으로 생각이나 했겠는가?"

"죄수들이 족쇄에 묶여 진영으로 가는 것을 보고 누가 그들이 황금 사슬을 차고 다시 돌아올 것으로 생각했겠는가?"

"심판 주에 의해 심판을 받는다고 생각한 사람들이 그분의 입으로 무죄를 선고받았다. 이것은 그들이 죄가 없기 때문이 아니라 왕자의 자비 때문이었다. 그분은 심지어 피리 부는 자와 북을 치는 자가 그들 앞에서 곡을 연주하게 하며 그들을 집으로 돌려보냈다.

이것은 왕자들이 베푸는 일반적인 관행인가?

아니 그렇지 않다. 왕자들은 반역자들에게 그런 친절한 은총을 베풀지 않는다. 그런 행동은 단지 샤다이왕과 그분의 아들 임마누엘 왕자에게만 해당하는 것이다!"

시간이 빠르게 지났고 다음 날에 해가 떴다. 명철 시장 경, 자유의지 경과 양심 서기관은 왕자가 지정했던 시간에 시장에 갔다. 그들은 전날 왕자가 그들에게 입혀 주었던 예복을 입었고 거리는 그들의 영광으로 빛났다. 그들이 시장에 도착했을 때 마을 사람들은 그들을 기다리고 있었다.

시장 경과 양심 서기관 그리고 자유의지 경은 시장 하단에 있는 입문 쪽으로 이동했다. 왜냐하면, 과거에 이곳에서 공적인 일들을 마을 사람들에게 크게 낭독했던 곳이기 때문이다. 그래서 그들은 그들 앞에 북을 치며 예복을 입고 문으로 왔다. 사람들은 일의 전모가 궁금해 그들이 말하기를 간절히 기다렸다.

양심 서기관은 일어서서 손짓으로 그들을 조용하게 했다. 마을 사람들이 조용해진 후, 양심 서기관은 모든 사람이 들을 수 있도록 큰 목소리로 대사면장을 읽었다.

"주님! 주 하나님 자비롭고 은혜로우시고, 죄악, 범죄와 죄를 사하시는 주 하나님이 모든 종류의 죄와 신성 모독을 용서한다고 선언하십니다."

주의 백성의 죄악을 사하시고 그들의 모든 죄를 덮으셨나이다(시 85:2).

사람들은 기쁨을 주체할 수 없었고 기뻐서 뛰었다. 알다시피 〈인간 영혼 마을〉에 있는 모든 사람의 이름이 사면장에 명시되어 봉인되어 있었다. 또한, 그것이 웅장한 광경을 만들어 냈다.

양심 서기관이 사면장을 읽자, 마을 사람들은 마을의 성 위로 달려가 껑충껑충 뛰며 기뻐하였다. 그리고 그들은 임마누엘 왕자가 머무는 막사 쪽으로 고개를 숙여 일곱 번 절했다.

그런 후에 한목소리로 그들은 소리쳤다.

"임마누엘 왕자님, 만세!"

그런 후에 〈인간 영혼 마을〉의 젊은이들에게 기쁨을 알리는 종을 울리라는 명령이 내려졌다. 종이 울렸고 사람들은 노래를 불렀다. 〈인간 영혼 마을〉의 모든 집에 사는 사람들이 음악 소리를 들을 수 있었다.

왕자가 〈인간 영혼 마을〉의 세 명의 죄수를 피리 부는 자와 북 치는 자를 앞세워 기쁨으로 집에 돌려보내면서 왕자는 양심 서기관이 대 사면장을 낭독한 후에 장군들과 장교들 그리고 병사들에게 자기의 뜻을 전할 준비를 하라고 명령했다.

내가 그들을 내게 범한 그 모든 죄악에서 정하게 하며 그들이 내게 범하며 행한 모든 죄악을 사할 것이라(렘 3:8).

그래서 그날 아침 양심 서기관이 사면장 낭독을 끝마쳤을 때 임마누엘 왕자는 진영에 있는 모든 나팔수에게 나팔을 불게 하고 승리의 깃발이 휘날리게 하라고 명령했다.

"깃발 가운데 반은 은혜 언덕에 내걸고 다른 반은 공의 언덕에 내걸라."

그는 모든 장군에게는 완전 무장한 갑옷을 입으라고 명령했고 병사들에게는 기쁨의 함성을 외치라고 명령했다. 심지어 성에 있던 신뢰 장군도 요새인 성 꼭대기에서 〈인간 영혼 마을〉과 왕자의 진영을 향해 나팔을 불었다.

이렇게 임마누엘 왕자는 폭군 디아볼루스의 손아귀와 권력에서 〈인간 영혼 마을〉을 회복시켰다. 임마누엘 왕자가 자기의 기쁨을 기념하는 이런 외적인 의식을 마쳤을 때 그는 장군들과 병사들에게 이번 전쟁의 기술(奇術)을 〈인간 영혼 마을〉 사람들에게 보여 주라고 명령했다. 그들은 민첩성과 날렵함과 손재주 그리고 용감하게 이 임무에 그들의 노력을 기울였다. 왜냐하면, 전쟁에 능한 이 사람들은 〈인간 영혼 마을〉 사람들이 지켜보는 가운데 전쟁의 기술에서 자기가 가진 기량을 잘 발휘했기 때문이다.

그들은 행진하다가 반대 방향으로 행진하는가 하면 기동 방어를 오른쪽에서 왼쪽으로 펼쳐 보였고 군대의 횡렬을 더 세분화하여 나누고 대형을 좁혔다. 그런 후에 그들은 방향을 바꾸었다. 그들은 대열을 선회시켰고 전방 대형과 후방 대형을 좌우 날개로 강화했다. 그 밖에도 그들은 더 많은 전술을 보여 주었다. 〈인간 영혼 마을〉 사람들이 이런 기동 방어를 보았을 때 그들의 마음은 압도되었다. 특히, 그들이 전쟁 무기를 다루는 기술은 〈인간 영혼 마을〉 사람들과 나를 사로잡았다.

그들이 이런 전술 시연을 끝냈을 때 마을 사람 전체가 한 사람인 것처럼 진영에 머무는 왕자에게 나왔다. 그들은 왕자의 넘치는 은혜에 감사했다. 또한, 그들은 왕자와 군대가 마을에 들어와 영원히 거주해 달라고 간절히 요청했다. 그들은 아주 겸손하게 왕자에게 간청했고 일곱 번 절했다.

왕자는 대답했다.

"너희 모두에게 평안이 있기를 원한다."

> 평안을 너희에게 끼치노니 곧 나의 평안을 너희에게 주노라 내가 너희에게 주는 것은 세상이 주는 것과 같지 아니하니라 너희는 마음에 근심하지도 말고 두려워하지도 말라(요 14:27).

그래서 마을 사람들은 왕자에게 다가가 그의 황금 규의 끝을 만지며 다음과 같이 말했다.

임마누엘의 잔치

"오, 임마누엘 왕자님!
　장군들과 병사들이 〈인간 영혼 마을〉 안에 영원히 살기를 바랍니다. 또한, 그분의 파성퇴와 투석기가 마을 안에 남아 있어서 왕자께서 〈인간 영혼 마을〉을 든든히 세우는 데 사용되길 원합니다. 우리에게는 왕자님과 왕자님의 병사들 그리고 전쟁 무기를 위한 장소가 있습니다. 또한, 우리는 왕자님이 원수를 정복하기 위해 사용될 무기를 저장한 장소까지 있습니다.
　왕자님께서 그렇게 해 주신다면 왕자께서는 〈인간 영혼 마을〉에서 영원히 왕과 장군이 되실 것입니다. 당신 영혼의 소원을 따라 우리를 다스려 주십시오. 당신의 장군들과 병사들을 당신이 다스리는 방백들과 두령으로 삼아 주십시오. 그러면 우리는 당신의 종이 될 것이고 당신의 율법이 우리를 지도할 것입니다."
　계속해서 그들은 왕자에게 다음과 같은 것을 고려해 달라고 요구했다.

"왕자님이 우리에게 이 모든 은총을 내려 주셨으므로 만약 당신과 장군들이 이곳에서 떠난다면 당신의 비참한 〈인간 영혼 마을〉은 멸망하게 될 것입니다.

복되신 임마누엘 왕자님!

당신이 우리에게 그렇게 많은 선을 베푸시고 그렇게 많은 긍휼을 베푸신 후에 만약 당신이 지금 우리를 떠나신다면 우리에게 무슨 일이 일어나겠습니까?

그것은 마치 지금 우리가 이런 기쁨을 결코 누리지 못한 것과 같고 우리의 원수들이 처음보다 더 큰 분노로 우리를 두 번째로 덮치는 것과 같을 것입니다.

따라서 우리는 왕자님이 우리의 이런 요구를 받아주시기를 간곡히 요청합니다. 오셔서 우리 가운데 살아 주시고 우리가 당신의 백성이 되게 해 주십시오. 당신은 우리의 소망이시며 가련한 우리 마을의 힘이고 생명이십니다.

> 하늘에서는 주 외에 누가 내게 있으리요 땅에서는 주 밖에 내가 사모할 이 없나이다 내 육체와 마음은 쇠약하나 하나님은 내 마음의 반석이시요 영원한 분깃이시라(시 73:25-26).

주여! 우리는 많은 디아볼루스 추종자가 오늘날까지 〈인간 영혼 마을〉 안에 여전히 숨어 있지 않다고 확신할 수 없습니다. 또한, 그들이 우리를 배신하지 않을 것이라고 확신할 수 없습니다. 당신이 우리를 떠나면 우리는 다시 디아볼루스의 손아귀에 사로잡힐 것입니다.

또한, 이런 일들이 일어난 이후로 그들이 모의했던 계획, 음모 그리고 계책을 누가 알겠습니까?

우리는 다시 그의 끔찍한 손아귀에 넘어가고 싶지 않습니다. 제발 우리의 궁전을 당신의 거주지로 받아 주시고 우리 마을에서 귀인들이 사용한 집을 당신의 병사들과 무기를 수용할 장소로 받아 주시기를 바랍니다."

왕자는 말했다.

"내가 너희 마을에 온다면 나와 너희의 원수들을 대항하여 내 마음속에 계획하고 있는 것을 이루도록 해 주겠는가?

너희는 내가 그런 임무를 이루도록 도와줄 수 있는가?"

그들은 대답했다.

"우리가 무엇을 할 수 있을지는 잘 모릅니다. 보셨던 것처럼 우리 자신도 샤다이왕을 배반할 것이라고는 절대 생각하지 않았습니다.

이런 사실을 우리가 아는데 우리가 주님에게 무슨 말씀을 드릴 수 있겠습니까?

샤다이왕께서 그분의 백성들을 믿지 마시고 왕자께서 우리 성에 거주하시고 우리 마을을 왕자님의 군대가 주둔하는 요새로 삼아 주시기를 바랍니다. 왕의 고귀한 장군들 그리고 호전적인 병사들이 우리를 다스리게 해 주십시오. 그분의 사랑으로 우리를 정복하고 그분의 은총으로 우리를 이기게 하소서.

그렇게 해 주신다면 분명히 그분께서 우리와 함께하시고 그날 아침 우리의 사면장을 읽어 주셨던 것처럼 우리를 도우실 것입니다. 우리는 주님과 그분의 도에 순종할 것이고, 강한 자에 대항하는 그분의 말씀에 동의할 것입니다. 그리고 한 가지만 더 말씀드리겠습니다. 그러면 당신 종들의 말은 다 끝날 것이고 더는 주님을 귀찮게 하지 않을 것입니다. 우리는 주님이 지혜가 얼마나 깊은지 알 수 없습니다. 우리가 지금 누리고 있는 이런 즐거운 만족감이 우리가 경험한 쓰라린 시련에서 나올 수 있다고 누가 생각할 수 있겠습니까!

부디 주님의 빛이 우리를 인도하고 사랑이 우리를 따라오게 해 주십시오. 우리의 손을 잡고 당신의 교훈으로 우리를 지도하여 주십시오."

> 주는 나의 반석과 산성이시니 그러므로 주의 이름을 생각하셔서 나를 인도하시고 지도하소서. 그들이 나를 위하여 비밀히 친 그물에서 빼내소서 주는 나의 산성이시니이다 내가 나의 영을 주의 손에 부탁하나이다 진리의 하나님 여호와여 나를 속량하셨나이다(시 31:3-5).

모든 것이 당신의 종들을 위해 가장 완전한 것이 되도록 우리와 함께 영원히 거해 주십시오. 우리 〈인간 영혼 마을〉에 오셔서 우리를 당신의 기쁨이 되게 해 주시기를 바랍니다. 그래서 우리가 죄를 짓지 못하게 하시고 우리로 왕자님을 섬기게 하여 주시옵소서."

철거되는 디아볼루스의 형상

왕자는 〈인간 영혼 마을〉 사람들에게 답변했다.

"가라, 평안하게 너희 집으로 돌아가라. 내가 너희 소원을 들어줄 것이다. 내일 나는 나의 막사를 거두고 눈 문 앞에 군대를 집결하여 〈인간 영혼 마을〉로 입성해서 너희의 성을 차지할 것이다. 나는 나의 병사들로 하여금 너희를 감독하게 할 것이고, 하늘 아래 어떤 나라나 왕국에도 필적할 수 없는 일들을 〈인간 영혼 마을〉에서 할 것이다."

> 내가 내 성막을 너희 중에 세우리니 내 마음이 너희를 싫어하지 아니할 것이며, 나는 너희 중에 행하여 너희의 하나님이 되고 너희는 내 백성이 될 것이니라 (레 26:11-12).

〈인간 영혼 마을〉 사람들은 매우 즐거운 함성으로 그 소식을 듣고 평화롭게 그들의 집으로 돌아갔다. 그들은 가족과 친구들에게 임마누엘 왕자가 〈인간 영혼 마을〉에 약속한 좋은 소식을 전했다.

〈인간 영혼 마을〉의 주민들은 샤다이왕의 아들인 임마누엘 왕자를 맞이하기 위해 서둘러서 초원과 숲에서 가지와 꽃을 모아서 거리에 뿌려 놓았다. 그들은 자기가 임마누엘 왕자를 〈인간 영혼 마을〉로 맞이하는 것이 얼마나 기쁜 일인지를 보여 주기 위해 화환과 다른 멋진 기념품을 만들었다.

그들은 눈 문에서 왕자가 입성하는 성문까지 꽃과 나뭇가지로 거리를 장식했다. 그들은 악기를 연습하며 왕자를 맞을 준비를 했다. 그들이 이렇게 하는 이유는 왕자가 궁전으로 오는 길에 그들이 왕자 앞에서 연주하기 위함이었다.

왕자가 〈인간 영혼 마을〉에 입성할 정해진 시간이 드디어 도래했다. 성문들이 그에게 열려 있었다. 그리고 〈인간 영혼 마을〉 사람들과 장로들이 뜨겁게 환영하며 왕자를 맞이했다.

> 그 때에 맹인의 눈이 밝을 것이며 못 듣는 사람의 귀가 열릴 것이며 (사 35:5).

임마누엘 왕자는 일어나 자기의 모든 종과 함께 〈인간 영혼 마을〉로 입성했다. 마을의 장로들은 그가 성문에 올 때까지 그의 앞에서 춤을 추었다.

왕자는 왕의 전차를 타고 황금 갑옷을 입고 궁전으로 올라갔다. 나팔 소리가 사방에서 울렸고 승리의 깃발이 미풍에 휘날렸다. 수만 명의 병사가 그의 발치에서 따라갔다. 또한, 마을 주민들을 비롯해 수많은 사람이 복되신 왕자와 그의 군대가 오는 것을 보기 위해 성벽에 줄지어 서 있기도 하고 크고 작은 창문에서 또는 발코니와 지붕 위에서 마을이 어떻게 변할지 보기 위해 모여들었다.

임마누엘 왕자가 마을에 왔을 때 그는 양심 서기관의 집까지 말을 타고 갔다. 거기서 그는 〈인간 영혼 마을〉의 성이 자신을 맞이할 준비가 되어 있는지 알아보기 위해 신뢰 장군에게 전령을 보냈다. 전령은 돌아와 왕자를 맞이할 준비가 되어 있다고 보고했고, 신뢰 장군은 와서 왕자를 맞이하라는 명령을 받았다.

신뢰 장군은 이에 순종했고 임마누엘 왕자를 성안으로 안내했다. 〈인간 영혼 마을〉 사람들이 기쁘게도 왕자는 그날 밤 장군들과 병사들과 함께 성에 머물렀다.

그러는 동안 마을 사람들은 장군들과 왕자의 병사들을 그들이 거주하는 마을에 주둔시킬 방법에 대해 걱정했다. 그들이 이렇게 초조해하는 것은 그들이 왕자와 병사들의 입성을 거부하는 것과는 관계가 없었다. 오히려 마을 사람들은 어떻게 그들을 수용해야 할지 초조해했다. 모든 마을 사람은 임마누엘 왕자와 그의 병사들을 존경했다. 그들이 왕자의 전군을 수용할 만큼 그들의 숫자가 많지 않다는 사실이 그들을 가장 마음 아프게 했다.

> 기쁨으로 여호와를 섬기며 노래하면서 그의 앞에 나아갈지어다 여호와가 우리 하나님이신 줄 너희는 알지어다 그는 우리를 지으신 이요 우리는 그의 것이니 그의 백성이요 그의 기르시는 양이로다(시 100:2-3).

마을 사람들은 그들을 섬기는 것을 명예로 여겼고 그 당시 마을 사람들은 그들의 요청을 들어 주기 위해 마치 종처럼 뛰어다녔다.

마침내 그들은 다음과 같은 결론에 이르렀다.

첫째, 무흠 장군(Captain Innocency)은 이성(Mr. Reason) 집에 거할 것이다.

둘째, 인내 장군(Captain Patience)은 마음(Mr. Mind) 집에 거할 것이다(마음

씨는 반란이 일어났을 때 자유의지 경의 비서였다).

셋째, 자애 장군(Captain Charity)은 애정(Mr. Affection) 집에 거할 것이다.

넷째, 선한 소망 장군(Captain Good-Hope)은 시장 경(Lord Mayor) 집에 머무를 것이다. 양심 서기관의 집은 성 바로 옆에 있었고, 왕자가 그에게 〈인간 영혼 마을〉에 경종을 울리라는 명령을 내렸으므로 그는 보아너게 장군과 확신 장군 그리고 그들의 부하 병사들이 자신과 함께 머물기를 원했다.

다섯째, 자유의지 경은 심판 장군과 집행 장군 그리고 그들의 부하들을 자기의 집에 머물게 했다. 왜냐하면, 그는 마을에 해를 끼치려는 폭군 디아볼루스 밑에서 마을을 다스렸지만, 이제는 왕자의 통치 아래에서 마을의 유익을 위해 일해야 했기 때문이다.

여섯째, 임마누엘 군대는 나머지 마을 전역에 거했다. 하지만, 확신 장군과 그의 병사들은 여전히 성에 살았다. 그래서 임마누엘 왕자와 그의 장군들 그리고 그의 병사들은 모두 마을 안에 머물렀다.

제16장

〈인간 영혼 마을〉이 새로워지다
Mansoul Made New

　〈인간 영혼 마을〉 사람들과 장로들은 임마누엘 왕자가 주는 만족은 끝이 없다고 생각했다. 그분의 인격, 행동, 말씀은 매우 바람직했고 그들을 기쁘게 했다. 임마누엘 왕자는 〈인간 영혼 마을〉의 성에 거주했지만, 마을 사람들은 왕자에게 영원히 그곳에 거주해 달라고 요청했다.

　왕자가 〈인간 영혼 마을〉의 거리, 집, 사람들을 방문했을 때 그들은 말했다.

　"주권자시여!

　우리는 경외심으로 당신을 바라봅니다. 당신의 임재, 모습, 미소와 말씀은 〈인간 영혼 마을〉의 생명, 힘 그리고 힘줄입니다."

　　　여호와의 말씀은 순결함이여 흙 도가니에 일곱 번 단련한 은 같도다(시 12:6).

　그들은 어려움이나 방해 없이 왕자에게 출입할 수 있는 권한을 경험하도록 계속해서 왕자를 가까이하기를 갈망했다. 따라서 왕자는 자신이 하는 모든 일과 요새의 상황, 자신이 거하는 왕궁의 상황을 그들이 볼 수 있게 성문을 열어 놓으라고 명령했다.

　임마누엘 왕자가 말씀할 때 모든 사람은 말을 멈추고 그의 말씀에 귀를 기울였다. 또한, 왕자가 걸을 때 그들은 왕자가 했던 모든 것을 본받는 것을 기뻐했다.

　한번은 임마누엘 왕자가 〈인간 영혼 마을〉을 위한 잔치를 계획했다. 마을 사람들은 왕자가 베푸는 연회에 참여하기 위해 왕자가 머무는 성으로 갔다. 그는 〈인간 영혼 마을〉의 밭에서 재배한 음식이 아닌 온갖 종류의 이국적인 음식으로 그들을 즐겁게 했다.

사실, 그 음식은 우주 왕국 전체의 어느 곳에서도 재배되지 않는 것이었다. 그 음식은 그의 아버지인 샤다이왕의 궁정에서 온 음식이었다. 왕자는 그들에게 앞에 놓인 음식을 자유롭게 먹으라고 명령했다.

하지만, 신선한 요리가 그들 앞에 진설되었을 때 그들은 그것을 뭐라고 불러야 할지 몰랐다. 그래서 그들은 서로에게 "이게 뭐지?"라고 속삭였다.

> 이스라엘 자손이 보고 그것이 무엇인지 알지 못하여 서로 이르되 이것이 무엇이냐 하니 모세가 그들에게 이르되 이는 여호와께서 너희에게 주어 먹게 하신 양식이라(출 16:15).

그들이 바위에서 나온 꿀과 함께 천사의 음식을 먹는 동안 음악이 연주되었다.

> 또 내가 기름진 밀을 그들에게 먹이며 반석에서 나오는 꿀로 너를 만족하게 하리라 하셨도다(시 81:6).

그들은 포도주로 변한 물을 마셨고 왕자와 함께 즐거워했다. 따라서 〈인간 영혼 마을〉 사람들은 이런 특별한 음식을 배불리 먹었다.

이 탁자에서 연주하는 악사들은 〈인간 영혼 마을〉 출신이나 심지어 이 나라 출신도 아니라는 것을 독자들에게 말해야겠다. 대신 그들은 샤다이왕의 궁정에서 섬기는 노래의 대가들이었다.

잔치가 끝난 후 임마누엘 왕자는 〈인간 영혼 마을〉 사람들을 부왕인 샤다이왕의 뛰어난 능력과 지혜로 작성된 비밀을 다루는 수수께끼로 즐겁게 했다. 이 수수께끼는 샤다이왕 자신, 그분의 아들인 임마누엘, 그분의 전쟁과 〈인간 영혼 마을〉과 관련된 것들이었다. 임마누엘 왕자는 수수께끼 가운데 일부를 그들에게 설명했다. 왕자의 설명으로 인해 그들은 깨달음을 얻었다. 왕자의 도움으로 그들은 전에 결코 본 적이 없는 것을 보았다. 그들은 그런 발견이 몇 마디 안 되는 일상 용어로 표현될 수 있을 거라고는 상상도 못 했다.

또한, 내가 독자들에게 언급했던 것처럼 이 수수께끼는 샤다이왕, 임마누엘 왕자 그리고 그분이 인간 영혼과 맺은 관계에 관한 것이었다. 수수께끼의 의미가 풀렸을 때 사람들은 그것들이 진리라는 것에 동의했다. 그들의 눈이 열려 진리를 깨달았을 때 그들은 자기가 배웠던 것들은 다름 아닌 임마누엘 왕자 자신에 대한 설명이라는 것을 이해하게 되었다. 왜냐하면, 그들이 어떻게 수수께끼가 쓰였고 어떻게 상황이 서로 연결되는가를 읽고 왕자의 얼굴을 보았을 때 이 두 가지가 서로 매우 닮았다는 것을 이해했기 때문이다.

〈인간 영혼 마을〉 사람들은 이렇게 말하지 않을 수 없었다.

"이분이 어린 양이다!
이분이 희생양이다!
이분이 반석이시다!
이분이 피를 흘린 암소다!
이분이 문이시다!
이분이 길이시다!"

그 밖에도 그들은 많은 유사한 진술을 했다.

> 예수께서 이르시되 내가 곧 길이요 진리요 생명이니 나로 말미암지 않고는 아버지께로 올 자가 없느니라 (요 14:6).

임마누엘은 〈인간 영혼 마을〉 사람들을 집으로 돌아가게 했다. 독자들은 마을 사람들이 임마누엘 왕자와의 대화에서 알게 된 것에 대해 그들이 어떻게 매료되었는지를 상상할 수 있을 것이다. 그들은 기쁨에 사로잡혔고 경이로움에 압도되었다. 그들은 임마누엘 왕자가 이야기했던 모든 것과 그들이 이해하도록 해설했던 신비를 보았다.

그들이 집과 가장 한적한 장소에 있을 때 그들은 임마누엘 왕자와 그가 했던 모든 것을 노래하지 않을 수 없었다. 이제 마을 사람들은 그들의 왕자에게 너무 매료되어 심지어 잠결에서도 그분을 칭송했다.

이제 임마누엘 왕자는 마음속으로 〈인간 영혼 마을〉을 다시 새롭게 재건하고 자신이 보기에 가장 기쁜 장소로 만들기 원했다. 또한, 그는 마을이 앞으로 가장 좋게 발전하도록 번영하는 마을을 보호하길 원했다. 그는 국내에서 일어날 수 있는 반란과 성벽 밖에서 침략에 대비할 정도로 〈인간 영혼 마을〉을 사랑하셨다.

왕자는 아버지의 궁전에서 가져온 커다란 투석기를 마을에 배치하라고 명령했다. 일부 투석기는 성의 흉벽(胸壁)에 배치했고 다른 투석기들은 왕자가 마을에 도착한 이후 세웠던 새로운 망루 위에 배치했다. 임마누엘 왕자는 〈인간 영혼 마을〉의 성에서 입 문 밖으로 돌을 던질 수 있는 무기를 개발했다. 이런 효과적인 무기는 목표물을 명중시켰다. 무기가 매우 인상적이었다. 하지만, 이 무기는 이름 없이 사용되었고 전쟁 시 사용할 수 있도록 용감한 신뢰 장군이 관리했다.

그런 후에 임마누엘 왕자는 자유의지 경을 불러서 그에게 마을의 성문, 성벽과 망루를 관리하라고 명령했다. 왕자는 그에게 민병대를 통솔하라고 명령했다. 왕자는 또한 그에게 우리의 주님인 샤다이왕의 평화와 〈인간 영혼 마을〉의 평온함에 반하여 마을 안에서 일어날 수도 있는 모든 반란, 무질서 또는 소동을 제압하라는 특별 명령을 내렸다. 그는 〈인간 영혼 마을〉 구석에 숨어 있는 디아볼루스 추종자를 발견하면 그들을 체포하라는 명령을 받았다.

"그대는 그들이 율법에 따라 처리될 수 있도록 그들을 감금하거나 안전하게 보호 감찰해야 한다."

그런 후에 임마누엘 왕자는 명철 경을 불렀다. 기억하겠지만 명철 경은 늙은 시장이었고 디아볼루스가 마을을 점령했을 때 그는 시장 직분에서 물러났다. 왕자는 그를 이전 직책에 복귀시켰고, 시장직은 영구 직책이 되었다. 왕자는 그에게 눈 문 근처에 방어를 위한 망루와 비슷한 방식으로 궁전을 세우라고 명령했다.

왕자는 또한 그에게 평생 동안 신비를 담고 있는 계시의 책을 읽어야 한다고 말했다. 이는 그가 그의 직무를 올바르게 수행하기 위함이었다.

> 사람이 마땅히 우리를 그리스도의 일꾼이요 하나님의 비밀을 맡은 자로 여길지어다 (고전 4:1).

그런 후에 임마누엘 왕자는 지식 씨(Mr. Knowledge)를 서기관으로 임명했다. 이것은 서기관이었던 양심 씨를 무시해서가 아니라 양심 씨에게 또 다른 직책을 맡기려고 계획하고 있었기 때문이다. 그는 늙은 양심 서기관에게 말했다.

"앞으로 맡게 될 새로운 직책에 대해 알게 될 것입니다."

그런 후에 임마누엘 왕자는 다음과 같은 명령을 내렸다.

"디아볼루스의 형상을 끌어내려라!

그 형상을 파괴하고 가루로 만들어 그것을 마을 성벽 밖에서 바람에 날려 보내라!"

> 모세가 그들이 만든 송아지를 가져다가 불살라 부수어 가루를 만들어 물에 뿌려 이스라엘 자손에게 마시게 하니라(출 32:20).

왕자는 계속해서 다음과 같이 명령을 내렸다.

"나의 아버지 샤다이왕의 형상과 함께 나의 형상을 성문에 세우도록 하라!"

이런 임무의 목적으로 왕자는 아버지와 자기의 형상을 전보다 더 아름답게 그리라고 말했다. 왜냐하면, 모든 것을 고려해 볼 때 그의 아버지와 그는 전보다 더 많은 은혜와 자비를 가지고 〈인간 영혼 마을〉에 왔기 때문이다. 그의 이름은 〈인간 영혼 마을〉의 명예를 위해 가장 좋은 금을 사용하여 마을 앞쪽에 새겨져야 했다.

제17장
디아볼루스를 심판하다
Trials of the Diabolians

이 모든 일이 이루어진 후에 임마누엘 왕자는 세 명의 디아볼루스 추종자, 즉 전임 시장이었던 불신 경과 욕망 씨 그리고 망선 서기관을 체포하라고 명령했다. 이제 용감하고 의롭고 고귀하며 용감한 자유의지 경은 이들 외에도 더 많은 디아볼루스 대의원들과 시 의원들을 검거했다. 이들 가운데는 시 의원인 무신론자, 강퍅한 마음 씨, 거짓 평화 씨와 대의원인 비진리 씨, 무자비 씨, 오만 씨가 포함되어 있었다.

간수인 진실한 사람 씨가 이들을 감옥에 가두었다. 진실한 사람 씨는 임마누엘 왕자가 〈인간 영혼 마을〉에 있는 디아볼루스와의 첫 번째 전쟁을 했을 때 그의 부왕인 샤다이왕의 궁전에서 데려온 사람 가운데 한 사람이었다.

이 일이 끝난 후에 왕자는 디아볼루스가 〈인간 영혼 마을〉에 건설하라고 명령했던 세 개의 난공불락 요새를 철거하고 파괴하라고 명령했다. 그리고 디아볼루스의 장군들과 관리들을 죽이라고 명령했다. 그런데 이런 사실은 독자들이 앞에서 읽었던 부분이다. 하지만, 이런 일을 완수하는 데는 오랜 시간이 걸렸다. 왜냐하면, 장소가 넓었고 돌, 목재, 철 그리고 남은 쓰레기들을 모두 마을 밖으로 옮겨야 했기 때문이다.

이 모든 일을 끝냈을 때 임마누엘 왕자는 시장 경과 마을의 의원들에게 간수인 진실한 사람의 책임 아래에 갇혀 있는 디아볼루스 추종자들에 대한 처형을 위해 재판을 열라고 명령했다.

재판 시간이 정해졌을 때 왕자는 포로들을 법정으로 데려오라는 명령을 간수에게 하달했다.

죄수들은 족쇄를 차고 사슬로 묶인 상태로 법정으로 이송되었다. 죄수들에게 족쇄를 채우고 사슬로 묶어 이송하는 것은 〈인간 영혼 마을〉의 관습이었다. 죄수들이 시장 경과 서기관 그리고 재판석에 앉아 있는 나머지 판사들 앞에 등장했을 때 배심원들의 이름이 기록되었고 증인들이 선서했다.

배심원 명단에는 다음과 같은 사람들이 포함되었다.

믿음(Mr. Belief), **진실한 마음**(Mr. True-Heart), **올바름**(Mr. Upright), **악을 미워함**(Mr. Hate-Bad), **하나님을 사랑함**(Mr. Love-God), **진리를 바라봄**(Mr. See-Truth), **천국 마음**(Mr. Heavenly-Mind), **온유**(Mr. Moderate), **감사**(Mr. Thankful), **선한 사역**(Mr. Good-Work), **하나님을 향한 열정**(Mr. Zeal-for-God) 그리고 **겸손**(Mr. Humble) 등이다.

증인의 명단에는 전지, 진실을 말함, 거짓말을 증오함이 있었다. 그리고 필요하다면 자유의지 경과 그의 종이 그 명단에 포함될 수 있었다.

그렇게 죄수들은 법정으로 인도되었다. 이 마을의 법정 서기관인 옳게 행함 씨가 말했다.

"간수! 무신론 씨를 피고석에 세우시오."

그가 피고석에 서자 법정 서기관은 말했다.

"무신론 씨, 오른손을 들고 선서하십시오. 피고는 〈인간 영혼 마을〉에 은밀하게 침입한 침입자이고 무신론자라는 이름으로 기소되었습니다. 왜냐하면, 당신은 하나님은 존재하지 않고 따라서 하나님의 실체와 완전성을 믿을 필요가 없다는 파괴적이고 어리석은 가르침을 마을에 퍼트렸기 때문입니다.

> 어리석은 자는 그의 마음에 이르기를 하나님이 없다 하는도다(시 14:1).

피고는 왕의 존재, 명예와 영광에 대적하여 이런 행동을 했습니다. 또한, 피고는 〈인간 영혼 마을〉의 평화와 안전에 대적하여 이런 행동을 했습니다.

어떻게 자신을 변호하겠습니까?

피고는 이와 같은 기소에 대해 피고가 저지른 죄를 인정합니까?

아니면 인정하지 않습니까?"

무신론 씨는 턱을 높이 들고 말했다.
"저는 죄가 없습니다."
고지원(town crier)은 소리 질렀다.
"전지 씨, 진실을 말함 씨, 거짓말을 증오함 씨를 법정 안으로 들어오게 하십시오."
세 명의 증인이 법정에 들어오자, 법정 서기관은 물었다.
"여러분은 왕을 위한 증인입니다. 피고석에 서 있는 저 죄인을 보십시오. 이 사람을 알고 있습니까?"
전지 씨는 고개를 끄덕이며 말했다.
"네. 서기관님, 우리는 이 사람을 알고 있습니다. 그의 이름은 무신론입니다. 그는 수년 동안 이 비참한 〈인간 영혼 마을〉에서 아주 해악을 끼치는 존재였습니다."
법정 서기관은 말했다.
"증인은 이 사람을 확실히 알고 있습니까?"
"네! 서기관님, 저는 이 사람을 너무도 잘 알고 있습니다. 저는 이 사람과 많은 시간을 함께해서 이 사람이 누구인지 잘 알고 있습니다. 이 사람은 디아볼루스 추종자이고, 디아볼루스를 추종하는 자의 아들이기도 합니다. 나는 그의 조부와 아버지를 잘 알고 있습니다."
법정 서기관은 말했다.
"잘 증언했습니다!"
"그는 '무신론'이라는 이름으로 기소되었습니다. 또한, 그는 하나님이 존재하지 않기 때문에 어떤 신앙에도 관여할 필요가 없다는 가르침과 주장으로 기소되었습니다.

왕의 증인으로서 증인은 이런 주장에 대해 어떻게 답변하시겠습니까?
그는 이 기소에 대해 유죄인가요, 아니면 그렇지 않은가요?"
전지 씨는 서기관을 바라보며 말했다.
"서기관님, 무신론 씨와 제가 악당의 골목(Villain's Lane)에서 함께 어울리던 때가 있었습니다. 그때 저희는 서로 다른 의견으로 열렬하게 이야기를 나누었고 나는 그가 자기는 하나님이 존재하지 않는다고 말하는 것을 들었습니다. 하지만, 그는 자기 동료들과 자기의 속한 환경이 어쩔 수 없는 상황 가운데 있게 한다면 자기 또한 신앙을 고백할 수 있다고 말했습니다."

법정 서기관의 눈이 가늘어졌다.

"증인은 그가 그렇게 말하는 것을 확실히 들었습니까?"

전지 씨는 단호하게 다시 한번 고개를 끄덕였다.

"맹세하건대 나는 그가 그렇게 말하는 것을 들었습니다."

그런 후에 법정 서기관은 진실을 말함 씨에게 고개를 돌려 물었다.

"피고석에 서 있는 이 죄인에 관해 왕의 재판장들에게 어떤 말씀을 하시겠습니까?"

진실을 말함 씨는 죄인을 바라보았다. 그런 후에 그는 다시 서기관을 바라보았다.

"서기관님, 저는 상당히 오랫동안 그의 동료였습니다. 지금 나는 나 자신이 그의 동료였다는 것에 대해 후회하고 있습니다. 그와 동료로 지냈던 시간 동안 나는 종종 그가 하나님은 물론 천사나 영도 존재하지 않는다고 고집스럽게 말하는 것을 들었습니다."

"증인은 그가 그렇게 말하는 것을 어디서 들었습니까?"

"아귀 골목(Darkmouth Lane)과 신성 모독 거리(Blasphermer's Row)와 다른 많은 장소에서 그렇게 말하는 것을 들었습니다."

"증인은 그에 대해 많은 것을 알고 있습니까?"

진실을 말함 씨는 죄인을 바라보는 것을 피했다.

"나는 그가 디아볼루스 추종자이고, 디아볼루스 추종자의 아들이라는 것을 알고 있습니다. 또한, 나는 그가 하나님의 존재를 부정하는 끔찍한 사람이라는 것도 알고 있습니다. 그의 아버지의 이름은 절대 선하지 않음 씨였습니다. 또한, 그는 무신론 씨 외에 더 많은 자식이 있습니다."

그는 깊은 숨을 내쉬었다.

"저는 이제 드릴 말씀이 없습니다."

법정 서기관은 거짓말을 증오함 씨에게로 관심을 돌렸다.

> 의인은 거짓말을 미워하나 악인은 행위가 흉악하여 부끄러운 데에 이르느니라 (잠 13:5).

"피고석에 서 있는 저 죄인을 보시오. 이 사람을 알고 있습니까?"

거짓말을 증오함 씨는 반쯤 감은 듯한 눈으로 그를 바라본 후에 법정 서기관에게 시선을 돌려 말했다.

"서기관님, 이 사람은 무신론 씨입니다. 이 자는 내가 만났던 가장 악독하고 비참한 악당 가운데 한 놈입니다. 나는 그가 하나님이 없다고 말하는 것을 들었습니다. 나는 또한 그가 다가올 내세도 없고, 죄도 없고 죽은 후에 받을 형벌도 없다고 말하는 것도 들었습니다. 심지어 나는 그가 설교를 들으러 가는 것은 창녀촌에 가는 것과 같다고 말하는 것을 들었습니다."

법정 서기관은 물었다.

"증인은 그가 그렇게 말하는 것을 어디서 들었습니까?"

거짓말을 증오함 씨(Mr. Hate-Lies)는 죄인을 힐끗 본 후에 말했다.

"불경 씨(Mr. Impiety)가 사는 집에서 악당 골목(Rascal-Lane) 끝에 있는 술 주정뱅이 거리(Drunkard's Row)에서 들었습니다."

법정 서기관은 무신론 씨에게 간수 옆에 앉으라고 명령하고 욕망 씨(Mr. Lustings)에게 피고석으로 나오라고 명령했다. 그가 피고석으로 나왔을 때 서기관은 말했다.

"욕망 씨, 당신은 〈인간 영혼 마을〉에 침입자로서 욕망 씨라는 이름으로 기소되었소. 왜냐하면, 당신은 악마적이고 배신적인 말로 사람이 육체적 욕망에 굴복하여 사는 것이 합법적이고 이익이 된다고 가르쳤기 때문입니다.

> 욕심이 잉태한즉 죄를 낳고 죄가 장성한즉 사망을 낳느니라 (약 1:15).

피고의 이름이 욕망인 이상 피고는 결코 죄가 주는 쾌락이나 만족을 부인하지 않았고 앞으로도 부인하지 않을 것입니다.

어떻게 변호하겠습니까?

피고는 이 기소에 대해 유죄를 인정합니까, 아니면 인정하지 않습니까?"

욕망 씨(Mr. Lustings)는 똑바로 서서 거만스러운 태도로 대답했다.

"서기관님, 저는 고귀한 집안에서 태어났고, 수많은 쾌락과 오락을 즐겼습니다. 나는 내가 했던 행동에 대해 질책을 받는 것에 익숙하지 않습니다.

법정으로 나오는 욕망 씨

그리고 나는 나 자신의 의지가 마치 법인 것처럼 나 자신의 의지를 따라왔습니다. 나는 오늘 내가 내 행동에 대해 심문을 받고 있는 것을 매우 이상하게 생각하고 있습니다. 왜냐하면, 이런 일에 있어서 나만 그런 것이 아니기 때문입니다. 거의 모든 사람이 은밀하게 또는 공공연하게 이런 식으로 사는 것을 사랑하고 인정합니다."

서기관은 욕망 씨의 태도에 방해받지 않고 물었다.

"욕망 씨, 우리는 당신의 위대함에 관심이 없소. 하지만, 당신의 지위가 높으면 높을수록 당신의 행동은 더 고귀해야 했습니다."

> 알지 못하고 맞을 일을 행한 종은 적게 맞으리라 무릇 많이 받은 자에게는 많이 요구할 것이요 많이 맡은 자에게는 많이 달라 할 것이니라(눅 12:48).

"우리가 관심 있는 것은 당신에 대한 기소입니다.

제17장 디아볼루스를 심판하다

피고는 죄를 인정합니까, 인정하지 않습니까?
이에 대해 뭐라고 답변하시겠습니까?"

"나는 무죄입니다."

법정 서기관은 고지원에게 증인들을 앞으로 나오게 해서 증거를 제시하게 하라고 명령했다.

고지원은 외쳤다.

"왕의 증인들은 앞으로 나와서 피고석에 서 있는 죄인에 대해 증거를 제시하시오."

다시 한번 법정 서기관은 전지 씨(Mr. Know-All)를 왕의 증인으로 불렀다.

"피고석에 있는 죄인을 보시오. 이 자를 알고 있습니까?"

전지 씨(Mr. Know-All)는 고개를 끄덕이며 말했다.

"네. 서기관님, 나는 이 사람을 알고 있습니다."

"이 자의 이름이 무엇인가요?"

"이 자의 이름은 욕망입니다. 그는 야수 같은 자(Beastly)의 아들이었습니다. 그리고 그의 어머니는 그를 육신의 거리(Flesh Street)에다 벌거벗은 채 남겨 놓았습니다. 그녀는 악학 색욕(악한 욕망이나 정욕)의 딸입니다. 나는 그의 가족 내력을 모두 알고 있습니다."

법정 서기관은 욕망 씨 쪽으로 고개를 돌렸다. 하지만, 그는 전지 씨에게 말했다.

"증인은 이 사람에 대한 기소 내용을 들었습니다.
이런 기소에 대해 무엇이라 답변하시겠습니까?
그에게 기소된 죄목에 대해 유죄입니까, 아니면 유죄가 아닙니까?"

"서기관님, 그가 언급했던 것처럼 사실 그는 유명한 사람입니다. 하지만, 그는 출신 가문보다 천 배는 더 악한 자입니다."

서기관은 손에 깍지를 끼며 물었다.

"특히, 그에 대한 기소 죄목과 관련하여 그의 특정한 행동에 대해 무엇을 알고 있습니까?"

나는 그가 욕쟁이, 거짓말쟁이, 안식일을 범하는 자라고 알고 있습니다. 나는 그가 음란한 사람이고, 우상 숭배자라는 사실을 알고 있습니다. 또한, 나는 그가 결혼하지 않은 자들과 간음을 저지르고 있다는 사실도 알고 있습니다. 그는 불결한 자입니다. 나는 그가 많은 악행에 책임이 있다는 것도 알고 있습니다. 제가 알기로는 그는 매우 더러운 사람입니다.

> 그러므로 땅에 있는 지체를 죽이라 곧 음란과 부정과 사욕과 악한 정욕과 탐심이니 탐심은 우상 숭배니라. 이것들로 말미암아 하나님의 진노가 임하느니라 (골 3:5-6).

법정 서기관은 이런 혐의를 듣자, 이맛살을 찌푸렸다.

"피고는 어디서 그런 악행을 범했습니까?

은밀한 곳에서 그런 악행을 저질렀습니까, 아니면 뻔뻔스럽게 공개된 장소에서 범했습니까?"

"마을 모든 곳에서 저질렀습니다. 서기관님."

법정 서기관은 전지 씨(Mr. Know-All)를 물러가게 하고 다음 증인을 불렀다.

"이리로 오십시오. 진실을 말함 씨. 피고석에 서 있는 피고에 대해 우리 주님이신 왕을 위해 어떤 증언을 하시겠습니까?"

진실을 말함 씨(Mr. Know-All)는 말했다.

"서기관님, 제가 알기로는 첫 번째 증인이 증언한 모든 것이 진실이며 그것 외에도 그는 더 많은 악행을 저질렀습니다."

법정 서기관은 다시 죄인 쪽으로 몸을 돌렸다.

"욕망 씨, 이 신사들이 증언한 것을 들었습니까?"

피고는 말했다.

"나는 인간이 지구상에서 누릴 수 있는 가장 행복한 삶은 그가 세상에서 원하는 모든 것을 자신에게 허용하는 것이라고 항상 생각했습니다. 나는 어느 때든지 이런 의견에 반하는 무언가를 말한 적이 없습니다. 오히려 나는 평생 그런 생각을 간직하고 사랑해 왔습니다. 나는 나 자신이 그런 생각이 주는 달콤함을 발견한 후 이러한 것을 다른 사람들에게 권하지 않을 정도로 그렇게 이기적이거나 편협한 사람이 아닙니다."

> 악한 사람들과 속이는 자들은 더욱 악하여져서 속이기도 하고 속기도 하나니 (딤후 3:13).

법정은 그를 거기서 멈추게 하고 다음과 같이 말했다.

"그의 입으로 자신이 유죄라는 것을 선포할 정도로 충분한 증거가 나왔습니다. 따라서 그를 간수 곁에 있게 하고 불신 씨(Mr Incredulity)를 피고석으로 데려오십시오."

불신 씨는 피고석으로 나와 어깨 너머로 다른 죄수들을 힐끗 쳐다보았다. 그러고는 법정 서기관이 말하기 시작하자 법정 서기관에게 집중했다.

"불신 씨, 피고는 〈인간 영혼 마을〉에 침입한 침입자로서 불신이라는 이름으로 여기 법정에 기소되었습니다. 피고는 마을의 관리로 봉직하고 있을 때 고의적이고 사악한 의도로 행동했습니다. 또한, 피고는 위대한 샤다이왕의 장군들이 〈인간 영혼 마을〉에 와서 마을에 대한 소유를 요구했을 때 그들에게 저항했습니다. 이것은 곧 샤다이왕의 이름과 샤다이왕의 대의에 저항한 것입니다. 왜냐하면, 피고는 피고의 장군으로서 디아볼루스를 추종했고 〈인간 영혼 마을〉 사람들을 부추겨서 왕의 군대에 저항하게 했기 때문입니다.

이런 기소에 대해 뭐라고 변증하겠습니까?

피고는 이런 혐의에 대한 유죄입니까, 아니면 무죄입니까?"

불신 씨의 입술이 경멸로 삐죽거렸다.

"나는 샤다이왕을 모릅니다. 나는 나의 옛 왕인 디아볼루스를 사랑합니다. 나는 내가 신뢰하는 분에게 충성하는 것이 나의 의무라고 생각합니다. 또한, 나는 〈인간 영혼 마을〉 사람들의 마음을 얻기 위해 내가 할 수 있는 모든 일을 하는 것이 나의 의무라고 생각합니다. 게다가 나는 〈인간 영혼 마을〉 사람들이 침입자들과 낯선 자들에게 저항하고 우리가 가진 모든 힘으로 그들과 싸우게 하는 것이 내가 해야 할 일이라고 생각했습니다.

당신들이 지금 권력을 잡고 있지만 곤란에 빠지는 것이 두려워서 이런 입장에 대한 나의 의견을 바꾸거나 바꿀 계획이 전혀 없습니다.

> 특별히 육체를 따라 더러운 정욕 가운데서 행하며 주관하는 이를 멸시하는 자들에게는 형벌할 줄 아시느니라 이들은 당돌하고 자긍하며 떨지 않고 영광 있는 자들을 비방하거니와(벧후 2:10).

법정은 불신 씨의 증언을 충분히 들었다.

법정 서기관은 말했다.

"이 자는 너무 부패해서 교화가 불가능한 것이 분명합니다. 이 자는 대담하고 완고한 말과 자기의 사악함을 지지하고 변호하며 또한 뻔뻔스러운 자신감으로 반란을 지지하고 변호합니다. 이 자를 간수 옆에 앉히고 망선 씨(Mr. Forget-Good)를 피고석으로 나오게 하시오."

피고석으로 걸어 나온 망선 씨는 눈을 굴리더니 한숨을 내쉬었다. 법정 서기관이 피고에게 말했다.

"망선 씨, 피고는 〈인간 영혼 마을〉에 침입한 침입자로서 망선이라는 이름으로 기소되었습니다. 피고가 〈인간 영혼 마을〉의 일을 당신의 통제하에 있을 때 피고는 일들을 선하게 처리하는 것을 도외시했습니다. 피고는 폭군 디아볼루스와 한패가 되어 샤다이왕과 그분의 장군들 그리고 그분과 함께하는 모든 사람에게 대적했습니다. 피고는 그분의 법을 어겼고 〈인간 영혼 마을〉을 위험에 빠트려 파멸에 처하게 했습니다.

이런 혐의에 대해 뭐라고 변호하겠습니까?

피고는 이런 혐의에 대해 유죄입니까, 아니면 무죄입니까?"

망선 씨는 손으로 손짓하며 말했다.

"친애하는 신사 숙녀 여러분 그리고 현명하신 재판관님!

제가 여기 기소당한 죄목에 관해서 말하자면 제 나이로 인한 망각 때문에 일어난 일이지 절대 저의 의도나 광기나 부주의한 생각 때문이 아님을 알아주시기를 바랍니다. 저의 이런 혐의에 대해서는 유죄이지만, 여러분의 자비로 제가 큰 형벌 당하는 것을 면하게 해 주시길 소망합니다."

법정은 망선 씨의 변명에 속아 넘어가지 않았다.

법정 서기관은 답변했다.

"망선 씨, 피고가 선을 행하기를 망각한 것은 단순히 마음의 연약함 때문이 아닙니다. 오히려 그것은 고의적인 선택이었습니다. 피고는 고결한 일들을 생각하거나 고려하는 것을 아주 싫어합니다. 이런 이유로 피고는 악한 것을 간직했습니다.

하지만, 피고는 선한 것에 대해 생각하는 것을 견딜 수 없어 합니다. 피고는 마치 부정한 행위를 덮으려는 망토처럼 법정의 판단을 흐리게 하려고 피고의 나이와 가장된 광기를 이용하고 있습니다. 우리는 왕의 증인들이 당신에 대한 불리한 말을 하는 것을 듣게 될 것입니다."

법정 서기관은 증인들에게 물었다.
"피고가 이런 기소에 대해 유죄입니까, 아니면 무죄입니까?"
거짓말을 증오함 씨가 첫 번째로 증언하였다.
"서기관님, 나는 그가 자신은 잠시라도 계속해서 선을 생각할 수 없다고 말하는 것을 들었습니다."
서기관은 물었다.
"증인은 피고가 그렇게 말하는 것을 어디서 들었습니까?"
"화인 맞은 양심(Conscience-seared-with-a-hot-iron)이라는 간판이 걸린 저의 옆집이 있는 비열한 골목(All-base Lane)에서 들었습니다."

> 그러나 성령이 밝히 말씀하시기를 후일에 어떤 사람들이 믿음에서 떠나 미혹하는 영과 귀신의 가르침을 따르리라 하셨으니 자기 양심이 화인을 맞아서 외식함으로 거짓말하는 자들이라(딤전 4:1-2).

법정 서기관은 전지 씨에게 증언할 것을 요구했다.
"전지 씨, 피고석에 서 있는 저 죄인에 대해 우리의 주님이신 왕을 위해 어떤 증언을 하실 수 있습니까?"
전지 씨는 말했다.
"서기관님, 저는 이 자를 매우 잘 알고 있습니다. 그는 디아볼루스 추종자이고 그의 아버지 역시 디아볼루스 추종자입니다. 그의 아버지 이름은 무가치를 사랑함(Love-Naught)입니다. 이 죄인에 대해 말하자면 나는 종종 그가 선함이라는 것이 이 세상에서 가장 부담되는 것이라고 말하는 것을 들었습니다."
"증인은 그가 이런 모든 것을 말하는 것을 어디서 들었습니까?"
전지 씨는 죄인을 힐끗 보았다.
"교회 바로 맞은편에 있는 육신 골목(Flesh Lane)에서 들었습니다."
서기관은 세 번째 증인을 불렀다.
"진실을 말함 씨, 나오셔서 여기 명예로운 법정에 기소되어 서 있는 피고에 대한 혐의에 관해 증언해 주십시오."
"서기관님, 나는 피고가 자신은 거룩한 성경보다는 오히려 가장 사악한 것들을 생각한다고 말하는 것을 종종 들었습니다."

서기관은 물었다.

"증인은 피고가 그런 악독한 말을 하는 것을 어디서 들었습니까?"

진실을 말함 씨는 답변을 생각할 때 턱을 문질렀다.

"어디서라고 물으셨나요?

이것은 서기관께서 생각하시는 것보다 답하기 더 어렵습니다. 왜냐하면, 나는 그가 아주 많은 장소에서 그런 말을 하는 것을 들었기 때문입니다. 특별히 파렴치한(Shameless)이라는 이름의 집이 있는 구역질 나는 거리(Nauseous Street)와 무저갱으로 떨어짐(the Descent-into-the-Pit)이라는 집 옆에 있는 버림을 받음(the Reprobate)이라고 쓰여 있는 간판이 있는 쓰레기 골목(Filth Lane)에서 들었습니다."

서기관은 이 증언에 근거해서 다음과 같이 말했다.

"신사 숙녀 여러분!

여러분은 기소 내용, 피고의 변명 그리고 증인들의 증언을 들었습니다. 피고를 간수 옆에 앉히고 강퍅한 마음 씨(Mr. Hard-Heart)를 피고석으로 데려오시기를 바랍니다."

강퍅한 마음 씨가 무관심한 태도로 피고석으로 들어섰다.

법정 서기관이 그에게 말했다.

"강퍅한 마음 씨, 피고는 〈인간 영혼 마을〉에 침입한 침입자로서 강퍅한 마음이라는 이름으로 기소되었습니다. 피고는 가장 지독하고 사악하게 〈인간 영혼 마을〉을 소유했고 그 과정에서 심지어 회개나 슬픔의 기미조차 보이지 않고 있습니다. 대신 피고는 완강하게 죄를 고집했습니다.

〈인간 영혼 마을〉 사람들이 신앙에서 떠나 복되신 샤다이왕을 대적하여 반란을 일으키는 동안 그대의 행동은 〈인간 영혼 마을〉 사람들이 그들의 자연적인 죄와 도덕적 악에 대해 어떤 후회나 슬픔을 나타내게 하지 못했습니다.

이런 기소에 대해 뭐라고 변증하겠습니까?

피고는 유죄입니까, 아니면 무죄입니까?"

강퍅한 마음 씨는 경멸하는 몸짓으로 손을 흔들었다.

"서기관님, 나는 양심의 가책이나 슬픔이 무엇을 의미하는지 전혀 알지 못했습니다. 복음의 훈계가 내게 와 닿지 않습니다.

> 그들과 같이 우리도 복음 전함을 받은 자이나 들은바 그 말씀이 그들에게 유익하지 못한 것은 듣는 자가 믿음과 결부시키지 아니함이라(히 4:2).

나는 아무도 신경 쓰지 않습니다. 그리고 나는 사람들의 슬픔에 대해 전혀 개의치 않습니다. 내가 누군가에게 해를 가하거나 잘못을 범했을 때 그들이 슬퍼하는 것은 마치 내 귀에 닿는 음악 같습니다. 왜냐하면, 그들의 신음이 내 마음에 들어오지 않기 때문입니다."

법정은 그에 대한 평결을 내렸다. 서기관은 말했다.

"피고는 확실히 디아볼루스 추종자이고 이것으로 당신은 유죄 평결을 받았습니다. 그를 간수 옆에 앉히고 거짓 평화 씨(Mr. False-Peace)를 피고석으로 데려오시오."

거짓 평화 씨는 세상 물정에 전혀 신경 쓰지 않는 사람처럼 피고석으로 나갔다.

서기관은 말했다.

"거짓 평화 씨, 피고는 〈인간 영혼 마을〉에 침입한 침입자로서 거짓 평화라는 이름으로 기소되었습니다. 왜냐하면, 피고는 가장 사악하게 행동했기 때문입니다. 피고는 〈인간 영혼 마을〉을 배도하게 했고 지옥 같은 반란 가운데 있게 했습니다.

또한, 피고는 〈인간 영혼 마을〉을 거짓되고 근거 없는 위험한 평화와 저주스러운 거짓 안전에 사로잡혀 있게 했습니다. 이 모든 것은 왕에 대한 불명예이며 또한 그분의 법에 대한 위반입니다. 또한, 피고는 〈인간 영혼 마을〉에 큰 피해를 줬습니다.

이런 혐의에 대해 뭐라고 변증하겠습니까?

피고는 이 모든 혐의에 대해 유죄입니까, 아니면 무죄입니까?"

거짓 평화 씨(False-Peace)는 조용하지만 단호하게 대답했다.

"신사 숙녀 여러분 그리고 나의 재판장으로 임명된 분들이여!

나는 내 이름이 평화 씨(Mr. Peace)라는 것을 인정합니다. 하지만, 내 이름이 거짓 평화(False-Peace)라는 것을 완전히 부인합니다."

> 그들이 내 백성의 상처를 가볍게 여기면서 말하기를 평강하다 평강하다 하나 평강이 없도다(렘 6:14).

그는 재판장들을 직접 바라보았다.

"친애하는 재판장님! 나를 잘 아는 사람, 즉 내 출생을 도운 산파나 내 세례식에 참석한 대부(代父), 대모(代母)를 나의 증인으로 서게 한다면 그들은 모두 내 이름이 거짓 평화가 아니라 평화라는 것을 증명할 것입니다. 그렇기 때문에 나는 이 기소에 대해 변호할 수 없습니다. 나의 참된 이름에 대해 고소하지 않았고 나의 참된 이름에 대해 적절하게 말하지 않았기 때문입니다."

거짓 평화 씨는 팔짱을 끼며 말했다.

"저는 항상 제가 좋아하는 일을 조용히 하면서 다른 사람들도 똑같이 즐길 수 있는 일을 하며 사는 것을 좋아했습니다. 따라서 저는 저의 이웃이 불안하거나 괴로운 마음으로 고통받는 것을 볼 때 그들을 돕기 위해 노력했습니다. 저는 제가 할 수 있는 일을 했습니다. 저는 이렇게 좋은 성향이 있으므로 여러 가지 방법으로 많은 사람을 도우려고 노력했습니다.

첫째, 처음에 〈인간 영혼 마을〉 사람들이 샤다이왕의 법에 순종하기를 거절했을 때 일부 사람들은 후에 그것으로 인해 괴로워했습니다. 그들이 자기가 했던 것을 심사숙고했을 때 그들은 괴로운 생각을 하기 시작했습니다. 그들이 괴로워하는 모습을 지켜보는 것이 나를 힘들게 했습니다. 또한, 나는 그들이 겪는 괴로운 생각에서 그들을 자유롭게 할 방법을 모색하려고 노력했다.

둘째, 옛 세상과 소돔의 방식이 유행했을 때 만약 어떤 일이 그런 생활 방식의 관습을 방해한다면 나는 모든 사람이 이런 식으로 방해받지 않고 그들이 원하는 대로 살 수 있도록 그 문제를 잠재우기 위해 일했습니다.

셋째, 샤다이왕과 디아볼루스 사이에 전쟁이 발발했을 때 만약 〈인간 영혼 마을〉의 누군가가 전쟁으로 인한 파괴를 걱정하거나 두려워하는 것을 본다면 나는 종종 그들이 걱정하는 것을 멈추고 그들에게 다시 평안한 마음을 줄 수 있는 방법을 찾았습니다.

그러므로 자기 행위의 열매를 먹으며 자기 꾀에 배부르리라(잠 1:31).

강퍅한 마음 씨에 대한 재판

나는 항상 고결한 기질을 가진 사람이었습니다. 그래서 어떤 사람들은 나를 평화주의자라고 불렀습니다.

신사 숙녀 여러분!

평화주의자로서 제가 〈인간 영혼 마을〉에서 정의와 공정성을 옹호하는 여러분에 의해 이런 비인간적인 대우를 받아 마땅한 자로서 간주당해야 합니까?

절대 안 됩니다. 나는 자유를 누릴 자격이 있습니다. 그뿐만 아니라 오히려 이런 식으로 나를 고발하는 사람들에게 손해배상을 청구할 수 있는 권한을 부여받아야 합니다."

그러나 법정 서기관은 피고에게 답하지 않고 말했다.

"법정 사무관, 선포하시오."

법정 사무관은 좌중(座中)에 조용히 해 줄 것 요구하며 말했다.

"지금 이 시점에 피고는 자신이 무죄라고 주장하고 있습니다. 죄인은 자기 이름이 기소장에 언급된 이름이라는 것을 부정했으므로 이곳 법정에서 그의 올바른 이름에 관해 적절한 정보를 제공할 수 있는 분이 여기 계신다면 앞으로 나와서 증거를 제시해 주시기를 요청합니다."

두 명의 증인이 피고에 관해 그들이 알고 있는 것을 증언하기 위해 법정으로 나왔다.

첫 번째 증인의 이름은 진리 탐구 씨(Search-Truth)이고, 다른 증인의 이름은 진리 보증 씨(Vouch-Truth)였다.

> 진리를 알지니 진리가 너희를 자유롭게 하리라(요 8:32).

법정은 증인들을 심문하여 죄수를 아는지 물었다.

"피고가 혐의를 부인하고 있으므로 피고에 대해 무엇을 증언할 수 있습니까?"

진리 탐구 씨가 첫 번째로 답변하기 시작했다.

"법정 서기관님, 저는 … "

그런데 그가 증언하려 하자 법정이 그를 제지했다.

"중단하십시오. 답변을 잠시 멈추고 먼저 선서하시오."

법정은 증인들에게 선서하게 했다. 증인으로서 진실만을 말하겠다고 선서한 후 진리 탐구 씨는 다시 증언하기 시작했다.

"법정 서기관님, 저는 이 자를 압니다. 저는 이 자가 어린아이였을 때부터 알아 왔습니다. 저는 이 자의 이름이 거짓 평화(False-Peace)라는 것을 증명할 수 있습니다. 저는 또한 그의 아버지의 이름이 아첨 씨(Mr. Flatter)라는 것도 알고 있습니다. 그의 어머니는 결혼하기 전에 감언(甘言, Ms. Sooth-Up) 양이라는 이름으로 불렸습니다. 이 두 사람은 함께 살다가 곧 아들을 낳았습니다. 그가 태어났을 때, 그들은 그를 거짓 평화(False-Peace)라고 불렀습니다. 내가 그보다 다소 나이가 많았음에도 불구하고 나는 그의 놀이 친구였습니다. 그의 어머니가 그를 집으로 부를 때, 그녀는 이렇게 부르곤 했습니다.

'거짓 평화야, 거짓 평화야!
지금 집으로 오렴. 그렇지 않으면 내가 널 끌고 올 거야.'

그렇습니다. 저는 그가 어머니의 젖을 빨 때부터 그를 알고 있었습니다. 또한, 내가 어렸을지라도 나는 그의 어머니가 앉아서 그를 자기 팔에 안고 함께 놀곤 했던 때를 기억합니다.

그녀는 그를 이렇게 달콤하게 부르곤 했습니다.

'내 예쁜 거짓 평화, 그리고 오, 내 귀여운 악당 거짓 평화!'

그녀는 그 이름 '나의 작은 거짓 평화'를 계속해서 사용하면서 이렇게 말하곤 했습니다.

'내 작은 새, 거짓 평화야! 내가 얼마나 너를 사랑하는지.'

그리고 그가 대담하게도 공개 법정에서 이를 부인했지만, 이 소문은 사실임을 알고 있습니다."

진리 탐구 씨가 증언을 끝내자 두 번째 증인인 진리 보증 씨도 증언하도록 요구되었다. 법정은 그에게 선서하게 한 후 물었다.

"피고석에 서 있는 피고에 대해 증인이 알고 있는 것은 무엇입니까?"

진리 보증 씨는 말했다.

"서기관님, 첫 번째 증인인 진리 탐구 씨가 증언했던 모든 것이 사실입니다. 피고의 이름은 거짓 평화입니다. 그는 아첨 씨와 감언 양의 아들입니다. 과거에 나는 그가 자기의 이름인 거짓 평화 외에 다른 이름으로 불렸던 사람들에게 분노하는 것을 목격했습니다. 그는 자신을 조롱하거나 별명을 불렀던 사람들을 향해 분노했습니다. 그리고 그렇게 분노했던 때는 다

거짓 평화 씨, 그의 부모와 소문

름 아닌 그가 〈인간 영혼 마을〉에서 중요한 인사로 간주하고 디아볼루스 추종자들이 마을에서 귀족들로 간주하던 때였습니다."

두 증인의 증언에 근거해서 법정 서기관은 말했다.

"신사 숙녀 여러분!

여러분은 이 두 증인이 피고석에 있는 피고에 대해 맹세하여 증언했던 것을 들었습니다."

> 죽일 자를 두 사람이나 세 사람의 증언으로 죽일 것이요 한 사람의 증언으로는 죽이지 말 것이며(신 17:6).

서기관은 뒤돌아서서 피고를 바라보았다.

"거짓 평화 씨, 피고는 자기의 이름이 거짓 평화라는 사실을 부인했습니다. 하지만, 정직한 이 두 증인은 그 이름이 사실 당신의 이름이라는 것을 맹세하며 증언했습니다. 피고는 자신이 악행으로 기소되어서는 안 된다고 변호했습니다. 왜냐하면, 피고는 이웃들 가운데 평화의 사람이거나 화평하게 하는 사람이라고 주장했기 때문입니다.

사실 피고는 사악하게 행동했기 때문에 기소당한 것입니다. 악하게도 피고는 〈인간 영혼 마을〉을 배교라는 속박의 상태와 〈인간 영혼 마을〉의 왕이신 샤다이왕에 대적하여 반란을 일으키게 했습니다. 피고는 그들을 꼬여서 거짓되고 저주스러운 평화를 누리게 했지만, 그것은 샤다이왕의 율법에 불순종하는 것이었습니다. 또한, 피고는 비참한 〈인간 영혼 마을〉을 파멸의 위험에 놓이게 했습니다.

지금까지 피고가 했던 모든 변호는 피고 자신의 이름을 부정하는 것이고 피고가 화평하게 하는 자라고 주장하였습니다. 하지만, 여기서 우리는 피고가 거짓 평화의 사람이고, 피고가 이웃들 가운데 조성했다고 자랑하는 평화는 진리와 거룩함을 수반하는 평화가 아니라는 사실을 입증하는 증인들이 있습니다.

오히려 피고가 주장하는 평화는 거짓에 기초하고 있으며 기만적입니다. 따라서 영원한 형벌을 받기에 합당합니다.

> 너희는 너희 아비 마귀에게서 났으니 너희 아비의 욕심대로 너희도 행하고자 하느니라. 그는 처음부터 살인한 자요 진리가 그 속에 없으므로 진리에 서지 못하고 거짓을 말할 때마다 제 것으로 말하나니 이는 그가 거짓말쟁이요 거짓의 아비가 되었음이라(요 8:44).

위대한 샤다이왕은 이것에 대해 많은 것을 말씀하셨습니다."

그런 후에 서기관은 피고에게서 돌아서서 법정을 향해 말했다.

"피고가 했던 변호는 피고가 받았던 혐의에 대해 무죄 선언을 하게 하지 않습니다. 그에 대한 기소는 여전히 남아 있습니다. 하지만, 공정하게 하도록 우리는 진실에 대해 증언할 증인을 불러 피고에 대해 우리 왕을 위해 그들이 증언하는 것을 들을 것입니다."

전지 씨가 선서한 첫 번째 증인이었다. 서기관은 그에게 물었다.

"피고석에 있는 피고에 대해 우리 왕을 위해 증인은 무엇을 증언하시겠습니까?"

전지 씨의 입술이 일직선으로 가늘어졌다.
"법정 서기관님!"
그가 말했다.
"내가 알기로는 이 사람은 〈인간 영혼 마을〉 사람들에게 죄를 짓게 하는 것을 오랫동안 자기 일로 삼았습니다. 이 자는 〈인간 영혼 마을〉 사람들이 정욕, 더러움과 무질서를 불법적으로 탐닉하게 하고 있을 때 그런 사악한 일을 했습니다. 저는 그가 '이봐요, 모든 골치 아픈 문제의 근거나 범위에 상관없이 그런 문제에서 벗어나 봅시다. 선한 기반이 부족하다 하더라도 조용하고 평화로운 삶을 살아갑시다'라고 말하는 것을 들었습니다."
서기관은 전지 씨를 물러가게 하고 다음 증인을 불렀다.
"이쪽으로 오십시오. 거짓말 증오함 씨, 이 문제에 대해 증인의 의견을 말해 주세요."
그는 말했다.
"서기관님, 본인은 피고가 불의의 방법으로 얻은 평화가 진리 때문에 고난받는 것보다 더 낫다고 말하는 것을 들었습니다."
법정 서기관이 증인에게서 눈을 돌려 죄인을 보았을 때 그는 자기 이마를 찡그렸다.
"증인은 피고가 그런 말을 하는 것을 어디서 들었습니까?"
"저는 간판이 있는 자기 기만 씨의 옆집인 단순 씨의 집이 있는 어리석은 뜰(Folly-yard)에서 피고가 그런 말을 하는 것을 정확하게 들었습니다. 사실 내가 아는 한 그는 바로 그 장소에서 적어도 스무 번 그런 말을 했습니다."
법정 서기관은 재판관들을 바라보았고 어깨를 으쓱였다.
"우리는 증인들은 더는 부르지 않을 수 있습니다. 이런 증거가 명확하고 전체적인 문제에서 유죄임을 분명히 보여 줍니다."
그는 법정 사무관에게 말했다.
"피고를 간수 옆에 앉히고 비진리 씨를 피고석으로 데려오시오."
피고인 비진리 씨가 피고석으로 나오자, 법정 서기관은 기소장을 낭독했다.
"비진리 씨, 피고는 〈인간 영혼 마을〉에 침입한 침입자로서 비진리라는 이름으로 여기에 기소되었습니다. 샤다이왕의 명예를 훼손했을 뿐만 아니라 피고는 항상 〈인간 영혼 마을〉을 완전한 파멸로 위험에 빠트렸습니다.

〈인간 영혼 마을〉 사람들이 그들의 왕이신 샤다이왕을 완전히 버린 후, 즉 그들이 시기심이 많은 폭군 디아볼루스에게 돌아섰을 때 피고는 율법 가운데 남아 있던 모든 것과 마을에서 발견된 샤다이왕의 형상을 훼손하고 망쳐 놓았습니다.

> 이 무리는 정직한 길을 떠나 어두운 길로 행하며, 행악하기를 기뻐하며 악인의 패역을 즐거워하나니(잠 2:13-14).

피고는 이 혐의에 대해 뭐라고 변호하겠습니까?

피고는 이 기소에 유죄입니까, 아니면 무죄입니까?"

비진리 씨는 고개를 저었다.

"서기관님, 저는 무죄입니다."

다시 한번 증인들을 불렀다. 그리고 전지 씨가 첫 번째로 피고에 대해 불리한 증거를 제시했다.

전지 씨가 말했다.

"서기관님, 이 자는 디아볼루스의 명령에 의해 자기 손으로 샤다이왕의 형상을 끌어내렸습니다. 또한, 디아볼루스의 명령으로 더 많은 짓을 하는 것을 지켜보았습니다. 이 자는 샤다이왕의 형상이 있던 곳에 짐승 디아볼루스의 뿔 달린 형상을 세웠습니다. 다시 말하지만, 이것도 디아볼루스의 명령으로 이루어진 것입니다. 이 자는 〈인간 영혼 마을〉에서 샤다이왕의 율법 가운데 그가 찾을 수 있는 모든 항목을 찾아서 분쇄하고 파괴했습니다."

서기관은 물었다.

"피고가 그런 짓을 하는 것을 목격했던 다른 목격자들이 있었나요?"

거짓말 증오 씨가 손을 들었다.

"제가 목격했습니다. 또한, 다른 많은 사람도 그것을 목격했습니다. 왜냐하면, 그런 짓은 어떤 구석에서 비밀로 또는 은밀하게 행해진 것이 아니기 때문입니다. 그런 짓은 모든 이가 보는 공개 석상에서 일어났습니다."

거짓말 증오 씨는 피고를 힐끔 쳐다보았다. 거짓말 증오 씨가 "피고는 그런 짓을 공개적으로 하기로 선택했고 그런 짓을 하는 것을 기뻐했습니다"라고 말을 할 때 두 증인의 시선은 고정되어 있었다.

법정 서기관은 피고 앞에 서서 말했다.

"비진리 씨, 피고는 이 모든 사악한 범죄 행위를 그렇게 분명하게 저질렀습니다. 그런데도 담대하고 자신 있게 자기의 무죄를 주장할 수 있습니까?"

비진리 씨는 사무적으로 말했다.

"서기관님, 저는 무언가를 말해야 한다고 생각했습니다. 또한, 내 이름이 비진리인 것처럼 나는 내 이름대로 말합니다. 지금까지 그것은 이점으로서 역할을 했습니다. 나는 다음과 같은 사실을 깨닫지 못했습니다. 즉, 내가 어떤 진실을 말하지 않는데도 마치 내가 진실을 말한 것처럼 같은 결과를 얻는다는 사실 말입니다."

법정 서기관은 손을 흔들어 그를 물러가게 했다.

"피고를 간수 옆에 앉히고 무자비 씨(Mr. Pitiless)를 피고석에 데려오시오."

무자비 씨가 피고석으로 나왔다. 법정 서기관은 그에 대한 기소를 언급하며 그에게 말했다.

"무자비 씨, 피고는 〈인간 영혼 마을〉에 침입한 침입자로서 무자비라는 이름으로 기소되었습니다. 〈인간 영혼 마을〉에서 피고는 모든 친절함, 온유함과 불쌍히 여기는 심정을 차단하는 가장 사악한 일을 했습니다. 피고는 〈인간 영혼 마을〉 사람들이 그들 자신의 비참한 상태에서 오는 고통에 대해 그들이 슬퍼하거나 그것을 느끼도록 허락하지 않았습니다.

그런데 그런 비참한 상태는 그들이 그들의 합법적인 왕이 주셨던 신앙과 원칙을 버렸던 것에서 기인하고 있습니다. 대신 피고는 그런 결과를 교묘하게 피했고, 그들을 회개로 이르게 할 수 있는 진리와 생각에서 그들의 마음을 멀어지게 했습니다.

이런 기소에 대해 피고는 뭐라고 변호하겠습니까?

피고는 이런 혐의에 대해 유죄입니까, 아니면 무죄입니까?"

"나는 무자비한 것에 대해 죄가 없습니다. 사실 나는 〈인간 영혼 마을〉 사람들을 격려하기 위해 내가 할 수 있는 모든 것을 다했습니다. 이렇게 했던 것은 내 이름이 무자비가 아니라 격려(Cheer-Up)인 나의 이름에 따라 그렇게 한 것입니다. 저는 〈인간 영혼 마을〉 사람들이 그렇게 우울한 마음 상태에 있는 것을 차마 볼 수 없었습니다."

법정 서기관은 놀라서 눈썹을 치켜올렸다.

"피고는 자기의 이름을 부인하는 것입니까?

피고는 자기의 이름이 무자비가 아닌 오히려 격려라고 말하는 것입니까?"

서기관은 법정 사무관에게 눈을 돌려 그에게 증인들을 부르라고 요청했다. 증인들이 서기관 앞에 모였을 때 서기관은 물었다.

"증인 여러분! 무자비 씨의 이런 변호에 대해 뭐라고 말씀하시겠습니까?"

전지 씨가 먼저 말했다.

"서기관님, 피고의 이름은 무자비입니다. 자신도 자기가 제출하거나 기록했던 모든 중요한 서류에 그 이름으로 서명했습니다. 디아볼루스 추종자들은 자기들의 이름을 위조하는 것을 좋아합니다. 즉, 탐욕 씨(Mr. Covetousness)는 유익한 절약(Good-Husbandry)이나 유사한 이름으로 가장합니다. 교만 씨(Mr. Pride)는 필요할 때 자신을 깔끔 씨(Mr. Neat), 관대함 씨(Mr. Handsome)와 다른 이름으로 부릅니다. 디아볼루스 추종자들은 이런 짓을 하는 것으로 유명합니다."

법정 서기관은 이해한다는 듯이 고개를 끄덕였고, 진실을 말함 씨에게로 눈을 돌렸다.

"피고의 주장에 대해 증인은 뭐라고 하시겠습니까?"

진실을 말함 씨는 주저 없이 말했다.

"서기관님, 피고의 이름은 무자비입니다. 저는 이 자를 어렸을 때부터 알고 지냈습니다. 피고는 기소장에 고소된 모든 악행을 저질렀습니다. 하지만, 그는 혼자가 아닙니다. 많은 사람이 자기가 영원한 형벌을 받을 운명에 놓여 있다는 위험을 알고 있지 못합니다. 이런 이유로 그들은 우울하거나 낙심한 모든 사람에게 그들이 영혼의 저주에 대해 너무 진지하게 생각하고 있으며 그런 생각을 피해야 한다고 말합니다."

무자비 씨가 자리에 앉은 후에 법정 서기관은 오만 씨를 피고석에 데리고 나오라고 간수에 명령했다. 피고가 피고석에 섰을 때 서기관은 말했다.

"오만 씨, 피고는 〈인간 영혼 마을〉에 침입한 침입자로서 오만이라는 이름으로 기소되었습니다. 피고는 〈인간 영혼 마을〉 사람들이 샤다이왕의 장군들이 전달한 소환에 대담하게 맞서라고 교사(教唆)한 혐의가 있습니다.

> 무례하고 교만한 자를 이름하여 망령된 자라 하나니 이는 넘치는 교만으로 행함이니라(잠 21:24).

피고는 또한 〈인간 영혼 마을〉 사람들에게 위대한 샤다이왕을 경멸적으로 헐뜯도록 가르쳤고 그들을 부추겨서 말과 행동으로 왕을 비방하게 했습니다. 사실 피고는 〈인간 영혼 마을〉 사람들이 샤다이왕과 그분의 아들 임마누엘에게 대항하여 무기를 들라고 촉구했습니다.

따라서 이에 대해 어떻게 변호하겠습니까?

피고는 이런 기소에 대해 유죄입니까, 아니면 무죄입니까?"

오만 씨는 자신감 넘치는 표정으로 서기관과 증인들을 보았다.

"신사 숙녀 여러분!

저는 항상 용기와 배짱으로 살아온 사람입니다. 저는 골풀 머리처럼 머리를 매달고 몰래 돌아다닌 적이 결코 없습니다. 또한, 사람들이 중요한 요새 밖에서 하찮게 계속 방어로 위장하는 것을 보는 것도 나를 기쁘게 하진 못했습니다. 그들의 적이 열 배나 우세한 것처럼 보였을지라도 이러한 외부 방어는 단지 그들을 대적하는 자들을 막기 위한 것입니다.

나는 내 적이 누구인지 심지어 내 행동의 이유나 동기도 고려하지 않았습니다. 용감하게 적들을 상대하고 대장부처럼 싸운다면 승리했고 그것으로 나에게는 충분했습니다."

이런 변호를 들은 후에 법정은 기소장을 읽었다.

"오만 씨, 피고는 용감한 자로 기소당한 것이 아닙니다. 또한, 곤경의 때에 용기와 용감한 행동을 해서 기소된 것도 아닙니다. 피고는 이런 용맹을 가장한 행위로 〈인간 영혼 마을〉 사람들의 관심을 끌어 위대한 샤다이왕과 그분의 아들 임마누엘에 대적하여 반란하게 한 것으로 기소된 것입니다. 이것이 이 기소장 적시된 피고의 범죄입니다.

하지만, 죄수인 오만 씨는 한마디 말도 하지 않았다.

> 자기의 죄를 숨기는 자는 형통하지 못하나 죄를 자복하고 버리는 자는 불쌍히 여김을 받으리라 (잠 28:13).

법정이 죄수들에 대한 모든 혐의를 다루자 그들은 공식적인 평결을 위해 그 혐의를 배심원에게 넘겼다. 그들에게 이런 지침을 줬다.

"존경하는 배심원 여러분!

여러분은 여기서 일어났던 것을 목격했습니다. 여러분은 피고들에 대한 기소, 피고들의 변호, 증인들이 그들에 대해 증언했던 내용을 들었습니다. 이제 평결은 배심원 여러분에게 달려 있습니다. 개인 집무실로 가서 진리와 의로운 방식으로 올바른 평결을 고려해 주시고 샤다이왕께서 이들에 대해 가지고 계신 의견 또한 적절하게 포함해 주시기를 바랍니다."

그런 후에 **믿음 씨, 진실한 마음 씨, 올바름 씨, 악을 미워함 씨, 하나님을 사랑함 씨, 진리를 바라봄 씨, 천국 마음 씨, 온유 씨, 감사 씨, 선한 사역 씨, 하나님을 향한 열정 씨** 그리고 **겸손 씨**로 이루어진 배심원은 물러갔다. 배심원들이 물러가서 격리되는 동안 그들은 평결을 내리기 위해 심의 과정을 거치고 있었다.

배심원 대표인 믿음 씨가 먼저 탁상 주변에 앉아 있는 다른 배심원들에게 말했다.

"배심원 여러분!

나는 피고 모두 사형을 받아 마땅하다고 믿습니다."

"맞는 말씀입니다."

진실을 말함 씨가 동의했다.

"나는 완전히 동의합니다."

이어서 악을 미워함 씨도 말했다.

"이런 범죄자들을 체포한 것이 얼마나 축복인가!"

하나님을 사랑함 씨가 말했다.

"동의합니다!"

"오늘이 내가 경험했던 가장 기쁨이 넘치는 날 가운데 한 날입니다."

진리를 바라봄 씨가 고개를 끄덕였다.

"나는 우리가 그들이 사형선고를 받아 마땅하다고 판단한다면 샤다이왕 자신이 우리가 했던 평결을 지지하리라는 것을 알고 있습니다."

천국 마음 씨가 말했다.

"틀림없이 그럴 것입니다."

"이런 짐승들이 〈인간 영혼 마을〉에서 쫓겨날 때, 〈인간 영혼 마을〉은 얼마나 바람직한 마을이 될 것인가!"

온유 씨는 탁자에 자기 팔꿈치를 기대고 손가락을 폈다.

"저는 보통 급하게 판결 내리지 않습니다. 하지만, 이 범죄는 너무 악명이 높습니다. 또한, 증인들의 증선고 너무 명백해서 죄인들은 죽지 말아야

자신을 변호하는 오만 씨

한다고 말하는 자는 고의로 눈감아 주려고 하는 것이 틀림없습니다."

감사 씨는 말했다.

"배반자들을 안전하게 잡아 가두게 돼서 하나님을 송축합니다."

겸손 씨는 무릎을 꿇고 말했다.

"저도 여러분의 이 평결에 동의합니다."

"저 또한 이런 평결을 기뻐합니다."

선한 사역 씨가 덧붙여 말했다.

그런 후에 열렬하고 참된 마음을 가진 하나님을 향한 열정 씨가 일어서서 큰 소리로 말했다.

"저들을 제거해야 합니다. 저들은 역병 같은 자들이었고 〈인간 영혼 마을〉을 파멸시키려 했던 자들입니다!"

이런 방식으로 평결에 관해 배심원 모두 의견이 일치했다. 따라서 그들은 자기의 결정을 전달하기 위해 법정으로 들어갔다.

법정 서기관은 출석 확인으로 모두가 참석했는지를 점검했다.

"배심원 여러분!

　여러분의 이름을 부를 때 대답해 주시기를 바랍니다. 1번 **믿음 씨**, 2번 **진실한 마음 씨**, 3번 **올바름 씨**, 4번 **악을 미워함 씨**, 5번 **하나님을 사랑함 씨**, 6번 **진리를 바라봄 씨**, 7번 **천국 마음 씨**, 8번 **온유 씨**, 9번 **감사 씨**, 10번 **선한 사역 씨**, 11번 **하나님을 향한 열정 씨**, 12번 **겸손 씨**.

선하고 진실한 배심원 여러분!

평결에 동의하십니까?

모두 동의하십니까?"

"네, 그렇습니다. 서기관님."

서기관이 요청했다.

"누가 여러분을 대표해서 말씀하시겠습니까?"

"우리의 배심원장이신 믿음 씨가 대표해서 말씀하실 것입니다."

서기관은 고개를 끄덕였다.

"배심원 여러분!

생사의 문제에서 우리 주님이신 왕을 위해 여기에서 봉사할 배심원으로 등록된 여러분은 피고석에 서 있는 이 죄인들의 재판을 들으셨습니다.

무슨 평결을 내리시겠습니까?

여기에 기소된 범죄에 대해 이 자들은 유죄입니까, 아니면 무죄입니까?"

배심원장인 믿음 씨가 답했다.

"서기관님, 이 자들은 유죄입니다."

법정은 평결을 받아들였고 간수에 말했다.

"선고를 내릴 때까지 죄수들을 잘 감시하시오."

이 모든 것이 아침에 일어났다. 오후에 그들은 율법에 따라 사형 선고를 받았다. 그의 명령을 받은 후, 간수는 모든 죄수를 감옥 중심부에 있는 가장 안전한 감방에 넣어 그들을 처형할 다음 날 아침까지 그들을 붙잡아 두었다.

모든 것이 순조롭게 진행되는 것 같았다. 하지만, 선고와 사형 집행 시간 사이에 죄수 가운데 불신이라는 이름의 한 명이 감옥에서 탈출했다. 그는 〈인간 영혼 마을〉을 빠져나와 꽤 먼 거리를 여행하고 구멍과 틈새에 숨어 지냈다. 그는 자기에게 사형 선고를 선고했던 자들에게 해를 끼치기 위해 〈인간 영혼 마을〉로 돌아갈 기회를 찾을 때까지 숨어 지냈다.

간수인 진실한 사람 씨는 죄수가 탈출했다는 것을 알았을 때, 상심이 컸다. 왜냐하면, 그 죄수는 갇혀 있는 모든 악인 가운데 가장 나쁜 자였기 때문이다. 먼저 간수는 시장인 명철 경, 서기관, 자유의지 경에게 갔다. 그는 일어났던 일을 그들에게 말했다. 이것은 〈인간 영혼 마을〉 전역에 걸쳐 탈출자를 철저히 수색해서 찾기 위함이었다. 그는 죄수를 수색하라는 명령 받았지만 그를 찾을 수 없었다.

수집된 증거에 기초해서 그들은 죄수가 잠시 마을 밖에 숨어 지냈다고 결론을 내렸다. 그가 〈인간 영혼 마을〉에서 탈출할 때, 몇몇 사람은 이곳저곳에서 그를 얼핏 보았다. 그 가운데 한두 명은 그가 평원을 가로질러 허둥지둥 도망가는 것을 목격했다. 그가 꽤 오랫동안 사라졌다가 목격 씨가 그를 발견했다. 목격 씨는 그가 지옥문 언덕(Hell-gate Hill)에서 그의 친구인 디아볼루스를 만날 때까지 건조한 땅을 가로질러 달리고 있었다고 말했다.

임마누엘 왕자가 〈인간 영혼 마을〉을 바로 잡고 있다는 '우울한 소식'에 관해 이 노인이 디아볼루스에게 전한 이야기가 얼마나 가련했는지 그는 말했다.

"먼저, 얼마간 지체 후에 임마누엘 왕자는 〈인간 영혼 마을〉 사람들에게 대사면을 감행했습니다.

여호와여 나의 죄악이 크오니 주의 이름으로 말미암아 사하소서(시 25:11).

또한, 〈인간 영혼 마을〉 사람들은 그를 마을로 초대해서 성을 소유하게 했습니다."

그런 후에 불신 씨는 덧붙여 말했다.

"그들은 그의 병사들을 마을로 불렀고 마을 사람들은 그들 대부분에게 숙소를 제공할 기회 얻기를 간절히 원했습니다. 그들은 탬버린, 노래, 춤으로 왕자를 즐겁게 해 주었습니다. 하지만, 나를 가장 괴롭히는 것은 그가 당신의 형상을 끌어내리고 자기의 형상을 세웠다는 것입니다. 그는 또한 당신의 관리를 모두 제거하고 자기 사람들을 세웠습니다.

게다가 내가 절대 우리에게서 돌아설 줄은 몰랐던 그 배반자 높인 자유

감옥에서 탈출하는 늙은 불신 씨

지옥문 언덕에서 만나는 불신 씨와 디아볼루스

의지 경이 전에 당신을 지지했던 것처럼 지금 임마누엘 왕자를 지지하고 있습니다. 그리고 자유의지 경은 자기 주인에게서 특별한 임무를 부여받았습니다. 그 임무는 그가 〈인간 영혼 마을〉에서 모든 디아볼루스 추종자를 추해서 체포하고 사형시키는 임무입니다."

그의 어조가 점점 강해지자, 그는 손짓했다.

"자유의지 경은 이미 〈인간 영혼 마을〉에서 나의 주인님이 가장 신뢰하는 친구 가운데 여덟 명을 체포했고 감금했습니다."

그는 디아볼루스를 볼 수 없어 몸을 돌렸다.

"나의 주인님!

슬픔으로 이 말씀을 전하겠습니다. 왜냐하면, 그들은 모두 기소되어 사형 선고를 받았기 때문입니다. 사실 아마 그들은 이미 처형되었을 것입니다."

그는 자기 주인을 다시 흘끗 쳐다보았다.

"저는 주인님에게 여덟 명이라고 말씀드렸습니다. 하지만, 나 자신까지 아홉 명이었습니다. 보시는 것처럼 내가 탈출하지 못했다면 저도 같은 운명이었을 것입니다."

디아볼루스가 이런 터무니없는 이야기를 들었을 때 그는 소리를 지르고 용처럼 깊은숨을 들이마셨다. 그리고 그는 크게 고함을 질렀고, 이에 따라 하늘이 어두워졌다. 그는 이것에 대해 〈인간 영혼 마을〉에 복수하겠다고 맹세했다. 그래서 그와 그의 오랜 친구인 불신 경은 머리를 맞대고 그들이 어떻게 〈인간 영혼 마을〉을 다시 차지할 것인지에 대해 모의했다.

하지만, 〈인간 영혼 마을〉에 감금되어 있던 죄수들이 처형되는 날이 다가왔다. 마을 사람들은 그들을 십자가 앞으로 데려왔고 그들은 이 일을 엄숙하게 진행했다. 왜냐하면, 임마누엘 왕자는 〈인간 영혼 마을〉 사람들이 그 임무를 수행해야 한다고 말했기 때문이다.

왕자는 말했다.

"이런 방식으로 나는 지금 구원받은 〈인간 영혼 마을〉 사람들이 나의 말씀을 지키고 계명에 순종하는지를 볼 것이다. 그래서 순종할 때 나는 마을을 축복할 것이다. 이런 행동에 위선이 전혀 없다는 것을 증명한다면 그것은 나를 매우 기쁘게 할 것이다. 따라서 마을 사람들이 디아볼루스 추종자들에게 손을 대 그들을 처형하게 하라."

그래서 왕자의 말씀에 따라 〈인간 영혼 마을〉 사람들은 죄인들을 처형했다. 하지만, 디아볼루스 추종자들이 죽기 위해 십자가 앞으로 인도되었을 때 그들은 그 일을 마을 사람들이 하기에는 매우 괴로운 일로 만들어 버렸다. 그들 모두 마음속에 〈인간 영혼 마을〉을 향해 해소할 수 없는 적개심과 분노를 품고 있었다. 죽어야 한다는 것을 알았기 때문에 그들은 십자가에서 대담해졌고 마을 사람들에게 저항했다.

> 육신의 생각은 하나님과 원수가 되나니 이는 하나님의 법에 굴복하지 아니할 뿐 아니라 할 수도 없음이라(롬 8:7).

사실 그들은 너무 몸부림치며 발악을 해서 마을 사람들은 장군들과 병사들에게 도움을 청했다.

위대한 샤다이왕에게는 마을에서 그의 일을 관리하는 관리가 있었다.

이 관리는 마을 사람들을 사랑했고 처형 장소에 있었다. 그가 죄수들이 마을 사람들에 대항하여 몸부림치며 발악하는 소리를 듣고 마을 사람들이 도움을 요청하는 소리를 들었을 때 그는 마을 사람들에게 합류하여 그들이 일을 끝내도록 도왔다. 그들은 함께 〈인간 영혼 마을〉에 역병, 슬픔, 불쾌한 존재였던 디아볼루스 추종자들을 십자가에 못 박았다.

제18장

새로워진 〈인간 영혼 마을〉
Mansoul Is Made New

이렇게 선한 사역이 끝났을 때 왕자는 〈인간 영혼 마을〉 사람들을 방문하러 내려왔다. 그는 편안하게 그들에게 말했고 이 일을 하는 데 있어서 그들의 손을 강하게 했다.

"나는 이런 행위로 너희를 시험했고, 너희가 나를 사랑하는지를 알게 되었다. 왜냐하면, 너희는 나의 법을 지키고 존중했으며 나를 명예롭게 했기 때문이다."

그런 후에 죄수들을 처형함으로써 마을을 어떤 식으로든 잃거나 약화하지 않을 것을 보여 주기 위해 왕자는 말했다.

"나는 너희 중에서 또 다른 장군을 세울 것이다. 그리고 이 장군이 지금 융성하는 〈인간 영혼 마을〉의 선과 이익을 위해 천명을 다스리는 통치자가 될 것이다."

왕자는 기다림(Waiting)이라는 이름의 남자를 자기에게 오게 했고 그에게 명령했다.

"빨리 성문으로 올라가서 거기서 신뢰 장군을 시중들고 있는 경험 씨(Mr. Experience)라는 이름의 젊은 남자를 찾아라. 그래서 그에게 내게 오라고 전하라."

선한 왕자 임마누엘의 사자(使者)는 서둘러 갔고 명령받은 대로 메시지를 전달했다. 그는 신뢰 장군이 그의 병사들을 훈련하고 소집하는 것을 지켜보고 있을 때 젊은 신사인 경험 씨가 성 마당에서 시간을 보내는 것을 발견했다. 기다림 씨가 그에게 말했다.

"선생님, 왕자께서 당신이 곧바로 오시길 요구하고 계십니다."

그래서 그는 이 경험 씨를 임마누엘 왕자에게로 데려갔다. 왕자 앞에 도착하자 그는 왕자에게 엎드려 절했다.

마을 사람들은 경험 씨를 잘 알고 있었다. 왜냐하면, 그는 〈인간 영혼 마을〉에서 태어나고 자랐기 때문이다. 그는 존경할 만한 행동과 용기 있는 사람으로 알려져 있었다. 그는 일에 있어서 지혜롭고 분별 있는 사람이었다. 그는 용모도 준수한 사람이었고 말을 잘하며 맡은 일을 매우 성공적으로 잘했다.

왕자가 경험 씨를 매우 마음에 들어 하는 것을 사람들이 보았을 때 그들은 왕자가 그를 사람들을 다스리는 장군으로 임명할 것으로 인해 기쁨으로 가득했다. 한마음으로 그들은 임마누엘 왕자 앞에 무릎을 숙이고 절하며 외쳤다.

"임마누엘 왕자님, 만세 수를 하옵소서."

왕자는 젊은 신사에게 말했다.

"경험 씨, 나는 그대에게 나의 〈인간 영혼 마을〉에서 신뢰와 명예의 직책을 수여하는 것이 좋다고 생각했소."

> 이 봉사의 직무가 성도들의 부족한 것을 보충할 뿐 아니라 사람들이 하나님께 드리는 많은 감사로 말미암아 넘쳤느니라 이 직무로 증거를 삼아 너희가 그리스도의 복음을 진실히 믿고 복종하는 것과 그들과 모든 사람을 섬기는 너희의 후한 연보로 말미암아 하나님께 영광을 돌리고(고후 9:12-13).

이 말을 듣자마자 이 젊은 사람은 머리를 숙여 경배했다. 임마누엘 왕자는 말했다.

"내가 말한 직책은 나의 사랑하는 〈인간 영혼 마을〉에서 천 명을 다스리는 장군의 직책이오."

새롭게 임명된 장군인 경험 씨는 말했다.

"왕이여! 만세 수를 하옵소서"

임마누엘 왕자는 왕의 비서에게 명령을 내려 경험 씨를 천 명이 넘는 사람들을 다스리는 장군으로 임명하는 임명장을 작성하게 했다.

"그것을 작성했을 때, 내가 그 임명장에 나의 인장을 찍을 수 있도록 그것을 나에게 가져오라."

왕자가 명령했던 대로 모든 것이 완성되었다. 임명장은 작성되었고, 왕자에게로 보내졌다. 왕자는 그 임명장에 자기의 인장을 찍었다. 그런 후에 그는 기다림 씨 편으로 그 임명장을 새로 임명된 장군에게 보냈다.

장군은 그 임명장을 받자마자 지원병을 모집하는 나팔을 불었다. 젊은 남자들은 재빨리 그 부름에 응답했고, 그가 서 있는 곳에 합류했다. 그들 중에는 마을에서 가장 위대하고 중요한 인사들의 아들들이 포함되어 있었다. 그들은 자기 아들들을 경험 장군의 휘하에 들어가기를 원했다.

경험 장군은 〈인간 영혼 마을〉의 유익을 위해 임마누엘 왕자의 지휘 아래 숙련 씨(Mr. Skillful)를 자기 부관으로 선택했고 기억 씨(Mr. Memory)가 기병을 지휘하게 했다. 더 이상 자세히 그의 부관들의 이름을 댈 필요는 없지만 나는 그의 깃발은 흰색이고 방패 문양은 죽은 사자와 죽은 곰이었다는 것은 말해야겠다.

왕자가 왕궁으로 돌아왔을 때 〈인간 영혼 마을〉의 장로, 즉 시장 경, 서기관 그리고 자유의지 경이 그를 축하하러 왔다. 그들은 항상 왕자에게서 은혜를 받은 마을에 왕자가 보여 준 사랑과 보살핌, 부드러운 연민에 대해 특별히 왕자에게 감사하기를 원했다. 마을 사람들은 화기애애한 교제의 시간과 엄숙하게 축하를 끝내고 그들의 거주지로 돌아갔다.

이때 임마누엘 왕자는 자신이 마을의 헌장을 새롭게 할 시기를 정했다. 그는 마을 헌장을 새롭게 개정하려고 계획했을 뿐만 아니라 헌장 안의 몇몇 결함 있는 내용을 수정하기 위해 헌장을 확대했다. 이것은 〈인간 영혼 마을〉 사람들의 멍에를 가볍게 하기 위함이었다.

> 수고하고 무거운 짐 진 자들아 다 내게로 오라 내가 너희를 쉬게 하리라 나는 마음이 온유하고 겸손하니 나의 멍에를 메고 내게 배우라 그리하면 너희 마음이 쉼을 얻으리니 이는 내 멍에는 쉽고 내 짐은 가벼움이라 하시니라 (마 11:28-30).

왕자는 〈인간 영혼 마을〉에 어떤 요청이나 간청 없이 열린 소통과 명예로운 의도로 자유롭게 이 일을 했다. 왕자는 사람을 보내어 옛 헌장을 가지고 오게 해서 그 헌장을 살펴본 후에 그것을 한쪽으로 제쳐 두었다.

왕자는 말했다.

"이제 쇠하고 낡은 것은 사라질 준비가 되었다. 〈인간 영혼 마을〉에는 또 다른 헌장, 즉 영원하고 훨씬 더 확실한 새롭고 더 나은 헌장이 있을 것이다."

> 또 주께서 이르시되 그날 후에 내가 이스라엘 집과 맺을 언약은 이것이니 내 법을 그들의 생각에 두고 그들의 마음에 이것을 기록하리라 나는 그들에게 하나님이 되고 그들은 내게 백성이 되리라. 또 각각 자기 나라 사람과 각각 자기 형제를 가르쳐 이르기를 주를 알라 하지 아니할 것은 그들이 작은 자로부터 큰 자까지 다 나를 앎이라 내가 그들의 불의를 긍휼히 여기고 그들의 죄를 다시 기억하지 아니하리라 하셨느니라 새 언약이라 말씀하셨으매 첫 것은 낡아지게 하신 것이니 낡아지고 쇠하는 것은 없어져 가는 것이니라(히 8:10-13).

새 헌장의 핵심은 다음과 같다.

"나는 임마누엘, 화평의 왕자이고 〈인간 영혼 마을〉을 크게 사랑하는 자다. 나의 아버지의 이름으로 또한 나의 긍휼함으로 나는 나의 사랑하는 〈인간 영혼 마을〉을 온유와 긍휼로 대한다. 따라서 나는 너희를 용서하고 생명을 살려 주고 다음과 같은 것을 허락하고 선사한다.

첫째, 나의 아버지와 나, 이웃 또는 그들 자신에 대적하여 저질렀던 모든 허물, 피해와 범죄를 아무런 대가 없이 완전히 그리고 영원히 용서한다.

> 다시 우리를 불쌍히 여기셔서 우리의 죄악을 발로 밟으시고 우리의 모든 죄를 깊은 바다에 던지시리이다(미 7:19).

둘째, 나는 그들에게 거룩한 법과 나의 증언을 줄 것이다. 이 안에 있는 모든 것은 그들의 영원한 안식과 위로를 위한 것이다.

셋째, 나는 나의 아버지의 마음과 나의 마음에 거하는 동일한 은혜와 선함을 그들에게 베풀 것이다.

> 그리스도 예수 안에서 너희에게 주신 하나님의 은혜로 말미암아 내가 너희를 위하여 항상 하나님께 감사하노니 이는 너희가 그 안에서 모든 일 곧 모든 언변과 모든 지식에 풍족하므로(고전 1:4-5).

넷째, 나는 이 세상과 이 세상에 있는 것을 그들의 유익을 위해 그들에게 거저 허락하고 수여한다.

> 온갖 좋은 은사와 온전한 선물이 다 위로부터 빛들의 아버지께로부터 내려오나니 그는 변함도 없으시고 회전하는 그림자도 없으시니라(약 1:17).

그들은 그것들을 다스릴 것이고 나의 아버지, 나의 영광과 함께 있을 것이다. 또한, 그들은 위안받게 될 것이다. 그렇다. 나는 그들에게 생명과 사망 그리고 지금 것이나 장래 것이나 이것들에 속한 유익을 허락한다. 단지 나의 〈인간 영혼 마을〉 외에는 어떤 다른 도시, 마을이나 집단은 이 특권을 갖지 못할 것이다.

다섯째, 나는 어느 때든 그들이 천상 궁전이든지 지상 궁전이든지 상관없이 궁전에 머무는 나를 알현할 수 있도록 허락한다. 그래서 그들은 나에게 그들이 원하는 것이 무엇인지 알릴 수 있다. 나는 그들에게 그들의 모든 불만을 듣고 바로잡을 것도 약속한다.

> 그러므로 우리는 긍휼하심을 받고 때를 따라 돕는 은혜를 얻기 위하여 은혜의 보좌 앞에 담대히 나아갈 것이니라(히 4:16).

여섯째, 〈인간 영혼 마을〉에 모든 종류의 디아볼루스 추종자들을 찾고 그들을 노예로 삼고 죽일 수 있는 완전한 권력과 권한을 부여한다. 그래서 그들이 〈인간 영혼 마을〉 안이나 주변에서 발견되는 어느 때나 그런 권력과 권한을 사용할 수 있다.

일곱째, 나는 어떤 외국인이나 낯선 자 또는 그들의 자녀들이 복된 〈인간 영혼 마을〉 안에 자유롭게 활보하는 것을 허락하지 않을 권한을 나의 사랑하는 〈인간 영혼 마을〉에 부여한다. 또한, 그들은 〈인간 영혼 마을〉의 귀중한 특권을 공유하지 못할 것이다. 내가 〈인간 영혼 마을〉에 부여하는 모든 권리 부여, 특권과 면책 특권은 이곳에서 태어난 사람, 즉 현 주민들을 위한 것이다. 내가 주는 모든 것은 그들과 그들 다음의 자손에게 주는 것이다.

하지만, 다른 나라나 왕국에서 태어난 모든 종류의 디아볼루스 추종자들은 이런 특권을 나누어 갖지 못할 것이다."

> 너희는 믿지 않는 자와 멍에를 함께 메지 말라 의와 불법이 어찌 함께하며 빛과 어둠이 어찌 사귀며 그리스도와 벨리알이 어찌 조화되며 믿는 자와 믿지 않는 자가 어찌 상관하며 하나님의 성전과 우상이 어찌 일치가 되리요 우리는 살아 계신 하나님의 성전이라 이와 같이 하나님께서 이르시되 내가 그들 가운데 거하며 두루 행하여 나는 그들의 하나님이 되고 그들은 나의 백성이 되리라 (고후 6:14-16).

〈인간 영혼 마을〉 사람들이 임마누엘 왕자에게서 은혜로운 헌장을 받았을 때 그 헌장은 내가 여기서 설명한 것보다 훨씬 더 많은 것을 구체적으로 표현했다. 하지만, 내가 제공했던 것은 그 헌장의 핵심이다. 마을 사람들은 그 헌장을 시장에 있는 대중에게로 가지고 갔다. 거기서 서기관 씨는 모든 사람이 보는 앞에서 그것을 읽었다. 그런 다음 그들은 그것을 성문으로 가지고 가서 문에 금으로 문자를 새겨 넣었다.

그래서 〈인간 영혼 마을〉 사람들은 항상 그것을 보고 임마누엘 왕자가 그들에게 얼마나 복된 자유를 주었는지 상기하게 될 것이다. 이것은 위대하고 선한 임마누엘 왕자에 대한 그들의 사랑을 그로 인한 큰 기쁨을 새롭게 기억하기 위한 것이다.

> 내가 이것을 너희에게 이름은 내 기쁨이 너희 안에 있어 너희 기쁨을 충만하게 하려 함이라 (요 15:11).

독자들은 〈인간 영혼 마을〉 사람들의 마음을 사로잡은 기쁨과 위안 그리고 위로가 얼마나 컸는지 상상할 수 없을 것이다. 종소리와 함께 커다란 축하 행사가 시작되면서 음악가들은 연주를 했고 사람들은 춤을 추었다. 장군들도 기뻐서 소리쳤다. 비단 깃발이 바람에 휘날리고 찬란한 은빛 나팔들이 울렸다. 이 모든 일이 진행되는 동안 디아볼루스 추종자들은 죽은 지 오래된 자들처럼 머리를 숨겼다.

축하 행사가 끝나자, 왕자는 마을의 장로들을 불러서 계획했던 사역에 대해 논의했다. 이 사역은 그들에게 그들의 현재와 미래와 관련된 것을 가르치기 위한 사역이었다.

> 그러므로 우리가 그리스도를 대신하여 사신이 되어 하나님이 우리를 통하여 너희를 권면하시는 것 같이 그리스도를 대신하여 간청하노니 너희는 하나님과 화목하라 (고후 5:20).

〈인간 영혼 마을〉 장로들이 이 소식을 사람들에게 가져갔을 때 마을 사람 전체가 함께 달려 나왔다. 왜냐하면, 왕자가 했던 말은 무엇이든지 사람들을 매우 기쁘게 했기 때문이다. 그들은 한마음으로 왕자에게 나아와 그들 가운데 율법과 심판 율례와 계명을 모두 가르칠 수 있는 그런 사역을 계획해서 그들이 선하고 건전한 모든 일을 잘 알게 되도록 왕자에게 간청했다.

> 너는 진리의 말씀을 옳게 분별하며 부끄러울 것이 없는 일꾼으로 인정된 자로 자신을 하나님 앞에 드리기를 힘쓰라(딤후 2:15).

그래서 왕자는 말했다.
"나는 너희들의 요청을 허락하여 너희 가운데 두 명을 세울 것이다. 한 명은 나의 아버지의 궁전 출신이고, 다른 한 명은 〈인간 영혼 마을〉 출신이다. 아버지의 궁전에서 온 분은 나의 아버지와 나와 같은 성품과 위엄을 가진 분이다. 그분은 나의 아버지 집의 수석 비서 경(the Lord Chief Secretary, 성령을 상징-역주)이다.
그분은 나의 아버지의 법에 대한 최고 권위자이다. 내 아버지나 나처럼 모든 신비와 신비에 대한 모든 지식에 완전히 능숙한 분이다. 그분은 본성에서 우리와 하나이고 〈인간 영혼 마을〉의 영원한 관심사에 있어서 사랑이 많으시고 신실하신 분이시다.
오직 이분만이 모든 고귀하고 초자연적인 일에서 너희에게 명확하게 가르칠 수 있다.

> 너희는 주께 받은바 기름 부음이 너희 안에 거하나니 아무도 너희를 가르칠 필요가 없고 오직 그의 기름 부음이 모든 것을 너희에게 가르치며 또 참되고 거짓이 없으니 너희를 가르치신 그대로 주 안에 거하라(요일 2:27).

시장에서 헌장이 낭독되다

제18장 새로워진 〈인간 영혼 마을〉 311

오직 이 분만이 궁정에서 나의 아버지의 일하시는 방법과 길을 알고 있다. 다른 누구도 어떤 경우에도 모든 일에 있어서 〈인간 영혼 마을〉을 향한 나의 아버지의 마음의 뜻을 보여 줄 수 없다. 왜냐하면, 어떤 사람도 그 사람 안에 있는 영외에는 사람의 일을 알 수 없기 때문이다. 마찬가지로 그분의 고귀하고 능력 있는 비서 외에는 나의 아버지의 일을 알 수 없다.

> 사람의 일을 사람의 속에 있는 영 외에 누가 알리요 이와 같이 하나님의 일도 하나님의 영외에는 아무도 알지 못하느니라(고전 2:11).

또한, 다른 누구도 수석 비서 경처럼 아버지의 사랑 안에 머물기 위해 〈인간 영혼 마을〉 사람들에게 어떻게 그리고 무엇을 해야 하는지 알려 줄 수 없다. 그분은 잊혀진 것들을 기억나게 하시고, 너희에게 앞으로 일어날 일을 말해 주시는 분이다. 그렇기 때문에 이 교사는 다른 어떤 교사보다 먼저 너희의 소원, 성향, 판단에 있어서 탁월성을 가지고 있어야 한다.

> 보혜사 곧 아버지께서 내 이름으로 보내실 성령 그가 너희에게 모든 것을 가르치고 내가 너희에게 말한 모든 것을 생각나게 하리라(요 14:26).

그분의 인격적 위엄, 탁월한 가르침, 그분이 가진 능력은 너희가 도움을 구할 때 너희가 요청하고 간구하고, 기도하게 하는 것을 돕는다. 너희는 교사이신 이분을 사랑하고 경외하고 그분을 근심하게 하지 않도록 주의를 기울여야 한다.

> 이와 같이 성령도 우리의 연약함을 도우시나니 우리는 마땅히 기도할 바를 알지 못하나 오직 성령이 말할 수 없는 탄식으로 우리를 위하여 친히 간구하시느니라(롬 8:26).

이 위격은 생명과 권능과 힘을 자신이 말하는 모든 것에 불어넣을 수 있다. 또한, 이분은 그것을 너희들 마음에도 불어넣을 수 있다. 이 위격은 너희를 예언자로 만들 수 있고, 너희로 하여금 미래에 있을 사건을 말하게 할 수도 있다. 너희는 이 위격을 통해 나의 아버지와 나에게 모든 간구를 해야 한다.

또한, 너희는 무언가 마을이나 마을의 성으로 들여보내기 전에 먼저 이분의 조언과 충고를 얻어야 한다. 너희가 이렇게 하지 않는다면 당연히 이 고귀한 위격을 불쾌하게 하고 근심하게 할 것이다.

> 하나님의 성령을 근심하게 하지 말라 그 안에서 너희가 구원의 날까지 인치심을 받았느니라(엡 4:30).

내가 너희에게 말하는 것에 귀를 기울여라. 이 사역자를 근심하게 하지 말라. 왜냐하면, 너희가 만약 이분을 근심하게 한다면 그분은 너희를 대적하여 싸울 수도 있기 때문이다. 그분이 너희의 행동으로 인해 전투 대형으로 너희와 대적한다면 그것은 너희와 전쟁을 벌이기 위해 나의 아버지의 궁전에서 파견된 열두 군단보다 더 너희를 괴롭힐 것이다.

하지만, 내가 언급했던 것처럼 만약 너희가 그분에게 귀를 기울이고 그분을 사랑한다면 너희가 그분의 가르침에 헌신하고 너의 길에서 돌이켜서 그분과의 교제에 힘쓰기 위해 그분의 길로 간다면 너희는 이 세상 전체의 어떤 것보다 열 배 더 좋은 그분을 발견할 것이다.

왜냐하면, 그분은 너희의 마음과 〈인간 영혼 마을〉의 벽을 넘어서 나의 아버지의 사랑을 쏟아부으실 것이기 때문이다. 그래서 〈인간 영혼 마을〉 사람들은 모든 사람 가운데 가장 현명하고 가장 축복받은 사람들이 될 것이다."

왕자는 잠시 말씀을 멈추고 전에 〈인간 영혼 마을〉의 서기관이었던 양심 씨라는 노신사를 자신에게 오라고 명령했다.

왕자는 그에게 말했다.

"그대가 〈인간 영혼 마을〉의 법과 행정에 능숙하고 말을 잘하기 때문에 그대는 이 땅과 국내 문제에서 사람들에게 나의 주인의 뜻을 전달할 자격이 있다."

왕자는 계속해서 다음과 같이 마을을 위해 마을의 모든 법률, 법령, 재판에 대해 그를 사역자로 삼을 것이라고 말했다.

"그대는 도덕적 덕목을 가르치는 것과 일반적으로 시민의 의무를 적용하는 것에만 집중하도록 하라. 하지만, 주제넘게 나의 아버지 마음에 간직된 높고 초자연적인 신비를 계시하는 자라고 주장해서는 안 된다. 누구도 이런 신비를 알 수 없고 나의 아버지의 수석 비서 경님만이 그런 신비를 계시할 수 있기 때문이다.

> 그러나 진리의 성령이 오시면 그가 너희를 모든 진리 가운데로 인도하시리니 그가 스스로 말하지 않고 오직 들은 것을 말하며 장래 일을 너희에게 알리시리라. 그가 내 영광을 나타내리니 내 것을 가지고 너희에게 알리시겠음이라 (요 16:13-14).

그대는 〈인간 영혼 마을〉에서 태어난 주민이다. 하지만, 그대는 나의 아버지에게서 발출(發出)된 자이다. 그대가 이 마을의 법과 관습을 잘 알고 있듯이 수석 비서 경은 나의 아버지의 사정과 뜻을 잘 알고 계신다. 따라서 양심 서기관, 내가 그대를 〈인간 영혼 마을〉의 수석 비서 경과 같이 가르치는 자로 세웠지만, 그대와 나머지 마을 사람들은 그분이 이 사람들을 가르치실 때 그분에게 배우는 학생이 될 것이다. 그러므로 그대는 모든 고귀하고 초자연적인 일에 대한 정보와 지식을 얻기 위해 그분에게 가야 한다. 왜냐하면, 비록 사람 안에 영혼이 있지만, 이 위격의 영감은 그에게 명철을 주어야 하기 때문이다.

그리고 양심 서기관은 겸비하라. 무엇보다도 책임에 충실하지 않고 맡은 소임을 버렸던 디아볼로수 추종자들이 지금 무저갱에 갇혀 있는 죄인들이라는 것을 기억하라. 이런 것을 염두에 두고 삶에서 그대가 처한 상황에 만족하라.

앞에서 내가 언급했던 것들을 위해 나는 그대를 나의 아버지의 지상 대리인으로 삼았다. 이제 〈인간 영혼 마을〉 사람들에게 이런 것들을 가르치는 데에 이 권한을 사용하라. 그들이 그대의 가르침에 귀를 기울이지 않는다면 채찍과 질책으로라도 그들이 강제로 따르게 하라.

또한, 양심 서기관, 그대는 나이가 많고 많은 학대로 몸이 약해졌으므로 나는 그대에게 그대가 원할 때마다 나의 샘으로 가서 마실 수 있도록 허락하겠다. 이 샘에서 그대는 내 피의 포도주를 거저 마실 수 있다. 왜냐하면, 나의 샘은 항상 포도주가 넘치게 흐르기 때문이다.

나의 샘에서 내 피의 포도주를 마심으로 마음에서 나오는 더러움, 비열함과 상처 주는 생각, 기분이나 뿌리박힌 악을 몰아낼 것이다. 이 샘은 그대의 눈을 밝게 하고 기억을 강화해 샤다이왕의 가장 고귀하신 분이 그대에게 가르치는 모든 것을 유지하고 기억하는 데 도움이 될 것이다."

왕자가 양심 서기관을 〈인간 영혼 마을〉에 사역자라는 자리와 직분에 앉혔을 때 양심 서기관은 감사하며 그 직분을 수락했다. 그런 후에 임마누엘 왕자는 마을 사람들에게 연설하기 위해 몸을 돌렸다.

그리고 말했다.

"너희를 향한 나의 사랑과 돌봄에 눈과 관심을 고정시켜라. 나는 가장 고귀하신 분과 함께 이런 긍휼을 과거에 너희가 누렸던 모든 것에 더했다. 그분이 모든 고귀하고 천상의 신비로 너희를 가르치실 것이다."

왕자는 자신 앞에 서 있는 모든 사람을 바라보았다.

"이제 나는 너희들의 설교자를 임명하겠다."

왕자는 양심 서기관을 향해 손짓하며 말했다.

"이 신사가 너희에게 사람과 관련된 일과 가정과 관련된 모든 것을 가르칠 것이다. 또한, 그는 수석 비서 경의 입에서 들었던 것과 받았던 것을 〈인간 영혼 마을〉 사람들에게 전하는 것이 허락되어 있다.

하지만, 그는 그 자신이 이런 고귀한 신비를 알게 하는 자라고 주제넘게 주장하지 말아야 한다. 왜냐하면, 이런 신비를 〈인간 영혼 마을〉 사람들에게 계시하는 것과 그들이 발견하는 것은 단지 그분, 즉 수석 비서 경 그분 자신의 권능과 권한이기 때문이다.

그러나 양심 서기관은 고귀한 신비에 관해 이야기할 수 있고 〈인간 영혼 마을〉이라는 몸 전체의 유익을 위해 이 진리로 서로에게 감명을 줄 수도 있다. 따라서 그대 인생 전체를 통해서 이런 것들을 관찰하고 행하라. 그러면 그대는 평화롭게 장수를 누릴 것이고 복된 삶을 살게 될 것이다.

> 내 아들아 나의 법을 잊어버리지 말고 네 마음으로 나의 명령을 지키라. 그리하면 그것이 네가 장수하여 많은 해를 누리게 하며 평강을 더하게 하리라(잠 3:1-2).

한 가지만 더 언급하겠다."

임마누엘 왕자는 사랑하는 양심 서기관과 모든 마을 사람에게 말했다.

"수석 비서 경 그분이 가르칠 권한이 있는 사안에 관해서는 너희는 추론

임마누엘의 샘

을 사용하여 그런 것을 판단하지 말아야 한다. 나는 〈인간 영혼 마을〉과 이 세상이 소멸할 때 너희가 내세에서 기대하는 것을 너희에게 주려고 한다. 그렇지만 너희가 신뢰하는 것과 내세에 기대하는 것에 관해 말할 때 너희는 그 분이 가르치는 교리를 붙들어야 한다. 그분은 너희의 교사다.

또한, 양심 서기관은 스스로 발견한 것을 기초해서 어떻게 살아야 할지에 대한 방향을 찾지 말아야 한다. 그대는 교사이신 수석 비서관님이 가르치는 것에 의존해야 한다. 왜냐하면, 심지어 양심 서기관도 그분의 가르침에 주의를 기울여야 하기 때문이다. 따라서 그대는 그대 자신이 가진 지식의 한계에 기초해서 그분의 가르침을 받지 말아야 한다. 탁월한 교사이신 그분이 가르치신 것만이 유일하게 받아들일 수 있는 교리 또는 교리의 요점이다."

왕자가 〈인간 영혼 마을〉 안에서 상황을 정리한 후에 그는 계속해서 마을 장로들에게 필수적인 주의 사항을 주었다. 이것은 장로들이 왕자가 아버지의 궁전에서 〈인간 영혼 마을〉로 자신이 데려왔던 고귀한 장군들에게 어떻게 자신이 전했던 메시지를 전달해야 하는가에 관한 주의 사항이었다. 장군들은 〈인간 영혼 마을〉을 사랑했다. 그들은 〈인간 영혼 마을〉의 구원을 위해 샤다이왕과 디아볼루스 추종자들의 전쟁에서 충실히 섬길 수 있는 가장 적합한 사람 중에서 엄선된 사람들이었다.

임마누엘 왕자는 말했다.

"나는 현재 번성하고 있는 〈인간 영혼 마을〉의 주민들인 그대들에게 나의 장군들이나 그들의 부하들에게 난폭하거나 달갑지 않은 방식으로 이 메시지를 전달하지 않기를 요구한다. 왜냐하면, 그들은 선별되고 신중히 뽑은 〈인간 영혼 마을〉의 유익을 위해 최고의 사람들 가운데 선택된 사람들이기 때문이다.

그러므로 나는 나의 메시지를 그들에게 기꺼이 전달할 것을 명령한다. 그들이 사자의 마음과 얼굴을 가지고 있지만, 〈인간 영혼 마을〉에서 그들 쪽으로 던져지는 기를 죽이는 작은 행위도 그들의 사기를 떨어뜨리고 그들의 용기를 약화시킬 것이기 때문이다. 이것은 그들이 왕의 적들과 〈인간 영혼 마을〉 원수들과 교전하고 싸우려 할 때 그들의 능력에 영향을 줄 것이다. 그리고 왕의 적들과 마을 원수들의 싸움은 언제든지 일어날 수 있다.

나의 사랑하는 〈인간 영혼 마을〉 사람들이여!

나의 메시지를 용맹한 나의 장군들과 용감한 전사들에게 불친절하게 전하지 말라. 대신 그들을 사랑하고 대접하고 달려가서 그들을 지지하고 그들을 너희 마음에 항상 생각하라.

> 각 사람은 위에 있는 권세들에게 복종하라 권세는 하나님으로부터 나지 않음이 없나니 모든 권세는 다 하나님께서 정하신 바라(롬 13:1).

그들은 너희를 위해 싸울 뿐만 아니라 너희를 완전히 파괴하려고 고군분투하는 모든 디아볼루스 추종자를 너희에게서 줄행랑치게 할 것이다.

그들 중 누구라도 언제라도 아프거나 약해져서 그들이 기꺼이 온 마음을 다하여 사랑의 직분을 수행할 수 없다고 하더라도 그들을 무시하거나 경멸하지 말라. 대신 그들을 강하게 하고 격려하라. 그들이 약하고 죽을 준비가 되어 있다고 느낄지 모르지만, 그들은 너희의 울타리요 너희를 지키는 자, 너희의 성벽, 너희의 성문, 너희의 자물쇠, 너희의 방어막이기 때문이다.

그들이 약할 때라도 그들이 할 수 있는 것은 거의 없다. 너희는 그들을 도와주어야 한다. 또한, 너희가 그들을 도울 때 너희는 그들에게서 큰 것들을 기대할 수 있다.

> 너희가 조세를 바치는 것도 이로 말미암음이라 그들이 하나님의 일꾼이 되어 바로 이 일에 항상 힘쓰느니라. 모든 자에게 줄 것을 주되 조세를 받을 자에게 조세를 바치고 관세를 받을 자에게 관세를 바치고 두려워할 자를 두려워하며 존경할 자를 존경하라(롬 13:6-7).

그들이 건강할 때 너희는 그들이 너희를 위해 달성할 수 있는 영웅적 행동과 전공이 무엇인지 알게 될 것이다. 그들이 약하다면 〈인간 영혼 마을〉 사람들은 강해질 수 없다. 그들이 강하다면 〈인간 영혼 마을〉 사람들은 약해질 수 없다. 따라서 너희의 안전은 그들의 건강에 달려 있고, 너희가 그들을 격려하는 것에 달려 있다. 기억하라. 그들이 아프면 그때는 〈인간 영혼 마을〉 자체가 걸린 질병에 걸릴 것이다. 나는 이 모든 것을 너희에게 말했다. 왜냐하면, 나는 너희의 행복과 명예를 생각하기 때문이다.

그러므로 〈인간 영혼 마을〉 사람들이여!

이 원칙들을 지켜라. 내가 너희에게 부과하는 모든 일을 정확하게 엄수하라. 나는 단지 마을로서 너희가 공동으로 해야 할 것에 대해 말하는 것이 아니다. 마을에서 너희는 관리, 경계병, 안내자들에게 의존할 수 있다. 하지만, 나는 너희 개개인에게 말하고 있다. 너희의 행복은 너희 주님의 명령과 계명을 순종하는 데 달려 있다.

나의 사랑하는 〈인간 영혼 마을〉 사람들이여!

지금 너희 가운데 진행되는 개혁에도 불구하고 나는 너희가 나의 말에 귀를 기울이길 원한다. 나는 디아볼루스 추종자들이 여전히 마을 안에 있다는 것을 확신한다. 얼마 지나지 않아 너희도 스스로 그런 사실을 알게 될 것이다. 어리석게도 그들은 고집이 세고 화목할 수 없는 적의와 분노를 품고 있다. 내가 너희와 함께 있는 동안은 물론 내가 더는 너희와 함께 있지 못할 때도 그들은 너희를 파멸시키고 애굽의 노예 상태보다 더 나쁜 상태로 너희를 이끌기 위해 연구하고 음모를 꾸미고 시도할 것이다.

그들은 디아볼루스의 공공연한 친구들이다. 따라서 너희 주변에 누가 있는지 알아야 한다. 불신 경이 이 마을의 시장이었을 때, 그들은 성에서 그들의 왕인 디아볼루스와 함께 살았다. 내가 여기 도착한 이후로 그들은 변두리와 성벽을 따라 더 많이 머물고 있다. 그곳에서 그들은 자신들을 위해 굴, 동굴, 구멍, 근거지를 만들었다. 그들이 아직 존재함으로 인해 〈인간 영혼 마을〉 사람들이여 너희의 일은 훨씬 어려울 것이다.

너희가 그들을 발견하면 그들을 붙잡아 제압하고, 나의 아버지의 뜻에 따라 그들을 죽여야 한다. 마을의 성벽을 무너뜨리지 않는 한 너희는 그들을 완전히 제거할 수 없을 것이다. 하지만, 나는 결코 너희가 그렇게 하기를 원하진 않는다. '그럼 어떻게 하지?'라고 묻느냐?

내가 너희에게 말한다. 즉, 부지런히 끝까지 완수하라.

> 내가 네게 명령한 것이 아니냐 강하고 담대하라 두려워하지 말며 놀라지 말라 네가 어디로 가든지 네 하나님 여호와가 너와 함께하느니라 하시니라 (수 1:9).

그들의 굴을 관찰하고 그들이 서성거리거나 숨어 있거나 사는 곳을 찾아라. 그들을 급습하고 그들과 절대 화친하지 말라. 그리고 그들이 너희에게 어떤 화친 조건을 내놓든지 그것을 혐오하고 거부하라. 너희가 이렇게 하면 너희와 나 사이에는 만사가 잘될 것이다.

너희가 〈인간 영혼 마을〉 주민과 그들을 잘 식별하도록 나는 너희에게 간략한 목록을 제공할 것이다. 이 목록에는 디아볼루스 추종자들의 최고 수뇌부의 이름이 포함되어 있다.

음행 경(Lord Fornication), **간음 경**(Lord Adultery), **살인 경**(Lord Murder), **분노 경**(Lord Anger), **호색 경**(Lord Lasciviousness), **사기 경**(Lord Deceit), **악한 눈 경**(Lord Evil-Eye), **술 취함 씨**(Mr. Drunkenness), **흥청망청 씨**(Mr. Reveling), **우상숭배 씨**(Mr. Idolatry), **마술 씨**(Mr. Witchcraft), **변덕 씨**(Mr. Variance), **경쟁 씨**(Mr. Emulation), **분노 씨**(Mr. Wrath), **반목 씨**(Mr. Strife), **선동 씨**(Mr. Sedition), **이단 씨**(Mr. Heresy).

이 자들은 너희를 영원히 전복시키고자 하는 주요 디아볼루스 추종자 가운데 일부다. 그들은 〈인간 영혼 마을〉 안에 숨어 있다. 이 자들을 제거하기 위한 해결책은 너희 왕의 율법 안에 있다. 왕의 율법을 연구하고 공부하라. 너희는 그들 마음의 특징과 그들 마음에 관한 다른 자세한 설명에 대해 알게 될 것이다. 또한, 이에 따라 너희는 그들을 분별할 수 있을 것이다.

나의 사랑하는 〈인간 영혼 마을〉 사람들이여!

디아볼루스 추종자들인 이 자들을 원하는 곳이면 어디든지 방해받지 않고 마을을 돌아다닐 수 있게 한다면 독사처럼 너희의 내장을 먹어 치울 것이다. 그렇다. 그들은 너희의 장군들을 독살할 것이고, 너희를 지키는 병사들의 힘줄을 끊을 것이며 너희 성문의 자물쇠와 빗장을 부술 것이다. 또한, 그들은 이제 번성하고 있는 〈인간 영혼 마을〉을 불모지와 황량한 황무지와 폐허 더미로 만들 것이다.

따라서 나는 너희의 시장 경과 자유의지 경, 양심 서기관 그리고 마을의 모든 주민에게 전적인 권한과 사명을 준다.

그대들은 이런 권한과 사명으로 모든 종류의 디아볼루스 추종자를 찾고 붙잡으라!

그리고 마을 안팎에 숨어 있는 그들을 언제 어디서든 찾을 때 그들을 십자가에 매달아 죽이라!

그러므로 용기를 내고 어디서든지 이 자들을 찾거든 체포하라!

숨어 있는 디아볼루스 추종자들

비록 그들이 왕을 해하려 하여 음모를 꾸몄으나 이루지 못하도다. 왕이 그들로 돌아서게 함이여 그들의 얼굴을 향하여 활시위를 당기리로다(시 21:11-12).

전에 내가 너희 가운데 저명한 사역자를 세웠다고 말했다. 너희는 단지 이것들만 가지고 있는 게 아니다."

왕자는 계속해서 장군들과 군대를 향해 손짓하면서 말했다.

"너희는 또한 처음에 내가 보냈던 네 명의 장군도 있다. 그들은 디아볼루스가 마을에 있었을 때 그를 대적하기 위해 왔던 장군들이다. 그들이 필요하다면 그들은 메시지를 전달하고 사적으로나 공개적으로 선하고 건전한 교리를 마을 전체에 가르칠 수 있다.

그들은 너희가 가야 할 길을 이끄는 데 도움이 될 것이다. 또한, 그들은 마을에서 일주일에 한 번 교리를 강의할 것이고, 필요하다면 매일 강의할 것이다. 그들은 유용한 교훈으로 너희를 가르칠 것이다. 너희가 순종한다면 결국 너희에게 유익이 될 것이다.

너희가 십자가에 처형하라고 명령한 자들을 풀어 주지 않도록 하라!

나는 너희에게 경고하기 위해 이 부랑자들과 배교자들의 이름을 열거했다. 그들 중 일부는 너희를 속이기 위해 너희 사이에 몰래 들어올 것이다. 그들은 심지어 신앙에 대해 지배적이고 열정적인 사람의 모습을 보일 수도 있다. 하지만, 너희가 조심하지 않는다면, 그들은 너희에게 상상할 수 없는 해를 끼칠 것이다.

내가 언급했듯이 디아볼루스 추종자들은 내가 묘사했던 것보다 그들 자신을 광명의 천사로 위장하여 나타날 것이다.

> 그런 사람들은 거짓 사도요 속이는 일꾼이니 자기를 그리스도의 사도로 가장하는 자들이니라(고후 11:13).

〈인간 영혼 마을〉 사람들이여!

조심하고 깨어 있으라. 너희 자신이 배반당하지 않도록 하라."

왕자가 〈인간 영혼 마을〉을 새롭게 하고 이런 유용한 문제들에 관해 그들을 지도했을 때 그는 마을 사람들이 함께 모일 수 있는 또 다른 날을 계획했다. 그는 마을에 추가로 명예로운 표지를 수여하길 원했다. 이 표지는 그들과 이 땅에 거주하는 모든 사람과 언어를 구별할 수 있게 해 주는 표지였다.

오래지 않아 지정한 날이 이르자 왕자와 그의 사람들은 왕의 궁전에서 만났다. 그런데 이곳은 왕자가 처음 그들에게 짧은 연설을 했던 장소였다. 여기서 왕자는 자신이 약속했던 것을 그들을 위해 했다.

왕자는 말했다.

"나의 〈인간 영혼 마을〉이여!

나는 너희가 나의 것이라는 것을 세상이 알게 할 것이다. 또한, 나는 나의 사람들과 너희 가운데 몰래 숨어들어 올 수 있는 모든 거짓 배신자를 구별할 수 있는 능력을 너희에게 허락할 것이다."

그런 후에 왕자는 자신을 섬기는 자들에게 가서 〈인간 영혼 마을〉을 위해 내가 준비해 놓은 보물창고에서 반짝이는 흰옷들을 가져오라고 명령했다.

옷들이 그의 보물창고에서 운반되어 모든 사람이 볼 수 있도록 놓였다. 왕자는 그들에게 자기의 몸에 맞는 옷들을 입으라고 명령했다. 사람들은 각각 밝고 깨끗한 흰색 세마포 옷을 입었다.

"나의 〈인간 영혼 마을〉이여!

이 옷은 내가 너희에게 주는 의복이다. 이 의복은 표지이고 나에게 속한 자들은 이 표지로 다른 자를 섬기는 종들과 구별될 수 있다. 나는 이 의복을 나에게 속한 사람에게 허락한다. 이 의복을 입지 않고는 누구도 내 얼굴을 볼 수 없다. 그러므로 나를 위해 이 의복을 입어라. 이 의복을 통해 세상이 너희가 나의 것이라는 것을 알 것이다."

독자들은 〈인간 영혼 마을〉 사람들이 왕자가 주었던 옷을 입고 얼마나 찬란하게 빛났는지 상상할 수 있을까?

그들은 해처럼 밝고, 달처럼 맑으며, 휘날리는 군대 깃발만큼 인상적이었다.

> 그 성은 해나 달의 비침이 쓸데없으니 이는 하나님의 영광이 비치고 어린 양이 그 등불이 되심이라(계 21:23).

왕자는 말했다.

"우주의 어떤 왕, 군주, 또는 힘 있는 자도 나를 제외하고는 이런 형태의 옷을 줄 수 없다. 그리고 너희는 이 의복을 통해서 나의 소유로 인정될 것이다. 또한, 내가 너희에게 입힌 희고 깨끗한 세마포에 관해 너희에게 명령을 내린다.

첫째, 매일 이 세마포를 입어라. 그래서 항상 너희가 나의 소유인 것을 알게 하라.

둘째, 항상 이 옷을 깨끗이 유지하라. 이 의복이 더럽혀진다면 그것은 나를 욕되게 하는 것이다.

셋째, 의복의 허리띠를 졸라매서 의복이 땅의 먼지와 흙에 끌리지 않도록 하라.

넷째, 발가벗고 돌아다니며 그들이 너희의 수치를 보지 않도록 의복을 잘못 두지 않도록 주의하라.

〈인간 영혼 마을〉에서 매일 교리 강의가 행해지다

다섯째, 너희가 의복에 때를 묻히거나 더럽힌다면 나와 나의 보좌 앞에서 너희의 지위가 회복되도록 나의 법에 기록된 것을 따르라. 너희 의복을 더럽히는 것은 디아볼루스를 기쁘게 하는 것이기 때문에 나는 너희가 그렇게 하는 것을 좋아하지 않는다. 나는 결코 너를 떠나거나 버리지 않고 영원히 〈인간 영혼 마을〉 안에 거할 것이다."

> 만일 우리가 우리 죄를 자백하면 그는 미쁘시고 의로우사 우리 죄를 사하시며 우리를 모든 불의에서 깨끗하게 하실 것이요(요일 1:9).

〈인간 영혼 마을〉과 주민들은 임마누엘 왕자의 오른손가락에 끼워진 인감을 새긴 반지와 같은 존재가 되었다. 〈인간 영혼 마을〉과 비교할 수 있는 마을, 도시 또는 다른 시설은 그 어디에도 없었다. 즉, 〈인간 영혼 마을〉은 디 아볼루스의 손과 힘에서 구원받은 마을이었다.

〈인간 영혼 마을〉은 샤다이왕이 사랑하고 아들인 임마누엘을 보내 지옥 무저갱의 왕에게서 구원된 마을이었다. 그렇다. 이 마을은 임마누엘 왕자가 거주하길 좋아하고 자기의 왕자를 선택한 마을이었다. 또한, 이 마을은 임마누엘 왕자가 자신을 위해 요새화하고 그의 군대로 강해진 마을이다.

이제 〈인간 영혼 마을〉이 탁월한 왕자, 황금의 장군들, 전쟁에 능한 병사들, 검증된 무기들 그리고 흰 눈처럼 하얀 의복을 가졌다는 것을 제외하고 내가 무슨 말을 더할 수 있겠는가?

이런 유익들을 하찮은 것이 아니라 위대한 것임을 알아야 한다. 왜냐하면, 〈인간 영혼 마을〉 사람들은 그런 유익들을 귀중한 것으로 여길 수 있기 때문이다. 또한, 그들은 이런 유익들을 향상하기 위해 노력할 수 있다. 이는 이 유익들을 그들에게 거저 주신 목적을 위해서다.

왕자가 자기 손으로 수고한 일들을 기뻐하며 자신이 유명하고 번성하는 마을을 위해 했던 선한 것들을 기뻐했을 때 그는 성벽 위에 깃발을 달도록 명령했다. 그리고 그들은 그렇게 했다.

그들은 순종함으로 인해 많은 유익을 누렸다.

첫째, 임마누엘 왕자가 자주 마을을 방문하는 것이었다. 매일 마을의 장로들은 왕자의 궁전으로 왕자를 알현하기 위해서 갔거나 아니면 왕자가 그

사람들에게 옷을 입히는 임마누엘 왕자

들을 만나기 위해 왔다. 그들은 함께 걸었고, 왕자가 했던 모든 위대한 일과 〈인간 영혼 마을〉을 위해 앞으로 하겠다고 약속한 일에 대해 함께 이야기했다. 이런 대화는 시장 경, 자유의지 경, 정직한 대리 설교자인 양심 서기관과 함께 이루어졌다.

복되신 왕자가 얼마나 은혜롭고, 사랑스럽고, 정중하고, 부드럽게 마을을 사랑했던가!

왕자는 가난한 사람들이 자기의 축복과 환대를 받을 수 있도록 모든 거리, 정원, 과수원 등을 방문했다. 그는 그들에게 입을 맞추었다. 또한, 그들이 아프면 그들에게 손을 얹어 그들을 치료했다.

> 예수께서 모든 도시와 마을에 두루 다니사 그들의 회당에서 가르치시며 천국 복음을 전파하시며 모든 병과 모든 약한 것을 고치시니라 (마 9:35).

왕자는 매일 장군들과 함께 시간을 보냈다. 또한, 때때로 왕자는 자기의 임재와 은혜로운 말로 그들을 격려했다. 독자들은 왕자의 미소가 하늘 아래 다른 무엇이 채우는 것보다 더 많은 활기, 생명과 용기로 그들을 충만하게 했다는 것을 알아야 한다.

왕자는 또한 그들과 함께 잔치를 벌였다. 매주 왕자와 그들 사이에 연회가 열렸다. 앞에서 나는 왕자가 마을 사람들을 위해 잔치를 베풀었다고 언급했던 것을 독자들은 기억할 것이다. 이제 이것은 일상적인 일이 되었다. 마을에서 하루하루가 잔치의 날이었다.

또한, 왕자는 그들을 빈손으로 보내지 않았다. 그들은 왕자가 준 반지, 금목걸이, 팔찌, 백옥 등 중요한 무언가를 가지고 돌아갔다. 〈인간 영혼 마을〉은 이제 왕자에게는 매우 소중했고 그의 눈에 사랑스러웠다.

둘째, 장로들과 마을 사람들이 왕자를 뵈러 오지 않을 때 왕자는 샤다이 왕의 궁전에서 나온 고기, 부왕을 위해 준비했던 포도주와 빵 그리고 그들의 식탁을 채우는 산해진미를 포함해서 그들에게 풍성한 음식을 보냈다. 이 하사 물을 본 사람은 누구나 어떤 왕국에서도 이와 같은 것을 본 적이 없다고 고백했다.

셋째, 만약 〈인간 영혼 마을〉 사람들이 왕자가 바라는 것만큼 종종 왕자를 방문하지 않는다면 왕자가 그들에게 나아가서 문을 두드리고 안으로 들어갈 수 있도록 요청했다. 이것은 왕자와 마을 사이에 우호적인 우정 관계가 지속될 수 있게 하기 위함이었다. 마을 사람들은 보통 문을 열고 왕자를 안으로 초대했다. 만약, 그들이 집에 있다면 함께 보내는 시간에 왕자는 그들을 향한 자기의 사랑을 새롭게 했고 새로운 증표와 변함없는 은혜의 표시로 그 사랑을 확증했다.

왕자와 마을 사람 사이의 이런 모습은 참으로 놀라운 모습이었다. 전에 디아볼루스가 자기 집으로 삼고 자기의 추종자들을 즐겁게 해 주었고 거의 마을의 멸망으로 이어질 뻔했던 바로 그 장소에서 왕 중의 왕이신 임마누엘 왕자가 이제 마을 사람들과 함께 먹고 마시고 있었다.

왕자가 그렇게 하는 동안, 왕자의 용맹하고 강한 장군들, 용감한 병사들, 나팔수들 그리고 부왕을 위해 노래하는 남자들과 노래하는 여자들은 모두 그들을 섬기기 위해 주위에 서 있었다. 〈인간 영혼 마을〉의 컵은 달콤한 포

〈인간 영혼 마을〉로 옮겨지는 산해진미

도주 샘에서 넘쳐 나오는 포도주로 가득 찼다. 마을 사람들은 가장 좋은 밀을 먹고 바위에서 나오는 젖과 꿀을 먹었다.

> 주께서 내 원수의 목전에서 내게 상을 차려 주시고 기름을 내 머리에 부으셨으니 내 잔이 넘치나이다(시 23:1).

〈인간 영혼 마을〉 사람들은 말했다.
"그분의 선하심이 얼마나 위대한가!
내가 그분께 은총을 얻었으니 얼마나 명예로운가!"
복되신 왕자는 마을에 신임 관리들을 세웠다. 그의 이름은 하나님의 평강(Mr. God's-Peace)이고 상냥한 사람이었다. 왕자는 그에게 자유의지 경, 시장 경, 양심 서기관, 부설교자 그리고 모든 〈인간 영혼 마을〉 사람을 감독하게 했다.

하지만, 하나님의 평강 씨는 이 마을의 토박이는 아니었다. 왜냐하면, 그는 샤다이왕의 궁전에서 임마누엘 왕자와 함께 왔고, 신뢰 장군과 선한 소망 장군과는 지인 사이로 잘 알려져 있기 때문이다. 혹자는 그들이 친척 사이라고 말했다. 그리고 나 또한 이 의견을 지지한다.

하나님의 평강 씨는 전반적으로 마을을 감독하는, 특별히 성을 감독하는 감독자로 임명받았다. 또한, 신뢰 장군은 그를 도와야 했다. 나는 다음과 같은 사실을 목도하지 않을 수 없었다. 즉, 마음이 따뜻한 신사인 하나님의 평강 씨가 지시한 대로 마을의 만사가 이루어지는 한 마을은 가장 번영했고 안정되었고 선이 지배했다. 마을에는 어떤 다툼이나 비난, 간섭 또는 부정한 일들이 일어나지 않았다.

〈인간 영혼 마을〉의 모든 사람은 자기가 맡은 바 임무에만 집중했다. 귀족들, 관리들, 병사들 모두 질서를 준수했다. 또한, 마을의 여성들과 아이들도 그들의 의무를 기쁘게 준수했고 그들이 아침부터 저녁까지 일하는 동안 흥겹게 노래를 불렀다. 마을 전체에 걸쳐서 단지 화합, 정숙, 기쁨과 활력만 차고 넘쳐났고 이 모습은 여름 내내 계속되었다.

제19장

육신의 안락에 의해 기만 당하다
Deceived by Carnal Security

하지만, 임마누엘 왕자가 이 모든 자비를 베푼 후 마을에 육신의 안락(Mr. Carnal-Security)이라는 이름의 한 남자가 마을을 크고 심각한 노예와 속박으로 이끌었다. 독자들이 마을에 일어났던 일을 더 잘 이해할 수 있도록 그와 그가 했던 일에 대한 간략한 설명을 제공하겠다.

디아볼루스가 처음 〈인간 영혼 마을〉을 소유했을 때 그는 자기를 따르는 많은 자를 데리고 왔다. 이 자들은 모두 디아볼루스의 죄성을 공유했다. 그들 가운데 자만 씨(Mr. Self-Conceit)라는 이름을 가진 자가 있었다.

> 자기의 마음을 믿는 자는 미련한 자요 지혜롭게 행하는 자는 구원을 얻을 자니라 (잠 28:26).

그는 그 당시 〈인간 영혼 마을〉을 소유했던 그 누구 못지않게 대담한 태도를 가진 유명한 자였다. 디아볼루스는 이 자가 활동적이고 대담하다는 것을 알아차렸고 많은 끔찍한 계획에 그를 이용했다. 그런데 그는 소굴에서 그와 함께 왔던 대부분 사람보다 더 그런 계획을 잘 수행했다.

이것이 그의 주인인 디아볼루스를 매우 기쁘게 했다. 따라서 디아볼루스는 그가 자기 목적을 위해 적합하다고 생각했기 때문에 다른 사람들보다 그를 더 선호했고 그의 서열을 위대한 자유의지 경 다음으로 정했다. 그 당시 자유의지 경은 그와 그가 이룬 업적에 대해 만족했다.

그래서 자유의지 경은 그에게 자기 딸인 아무것도 두려워하지 않는 숙녀(the Lady Fear-Nothing)를 그의 아내로 주었다.

옛부터 계시는 하나님이 들으시고 그들을 낮추시리이다(셀라) 그들은 변하지 아니하며 하나님을 경외하지 아니함이니이다(시 55:19).

그녀와 자만 씨는 성장해서 장차 육신의 안락이라는 신사가 되는 아이를 뱄다.

사람은 하나님을 자기 힘으로 삼지 아니하고 오직 자기 재물의 풍부함을 의지하며 자기의 악으로 스스로 든든하게 하던 자라 하리로다(시 52:7).

이런 관계들로 인해 〈인간 영혼 마을〉 태생의 주민이 누구인지 또한 누가 마을의 원래 주민인지를 결정하기는 어려웠다. 왜냐하면, 육신의 안락 씨는 어머니 쪽에서는 자유의지 경 가문의 출신이었지만 그의 아버지는 천성적으로 디아볼루스 추종자였기 때문이다.

육신의 안락은 아버지와 어머니를 닮아 자만심이 강하고 아무것도 두려워하지 않으며 매우 바쁜 사람이었다. 육신의 안락이 시작이나 끝에 있지 않는 한 〈인간 영혼 마을〉에는 어떤 뉴스나 교리, 변화나 변화에 대한 이야기조차 유포되지 않았다. 그는 자신이 생각하기에 가장 약한 사람들을 피했고 자신이 생각하기에 가장 강한 사람들 편에 속한 사람들과 항상 함께 했다.

전능한 샤다이왕과 그의 아들 임마누엘이 〈인간 영혼 마을〉을 취하기 위해 마을에 전쟁을 벌일 때 이 육신의 안락이라는 자는 그 당시 마을에 있었다. 사람들 가운데 훌륭한 행동가로서 그는 마을 사람들의 반란을 부추겼다. 그는 마을 사람들의 선한 본성을 이용했고 왕의 군대에 저항하는 데 있어서 그들이 마음을 단단히 먹도록 격려했다.

그는 마을이 점령되어 영광스러운 임마누엘 왕자가 생각하는 목적으로 바뀌고 그런 후에 디아볼루스가 쫓겨나서 많은 경멸과 조롱 가운데 어쩔 수 없이 성을 떠날 때 그에게 이루어졌던 것을 목격했고, 그때 그는 교활하게 변절(變節)했다. 그는 디아볼루스를 섬겼던 것과 같은 방식으로 왕자의 적에 대항하여 왕자를 섬기는 척했다.

임마누엘 왕자에 관한 일들을 조금 알아낸 후 대담한 사람이었던 그는 마을 사람들 가운데 들어가 그들 사이에 잡담하려고 했다. 그는 〈인간 영혼 마을〉의 권세와 힘이 크다는 것을 알고 있었다. 또한, 그는 만약 자신이 그들의 힘과 영광을 이야기한다면 그것이 사람들을 기쁘게 하리라는 것을 알고 있었다. 따라서 그는 마을의 권세와 힘에 대해 언급하면서 이야기를 시작했다. 그는 마을이 난공불락이라고 선언했다. 그리고 그는 장군들, 투석기와 파성퇴의 위대성에 관해 이야기했고 성채와 요새에 대해 자랑했다. 마지막으로 그는 왕자가 〈인간 영혼 마을〉 사람들이 영원히 행복할 것이라는 믿음을 주었던 것을 언급했다.

> 내 평생에 선하심과 인자하심이 반드시 나를 따르리니 내가 여호와의 집에 영원히 살리로다(시 23:6).

마을 사람 중 몇몇이 그가 하는 말을 기뻐하고 관심을 두는 것을 보고 그는 거리마다 집집마다 돌아다니며 남자 대 남자로 대화하는 것을 자기 일로 삼았다. 마침내 그는 그들이 춤을 출 때 피리를 불면서 마을 사람들을 이끌었다. 마을 사람들은 기분이 좋았다. 춤을 출 때 그들은 거의 육신의 안락만큼이나 육신적으로 안락을 추구하게 되었다.

그리고 이것은 단지 시작에 불과했다. 왜냐하면, 그들은 이야기를 나누는 것에서 잔치로, 잔치에서 즐기고 웃고 술 마시고 노래하며 즐겁게 떠들고 노는 것으로 옮겨 갔기 때문이다. 따라서 그들은 이런저런 일에 있어서 그들의 욕구를 따랐다.

임마누엘 왕자는 아직 〈인간 영혼 마을〉에 있었다. 그리고 그는 그들의 행동을 관찰했다. 시장 경, 자유의지 경, 양심 서기관 역시 이 헛된 말을 하며 속이는 디아볼루스 추종자의 말에 현혹이 되었다.

> 불순종하고 헛된 말을 하며 속이는 자가 많은 중 할례파 가운데 특히 그러하니 (딛 1:10).

하지만, 그들은 왕자가 그들에게 어떤 디아볼루스 추종자의 교활한 속임수로 오도되거나 속지 않도록 주의하라고 경고한 것을 망각했다.

임마누엘 왕자는 그들에게 지금 번영하고 있는 〈인간 영혼 마을〉의 안전은 현재의 요새와 힘에 그렇게 많이 놓여 있는 것이 아니라 어떻게 마을 사람들이 자기가 가진 것을 활용하는지에 달려 있다고 말했다.

즉, 마을의 안전은 임마누엘 왕자가 성안에 머물게 하는 것에 달려 있었다. 왜냐하면, 임마누엘 왕자의 가르침은 〈인간 영혼 마을〉 사람들이 아버지인 샤다이왕의 사랑과 자기의 사랑을 망각하지 않도록 주의해야 하는 것이었기 때문이다. 또한, 그들이 겸손하게 그런 사랑 가운데 머물러야 하는 것이었다.

그들이 지금 하는 것은 왕자가 당부한 것을 하는 방법이 아니었다. 그들은 디아볼루스 추종자 가운데 하나인 육신의 안락 씨와 사랑에 빠졌다. 그들은 육신의 안락 씨에 의해 마음대로 끌려다니고 있었다. 그들은 왕자의 말에 귀를 기울였어야 했고, 두려움과 사랑으로 반응했어야 했다. 그들은 품행이 사악한 디아볼루스 추종자 놈을 돌로 쳐 죽이고 왕자가 당부한 길을 걷도록 주의해야 했다. 만약, 그들이 그렇게 했다면 그들은 강과 같은 평강과 바다 물결 같은 공의를 즐겼을 것이다(사 48:18).

육신의 안락의 계략이 〈인간 영혼 마을〉 사람들의 마음을 냉랭하게 했고 왕자에 대한 실제적인 사랑도 식게 했다는 것이 임마누엘 왕자에게는 명백하게 보였다. 그는 그들 때문에 애통했고 수석 비서 경과 함께 그들의 상태를 슬퍼했다.

왕자는 다음과 같이 말했다.

"오, 내 백성들이 내 말을 듣고 〈인간 영혼 마을〉이 나의 길에서 행했었더라면 나는 가장 기름진 밀과 반석에서 나오는 꿀로 그들을 부양했을 텐데 … "

그리고 왕자는 마음속으로 말했다.

'〈인간 영혼 마을〉 사람들이 그들이 했던 것을 숙고하고 그들의 범죄를 인정할 때까지 나는 내 집인 궁전으로 돌아갈 것이다.'

그리고 왕자는 아버지의 궁으로 돌아갔다. 왜냐하면, 왕자와 〈인간 영혼 마을〉 사람들의 관계가 다음과 같이 여러 면에서 약해졌다는 것을 알게 되었기 때문이다.

첫째, 그들은 왕자와의 교제를 중단했고 더는 왕자를 알현하거나 그의 왕궁으로 가지 않았다.

둘째, 그들은 왕자가 더는 자신들을 방문하기 오지 않았다는 것에 유의하거나 주목하지 않았다.

셋째, 왕자가 계속해서 관습대로 왕자와 그들 사이에 애찬(愛餐)을 열었지만, 그들은 그 애찬에 오거나 그것을 기뻐하는 것을 소홀히 했다.

넷째, 그들은 더는 왕자의 지도를 기다리지 않고 고집불통이 되어갔다. 그들은 자신을 강하고 무적이라고 생각했고 마을이 안전하다고 생각했다. 그들은 마을은 적의 손길이 미치지 않는 곳에 있고 자기의 상태는 영원히 변함이 없으리라 생각했다.

이와같이 임마누엘 왕자는 육신의 안락의 교활함으로 인해 〈인간 영혼 마을〉이 더는 자신이나 그의 아버지를 의지하지 않는다는 것을 알게 되었다. 왕자는 무엇보다도 애통하며 그들이 따르는 방식이 위험하다는 것을 깨닫게 하기 위한 조치를 취했다.

왕자는 그들이 그런 방식을 따르지 못하게 하도록 수석 비서 경을 보냈다. 하지만, 두 번이나 수석 비서 경이 왔을 때 그는 그들이 육신의 안락 씨의 응접실에서 즐겁게 저녁 식사를 하며 식욕을 채우고 있는 것을 발견했다.

그는 그들이 자신들의 이익과 관련된 문제에 대해 판단하지 않으려는 것을 알았다. 이것이 그를 슬프게 했고 그는 그 자리를 떠났다. 그가 임마누엘 왕자에게 일어났던 일을 말했을 때 왕자는 노(怒) 했으며 또한 슬퍼했다. 그래서 그는 아버지의 궁으로 돌아갈 준비를 하셨다.

> 여호와께서 이르시되 나의 영이 영원히 사람과 함께 하지 아니하리니 이는 그들이 육신이 됨이라 그러나 그들의 날은 백이십 년이 되리라 하시니라(창 6:3).

임마누엘 왕자는 여전히 마을에서 그들과 함께 있는 동안에도 전보다 더 한적한 곳에 계셨고 더 물러나 계셨다. 〈인간 영혼 마을〉 사람들은 왕자가 그들에게 왔을 때만큼 그의 말씀이 더는 즐겁고 친숙하다고 생각하지 않았다. 게다가 왕자는 과거에 자기의 식탁에서 산해진미를 보내는 것에 익숙했던 것만큼 더는 자기의 식탁에서 산해진미를 보내지 않았다.

만약 마을 사람들이 그의 문으로 온다면 그들은 한두 번 문을 두드릴 수도 있었다. 하지만, 왕자는 그들을 눈여겨보는 것처럼 보이지 않았다. 과거

임마누엘 왕자가 인간 영혼을 떠나다

제19장 육신의 안락에 의해 기만 당하다

에 왕자는 그들이 다가오는 소리에 반쯤 달려가 반갑게 맞아 주시고 안으로 초대하여 가까이 안아 주셨다. 이제 그들이 그를 방문했을 때 그들은 왕자가 과거처럼 쉽게 말을 걸지 않으시는 것을 알았다.

현재로서는 임마누엘 왕자는 그런 것을 참아 주었다. 그리고 왕자는 그들이 전심으로 자신에게 돌아오기를 바라며 그들로 하여금 그동안 일어났던 모든 일을 성찰하게 하려고 애썼다.

하지만, 슬프게도 그들은 왕자와의 관계에서 변화가 그들을 괴롭히지 않았기 때문에 왕자의 방식을 고려하거나 중요하게 여기지 않았다. 그들은 왕자가 예전에 베풀었던 호의에 대해 정말로 생각하지 않았다.

결과적으로 왕자는 먼저 자신의 궁전에서 물러나 마을 문으로 거처를 옮기셨고 마침내 〈인간 영혼 마을〉에서 멀어지면서 그들이 죄를 인정하고 간절히 자기 얼굴을 찾을 때까지 기다렸다. 하나님의 평강 씨(Mr. God's-Peace) 또한 자기의 임무를 내려놓았고 당분간 더는 마을에서 자기 영향력을 행사하지 않았다.

따라서 〈인간 영혼 마을〉은 왕자의 길과는 정반대로 행했다. 그리고 이에 대한 보복으로 왕자도 그들과는 반대 방향으로 행했다.

> 사람이 뜻이 같지 않은데 어찌 동행하겠으며(암 3:3).

불행하게도 이 무렵 그들의 마음은 강퍅하고 완고했고 자기 고집대로 행했다. 왜냐하면, 그들은 육신의 안락 씨가 가르쳤던 교리의 많은 부분을 받아들였기 때문이다. 그래서 그들의 왕자가 떠났을 때 그것이 그들을 전혀 괴롭히지 않았다. 심지어 왕자를 생각하지도 않았다. 그래서 왕자의 부재는 그들을 조금도 슬프게 하지 않았다.

제2부

〈인간 영혼 마을〉의 전쟁과 평화

Massoul: War and Peace

제20장

하나님을 경외함 씨가 큰 소리로 말하다

Godly-Fear Speaks Out

이제 이 늙은 신사인 육신의 안락(Carnal-Security)은 〈인간 영혼 마을〉 사람을 위해 잔치를 준비하는 날이 왔다. 그때 마을에는 하나님을 경외함 씨가 있었다.

> 여호와를 경외함이 지혜의 근본이라 그의 계명을 지키는 자는 다 훌륭한 지각을 가진 자이니 여호와를 찬양함이 영원히 계속되리로다(시 111:10).

과거에는 그의 참석을 요구했지만, 지금은 참석을 요청받는 일이 거의 없다. 늙은 육신의 안락 씨는 마음에 계획이 있었다. 그의 생각은 그가 마을 사람에게 했던 것처럼 가능하면 이 사람을 그릇 되게 인도해서 속이려는 것이었다.

그래서 그는 하나님을 경외함 씨를 잔치에 초대했다. 모든 준비가 끝났을 때 하나님을 경외함 씨는 나머지 손님들과 함께 도착했다. 모두 식탁에 앉았고 음식과 음료를 대접받았다. 늙은 하나님을 경외함 씨만 제외하고는 모두 잔치 속에서 즐겁게 떠들며 놀았다.

하나님을 경외함 씨는 무리 가운데 낯선 사람처럼 앉아 있었다. 그는 먹지도 않았고 즐겁게 떠들며 놀지도 않았다. 이를 본 육신의 안락 씨가 하나님을 경외함 씨에게 다가가 말을 걸었다.

"하나님을 경외함 씨, 몸이 좋지 않은가요?
당신은 정신적 아니면 육체적으로 아프거나 어쩌면 둘 다인 것 같습니다. 나에게는 망선 씨(Mr. Forget-Good)가 만든 술이 있습니다. 이 약은 사람에게 생명과 쾌활함을 가져다줍니다. 이 약은 약하고 우울한 사람의 사기를 진작시킵니다. 한 모금 마셔 보세요. 저는 이 약이 당신을 즐겁게 만들고, 근심 걱정이 없게 해서 우리의 잔치 동반자로서 더 적합하게 해 주길 바랍니다."

하나님을 경외함 씨는 조심스럽게 대답했다.

"선생님, 예의 바르고 공손한 모든 것에 감사합니다. 하지만, 나는 마시고 싶지 않습니다. 나는 〈인간 영혼 마을〉 사람들에게 할 말이 있습니다.

여러분, 〈인간 영혼 마을〉의 원로들과 중요한 시민들이여!

〈인간 영혼 마을〉이 이렇게 비참한 상황에 처해 있는데도 여러분이 그렇게 활기차고 즐거워하는 모습을 보니 이상합니다."

육신의 안락 씨는 하나님을 경외함 씨의 말을 무시하려 애썼다.

"잠이 필요하신 것 같습니다. 제가 편안한 방을 제공하겠습니다. 가서 누워서 낮잠을 자고 그동안 우리는 즐겁게 지낼 것입니다"

하나님을 경외함 씨는 육신의 안락 씨를 직접 바라보고 말했다.

"육신의 안락 씨, 당신의 마음이 정직하다면 당신은 당신이 했던 것을 할 수 없고, 계속해서 할 수도 없습니다."

"어째서 할 수 없나요?"

육신의 안락 씨가 어깨를 으쓱했다.

"나를 방해하지 마세요."

하나님을 경외함 씨가 꾸짖었다.

"〈인간 영혼 마을〉이 강성했던 것은 사실입니다. 또한, 샤다이왕과의 협정에 영향을 미치는 조건부 합의를 했었기 때문에 마을은 난공불락이었습니다. 하지만, 〈인간 영혼 마을〉에 사는 당신들이 유명한 우리 마을을 약하게 했습니다. 〈인간 영혼 마을〉은 이제 적들에 대해 책임져야 합니다. 지금은 의기양양하거나 침묵할 때가 아닙니다".

하나님을 경외함 씨는 육신의 안락 씨를 향해 손짓했다.

"당신은 〈인간 영혼 마을〉을 빼앗고 마을의 영광을 퇴색하게 했습니다. 당신은 마을의 망루를 무너뜨렸고 마을의 성문을 부쉈습니다. 자물쇠와 빗장이 주는 안전을 쓸모없게 만들었습니다.

내 말이 무슨 의미인지 명확하게 설명하겠습니다. 선생! 당신과 〈인간 영혼 마을〉의 귀족들의 힘이 너무 커졌을 때부터 마을의 힘은 약해졌소. 임마누엘 왕자님은 이곳을 떠나버리셨습니다. 누군가 내가 하는 말의 진실에 의문을 제기하고 싶다면 나는 이런 질문을 여러분에게 하고 싶습니다.

임마누엘 왕자님은 어디에 계십니까?
〈인간 영혼 마을〉에 있는 남자나 여자가 그분을 마지막으로 보았던 것이 언제입니까?
언제 마지막으로 그분에게서 소식을 들었습니까?
또한, 언제 마지막으로 그분이 주시는 진수성찬을 맛보았습니까?

당신들은 지금 이 디아볼루스 추종자인 이 괴물과 잔치를 벌이고 있지만, 그는 당신들의 왕자가 아닙니다.

> 그러나 이 사람들은 본래 잡혀 죽기 위하여 난 이성 없는 짐승 같아서 그 알지 못하는 것을 비방하고 그들의 멸망 가운데서 멸망을 당하며. 불의의 값으로 불의를 당하며 낮에 즐기고 노는 것을 기쁘게 여기는 자들이니 점과 흠이라 너희와 함께 연회할 때에 그들의 속임수로 즐기고 놀며 음심이 가득한 눈을 가지고 범죄하기를 그치지 아니하고 굳세지 못한 영혼들을 유혹하며 탐욕에 연단된 마음을 가진 자들이니 저주의 자식이라. 그들이 바른 길을 떠나 미혹되어 브올의 아들 발람의 길을 따르는도다 그는 불의의 삯을 사랑하다가 (벧후 2:12-15).

원수들이 우리의 성벽을 뚫지 못하도록 성벽 밖의 원수들에게 주의를 기울였다면 그들은 당신들을 먹이로 삼지 못했을 것입니다. 하지만, 당신들이 왕자님에게 죄를 지었으니, 원수들은 지금 내부에 있고 당신들에겐 너무 힘든 상대였습니다."

육신의 안락 씨는 하나님을 경외함 씨를 향해 무시하는 손짓을 했다.

"쳇! 하나님을 경외함 씨, 당신은 두려움과 용기 부족을 떨쳐버리지 못하나요?
놀라서 말문이 막힐까 봐 두려운 거죠?
누가 당신을 다치게 했나요?"

그는 고개를 옆으로 기울이며 신실한 척했다.

육신의 안락 씨의 잔치에 참석한 하나님을 경외함 씨

"이봐요, 난 당신 편입니다. 하지만, 당신은 의심하지만, 나는 확신하고 있소."

그는 자기 손바닥을 천장 쪽을 향하며 몸을 으쓱했다.

"게다가 지금이 슬퍼할 때입니까?

잔치는 웃고 즐기자고 하는 것입니다.

먹고 마시고 즐겁게 놀아야 하는데도 당신은 어째서 우리에게 부끄러움과 골칫거리가 되게 우울한 말을 하는 겁니까?"

하나님을 경외함 씨는 긴 한숨을 쉬었다.

"임마누엘 왕자님이 마을에서 떠났기 때문에 내가 슬퍼하는 것이오. 내 말이 들립니까?

왕자님이 가버렸다고 내가 말하지 않았소. 선생, 당신이 왕자를 쫓아낸 당사자요. 그분은 심지어 자신이 남겨 둔 〈인간 영혼 마을〉의 귀족들에게도 알리지 않고 가버리셨습니다. 그것이 그분의 분노 표시가 아니라면 나는 경건의 본질을 모르는 자일 것입니다.

귀족들과 신사 숙녀 여러분!

저는 계속 여러분에게 말씀드립니다. 여러분이 그분과의 교제가 점점 줄어들자, 그것이 그분을 화나게 했고 그분은 서서히 여러분에게서 떠나게 된 것입니다. 그분은 얼마 동안 그렇게 해오셨습니다. 아마 여러분이 눈치채서 정신을 차리고 스스로 겸비하여 그분과의 관계를 새롭게 했다면 … "

슬픔이 하나님을 경외함 씨의 눈에 아른거렸다.

"누구도 분노와 심판의 두려운 이런 초기 단계를 눈치채지 못하고 또한 그런 것에 신경을 쓰지 않는 것을 그분이 보았을 때 그분은 이곳을 떠나셨습니다. 나는 내 눈으로 목격했습니다.

여러분이 자랑하고 뽐내는 동안 여러분의 힘이 되신 분은 가버리셨습니다. 당신들은 자는 동안 어깨까지 내려온 머리털과 함께 힘을 잃어버린 사람과 같습니다.

> 들릴라가 삼손에게 자기 무릎을 베고 자게하고 사람을 불러 그의 머리털 일곱 가닥을 밀고 괴롭게 하여 본즉 그의 힘이 없어졌더라 (삿 16:19).

당신들은 이 잔치를 베푼 연회장과 함께 정신을 차리고 전에 했던 것처럼 모든 것을 할 수 있다고 생각할지도 모릅니다. 하지만, 그분은 여러분에게서 떠났습니다. 그리고 그분이 없다면 여러분은 아무것도 할 수 없습니다. 따라서 여러분은 잔치를 애통으로 바꾸고 웃음을 울음으로 바꾸십시오."

하나님을 경외함 씨가 했던 이런 말은 〈인간 영혼 마을〉의 옛 서기관이었던 부설교자인 양심 씨를 깜짝 놀라게 했다. 그는 말했다.

"형제들이여!

나는 하나님을 경외함 씨가 우리에게 말한 것이 사실일까 두렵습니다. 나도 왕자님을 오랫동안 보지 못했습니다. 나는 심지어 왕자님과 함께했던 마지막 시간도 기억할 수 없습니다. 나는 하나님을 경외함 씨에게 답할 수 없습니다. 이 모든 것이 〈인간 영혼 마을〉에 불행을 예고하는 것 같아서 두렵습니다."

하나님을 경외함 씨는 양심 씨의 말에 동의했다.

"나는 여러분이 〈인간 영혼 마을〉에서 왕자님을 찾지 못할 것을 알고 있습니다. 왜냐하면, 왕자님은 장로들의 무관심과 그들의 행동에 지혜가 부족함으로 인해 떠나셨기 때문입니다. 그분이 떠나신 이유는 그들이 왕자님이 베푸셨던 은혜를 차마 견딜 수 없는 불친절로 보답했기 때문입니다.

양심 씨의 얼굴이 창백해졌고 식탁에서 금방이라도 쓰러질 것처럼 보였다. 그 사람만이 아니었다. 육신의 안락 씨를 제외한 잔치에 참여한 모든 사람의 안색이 잿빛으로 변하기 시작했다.

육신의 안락 씨는 상황이 그렇게 침울하게 전개되는 것을 싫어했고, 연회장 뒷방으로 들어가 버렸다. 하나님을 경외함 씨가 말하는 것을 들었던 사람들은 조금 회복했다. 그들은 하나님을 경외함 씨가 했던 말을 믿기로 했다. 그들은 자신들을 악으로 끌어들인 이 집 주인에 관해 어떻게 해야 할지 그리고 임마누엘 왕자의 사랑을 되찾기 위한 최고의 방법을 찾기 위해 서로 논의했다.

그들이 이 말을 했을 때 그들은 〈인간 영혼 마을〉을 속이기 위해 그런 거짓 선지자가 그들 가운데 생겨났을 때 왕자가 그들에게 하라고 명령했던 일을 떠올렸다. 그들 마음에서 타오르는 이런 말들을 확신했으므로 그들은 육신의 안락 씨를 거짓 선지자라고 결론지었다. 따라서 그들은 그와 함께 그의 집을 불태웠다. 왜냐하면, 그는 천성적으로 디아볼루스 추종자였기 때문이었다.

만일 어떤 선지자가 내가 전하라고 명령하지 아니한 말을 제 마음대로 내 이름으로 전하든지 다른 신들의 이름으로 말하면 그 선지자는 죽임을 당하리라 하셨느니라(신 18:20).

그런 후에 그들은 임마누엘 왕자를 찾기로 했다. 그들은 왕자를 찾았지만, 찾지를 못했다. 이를 통해 경건한 두려움 씨가 했던 말이 사실임을 확인했고, 그들은 자신을 판단하고 자기가 저지른 사악하고 경건하지 못한 일들을 반성하게 되었다. 그들은 왕자가 떠난 것이 그들 때문이라는 것을 깨달았다.

그들은 샤다이왕의 수석 비서 경을 만나러 가기로 했다. 하지만, 그들은 수석 비서 경의 말을 들으려 하지 않았고 그들의 행동은 그를 슬프게 했었다. 그는 선견자였다. 그들은 그에게 임마누엘 왕자가 어디에 있는지 또한 그들이 어떻게 그에게 탄원서를 보내야 할지를 말해 줄 수 있는지 물어보고 싶었다.

하지만, 수석 비서 경은 그들이 이 문제를 논의하는 것을 허락하지 않았다. 또한, 그는 그들이 자기의 왕궁에 들어오는 것도 허락하지 않았다. 그는 심지어 그들에게 얼굴을 보이지도, 정보를 알려 주지도 않았고 그들을 교훈하지도 않았다.

암울한 구름이 어둠의 두꺼운 담요처럼 〈인간 영혼 마을〉 위에 걸려 있었다. 그리고 그들은 자기가 어리석었다는 것을 알았다. 처음으로 그들은 육신의 안락 씨와의 교제, 으스대는 말들, 계속되는 한가로운 수다가 불행한 〈인간 영혼 마을〉에 초래했던 비참한 피해를 인식했다.

그들은 그들이 치러야 할 추가적인 희생이 얼마나 될 것인지에 대해 생각했다. 이런 생각들이 마음속에 한꺼번에 몰려오면서 마을 사람들은 다시 한번 하나님을 경외함 씨를 훌륭한 명성을 가진 사람으로 바라보았다. 그들은 하나님을 경외함 씨를 선지자로 간주할 준비가 되어 있었다.

안식일이 왔을 때 그들은 그들의 부설교자인 양심 씨의 설교를 듣기 위해 갔다. 그의 설교는 마치 천둥과 번개로 무섭게 내리치는 것과 같았다!

그가 설교 본문으로 택한 책은 예언자 요나의 책이었다.

거짓되고 헛된 것을 숭상하는 모든 자는 자기에게 베푸신 은혜를 버렸사오나(욘 2:8).

그는 그날 사람들이 낙담할 정도로 강한 권능과 권위로 설교했다. 그의 메시지는 그들이 일반적으로 듣거나 본 것과는 달랐다. 설교가 끝날 무렵 사람들은 거의 집에 가거나 일을 할 수가 없었다. 설교는 그들에게 너무 큰 영향을 끼쳐서 그들은 어떻게 해야 할지 몰랐다.

설교에서 양심 씨는 마을 사람들에게 그들의 죄를 보여 주었을 뿐만 아니라 자기 죄를 깨달았기 때문에 그들에게 설교하기 전에 두려워 떨기도 했다.

"내가 그렇게 악한 짓을 하다니 내가 얼마나 어리석은 사람인가!

임마누엘 왕자님이 〈인간 영혼 마을〉에 자기의 율법을 가르치기 위해 세웠던 설교자인 나 자신이 무분별하고 이성 없이 살았고 범죄 가운데 발견된 사람들 가운데 하나라니!

이런 범죄가 내가 사역하는 구역 내에서 일어났다. 나는 그런 사악함에 대해 소리쳤어야 했다. 하지만, 나는 〈인간 영혼 마을〉이 임마누엘 왕자님을 마을에서 쫓아낼 때 마을 사람들이 그런 범죄 안에 빠져 있도록 방치했다."

그는 또한 마찬가지로 왕자님의 떠나도록 아무것도 하지 않은 〈인간 영혼 마을〉의 모든 유지와 귀족을 비난했다.

이 무렵 커다란 역병이 〈인간 영혼 마을〉을 덮쳤고 주민 대부분이 고통을 받았다. 여기에는 장군들과 병사들도 포함되었다. 그들은 오랫동안 이런 상태로 쇠약해졌다. 외부에서 침략한다면 마을 사람들이나 일선 장교들은 중요한 어떤 조치도 취할 수 없을 정도로 역병은 심각했다. 사람들의 얼굴은 창백했고, 떨리는 손과 무릎으로 남자들은 신음과 헐떡거리는 가운데 〈인간 영혼 마을〉을 비틀거리며 돌아다녔다. 그리고 멀리서 보면 더 많은 사람이 쓰러질 것처럼 허약해 보였다.

> 그러므로 나도 너를 쳐서 병들게 하였으며 네 죄로 말미암아 너를 황폐하게 하였나니. 네가 먹어도 배부르지 못하고 항상 속이 빌 것이며 네가 감추어도 보존되지 못하겠고 보존된 것은 내가 칼에 붙일 것이며(미 6:13-14).

그들은 여전히 임마누엘 왕자가 주었던 옷을 입고 있었지만, 딱한 지경에 처해 있었다. 어떤 옷은 구멍이 났고 어떤 옷은 찢어진 상태였지만, 모든 옷의 상태가 매우 불결했다. 일부 옷은 더는 몸에 맞지 않고 너무 느슨하게 그들 몸에게 걸쳐져 있어서 덤불에 걸린다면 옷들은 그들에게서 뜯겨 나와 벌거벗은 채로 다녔을 것이다.

그들이 이 슬프고 암울한 상태로 한동안 시간을 보낸 후, 부설교자인 양심 씨는 하루 금식할 것을 요구했고 위대한 샤다이왕과 그의 아들에 반항하여 그렇게 악하게 굴었던 것에 대해 사람들에게 스스로 겸비할 것을 요구했다. 그리고 그는 보아너게 장군에게 설교해 주기를 요청했고 보아너게 장군은 그렇게 하기로 동의했다.

설교하기로 한 날이 왔을 때 그의 메시지는 "찍어 버리라. 어찌 땅만 버리게 하겠느냐"라는 말씀에 기초한 설교였다.

> 이에 비유로 말씀하시되 한 사람이 포도원에 무화과나무를 심은 것이 있더니 와서 그 열매를 구하였으나 얻지 못한지라. 포도원 지기에게 이르되 내가 삼 년을 와서 이 무화과나무에서 열매를 구하되 얻지 못하니 찍어 버리라 어찌 땅만 버리게 하겠느냐(눅 13:6-7).

그는 활기차게 설교했다. 이 말씀은 무화과나무가 열매를 맺지 못하고 있다는 이 본문을 선택한 이유를 보여 주었다. 그런 후에 그는 특히 이 본문 안에 포함된 내용, 즉 회개 아니면 완전히 황량하게 되는 것 사이의 선택을 보여 줌으로써 본문을 따라가며 설교했다. 그는 그들에게 이런 선고를 했던 것은 다름 아닌 샤다이왕의 권위에 의한 것임을 보여 주었다. 마지막으로 자기의 주장을 뒷받침하는 이유를 제시한 뒤 그는 설교를 마무리했다.

양심 씨가 〈인간 영혼 마을〉 사람에게 해야 했던 것은 적용에 있어서 너무도 적절해서 불쌍한 〈인간 영혼 마을〉 사람들은 두려움으로 떨었다. 왜냐하면, 이전 설교뿐만 아니라 이번 설교도 마을 사람들의 마음을 움직였기 때문이다. 그것은 이전의 설교를 통해 깨어 있는 사람들의 마음을 더욱 뜨겁게 하는 데 일조했다. 또한, 결과적으로 마을 전역에 걸쳐서 애도와 슬픔을 들을 수 있었다.

설교가 끝난 후 마을 사람들은 그들이 할 수 있는 최선의 일에 대해 논의하기 위해 모였다. 양심 씨는 목소리를 높여 말했다.

"나는 나의 이웃인 하나님을 경외함 씨와 함께 이것을 논의하지 않고 나 혼자만의 결정으로는 어떤 것도 하지 않을 것입니다. 왜냐하면, 그는 우리가 제공했던 것보다 우리 왕자의 마음이 어떠한지에 대해 더 많이 이해할 수 있게 해 주었기 때문입니다. 나는 확신할 수 없지만, 우리가 다시 도덕적 선으로 돌아가고 있는 지금 우리가 그렇게 할 수 있는 것은 그에게 동일한 통찰력이 있다고 생각합니다."

그래서 그들은 하나님을 경외함 씨를 불렀고 그는 즉시 나타났다. 그가 도착하자마자 그들은 그에게 자기가 원하는 것을 말했다. 그리고 그들은 자기가 해야 할 최선의 일에 대해 그에게 말해 달라고 부탁했다.

늙은 신사인 하나님을 경외함 씨는 단도직입적으로 말했다.

"저의 의견은 다음과 같습니다. 지금처럼 고통을 받는 〈인간 영혼 마을〉은 심기가 불편하신 임마누엘 왕자님에게 겸손한 탄원서를 작성해서 보내야 합니다. 그러면 왕자님이 그분의 호의와 은혜로 여러분에게 다시 돌아서서 영원히 분노하지 않을 것입니다."

> 궁핍한 자가 항상 잊어버림을 당하지 아니함이여 가난한 자들이 영원히 실망하지 아니하리로다(시 9:18).

마을 사람들이 이 말을 들었을 때 그들은 그의 조언에 하나같이 동의했고 그들의 요청을 작성했다. 그런 후에 그들은 누가 그것을 왕자에게 전달해야 할지 결정해야 했다. 그들은 그것을 시장인 명철 경을 보내는 것에 동의했다. 그는 이런 방식으로 섬길 기회를 받아들였다. 명철 경은 만반의 준비를 해서 임마누엘 왕자가 머무는 샤다이왕의 궁전 문에 도착했다.

그러나 문은 굳게 닫혀 있었고 경계병이 감시하며 경계를 서고 있었다. 그래서 명철 경은 문밖에 서 있을 수밖에 없었다. 경계병은 안으로 들어가서 샤다이왕과 그의 아들인 임마누엘 왕자에게 〈인간 영혼 마을〉의 시장이 왕의 궁정 문밖에 서 있고 왕자의 어전(御前)에 들어갈 수 있기를 간절히 바라고 있다고 말했다.

하지만, 왕자는 시장 경을 안으로 들이지 않았다. 대신 그는 이런 답변을 보냈다.

"그들은 내게 등을 돌리고 얼굴을 돌리지 않고 있다가 이제 그들이 곤경

문에서 기다리는 명철 시장 경

에 처했을 때 그들은 나에게 '일어나 우리를 구하소서'라고 말한다.

그들이 나에게서 돌아서서 했던 것처럼 육신의 안락 씨에게로 가서 그를 그들의 지도자와 주로 삼아 지금처럼 곤경을 당하는 때에 보호를 요청하는 것이 어떤가?

그들이 번영할 때 그들은 타락했다.

어째서 그들이 곤경에 처했을 때 나를 방문하는 것인가!"

왕의 답변을 들었을 때 명철 시장의 얼굴은 짙은 자줏빛으로 변했다. 왜냐하면, 그런 답변이 그를 괴롭히고 당황하게 했을 뿐만 아니라 그를 근심하게 했기 때문이다. 그는 육신의 안락 씨와 같은 디아볼루스 추종자들과 친숙하게 지내는 것이 가져오는 결과를 다시 보았다.

그가 궁전 쪽을 바라보았을 때 그는 자신이나 〈인간 영혼 마을〉의 친구들을 위해 기대할 수 있는 도움은 거의 없다는 것을 알았다. 그는 겸허하게 가슴을 치며 돌아오는 길 내내 〈인간 영혼 마을〉이 처한 비참한 상황에 대해 울며 슬퍼했다.

그가 마을에 모습을 나타내자, 마을의 장로들과 지도자들은 그를 맞이하고 궁정에서 어떻게 상황이 전개되었는지를 알기 위해 성문으로 나갔다. 그는 침통한 표정으로 그들에게 전말을 이야기했다. 그들은 모두 그 소식에 슬퍼했고 소리 내어 울며 눈물을 흘렸다. 그들은 머리에 재와 먼지를 뿌리고 허리에는 굵은 베를 두르고 〈인간 영혼 마을〉 전역에 걸쳐 돌아다니며 참회했다.

> 이로 말미암아 너희는 굵은 베를 두르고 애곡하라 이는 여호와의 맹렬한 노가 아직 너희에게서 돌이키지 아니하였음이라(렘 4:8).

마을 사람들이 이것을 보았을 때 그들은 너무 슬퍼하며 울었다. 그래서 그날은 〈인간 영혼 마을〉에 대한 질책과 곤경과 고뇌의 날이었고 큰 고통의 날이었다.

얼마 후 그들이 행했던 삶의 방식을 어느 정도 포기했을 때 그들은 다시 모여서 그들이 할 수 있는 최선의 방안에 대해 상의했다. 그들은 전에 그랬던 것처럼 하나님 경외 목사에게 조언을 구했다.

그는 "여러분이 전에 했던 것보다 더 좋은 방법은 없다"고 말했다. 그는 이어서 이전에 궁정에서 받았던 대우에 전혀 낙담하지 말라고 하며, 비록 그들의 청원 중 몇 가지가 침묵이나 질책으로만 답변될지라도 결코 좌절해서는 안 된다고 말했다.

"왜냐하면, 그것은 현명한 샤다이왕이 사람들을 기다리게 하고 인내심을 발휘하게 하는 방법이기 때문입니다. 그리고 그것은 그분의 때를 기꺼이 기다리는 것이 부족한 사람들을 위한 방식입니다."

> 여호와는 그를 경외하는 자 곧 그의 인자하심을 바라는 자를 살피사(시 33:18).

그들은 그의 말에서 용기를 얻어 탄원서를 몇 번이고 반복해서 보냈다. 〈인간 영혼 마을〉에서 샤다이 왕궁으로 경적을 울리며 왕자의 귀환을 청원하는 편지를 전달하러 가는 길에 사람들은 또 다른 전령을 만나지 않은 날

〈인간 영혼 마을〉을 오가는 전령들

이 단 하루도 없었다. 그렇다. 길은 전령들로 가득 차 있었다. 이 모든 일이 길고 가혹하고 춥고 지루한 겨울 동안 비참한 〈인간 영혼 마을〉에서 벌어진 일이었다.

제21장

디아볼루스의 계획
Diabolus's Plan

이제 독자들은 임마누엘 왕자가 〈인간 영혼 마을〉을 점령하고 마을을 재건한 후에도 디아볼루스의 많은 옛 추종자가 여러 곳에 숨어 있었다고 말한 것을 기억할 것이다. 그들 중 일부는 디아볼루스가 마을을 침략하여 점령했을 때 그와 함께 왔던 자들이었다. 그 외 다른 자들은 불법적인 번식과 출생으로 이어지는 불법적인 관계의 결과로 나온 자들이었다. 그들이 숨어 있던 구멍과 굴은 마을의 성벽 안, 아래, 주변에 있었다.

이 디아볼루스 추종자들의 이름 가운데 일부는 **음행 경**(Lord Fornication), **간음 경**(Lord Adultery), **살인 경**(Lord Murder), **분노 경**(Lord Anger), **호색 경**(Lord Lasciviousness), **기만 경**(Lord Deceit), **악의 눈 경**(Lord Evil-Eye), **신성 모독 경**(Lord Blasphemy), 끔찍한 악당이며 늙고 위험한 **탐심 경**(Lord Covetousness)이였다.

> 육체의 일은 분명하니 곧 음행과 더러운 것과 호색과 우상 숭배와 주술과 원수 맺는 것과 분쟁과 시기와 분 냄과 당 짓는 것과 분열함과 이단과 투기와 술 취함과 방탕함과 또 그와 같은 것들이라 전에 너희에게 경계한 것 같이 경계하노니 이런 일을 하는 자들은 하나님의 나라를 유업으로 받지 못할 것이요 (갈 5:19-21).

내가 독자들에게 말했듯이 임마누엘 왕자가 그들의 왕인 디아볼루스를 성 밖으로 쫓아낸 후에도 이런 자들은 여전히 〈인간 영혼 마을〉에 거주하고 있었다.

선한 임마누엘 왕자는 자유의지 경과 마을의 모든 주민에게 모든 디아볼루스 추종자들을 찾아 잡은 후에 감금하고 죽이라는 명령을 내렸다. 왜냐하면, 그들은 천성적으로 왕자의 원수였기 때문이다. 사실 그들은 축복받은 〈인간 영혼 마을〉을 파괴하려고 애썼던 자들 가운데 속한 자들이었다.

그러나 마을 사람들은 이런 명령을 따르지 않았다. 그들은 디아볼루스 추종자들을 체포하고 감금하고 죽이는 일을 하지 않았다. 그러자 악당들은 더욱 담대해졌다. 그들은 조금씩 그들의 은신처에서 머리를 내밀었다. 그들은 점차 마을의 주민들에게 자신의 모습을 드러냈다. 내가 들은 바로는 마을의 몇몇 사람은 마을에 피해를 줄 정도로 그들 가운데 일부와 매우 친해졌다.

마을에 남아 있던 디아볼루스를 추종하는 귀족들은 〈인간 영혼 마을〉 사람들이 죄를 짓는 것이 그들의 왕자인 임마누엘을 불쾌하게 했고 그로 인해 왕자가 그들에게서 떠나가 버렸다는 것을 알게 되자, 마을을 파괴하려는 음모를 세웠다. 그래서 적당한 시기에 그들은 디아볼루스 추종자인 해악 씨(Mr. Mischief)의 굴에서 만났다.

> 그가 내게 이르시되 인자야 이 사람들은 불의를 품고 이 성 중에서 악한 꾀를 꾸미는 자니라(겔 11:2).

그들은 어떻게 〈인간 영혼 마을〉을 다시 디아볼루스의 손아귀에 넣을지에 대해 논의했다. 저마다 자기의 취향에 따라 의견을 제시했고 어떤 자들은 이런저런 방법을 조언했다. 호색 경이 마을에 있는 일부 디아볼루스 추종자가 마을 사람들을 섬기는 종이 되는 것이 최선이라는 의견을 제안했다.

"만약, 마을 사람들이 그들을 받아들인다면 우리와 우리의 주인인 디아볼루스님을 위해 그들이 다른 방식으로 마을을 점령하는 것보다 더 쉽게 마을을 점령할 수 있을 것입니다."

이때 살인 경이 이 주제에 대한 자기 생각을 제시하기 위해 일어섰다.

"지금 이 상황에 이 방법은 통하지 않을 수도 있습니다. 왜냐하면, 〈인간 영혼 마을〉은 현재 우리의 친구인 육신의 안락 씨에게 일어났던 일로 인해 그들의 주인과 다시 화해하기를 열망하고 있기 때문입니다. 마을 사람들은 이미 한번 기만에 넘어가서 왕자를 화나게 한 적이 있습니다.

이 사람들의 머리가 아니고서는 어떻게 마을 사람들이 왕자와 화해할 수 있겠습니까?

우리를 발견하면 어디에서든 붙잡아 죽이라는 명령을 받았어요. 그러니 여우처럼 지혜로워야 합니다. 우리가 죽으면 그들을 해칠 수 없지만, 살아 있는 동안에는 해를 입힐 수 있습니다."

그러나 그들은 이 문제에 대한 논의에서 결론을 내리지 못했고, 그들의 이름으로 디아볼루스에게 서신을 보내야 한다는 데 동의했다. 그들은 〈인간 영혼 마을〉의 현재 상태와 어떻게 마을이 왕자의 불쾌감을 샀는지에 관해서도 설명했다. 이렇게 그들은 디아볼루스에게 그들의 의도를 알리고 어떻게 진행해야 하는지에 대한 조언을 구했다.

"우리는 또한 디아볼루스님에게 우리의 의도를 알리고 우리가 어떻게 진행해야 하는지에 대한 그의 조언을 구할 수 있습니다."

다음은 그들이 디아볼루스에게 보내는 편지의 내용이다.

지옥 아래에 거하시는 우리의 위대한 주, 왕이신 디아볼루스 님에게

오, 위대한 아버지이자 강하신 디아볼루스왕이시여!
우리는 당신을 진실로 따르는 자들이며 여전히 반역한 〈인간 영혼 마을〉에 남아 있습니다. 우리의 존재는 당신에게서 오며 당신의 손에서 영양분을 받았으므로 당신이 이 마을 거주민들에 의해 비난받고 불명예를 받고 비판받을 때 가만히 앉아서 아무것도 하지 않고 수수방관하는 것을 참을 수가 없습니다. 또한, 당신의 부재는 우리에게도 큰 손실입니다.
우리가 당신에게 서신을 쓰는 이유는 다음과 같습니다. 즉, 당신이 다시 한번 이 마을에 거주하기를 희망합니다. 임마누엘 왕자는 〈인간 영혼 마을〉 사람들과의 관계가 너무 시들해져서 그들에게서 떠났습니다. 그리고 〈인간 영혼 마을〉 사람들이 임마누엘 왕자에게 탄원서를 반복해서 보내며 그에게 돌아올 것을 요청했지만, 지금까지 그들의 탄원은 아무것도 성취하지 못했습니다. 그뿐만 아니라 한마디의 좋은 소식도 받지 못했습니다.

그들이 부르짖으나 구원할 자가 없었고 여호와께 부르짖어도 그들에게 대답하지 아니하셨나이다(시 18:41).

무엇보다 최근에 그들 가운데 큰 역병이 퍼졌고 지금도 계속되고 있습니다. 이 역병은 마을의 가난한 사람들에게만 국한된 것이 아니라 영주들, 장군들 그리고 중요한 귀족들에게까지 들이닥쳤습니다. 그러나 본성적으로 당신을 따르는 우리는 여전히 건강하고 활기차고 강한 상태로 남아 있습니다. 따라서 〈인간 영혼 마을〉 사람들이 샤다이왕의 율법에 대항하여 죄를 범한 결과로써 마을은 당신의 힘에 취약하다는 것을 당신에게 전하기 위해 펜을 들게 되었습니다.

우리는 지금이 바로 당신이 행동할 때라고 믿고 있습니다. 당신과 함께 하는 나머지 왕자들의 음흉한 간사함과 함께 결합된 당신의 간계는 〈인간 영혼 마을〉을 다시 취하려는 것을 완벽한 기회로 만들고 있습니다. 이 문제에 있어서 우리는 당신의 말씀을 기다리고 있습니다. 그동안 우리는 당신의 손에 이 마을을 바치기 위해 있는 힘을 다해 준비할 것입니다.

만약 당신이 우리가 말한 것이 당신이 보기에 최선의 행동 방침과 일치하지 않는다고 생각한다면 당신의 생각을 몇 글자 적어서 보내 주기를 바랍니다. 가령 그것이 우리의 생명을 위험에 빠뜨리거나 우리에게서 우리가 가진 다른 무언가를 희생시킨다 해도 우리는 모두 당신의 조언을 따를 준비가 되어 있습니다.

이 탄원서는 해악 씨(Mr. Mischief)의 집에서 긴밀한 협의를 거쳐 작성했습니다. 해악 씨는 아직도 살아 있으며 우리가 소유하기를 원하는 〈인간 영혼 마을〉에 계속해서 거주하고 있습니다.

디아볼루스 추종자들은 그들의 메시지를 전달하기 위해 신성 모독 씨를 선택했다. 그가 편지를 가지고 지옥문 언덕(Hell-gate Hill)에 도착했을 때 그는 놋 문을 두드렸고 들어가기를 기다렸다. 지옥문의 문지기이며 수문장으로 섬기는 하데스의 괴물 사냥개인 케르베로스(Cerberus)가 그에게 문을 열어 주었다.

신성 모독 씨는 〈인간 영혼 마을〉에 사는 디아볼루스 추종자들이 보낸 편지를 디아볼루스에게 전달했다.

"나의 주인님께 〈인간 영혼 마을〉에서 인사를 전합니다."

신성 모독 씨는 편지를 디아볼루스의 손에 전달하면서 말했다.

"이 편지는 〈인간 영혼 마을〉에 있는 우리의 신뢰할 수 있는 친구들에게서 온 것입니다."

〈인간 영혼 마을〉의 소식을 듣기 위해 바알세불, 루시퍼, 아볼루온의 굴에서 온 악당들로 구성된 무리가 시끌벅적하게 모여들었다. 케르베로스가 대기하고 있는 동안 편지가 펼쳐졌고 낭독되었다. 그 편지가 참석한 자들이 들리는 곳에서 낭독되었을 때 그 소리는 악당들의 소굴 구석구석으로 퍼져 나갔다.

낭독이 끝나고 디아볼루스는 이를 축하하기 위해 죽은 자의 종을 울리라는 명령을 내렸다. 종소리가 울렸고 지옥의 왕자들은 〈인간 영혼 마을〉이 멸망할 것이라는 생각에 기뻐했다.

종을 치는 자가 외쳤다.

"〈인간 영혼 마을〉 사람들은 우리와 함께 살게 될 것이다.

〈인간 영혼 마을〉을 위한 자리를 만들어라!"

이 메시지를 담은 종은 쉬지 않고 울렸고, 그들은 모두 〈인간 영혼 마을〉을 다시 차지하기를 바랐다.

그들은 이런 끔찍한 축하 행사를 마치고, 〈인간 영혼 마을〉에 있는 그들의 친구들에게 어떻게 대답해야 할지를 궁리하기 위해 함께 모였다. 저마다 각각 다른 의견을 제시했다. 그러나 이 일에 대해 신속하게 답변해야 했기에 무엇보다 그들의 주인 디아볼루스가 결정을 내리기에 가장 적합하다고 판단했기에 그들은 모든 결정을 그들의 왕인 디아볼루스에게 맡겼다.

디아볼루스는 자기가 생각하기에 적합하다고 생각하는 대로 답변서를 작성해서 신성 모독 씨 편으로 〈인간 영혼 마을〉에 사는 자기의 추종자들에게 보냈다.

지옥문 앞에 있는 신성 모독 씨

다음은 답변의 내용이다.

〈인간 영혼 마을〉에 여전히 사는 고매하고 강한 디아볼루스 추종자들인 나의 자녀들에게 〈인간 영혼 마을〉의 위대한 왕인 나 디아볼루스는 나에 대한 너희의 사랑과 명예의 존중으로 인해 〈인간 영혼 마을〉에 대항하여 너희 마음에 품고 있는 많은 대담한 계획, 음모와 계획에 순조로운 결과가 있기를 기원한다.

사랑하는 나의 자녀들과 제자들인 음행 경, 간음 경 그리고 그 외 제자들이여!

우리는 여기 황량한 소굴에서 우리가 신뢰하는 신성 모독 씨의 손에 의해 전달된 너희들의 편지를 받고 더없이 기뻤고 그를 환영했다. 더없는 기쁨과 만족으로 우리는 너희의 메시지를 읽었고 이에 대한 응답으로 우리는 기뻐하며 종을 울렸다.

사실 우리는 〈인간 영혼 마을〉에 대항하여 우리의 명예를 찾고 마을을 파괴해서 복수하려고 하는 친구들이 여전히 마을에 있다는 것을 알았을 때 우리는 매우 기뻐했다.

그뿐만 아니라 우리는 〈인간 영혼 마을〉이 타락한 상태에 있다는 것과 그들이 그들의 왕자를 불쾌하게 했다는 소식과 그 결과로 왕자가 마을을 떠났다는 소식을 듣고 매우 기뻤다. 역병이 그들에게 퍼졌다는 것과 그럼에도 너희는 강건하여 힘이 넘친다는 소식을 들으니 마음이 매우 기쁘다.

이 마을을 다시 우리의 손아귀에 넣을 수 있다면 그 기쁨은 형언할 수 없을 것이다. 우리가 소망하는 것이 이루어지도록 우리가 가진 영리함, 교활함, 술책 또는 섬뜩한 독창성을 아끼지 않을 것이다.

그리고 사랑하는 자녀들이여, 이 위로의 말을 잘 들으라!

우리는 다시 마을을 기습 공격할 것이고 점령할 것이다. 우리는 너희의 모든 원수를 칼로 죽일 것이고 너희를 높여 〈인간 영혼 마을〉에 영주와 장군이 되게 할 것이다. 우리가 다시 마을을 점령한다면 너희는 더는 다시 쫓겨나는 것을 두려워할 필요가 없을 것이다. 우리는 처음에 했던 것보다 더 많은 군대를 동원해서 갈 것이고 신속하게 장악해서 지배할 것이다.

그들은 임마누엘 왕자의 율법에 속해 있다고 주장한다. 그래서 그들의 법을 적용해서 만약 우리가 그들을 다시 정복한다면 그들은 영원히 우리의 소유가 될 것이다.

신뢰하는 디아볼루스 추종자들이여!

너희는 〈인간 영혼 마을〉을 점점 더 약화시키도록 노력하라!

그들의 일상적인 동태를 엿보고 탐색해서 그들의 약점을 찾아내려고 노력하라. 그런 후에 너희가 발견한 정보를 우리에게 전하라!

우리가 어떻게 마을을 틈탈 가장 좋은 기회를 얻을 것인지, 즉 헛되고 방탕한 삶을 살도록 설득하든지 아니면 그들이 의심하고 절망하도록 하든지 아니면 교만과 자만심의 화약으로 마을을 폭파하든지 너희의 생각을 우리에게 전하라!

나의 용감한 디아볼루스 추종자들과 지옥의 진정한 아들들이여!

우리가 성벽 밖에서 〈인간 영혼 마을〉을 공격할 준비가 되었을 때 마을 내부에서 무시무시한 공격을 준비하라!

서둘러 준비하라!

〈인간 영혼 마을〉을 소유하기 위해 우리는 하데스(지옥문)의 최대 힘을 이용할 것이다.

다가올 심판을 생각할 때 떨게 하는 〈인간 영혼 마을〉의 적인 너희의 위대한 디아볼루스, 그가 너희에게 지옥의 모든 축복을 바라며 이 편지를 끝맺고자 한다.

어둠의 모든 왕자가 지옥 입구에서 서로 동의한 이 편지를 불경 씨 편으로 〈인간 영혼 마을〉에 여전히 남아 있는 우리의 군대와 권세자에게 보낸다. 디아볼루스.

이 편지는 신성 모독 씨에 의해 디아볼루스의 어두운 지하 감옥에서 〈인간 영혼 마을〉과 성벽에 거주하는 디아볼루스 추종자들에게 보내졌다. 신성 모독 씨는 마을에 돌아오자마자 곧장 해악 씨(Mr. Mischief)의 집으로 갔다. 왜냐하면, 그곳이 이번 음모를 꾸민 자들이 만났던 장소였기 때문이다.

그들은 전령인 신성 모독 씨가 안전하게 집으로 접근하는 것을 보았을 때 기쁨으로 가득했다. 신성 모독 씨가 디아볼루스에게서 받은 편지를 그들에게 전달하자 그들은 황급히 편지를 펼치고 읽었다.

편지 내용으로 인해 그들의 사기는 진작되었고, 기쁨으로 가득했다. 그들은 자신들의 주님인 디아볼루스, 루시퍼, 바알세불의 안부를 물었다. 그리고 동굴에 거주하는 나머지 친구들이 어떻게 지내는지도 물었다. 신성모독 씨는 이런 계획에서 자기의 역할에 따른 모든 관심을 매우 즐기며 자랑스럽고 당당하게 서 있었다.

그는 말했다.

"경들에게 전합니다. 적어도 그런 곳에서 예상할 수 있는 것처럼 그들은 모두 잘 지내고 있습니다."

그의 얇은 입술에 미소가 보였고 그 미소는 흡사 비웃음처럼 보였다. 그는 그들 손에 있는 편지를 가리키며 말했다.

"당신들이 이 편지를 통해 볼 수 있는 것처럼 그들은 당신들이 보낸 편지를 읽고 너무 기뻐서 종까지 울렸습니다."

그 편지는 그들이 하려고 하는 계획을 추진하도록 그들을 고무시켰다. 그리고 그들은 〈인간 영혼 마을〉에 대한 그들의 계획을 어떻게 완성할지에 대한 전략을 몰래 꾸몄다. 그 가운데 한 명이 말했다.

"이 계획이 알려지게 해서는 안 됩니다."

다른 한 명이 이에 동의했다.

"맞소! 우리는 〈인간 영혼 마을〉 사람들이 우리가 그들에 대해 세운 계획을 반드시 모르게 해야 합니다."

그래서 그들이 동의했던 첫 번째 것은 그들의 모든 계획을 가능한 한 마을에서 숨기는 것이었다. 그런 후에 그들은 〈인간 영혼 마을〉을 파멸시키고 전복하기 위해 어떤 전술을 사용해야 하는지를 논의했다. 이번에도 그들은 각자 서로 다른 의견을 내었다.

이때 기만 씨(Mr. Deceit)가 일어서서 말했다.

"디아볼루스를 따르는 나의 의로운 친구들이여!

우리가 받은 편지를 보면 깊은 지하 굴에 거하는 우리의 귀족들과 높으신 이들은 우리가 이 일을 해낼 수 있는 세 가지 방법을 제안했습니다.

첫째, 〈인간 영혼 마을〉을 태평하고 허영심이 넘치게 만들어 파멸하게 하는 것입니다.

둘째, 마을 사람들을 왕자에 대해 의심하게 하고 절망하게 만드는 것입니다.
　　셋째, 교만과 자만심이라는 화약으로 마을을 폭파하도록 애쓰라는 것입니다."

　기만 씨는 엄지손가락을 바지를 지탱시키고 있는 허리띠 주위에 걸고 의기양양하게 몸을 앞뒤로 흔들었다.
　"그렇다면 이제 우리가 그들을 교만에 빠지게 유혹한다면 뭔가를 성취할지도 모릅니다."

> 교만에서는 다툼만 일어날 뿐이라 권면을 듣는 자는 지혜가 있느니라 (잠 13:10).

　그의 입가에 미소가 번졌다.
　"그리고 우리가 그들이 누리는 자유로 인해 방탕함에 빠지게 유혹하고 도덕성과 선한 행실에 관한 율법의 구속에 대한 경멸을 심어 준다면 그런 계획은 도움이 될 수 있습니다."

> 오직 각 사람이 시험을 받는 것은 자기 욕심에 끌려 미혹됨이니(약 1:14).

　그는 몸 흔드는 것을 멈추고 긴 손가락을 그들이 앉아 있는 탁자 위에 올려놓았다. 그는 디아볼루스 추종자 모두를 바라보며 말했다.
　"이렇게 우리가 그들을 절망으로 몰아넣을 수 있다면 그것은 바로 정곡을 찌르는 일일 것입니다. 왜냐하면, 그것은 그들이 그들을 향한 왕자의 사랑의 진실성에 의문을 품게 할 것이기 때문입니다."
　그의 얇은 입술은 이를 드러내 놓고 웃었다.
　"그것이 임마누엘 왕자를 혐오하게 할 것입니다. 만약, 그것이 내가 생각하는 것만큼 잘 먹혀들어 간다면 그것은 그들이 왕자에게 보내는 탄원을 멈추게 할 것입니다. 그것은 도움과 공급을 위한 그들의 간절한 요청을 멈추게 할 것입니다."
　기만 씨는 몸을 똑바로 세우고 엄지손가락을 다시 허리띠 위에 걸었다.

시장에서 변장한 디아볼루스 추종자들

"당연히 그들이 아무것도 하지 않을 것이란 결론이 납니다. 왜냐하면, 그들의 눈에 그들이 탄원해 봤자 소용이 없을 것이기 때문입니다."

디아볼루스를 추종하는 모든 자가 고개를 끄덕였고, 기만 씨의 계획에 만장일치로 동의했다.

그들이 기만 씨가 제안한 계획에 대해 흥분해서 열광했던 것만큼이나 그 계획은 어떻게 그들이 그 계획을 실행으로 옮길 것인가에 대한 의문을 여전히 제기했다.

기만 씨는 두 손을 비비며 말했다.

"이것이 가장 좋은 방법일지도 모릅니다."

그가 몸을 기울이자, 모든 자가 귀를 기울이기 위해 가까이 다가갔다.

"이 대의를 이루기 위해 기꺼이 목숨을 걸려는 우리 편 친구들을 변장하게 합시다. 그들의 옷차림을 바꾸게 하고 이름을 바꾸고 먼 나라에서 온 척하면서 시장을 방문하게 합시다. 시장에서 유명한 〈인간 영혼 마을〉을 섬기는 종으로서 그들 자신을 자청하게 합시다.

마을 사람들이 그들을 종으로 받아들인다면 그들이 주인을 돕고 시중드는 척하게 합시다. 이렇게 〈인간 영혼 마을〉 사람들이 그들을 고용하면 그들은 조금씩 마을 전체를 부패시키고 더럽힐 수 있습니다. 이것은 임마누엘 왕자를 더 불쾌하게 할 것이고 그는 그들을 입에서 뱉어낼 것입니다.

> 뱀이 그 간계로 하와를 미혹한 것 같이 너희 마음이 그리스도를 향하는 진실함과 깨끗함에서 떠나 부패할까 두려워하노라(고후 11:3).

그렇게 되면 그들은 우리의 왕인 디아볼루스님의 쉬운 먹잇감이 될 것입니다."

기만 씨는 기뻐서 고개를 끄덕였고 다른 자들도 이에 동의했다.

"그렇습니다. 그들은 디아볼루스님의 입에 먹이가 될 것입니다."

이런 계획의 세부 사항을 제안하자마자 이 절묘한 모험에 참여할 준비가 된 디아볼루스 추종자들이 그 세부 사항을 받아들였다. 하지만, 그들은 모든 자가 이 계획에 참여하는 것은 적합한 일이 아니라고 결정했다.

따라서 그들은 **탐심 경**(Lord Covetousness), **호색 경**(Lord Lasciviousness), **분노 경**(Lord Anger), 이 세 명을 선택했다. **탐심 경**은 자신을 **신중한 검소**(Prudent-Thrifty)라는 이름으로 불렀다. **호색 경**은 **무해한 오락**(Harmless-Mirth)으로 불렀고 **분노 경**은 자신을 **선한 열정**(Good-Zeal)으로 불렀다.

장이 서는 날 이 세 명의 뻔뻔한 자들은 〈인간 영혼 마을〉 사람들의 양털로 만든 옷 흰옷을 입고 시장으로 들어갔다.

> 거짓 선지자들을 삼가라 양의 옷을 입고 너희에게 나아오나 속에는 노략질하는 이리라(마 7:15).

이 자들은 〈인간 영혼 마을〉 사람들의 언어를 잘 구사할 수 있었다. 시장에 도착했을 때 그들은 마을 사람들에게 낮은 임금으로 그들의 종이 되겠다고 제안했다. 즉시 그들의 제안은 받아들여졌다. 왜냐하면, 그들은 낮은 임금을 요구했고 주인들을 극진히 섬기겠다고 약속했기 때문이다.

마음 씨는 신중한 검소(탐심 경) 씨를 고용했고 하나님을 경외함 씨(Mr.

Godly-Fear)는 선한 열정(Good-Zeal)(분노 씨)을 고용했다. 하지만, 무해한 오락 씨(호색 경)는 고용되는 데 약간 어려움이 있었다. 왜냐하면, 〈인간 영혼 마을〉이 사순절(Lent)을 준수하고 있었기 때문이다. 하지만, 사순절이 거의 끝났을 때 자유의지 경이 자신을 섬기도록 종과 하인으로 무해한 오락 씨를 고용했다.

그래서 세 악당 모두 이제 주인을 갖게 되었다. 그들이 〈인간 영혼 마을〉 사람들의 집으로 초대되었을 때 계획은 진행되었다. 그들은 바로 집에 큰 해를 끼쳤다. 왜냐하면, 그들은 도덕적으로 불순하고 교활하고 비밀리에 일을 수행하는 데 있어서 수완이 비상했기 때문이다. 그 결과 그들은 빠르게 가족들과 주인들을 타락시켰다. 신중한 검소 씨라는 자와 해가 없는 오락으로 부르는 자는 특별히 더 그랬다.

> 누구든지 헛된 말로 너희를 속이지 못하게 하라 이로 말미암아 하나님의 진노가 불순종의 아들들에게 임하나니 그러므로 그들과 함께하는 자가 되지 말라 (엡 5:6-7).

하지만, 선한 열정이라는 이름으로 가장했던 분노 경을 고용했던 그의 주인은 그를 좋아하지 않았다. 왜냐하면, 그의 주인인 하나님을 경외함 씨는 그가 위장한 사기꾼이라는 사실을 깨달았기 때문이었다. 분노 경(Lord Anger)이 자기의 정체가 발각되었다는 것을 깨달았을 때 그는 그 집에서 줄행랑을 쳤다. 그가 줄행랑을 치지 않았다면, 내가 확신하건대 그의 주인이 그를 교수형에 처했을 것이다.

그러나 분노 경은 여기에서 멈추지 않고 계속해서 이들과 그들의 음모를 계속 수행하며 스스로 할 수 있는 한 최대한 많이 마을을 타락시켰다. 그리고 그들은 언제 그들의 왕인 디아볼루스가 〈인간 영혼 마을〉을 탈취하려고 시도할 것인지 궁금해했다. 그들은 장이 서는 날이 마을을 탈취하려는 노력을 위해 가장 좋은 때라고 모두 동의했다. 왜냐하면, 장날에 마을 사람들은 자기 사업에 정신이 팔렸을 것이기 때문이다. 알다시피 경험과 상식의 법칙에 의하면 사람들이 세상에서 가장 바쁠 때 그들은 예상치 못한 것을 가장 두려워하지 않는다.

그들은 이렇게 추론했다.

"우리가 이처럼 장날에 행동을 취한다면 우리는 의심을 덜 받으며 만나서 친구들과 귀족들을 위한 토대를 마련할 수 있을 것이다. 그들이 우연히 우리가 하는 일을 눈치채서 우리가 어쩔 수 없이 후퇴한다고 하더라도 군중 속에 숨어서 탈출하는 것이 더 용이할 것이다."

그들이 모두 이 일에 동의하자 그들은 디아볼루스에게 또다시 편지를 써서 신성 모독 씨 편으로 보냈다.

그 편지의 내용은 다음과 같다.

〈인간 영혼 마을〉의 성벽 안과 주변에 있는 동굴, 구멍과 요새(要塞)에 거하는 방종의 귀족들이 위대하고 높으신 디아볼루스님에게 문안을 드립니다.

우리의 위대한 주이시자 우리 생명의 공급자인 디아볼루스님!

우리 아버지인 당신이 〈인간 영혼 마을〉을 파멸시키기 위해 우리와 함께 계획을 진행할 준비가 되어 있다는 소식을 들었을 때 우리는 정말 기뻤습니다. 우리가 모든 선을 발견할 때마다 그것에 대적하는 것처럼 모든 선에 반대하는 사람들을 제외하고는 누구도 이런 기쁨을 알 수 없습니다. 당신은 위대하시며 우리를 격려하시는 것을 기뻐합니다. 그래서 우리는 〈인간 영혼 마을〉의 완전한 파멸을 위해 궁리하고 우리 마음을 그런 목적에 고정하고 있습니다. 우리는 그것에 대해 염려하지 않는다고 말하겠습니다. 우리가 우리 원수와 우리 생명을 노리는 자들이 우리 발에 밟혀 죽거나 우리 앞에서 도망치는 것을 보는 것은 기쁘고 유익이 될 수 있다는 것을 우리는 알고 있습니다.

우리는 계속해서 책략을 꾸미고 있고 힘자라는 데까지 우리 원수를 속일 것입니다. 이것은 우리의 음모를 용이하게 하고 당신의 주권과 우리를 위해 그 음모를 이루기 위한 것입니다.

무엇보다도 우리는 지난번 당신의 편지에서 제안했던 세 가지 계획을 섬뜩할 정도로 교활한 계획이라고 생각했습니다. 우리는 그들을 교만의 화약으로 날려 버리는 것이 효력을 발휘할 것이고, 그들을 유혹해서 헛되고 방탕하게 생활하게 하는 것이 매우 효과적일 것이라고 생각했습니다. 하지만, 우리는 가장 좋은 방법은 그들을 절망의 심연에 빠지게 하는 것이라고 생각합니다. 이제 당신의 지시를 기다리는 우리는 이런 일을 시행할 두 가지 방법을 생각했습니다.

첫째, 우리는 우리가 할 수 있는 한 〈인간 영혼 마을〉 사람들을 비열하게 만들 것입니다. 그런 후에 정해진 시간에 당신이 우리와 합류하면 당신은 가장 강력한 힘으로 그들을 공격할 수 있을 것입니다. 그리고 당신의 부름을 기다리고 있는 모든 나라 중에서 우리는 의심하는 자들로 이루어진 군대가 필시 성공적으로 〈인간 영혼 마을〉을 공격해서 정복할 수 있을 것입니다.

이 계획으로 우리는 이 적들을 정복할 것입니다. 그렇지 않으면 지옥 구덩이가 열리고 절망이 그들을 지옥 구덩이 안으로 밀어 넣을 것입니다. 우리는 이미 그들 가운데 우리가 신뢰할 수 있는 디아볼루스 추종자 가운데 세 명을 잠입시켜 놓았습니다. 탐심 경, 호색 경, 분노 경이 그들의 이름을 바꾸고 흰 양털 옷으로 변장하여 〈인간 영혼 마을〉 사람들에게로 다가갔고 그들은 이들을 받아들였습니다.

먼저, 탐심의 이름은 신중한 검소(Prudent-Thrifty)로 바꾸었습니다. 우리 친구만큼 거의 타락한 마음 씨가 그를 고용했습니다. 호색은 자기 이름을 무해한 오락(Harmless-Mirth)으로 바꾸었습니다. 그는 지금 자유의지 경의 하인으로 섬기고 있습니다. 그는 자기 주인을 매우 방종하게 만들었습니다. 분노는 자기 이름을 선한 열정으로 바꾸었고 하나님을 경외함 씨와 함께 살도록 초대받았지만, 이 짜증스러운 늙은 신사 양반은 그를 의심했고 자기 집에서 그를 쫓아냈습니다. 분노 경의 말에 의하면 자기가 그 늙은이에게서 도망치지 않았더라면 자기가 한 짓 때문에 자기 주인이 자기를 교수형에 처했을 것이라고 우리에게 알렸습니다.

이 세 사람은 〈인간 영혼 마을〉에서 우리의 일을 진전시키는 데 도움을 주었습니다. 왜냐하면, 그 늙은이의 앙심과 호전적인 성질에도 불구하고 당신의 다른 두 명의 부하는 최선의 노력을 기울였고 그들이 쏟아부은 노력이 결실을 볼 것 같기 때문입니다.

둘째, 이 계획의 다음 단계는 〈인간 영혼 마을〉 사람들이 한창 바쁜 장날에 당신이 마을을 대적하기 위해 오는 것입니다. 왜냐하면, 그들이 분주함으로 마음을 빼앗길 때 그들은 방심할 것이고 그들을 공격할 것이라고 전혀 예상하지 못할 것이기 때문입니다. 또한, 당신이 우리의 계획을 실행에 옮길 때 그들은 그다지 방어하지 못하거나 당신을 불쾌하게 하지 못할 것입니다.
당신께서 성문 밖에서 맹렬히 공격할 때 당신이 신뢰하고 사랑하는 우리는 안에서 도울 준비를 할 것입니다. 따라서 아마도 우리는 마을을 완전히 혼란에 빠뜨리고 그들이 무슨 일이 일어나고 있는지 깨닫기 전에 그들을 집어삼킬 수 있을 것입니다.

시기와 다툼이 있는 곳에는 혼란과 모든 악한 일이 있음이라 (약 3:16).

매우 존경받는 우리의 영주들과 가장 신출귀몰한 용사들이시여!
교활한 당신의 두뇌가 이런 묘책보다 더 좋은 방법을 찾을 수 있다면 당신의 생각을 우리에게 알려 주시기를 바랍니다.
우리는 신성 모독 씨 편으로 〈인간 영혼 마을〉에 있는 해악 씨의 집에서 지옥에 거하는 괴물들에게 이 편지를 보냅니다.

미친 듯이 사나운 모반자(謀反者)들과 흉악한 디아볼루스 추종자들이 〈인간 영혼 마을〉을 파괴할 계획을 세우는 동안 마을은 슬프고 비참한 상태에 빠져있었다. 인간 마을에 잠입한 세 명의 디아볼루스 추종자들의 계략으로 그들의 원수들이 내부에서 힘을 회복하면서 〈인간 영혼 마을〉 사람들이 샤다이왕과 그의 아들 임마누엘 왕자를 불쾌하게 했기 때문이었다.

용서와 은혜를 요구하는 많은 탄원서가 임마누엘 왕자와 그의 아버지 샤다이왕에게 보내졌지만, 답장은 없었다. 마을 사람들은 더 깊은 낙심의 늪으로 빠졌다. 마을에 거주하는 디아볼루스 추종자들의 술수와 교활함으로 마을에 드리워진 구름은 점점 더 검게 변했다. 그리고 임마누엘 왕자는 더 멀리 있는 것처럼 보였다.

역병은 여전히 마을에서 장군들과 주민들 사이에서 맹위를 떨치고 있었다. 하지만, 그들의 원수들은 생기가 넘쳤고 강했다. 〈인간 영혼 마을〉에 여전히 숨어 있던 디아볼루스 추종자들이 기록한 서신이 신성 모독 씨 편으로 디아볼루스에게 전달되고 있었다.

그가 마을 구석진 곳에 앉으며 그 은밀한 곳에서 무죄한 자를 죽이며 그의 눈은 가련한 자를 엿보나이다 (시 10:8).

〈인간 영혼 마을〉의 역병

그는 그 편지를 가지고 지옥문 언덕을 지나 케르베로스(Cerberus)에게 전달하여 그의 주인의 손에 전달할 계획이었다. 하지만, 신성 모독 씨가 케르베로스를 만났을 때 둘 다 거지만큼 눈에 띄는 존재였기 때문에 그들은 〈인간 영혼 마을〉과 마을에 대한 계획에 관해 이야기하기 시작했다.

"옛 친구여!"

케르베로스가 인사하며 말했다.

"당신이 지옥문 언덕에 다시 왔군요, 당신을 만나서 반갑습니다!"

사악한 신성 모독 씨는 자신이 거물이라도 되는 양 젠체하며 인사말에 대해 답례하며 말했다.

"그렇습니다. 나는 〈인간 영혼 마을〉 일 때문에 다시 왔습니다."

그는 자기 손에 들고 있던 서신을 케르베로스에게 보여 주었다.

신성 모독 씨와 케르베로스는 이야기를 나누며 지옥문 앞에 서 있었다.

케르베로스는 말했다.

"나에게 〈인간 영혼 마을〉 사람과 마을의 상황이 어떤지 말해 주시오."

"우리와 이곳의 영주들을 위한 마을의 상황은 매우 좋습니다."

신성 모독 씨는 계속해서 말을 이어 갔다.

"경건함에 대해 말하자면 나는 그들이 타락했다고 믿습니다. 이것은 우리가 바랄 수 있는 가장 좋은 상태입니다. 그들의 주님은 그들과 관계가 좋지 않습니다. 이것 또한 우리를 기쁘게 합니다. 우리는 일부 마을 사람의 집에 출입하고 있습니다. 왜냐하면, 우리의 친구들이 그들의 승낙을 얻었기 때문입니다.

우리가 마을의 주인이 되기 위해서 무엇이 더 필요하겠습니까?

우리가 신뢰하는 친구들이 매일 이 마을의 영주들을 배신하려고 음모를 꾸미고 있습니다. 역병이 그들 가운데 계속 기승을 부리고 있습니다. 이 모든 것을 합치면 결국 우리가 승리할 수 있기를 희망합니다."

지옥문의 개도 동의하며 말했다.

"마을을 공격하기에 이보다 더 좋은 때는 없습니다. 나는 계획이 실행되고 바라던 성공이 곧 이루어지기를 바라고 있습니다. 나는 패역(悖逆)한 마을에서 두려움 가운데 계속해서 사는 불쌍한 디아볼루스 추종자들을 위해 계획이 성공하길 바랍니다."

디아볼루스와 면담하는 신성 모독 씨

신성 모독 씨는 대답했다.

"계획이 거의 끝났습니다. 디아볼루스 추종자들인 마을의 영주들은 밤낮으로 수고하고 있습니다. 반면에 〈인간 영혼 마을〉 사람들은 어리석은 비둘기 같습니다.

> 사자가 자기의 굴에 엎드림 같이 그가 은밀한 곳에 엎드려 가련한 자를 잡으려고 기다리며 자기 그물을 끌어당겨 가련한 자를 잡나이다. 그가 구푸려 엎드리니 그의 포악으로 말미암아 가련한 자들이 넘어지나이다(시 10:9-10).

그들은 주변에서 무슨 일이 일어나고 있는지 알 수 없습니다. 그들이 그들의 상태에 관심을 두기 위해서는 이해가 필요합니다. 그들은 파멸이 임박했다는 것을 깨달아야 합니다. 디아볼루스님이 재빨리 행동하신다면 그들을 이길 것이라고 결론 내리지 않을 수 없습니다."

케루베로소도 동의했다.

"전적으로 동감합니다. 나는 상황이 이렇게 흐르게 돼서 기쁩니다."

그는 자기 머리로 지옥문 너머에 있는 지옥 구덩이를 가리켰다.

"나는 이미 당신의 편지를 보냈소. 용감한 신성 모독 씨, 영주님들을 알현하기 위해 안으로 들어가십시오. 그들은 왕국 전체가 파견할 좋은 소식을 전하는 자로 당신을 환영할 것입니다. 신성 모독 씨는 지옥 구덩이 안으로 걸어 들어갔다. 그의 주인 디아볼루스가 어둠 속에서 걸어 나와 그를 맞이했다."

"나의 충성스러운 종이여!

환영하오. 그대의 편지는 나를 매우 기쁘게 했소."

지옥 구덩이의 나머지 영주들도 비슷한 태도로 그를 맞이했고 신성 모독 씨가 절을 하며 그들 모두에게 경의를 표한 후 그는 말했다.

"〈인간 영혼 마을〉이 나의 주인인 디아볼루스님에게 바쳐지고 그분이 영원히 마을의 왕이 되길 바랍니다."

이에 대한 반응으로 지옥의 텅 빈 내부와 입을 크게 벌린 협곡에서 크고 흉측한 앓는 소리가 나왔다. 산들은 마치 산산이 부서져 산산조각이 날 것처럼 흔들렸다.

지옥의 괴물들이 편지를 읽고 편지에 쓰여 있는 내용을 숙고한 후에 그들은 어떻게 답변해야 할지 논의했다. 의견을 가장 먼저 말한 자는 루시퍼였다.

"〈인간 영혼 마을〉에 있는 우리 친구들의 첫 번째 계획이 크게 성공할 것 같습니다. 왜냐하면, 그들이 마을을 더 비열하고 추잡하게 만들 수 있기 때문입니다. 이것보다 영혼을 파괴하는 더 좋은 방법은 없습니다. 우리의 오랜 친구인 발람이 오래전에 이렇게 했고 크게 성공했었습니다.

> 그들이 바른길을 떠나 미혹되어 브올의 아들 발람의 길을 따르는도다 그는 불의의 삯을 사랑하다가(벧후 2:15).

모든 세대에 걸쳐 대대로 디아볼루스님을 따르는 자들을 위한 일반 규칙으로서 우리의 자신감을 북돋우게 할 것입니다. 이것은 가능한 한 가장 많은 수의 영혼을 얻게 할 것입니다. 은혜를 제외하고 어떤 것도 이 방식을 실패하게 할 수 없습니다. 나는 이 마을에 어떤 은혜의 몫도 주어지지 않기를 바랍니다."

> 이는 그가 사랑하시는 자 안에서 우리에게 거저 주시는바 그의 은혜의 영광을 찬송하게 하려는 것이라 우리는 그리스도 안에서 그의 은혜의 풍성함을 따라 그의 피로 말미암아 속량 곧 죄 사함을 받았느니라(엡 1:6-7).

하지만, 나는 장날에 그들을 공격할 것인지 아닌지 논의해야 한다고 생각합니다. 왜냐하면, 그들이 일하는 동안 방해를 받을 것이기 때문입니다. 나는 이 방법을 논의해야 한다고 생각합니다. 왜냐하면, 이것은 우리 계획이 성공하느냐 아니면 실패하느냐에 있어서 매우 중요한 문제이기 때문입니다. 시기를 잘 맞추지 못하면 우리의 모든 계획이 실패할 수도 있습니다.

"디아볼루스님을 따르는 우리의 친구들은 장날이 가장 좋은 날이라고 말합니다. 왜냐하면, 그때 마을 사람들은 가장 분주할 것이고 기습공격이 있을 것이라고 전혀 생각할 수 없기 때문입니다.

하지만, 그때 그들이 우연히 그들의 경계병들을 두 배로 늘린다면 어떻게 하겠습니까?

본성과 이성은 장날에 그런 조치를 취하라고 그들을 가르칠 것입니다.

또한, 그들의 현재 상황이 요구하는 것처럼 그날 그들이 경계를 강화한다면 어떻게 하겠습니까?

이것에 대해 생각해야 합니다.

그날 그들이 무장한다면 어떻게 하겠습니까?

만약 그렇다면 여러 경은 그렇게 하려는 시도에 실망할 수도 있고 심지어 마을에 있는 우리 친구들을 피할 수 없는 파멸의 위험에 놓이게 할 수도 있습니다."

그때 위대한 바알세불의 파충류와 같이 흉측한 모습이 깜박이는 불빛에 어른거렸다. 바알세불이 말했다.

"나의 주께서 하신 말씀은 아주 일리가 있습니다. 하지만, 디아볼루스님의 추측은 일어날 수도 있고 일어나지 않을 수도 있습니다. 또한, 그분은 다시는 항복하지 말아야 하는 것에 대해서도 설명하지 않았습니다. 나는 그분이 이 주제에 대해 열띤 논쟁을 불러일으키기 위해 그분은 자신이 했던 것을 말씀하신 것으로 알고 있습니다. 이런 것을 염두에 두고 우리는 〈인간 영혼 마을〉이 자기의 부패한 상태에 대해 알고 있는지 그렇지 않은 줄을 알아야 합니다.

〈인간 영혼 마을〉 사람들이 우리의 계획에 대해 무언가를 알고 있습니까?

마을 사람들은 우리가 이미 마을에 들어가 있다는 것을 깨닫고 있습니까?

만약 마을 사람들이 알고 있다면 그로 인해 마을 사람들은 성문에 파수꾼을 세웠을 것이고 장날에 보안을 두 배로 강화했을 것입니다. 하지만, 우리가 마을을 자세히 살펴본 결과 우리는 그들이 잠을 자는 것과 같이 우리 행동에 관해 모르고 있다는 것을 알게 되었습니다. 그렇다면 나의 판단에 어떤 날에 공격해도 효과가 있겠지만, 장날이 최적기일 것으로 생각합니다.

디아볼루스는 바알세불이 언급했던 것을 곰곰이 생각하며 날카로운 손톱으로 뾰족한 턱을 두드렸다.

"우리가 이걸 어떻게 알 수 있겠소?"

무리 가운데 목소리가 울려 나왔다.

"신성 모독 씨에게 물어보시오. 그는 그곳에 살고 있고 그곳에서 진행되는 상황을 알고 있을 것입니다."

그래서 신성 모독 씨가 안으로 불려 들어갔고 질문을 받았다. 지옥의 영주들이 중요한 정보를 얻기 위해 그를 찾았을 때 그는 자신이 마치 큰 거물인 것처럼 느꼈다.

그는 말했다.

"나의 영주님!

이 시간 내가 이해할 수 있는 범위 한에서 〈인간 영혼 마을〉의 상황에 대해 말씀드리겠습니다. 내가 아는 한 그들의 믿음과 사랑은 식었습니다.

> 그러나 너를 책망할 것이 있나니 너의 처음 사랑을 버렸느니라(계 2:4).

그들은 그들의 삶을 바로잡거나 개선하려는 시도를 하지 않았습니다. 또한, 그들의 왕자인 임마누엘은 그들에게 등을 돌렸습니다. 그들은 왕자가 그들에게 다시 오기를 요구하는 탄원서를 여러 번 반복해서 보냈지만, 왕자는 신속하게 그들에게 응답하지 않았습니다."

디아볼루스는 활짝 웃으며 험악하고 뾰족한 이빨을 드러냈다.

"그들이 이런 식으로 타락했다는 소식을 들으니 매우 기쁘다. 하지만, 나는 여전히 그들이 임마누엘 왕자에게 탄원서를 보내고 있다는 것이 마음에 걸린다. 하지만, 그들의 방탕한 생활은 그들의 그런 노력에 그다지 마음이 없다는 것을 보여 주는 표시이다. 그런 노력에 마음이 없다면 그런 일은 가치가 없다는 것을 보여 준다. 하지만, 계속해서 이야기해 보라. 나는 그대가 말하는 것을 더는 방해하지 않겠다."

바알세불은 이 문제에 대한 자기 생각을 마무리했다.

"만약, 〈인간 영혼 마을〉의 상태가 신성 모독 씨가 우리에게 설명했던 대로라면 우리가 언제 마을을 공격할 것인가 하는 것은 중요하지 않을 것입니다. 왜냐하면, 그들의 기도와 심지어 그들의 힘도 그들에게 거의 도움이 되지 않을 것이기 때문입니다."

> 오직 너희 죄악이 너희와 너희 하나님 사이를 갈라놓았고 너희 죄가 그의 얼굴을 가리어서 너희에게서 듣지 않으시게 함이니라(사 59:2).

바알세불이 의견 제시를 마쳤을 때 아볼루온이 자기의 식견을 제시하기 시작했다.

"이 문제에 관한 나의 의견은 우리가 계속 진행해야 하지만 군대가 없다면 서둘러서는 안 된다는 것입니다. 〈인간 영혼 마을〉에 있는 우리의 친구들이 그들의 일을 계속해서 추진하게 하고 마을 사람들을 더 죄짓게 해서 마을을 타락시키고 부패시키게 해야 합니다. 마을을 집어삼키기 위해 죄악만큼 좋은 것은 없습니다.

만약 이것이 효과가 있다면 마을 사람들은 더는 탄원서 보내는 것을 망각하게 될 것입니다. 그리고 그들은 보안과 안전을 강화하기 위해 아무것도 하지 않을 것입니다. 왜냐하면, 그들은 임마누엘 왕자를 잊을 것이고 그와의 교제를 원하지 않을 것이기 때문입니다. 만약, 마을 사람들이 이런 방식으로 살아간다면 왕자는 서둘러서 그들을 돕지 않을 것입니다.

그리고 이미 우리의 믿음직한 친구인 육신의 안락 씨가 자기의 꾀로 왕자를 마을에서 쫓아냈습니다. 이것을 기억할 때 탐심 경과 호색 경이 그들이 하는 일로 왕자를 마을에서 어째서 쫓아내지 못하겠습니까?

내가 이 말을 하는 것은 여러분이 이것을 모르기 때문이 아니라 〈인간 영혼 마을〉 사람들 내부에서 일하는 두세 명의 우리 친구들을 지원한다면 그들은 임마누엘 왕자가 마을 사람들에게 다가가지 못하게 하고 〈인간 영혼 마을〉을 우리의 것으로 만드는 데 우리가 파견한 군대가 해낼 수 있는 것보다 더 많은 일을 해낼 수 있다는 뜻에서 말씀드리는 겁니다.

그러므로 〈인간 영혼 마을〉에 거주하는 우리 친구들이 시작한 첫 번째 계획을 계속 진행하게 해야 합니다. 상상할 수 있는 모든 교활함과 술책을 동원해서 우리 친구들이 이런저런 모양으로 위장하며 살면서 〈인간 영혼 마을〉 사람들 가운데 그들을 속일 수 있는 사람들을 보내게 해야 합니다.

우리가 이런 방법을 따른다면 전쟁을 하기 위해 그들에게 달려들 필요가 없습니다. 이런 일이 필연적인 것이 된다면 그들이 더 많은 죄를 범할수록 그들은 우리에게 더 저항할 수 없을 것이고 그들을 정복하는 일이 더 쉬워질 것입니다.

여러분이 최악의 상황을 가정해서 판단해도 즉 임마누엘 왕자가 실제로 그들에게 다시 온다 해도 이와 같은 접근 방법은 아마 다시 한번 그를 그들에게서 멀어지게 하지 않을까요?

그들이 어떻게 다시 죄악 된 삶에 빠져들었는지를 왕자가 목격할 때 처음에 왕자를 그들에게서 멀어지게 했던 것과 같은 이유로 그들의 행동이

적의를 뿜어내는 디아볼루스

그들에게서 영원히 왕자를 멀어지게 하지 않을까요?

그리고 이런 일이 생기면 왕자는 자기의 공성퇴와 투석기 그리고 장군들과 군인들을 데리고 떠날 것입니다. 이렇게 된다면 〈인간 영혼 마을〉은 무방비 상태가 될 것입니다.

왕자가 그들을 완전히 버렸다는 것을 마을 사람들이 알게 될 때 마을 사람들은 스스로 우리에게 성문을 열어 줄 것으로 생각하지 않습니까?"

> 내 원수들이 내게 대하여 말하며 내 영혼을 엿보는 자들이 서로 꾀하여. 이르기를 하나님이 그를 버리셨은즉 따라 잡으라 건질 자가 없다 하오니(시 71:10-11).

"마을 사람들이 옛 시절에 여러분이 차지하고 있던 자리로 회복시키리라 생각하지 않습니까?

하지만, 이것이 이루어지기 위해선 시간이 걸릴 것입니다. 이와 같은 위대한 일이 일어나기까지는 며칠 이상이 걸릴 것입니다."

아볼루온이 말을 마치자마자 디아볼루스는 자기의 적의를 뿜어냈고 자기의 대의를 변호했다.

"지옥에 거주하는 나의 경들과 권세들, 나의 진실하고 신뢰할 수 있는 친구들이여!

나는 여러분의 길고 지루한 연설을 상당히 가슴을 조이며 들었소. 이제 내 말을 들어주길 부탁합니다. 나의 배고픔과 갈증은 채울 수 없소. 나는 나의 유명한 〈인간 영혼 마을〉을 다시 소유하고 싶은 욕망이 불일 듯 일어나고 있소. 결과가 어떻든 간에 나는 우리가 계획을 질질 끌면서 일이 어떻게 될 것인지 알기 위해 더는 지체하고 싶지 않소.

나는 모든 수단을 동원하여 하루빨리 이런 나의 채워지지 않는 틈을 〈인간 영혼 마을〉 사람들의 영혼과 몸으로 채워야 할 것 같소. 따라서 나는 여러분이 나에게 여러분의 지성과 마음 그리고 도움을 주길 요청하오. 왜냐하면, 바로 지금 나는 〈인간 영혼 마을〉을 되찾을 것이기 때문이오!"

그는 자기의 주장을 강조하기 위해 집게발톱처럼 생긴 움켜쥔 손을 쾅쾅 내리쳤다.

지옥의 영주들과 왕들이 그들의 주인 디아볼루스의 마음 안에서 비참한 〈인간 영혼 마을〉을 집어삼키려는 불타는 욕망을 보았을 때 비록 그들이 아볼루온의 충고를 따랐더라면 훨씬 더 두려울 정도로 〈인간 영혼 마을〉을 괴롭혔으리라는 것을 알면서도 더는 이의를 제기하지 않기로 했다.

대신 그들은 미래에 디아볼루스가 필요할 경우를 대비해서 자기의 계획 중 하나를 제공하기로 동의했다. 그래서 그들은 디아볼루스가 〈인간 영혼 마을〉을 취하기 위해 마을에 맞섰을 때 얼마나 많은 병사를 동원할 수 있는지에 대해 논의하기 시작했다.

제22장

전쟁을 준비하는 디아볼루스 추종자들

Diabolians Prepare for War

얼마간의 논의 끝에 동굴이나 굴, 구멍과 같은 요새에서 모였던 악귀들은 디아볼루스 추종자들이 편지를 통해 제시한 제안을 따르기로 동의했다. 〈인간 영혼 마을〉로 진군하는 데에 있어서 끔찍한 의심 군대보다 더 적합한 군대는 없을 것이다. 그래서 그들은 〈인간 영혼 마을〉에 대항하기 위해 총 이만에서 삼만 명 되는 의심 군대를 파병하기로 했다.

거대하고 강력한 영주들의 위대한 대책 회의는 디아볼루스가 지옥문 언덕의 경계 지역 근처에 위치한 의심의 땅에 사는 자들에게 말해야 한다고 결정했다. 그는 비참한 〈인간 영혼 마을〉에 대항하여 자기의 군대에 합류하라고 그들을 설득해야 했다.

이 영주들이 디아볼루스의 부하들을 관리할 지휘관 역할을 함으로써, 이 전쟁에서 디아볼루스를 도와야 한다고 결정이 내려졌다. 그래서 그들은 서신을 작성하여 신성 모독 씨의 귀환을 기다리고 있는 〈인간 영혼 마을〉에 숨어 있는 디아볼루스 부하들에게 보냈다. 그들은 신성 모독 씨의 귀환을 기다리고 있었다.

편지에는 다음과 같이 그들의 계획이 진행되는 과정과 격려의 글이 적혀 있었다.

지옥의 어둡고 끔찍한 지하 감옥에 거하는 디아볼루스는 어둠의 모든 왕과 함께 〈인간 영혼 마을〉 안과 성벽 주변에 거주하는 신뢰하는 우리 친구들에게 이 서신을 보낸다.

우리는 〈인간 영혼 마을〉을 대적하기 위한 너희의 악독하고 가장 사악한 계획에 대해 우리의 가장 사악한 답변을 인내하며 기다리고 있다는 것을 안다.

너희는 우리가 매일 자랑하는 우리의 자녀이며 우리는 매년 너희의 행동을 기뻐하고 있다. 우리는 신뢰하고 사랑하는 신성 모독 씨 편으로 너희의 소중한 편지를 받았다. 또한, 우리가 편지를 열고 내용을 읽었을 때 너희의 놀라운 공로에 깊고 텅 빈 수렁의 지옥은 입을 크게 벌리고 소름 끼치는 소리를 내며 기뻐했다. 이 소리는 지옥문 언덕 주변에 있는 산들을 흔들어 산산조각이 나게 했다.

우리는 너희의 성실함과 너희가 꾸민 계획의 교활함을 높이 평가한다. 또한, 우리는 너희가 〈인간 영혼 마을〉에 대항하여 우리를 섬길 준비가 되어 있다는 것을 보여 준 것에 대해서도 높이 평가한다. 너희는 반역한 백성을 다루는 매우 탁월한 방법을 고안했다.

그래서 우리는 여기 지옥의 모든 지혜 있는 재사(才士)들이 더 효과적인 방법을 생각할 수 없을 것으로 믿는다. 따라서 우리는 너희가 보내 주었던 제안을 살펴보았으므로 우리는 그 제안을 높이 평가했고 승인했다.

우리는 너희 계획의 교활함에 통찰력을 덧붙여 너희를 격려하길 원한다. 또한, 우리 왕들과 통치자들의 총회와 비밀회의에서 우리는 너희의 제안을 상세히 논의했다. 그리고 너희에게 다음과 같은 합의 내용을 알려 주고 싶다. 즉, 〈인간 영혼 마을〉을 놀라게 하고 취하고 반역하는 마을을 우리의 것으로 하도록 너희의 계획보다 더 좋거나 더 적합한 방법을 모색할 수 없다는 것에 동의했다.

이 계획을 논의할 때 너희가 편지에서 제안했던 것과 달랐던 것은 무시되었고 오직 너희의 제안만이 왕이신 디아볼루스님을 위해 앞으로 나아가게 할 방법으로 받아들여졌다. 디아볼루스님의 마음은 너희의 계획을 실행에 옮기기 위해 뜨겁게 타고 있다.

따라서 우리는 너희가 다음과 같은 사실을 알기 원한다. 즉, 우리의 용감하고, 무자비한 분노의 디아볼루스님이 〈인간 영혼 마을〉을 대적하기 위해 이만 명 이상으로 구성된 의심 군대를 모으고 있다는 사실을 말이다. 이것은 너희의 위안과 이 반항적인 마을의 파멸을 위해서이다. 이 의심 군대 병사들은 모두 용맹하고, 강하며, 전쟁에 익숙하다. 디아볼루스님은 있는 힘껏 빠르게 이 일을 진행하고 있다. 왜냐하면, 이 계획이 그의 마음과 정신을 지배하고 있기 때문이다. 너희가 과거에 그랬던 것처럼 우리는 너희가 우리에게 합류하길 바라고 있다. 우리는 너희가 계속해서 우리에게 조언과 격려를 해 달라고 요청한다. 너희가 계속해서 우리의 계획을 추구한다면, 너희는 손해를 보지 않고 보상을 받을 것이다. 왜냐하면, 우리는 너희를 〈인간 영혼 마을〉의 영주로 만들 작정이기 때문이다.

여기 있는 우리는 〈인간 영혼 마을〉에 있는 너희가 모두 너희의 모든 힘과 교활함과 기술을 기만적인 설득으로 사용하길 원하고 있다.

이것은 〈인간 영혼 마을〉을 더 많은 죄와 사악함으로 이끌기 위함이다. 이것은 또한 그들을 죄 가운데로 끌어들이고 그 결과로 그들에게 죽음을 가져오기 위한 목적이다.

> 오직 오늘이라 일컫는 동안에 매일 피차 권면하여 너희 중에 누구든지 죄의 유혹으로 완고하게 되지 않도록 하라(히 3:13).

이런 것을 염두에 두고 우리는 다음과 같이 결정했다. 즉, 〈인간 영혼 마을〉이 더 비열해지고 더 죄를 짓고 더 부패하면 할수록 임마누엘 왕자는 자기의 실제적인 임재로든지 아니면 어떤 다른 형태의 구제로든지 마을을 도우려고 오는 것을 더 꺼릴 것이다.

〈인간 영혼 마을〉 사람들이 죄를 지으면 지을수록 우리가 그들을 점령하기 위해 공격할 때 그들은 더 저항할 수 없을 것이다.

> 아무나 천국 말씀을 듣고 깨닫지 못할 때는 악한 자가 와서 그 마음에 뿌려진 것을 빼앗나니 이는 곧 길가에 뿌려진 자요(마 13:19).

그들의 강력한 왕 샤다이 자신이 그들을 쫓아내어 보호하지 않을 것이다. 이런 일이 일어난다면 샤다이왕은 그의 장군들과 군인들을 불러 자기의 투석기와 공성퇴를 가지고 귀향하라고 요구할 것이다. 그렇게 된다면 마을은 공격에 취약한 상태가 될 것이다. 그런 후에 마을은 우리에게 열릴 것이고 잘 익은 무화과 열매를 입에 넣어 먹는 것과 같을 것이다. 그렇다. 이것은 마을에 대항하여 점령하는 것을 더 용이하게 할 것이다.

〈인간 영혼 마을〉에 대항하려는 계획의 적절한 시기에 관해서 말하자면 우리는 아직 시기를 결정하지 못했다. 우리 가운데 일부는 장날이나 장날 밤이 가장 적기일 것이라는 너희의 생각에 동의했다.

하지만, 항상 만반의 준비를 해야 한다. 성벽 밖에서 우리가 두들겨 대는, 시끄럽게 계속 울려대는 요란한 북소리를 듣거든 마을 성벽 안에서 가장 끔찍한 혼란을 일으키도록 최선을 다하라. 이런 방식으로 〈인간 영혼 마을〉은 안팎으로 괴로움을 당할 것이고 그들은 도움을 요청할 어떤 방법도 모를 것이다.

루시퍼 경, 바알세불 경, 아볼루온 경, 군대 귀신 경, 다른 모든 경이 주님인 디아볼루스님처럼 너희들에게 인사를 한다. 우리는 너희가 하는 모든 일이나 소유한 모든 것이 우리가 우리의 노고를 즐기는 것처럼 동일한 열매와 성공을 거두기를 바란다.

가장 두려운 지옥 구덩이에 거하는 무시무시한 자들과 함께 우리는 너희에게 인사를 한다. 또한, 여기 우리와 함께 있는 많은 군대 귀신도 너희에게 인사를 한다. 우리 자신이 원대하게 번영하길 바라는 것만큼 너희 또한 크게 번영하길 바란다.

신성 모독 씨 편으로 이 편지를 전하며.

신성 모독 씨는 곧장 〈인간 영혼 마을〉로 향했다. 그는 이 끔찍한 지옥에서 온 편지를 〈인간 영혼 마을〉에 사는 디아볼루스 추종자들에게 전달해야 하는 자기의 임무에 집중했다. 그가 깊은 지옥 구덩이의 계단을 올라 동굴 입구에 도착했을 때 케르베로스(Cerberus)는 그를 보고 물었다.

"아래 지옥에서 〈인간 영혼 마을〉에 관한 안건들이 어떻게 진행되었습니까?"

신성 모독 씨는 어깨를 으쓱였다.

"우리가 예상할 수 있는 대로 일이 잘 풀렸습니다. 모든 경이 내가 〈인간 영혼 마을〉에서 가져온 편지를 마음에 들어 했고 매우 높게 평가했습니다. 나는 우리의 친구인 디아볼루스 추종자들에게 이 소식을 전하기 위해 돌아가는 중입니다. 나는 그 편지에 대한 답변서를 여기에 가지고 있습니다."

그는 안전하게 보관하기 위해 편지를 넣어 둔 가슴 위에 있는 주머니를 가볍게 토닥거렸다.

"나는 이 편지가 나를 보낸 나의 주인들을 기쁘게 하리라는 것을 확신합니다. 왜냐하면, 편지의 내용은 그들이 계획을 최대한 실행하라고 그들을 격려하기 위한 내용이기 때문입니다. 또한, 그들이 〈인간 영혼 마을〉을 포위하는 디아볼루스님이 원하는 어느 때라도 마을 내부에서 공격할 준비를 하라고 지시하고 있습니다."

케르베로스의 뾰족한 이마가 깜짝 놀라 주름이 잡혔다.

"디아볼루스님 자신이 그들을 대적한다는 것을 의미합니까?"

신성 모독 씨의 얇은 입술이 반쯤 히죽히죽했다.

"디아볼루스님이 대적한다고요?"

"그렇습니다! 그리고 디아볼루스님은 이만 명 이상의 전사를 데리고 갈 계획입니다. 그들은 의심의 땅에서 엄선된 자들로 모두 강한 의심 군대의 병사입니다. 그들은 이 임무에서 디아볼루스님을 섬길 것입니다."

케르베로스는 이 소식을 듣고 기뻐하며 말했다.

"비참한 〈인간 영혼 마을〉에 대항하기 위해 그렇게 대담한 준비를 하고 있다는 것이지요? 바라기는 나의 용맹을 보여 주기 위해 내가 그들 가운데 천 명을 통솔하는 천부장이 되었으면 합니다."

"당신의 소원이 이루어지길 바랍니다. 당신은 충분한 담력과 용기가 있는 분처럼 보입니다. 나의 주께서 용맹하고 용감한 자들을 그분과 함께 데려가실 것입니다. 이제 나는 가야 합니다. 사안이 시급합니다."

신성 모독 씨는 케르베로스의 등을 토닥거리며 격려한 후 떠나려고 했다.

케르베로스가 고개를 끄덕이며 말했다.

"정말 그렇습니다. 서둘러서 모든 문제를 가지고 〈인간 영혼 마을〉로 돌아가십시오. 그리고 당신이 해악 씨의 집에 도착하면 그곳에서 만나는 디아볼루스 추종자들에게 나 케르베로스가 그들을 섬기고 싶어 한다고 전해 주십시오. 그리고 내가 유명한 〈인간 영혼 마을〉에 대항하여 의심 군대와 함께 가고 싶다고 전해 주십시오."

그들이 모여 의인의 영혼을 치려하며 무죄한 자를 정죄하여 피를 흘리려 하나 (시 94:21).

지옥에서 돌아오는 신성 모독 씨

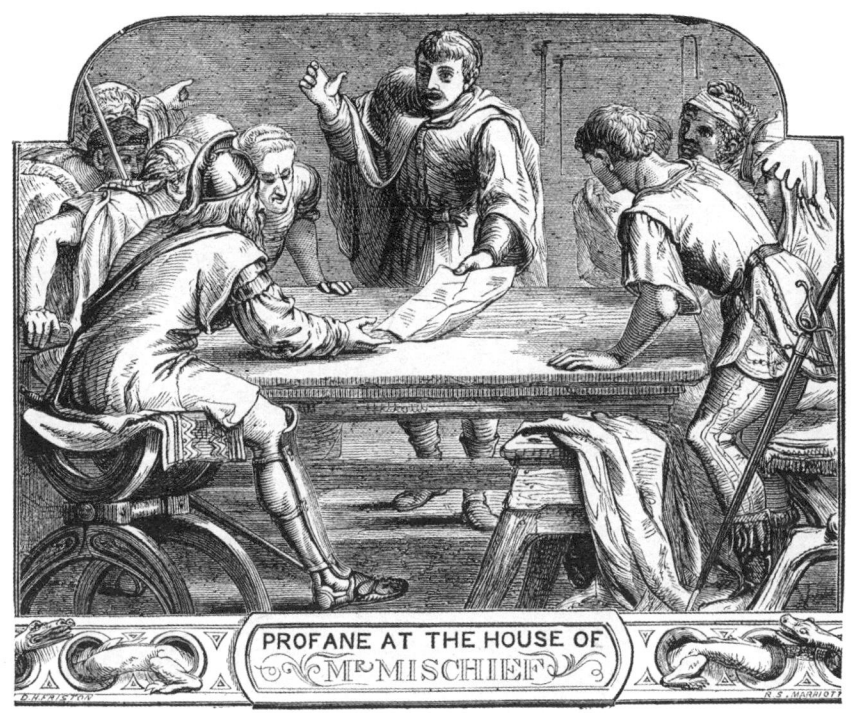

해악 씨의 집에 있는 신성 모독 씨

"당신의 메시지를 전달하겠습니다. 나의 주인들이 당신의 고백을 들으며 기뻐할 것이고 당신을 보고 싶어 할 것입니다."

이와 같이 서로 몇 마디의 칭찬을 주고받은 후에 신성 모독 씨는 친구인 케르베로스에게 작별 인사를 했다. 케르베로스는 지옥의 수많은 소원과 함께 그를 배웅했고 서둘러서 그의 주인들에게 돌아가라고 말했다. 신성 모독 씨는 존경으로 마지막 인사를 하고 발길을 돌려 〈인간 영혼 마을〉로 달려갔다.

그는 〈인간 영혼 마을〉로 돌아와 해악 씨의 집으로 곧장 갔다. 거기서 그는 함께 모여서 그의 귀환을 기다리고 있는 디아볼루스 부하들을 만났다. 그는 칭찬이 담긴 그 편지를 그들에게 전달했다.

다음은 편지의 일부 내용이다.

제22장 전쟁을 준비하는 디아볼루스 추종자들

> 지옥의 지체 높고 강한 통치자들과 권세들인 나의 주인들이 지옥의 감옥에서 〈인간 영혼 마을〉의 참된 디아볼루스 부하들인 너희들에게 인사를 전한다.
>
> 우리의 씨름은 혈과 육을 상대하는 것이 아니요 통치자들과 권세들과 이 어둠의 세상 주관자들과 하늘에 있는 악의 영들을 상대함이라(엡 6:12).
>
> 이 마을을 우리의 왕인 디아볼루스에게 되돌려 주기 위해 너희가 떠맡았던 위대한 섬김, 힘찬 노력과 영웅적인 업적에 감사한다.

이것이 비참한 〈인간 영혼 마을〉의 상태였다. 즉, 〈인간 영혼 마을〉 사람들은 그들의 왕자를 불쾌하게 했다. 왕자는 마을을 떠났고 마을 사람들은 지옥의 권세들이 마을을 대적하도록 부추겼다. 지옥의 권세들은 마을을 완전히 파괴하려고 애썼다.

사실 〈인간 영혼 마을〉 사람들은 여전히 악과 도덕적 선을 구별할 수 있었고 자신들의 죄를 알고 있었지만, 디아볼루스 부하들이 그들의 마음, 연민 그리고 친절함에 나쁜 영향을 미쳤다. 따라서 그들의 애정, 긍휼과 성경 이해에 영향을 끼쳤다.

〈인간 영혼 마을〉 사람들이 부르짖었지만, 임마누엘 왕자는 가버렸다. 마을 사람들이 부르짖어도 임마누엘 왕자는 돌아오지 않았다. 그들은 왕자가 그의 〈인간 영혼 마을〉로 다시 돌아올 것인지 알지 못했다. 게다가 그들은 원수의 힘과 그 원수가 얼마나 부지런한지 알지 못했다. 즉, 마을 사람들은 원수들이 그들을 파괴하기 위해 세웠던 지옥의 계획을 어떻게 추진하고 있었는지를 알지 못했다.

그들은 왕자에게 반복해서 탄원했지만, 왕자는 침묵으로 그들 모두에게 답했다. 그들은 여전히 자신들의 삶을 바로잡지 않았고 계속해서 도덕법을 위반했다. 그들은 계속해서 타락한 삶을 살았는데 이것은 디아볼루스가 원했던 삶의 방식이었다. 그는 그들이 마음속에 죄악을 품으면 그들의 왕이 그들의 기도를 듣지 않을 것이라는 사실을 알고 있었다.

> 내가 나의 마음에 죄악을 품었더라면 주께서 듣지 아니하시리라(시 66:18).

따라서 그들은 점점 더 약해졌고 회오리바람에 뒹굴고 있는 회전초˚처럼 휩쓸려갔다.

그들은 그들의 왕에게 부르짖었다. 하지만, 그렇게 하면서도 그들은 여전히 디아볼루스 부하들과 우정을 유지했다.

왕이 무엇을 할 수 있었겠는가?

현재로서는 디아볼루스 추종자들과 〈인간 영혼 마을〉 사람들이 함께 섞여 거리를 걸었다. 디아볼루스 추종자들은 〈인간 영혼 마을〉 사람들과 화평을 추구하기 시작했다. 왜냐하면, 마을에서 역병이 너무 심해 생명을 위협하는 상황이 돼서 그렇게 가까운 지역에서 싸운다면 싸움이 헛수고가 될 수 있기 때문이었다.

〈인간 영혼 마을〉 사람들의 약함은 적들에게는 강점이 되었고 마을의 죄는 디아볼루스 부하들에게는 이득이 되었다.

> 대저 사람의 길은 여호와의 눈앞에 있나니 그가 그 사람의 모든 길을 평탄하게 하시느니라. 악인은 자기의 악에 걸리며 그 죄의 줄에 매이나니. 그는 훈계를 받지 아니함으로 말미암아 죽겠고 심히 미련함으로 말미암아 혼미하게 되느니라 (잠 5:21-23).

〈인간 영혼 마을〉 적들은 〈인간 영혼 마을〉을 소유하겠다고 맹세하기 시작했다. 왜냐하면, 이제 〈인간 영혼 마을〉 사람들과 디아볼루스 추종자들 사이에는 큰 차이가 없었기 때문이다. 사실 양쪽 모두 〈인간 영혼 마을〉의 주인인 것 같았다. 마을이 쇠퇴하는 동안 디아볼루스 추종자들이 많아지고 늘어나는 것을 보는 것은 슬픈 광경이었고 1만 1천 명 이상의 남자와 여자 그리고 아이들이 역병으로 죽어가고 있었다.

✝ 가을이 되면 줄기 밑동에서 떨어져 공 모양으로 바람에 날리는 잡초.

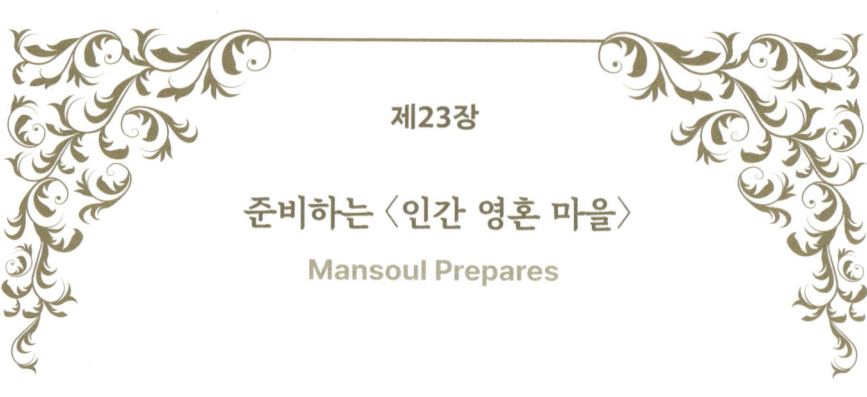

제23장

준비하는 〈인간 영혼 마을〉
Mansoul Prepares

    하지만, 이제 샤다이왕은 〈인간 영혼 마을〉 사람들을 사랑하는 사람을 미리 준비해 놓으셨다. 그의 이름은 관찰 씨(Mr. Prywell)였다. 그는 〈인간 영혼 마을〉의 거리를 걸으며 모든 것에 세심한 주의를 기울였고 마을을 대적하는 음모를 파악하거나 들으려고 애썼다. 그는 경계를 게을리하지 않았다. 또한, 그는 마을 안에 있는 디아볼루스 부하들이나 성벽 밖의 어떤 세력이 마을에 어떤 해를 가할 것을 항상 두려워했다.

    한번은 관찰 씨가 귀를 쫑긋 세우고 주변 상황에 귀 기울이며 돌아다닐 때 그는 〈인간 영혼 마을〉 사람들이 비열한 언덕(Vile-hill)이라고 부르는 장소에 왔다. 그곳에 집이 있었고 그 집은 디아볼루스 부하들이 회의 장소로 사용하는 곳이었다.

    어느 날 밤 관찰 씨는 이 집에서 중얼거리는 소리를 들었다. 그는 그 소리를 더 자세히 들으려고 발끝으로 살금살금 다가갔다. 그는 집 모퉁이에 서 있었고 그곳에서 꽤 오랫동안 엿들어 보았다.

    누군가가 말했다.

    "머지않아 디아볼루스님이 다시 〈인간 영혼 마을〉을 소유하게 될 것이다."

    그밖에 이런 내용의 말이 흘러나왔다.

    '이런 일이 일어날 때 디아볼루스 부하들은 〈인간 영혼 마을〉의 모든 사람을 칼로 죽이려고 계획하고 있다!'

    그들은 심지어 왕의 장군들을 죽이고 파괴하고 그의 모든 병사를 마을에서 몰아낼 계획까지 세웠다. 관찰 씨는 침울한 마음으로 가만히 서 있었다. 그들이 주고받는 말을 다 듣기 위해 오래 머물러야 했다.

"디아볼루스님은 이 계획을 달성하기 위해 싸움을 잘하는 이만 명 이상의 전사를 준비했고 곧 그 계획이 완성될 것입니다."

관찰 씨가 이 계획을 들었을 때 그는 그 계획이 사실임을 확신했다. 그는 서둘러서 시장인 명철 경의 집으로 달려갔고 자기가 들은 모든 것을 전했다. 명철 경은 양심 씨를 불렀고 그 소식을 그에게 전했다. 양심 씨는 수석 비서 경(the Lord Secretary)을 통해 마을에 위급함을 알렸다. 왜냐하면, 그는 〈인간 영혼 마을〉에 전임 설교자였고 수석 비서 경은 부설교자였기 때문이었다. 그는 설교를 알리는 종을 울림으로써 같은 시간에 마을에 경보를 발했다. 그래서 사람들은 한곳에 모였다. 그는 그들에게 짧지만, 격려의 말을 했고 그들에게 경계하라고 말했다.

> 시험에 들지 않게 깨어 기도하라 마음에는 원이로되 육신이 약하도다 하시고 (마 26:4).

그런 후에 그는 관찰 씨의 소식을 함께 나누었다.

"〈인간 영혼 마을〉에 대한 끔찍한 음모를 획책하고 있습니다. 하루에 우리 모두를 학살하려는 끔찍하고 잔인한 음모입니다. 관찰 씨가 이 정보를 우리에게 알려 주었습니다. 그가 정보의 출처이므로 우리는 이 정보를 무시할 수 없습니다. 그는 마을을 사랑하며 또한 항상 마을을 위하기 때문입니다. 그는 건전한 판단력을 가진 진지한 사람이며 빈둥거리는 수다쟁이도 아니고 거짓 보고를 하는 사람도 아닙니다. 하지만, 그는 일의 진상을 밝히는 것을 좋아하고 단지 최신 소식에 관해 이야기하는 것이 아니라 자기가 말하는 것을 매우 확고한 논거에 근거해서 말하는 사람입니다. 내가 그를 불러 그가 말하는 것을 여러분의 귀로 직접 들을 수 있습니다."

그래서 그는 관찰 씨를 불렀고 그 소식이 진실임이 확인되었다. 또한, 충분한 증거와 사실이 그의 이야기를 뒷받침했다.

설교자인 양심 씨는 관찰 씨를 지지했다.

"우리가 관찰 씨가 말한 것을 믿는 것은 불합리하지 않습니다. 왜냐하면, 우리는 샤다이왕을 분노하게 했기 때문입니다. 우리는 임마누엘 왕자님에게 죄를 지어 그분을 마을에서 떠나게 했습니다. 또한, 우리는 디아볼루스 추종자들과 너무 많이 어울려서 대화를 나누었고 관계를 맺었습니다. 우리는 우리가 전에 받았던 긍휼을 버렸습니다. 그렇다면 우리 원수가 우리를 파괴하려는 모의를 하고 안과 밖에서 음모를 꾸미는 것은 당연한 일일 것입니다. 그들로서는 그런 음모를 꾸미기에 더 좋은 시기가 아닙니까?

죄라는 질병이 지금 마을 안에 있고 그 죄가 우리를 약하게 했습니다.

> 내가 이르기를 내 허물을 여호와께 자복하리라 하고 주께 내 죄를 아뢰고 내 죄악을 숨기지 아니하였더니 곧 주께서 내 죄악을 사하셨나이다(마 32:5).

많은 선한 사람이 죽었습니다. 디아볼루스 부하들은 점점 강해지고 있습니다."

양심 씨는 계속해서 말했다.

"나는 관찰 씨에게서 우리를 멸망시키려고 하는 이런 음모를 들었고 그 음모에 대해 많은 것을 간파했습니다. 관찰 씨는 진실을 말하는 선한 사람입니다. 그는 우리의 파괴를 계획하기 위해 포악한 자들과 디아볼루스 부하들 사이에 몇 통의 편지가 오고 갔다는 것을 엿들었습니다."

〈인간 영혼 마을〉 사람들이 이 모든 음모를 들었을 때 그들은 그것을 부인할 수 없었다. 그들은 하나 같이 목소리를 높이고 울었다. 관찰 씨는 마을 사람들 앞으로 나서서 그들의 설교자인 양심 씨가 말했던 모든 것의 진실을 확인시켜 주었다.

그들은 다시 그들의 마음이 부패했던 것에 대해 마음 깊이 슬퍼했고 샤다이왕과 그분의 아들 임마누엘 왕자에게 보냈던 도움 요청을 두 배로 늘렸다. 그들은 마을에 머물고 있는 장군들, 고위 지휘관들, 싸움에 능한 전사들에게 이 소식을 알렸다.

또한, 마을 사람들은 디아볼루스의 군대가 마을로 쳐들어오기 전에 만반의 준비를 할 것을 요구했다. 이것은 그들이 강하고 담대하게 하기 위함이었다.

> 여호와를 바라는 너희들아 강하고 담대 하라(시 31:24).

마을 사람들은 그들에게 갑옷과 장비들을 정비하고 밤낮으로 디아볼루스에 맞서서 전투에 임할 준비를 하라고 말했다.

마을을 사랑하는 삼손 같은 장군들이 이 소식을 듣고 모두 하나같이 모여들었고 마을 사람들을 흔들어 깨웠다. 그들은 머리를 맞대고 〈인간 영혼 마을〉에 거주하는 병자들, 약자들 그리고 가난한 자들을 멸하려는 디아볼루스와 그의 부하들이 세워놓은 대담하고 끔찍한 계획을 물리칠 방법을 모의했다.

그들은 다음과 같은 조치에 동의했다.

첫째, 〈인간 영혼 마을〉의 성문들은 빗장과 자물쇠로 안전하게 닫힌 상태로 있어야 한다. 보안 조치들이 취해져야 한다. 경계를 담당하는 장군들이 들어오고 나가는 모든 자를 조사해야 한다.

이에 대해 장군들은 말했다.

"우리 가운데 우리를 속이며 살고 있고 우리를 파멸하려는 음모의 주동자들을 체포할 수 있게 하려면 보안 조치를 강화해야 한다."

둘째, 〈인간 영혼 마을〉 전체에 걸쳐 숨어 있는 모든 디아볼루스 부하를 찾기 위해 수색을 엄격하게 해야 한다. 음모에 가담하고 있는 디아볼루스를 따르는 지도자들과 그 부하들을 찾기 위해 모든 집을 샅샅이 뒤져야 한다.

셋째, 〈인간 영혼 마을〉은 디아볼루스 부하들에게 집과 숙소를 제공했던 마을 사람들조차도 다른 자들에 대한 경고로써 공공장소에서 회개해야 한다.

넷째, 〈인간 영혼 마을〉은 마을 전체가 하루 공개적인 금식을 할 것을 결정한다. 이것은 그들이 임마누엘 왕자를 의로운 분으로 영접하지 않고 왕자와 샤다이왕에 대항하여 죄를 범한 것으로 인해 그분 앞에 겸비하고 있다는 것을 보여 주기 위함이다.

> 나는 그들이 병들었을 때에 굵은 베 옷을 입으며 금식하여 내 영혼을 괴롭게 하였더니 내 기도가 내 품으로 돌아왔도다(시 35:13).

〈인간 영혼 마을〉에서 금식하지 않거나 자기의 잘못에 대해 스스로 겸비하지 않고 계속해서 세상 일에 마음을 쏟거나 자기 마음대로 배회하는 누구

〈인간 영혼 마을〉 장군들의 회의

나 그들의 악한 행동으로 인해 디아볼루스 부하들처럼 고통을 받게 한다.

다섯째, 우리는 자기의 죄로 인한 수치를 되새기는 데 시간을 낭비하지 않고, 열정을 다해 샤다이왕에게 도움을 요청하는 탄원서를 보내고 관찰 씨가 들은 디아볼루스의 계획을 궁정에 알리기로 한다.

여섯째, 〈인간 영혼 마을〉은 관찰 씨에게 감사를 표하기로 한다. 이유는, 관찰 씨는 그의 마음 안에 마을의 안녕을 추구하는 성향이 있으며 실제로 열심히 마을의 유익을 끼치고 원수들의 나쁜 목적을 전복시키려고 애썼기 때문이다. 따라서 마을 사람들의 유익을 위해 그를 정찰 장군(Scoutmaster-General)으로 임명하고 그에 대한 임무를 부여한다.

총회 전체와 장군들이 이런 행동 방침에 대한 계획을 마쳤을 때 그들은 모든 항목을 실천하려고 했다. 먼저, 그들은 성문을 닫았다. 그런 후에 그들은 디아볼루스 부하를 찾기 위해 엄격하게 수색하기 시작했다. 발견된 디아볼루스 부하들과 함께 있었던 마을 사람들은 공개적으로 회개하도록 요구되었다.

또한, 마을은 계속해서 금식했고 왕자에게 계속해서 호소했다. 관찰 씨는 〈인간 영혼 마을〉 사람들이 자기 손에 맡겼던 임무를 열정적으로 성실하고 믿음직스럽게 처리했다.

> 그리고 맡은 자들에게 구할 것은 충성이니라(고전 4:2).

그는 마을 안과 성벽 바깥에서 주의와 노력을 기울여 들여다보고 살피고 들었다.

며칠 후 그는 여행 준비를 했고 의심 군대 병사들이 사는 나라로 가기 위해 지옥문 언덕을 향해 갔다. 여기서 그는 〈인간 영혼 마을〉에서 우연히 엿들었던 모든 것에 대해 들었다. 또한, 그는 디아볼루스가 마을을 대항하여 진군할 준비가 거의 다 되었다는 것을 감지했다. 그래서 그는 마을로 돌아와 장군들과 장로들을 모두 불렀다. 그는 그들에게 자기가 어디를 다녀왔고 그곳에서 듣고 보았던 것을 말했다.

체포되는 탐욕 경

그리고 그는 긴급하게 이런 문제에 관해 말했다.

"디아볼루스는 마을로 진군할 준비를 거의 마쳤습니다. 그는 전에 마을의 감옥에서 탈출했던 자인 늙은 불신 씨를 그의 군대 장군으로 임명했습니다.

디아볼루스의 군대는 의심 군대 병사들로 구성되어 있습니다. 그들 모두가 의심 병사입니다. 그들의 숫자는 이만 명이 넘습니다. 이 군대와 함께 디아볼루스는 지옥의 최고 군주들을 데려오려고 하고 있습니다. 디아볼루스는 그들을 의심 군대를 지휘하는 장군들로 임명하려고 계획하고 있습니다."

관찰 씨는 또한 디아볼루스와 함께 쫓겨났던 어두운 소굴에서 온 몇몇 사람이 〈인간 영혼 마을〉을 그들의 왕인 디아볼루스에게 강제로 복종시킬 계획이라고 말했다. 그는 자기도 한때 의심 병사 가운데 하나였기 때문에 의심 군대 병사들을 이해한다고 말했다.

그는 계속해서 늙은 불신 씨가 군대 전체를 지휘하는 장군이 된 것을 설명했다.

"폭군인 디아볼루스에게 이 자보다 더 충성스러운 자가 없기 때문입니다. 〈인간 영혼 마을〉 사람들의 안녕을 파괴하고자 하는 무자비한 악의가 이 자를 움직이고 있습니다. 그는 마을 사람들이 그에게 보여 주었던 형편없는 대우를 기억하고 있습니다.

또한, 그는 그에 대한 보복으로 앙심을 품고 그들에게 해를 가하려고 계획하고 있습니다. 따라서 어두움의 왕들이 최고 사령관이 되겠지만, 단지 불신 씨만이 군대를 지휘할 것입니다. 왜냐하면, 그는 어떤 왕보다 병사들이 도망가는 것을 잘 막으면서 쉽고 능숙하게 군대를 이끌고 마을을 포위할 수 있기 때문입니다."

〈인간 영혼 마을〉의 장군들과 장로들이 관찰 씨가 전한 소식을 들었을 때 그들은 디아볼루스 부하들에 대항하기 위해 이미 시행되고 있는 법이 유익했다고 생각했다. 이 법은 그들의 왕자인 임마누엘이 디아볼루스 부하들을 제지하기 위해 제정했던 법이었다. 이제 그들은 더 지체하지 않고 그 법들을 강화했다. 마을 사람들은 열심을 내었고 공정했다. 그래서 그들은 마을에 숨어 있는 모든 디아볼루스 부하들을 찾아내기 위해 모든 집을 수색했다.

마음 씨의 집과 위대한 자유의지 경의 집에서 두 명의 디아볼루스 부하들을 발견했다. 마음 씨의 집에서 그들은 탐심 경, 이 자가 자기의 이름을 신중한 검소(Prudent-Thrifty)로 바꾸었지만, 그들은 탐심 경을 발견했다. 자유의지 경의 집에서는 호색 경을 찾았다. 하지만, 그는 이름을 무해한 오락으로 자기의 이름을 바꾸었었다. 〈인간 영혼 마을〉의 장군들과 장로들은 이 자들을 간수인 진실한 사람(Mr. True-Man)의 감옥에 감금시켜 지키게 했다. 그는 그들을 꽤 가혹하게 다루었고 그들을 족쇄(足鎖)로 채웠다.

그래서 그들은 얼마 안 있어 쇠약해져서 감옥에서 죽었다. 장군들과 장로들의 합의에 따라 이 죽은 자들의 주인들은 공개적으로 불려 나왔고 마을의 다른 사람들에 대한 경고로서 그들의 부끄러운 행동에 대한 참회를 공개적으로 해야 했다.

> 그 정죄는 이것이니 곧 빛이 세상에 왔으되 사람들이 자기 행위가 악하므로 빛보다 어둠을 더 사랑한 것이니라(요 3:19).

그 당시의 참회 방법은 범죄를 저지른 사람들에게 그들이 범했던 악을 알게 하는 것이었다. 그래서 그들은 그들이 저지른 잘못을 고백하고 앞으로의 삶을 교정하도록 명령받았다.

계속해서 〈인간 영혼 마을〉의 장군들과 장로들은 더 많은 디아볼루스 부하들을 찾기 위해 계속 수색을 벌였다. 그들은 그들이 숨어 있는 모든 장소, 그 장소가 굴, 동굴, 구멍, 지하 묘지이거나 아니면 성벽 주변이거나 아니면 마을이든지 간에 그들이 숨어 있던 모든 곳에서 그들을 찾아냈다.

> 악을 행하는 자마다 빛을 미워하여 빛으로 오지 아니하나니 이는 그 행위가 드러날까 함이요(요 3:20).

하지만, 디아볼루스 부하들이 남긴 단서를 쫓아 그들이 숨어 있던 동굴과 굴의 입구까지 추적했지만, 그들을 체포하여 법의 심판을 받게 할 수 없었다. 왜냐하면, 그들의 길이 너무 비뚤어져 있고 은신처가 너무 견고해서 그들은 재빨리 그곳으로 피신했기 때문이다.

> 그러므로 때가 이르기 전 곧 주께서 오시기까지 아무것도 판단하지 말라 그가 어둠에 감추게 한 것들을 드러내고 마음의 뜻을 나타내시리니 그 때에 각 사람에게 하나님으로부터 칭찬이 있으리라(고전 4:5).

엄격한 규칙을 마련했음에도 불구하고, 〈인간 영혼 마을〉은 디아볼루스 추종자들을 완전히 제거할 수 없었다. 남은 디아볼루스 부하들은 예전처럼 낮에도 밖으로 나오기보다는 구석으로 몸을 움츠리고 눈에 띄지 않는 곳에 숨어 지냈다. 하지만, 이제 그들은 은둔 생활을 해야 했고, 밤이 되면 한때 동료였던 〈인간 영혼 마을〉 사람들은 그들을 치명적인 적으로 간주했다. 이러한 좋은 변화는 관찰 씨가 유명한 〈인간 영혼 마을〉에 전달한 정보 덕분이었다.

제24장

북소리와 기만
Drummings and Deceit

이 무렵 디아볼루스는 군대를 재건하는 일을 끝냈다. 그는 장군들과 다른 일선 장교들을 배치했다. 그들 모두 디아볼루스의 강렬한 분노에 감탄했다. 디아볼루스는 자기 자신을 최고의 주로 여겼고 불신 경을 자기 군대를 이끄는 사령관으로 임명했다. 그리고 〈인간 영혼 마을〉을 파괴하기 위해 장교들, 깃발들, 상징들, 군기들을 모두 배치했다.

장교들은 다음과 같은 자들이 포함되었다.

첫째 장군은 분노 장군(Captain Rage)이었다. 그는 택정을 의심하는 자들(Election-doubters)을 지휘하도록 배치되었다.

> 그러므로 형제들아 더욱 힘써 너희 부르심과 택하심을 굳게 하라(벧후 2:10).

그의 깃발은 붉은색이었고 군기를 들고 있는 기수는 파괴 씨였다. 방패에 그려진 문양은 큰 붉은 용이었다.

둘째 장군은 격분 장군(Captain Fury)이었다. 그는 소명을 의심하는 자들(Vocation-doubters)을 지휘하도록 배치되었다.

> 몸이 하나요 성령도 한 분이시니 이와 같이 너희가 부르심의 한 소망 안에서 부르심을 받았느니라(엡 4:4).

흑암 씨가 그의 군기 기수로 섬겼다. 그의 부대를 표시하는 비단 깃발은 날아다니는 분노한 뱀이 그려져 있는 창백한 깃발이었다. 이런 상징을 그의 문양으로 사용했다.

셋째 장군은 저주 장군(Captain Damnation)이었다. 그는 은총을 의심하는 자들(Grace-doubters)을 지휘하도록 배치되었다.

> 우리 각 사람에게 그리스도의 선물의 분량대로 은혜를 주셨나니(엡 4:7).

무 생명 씨(No-Life)가 붉은색 깃발을 들고 다녔다. 방패의 문양 상징은 흑암의 무저갱이었다.

넷째 장군은 탐욕 장군(Captain Insatiable)이었다. 그는 믿음을 의심하는 자들(Faith-doubters)을 지휘하도록 배치되었다.

> 믿음은 바라는 것들의 실상이요 보이지 않는 것들의 증거니(히 11:1).

군기를 들고 있는 그의 기수는 걸신들린 먹어 치움 씨(Mr. Devourer)였고 그는 붉은 깃발을 휘날렸다. 그의 방패의 문양 상징은 크게 벌린 턱이었다.

다섯째 장군은 유황 장군(Captain Brimstone)이었다. 그는 견인을 의심하는 자들(Perseverance-doubters)을 지휘하도록 배치되었다.

> 그러므로 내 사랑하는 형제들아 견실하며 흔들리지 말고 항상 주의 일에 더욱 힘쓰는 자들이 되라 이는 너희 수고가 주 안에서 헛되지 않은 줄 앎이라(고전 15:58).

군기를 들고 있는 그의 기수는 화염 씨(Mr. Burning)였다. 그는 또한 악취를 내뿜는 화염이 있는 상징이 있는 붉은 깃발을 가지고 다녔다.

여섯째 장군은 고문 장군(Captain Torment)이었다. 그는 부활을 의심하는 자들(Resurrection-doubters)을 지휘하도록 배치되었다.

> 사도들이 큰 권능으로 주 예수의 부활을 증언하니 무리가 큰 은혜를 받아(행 4:33).

그는 창백한 깃발을 가지고 다녔고 방패 문양으로 검은 구더기의 상징을 지녔다. 갈아 먹음 씨(Mr. Gnaw)가 그의 기수였다.

일곱째 장군은 평안 없음 씨(Captain No-ease)였다. 그는 구원을 의심하는 자들(Salvation-doubters)을 지휘하도록 배치되었다.

> 의인들의 구원은 여호와로부터 오나니 그는 환난 때에 그들의 요새이시로다 (시 37:39).

안식 없음 씨(Mr. Restless)가 그의 기수였다. 그는 붉은 깃발을 가지고 다녔다. 그의 상징은 끔찍한 사망의 그림이었다.

여덟째 장군은 무덤 장군(Captain Sepulcher)이었다. 그는 영광을 의심하는 자들(Glory-doubters)을 지휘하도록 배치되었다. 그의 기수는 창백한 깃발을 가지고 다녔다. 방패 문양은 해골과 죽은 자들의 뼈였다.

> 하나님이 그들로 하여금 이 비밀의 영광이 이방인 가운데 얼마나 풍성한지를 알게 하려 하심이라 이 비밀은 너희 안에 계신 그리스도시니 곧 영광의 소망이니라 (골 1:27).

아홉째 장군은 희망 없음 장군(Captain Past-Hope)이었다. 그는 자기가 받은 복을 의심하는 자들(Felicity-doubters)을 지휘하도록 배치되었다.

> 주께 힘을 얻고 그 마음에 시온의 대로가 있는 자는 복이 있나이다(시 84:5).

그의 기수는 절망 씨(Mr. Despair)였다. 그의 부대는 붉은 깃발을 가지고 다녔다. 방패 문양은 뜨거운 쇠와 강퍅한 마음이었다.

위대한 디아볼루스는 그 외에도 일곱의 탁월한 장군을 배치했다. 그들의 이름은 **바알세불 경**(Lord Beelzebub), **루시퍼 경**(Lord Lucifer), **군대 경**(Lord Legion), **아볼루온 경**(Lord Apollyon), **피콘 경**(Lord Python), **케르베로스 경**(Lord Cerberus), **벨리알 경**(Lord Belial)이며, **불신 씨**(Incredulity)는 총사령관이었다.

디아볼루스가 그들 모두를 지배하는 왕이었다. 다른 자들은 수백 명을 지휘하는 장군들이 되었고 일부는 더 많은 병사를 지휘하는 장군들이 되었다. 불신 씨의 지휘 아래에 군대가 지옥문 언덕에서 만났을 때 그가 이끄는 군대가 완성되었다.

그래서 그들은 지옥문 언덕에서 엄청난 숫자로 병력을 이루어 출발했고 〈인간 영혼 마을〉을 향해서 곧장 행군했다. 내가 앞에서 암시했던 것처럼 마을은 충격을 받지 않았다. 왜냐하면, 샤다이왕이 계획했던 것처럼 〈인간 영혼 마을〉은 관찰 씨에게서 그들이 조만간 들이닥칠 것이라는 경고를 받았기 때문이었다.

이 경고 덕분에 마을은 성문 앞에 파수꾼을 세웠고 경계병을 두 배로 늘렸다. 그들은 자기가 맹렬한 적에게 큰 돌을 날려 버릴 수 있는 전략적 장소에 투석기를 배치했다.

〈인간 영혼 마을〉 사람들은 성벽 안에서 마을 사람들에게 해를 끼칠 수 있다고 추정된 디아볼루스 부하들을 막고 제거하기 위해 조치를 취했다. 그래서 디아볼루스 부하들은 그들이 맡은 역할을 해낼 수 없었다. 〈인간 영혼 마을〉은 이제 깨어있었다.

그러나 아! 이 불쌍한 사람들은 그들의 적들이 자신들을 향해 행군해 오고 있다는 소식을 들었을 때 겁에 질렸다. 일단 그 군대가 마을 밖에 진을 치고 있었을 때 그들이 쳐대는 북소리가 마을 사람들을 더 두렵게 했다. 이것은 듣기에는 놀랍게도 끔찍한 소리였고 휘날리는 깃발들이 산들바람에 펼쳐져 펄럭거리는 것을 보는 것은 놀랍도록 끔찍한 장면이었다. 그런 모습과 장관이 10킬로미터 안에 있는 모든 사람을 두렵게 했고 그들을 더 낙담시켰다.

> 하나님이여 내 기도에 귀를 기울이시고 내가 간구할 때에 숨지 마소서 … 이는 원수의 소리와 악인의 압제 때문이라 그들이 죄악을 내게 더하며 노하여 나를 핍박하나이다 … 두려움과 떨림이 내게 이르고 공포가 나를 덮었도다(시 55:1, 3, 5).

디아볼루스가 마을에 대항하기 위해 올라왔을 때 그는 먼저 귀 문에 접근했고 맹렬히 그곳을 공격했다. 그는 자기 부하들이 마을에 배치되어 있고 마을을 점령하기 위해 안에서 그를 도울 준비를 하고 있다고 생각했음이 틀림없다. 하지만, 샤다이왕 장군들의 경계로 인해 디아볼루스 부하들

투석기를 설치하는 〈인간 영혼 마을〉 사람들

은 분쟁을 일으키며 그들의 임무를 해내지 못했다.

디아볼루스는 자기가 기대한 것만큼의 도움을 받지 못했고, 투석기에서 날아오는 돌들이 그의 군대를 강타했기 때문에 마을에서 후퇴할 수밖에 없었다. 그래서 그는 자신과 부하들을 투석기가 타격할 수 있는 범위에서 벗어나 안전한 곳으로 대피시켰다.

〈인간 영혼 마을〉 사람들을 괴롭힌 오랜 역병으로 인해 샤다이왕의 장군들이 겪었던 고통과 좀처럼 사라지지 않는 연약함을 고려해 볼 때 그들은 용감하게 자기가 맡은 일을 잘 해내고 있었다.

디아볼루스는 안전한 곳에 대피하자 마을에 대항하여 네 개의 방벽을 세웠다. 그는 이 방벽 가운데 첫 번째 방벽을 디아볼루스 언덕(Diabolus Mount)이라고 불렀고, 이는 〈인간 영혼 마을〉 사람들을 두렵게 하기 위해 자기의 이름을 붙였다. 그는 나머지 세 언덕을 각각 지옥의 끔찍한 복수의 세 여신의 이름을 따서 알렉토 언덕(Mount Alecto), 메가이라 언덕(Mount Megara), 티시포네 언덕(Mount Tisiphone)으로 이름 붙였다. 공포로 먹이를 쓰러지게 하기 위해 사자가 먹이를 농락하는 것처럼 그는 〈인간 영혼 마을〉 사람들을 농락하기 위한 것이었다. 하지만, 내가 언급했던 것처럼 〈인간 영혼 마을〉의 장군들과 군인들은 저항했다. 그들은 투석기를 사용해서 적들에게 돌들을 날렸고 적들이 후퇴하게 했다. 이에 따라 〈인간 영혼 마을〉 사람들은 용기를 얻었다.

이제 폭군 디아볼루스는 마을 북쪽에 솟은 디아볼루스 언덕 위에 자기의 군기를 세웠다. 그는 직접 군기를 만들었다. 사악한 기교를 사용한 군기의 문양은 마치 화염에 불타는 〈인간 영혼 마을〉을 그려 넣은 것은 같았다. 그가 만든 군기는 보기만 해도 두려움이 느껴졌다.

자기의 군기를 들면서 디아볼루스는 말했다.

"나는 두려움에 떨고 있는 〈인간 영혼 마을〉 사람들과 협상할 마음이 있다."

따라서 그는 북을 치는 자들에게 명령해서 매일 밤 〈인간 영혼 마을〉의 성벽 쪽으로 접근하게 했다. 그래서 평화 협상을 제의하는 북소리를 울리게 했는데 이는 적들과 협상을 개최하기 위한 신호였다. 그는 낮에는 마을의 투석기가 신경 쓰였기 때문에 밤에만 북을 치도록 했다. 그는 그렇게 매일 밤 울려대는 북소리에 마을 사람들이 지칠 수도 있다고 생각했다. 그래서 〈인간 영혼 마을〉 사람들이 자신과 만나는 것을 꺼린다고 하더라도 그들은 어쩔 수 없이 자신과 평화 협정을 맺기 위해 만날 것이라고 생각했다.

북을 치는 자는 디아볼루스에게 받은 명령대로 했다. 북소리는 매우 끔찍했고 북소리가 울리는 〈인간 영혼 마을〉은 단지 어둠과 슬픔 속에 있는 것처럼 보였다.

> 그날에 그들이 바다 물결 소리같이 백성을 향하여 부르짖으리니 사람이 그 땅을 바라보면 흑암과 고난이 있고 빛은 구름에 가려서 어두우리라 (사 5:30).

샤다이왕께서 말씀하실 때의 목소리를 제외하고는 지상에서 들리는 그 어떤 소음도 이보다 더 무서운 소리는 없었다. 그리고 디아볼루스의 전술은 효과가 있었다. 왜냐하면, 〈인간 영혼 마을〉 사람들은 두려움에 떨었고 북소리가 자신들을 즉시 집어삼킬 것으로 생각했기 때문이다.

북 치는 자가 협상을 알리기 위해 북을 두드리며 〈인간 영혼 마을〉을 향해 연설했다.

"나의 주인께서 너희에게 말을 전하라고 나에게 명령하셨다. 너희가 항복한다면 너희는 이 땅의 좋은 것을 누릴 것이다. 하지만, 너희가 고집을 부리기로 선택한다면 그분은 무력으로 너희를 정복하실 것이다."

북 치는 자가 메시지를 전달하고 북 치는 것을 마쳤을 때 마을 사람들은 이미 성안에 있는 장군들에게로 달려가 있었다. 그래서 누구도 북 치는 자가 말했던 것을 고려하지 않았고 그에게 답변도 하지 않았다.

디아볼루스는 북소리가 마을 사람들을 자기 뜻에 굴복시키는 데 효과가 없다는 것을 깨닫고 이번에는 북 없이 북 치는 자를 보냈다. 이는 다시 마을 사람들과 대화하고자 하는 그의 희망을 마을 사람들에게 알게 하기 위함이었다.

하지만, 그의 평화 협정 제의는 마을을 디아볼루스에게 넘겨주라는 항복 권고로 바뀌었다. 마을 사람들은 북 치는 자의 그 어떤 말도 귀담아듣지 않았고 주의를 기울이지도 않았다. 왜냐하면, 그들은 디아볼루스의 말에 따랐다가 얼마나 많은 희생을 치렀는지를 기억했기 때문이다.

다음 날 밤 디아볼루스는 다시 마을로 자기 전령을 보냈다. 하지만, 이번에 전령으로 갔던 자는 다름 아닌 끔찍한 무덤 장군이었다.

무덤 장군은 마을의 성벽으로 접근해 연설하기 시작했다.

"반역의 마을 주민들이여!

나는 디아볼루스왕의 이름으로 너희에게 권한다. 더는 고집부리지 말고 마을의 성문을 열고 위대한 왕을 성안으로 모셔 들여라. 너희에게 경고한다. 너희가 여전히 반역하기로 선택한다면 우리는 너희를 힘으로 굴복시킨 후에 무덤같이 너희를 삼켜 버릴 것이다. 너희가 나의 항복 권고를 수락할지 말지 알려 주기를 바란다.

그들은 마을이 어떠한 말도 하기 전에 계속해서 항복 권유의 근거를 제시했다.

"나의 주인이 항복 권유를 제안하셨다. 그분은 의심할 여지 없이 너희 자신이 전에 인정했던 너희의 왕이고 주인이시다. 디아볼루스왕은 자신이 소유했던 것을 되찾으려고 계획하시고 있다. 즉, 임마누엘 왕자가 불명예스럽게 디아볼루스왕을 대적하여 승리했을 때 디아볼루스왕은 임마누엘

기수인 타락과 함께 있는 끔찍한 무덤 장군

왕자의 손에 빼앗겼던 권리를 원상으로 회복시키려고 계획하고 있다.

마을 사람들이여!
다음과 같은 사실을 고려하라!
너희는 이 점에서 평화로울 것으로 생각하는가?
아니면 그렇지 않은가?

너희가 항복한다면 우리의 오랜 우정은 어떤 것도 변하지 않은 것처럼 새롭게 될 것이다. 그러나 너희가 거부하고 반항한다면 너희는 단지 이에 대한 반응으로 화염과 검만 기대해야 할 것이다."

점점 쇠약해져 가는 〈인간 영혼 마을〉 사람들은 무덤 장군의 항복 권유에 더 깊은 침체 속으로 빠져들었지만, 어떤 답변도 하지 않았다.

> 안일한 자의 조소와 교만한 자의 멸시가 우리 영혼에 넘치나이다(시 123:4).

그래서 항복을 권유하는 자는 그가 왔던 동일한 방식으로 돌아갔다. 마을 사람들은 일부 장군과 이 문제를 논의한 후에 그들의 설교자인 수석 비서 경에게 찾아갔다. 그리고 자신들의 비참한 상황을 그에게 고백할 때 그가 귀를 기울여 듣기를 바라며 그의 지혜와 조언을 구했다. 하지만, 그는 마음이 편치 않았다. 그래서 그들은 몇 가지 문제에 있어서 그의 호의를 구했다. 그들은 그가 편안하게 그들을 지켜보길 원했다. 또한, 그들은 그가 너무 멀리 떨어져 있지 말고 그들 가까이에 있기를 원했다. 그들은 자신들의 비참한 상황을 그에게 말할 때 그가 귀를 기울여 듣기를 바랐다.

그는 이렇게 말했다.

"나는 마음이 편치 않습니다. 따라서 나는 내가 전에 했던 그 일을 할 수 없습니다."

> 성령을 소멸하지 말며 예언을 멸시하지 말고 범사에 헤아려 좋은 것을 취하고
> (살전 5:19-21).

그래도 마을 사람들은 현재 상황에 대해 수석 비서 경의 조언을 호소

했다. 왜냐하면, 디아볼루스가 자그마치 이만 명의 의심 군대 병사들과 함께 마을 앞에 진을 치고 있었기 때문이다.

마을 사람들은 말했다.

"게다가 디아볼루스와 그의 장군들은 잔인한 자들입니다. 그들이 두렵습니다."

그러자 수석 비서 경은 말했다.

"임마누엘 왕자의 율법을 살펴보아야 합니다. 거기서 여러분은 무엇을 해야 할지를 찾게 될 것입니다."

> 자유롭게 하는 온전한 율법을 들여다보고 있는 자는 듣고 잊어버리는 자가 아니요 실천하는 자니 이 사람은 그 행하는 일에 복을 받으리라(약 1:25).

마을 사람들은 수석 비서 경에게 샤다이왕과 그의 아들 임마누엘 왕께 그의 서명으로 된 탄원서를 작성해 달라고 요청했다. 이것은 그가 마을 사람들과 한마음이라는 징표로서 그렇게 요구했다.

그들은 계속해서 말했다.

"경이시여, 우리는 많은 탄원서를 보냈지만, 아직 평화를 말씀하시는 어떤 답변도 받지 못했습니다. 하지만, 분명히 우리가 이 탄원서에 경의 서명과 함께 보낸다면 우리는 〈인간 영혼 마을〉을 위한 좋은 소식을 얻을 것입니다."

그는 대답했다.

"여러분은 여러분의 왕자인 임마누엘 왕자님을 불쾌하게 했고 나를 슬프게 했습니다. 따라서 여러분은 이 모든 일에 있어서 여러분의 역할을 인정해야 합니다."

수석 비서 경의 답변은 그들에게는 청천벽력처럼 느껴졌다. 그렇다! 그의 답변은 그들이 어떻게 해야 할지 모를 정도로 그들의 양심을 짓눌렀다. 그들이 알고 있는 한 가지는 그들은 차마 디아볼루스의 요구에 응할 수도 없었다. 그렇다고 해서 그들은 그의 장군들의 요구에 응할 수도 없었다.

> 하나님의 뜻대로 하는 근심은 후회할 것이 없는 구원에 이르게 하는 회개를 이루는 것이요(고후 7:10).

마을 사람들은 곤경에 처했다. 적들이 그들을 덮칠 때 그들은 점령될 것이지만, 그들의 친구들이 돕기를 거절하리라는 것을 알고 있었다. 얼마 후 명철 시장 경은 수석 비서 경이 했던 말을 가려내고 가려내서 약간의 위로가 되는 말을 엄선했다.

그는 자기 손가락으로 숫자를 세며 말했다.

첫째, 이것은 결과적으로 우리가 지었던 죄로 인해 고통을 받아야 한다는 것입니다.

둘째, 그의 말은 마치 결국에 가서 우리가 구원받을 것처럼 들립니다. 또한, 우리가 잘될 것이라는 희망이 몇 번 더 좌절된 후에 정신적인 고통을 견딘 후에 임마누엘 왕자께서 오셔서 우리를 도와주시리라는 것입니다."

명철 시장 경은 수석 비서 경이 했던 말을 논의하고 판단하고 분석하는 데 있어서 더 정확했다. 왜냐하면, 그는 선지자 이상의 역할을 했기 때문이다. 그의 말은 항상 중요했고 원칙, 정의, 의와 일치했으며 가장 정확했다. 또한, 마을 사람들은 수석 비서 경이 한 말의 의미를 철저하게 조사하고 설명하는 것이 허락되었으며 이는 그들의 유익이 되게 하기 위함이었다.

그래서 그들은 명철 시장 경을 떠나 장군들에게 돌아왔고 수석 비서 경이 했던 말을 그들에게 전했다. 장군들이 그 말을 들었을 때 그들은 모두 명철 경에게 동의했다. 그들은 그의 말에서 용기를 얻었고 적 진영을 용감하게 공격하고 모든 디아볼루스 추종자와 〈인간 영혼 마을〉을 파괴하기 위해 폭군 디아볼루스가 데려왔던 배회하는 의심 병사들을 소탕하기 위해 조처했다.

그들은 모두 자기 위치로 떠났다. 장군들도 자기 위치로 돌아갔고 시장 경, 부설교자, 자유의지 경도 자기 위치로 돌아갔다. 장군들은 왕자를 위해 중요한 일을 하고 싶어 했다. 왜냐하면, 그들은 전쟁과 같은 업적을 기뻐했기 때문이다.

그래서 다음 날 그들은 함께 모여 이야기를 나누었다. 그리고 그들은 투석기로 돌을 날려 디아볼루스의 무덤 장군에게 회답하기로 했다. 다음 날 아침 해가 하늘을 밝게 비출 때 디아볼루스는 다시 마을 가까이 다가갔다.

하지만, 투석기들이 돌을 그의 부대 쪽으로 날렸고 휘져놓은 말벌 둥지처럼 그를 괴롭혔다. 디아볼루스의 북이 굉음을 냈지만, 어떤 것도 임마누엘 왕자의 투석기들만큼 무시무시하지는 않았다. 따라서 디아볼루스는 〈인간 영혼 마을〉에서 더 멀리 후퇴할 수밖에 없었다.

> 그런즉 너희는 하나님께 복종할지어다 마귀를 대적하라 그리하면 너희를 피하리라(약 4:7).

명철 경은 이것을 보고 종을 울리라고 명령했다.
그리고 이어서 말했다.
"부설교자인 양심 씨의 입을 통해 감사의 말을 수석 비서 경에게 전해야 합니다. 왜냐하면, 그의 말로 인해 〈인간 영혼 마을〉의 장군들과 장로들은 디아볼루스에 대항할 힘을 얻었기 때문입니다."
디아볼루스가 〈인간 영혼 마을〉의 왕자의 황금 투석기에서 날아오는 돌들로 인해 자기의 장군들과 병사들 그리고 고관들과 유명한 자들이 두려움에 떨고 제압(制壓)되는 것을 목격했을 때 그는 마을 사람들을 속일 술책을 생각해 냈다. 그는 자신에게 혼잣말했다.
"그들에게 아첨함으로써 그들을 속여 내 그물로 사로잡아야겠다."
그래서 잠시 후, 그는 다시 성벽으로 내려왔다. 이번에는 북 치는 자와 무덤 장군을 동반하지 않고 왔다. 대신 그는 거짓된 입술로 다가갔고 설탕처럼 감미로운 척했다.

> 미움을 감추는 자는 거짓된 입술을 가진 자요 중상하는 자는 미련한 자이니라 (잠 10:18).

그는 매우 상냥하고 평화로운 왕처럼 행동하면서 자신에게 가해졌던 부상으로 인해 마을에 어떤 복수도 하지 않겠다고 계획했다. 하지만, 대신 그는 마을의 행복과 유익에 관심 있는 것처럼 보였다. 그는 사람들에게 그의 유일한 계획은 마을과 사람들의 이익을 위한 것이라고 말했다. 그래서 그는 발언할 기회를 요구한 후에 자신은 마을 사람들이 마을을 자신에게 넘겨주길 바라고 있다는 것을 그들로 알게 했다.

임마누엘 왕자의 투석기에 쩔쩔매는 디아볼루스

그는 연설을 계속했다. 그것은 거짓된 입술의 사탕발림의 말이었다.

"오, 나의 마음의 소원인 〈인간 영혼 마을〉 사람들이여!

아마도 나는 여러분에게 유익을 주기 위해 얼마나 많은 밤을 지새웠는지 얼마나 힘든 걸음을 했는지 모릅니다!

나의 소망은 여러분과 전쟁하는 것이 아닙니다. 여러분이 해야 할 것은 기꺼이 그리고 조용히 나에게 항복하는 것입니다."

> 그의 입에서 나오는 말은 죄악과 속임이라 그는 지혜와 선행을 그쳤도다 (시 36:3).

그는 손을 벌리며 그들을 향해 손짓했다.

"옛날에는 여러분이 나의 것이었습니다.

그 시절을 기억하십니까?

여러분은 나를 주님으로 즐거워하고 나는 여러분을 나의 백성으로 즐거워했습니다. 그런 시간 동안 여러분은 세상의 모든 즐거움이 부족하지 않았습니다. 나는 여러분의 주인이었으며 왕이었고, 여러분을 행복하게 만들기 위해 여러분이 원하는 모든 것을 얻거나 만들 수 있었습니다.

이것을 생각해 보기를 바랍니다. 여러분이 나의 것이었을 때 여러분은 그렇게 힘들고, 어둡고, 괴롭고, 가슴 아픈 시간을 겪은 적이 없었습니다. 하지만, 여러분이 나에게 반역한 후부터 여러분은 계속 고난을 겪어야 했습니다. 여러분과 내가 연합할 때까지 여러분은 다시는 평화를 얻지 못할 것입니다. 다시 한번 나를 받아들인다면 나는 엄청난 특권으로 여러분이 누렸던 옛 자유를 다시 부여하고 자유를 더 확대할 것입니다. 여러분은 여기저기에서 가져온 모든 것을 자유롭게 취하고, 소유하고, 즐기고, 여러분의 것으로 만들 수 있을 것입니다.

해와 달이 비추는 한 여러분이 나를 불쾌하게 했던 그 어떤 결례도 절대 여러분을 참소하지 않을 것입니다. 또한, 지금 굴, 소굴, 동굴에 숨어 두려움 속에 사는 나를 따르는 나의 소중한 친구 중 누구도 더는 여러분을 아프게 하지 않을 것입니다. 오히려 그들은 여러분의 종이 될 것이고 여러분을 섬길 것입니다. 여러분은 그들의 재산과 이용할 수 있는 다른 모든 것을 사용할 수 있을 것입니다. 내가 그들에 대해 더 말할 필요가 없습니다. 여러분은 그들을 알고 있고 때때로 그들과 함께 지냈던 것을 기뻐한 적이 있습니다.

왜 우리가 지금처럼 이렇게 적대하며 살아야 합니까?"

입술이 없는 파충류 같은 그의 입은 환한 미소를 지으며 그는 환영의 몸짓으로 팔을 뻗었다.

"우리의 오랜 친숙함과 우정을 다시 새롭게 합시다."

> 간음한 여인들아 세상과 벗된 것이 하나님과 원수 됨을 알지 못하느냐 그런즉 누구든지 세상과 벗이 되고자 하는 자는 스스로 하나님과 원수 되는 것이니라 (약 4:4).

"여러분의 친구가 말하는 것을 끈기 있게 듣기 바라오."

그는 발톱 같은 손가락을 가슴에 갖다 대며 말했다.

"나는 감히 여러분에게 자유롭게 말하겠습니다. 나의 친구들을 위한 나의 마음의 열정과 마찬가지로 여러분을 향한 나의 사랑이 나로 하여금 이렇게 하게 합니다."

그는 잠시 동안 자기 발톱을 가슴에 얹고 슬픈 표정을 지었다. 그가 말했다.

"그러니 더는 나를 괴롭히지 말고 내 마음이 여러분 때문에 두려움과 불안 가운데 지내게 하지 말기 바랍니다."

억지로 지은 그의 미소는 변하여 비웃음이 되었다.

"나는 어떤 방법으로든 그 방법이 평화이든 아니면 전쟁이든 여러분을 소유하게 될 것입니다. 여러분 장군들의 권능과 힘이 충분하다고 생각하거나 아니면 여러분의 임마누엘 왕자가 곧 여러분을 도우러 올 것으로 생각하면서 우쭐해 하지 말기 바랍니다. 왜냐하면, 그들이 가진 힘은 여러분에게 전혀 도움 되지 않을 것이기 때문입니다."

그의 얼굴은 거만한 자부심으로 가득 차 있었다.

"나는 용감하고 용맹한 군대와 이들을 지도하는 지옥의 모든 중요한 왕들을 이끌고 여러분을 대적하러 왔습니다. 나의 장군들은 독수리보다 빠르고 사자보다 강하고 저녁에 어슬렁거리는 늑대보다 먹이에 대한 탐욕이 더 강합니다.

바산 왕 옥(Og of Bashan)은 누구입니까?

르바임 족속의 남은 자는 바산 왕 옥뿐이었으며(신 3:11).

가드의 골리앗(Goliath of Gath)은 누구입니까?
그들과 그와 비슷한 백 명은 나의 장군 중 가장 작은 장군 한 명과 같습니다.
따라서 〈인간 영혼 마을〉 사람들이여!
그대들은 어떻게 나의 손과 힘에서 벗어날 것으로 생각하는가?"
디아볼루스가 유명한 〈인간 영혼 마을〉에 아부하고 환심을 사려고 알랑거리며 기만하고 거짓 연설을 한 후 명철 시장 경은 답변했다.
"오, 어둠의 왕이며 모든 기만의 대가인 디아볼루스여!
우리는 이미 당신의 거짓말과 아부를 맛보았고 그런 파괴적인 잔을 너무 깊이 맛보았다.

우리가 그대에게 합류하기 위해 다시 한번 당신의 말에 귀를 기울이고 우리의 위대한 샤다이왕의 계명을 어겨야 한단 말인가?
만약 우리가 그렇게 한다면 우리의 왕께서 우리를 거부하고 영원히 버리지 않겠는가?
또한, 그분에게 버림당한다면 그분이 당신을 위해 예비했던 그 장소가 우리 나머지를 위한 장소가 되지 않겠는가?

용을 잡으니 곧 옛 뱀이요 마귀요 사탄이라 잡아서 천 년 동안 결박하여 무저갱에 던져 넣어 잠그고 그 위에 인봉하여(계 20:2-3).

공허하고 모든 진실이 결여된 자여!
당신의 아첨하고 거짓 속임수에 빠지느니 차라리 너의 손에 죽은 것이 낫겠다."
폭군 디아볼루스가 명철 시장 경과 협상함으로써 얻을 것이 거의 없다는 것을 알았을 때 그의 섬뜩한 분노가 폭발했다. 그는 자기의 의심 병사들로 이루어진 군대를 이끌고 〈인간 영혼 마을〉을 공격하기로 결심했다.

제25장

〈인간 영혼 마을〉에 대한 공격
Attack on Mansoul

그래서 디아볼루스는 북 치는 자를 불렀다. 그는 북을 쳐서 병사들에게 〈인간 영혼 마을〉과의 전투를 준비하라는 신호를 보냈다. 마을 사람들이 북소리를 들었을 때 두려워 떨었다. 왜냐하면, 마을 사람들은 디아볼루스가 그의 군대와 함께 가까이 다가와 병사들을 배치하는 것을 보았기 때문이다. 잔인 장군과 고문 장군이 감각 문 쪽으로 가까이 왔고 전쟁을 위해 그곳에 주둔했다. 디아볼루스는 평안 없음 장군을 필요한 경우를 대비해 지원군으로 임명했다.

디아볼루스는 화염 장군과 무덤 장군을 코 문에 배치했다. 그는 그들에게 거기서 용감하게 진지를 방어하라고 명령했다. 그는 끔찍한 군기를 세웠던 암울한 얼굴의 희망 없음 장군을 눈 문에 배치했다.

그리고 탐욕 장군은 정복한 사람들을 구금하고 적들에게서 탈취한 약탈품을 관리하라는 명령을 받아 디아볼루스가 정복한 것과 획득한 것을 검사했다.

〈인간 영혼 마을〉 주민들은 이 문을 통해 마을 사람들이 임마누엘 왕자에게 탄원서를 보냈기 때문에 입 문은 주로 개인 소유의 튼튼한 성문으로 유지했다. 이 문의 꼭대기에서 장군들은 적들에 대항해서 그들의 투석기를 사용했다. 왜냐하면, 이 문은 언덕에 있었고 돌들이 폭군 디아볼루스의 군대 쪽으로 향하여 날려 보내기 위한 이상적인 장소였기 때문이다. 그래서 디아볼루스는 입 문을 차지하려고 했다.

잔인함과 고문

　디아볼루스가 성벽 밖에서 마을을 공격할 준비를 하고 있을 때 마을 안에서 장군들과 병사들은 투석기를 설치하고 군기를 세우고 나팔을 불었다. 또한, 그들은 전략적으로 마을에 유리하고 적들을 화나게 하고 다치게 할 수 있는 곳에 주둔했다. 그런 후에 장군들은 병사들에게 전쟁 나팔 소리가 울릴 때 행동할 준비를 하라고 명령했다.

　자유의지 경은 자신이 해야 할 명령을 받았다. 그는 마을에 여전히 살고 있는 반란군을 감시하고 그들이 숨은 곳에서 나올 때 그들을 잡으라는 명령을 받았다. 또는 동굴, 굴, 마을 벽 안의 구멍 안에서 질식시켜 죽이고 그들을 잡는 데 최선을 다하라는 책임을 부여받았다.

　나는 이 시점에서 자유의지 경을 신뢰할 수 있을지 의문을 품는 사람들에게 다음과 같은 사실을 말해 주고자 한다.

　자유의지 경은 자기 잘못에 대해 부과된 참회를 통해 마을의 누구 못지 않게 정직하고 용감한 정신을 보여 주었다. 그의 행동은 그의 집에 살았던 그의 종 무해한 오락(Harmless-Mirth)의 두 아들인 명랑(Jolly)과 쾌활(Griggish)을 사로잡고 자기 손으로 이들을 십자가에 매달았을 때 그가 참으로 회개했다는 것을 보여 주었다.

> 그러므로 회개에 합당한 열매를 맺고(눅 3:8).

자유의지 경이 무해한 오락 씨의 두 아들 명랑과 쾌활을 십자가에 매달아 죽인 이유는 무엇인가?

간수인 진실의 사람(True-Man) 씨가 그들의 아버지 무해한 오락(Harmless-Mirth) 씨를 감옥에 가두었다. 그 후에 무해한 오락 씨의 두 아들은 아버지에게 배운 대로 동일하게 나쁜 짓을 했고, 그들의 주인 자유의지 경의 딸들을 희롱했다. 자유의지 경은 그를 예의 주시하며 자기 딸들이 이 젊은 자들과 너무 친해지는 것을 염려했다.

하지만, 자유의지 경은 어떤 사람도 죽이는 것을 꺼렸던 사람이었다. 그래서 그는 그때 그들을 즉시 죽이지 않고 그런 상황이 사실인지를 확인하기 위해 스파이를 심어 두기로 했다. 그는 무해한 오락 씨의 아들들이 한두 번 이상 딸들에게 무례한 방식으로 희롱할 때 그들을 잡고자 하여 하인인 적발(Find-out)과 진실 폭로(Tell-All)를 선택했다.

적발과 진실 폭로는 충성된 종이었다. 그들은 주인이 자신들에게 명령한 대로 했다. 그리고 자유의지 경은 자신이 전해 들은 그들의 혐의가 사실이라는 충분한 증거를 입수했다. 그런 후에 그는 디아볼루스를 따르는 이 두 명의 젊은이를 잡아서 눈 문으로 끌고 갔다. 거기서 자유의지 경은 디아볼루스와 그의 군대 앞에서 매우 높은 십자가를 세웠다. 그는 절망 장군과 그가 보여 주었던 끔찍한 깃발에 대항해서 이 젊은 악당들을 십자가에 매달았다.

이와 같은 용감한 자유의지 경의 그리스도인다운 행위는 절망 장군에게 굴욕감을 주었고 디아볼루스 군대를 낙담시켰다. 이 행동은 〈인간 영혼 마을〉에 숨어 있는 디아볼루스 부하들에게 공포감을 심어 주었다.

그렇지만 이런 행위는 임마누엘의 장군들을 고무시켰고 마을 안에 숨어 있는 디아볼루스 부하들뿐만 아니라 성벽 밖에 진 치고 있던 디아볼루스의 군대와 싸우려는 〈인간 영혼 마을〉 사람들의 결의를 강화했다. 따라서 디아볼루스 부하들은 디아볼루스를 도울 수 없었다. 내가 독자들에게 곧 보여 주겠지만, 자유의지 경의 용감한 이런 행동은 마을을 향한 그의 정직한 마음이나 임마누엘 왕자를 향한 그의 충성을 입증하는 유일한 증거는 아니었다.

마음 씨와 함께 살았던 신중한 검소(Prudent-Thrifty) 씨의 아이들은 신중한 검소 씨가 구류되었을 때 남겨졌다. 그들의 이름은 움켜쥠(Gripe)과 갈퀴로 다 끌어모음(Rake-All)이었다. 그들은 마음 씨의 사생아로 태어난 딸인 꽉 거머쥐는 악질 양(Ms. Hold-Fast Bad)에게서 태어났다.

디아볼루스를 추종하는 이 아이들이 자유의지 경이 그와 함께 살았던 자들을 어떻게 다루었는지를 알았을 때 그들은 같은 운명을 맞이하는 것을 피하고자 탈출 계획을 세웠다. 하지만, 그날 밤 그들이 출입구를 통해 탈출하려고 시도했을 때 마음 씨가 그런 시도에 대해 알게 되었다. 그는 그들을 사로잡고 아침까지 집 안에 감금했다. 그런 후에 그는 〈인간 영혼 마을〉의 율법에 따라 모든 디아볼루스 추종자가 죽어야 한다는 것을 기억했다.

그래서 그는 어떻게 했을까?

그는 그들을 쇠사슬에 묶어서 자유의지 경이 일찍이 두 명의 디아볼루스 추종자를 교수형에 처했던 장소로 데리고 갔다. 여기서 같은 방식으로 교수형에 처했다.

마음 씨의 행동은 마을 사람들을 고무시켰고 마을에 숨어 있는 많은 디아볼루스 부하를 인질로 잡도록 자극했다. 하지만, 몇몇 디아볼루스 부하들은 은신(隱身)해서 체포할 수 없었다. 그들에게 대항하기 위해 마을 사람 부지런히 경계를 서며 노력했고 모든 사람은 집으로 돌아갔다.

> 깨어 의를 행하고 죄를 짓지 말라 하나님을 알지 못하는 자가 있기로 내가 너희를 부끄럽게 하기 위하여 말하노라(고전 15:34).

나는 앞에서 독자들에게 디아볼루스와 그의 군대가 자유의지 경이 두 명의 디아볼루스 부하를 교수형에 처했을 때 슬픈 나머지 혼란스러워했고 낙담했다고 말했다. 이러한 폭군 디아볼루스의 낙담은 〈인간 영혼 마을〉 사람에 대한 강렬한 광기와 분노로 변했고 싸우겠다는 그의 결의에 활기를 불어넣었다.

계속해서 방어하는 장군들

마을 안에서도 마을 사람들과 장군들의 희망과 기대가 고조되었다. 그들은 마침내 승리가 그들의 것이라고 믿었다. 따라서 그들은 디아볼루스 부하들을 덜 두려워하게 되었다. 부설교자인 양심 씨는 심지어 이런 상황에 대해 설교까지 했다. 그의 주제는 갓에 대한 예언에 바탕을 두고 있었다.

> 갓은 군대의 추격을 받으나 도리어 그 뒤를 추격 하리로다(창 49:19).

이런 출처에 기초해서 그는 마을 사람들에게 그들이 처음에 끔찍한 난관에 직면하게 될 것이나 결국 승리는 〈인간 영혼 마을〉의 것이 될 것이라는 사실을 보여 주었다.

디아볼루스는 북 치는 자에게 마을로 진군하는 북소리를 울리라고 명령했다. 그리고 마을 안에서는 임마누엘 왕자의 장군들이 은색 나팔로 돌격 명령을 내렸다.

디아볼루스 진영에서 온 군대는 마을을 점령하기 위해 마을로 행진했다. 성안의 장군들이 그들을 보았을 때, 그들은 명령을 내려 입 문에 설치해 둔 투석기로 맹공격하게 했다. 디아볼루스 진영 안에서 들을 수 있는 소리는 온통 끔찍한 분노와 신성 모독의 외침이었지만, 마을 안에서는 좋은 말, 즉 기도와 시편을 노래하는 것을 들을 수 있었다.

> 술 취하지 말라 이는 방탕한 것이니 오직 성령으로 충만함을 받으라 시와 찬송과 신령한 노래들로 서로 화답하며 너희의 마음으로 주께 노래하며 찬송하며(엡 5:18-19).

적군은 그들의 북소리가 내는 불협화음에 끔찍한 저항으로 대응했지만, 마을은 그들 방식으로 투석기에서 날아가는 돌소리와 아름다운 나팔 소리로 응수했다. 싸움은 이레 동안 계속되었고, 가끔 짧은 휴식 시간 동안만 멈추었다. 휴식 시간 동안 마을 사람은 기운을 되찾았고 장군들은 또 다른 공격을 준비했다.

임마누엘 왕자의 장군들은 은색 갑옷을 입고 있었고 병사들은 검증된 튼튼한 갑옷을 입고 있었다. 디아볼루스의 병사들은 철로 된 갑옷을 입고 있었지만, 임마누엘 왕자의 투석기에서 날아오는 돌에 산산조각이 났다.

전쟁으로 인해 양쪽 진영에 부상자들이 발생했다. 마을의 부상자 중에는 약간 다친 사람도 있었고 중상을 입은 사람도 있었다. 임마누엘 왕자의 부재로 인해 마을에는 외과 의사가 부족했고 이것은 상황을 더 악화 시켰다. 다행히 나뭇잎으로 만든 자연 치료제로 부상자들이 죽는 것을 막을 수는 있었지만, 그들의 상처는 부패했다.

다친 사람 중에는 머리에 상처를 입은 이성 경과 눈에 상처를 입은 용감한 명철 시장 경과 배 주위에 상처를 입은 마음 씨가 포함되어 있었다. 정직한 부설교자인 양심 씨도 가슴에서 멀지 않은 곳에 저격당했지만, 치명적인 상처는 아니었다. 하지만, 계급이 낮은 많은 병사는 상처를 입었을 뿐만 아니라 즉사하기도 했다.

디아볼루스 진영에서는 부상자와 살해당한 자들이 상당한 수에 달했다. 부상자 중에 분노 장군과 잔인 장군이 있었고 저주 장군은 어쩔 수 없이 후퇴하여 마을에서 멀리 떨어진 곳에 참호를 파서 숨었다.

디아볼루스가 흔들었던 그 끔찍한 깃발은 땅에 떨어졌고 그의 기수인 중상 장군(Captain Much-Hurt)은 투석기에서 날아오는 돌에 머리를 두들겨 맞아 사망했다. 이 장군의 죽음은 디아볼루스에게 많은 슬픔과 수치심을 가져다주었다.

다른 의심 군대 병사들 또한 많이 살해되었다. 하지만, 많은 의심 군대 병사들의 죽음에도 마을을 흔들기에 충분한 병사들이 살아남아 있었다. 하지만, 그날의 승리는 마을 사람들의 것이었다. 마을 사람들과 장군들은 의기충천했다.

> 무릇 하나님으로부터 난 자마다 세상을 이기느니라 세상을 이기는 승리는 이것이니 우리의 믿음이니라(요일 5:4).

이것은 디아볼루스의 진영에 다른 영향을 미쳤다. 〈인간 영혼 마을〉의 승리는 디아볼루스 진영을 슬픔의 먹구름으로 덮히게 했을 뿐만 아니라 그들을 더 격노하게 했다. 다음 날 〈인간 영혼 마을〉은 휴식을 취하면서 종을 울리고 나팔을 즐겁게 불도록 명령했다. 장군들 모두 마을 주변에서 승리의 함성을 질렀다.

자유의지 경도 나름대로 마을에 남아 있는 디아볼루스 부하들을 상대로 눈여겨볼 만한 일을 수행했다. 그는 무엇이든 장군(Mr. Anything)을 체포함으

THE HEALING LEAVES

치료하는 나뭇잎

로써 그들을 두려움과 공포에 떨며 살게 했다.

 독자들과 다시 한번 기억을 떠올려 본다면 보아너게 장군의 부대에서 나왔던 세 명의 젊은이가 있었고 이들을 생포한 후 설득하여 폭군인 디아볼루스 군대에 입대시켜 샤다이왕의 군대와 싸우게 한 일이 있었다. 그때 무엇이든 장군이 세 명의 젊은이를 디아볼루스에게 데려간 장본인이었다.

 자유의지 경은 또한 고삐 풀린 발(Loose-Foot)이라는 이름으로 유명한 디아볼루스 부하를 생포했다. 그는 마을에 숨어 있던 부랑자들을 위한 정찰병이자 전령이었다. 과거에 그는 마을의 소식을 디아볼루스 진영으로 전달하고 진영의 소식을 적들에게 전달했다.

 자유의지 경은 간수인 진실된 사람 씨에게 명령했다.

 "그를 쇠사슬로 묶어 감금하라!"

 그의 목적은 마을을 위해 그리고 적의 진영을 낙담시키기 가장 좋은 시기에 그를 십자가에 못 박아 처형하려는 것이었다.

최근에 당했던 부상으로 인해 전만큼 많이 움직일 수 없는 명철 시장 경은 여전히 마을의 모든 사람에게 명령을 내렸다.

"주위를 살피고 경계를 강화하라!"

> 파괴하는 자가 너를 치러 올라왔나니 너는 산성을 지키며 길을 파수하며 네 허리를 견고히 묶고 네 힘을 크게 굳게 할지어다(나 2:1).

설교자인 양심 씨는 〈인간 영혼 마을〉 사람들의 마음속에 그의 모든 선한 도덕적 가르침을 불붙도록 최선을 다했다.

〈인간 영혼 마을〉의 장군들과 용감한 마을 사람들은 디아볼루스 진영 내에 있는 포위군들에 대한 공격을 감행하기로 했다. 그들은 밤에 공격하기로 결정했다. 하지만, 이것은 〈인간 영혼 마을〉 편에서 상황에 대한 이해가 부족했다는 것으로 드러났다.

왜냐하면, 밤은 항상 적에게 가장 유리하고 〈인간 영혼 마을〉 사람들이 싸우기에는 최악이었기 때문이다. 그러나 그들은 이것이 그들이 할 일이라고 결정했다. 왜냐하면, 그들은 지난번 자기들이 승리했던 것을 기억하고 다시 한번 용기로 충만했기 때문이다.

그래서 어두워지자, 왕자의 용감한 장군들은 디아볼루스와 그의 군대에 대항하기 위한 새롭고 필사적인 원정에서 누가 선봉 부대를 이끌 것인지를 결정하기 위해 제비를 뽑았다. 두드러진 위험과 희망이 적은 임무를 이끌 수 있는 제비가 신뢰 장군에게 돌아갔고, 그 뒤에 경험 장군과 선한 소망 장군이 제비에 뽑혔다(임마누엘 왕자가 〈인간 영혼 마을〉에 거주하는 동안 경험 장군을 장군으로 임명했다).

그래서 그들은 자기들을 포위했던 디아볼루스 군대를 향해 돌진했다. 공교롭게도 그들은 디아볼루스 부대의 측면이나 후면이 아닌 적군의 주력 부대와 접전을 벌였다.

디아볼루스와 그의 부하들은 야간 전투에 전문가들이었다. 따라서 경고 신호가 나자마자 그들은 마치 〈인간 영혼 마을〉의 군대가 온다는 소식을 전해 들은 것처럼 즉시 전투 준비를 했다. 그들은 전력을 다해 돌격했다. 전방위적으로 맹공격을 퍼부었다. 반면 막후에서는 지옥의 북소리가 격렬하게 울려 퍼졌고 임마누엘 왕자 군대의 부드러운 나팔 소리를 집어삼켰다.

넘어지는 신뢰 장군

양측은 싸웠고 불만족 장군(Captain Insatiable)은 적의 정복과 획득물을 바라보고 가능한 먹잇감을 공격할 적당한 기회를 열렬히 기다렸다.

임마누엘 왕자의 장군들은 그들에게서 기대할 수 있었던 것 이상으로 용감하게 싸웠다. 그들은 많이 부상당하였다. 하지만, 그들은 디아볼루스의 군대를 후퇴하게 했다. 나는 독자들에게 어떻게 그들이 디아볼루스의 군대를 후퇴하게 했는지 말할 수 없다. 다만 용감한 신뢰 장군과 선한 소망 장군 그리고 경험 장군은 후퇴하는 디아볼루스 군대를 맹렬히 추격했고, 도망가는 적들을 베었다.

그러나 신뢰 장군이 비틀거리며 넘어졌다. 그는 너무 심하게 다쳐서 경험 장군이 그를 도와 일으켜 세울 때까지 일어설 수 없었다. 신뢰 장군과 함께 있었던 병사들은 혼란에 빠졌다. 그가 일어서자 고통이 너무 심해서 고통으로 인해 비명을 내지 않을 수 없었다. 다른 두 장군이 이 소리를 들었을 때 그들은 신뢰 장군이 치명적인 상처를 입었다고 생각했다. 그들 가운데 두 장군이 기절했다. 이로 인해 병사들은 큰 혼란과 함께 싸움에 참여할 의욕을 잃었다.

디아볼루스는 전투의 열기에 빠져 있었고 방심하지 않았다. 그는 자신을 추격하는 자들이 추격을 멈추었다는 것을 알아차렸고 장군들이 다쳤거나 죽었다고 생각했다. 그래서 다시 맞서기 위해 돌아설 기회를 포착했다. 그는 왕자의 군대와 정면으로 맞섰고 지옥이 그에게 제공할 수 있는 가능한 많은 분노를 품고 왕자의 군대에 맞섰다.

그는 세 명의 장군, 즉 신뢰 장군, 선한 소망 장군, 경험 장군이 싸우고 있는 바로 그 장소에 뛰어들었다. 폭군 디아볼루스는 적을 베고 너무 무섭게 칼로 찔러 상처를 입혀서 세 명의 장군은 〈인간 영혼 마을〉로 돌아오기 위해 자기의 낙담과 군대의 혼란, 상처로 인한 피의 손실과 싸워야만 했다. 그들은 〈인간 영혼 마을〉에서 최고의 전사이며 권능이 있었다. 그들에게 그런 권능이 없었다면 그들은 결코 마을의 요새로 돌아오지 못했을 것이다.

왕자의 군대가 이 세 명의 장군이 최악의 상황에서 고군분투하는 것을 지켜보았을 때 퇴각하는 것이 안전할 것으로 지혜롭게 판단했다. 그래서 그들은 적을 좌절시키려는 시도를 끝내고 뒷문을 통해서 마을로 돌아왔다.

이 일로 기세가 등등해진 디아볼루스는 며칠 안에 〈인간 영혼 마을〉을 쉽고 완벽하게 정복하겠다고 약속했다. 흥분하여 마을을 정복하려는 야망으로 다음 날 그는 마을의 성벽으로 돌진하며 소리쳤다.

"지금 나에게 항복하라!"

성벽 안에서는 숨어 살던 디아볼루스 추종자들이 주인의 목소리를 듣고 용기를 내었고 조금이나마 힘을 내었다.

하지만, 용맹한 시장 경은 폭군에게 대답했다.

"당신이 〈인간 영혼 마을〉에서 얻는 것은 단지 무력으로만 이루어질 것이다. 왜냐하면, 우리의 왕인 임마누엘 왕자가 살아계신 한(그들이 바라던 것처럼 임마누엘 왕자는 현재 그들과 함께 있지 않지만) 우리는 결코 〈인간 영혼 마을〉을 다른 자에게 넘기지 않을 것이기 때문이다."

깨어 믿음에 굳게 서서 남자답게 강건하라(고전 16:13).

명철 시장 경의 답변을 듣자마자 자유의지 경은 일어서서 외치며 답했다.

"지옥의 주인이며 선한 모든 것의 원수인 디아볼루스여, 〈인간 영혼 마을〉의 불쌍한 거주민인 우리는 당신의 지배와 통치를 매우 잘 알고 있다. 우리는 당신에게 굴복하는 자들의 상황이 어떻게 끝날 것인지 확실하게 알고 있다. 당신이 처음 우리에게 왔을 때 우리는 지식이 부족했고 그로 말미암아 당신이 우리를 소유하도록 허락했다.

마치 우리는 올무를 보지 못한 새가 사냥꾼의 손아귀에 떨어지는 새와 같았다. 하지만, 그 이후로 상황은 변했다. 우리는 어둠에서 빛으로 돌아섰고 사탄의 권세에서 하나님에게로 돌아섰다."

> 그 눈을 뜨게 하여 어둠에서 빛으로 사탄의 권세에서 하나님께로 돌아오게 하고 죄 사함과 나를 믿어 거룩하게 된 무리 가운데서 기업을 얻게 하리라 하더이다 (행 26:18).

자유의지 경은 몸을 더 꼿꼿이 세운 상태로 서서 더 담대하게 말했다.

"우리가 큰 손실을 보았던 것은 마을 안에 숨어 있던 당신 부하들의 간교함과 속임수 때문이었다. 우리는 의심과 반신반의로 인해 낭패를 겪었다. 그 결과로 우리는 우리 자신을 포기했고 당신과 같은 끔찍한 폭군에게 항복했다."

자유의지 경은 폭군을 향해 비난의 손가락을 가리키며 말했다.

"우리는 다시는 그렇게 하지 않을 것이다. 차라리 우리는 우리가 서 있는 곳에서 죽는 것을 선택할 것이다."

그는 손가락을 자신이 서 있는 땅 쪽으로 뻗으며 강조하며 말했고 자신 있게 눈썹을 치켜올렸다.

"우리는 때가 되면 샤다이왕의 궁정에서 우리를 구원하러 올 것이라는 희망이 있다. 따라서 우리는 당신에게 대항해서 전쟁을 계속할 것이다."

> 나는 가난하고 궁핍하오나 주께서는 나를 생각하시오니 주는 나의 도움이시요 나를 건지시는 이시라 나의 하나님이여 지체하지 마소서(시 40:17).

자유의지 경의 용감한 연설과 명철 시장 경의 연설로 인해 디아볼루스의 배짱이 다소 누그러졌다. 그들의 연설은 마을 사람들과 장군들을 안심시켰고 용감한 신뢰 장군의 상처에 바른 약효가 있는 연고처럼 효과가 있었다. 왜냐하면, 마을의 장군들과 그들의 부하 용사들이 패퇴하여 집에 돌아온 후에 그런 용감한 연설은 시기적절하게 마을 사람에게 큰 힘을 주었기 때문이다.

장군들과 병사들은 전장에서 싸우는 동안 자유의지 경은 성벽 안에서 마을의 다른 사람들과 함께 싸우고 있었다. 그가 디아볼루스 부하들을 발견할 때마다 그들은 그가 휘두르는 철권과 예리한 검의 맛을 맛보았다. 그는 많은 디아볼루스 부하에게 상처를 입혔는데 그중에는 **트집 경**(Lord Cavil), **무뚝뚝 경**(Brisk), **간섭 경**(Lord Pragmatic), **투덜 경**(Murmur)이 포함되어 있었다. 게다가 그는 그런 비열한 종류의 디아볼루스 부하 몇몇을 불구로 만들었다.

그러나 마을 안에 있던 디아볼루스 부하들은 지금이야말로 마을 안에서 문제와 소동을 일으킬 수 있는 가장 적기라고 생각하며 자신들이 유리한 입장에 있다고 생각했다. 장군들이 그들의 군대와 함께 떠나자마자 디아볼루스 부하들은 하나로 모였고 〈인간 영혼 마을〉 전역에 걸쳐서 태풍처럼 밀어닥쳤다.

자유의지 경은 이 기회를 활용해서 자기 부하들과 함께 디아볼루스 부하들 가운데 들어가 대담한 용기로 그들을 칼로 마구 베며 나갔다.

> 내가 산 자들의 땅에서 여호와의 선하심을 보게 될 줄 확실히 믿었도다 (시 27:13).

디아볼루스 추종자들이 그들 주변에서 일어나고 있는 일을 깨닫자마자 그들은 흩어졌고 다시 그들의 은신처로 서둘러 돌아갔다.

용감한 자유의지 경이 보여 주었던 용감한 행동은 디아볼루스가 장군들에게 가했던 해악에 대해 어느 정도 보복을 가한 것이었다. 또한, 그런 용감한 행동은 한두 번의 패배로 인해 그들이 쉽게 마을을 떠나지 않을 것을 적들이 알게 하는 행동이었다. 게다가 자유의지 경의 행동은 기세등등했던 폭군의 날개를 꺾어버린 것과 같았다. 왜냐하면, 디아볼루스 부하들은 디아볼루스가 장군들에게 가했던 해만큼이나 많이 마을에 피해를 주길 원했

점령당한 〈인간 영혼 마을〉

기 때문이다.

하지만, 자유의지 경의 그런 용감한 행동도 디아볼루스의 계획을 단념하게 하지 못했다. 왜냐하면, 그는 〈인간 영혼 마을〉과 또 다른 한판의 싸움을 하기로 결심했기 때문이다. 내가 그들을 한 번 이겼기 때문에 두 번 이길 수도 있다고 생각했다.

따라서 그는 부하들에게 다음 날 밤 새롭게 마을을 공격할 준비를 하라고 명령했다. 그는 장교들과 병사들에게 마을로 침입하여 들어가도록 모든 병력을 감각 문에 집중시키도록 명령했다.

"내가 바라던 대로 일부 병력이든지 아니면 모든 병력으로 우리가 마을로 들어간다면 마을로 침입한 자들은 지옥 불이라는 군호를 절대 잊지 않도록 하라. 마을 전역에 걸쳐 '지옥 불! 지옥 불! 지옥 불!'이라는 외침이 들리게 하라."

북 치는 자는 잠시도 쉬지 않고 북을 치라는 명령을 들었고, 군기를 든 기수들은 다채로운 깃발을 휘날려야 했다. 병사들 또한 그들이 할 수 있는 모든 용기를 내야 했고 마을을 상대로 사내대장부답게 그들의 역할을 해내야 했다.

해가 지고 어둠이 마을에 내렸을 때 폭군 디아볼루스는 행동할 만반의 준비를 마쳤다. 디아볼루스는 주저하지 않고 감각 문을 공격했다. 접전 후에 그는 감각 문을 열어젖혔다. 진실을 말하자면 감각 문은 약했고 가장 무너지기 쉬웠다.

일단 디아볼루스는 자기의 시도가 여기까지 성공하자 그는 고문 장군(Captain Torment)과 평안 없음 장군(No-Ease)을 그곳에 배치해 밀어붙이려고 시도했다. 하지만, 임마누엘 왕자의 장군들이 그를 대항해서 싸웠고 마을로 진입하려는 디아볼루스의 시도를 기대했던 것보다 더 어렵게 했다.

그들은 최선을 다해 저항했다. 그러나 뛰어나고 용감한 장군들 가운데 세 명의 장군이 부상을 입으면서 싸움을 할 수 없었기 때문에 그들은 제압 당했고 의심 군대 병사들과 그들의 장군들을 마을 밖으로 몰아낼 수도 없었다. 왕자의 병사들이 싸움의 진상을 알았을 때 그들과 장군들은 마을의 요새인 성으로 피신했다. 이것은 부분적으로는 그들의 안전과 마을의 안전을 위해서였다. 하지만, 가장 큰 이유는 주권자이신 샤다이왕에게만 속한 권위와 특권을 보존하기 위해서였다. 왜냐하면, 〈인간 영혼 마을〉의 성은

황폐화된 〈인간 영혼 마을〉

샤다이왕에게 속했기 때문이었다.

장군들이 성으로 도망가는 동안 적은 저항에 부딪히지 않고 〈인간 영혼 마을〉의 모든 지역으로 나갔다. 그들은 행진하면서 외쳤다.

"지옥 불! 지옥 불! 지옥 불!"

이것은 매우 큰 대소동을 일으켜서 디아볼루스의 북소리와 함께 "지옥 불!"이라는 끔찍한 소음을 제외하고 〈인간 영혼 마을〉에는 그 어떤 소리도 들을 수 없었다.

검은 구름이 장막처럼 〈인간 영혼 마을〉 위에 드리워졌다. 이에 따라 마을 사람들은 모든 것이 완전히 파멸되었다고 생각했다. 디아볼루스는 병사들을 〈인간 영혼 마을〉 주민들의 집에 배치했다. 심지어 양심 씨의 집에도 수용할 수 있는 만큼 많은 낯선 의심 병사로 가득했다. 명철 시장 경과 자유의지 경의 집도 마찬가지였다. 마을 구석구석, 오두막, 헛간, 돼지우리는 이런 해충 같은 인간들로 가득 찼다. 그들은 마을 사람들을 집에서 내쫓고는 침대에 눕고 탁자에 앉자 편안하게 지냈다.

가련한 〈인간 영혼 마을〉이여!

이제 마을 사람들은 육신의 안락 씨(Carnal-Security)의 감언이설 안에 있던 독을 포함한 죄의 결과를 느꼈다. 적군은 마을 전체에 큰 피해를 줬다. 그들은 마을에 여러 번 불을 질렀고 어린아이들의 몸을 갈가리 찢었다. 심지어 그들은 어머니 자궁에 있던 무수히 많은 태아도 죽었다. 젊은 여자와 늙은 여자 모두 강간당했고 짐승처럼 학대당했다. 그 결과로 많은 여자가 거리마다 죽어 있었다.

더 이상 무엇을 기대할 수 있겠는가!

원수들은 어떠한 연민, 친절, 부드러움, 동정심도 없었다. 외부에서 온 의심 병사들이 옳고 그름을 분별할 수 있다고 누가 기대할 수 있는가?

이 끔찍한 밤이 지나자 〈인간 영혼 마을〉은 단지 용의 소굴(지옥의 상징)과 쐐기와 찔레와 가시와 잡초 그리고 악취를 풍기는 것들로 가득 찬 어둠의 장소에 지나지 않은 것 같았다. 마을은 황량한 황무지처럼 보였다.

내가 많은 사람이라고 언급했는가?

아마 나는 그들 모두가 아니더라도 가장 많은 사람이라고 언급해야겠다 디아볼루스의 의심 병사들은 마을 사람들을 침상에서 내쫓았고 그들을 때려 상처를 입혔다. 그리고 많은 사람의 뇌를 거의 박살 냈다. 그들은 양심 씨에게도 매우 심한 상처를 입혔다. 그는 상처가 곪아서 고문대 위에서 고문당하는 사람처럼 밤낮으로 끊임없는 고통 가운데 누워있었다. 샤다이왕이 모든 것을 다스리신다는 그분의 섭리가 지배한다는 사실이 없었다면 의심 병사들은 양심 씨를 당장 죽였을 것이다.

그들은 명철 시장 경에게도 학대를 가하였고 거의 눈을 뽑아 버릴 뻔했다. 다행히도 자유의지 경은 성안으로 탈출했다. 왜냐하면 그들이 자유의지 경을 갈기갈기 찢어 죽이려고 했기 때문이다. 그들은 그의 마음이 〈인간 영혼 마을〉에 있는 디아볼루스와 그의 부하들에게 대항했기 때문에 그를 혐오했다. 또한, 그가 샤다이왕과 그의 아들에게 충성하는 사람임을 증명했기 때문이다. 나는 그들이 행한 더 많은 공훈에 대해 독자들이 곧 듣게 될 것이라고 약속한다.

〈인간 영혼 마을〉은 마을 사람들에 의해 버려진 것처럼 보였다. 사람이 마을에서 며칠 동안 계속해서 걸을 수 있었고 마을에는 하나님을 두려워하는 사람처럼 보이는 사람은 거의 볼 수 없었다.

오, 끔찍한 상황이 되어 버린 〈인간 영혼 마을〉이여!

마을 구석구석에는 무리 지어 마을을 걸어 다니는 의심 병사들이 우글거렸다. 그들은 집 마다 섬뜩한 소음, 무가치한 노래, 거짓으로 가득 찬 이야기, 샤다이왕과 그의 아들을 대적하는 신성 모독적인 말로 가득 채웠다.

> 그들의 입에 신실함이 없고 그들의 심중이 심히 악하며 그들의 목구멍은 열린 무덤 같고 그들의 혀로는 아첨하나이다 (시 5:9).

심지어 마을 주변의 성벽, 구덩이, 은신처에 숨어 있던 디아볼루스 추종자들이 나와서 이제 마을을 점령한 의심 병사 무리와 어울려 공공연하게 활보하며 돌아다녔다. 그렇다. 디아볼루스의 최근 승리는 그들에게 거리를 활보하고, 집 안에서 시간을 보내고, 성벽 너머로 자신을 드러낼 수 있는 대담함을 주었다. 하지만, 마을의 정직한 주민들은 발각되지 않으려고 애썼다.

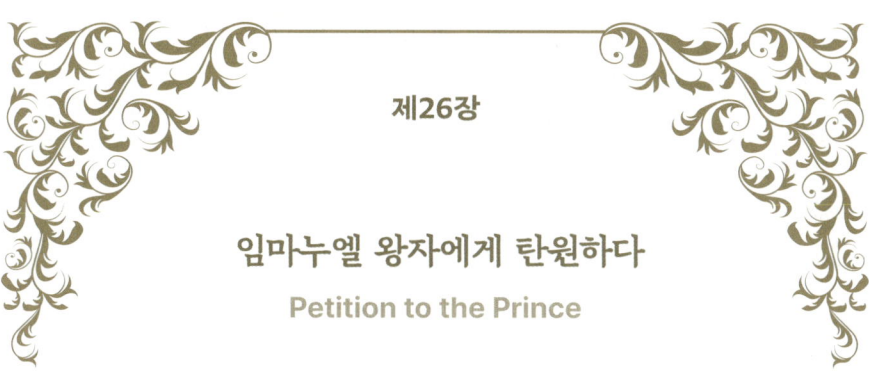

제26장

임마누엘 왕자에게 탄원하다
Petition to the Prince

　이렇게 마을을 정복했음에도 불구하고 디아볼루스와 그의 무례한 병사들은 마을에서 지내는 것이 평안하지 않았다. 임마누엘 왕자의 장군들과 군대가 성안에서 견디며 버티고 있는 것이 기쁘거나 즐겁지 않았고 마을 사람들이 그들에게 주는 험한 표정도 그들은 좋아하지 않았다. 결국, 그들은 마을 사람들의 의지에 반하여 압수한 것을 제외하고는 마을의 필수품 가운데 어떤 것도 파괴하지 않았다. 이제 마을 사람들은 그들에게서 숨길 수 있는 것을 숨겼다. 그리고 그들이 숨길 수 없는 저것은 악의를 가지고 간직했다.
　가련한 마을 사람들은 자기의 집에서 의심 병사들과 강제로 함께 지내며 포로가 되어 있었다. 하지만, 나는 마을 사람들이 할 수 있는 한 그들을 방해했고 반감을 드러냈다고 말해야겠다.
　성문 안에 있는 장군들 또한 그들이 할 수 있는 모든 것을 했다. 그들은 적들이 우려하고 짜증 나게도 투석기를 사용했다. 디아볼루스는 성문을 부수려고 엄청난 시도를 했다. 하지만, 성문지기인 하나님을 경외함 씨는 큰 용기와 행동이 뛰어난 대범한 사람이었다. 하나님을 경외함 씨가 살아 있는 한 성문 안으로 들어오려는 모든 시도는 헛수고였다. 따라서 비록 디아볼루스가 성문들을 부수길 원했지만, 그의 모든 시도는 헛된 것이었다. 때때로 나는 하나님을 경외함 씨가 마을 전체를 다스리길 바랐다.
　대략 2년 반 동안 이런 가련한 상태가 〈인간 영혼 마을〉에 계속되었다. 마을의 주력 군대는 전쟁의 중심지인 성안에 머물렀다. 하지만, 마을 사람들은 굴속으로 쫓겨 들어갔다. 내내 〈인간 영혼 마을〉의 영광은 먼지 속에 묻혔다. 이로 인해 마을 사람들은 거의 휴식을 취하지 못했다.

〈인간 영혼 마을〉이 무슨 평화를 누릴 수 있겠는가?

또한, 어떻게 태양이 마을을 비출 수 있겠는가?

적들이 마을 한복판에 있는 성에 대항해서 성벽과 요새와 참호 안에 기거했기 때문에 마을 안에서는 내적 분투가 점점 커졌다.

> 여호와는 나의 빛이요 나의 구원이시니 내가 누구를 두려워하리요 여호와는 내 생명의 능력이시니 내가 누구를 무서워하리요 … 군대가 나를 대적하여 진 칠지라도 내 마음이 두렵지 아니하며 전쟁이 일어나 나를 치려할지라도 나는 여전히 태연하리로다(시 27:1, 3).

원수들은 성을 강탈하고 파괴할 수 있을 때까지 그들 자신을 보호하기 위해 요새와 마을의 은신처를 이용했다. 이것은 끔찍한 상황이었다. 하지만, 이것이 지금 〈인간 영혼 마을〉이 직면한 상태였다.

〈인간 영혼 마을〉은 오랫동안 이런 슬프고 한탄할 만한 상태에 있었다. 마을 사람들이 임마누엘 왕자에게 했던 탄원한 것에 대해 어떤 것도 응답받지 못하자 마을의 장로들과 핵심 인사들이 모였다. 그들은 자신들에게 닥친 비참한 상태와 심판에 관해 서로를 위로했고 그런 상태에서 구원받기 위해 임마누엘 왕자에게 보내는 또 다른 탄원서를 작성하기로 동의했다.

하지만, 하나님을 경외함 씨가 그들 한가운데 서서 말했다.

"그동안 수석 비서 경의 서명이 없다면 나의 주님이신 왕자님은 결코 어떤 탄원서도 받지 않으셨습니다. 또한, 이런 문제에 관한 어떤 탄원서도 받지 않을 것으로 알고 있습니다. 그리고 이것이 여러분이 지금까지 성공하지 못했던 이유입니다."

> 이와 같이 성령도 우리의 연약함을 도우시나니 우리는 마땅히 기도할 바를 알지 못하나 오직 성령이 말할 수 없는 탄식으로 우리를 위하여 친히 간구하시느니라. 마음을 살피시는 이가 성령의 생각을 아시나니 이는 성령이 하나님의 뜻대로 성도를 위하여 간구하심이니라(롬 8:26-27).

"우리가 탄원서 하나를 작성하고 그 위에 수석 비서 경의 서명을 받겠습니다."

탄원서를 받는 신뢰 장군

하나님을 경외함 씨는 고개를 흔들었다.

"수석 비서 경은 자신이 친히 관여하지 않은 어떤 탄원서에도 서명하지 않을 것입니다. 게다가 임마누엘 왕자님은 수석 비서 경의 필체를 알고 있습니다. 또한, 왕자님은 어떤 거짓에도 절대 속지 않으실 것입니다. 따라서 제가 여러분에게 드릴 수 있는 조언은 여러분이 직접 그분에게 가서 도움을 달라고 간구하라는 것입니다."

수석 비서 경은 모든 장군과 무장한 병사가 있는 성에 머물고 있었다. 그래서 그들은 모두 하나님을 경외함 씨에게 감사하고 그의 충고를 받아들였다. 그들은 성으로 서둘러 가서 수석 비서 경 앞에서 그들이 그를 찾아온 이유를 설명했다.

"〈인간 영혼 마을〉이 매우 비탄한 상황에 있으므로 비서 경께서 우리를 위해 전능하신 샤다이왕의 아들이신 임마누엘 왕자와 우리의 왕이신 그분의 아버지에게 보낼 탄원서를 친히 작성해 주시겠습니까?"

수석 비서 경은 잠시 그들을 살펴보고 말했다.

"내가 여러분을 위해 어떤 탄원서를 작성해야 합니까?"

그들은 어디서부터 어떻게 말해야 할지 몰라 서로를 바라보다가 대답했다.

"우리 주님은 〈인간 영혼 마을〉 상태와 상황을 가장 잘 아십니다."

그리고 계속해서 말을 이었다.

"비서 경님은 우리가 타락했고 왕자님에게서 떠나 잘못된 방향으로 가고 있었다는 것을 잘 알고 있습니다. 당신께서는 또한 디아볼루스가 전쟁하기 위해 우리에게 대항했고 〈인간 영혼 마을〉이 그런 전쟁의 중심지가 되었다는 것을 알고 계십니다. 그리고 나의 주께서는 우리 남자와 여자 그리고 아이들이 그들의 손에 당했던 잔인함을 알고 계십니다. 또한, 나의 주께서는 마을에서 자생했던 디아볼루스 부하들이 마을 사람들은 차마 자신을 드러내지 못하는 동안 얼마나 대담하게 거리를 활보하는지도 아십니다.

따라서 우리는 우리 주께서 당신 안에 있는 하나님의 지혜에 따라 우리의 왕자이신 임마누엘 왕자님에게 보낼 그분의 불쌍한 종들을 위한 탄원서를 작성해 주시기를 바랍니다."

수석 비서 경은 사려 깊게 고개를 끄덕였다.

"나는 여러분을 위해 탄원서를 작성하고 그 탄원서에 나의 이름을 서명하겠습니다."

수석 비서 경 앞에 서 있는 사람들은 수석 비서 경의 긍정적인 답변에 희망을 얻었다.

"언제 우리가 우리 주께서 작성하신 탄원서를 받으러 오면 되겠습니까?"

"이 탄원서를 작성할 때 여러분이 반드시 참석해야 합니다. 왜냐하면, 이 탄원서 안에 여러분이 원하는 것을 포함해야 하기 때문입니다."

마을 사람들은 서로를 흘끗 쳐다보았다. 수석 비서 경은 계속해서 말했다.

"물론, 펜은 나의 것일 것입니다. 그리고 서명도 나의 것일 것입니다. 하지만, 잉크와 종이는 여러분의 것이어야 합니다.

그렇지 않다면 어떻게 그 탄원서가 여러분의 것이라고 말할 수 있겠습니까?

나는 나 자신을 위해 탄원할 필요가 없습니다. 왜냐하면, 나는 죄를 범하지 않았기 때문입니다."

그는 이렇게 말을 끝맺었다.

"나의 문제로는 어떤 탄원서도 왕자와 그의 아버지에게 가지 않습니다. 하지만, 여러분이 근심하며 마음과 영혼을 담은 탄원서에 나의 이름을 서명할 것입니다. 이런 중요한 요소가 탄원서에 담겨야 합니다."

수석 비서 경의 말은 조금도 그들을 낙담시키지 않았다. 그들은 수석 비서 경의 결정에 동의했고 그들을 위한 탄원서가 작성되었다. 그런 후에 그들은 누가 탄원서를 전달한 것인지에 대한 결정에 직면했다.

수석 비서 경은 여기에 대해 충고했다.

"신뢰 장군(Captain Credence)이 탄원서를 전달해야 합니다. 왜냐하면, 그는 말을 잘하기 때문입니다."

그들은 신뢰 장군을 불렀고 그에게 탄원서를 샤다이왕과 그의 아들 임마누엘 왕자에게 전달하는 것이 어떠냐고 제안했다.

그들의 사정을 들은 후에 장군은 말했다.

"비록 내가 다리를 다쳐서 절뚝거리지만, 나는 기꺼이 받아들이겠습니다. 그리고 내가 할 수 있는 만큼 빠르게 당신들을 위해서 이 일을 완수하겠습니다."

탄원서에는 다음과 같이 적혀 있었다.

우리의 주님이시며 주권자인 임마누엘 왕자시여!
당신은 오래 참으시는 권능 있는 분입니다. 은총이 당신의 입술에서 흘러나오고 긍휼과 용서는 당신의 것입니다. 하지만, 우리는 당신을 반역했습니다.

> 왕은 사람들보다 아름다워 은혜를 입술에 머금으니 그러므로 하나님이
> 왕에게 영원히 복을 주시도다(시 45:2).

우리는 당신의 〈인간 영혼 마을〉로 불릴 가치나 당신의 손이 부여하는 공통의 유익을 나눌 가치조차 없는 자들입니다. 하지만, 우리는 당신을 통해 당신의 율법과 명령을 어긴 죄를 도말하여 주시길 당신과 당신의

아버지에게 간구합니다. 이런 범죄로 인해 우리는 쫓겨나야 마땅합니다. 하지만, 우리는 당신의 이름을 위해 우리를 쫓아내지 마실 것을 간청합니다. 대신 주님께서 이 기회를 통해 우리의 비참한 상황에 대해 당신의 긍휼과 자비를 베풀어 주시길 간구합니다. 주님! 우리는 사방으로 우겨쌈 당하고 있습니다. 무저갱에서 나온 천사들의 군사가 우리를 괴롭히고 있습니다. 당신의 은총이 우리의 구원입니다. 왜냐하면, 구원을 위해 의지할 어떤 곳도 없기 때문입니다.

하나님이여 내게 은혜를 베푸소서 내게 은혜를 베푸소서 내 영혼이 주께로 피하되 주의 날개 그늘에서 이 재앙들이 지나기까지 피하리이다 (시 57:1).

자비로운 왕자님!
우리는 우리의 장군들을 쇠약하게 했습니다. 그들은 낙담했고 병에 걸려 몸이 아픕니다. 그들 가운데 일부는 전투에서 패배했고 폭군 디아볼루스의 강한 군대에 의해 전장에서 참패당했습니다. 우리는 장군들과 그들의 용맹을 신뢰하곤 했습니다. 하지만, 지금 그들은 부상을 당했습니다.
장군들의 상태가 너무 좋지 않습니다. 하지만, 우리의 원수들은 힘이 넘치고 너무 강합니다. 마치 우리가 전리품인 것처럼 그들은 그들 가운데 우리를 빼앗으려고 위협하듯이 그들은 자랑하고 우쭐댑니다.
주님! 그들은 그들만 온 것이 아니라 수천 명의 의심 병사와 함께 왔습니다. 그리고 우리는 그들에 대해 어떻게 해야 할지 잘 모르겠습니다. 그들은 모두 무섭고 무자비한 표정으로 이곳저곳을 휘젓고 다니고 우리와 당신을 대적하여 공공연하게 반항합니다.
우리의 지혜는 사라졌습니다. 우리의 힘은 고갈되었습니다. 왜냐하면, 당신께서 우리를 떠났기 때문입니다. 우리는 기대할 수 있는 것이 아무것도 없습니다. 우리가 가진 것은 죄, 수치심, 우리의 얼굴에 혼란스러운 표정입니다. 우리는 무엇을 해야 할지 모릅니다.
주여! 당신의 비참한 〈인간 영혼 마을〉인 우리를 불쌍히 여겨주소서. 원수들의 손에서 우리를 구원해 주시옵소서. 아멘.

디아볼루스의 북치는 자

> 내 원수가 활발하며 강하고 부당하게 나를 미워하는 자가 많으며 여호와여 나를 버리지 마소서 나의 하나님이여 나를 멀리하지 마소서 속히 나를 도우소서 주 나의 구원이시여(시 38:19, 21-22).

앞에서 그들이 의논했던 것처럼 수석 비서 경이 이 청원서를 작성하고 서명했다. 그런 후에 탄원서는 가장 용감한 신뢰 장군이 샤다이왕이 머무르는 궁으로 가져갔다. 이 임무를 이루기 위해 그는 마을의 뒷문인 입 문으로 떠났다. 거기서 그는 샤다이왕의 궁정으로 갔고 메시지를 임마누엘 왕자에게 전달했다.

그런데 어떻게 해서인지 탄원서가 임마누엘 왕자에게 전달되고 있다는 소식이 디아볼루스의 귀에 들어갔다. 폭군인 디아볼루스는 〈인간 영혼 마을〉이 반역을 저지르는 무리라고 생각했고 마을 사람들을 비난했다.

"너희 반역하고 완고한 마음을 지닌 〈인간 영혼 마을〉이여!

내가 너희로 하여금 탄원하는 것을 중지시킬 것이다!"

그는 화가 나서 꽉 움켜쥔 주먹을 들어 그들을 향해 흔들어 댔다.

"내가 너희에게 약속한다. 내가 멈추게 할 것이다!"

나는 어떻게 그가 이런 정보를 얻었는지 잘 모르지만, 디아볼루스는 용맹한 신뢰 장군이 탄원서를 임마누엘 왕자에게 전달했던 사자였다는 것을 알았다. 이것이 그를 두렵게 했고 분노로 가득하게 했다. 그는 북 치는 자에게 명령했다.

"다시 북을 쳐라!"

⟨인간 영혼 마을⟩ 사람들은 북소리를 참을 수가 없었지만, 그들에게는 어떤 선택의 여지도 남아 있지 않았다. 디아볼루스가 북을 치라고 명령했을 때 ⟨인간 영혼 마을⟩ 사람들은 어쩔 수 없이 그 소음을 참아야 했다. 그들의 북은 끔찍한 울림을 쏟아 내었고 디아볼루스 부하들은 다시 집결했다.

디아볼루스는 부하들 앞에 서서 큰 소리로 외쳤다.

"오, 너희 용감한 디아볼루스 군사들이여!

반역하는 ⟨인간 영혼 마을⟩이 우리를 배반했다는 것을 알려라. 비록 이 마을이 우리 소유지만, 이 비참한 ⟨인간 영혼 마을⟩ 사람들이 감히 임마누엘 왕자의 도움을 받기 위해 샤다이왕의 궁정에 사자를 보냈다."

그의 가슴은 분노에 찬 숨결로 들끓었다.

"우리가 어떤 상황에 처해 있는지 이해할 수 있도록 내가 이것을 너희에게 말한다. 또한, 너희는 비참한 ⟨인간 영혼 마을⟩을 대하는 방법을 알게 될 것이다.

나 디아볼루스를 따르는 신뢰하는 나의 부하들이여!

나는 너희에게 ⟨인간 영혼 마을⟩을 더 많이 괴롭힐 것을 명령한다.

너희의 속임수와 이중성으로 마을을 짜증 나게 하라!

그들의 여자들을 강간하고 처녀들을 강제로 범하고 그들의 아이들을 살해하라!

또한, 늙은이들의 뇌를 부숴 버리고 마을을 불태우고 너희가 생각할 수 있는 모든 해악을 끼치도록 하라!"

그는 꽉 쥔 주먹을 힘의 표시로 들어 올렸다.

"이것이 나에 대한 반란의 대가로 내가 ⟨인간 영혼 마을⟩ 사람들에게 주는 보상이 되게 하라!"

그는 자기주장을 밝히기 위해 주먹을 허공에 흔들어 댔다.

독자들이 이해하는 것처럼 이것은 그가 위협하는 것이었다. 하지만, 이런 경고를 전달하는 것과 실행하는 것 사이의 모종의 무언가가 개입했다. 이 시점에서 그가 분노를 표출하는 것 외에 그가 할 수 있는 것은 거의 없었다.

그런 후에 디아볼루스는 성문으로 올라갔고 요구 사항을 들어주지 않으면 죽음밖에는 없다고 위협하면서 자신과 자기 부하들에게 성문을 열고 출입을 허가해 달라고 요구했다.

성문을 책임지고 있는 하나님을 경외함 씨는 답했다.

"성문은 너와 너를 따르는 자들에게 열리지 않을 것이다."

그리고 그는 이어서 이렇게 말했다.

"〈인간 영혼 마을〉이 잠시 고난을 당하고 있지만, 마을은 온전해질 것이고 강해질 것이고 안정될 것이다."

> 나에게 이르시기를 내 은혜가 네게 족하도다 이는 내 능력이 약한 데서 온전하여짐이라 하신지라 그러므로 도리어 크게 기뻐함으로 나의 여러 약한 것들에 대하여 자랑하리니 이는 그리스도의 능력이 내게 머물게 하려 함이라. 그러므로 내가 그리스도를 위하여 약한 것들과 능욕과 궁핍과 박해와 곤고를 기뻐하노니 이는 내가 약한 그 때에 강함이라(고후 12:9-10).

디아볼루스는 말했다.

"그렇다면 나를 대적해서 탄원했던 자 중에 신뢰 장군을 나에게 넘겨라. 왜냐하면, 그가 최근에 너희의 왕자에게 탄원서를 전달했던 자이기 때문이다. 이 악당을 나의 손에 넘겨라. 그러면 나는 이 마을에서 떠날 것이다."

그러자 얼간이 씨(Mr. Fooling)라는 디아볼루스 부하가 일어나 말하기 시작했다.

"나의 주께서 너희에게 제안하는 것은 공평하다. 너희 마을 전체 사람이 멸망 당하는 것보다는 한 사람이 죽는 것이 너희에게는 낫다."

> 그중의 한 사람 그 해의 대제사장인 가야바가 그들에게 말하되 너희가 아무 것

도 알지 못하는도다. 한 사람이 백성을 위하여 죽어서 온 민족이 망하지 않게 되는 것이 너희에게 유익한 줄을 생각하지 아니하는도다 하였으니(요 11:49-50).

하나님을 경외함 씨가 이에 대해 답변했다.

"〈인간 영혼 마을〉이 디아볼루스 앞에서 신앙을 포기하면 〈인간 영혼 마을〉은 얼마나 오랫동안 지하 감옥에서 벗어나 있을 수 있겠는가?

우리가 신뢰 장군을 잃는다면 그것은 〈인간 영혼 마을〉을 잃는 것과 같다. 왜냐하면, 이렇게 한 사람이 디아볼루스에게 간다면 다른 사람이 곧 그 뒤를 따를 것이 틀림없기 때문이다."

얼간이 씨는 이 답변에 아무 말도 하지 못했다.

다음에 명철 시장 경이 일어나서 말했다.

"너 탐욕스러운 폭군! 이 점을 분명히 해야겠다. 우리는 너의 말에 조금도 귀를 기울이지 않을 것이다. 우리가 〈인간 영혼 마을〉에서 한 사람의 장군, 한 명의 병사, 하나의 투석기 또는 돌 하나를 찾아 사용할 수 있는 한 우리는 너에게 저항하기로 했다."

디아볼루스는 반쯤 감은 눈으로 시장을 노려보며 말했다.

"너는 도움과 구원을 바라는가, 그리고 그런 것을 기다리는가?

너희는 임마누엘 왕자에게 사자를 보냈다. 하지만, 너희 죄악이 너희를 따라다닌다. 그 죄악이 너무 가까이 있어 너희 입에서 순전한 기도가 나올 수 없다.

너희는 정말로 이 계획에서 너희가 이기고 성공할 것으로 생각하느냐?

내가 말하건대 너희의 소망과 시도는 부질없이 끝날 것이다. 왜냐하면, 나만 너희를 대적하는 것이 아니기 때문이다. 임마누엘 왕자 또한 너희를 대적하고 있다. 처음에 너희를 대적하기 위해 나를 보냈던 것은 다름 아닌 임마누엘 왕자다.

이런 사실을 알진 대 너희는 무엇을 바라는가?

아니면 무슨 방편으로 이 상황을 피할 수 있다고 생각하느냐?"

명철 시장 경은 폭군 디아볼루스의 거짓말을 믿을 정도로 어리석지 않았다.

그는 대답했다.

"우리는 죄를 범했다. 하지만, 그런 사실이 너에게 도움이 되지는 않을

신뢰 장군이 서신을 전달하다

것이다. 대단한 신뢰 가운데 임마누엘 왕자님은 '내게 오는 자는 내가 결코 내쫓지 아니하리라'(요 6:37)라고 말씀하셨다. 그분은 또한 우리에게 '사람에 대한 모든 죄와 모독은 사하심을 얻되'(마 12:31)라고 말씀하셨다. 이런 이유로 우리는 절대 절망하지 않고 구원을 찾고 기다리고 희망할 것이다."

바로 이때 신뢰 장군이 샤다이왕의 궁으로 탄원서를 전달하는 임무를 마치고 돌아왔다. 그는 탄원서를 임마누엘 왕자에게 전달했다. 그는 꾸러미 하나를 들고 〈인간 영혼 마을〉의 성으로 돌아왔다.

그래서 명철 시장 경이 신뢰 장군이 돌아왔다는 소식을 들었을 때 그는 요란하게 고래고래 소리 지르며 소란을 피우는 폭군 디아볼루스에게 물러나서 그가 성벽에서 아니면 성문에서 소리 지르도록 내버려두었다. 그는 서둘러 신뢰 장군의 숙소로 가서 그에게 인사하며 물었다.

"어떻게 지내셨습니까?
궁에서 무슨 소식을 가져오셨습니까?"

신뢰 장군의 눈에는 눈물이 가득 고여 있었다.

"힘내십시오. 시장 경님, 제때 모든 것이 순조롭게 잘 풀릴 것입니다."

그는 위로의 말과 함께 임마누엘 왕자가 보낸 서신 꾸러미를 꺼내서 그들 앞에 내려놓았다. 명철 시장 경과 나머지 장군들은 이것을 좋은 소식의 징조로 받아들였다.

그들은 은총의 계절이 왔기를 바라며 서로를 흘끗 바라보았다. 명철 시장 경은 성 전체에 걸쳐 여러 방에 흩어져 있는 마을의 모든 장군과 장로를 불러오게 했고 그들의 경비병도 불러오게 했다. 신뢰 장군은 자기가 돌아왔다는 것을 모든 사람이 알기를 원했다. 그들에게 전할 특별한 소식이 있기 때문이었다.

그들은 신뢰 장군 주변에 모여 그에게 인사를 하며 그의 여정에 대해 물었다.

"궁정에서 가져온 좋은 소식은 무엇입니까?"

신뢰 장군은 그들에게 명철 시장 경에 했던 답변을 동일하게 했다.

> 여호와를 사랑하는 너희여 악을 미워하라 그가 그의 성도의 영혼을 보전하사 악인의 손에서 건지시느니라(시 97:10).

신뢰 장군은 자기 주변에 모인 모든 사람에게 인사를 한 후, 꾸러미를 열었고 서신 몇 개를 꺼냈다. 첫 번째 서신은 명철 시장 경에게 보낸 것이었다. 이 서신에서 임마누엘 왕자는 명철 시장 경이 〈인간 영혼 마을〉과 사람들을 위해 그에게 닥친 큰 걱정에도 불구하고 자기 직무에서 충실했으며 끝까지 신뢰할 만한 것에 대해 매우 기뻐한다고 말했다. 서신에서 임마누엘 왕자는 명철 시장 경이 임마누엘 왕자를 위해 담대하게 행동했고 디아볼루스에 대항하는 자기의 대의에 충실하게 관여한 사실에 만족한다고 명철 시장 경에게 말했다. 서신 말미에는 임마누엘 왕자는 시장 경이 곧 그런 행동에 대한 보상을 받을 것이라고 언급되어 있었다.
　꾸러미에서 나온 두 번째 서신은 고귀한 자유의지 경에게 보낸 것이었다. 이 서신은 다음과 같은 사실을 분명히 했다. 즉, 임마누엘 왕자는 자신이 없는 동안 디아볼루스가 자기의 이름을 경멸하고 능욕하고 있을 때 자기 주님의 명예를 위해 자유의지 경이 얼마나 용맹하고 용감하게 섬겼는지 알고 있다는 내용이었다.

신뢰 장군이 주님의 상관 대리가 되다

또한, 〈인간 영혼 마을〉에 대한 그의 충실함과 어떻게 그가 마을을 물 샐 틈 없이 경계했는지에 대한 기쁨을 표현했다. 왕자는 〈인간 영혼 마을〉 주변 여러 곳에 숨어 있던 디아볼루스 부하들을 뒤쫓아 강력하게 그들을 제지했던 것으로 인해 자유의지 경을 높이 평가한다고 말했다.

꾸러미에서 뽑아낸 세 번째 서신은 설교자인 양심 씨를 위한 것이었다. 서신에서 임마누엘 왕자는 그를 매우 기뻐한다고 했다. 왜냐하면, 양심 씨가 〈인간 영혼 마을〉의 법에 따라 마을 사람들을 권하고, 책망하고, 미리 경고하는 등 그에게 위임했던 의무를 책임 있게 정직하고 성실하게 수행하고 이를 완성했기 때문이었다.

> 너는 말씀을 전파하라 때를 얻든지 못 얻든지 항상 힘쓰라 범사에 오래 참음과 가르침으로 경책하며 경계하며 권하라(딤후 4:2).

임마누엘 왕자는 〈인간 영혼 마을〉이 반역 가운데 살 때 양심 씨가 베옷을 입고 머리에 재를 뿌리고 금식을 요구했던 것이 자신을 기쁘게 했다고 했다. 왕자는 또한 양심 씨가 그런 중요한 사역에서 보아너게 장군의 도움을 요구했던 것도 자신을 기쁘게 했다고 했다. 서신은 양심 씨가 곧 그의 보상을 받을 것이라고 언급하면서 끝을 맺었다.

하나님을 경외함 씨에게 쓴 네 번째 서신에서 임마누엘 왕자는 그가 이루었던 모든 것을 지켜보았다고 했다. 여기에는 다음과 같은 사실이 포함되었다. 즉, 하나님을 경외함 씨는 마을에서 육신의 안락 씨의 존재와 그의 교활함을 파악했으며 축복받은 〈인간 영혼 마을〉이 디아볼루스 때문에 배교와 선함의 부패를 확인했던 첫 번째 사람이었다.

그의 주님은 하나님을 경외함 씨가 〈인간 영혼 마을〉의 상태를 애도하며 눈물을 흘리던 것을 아직도 기억하고 있다는 것을 그에게 알려 주셨다. 서신은 육신의 안락 씨가 손님들 가운데 그의 탁자에 앉았을 때 하나님을 경외함 씨가 어떻게 분별했는지를 언급했다. 심지어 육신의 안락 씨가 〈인간 영혼 마을〉에 대한 범죄를 완벽하게 행하려고 할 때도 하나님을 경외함 씨는 자기 집에서 육신의 안락 씨가 유쾌하게 떠드는 와중에도 그의 의도를 정확히 파악했다.

임마누엘 왕자는 하나님을 경외함 씨가 성문에서 폭군 디아볼루스가 가

했던 모든 위협과 시도에 저항했던 것에 주목했다. 하나님을 경외함 씨는 또한 왕자가 탄원서를 용납하고 마을 사람들이 화평의 답장을 얻을 수 있는 방식으로 마을 사람들이 왕자에게 보내는 탄원서를 작성해야 한다고 권고했었다.

> 그날에 기뻐하고 뛰놀라 하늘에서 너희 상이 큼이라 그들의 조상들이 선지자들에게 이와 같이 하였느니라(눅 6:23).

서신은 임마누엘 왕자가 〈인간 영혼 마을〉 전체에 보내는 내용으로 끝을 맺었다. 그들의 주님인 임마누엘 왕자는 그들이 거듭 탄원하는 것을 알고 계셨다. 임마누엘 왕자는 고무적인 소식을 전했다. 미래에 그들은 그런 노력에 대한 더 많은 열매를 보게 될 것이다. 이 서신에서 그들의 왕자는 말했다.

"디아볼루스가 마을에 침입했지만, 나는 너희의 마음과 정신이 드디어 나와 나의 도에 고정된 것을 기뻐한다."

아침이나 고난도 그들로 하여금 디아볼루스의 잔인한 계획에 참여하는 것을 허용할 수 없었다는 것이 임마누엘 왕자를 기쁘게 했다. 서신 맨 마지막에 임마누엘 왕자는 〈인간 영혼 마을〉을 수석 비서 경의 손과 신뢰 장군의 인도에 맡기겠다는 내용과 함께 이렇게 기록되어 있었다.

"삼가 주의하고 계속해서 그들의 권위와 지시에 순복하라. 적당한 때가 이르면 너희는 상을 받을 것이다."

용감한 신뢰 장군이 서신을 각각의 수령인에게 전달한 후 신뢰 장군은 수석 비석 경과 함께 논의하며 시간을 보냈던 수석 비서 경의 숙소로 갔다. 두 사람은 서로 너무 잘 알고 있었고, 마을의 다른 어떤 사람들보다도 어떤 상황이 〈인간 영혼 마을〉에 잘 맞을 수 있는지를 잘 알고 있었다.

수석 비서 경은 선의의 표시로써 주님의 상에서 나오는 많은 좋은 진수성찬을 신뢰 장군에게 보냄으로써 신뢰 장군에 대한 그의 사랑을 보여 주었다. 신뢰 장군은 수석 비서 경과 저녁 인사를 하며 한동안 대화를 나눈 후 쉬기 위해 자기 침소로 갔다. 그러나 그는 머리를 베개 위에 눕힐 수 없었다. 수석 비서 경이 그를 다시 불렀기 때문이다. 그는 서둘러 성의 홀을 지나 수서 비서 경의 숙소로 갔다.

그들은 평소처럼 서로 인사를 나누었지만, 장군은 재빨리 물었다.

"어째서 저를 부르셨는지요. 말씀해 주세요. 무슨 일이 일어났나요?"

수석 비서 경은 그를 문에서 멀리 떨어진 자기 방으로 데리고 들어가 입을 열었다.

"나는 장군을 〈인간 영혼 마을〉에 있는 모든 군대를 통솔하는 주님의 사령관으로 임명했습니다."

수석 비서 경이 말에 장군의 안색은 기쁨으로 빛났다.

"오늘 이후로 〈인간 영혼 마을〉의 모든 병사는 장군의 말에 따라 행동할 것입니다. 또한, 장군이 〈인간 영혼 마을〉 내부와 외부에서 통솔하는 장군일 것입니다. 따라서 장군이 디아볼루스의 군대와 힘에 대항해서 임마누엘 왕자와 〈인간 영혼 마을〉을 위해 전쟁을 지휘할 것입니다. 나머지 장군들도 장군의 지휘 아래에 있을 것입니다."

이제 마을 사람들은 샤다이왕의 궁정에서 장군이 맡은 역할과 마을에서 수석 비서 경의 역할을 알게 되었다. 이런 임무를 맡았을 때 누구도 성공한 사람은 없었다. 또한, 누구도 신뢰 장군처럼 임마누엘 왕자에게서 그런 좋은 소식을 가져올 수 없었다.

고통을 받을 때 신뢰 장군에게 도움을 요청하지 않았던 것에 눈물을 흘리며 슬퍼한 후에 마을 사람들은 양심 씨에게 도움을 청했다. 양심 씨가 수석 비서 경에게 그들의 근심을 알리고 또한 그들 모두 신뢰 장군의 통제, 돌봄, 보호와 권위 아래 있길 바라며 또한 반드시 그렇게 되길 바란다는 것을 수석 비서 경에게 전달해 주길 바랐다.

> 다스리는 자들은 선한 일에 대하여 두려움이 되지 않고 악한 일에 대하여 되나니 네가 권세를 두려워하지 아니하려느냐. 선을 행하라 그리하면 그에게 칭찬을 받으리라. 그는 하나님의 사역자가 되어 네게 선을 베푸는 자니라 그러나 네가 악을 행하거든 두려워하라 그가 공연히 칼을 가지지 아니하였으니 곧 하나님의 사역자가 되어 악을 행하는 자에게 진노하심을 따라 보응하는 자니라 (롬 13:3-4).

그래서 설교자 양심 씨는 그들이 요청한 대로 전달했고 수석 비서 경의 입에서 다음과 같은 답변을 받았다.

"신뢰 장군은 왕의 원수들에 대항하는 왕의 모든 군대와 〈인간 영혼 마을〉의 번영을 위해 일하는 위대한 실천가가 될 것입니다."

이런 메시지를 받자마자 양심 씨는 땅에 엎드려 그의 주님인 수석 비서경에게 감사를 표현하고 마을로 돌아가서 이 소식을 전했다. 이런 모든 일은 상상할 수 있는 최대한의 비밀 가운데 완성되었다.

왜냐하면, 마을 안에서 원수들의 힘이 여전히 막강했기 때문이다. 하지만, 나는 이 이야기에서 다소 벗어난 부분이 있으니 다시 제자리로 돌아가야겠다.

제27장

성을 탈환하려는 계획

　명철 시장 경이 담대하게 디아볼루스와 대치하고 있을 때 폭군 디아볼루스는 하나님을 경외함 씨의 용기와 담대한 행동을 지켜봤고 그에게 크게 분노했다. 그는 〈인간 영혼 마을〉에 복수하기 위해 작전 회의를 소집했다.

　지옥 구덩이의 모든 군주가 그들을 이끄는 자인 늙은 불신과 군대의 모든 장군과 함께 모였다. 그들은 무엇을 해야 할지 상의했다. 작전 회의는 그들이 성을 취할 방법을 결정해야 한다고 결론을 내렸다. 왜냐하면, 그들의 적들이 성을 소유하고 있는 한 그들은 마을의 주인이라고 주장할 수 없기 때문이다.

　의사 결정에 많은 자가 관여하고 있는 가운데 어떤 자는 이런 방식으로 어떤 자는 저런 방식으로 충고했다. 그들은 서로 합의에 이룰 수 없었다. 이때 작전 회의의 의장인 아볼루온(Apollyon)이 일어서서 연설하기 시작했다.

　"나의 형제들이여!

　나는 여러분에게 한 가지 제안하겠습니다. 이 마을에서 군대를 철수시켜 평지로 나가는 것입니다. 우리가 여기에 주둔하는 것은 우리에게 어떤 유익도 되지 않습니다. 왜냐하면, 성은 적들의 수중에 있기 때문입니다. 용감한 많은 장군이 성안에 거주하는 한, 우리가 성을 취하는 것은 불가능합니다. 그리고 그 대담한 하나님 경외라는 놈이 성문을 지키고 있습니다."

　아볼루온은 자기 동료 악마들의 회의적인 시선을 무시하고 자기 생각을 계속해서 밀고 나갔다.

　"우리가 평지로 후퇴할 때 적들은 기뻐할 것이고 더 안이해질 것입니다. 이렇게 그들에 대한 경계를 느슨하게 한다면 그들은 다시 해이해질지도 모

악마들의 작전 회의

릅니다. 그리고 그것은 우리가 아마 지금 그들에게 가할 수 있는 것보다 더 큰 공격을 하게 할 수 있는 기회를 열어 줄지도 모릅니다. 하지만, 이 계획이 실패한다고 하더라도 우리가 마을에서 후퇴하는 것이 장군들을 끌어내어 우리를 쫓게 할 수도 있습니다.

지난번 우리가 들판에서 싸웠을 때 그들에게 피해를 줬던 것을 기억해 보십시오. 우리는 마을 뒤에 매복할 수 있습니다. 적들이 우리를 쫓아 나올 때 우리가 돌진하여 성을 점령할 수 있을 것입니다.”

바알세불이 일어섰다. 그리고 그의 얼굴에 성난 눈빛으로 판단하건대 그는 아볼루온의 생각에 동의하지 않는 것이 분명했다.

그는 말했다.

"성에서 그들 모두를 철수하게 하는 것은 불가능합니다. 적들이 계속해서 성을 지키기 위해 일부 군대를 뒤에 계속 주둔시키리라는 것은 여러분도 확실히 알 수 있습니다. 따라서 적들 모두가 우리를 추격하기 위해 나올 것을 우리가 확실히 알 수 없는 한 그런 시도는 허사로 끝날 것입니다.”

아볼루온은 차가운 시선으로 그를 보았지만, 바알세불은 그것을 무시하고 계속해서 말했다.

"우리가 무엇을 하든지 다른 수단을 동반해야 할 것입니다. 나는 우리가 마을 사람들이 다시 죄를 짓게 할 방법을 모색할 것을 제안합니다. 여러분도 알다시피 우리를 〈인간 영혼 마을〉의 주인이 되게 할 수 있는 것은 마을이나 들판에서 우리의 존재가 아닙니다.

또한, 우리가 그들과 싸우는 것이나 그들을 죽이는 것이 아닙니다. 심지어 마을에서 우리를 공격할 수 있는 단 한 사람이라도 존재하는 한 임마누엘 왕자는 그들의 편을 들 것입니다.”

그는 숨을 깊이 들이마시고 쉭쉭 하는 소리를 내뱉으며 계속해서 말했다.

"만약, 그가 그들의 편을 든다면 우리는 그것이 우리에게 무엇을 의미하는지를 알고 있습니다. 그렇기 때문에 내 생각으로는 그들로 하여금 죄를 짓게 하는 방법을 마련하는 것만큼 그들을 우리에게 속박할 방법은 없습니다.”

> 시험에 들지 않게 깨어 있어 기도하라 마음에는 원이로되 육신이 약하도다 하시고(막 14:38).

그는 발톱에서 멍하니 뭔가를 집어 들어 유심히 들여다보며 말했다.

"우리가 우리의 모든 의심 병사를 집에 남겨 두었다면 지금처럼 잘했었을 것입니다. 우리가 그들을 성의 주인과 통치자로 만들 수 없었다면 말입니다. 멀리 있는 의심 병사들은 마치 거짓 논증으로 유지되는 반대와 같습니다.

문제는 우리가 의심 병사들을 요새에 침투해 그들이 그 요새를 소유하게 할 수 있냐는 것입니다. 우리가 이 일을 성취하는 날 성은 우리의 것이 될 것입니다. 따라서 평지로 철수합시다. 하지만, 이것은 우리가 〈인간 영혼 마을〉의 장군들이 우리를 뒤쫓을 것을 기대해서가 아닙니다. 대신 우리가 이것을 하기 전에 〈인간 영혼 마을〉에 숨어 있는 우리가 신뢰하는 부하들과 먼저 논의하고 마을 사람들이 배반하도록 그들로 활동하게 합시다. 이런 임무가 성공하기 위해 우리는 확실히 그들의 도움이 필요합니다. 그렇게 하지 않는다면 이 일은 영영 성공하지 못할 것입니다."

바알세불이 이야기를 끝냈을 때 전체 비밀회의에 참석한 자들은 성을 취하는 방법은 마을 사람들로 하여금 죄를 짓게 하는 것이라는 데 동의했다. 계획이 준비되자 그들은 이 목표를 달성하기 위한 최선의 전략을 모색하기 위해 머리를 맞댔다.

루시퍼는 일어서서 말했다.

"바알세불의 충고는 타당합니다. 내 생각에 이것을 달성하기 위한 방법은 우리가 군대를 마을에서 철수시키는 것입니다."

그는 자기 얼굴을 빛의 천사로 보이게 변형시키고 말했다.

"그리고 더 이상 그들을 소환하거나 위협 또는 북소리나 어떤 다른 자극하는 수단으로든지 그들을 더는 겁주지 맙시다. 우리가 위협이 아니라고 생각하도록 그들을 안심시키는 것이 좋습니다. 마치 우리가 그들에 대해 전혀 신경 쓰지 않는 것처럼 우리는 먼 들판에서 기다리면 됩니다. 왜냐하면, 그들을 두렵게 하는 것은 단지 그들을 무장하도록 돕는 것이기 때문입니다. 그 외에도 나는 이것과 관련해서 또 다른 전략을 생각했습니다."

"우리는 〈인간 영혼 마을〉이 상업을 즐기는 시장 도시라는 것을 알고 있습니다.

우리 디아볼루스님 부하 가운데 일부를 〈인간 영혼 마을〉의 시장에서 팔 수 있는 일부 물건을 가져온 먼 타국에서 온 것으로 가장하면 어떨까요?

들판으로 소환되는 신뢰 장군

    가령 물건의 가치를 반으로 해서 판다고 해도 얼마나 많이 파는 것은 중요하지 않습니다. 장사를 위해 시장에 들어오는 사람들은 재치가 있고 우리에게 충성하는 자들이어야 합니다. 이 노력에 자금을 대기 위해 나는 나의 왕관을 저당 잡힐 것을 제안합니다.

    내가 생각하기에 이 일을 위해 아주 교활하고 빈틈없는 두 사람을 추천할 수 있습니다. 그들은 소탐대실(小貪大失, Mr. Penny-wise-pound-foolish) 씨와 작은 이익을 탐하다 큰 것을 잃어버린 씨(Mr. Get-i'the- hundred-and-lose-i'the-shire)˙입니다. 긴 이름을 가진 이 사람의 재능은 결코 다른 사람의 재능보다

✛   영국의 극작가 윌리엄 셰익스피어의 희곡 『헨리 5세』(Henry V)에서 나오는 표현이다. 이 표현은 영국의 속담에 바탕을 두고 있으며, 어떤 사람의 결정을 비꼬기 위해 사용된다-역주

못하지 않습니다.

나는 또한 우리가 세상 향락 씨(Mr. Sweet-World)와 현세 만족 씨(Mr. Present-Good)를 이 무리에 추가해야 한다고 생각합니다. 이 사람들은 친절하고 교활하지만, 우리의 진정한 친구이자 돕는 자들입니다. 나는 이 사람들과 더 많은 사람이 우리를 위해 이 시장 사업에 참여하게 해야 한다고 제안합니다. 그러면 〈인간 영혼 마을〉은 장사에 열중할 것이고 점점 번성하고 부유해질 것입니다. 이런 방식으로 우리는 그들의 기반을 무너뜨릴 것입니다.

그의 일부 동료들이 그가 제시하는 방향에 대해 의심하는 눈길을 보냈다. 그는 그들의 우려를 불식시키기 위해 이렇게 말했다.

"여러분은 기억 못 하십니까?

이런 방식으로 우리는 라오디게아에서 승리했습니다.

> 네가 말하기를 나는 부자라 부요하여 부족한 것이 없다 하나 네 곤고한 것과 가련한 것과 가난한 것과 눈 먼 것과 벌거벗은 것을 알지 못하는도다(계 3:17).

그리고 현재 우리가 이 올가미를 사용하여 얼마나 많은 자를 붙들어 매고 있습니까?

내가 말하지만, 그들이 배부르고 만족하기 시작할 때 그들은 그들의 불행을 망각할 것입니다. 그리고 어쨌든 우리가 그들을 위협하지 않는다면 그들은 안심해서 잠에 곯아떨어질지도 모릅니다. 또한, 그들은 경계를 늦추고 마을과 성, 심지어 그들의 성문에 대한 엄중한 감시를 게을리할 수도 있습니다.

우리가 이런 물질적 풍요를 〈인간 영혼 마을〉에 안겨 준다면 이것은 그들이 그들의 성을 우리를 대적하는 강화된 요새로 만드는 것 대신에 큰 소매상점으로 바뀌게 할 수도 있습니다. 성이 우리의 물건과 상품으로 가득 차 있고 더는 병사들을 위한 보급소가 아니라면 나는 성 절반 이상이 우리의 것이 될 것으로 예측합니다.

그리고 우리가 소매상점으로 변한 성에 그런 종류의 물건으로 가득 채우도록 명령한다면, 우리가 그들을 공격했을 때 장군들이 그곳에 피신하기도 어려울 것입니다.

"재물의 유혹이 말씀을 막는다"라는 비유를 기억하십시오.

> 세상의 염려와 재물의 유혹과 기타 욕심이 들어와 말씀을 막아 결실하지 못하게 되는 자요 (막 4:19).

그리고 다시 "마음이 방탕함과 술 취함과 생활의 염려로 둔하여질 때 모든 해가 덫과 같이 임하리라"는 비유도 기억하십시오.

> 너희는 스스로 조심하라 그렇지 않으면 방탕함과 술 취함과 생활의 염려로 마음이 둔하여지고 뜻밖에 그날이 덫과 같이 너희에게 임하리라 (눅 21:34).

루시퍼는 자기의 기발한 계획에 우쭐대며 미소 지었다.

"더구나 경들이여, 여러분은 다음과 같은 사실을 잘 아실 것입니다. 즉, 우리 부하들 가운데 일부를 그들 집에 시중하는 종으로 있게 하지 않는다면 사람들이 우리 물건으로 채우기는 쉽지 않습니다.

사치 씨(Mr. Profuse), **헤픔 씨**(Mr. Prodigality) 또는 **호색한 씨**(Mr. Voluptuous), **간섭 씨**(Mr. Pragmatical), **겉치장 씨**(Mr. Ostentation)와 다른 자들처럼 그들을 시중드는 종과 사람들이 없는 세속으로 가득한 〈인간 영혼 마을〉 사람을 나에게 보여 주십시오.

이들 중 누구라도 〈인간 영혼 마을〉을 점령하거나 날려 버리거나 임마누엘 왕자를 위한 요새로 적합하지 않게 만들 수 있습니다. 그리고 이들 중 어떤 자도 충분할 것입니다. 내가 아는 한 디아볼루스님을 따르는 이 사람들이 이만 명의 군대보다 더 빨리 일을 해낼 수도 있습니다.

따라서 나의 충고는 다음과 같습니다. 즉, 우리는 조용히 물러나고 더는 저항하지 말고 적어도 이번만은 성을 강제로 탈취하려고 시도하지 말자는 것입니다."

그는 자기의 요점을 자세히 설명하기 위해 잠시 멈췄다.

"나는 우리가 이런 새로운 계략을 실행에 옮기고 이 계략이 그들로 하여금 그들 스스로 파괴하게 하지 않는지를 지켜보자고 제안합니다."

다른 모든 자가 〈인간 영혼 마을〉을 이 세상의 풍요함으로 질식시키고 마을 사람들의 마음을 세상 안에 있는 좋은 것들로 넘쳐나게 하자는 이런 계략에 큰 박수를 보냈다.

> 이 세상이나 세상에 있는 것들을 사랑하지 말라 누구든지 세상을 사랑하면 아버지의 사랑이 그 안에 있지 아니하니(요일 2:15).

그들은 그 계략을 지옥의 걸작품으로 선언할 정도로 좋은 계략이라고 생각했다. 하지만, 이 디아볼루스 무리의 전략 회의가 파하려는 바로 그 순간에 신뢰 장군은 임마누엘 왕자로부터 서신을 받았다. 서신에 포함된 내용은 세 번째 날에 임마누엘 왕자가 〈인간 영혼 마을〉 주변에 있는 평원의 들판에서 만나자는 것이었다.

제28장

평원에서의 전투
Battle on the Plains

신뢰 장군은 턱을 괴고 혼잣말로 중얼거렸다.

"들판에서 나를 만나자고 하시다니 주님이 나를 들판에서 만나자고 하시는 의미는 무엇일까, 이해할 수가 없다."

그는 서신을 수석 비서 경에게 가져갔다. 왜냐하면, 왕과 〈인간 영혼 마을〉의 유익과 선에 관한 모든 일에 있어서 수석 비서 경은 선견자였기 때문이다. 신뢰 장군은 서신을 수석 비서 경에게 보여 주며 말했다.

"이것이 무엇을 의미하는지 저는 잘 모르겠습니다. 저는 수석 비서 경님의 의견을 듣고 싶습니다."

그래서 수석 비서 경은 그 서신을 받아서 읽었다. 그러고는 잠시 멈칫한 후 말했다.

"디아볼루스 부하들이 오늘 〈인간 영혼 마을〉에 대항하기 위해 함께 회동했습니다. 그들은 중요한 전략 회의를 열었습니다. 전략 회의의 목적은 마을의 완전한 파괴를 모의하는 것이었습니다. 전략 회의의 결과는 마을이 자멸하도록 곤경에 처하게 하려는 계략입니다. 먼저, 그들은 마을에서 철군을 준비하고 있습니다. 그들은 들판으로 나가려 하고 그들의 계략이 효력을 발휘할지 안 할지를 확인할 때까지 거기서 잠복할 계획을 가지고 있습니다.

디아볼루스 부하들을 습격하도록 주님의 군사들과 준비하시기를 바랍니다. 왜냐하면, 세 번째 날에 그들은 평원에 있을 것이기 때문입니다. 동틀 녘에나 그 전에 임마누엘 왕자님이 강력한 군대와 함께 들판에 있을 것입니다. 왕자님은 디아볼루스 군대보다 앞서 거기에 계실 것입니다. 그리고 장군은 그들 뒤에 있을 것입니다. 왕자님의 군대와 장군의 군대 사이에서 원수들은 전멸할 것입니다."

이 말을 들은 신뢰 장군은 서둘러 나머지 장군들에게 알렸다. 그는 임마누엘 왕자의 손에서 받은 서신에 대해 그들에게 설명했다.

"이 서신이 담고 있는 의미를 이해하지 못하고 있었는데 수석 비서 경이 그 의미를 나에게 설명해 주셨습니다."

> 우리가 이것을 말하거니와 사람의 지혜가 가르친 말로 아니하고 오직 성령께서 가르치신 것으로 하니 영적인 일은 영적인 것으로 분별하느니라(고전 2:13).

그는 계속해서 주님의 뜻을 이루기 위해 장군들이 각각 해야 할 것을 분명히 설명했다.

장군들은 주님으로부터 지시를 받은 것에 대해 기뻐했다. 우선, 신뢰 장군은 샤다이왕의 모든 나팔수에게 성의 흉벽(胸壁)으로 올라가라고 명령했다. 또한, 디아볼루스와 〈인간 영혼 마을〉 전체가 들을 수 있도록 마음을 울리는 가장 좋은 음악을 만들라고 명령했다.

나팔수들은 명령받은 대로 성의 흉벽에 올라가 음악을 연주 했다. 일단 거기에 도착하자 그들은 연주하기 시작했다.

이 음악 소리는 디아볼루스를 놀라게 했다.

"이 소리는 도대체 무엇인가, 이 소리는 군인들에게 말을 타라는 소리도 아니고 말을 타고 가라는 소리도 아니고 또는 공격하라는 명령도 아니다.

이 미친 자들이 음악을 저렇게 즐겁고 기쁘게 연주하는 것은 도대체 무슨 의미인가?"

그들 중 하나가 말했다.

"이 음악은 경고가 아니라 기쁨의 표현입니다. 왜냐하면, 그들의 왕자인 임마누엘이 인간 영혼을 자유롭게 하기 위해 오기 때문입니다. 그는 군대의 우두머리입니다. 구원이 가깝다는 것입니다."

나팔의 아름다운 곡조는 또한 〈인간 영혼 마을〉 사람들의 관심을 끌었다.

그들은 말했다.

"이 소리는 우리에게 해를 끼칠 수 없어. 그렇지 않은가?

확실히 이 소리는 우리에게 해를 끼치지 않을 거야."

상황이 이렇게 진행되는 동안 디아볼루스 부하들 또한 어떻게 해야 할지에 대해 논의했다.

"우리가 할 수 있는 최고 방법은 무엇인가?"

이런 질문에 누군가 답했다.

"마을을 떠나는 것이 상책이다."

또 다른 자가 고개를 끄덕였다.

"이것은 지난번 전략 회의에서 제안한 계략을 따르는 것입니다. 군대가 성벽 밖에서 우리를 공격한다면 물러남으로써 우리는 적과 더 잘 싸울 수 있을 것입니다."

그래서 둘째 날 그들은 〈인간 영혼 마을〉에서 철수하고 마을 밖의 평야에 주둔했다. 그들은 졸렬한 방식으로 눈 문 앞에 주둔했다. 이렇게 하는 것은 그들이 할 수 있는 모든 두려움과 공포를 만들기 위한 것이었다. 그들이 마을에 머물지 않는 이유는 (최근 있었던 비밀 전략 회에서 논의했던 이유 외에도) 그들이 마을의 요새를 장악하지 못했기 때문이었다. 또한, 그들이 넓은 평원에 진을 칠 때 싸우고 도주하기가 더 적합할 것이기 때문이다.

만약, 그들이 마을에 주둔한다면 또한 임마누엘 왕자의 군대가 와서 성벽 안에서 그들을 에워싼다면 그것은 전투에서 그들의 역할을 방어하기보다는 더 공세적으로 되게 했을 것이다. 따라서 그들은 투석기의 타격 범위에서 벗어난 넓은 평야로 이동했다. 왜냐하면, 투석기는 그들이 마을에 있을 때 그들을 괴롭히고 좌절하게 했기 때문이다.

장군들이 디아볼루스 병사들을 공격할 때가 되자 그들은 싸울 준비를 했다. 전날 밤 신뢰 장군은 다른 장군들에게 말했다.

"제사장들은 내일 들판에서 임마누엘 왕자님을 보게 될 것입니다."

불타는 불에 기름을 끼얹은 것처럼 이 소식은 그들로 하여금 적과 교전하기를 더욱 열망하게 했다. 또한, 그 소식은 굉장한 열의를 불러일으켰다. 그들은 오랫동안 먼 곳에서 기다렸고 이로 인해 그들은 더욱 열렬히 간절하게 적과 교전하기를 기다렸다.

우리 영혼이 여호와를 바람이여 그는 우리의 도움과 방패시로다. 우리 마음이 그를 즐거워함이여 우리가 그의 성호를 의지하였기 때문이로다. 여호와여 우리가 주께 바라는 대로 주의 인자하심을 우리에게 베푸소서(시 33:20-22).

공격의 시간이 다가왔다. 신뢰 장군은 나머지 전사들과 함께 마을의 뒷문에서 동이 트기 전에 그들의 군대를 인솔했다. 공격할 준비가 되어 있었으므로 신뢰 장군은 군대의 선두로 나가서 나머지 장군들에게 군호를 전했다. 각각의 장군은 군호를 장교들과 병사들에게 전달했다.

그들은 말했다.

"임마누엘 왕자님의 검과 신뢰 장군의 방패여!"

이것은 〈인간 영혼 마을〉의 방언으로 '하나님의 말씀과 믿음'을 의미한다. 그런 후에 장군들은 앞으로 돌진했고 디아볼루스 진영의 전방, 측면과 후방을 공격하기 시작했다.

이제 그들이 마을을 떠날 때 그들은 경험 장군을 후방에 남겨 놓았다. 왜냐하면, 그는 지난번 전투에서 디아볼루스 병사들이 그에게 가했던 부상에서 아직 회복하는 중이었기 때문이다.

하지만, 장군들이 자기만 두고 전장으로 이동했다는 것을 깨달았을 때 그는 무엇을 했을까? 그는 목발을 찾았다. 그는 혼자서 말했다.

"내 형제들이 전장에서 교전하고 임마누엘 왕자님이 들판에서 자기 모습을 종들에게 보일 때 어떻게 나만 누워있을 수 있겠는가?"

그는 일어나서 목발과 다른 것에 의지하여 전장으로 나갔다. 그가 절뚝거리며 나오는 것을 적군이 발견했고 그런 모습으로 인해 적군의 사기가 더 꺾이게 했다. 그들은 생각했다.

'어떤 영이 〈인간 영혼 마을〉 사람들의 마음을 사로잡았기에 그들은 목발을 짚고도 우리와 싸우러 나오는가?'

내가 언급했던 것처럼 장군들은 원수들을 향해 돌진했고 그들을 급습했다. 그들은 공격하면서 큰 소리로 외쳐댔다.

"임마누엘 왕자의 검과 신뢰 장군의 방패여!"

디아볼루스는 장군들이 선두에 서서 자기 병사들을 에워싸는 것을 보았을 때 그들이 가진 날 선 양날의 검에 의한 가격과 그로 인한 상처 외에는 어떤 것도 기대할 수 없다고 결론지었다.

하나님의 말씀은 살아 있고 활력이 있어 좌우에 날 선 어떤 검보다도 예리하여

혼과 영과 및 관절과 골수를 찔러 쪼개기까지 하며 또 마음의 생각과 뜻을 판단하나니 (히 4:12).

따라서 그는 군대를 소집했고 자기가 가진 모든 힘으로 임마누엘 왕자의 군대와 맞섰다. 그래서 양측은 전투에서 접전을 벌였다.

디아볼루스는 우선 한쪽에서 신뢰 장군을 상대로 싸웠고 다른 쪽으로 가서는 자유의지 경을 상대했다. 자유의지 경의 공격은 거인의 공격과 같았다. 그는 강한 팔로 디아볼루스를 보호하는 그의 근위병들인 의심 군대 병사들을 가격했다. 그는 한동안 전투에서 그들과 접전을 벌였고 날카롭게 베고 가격했다.

신뢰 장군은 자유의지 경이 접전하는 것을 보고 다른 쪽에서 의심 군대 병사 무리에게 자유의지 경처럼 날카롭게 베고 가격하며 접전을 벌였다. 의심 군대 병사들 사이에서 신뢰 장군과 자유의지 경은 혼란을 일으켰다.

선한 소망 장군은 싸움이 직업인 의심 군대 병사들과 교전했고 그들이 강하고 억센 자들이라는 것을 알게 되었다. 하지만, 선한 소망 장군은 자신이 강하고 용기 있는 장군임을 보여 주었다. 또한, 경험 장군이 그를 도왔다. 그래서 그는 싸움의 전문가들인 의심 군대 병사들을 퇴각하게 했다.

나머지 군대도 사방에서 열렬히 접전을 벌였다. 디아볼루스 병사들은 용감하게 싸웠지만, 그때 수석 비서 경이 성에 있는 투석기로 공격하라고 명령했다. 왜냐하면, 그의 병사들 한 치도 어김없이 돌을 날릴 수 있었기 때문이다. 이로 인해 많은 의심 병사와 디아볼루스 병사들이 임마누엘 왕자 앞에서 줄행랑을 쳤다. 하지만, 그들은 곧 집결하여 임마누엘 왕자의 군대 후방 측면에 공격을 가하기 시작했다. 왕자의 군대가 정신이 아찔했지만, 그들은 곧 왕자의 얼굴을 보게 될 것이라는 생각에 용기를 내어 매우 치열한 전투를 벌였다.

나는 의로운 중에 주의 얼굴을 뵈오리니 깰 때에 주의 형상으로 만족하리이다 (시 17:15).

장군은 소리쳤다.
"임마누엘 왕자의 검과 신뢰 장군의 방패여!"

자유의지 경의 검과 신뢰 장군의 방패

군호를 외치자, 의심 군대 병사들은 더 많은 지원군이 도착했다고 생각하여 뒤로 물러나기 시작했다. 하지만, 임마누엘 왕자는 아직 도착하지 않았다. 전투의 결과가 불확실했으므로 양측은 조금씩 뒤로 후퇴했다.

전투가 소강상태에 있는 동안 신뢰 장군은 부하 병사들에게 뒤로 물러서지 말고 굳건히 버틸 것과 용기를 내고 강해지라고 그들을 격려했다.

> 너희는 강하고 담대하라 두려워하지 말라 그들 앞에서 떨지 말라 이는 네 하나님 여호와 그가 너와 함께 가시며 결코 너를 떠나지 아니하시며 버리지 아니하실 것임이라(신 31:6).

디아볼루스도 동일하게 자기 병사들을 격려했지만, 신뢰 장군이 자기 병사들에게 했던 담대한 연설과 같지는 않았다.

신뢰 장군은 말했다.

"이 전투에 함께하는 친애하는 장병들과 나의 형제들이여!

오늘 우리 왕자님을 위해 들판에서 매우 용감하고 용맹한 군대와 〈인간 영혼 마을〉을 매우 사랑하는 병사들을 보게 되어 매우 기쁩니다. 여러분은 디아볼루스 군대에 맞서 진리와 용기의 사람들이라는 것을 보여 주었습니다. 디아볼루스 군대는 그들이 이룬 성과에 대해 자랑할 대의가 없습니다.

지금까지 보여 주었듯이 이제 장병들은 다시 한번 용기를 내어 사내대 장부다운 기개를 보여 주기를 바랍니다. 이번에 치를 교전 후에 여러분은 들판에서 임마누엘 왕자님을 보게 될 것입니다. 먼저, 우리는 폭군 디아볼루스에 대해 두 번째 공격을 감행해야 합니다. 그런 후에 임마누엘 왕자님이 오실 것입니다."

장군이 장병들에게 연설하자마자 임마누엘 왕자의 사자인 민첩한 씨(Mr. Speedy)가 왕자가 가까이 왔다는 것을 알리기 위해 장군에게 메시지를 가지고 왔다. 장군이 이 소식을 받았을 때 그는 그것을 일선 야전 장교들에게 전달했고 그들은 병사들과 싸움에 능한 전사들에게 전달했다.

이 소식의 효과는 마치 사람들이 죽은 자들 가운데 다시 살아난 사람과 같았다. 왜냐하면, 장군들과 그들의 병사들은 결의를 새롭게 하고 적들에게 돌진했기 때문이다. 다시 그들은 전처럼 외쳤다.

"임마누엘 왕자의 검과 신뢰 장군의 방패여!"

패주

> 모든 것 위에 믿음의 방패를 가지고 이로써 능히 악한 자의 모든 불화살을 소멸하고. 구원의 투구와 성령의 검 곧 하나님의 말씀을 가지라(엡 6:16-17).

 디아볼루스의 병사들은 할 수 있는 한 다시 전열을 가다듬고 저항했지만, 이 마지막 교전에서 그들은 전의를 상실했다. 전장에는 수많은 의심 군대 병사가 죽은 채로 널브러져 있었다. 한 시간 넘게 전투의 열기 속에서 신뢰 장군이 눈을 들어 보았을 때 임마누엘 왕자가 도착했다. 임마누엘 왕자는 펄럭이는 깃발과 나팔 소리로 함께 오고 계셨다. 임마누엘 왕자 병사들의 발이 거의 땅에 닿지 않을 정도로 그들은 교전 중에 장군들을 향해 엄청난 진군 속도로 다가왔다.

 신뢰 장군은 부하 장병들과 마을 쪽으로 이동했고 전장을 디아볼루스에게 내주었다. 따라서 디아볼루스의 군사들은 한쪽에 임마누엘 왕자의 부대와 다른 한쪽에는 왕자의 장군들 사이에 그들이 있다는 것을 알았다. 양측에 교전이 다시 시작되었다. 얼마 지나지 않아 서로 맞은편에 있던 임마누엘 왕자와 신뢰 장군이 서로 만났고 그들이 올 때 살해된 자들을 짓밟았다.

장군들은 임마누엘 왕자가 온 것과 왕자의 군대가 디아볼루스 군대를 급습한 것 그리고 신뢰 장군의 군대와 왕자의 군대가 디아볼루스 군대를 양쪽에서 둘러싸고 있는 것을 보았을 때 크게 외쳤다.

"임마누엘 왕자의 검과 신뢰 장군의 방패여!"

그 함성에 지반이 갈라졌다.

디아볼루스는 자기와 자기의 군대가 왕자와 왕자의 군대가 다른 장군과의 협공에 의해 곤경에 처한 것을 알았다.

이때 디아볼루스와 지옥의 영주들은 어떻게 했을까?

그들은 자기의 군대를 버리고 패주해 버렸다. 디아볼루스와 지옥의 영주들은 자기 병사들을 임마누엘 왕자와 그의 고귀한 신뢰 장군의 손에 넘겨 버렸다. 누군가 땅에 똥을 뿌린 것처럼 시체들이 땅에 널브러져 있었다. 심지어 의심 군대 병사 중에는 단 한 사람도 살아남지 못했다.

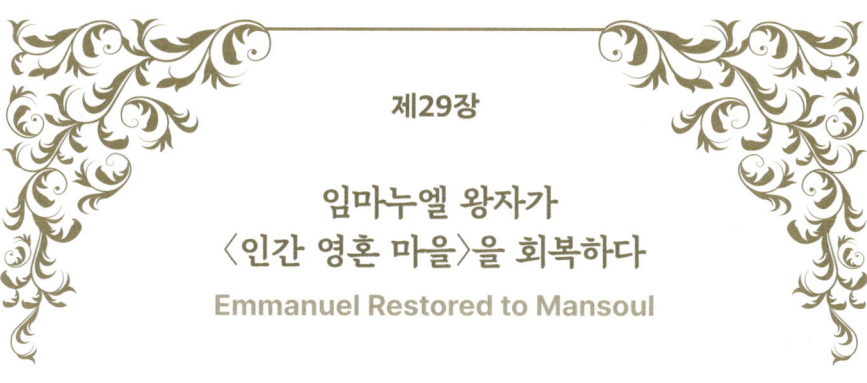

제29장

임마누엘 왕자가 〈인간 영혼 마을〉을 회복하다

Emmanuel Restored to Mansoul

전투가 끝나자, 진영 내의 모든 것이 질서를 잡았다. 장군들과 〈인간 영혼 마을〉의 장로들이 임마누엘 왕자를 맞이하기 위해 마을 밖에 모였다. 그들은 왕자를 환호하며 맞이했고 수천 번도 더 환영했다. 왜냐하면, 그가 〈인간 영혼 마을〉의 국경으로 돌아왔기 때문이다.

왕자는 말했다.

"너희에게 평강이 있으라!"

왕자는 자신이 대동한 모든 새로운 군대와 함께 〈인간 영혼 마을〉로 올라왔다. 마을의 문들과 성문들은 왕자를 맞이하기 위해 활짝 열렸다. 그리고 모든 사람이 왕자의 복된 귀환을 보자 기뻐했다. 〈인간 영혼 마을〉의 장로들은 왕자가 입성할 때 그를 맞이하기 위해 마을의 성문에 서 있었다.

장로들과 사람들은 나누어 노래하며 환영했다.

"문들아, 너희 머리를 들지어다. 영원한 문들아 들릴지어다. 영광의 왕이 들어가시로다!"

> 문들아 너희 머리를 들지어다 영원한 문들아 들릴지어다 영광의 왕이 들어가시리로다 영광의 왕이 누구시냐 강하고 능한 여호와시요 전쟁에 능한 여호와시로다 (시 24:7-8).

나머지 절반 사람들이 소리쳤다.

"영광의 왕이 누구시냐?"

그러자 다른 무리가 응답했다.

"강하고 능하신 여호와시오 전쟁에 능한 여호와시로다. 문들아 너희 머리를 들지어다. 영원한 문들아 들릴지어다!"

〈인간 영혼 마을〉 사람들은 마을 문에서 성문까지 가는 길을 복되신 왕자를 예배하는 노래로 가득 채우라는 명령을 내렸다. 〈인간 영혼 마을〉에서 가장 음악적 기교가 뛰어난 음악가들은 악기를 연주하도록 명령받았다. 장로들과 나머지 마을 사람들은 임마누엘 왕자가 마을에 입성할 때 찬양을 부르며 서로 화답했다.

그들은 계속해서 나팔 소리를 동반해서 노래를 불렀다.

"하나님이여!

그들이 주께서 행차하심을 보았으니 곧 나의 하나님 나의 왕이 성소로 행차하시는 것이라!"

노래 부르는 자들이 악기를 연주하는 자들 앞서서 갔고 그 뒤를 소고 치는 처녀들이 뒤따랐다.

> 소고 치는 처녀들 중에서 노래 부르는 자들은 앞서고 악기를 연주하는 자들은 뒤따르나이다 이스라엘의 근원에서 나온 너희여 대회 중에 하나님 곧 주를 송축할지어다(시 68:25-26).

그런 후에 장군들은 임마누엘 왕자가 마을 성문 안으로 입성할 때 왕자를 수중 들었다. 신뢰 장군이 선한 소망 장군과 함께 먼저 갔다. 자애 장군이 그의 동료들과 함께 뒤를 따랐다. 그리고 인내 장군이 그 뒤를 따랐다. 나머지 장군들 가운데 일부는 오른편에 서고 나머지 일부는 왼편에 서서 뒤따랐다. 그들은 임마누엘 왕자와 함께 〈인간 영혼 마을〉 안으로 들어갔다.

그들은 깃발을 휘날리며 나팔을 불고 병사들은 함성을 지르며 마을로 행진하여 들어갔다. 금으로 만든 갑옷을 입은 왕자는 자색 덮개로 덮여 있는 병거를 타고 마을로 입성했다. 왕자가 탄 병거의 지지대는 은이었고 바닥이 순금으로 되어 있고 중앙은 〈인간 영혼 마을〉의 딸들에 대한 사랑으로 입혀졌다.

임마누엘 왕자가 〈인간 영혼 마을〉 입구에 도착했을 때, 그는 모든 거리가 백합꽃으로 흩어져 있는 것과 마을 주변에 서 있는 초록의 나무에서 떨어진 나뭇가지로 남다르게 장식된 것을 발견했다. 가가호호 아주 뛰어나게 동일한 방식으로 장식되어 있었는데 이는 왕자에 대한 호의를 보여 주기 위한 것이었다.

왕자가 거리를 통해서 지나갈 때 사람들은 집 문 앞에 서 있었고 환호성과 기쁨의 찬양을 부르며 왕자를 환영했다.

"찬송하리로다. 그분의 아버지 샤다이왕의 이름으로 오시는 왕자시여!"

> 많은 사람은 자기들의 겉옷을 또 다른 이들은 들에서 벤 나뭇가지를 길에 펴며 앞에서 가고 뒤에서 따르는 자들이 소리 지르되 호산나 찬송하리로다 주의 이름으로 오시는 이여(막 11:8-9).

성문에서 〈인간 영혼 마을〉의 장로들, 즉 명철 시장 경, 자유의지 경, 부설교자, 지식 씨와 마음 씨 그리고 다른 상류층 인사들과 함께 임마누엘 왕자를 다시 환영하며 맞이했다. 그들은 임마누엘 왕자 앞에서 절을 하고 먼지 묻은 그의 발에 입을 맞추었다.

그리고 그들은 자기들에게 죄를 묻지 않으시고 비참함 가운데 있는 그들에게 긍휼을 보이신 것으로 인해 임마누엘 왕자에게 감사하고 송축하고 찬양했다. 또한, 그들은 〈인간 영혼 마을〉을 영원히 세우시기 위해 긍휼의 마음으로 자기들에게 돌아오신 그분에게 감사했다.

임마누엘 왕자는 곧장 성으로 향해 갔다. 왜냐하면, 그곳은 수석 비서 경이 머물고 신뢰 장군이 일하며 왕자를 위해 준비한 장소였기 때문이다. 그리고 그곳은 그의 영광이 머무르는 장소였기 때문이다. 그래서 왕자는 성으로 입성했다.

〈인간 영혼 마을〉에 거주하는 모든 부류의 사람은 성안으로 들어와 그들의 죄에 대해 왕자 앞에서 슬퍼하고 애통했다. 그들의 죄로 인해 임마누엘 왕자는 마을에서 떠날 수밖에 없었다. 그들이 왕자 앞에 나왔을 때, 그들은 일곱 번이나 땅에 엎드려 절을 하고 큰 소리로 울며 왕자에게 용서를 구했다. 애통하면서 그들은 왕자가 다시 한번 〈인간 영혼 마을〉을 사랑해 주시기를 기도했다.

탁월한 왕자는 큰 사랑으로 그들을 바라보며 말했다.

"너희는 가서 살진 것을 먹고 단 것을 마시되 준비하지 못한 자에게는 나누어 주라. 너희의 주님을 기뻐하는 것이 너희의 힘이니라. 나는 긍휼을 가지고 〈인간 영혼 마을〉로 돌아왔다. 이로 말미암아 내 이름이 세워지고 높아지고 찬미를 받으실 것이다."

> 오늘은 너희 하나님 여호와의 성일이니 슬퍼하지 말며 울지 말라 하고 느헤미야가 또 그들에게 이르기를 너희는 가서 살진 것을 먹고 단것을 마시되 준비하지 못한 자에게는 나누어 주라 이 날은 우리 주의 성일이니 근심하지 말라 여호와로 인하여 기뻐하는 것이 너희의 힘이니라 (느 8:9-10).

왕자는 마을 사람들에게 입을 맞추고 포옹했다. 그런 후에 왕자는 마을의 장로들과 모든 관리에게 황금 목걸이와 인장을 주었다. 왕자는 그들의 부인들에게 귀걸이, 보석, 팔찌와 다른 귀중품을 주었고 마을의 신생아들에게 많은 귀중한 것을 주었다.

임마누엘 왕자가 〈인간 영혼 마을〉을 위해 이 모든 일을 마쳤을 때 그는 그들에게 말했다.

"너희 의복을 깨끗이 하고 장신구를 달고 그런 후에 내가 있는 〈인간 영혼 마을〉의 성으로 오라."

그래서 그들은 의복을 씻기 위해 유다와 예루살렘에 마련된 샘으로 갔다. 거기서 그들은 자신을 씻고 그들의 옷을 희게 하고 왕자를 알현하기 위해 다시 성으로 들어와서 왕자 앞에 섰다.

> 여호와께서 말씀하시되 오라 우리가 서로 변론하자 너희의 죄가 주홍 같을지라도 눈과 같이 희어질 것이요 진홍같이 붉을지라도 양털같이 희게 되리라 (사 1:18).

〈인간 영혼 마을〉은 음악과 춤으로 가득했다. 종소리가 울렸고 태양 빛이 한동안 그들에게 비추었다. 왜냐하면, 그들의 왕자가 다시 한번 자기의 임재를 허락했고 그의 얼굴빛이 그들에게 비추었기 때문이다.

〈인간 영혼 마을〉은 성벽과 굴에 숨어 있는 남아 있는 모든 디아볼루스 부하들을 더 철저히 색출해서 제거하려 했다. 왜냐하면, 일부 잔당들이 진압자들의 손길에서 큰 상처 없이 도주했기 때문이다. 하지만, 자유의지 경은 이제 전보다 더 그들에게는 공포의 대상이었다. 왜냐하면, 그의 마음은 그들을 수색하고 잡아들여 사형에 처하기 위해 좋은 전략을 짜는 데 완전히 혈안이 되어 있었기 때문이다. 그는 밤낮으로 그들을 추적했고 내가 보여 주겠지만, 그들에게 심각한 고통을 주었다.

〈인간 영혼 마을〉이 안정되도록 복되신 임마누엘 왕자가 계속 그들을 돌보았고 명령했다.

"더는 지체하지 않고 마을 사람들은 일부 사람들을 임명해서 평원으로 보내라. 이는 평원에 널브러져 있는 죽은 자들, 즉 나의 검과 신뢰 장군의 방패에 의해 쓰러진 자들을 땅에 묻기 위함이다. 그렇게 해서 가스와 악취가 일어나지 않고 대기를 오염시키지 않게 하고 〈인간 영혼 마을〉을 괴롭게 하지 않기 위함이다."

이는 한편으로는 〈인간 영혼 마을〉 사람들의 마음에서 원수들의 이름, 존재와 기억을 지우기 위함이었다. 그래서 〈인간 영혼 마을〉의 지혜롭고 신뢰받는 친구인 시장 경은 왕자의 명령을 마을 사람들에게 전달하며 이를 위해 필요한 일을 해야 한다고 말했다. 하나님을 경외함 씨(Godly-Fear)와 올바름 씨(Mr. Upright)가 감독자가 되어야 했다.

사람들은 그들의 감독 아래 전장에서 작업하기 위해 배치되었다. 그들은 평원에 죽어 널브러져 있는 살해된 자들을 땅에 묻었다. 그들은 또한 마을 근처에 널브러져 의심 군대 병사들의 뼈를 찾기 위해 〈인간 영혼 마을〉의 국경 주변을 수색했다. 찾은 것은 땅에 묻은 후 임명자들에게 알리기 위해 표시했다.

> 그들이 사람을 택하여 그 땅에 늘 순행하며 매장할 사람과 더불어 지면에 남아 있는 시체를 매장하여 그 땅을 정결하게 할 것이라 일곱 달 후에 그들이 살펴보되 (겔 39:14).

이 뼈들을 보이지 않게 매장해야 했다. 그래서 디아볼루스의 의심 병사들의 이름과 그들에 대한 기억이 하늘 아래서 지워져야 했다. 또한, 아이들과 〈인간 영혼 마을〉에서 태어날 아이들이 결코 남아 있는 의심 군대 병사조차 알지 말아야 한다.

그들은 의심 군대 병사들을 발견하는 곳마다 그들의 모든 뼛조각을 매

의심 군대 병사들의 뼈를 묻다

장했다. 또한, 이런 방식으로 그들은 평원을 깨끗이 정화했다. 한편, 하나님의 평강 씨는 자기의 임무를 맡았고 전처럼 자기의 의무를 수행했다.

그들은 **택함 의심자, 소명 의심자, 은혜 의심자, 견인 의심자, 부활 의심자, 구원 의심자, 영광 의심자**들을 〈인간 영혼 마을〉 주변에 있는 평원에 묻었다. 이런 의심 군대 병사들을 지휘했던 장군들은 **격분 장군, 잔인 장군, 저주 장군, 불만족 장군, 유황 장군, 고문 장군, 평안 없음 장군, 무덤 장군, 소망 없음 장군**과 디아볼루스 아래에서 그들을 총지휘했던 사령관인 늙은 불신이 있었다.

그들 군대의 일곱 우두머리는 **바알세불 경, 루시퍼 경, 군대 경, 아볼루온 경, 피톤 경, 케르베로스 경**과 **벨리알 경**이었다.

하지만, 지옥 군주들과 장군들은 전투가 패배했다는 것을 알았을 때 늙은 불신과 함께 도주했다. 그들의 부하들은 임마누엘 왕자 군대의 힘과 〈인간 영혼 마을〉 병사들의 손에 의해 살해되었다. 내가 이미 언급했던 것처럼 이 모든 자가 매장되었다. 이것은 유명한 〈인간 영혼 마을〉에는 큰 기쁨이었다.

또한, 그들을 땅에 묻었던 사람들이 화살, 단도, 망치, 횃불과 잔인한 살인 도구들을 포함해서 그들의 무기를 땅에 묻었다. 그들은 심지어 그들의 갑옷, 군기, 깃발, 디아볼루스의 문양들과 디아볼루스를 추종하는 의심 군대 병사들의 냄새를 풍기는 것은 무엇이든지 발견하는 것은 다 땅에 묻었다.

제30장

최후의 공격
Final Attack

폭군 디아볼루스가 옛 친구인 불신과 함께 지옥문 언덕(Hell-gate Hill)에 도착했을 때 그들은 동료들과 함께 서둘러 지옥 굴로 내려갔다. 그들은 〈인간 영혼 마을〉을 공격하다 그들이 겪었던 불행과 큰 손실에 대해 슬퍼했다.

그들은 전략 회의를 소집했다. 이는 다시 한번 〈인간 영혼 마을〉을 대적하기 위해 그들이 할 수 있는 방법을 모색하기 위함이었다. 그들은 상세히 논의했고 격렬하게 동요했고 자신들이 겪었던 손실에 대해 복수를 맹세했다. 그들은 루시퍼 경과 아볼루온 경이 제시했던 제안의 결과를 보고 싶어 했다.

매일 그들의 걸신들린 듯한 맹렬한 식도는 그들이 자신들을 〈인간 영혼 마을〉 사람들의 시체, 영혼, 살, 뼈와 다른 모든 산해진미로 채워지기까지 시간이 오래 걸린 것인지 아니면 짧게 걸린 것인지 궁금해했다. 점점 폭증하는 이런 배고픔이 그들을 집어삼키자 그들은 〈인간 영혼 마을〉을 다시 한번 공격하기로 했다. 그들은 의심 군대 병사들과 유혈 병사(blood-men)들로 이루어진 혼합 군대를 사용하기로 계획했다. 이 혼합 군대를 이해하기 위해 의심 군대 병사들과 유혈 병사들을 자세히 살펴볼 필요가 있다.

의심 군대 병사들은 그들이 기원하는 본성과 땅과 왕국 때문에 의심 군대 병사들로 불린다. 그들의 본성은 임마누엘 왕자의 모든 진리를 의심하는 것이다. 그들의 땅은 의심의 땅으로 불린다. 그 땅은 어둠의 땅과 사망의 음침한 골짜기 사이에서 북쪽으로 멀리 놓여 있다. 이런 이유로 마치 그 두 지역이 한 지역이고 동일한 지역인 것처럼 때때로 불리지만, 이 두 지역은 서로 짧은 거리에 놓여 있는 두 장소이다. 의심의 땅이 이 두 지역 사이에 놓여 있다. 〈인간 영혼 마을〉을 파괴하기 위해 디아볼루스와 함께 왔던 자들은 그 땅, 즉 의심의 땅의 주민들이었다.

유혈 병사들은 그들의 본성이 가진 파괴적 경향과 〈인간 영혼 마을〉에 대한 살육을 실행하고자 하는 그들 내면 안에 있는 분노에서 그들의 이름이 유래한다. 그들의 땅은 천랑성(天狼星, the Dog Star, 항성 중에서 가장 밝음) 아래에 있는데 이 항성은 지구에 잔인한 영향을 미치고 그들의 지적 능력을 다스린다.

> 또 광명을 배반하는 사람들은 이러하니 그들은 그 도리를 알지 못하며 그 길에 머물지 아니하는 자라 사람을 죽이는 자는 밝을 때에 일어나서 학대받는 자나 가난한 자를 죽이고 밤에는 도둑 같이 되며(욥 24:13-14).

그들의 나라의 이름은 선 혐오 주(州, Loath-good)다. 선을 혐오하는 주의 외딴 지역은 의심의 땅에서 멀지만, 지옥문 언덕(Hell-gate Hill)에 함께 인접해 있다. 이곳 사람들은 항상 의심 군대 병사들과 동맹을 맺고 있다. 왜냐하면, 그들은 〈인간 영혼 마을〉 사람들의 신앙과 충성에 의문을 제기하기 때문이다. 그들은 둘 다 그들의 왕인 디아볼루스를 섬기기에 적격이다.

디아볼루스는 〈인간 영혼 마을〉을 공격하기 위해 다시 북을 치고 이 두 나라에서 군대를 모집했다. 새롭게 모집된 군대는 이만 오천 명의 매우 강한 자로 이루어져 있으며 이 가운데 만 명은 의심 군대 병사이고 나머지 만 오천 명은 유혈 병사였다. 몇몇 장군이 이 군대를 지휘했고 늙은 불신(old Incredulity)이 다시 한번 이 군대의 총사령관이 되었다.

의심 군대에 관해 말하자면 이들을 이끄는 장군들은 지난번 디아볼루스 군대를 이끌었던 일곱 장군 가운데 다섯 장군이었다. 이 장군들은 **바알세불 장군, 루시퍼 장군, 아볼루온 장군, 군대 장군, 케르베로스 장군**이다. 이들은 자기들의 군대에서 일부 병사를 부관과 군대 기수로 삼았다.

하지만, 이번 원정을 위해 디아볼루스는 의심 군대 병사들을 자기의 주력 부대로 삼지 않았다. 왜냐하면, 지난번 전투에서 그들이 가진 힘을 시험했지만, 〈인간 영혼 마을〉에 실패하여 가장 비참한 결과를 안겨다 주었기 때문이다. 그는 단지 병력의 수를 늘리기 위해 그들을 동원하려고 계획했다.

이것은 만약 그들이 곤경에 처했을 때 돕기 위함이었다. 하지만, 그는 유혈 병사들을 신뢰했다. 그들은 모두 난폭한 악당이었고 전에 그들의 용맹으로 인해 이루었던 위업(偉業)을 알고 있었기 때문이다.

유혈 병사들은 익히 잘 알고 있는 여덟 명의 장군, 즉 **가인 장군**(Captain Cain), **니므롯 장군**(Captain Nimrod), **이스마엘 장군**(Captain Ishmael), **에서 장군**(Captain Esau), **사울 장군**(Captain Saul), **압살롬 장군**(Captain Absalom), **유다 장군**(Captain Judas), **교황 장군**(Captain Pope)의 지휘를 받았다.

가인 장군은 열정적이고 분노하는 유혈 병사로 이루어진 두 부대를 지휘했다.

> 노하는 자는 다툼을 일으키고 성내는 자는 범죄함이 많으니라(잠 29:22).

그의 군대 기수는 붉은 깃발을 들고 다녔고 그의 방패 문양은 살인 곤봉이었다.

니므룻 장군 또한 포악하고 파괴적인 유혈 병사로 이루어진 두 부대를 지휘했다.

> 불의한 법령을 만들며 불의한 말을 기록하며(사 10:1).

그의 군대 기수는 붉은 깃발을 들고 다녔는데 이것은 그가 흘리게 했던 유혈을 보여 주기 위함이었다. 그의 방패 문양은 블러드 하운드(후각이 예민한 사냥개, 역주)였다.

이스마엘 장군은 조롱과 멸시를 잘하는 유혈 병사로 이루어진 두 부대를 지휘했다.

> 가난한 자를 조롱하는 자는 그를 지으신 주를 멸시하는 자요 사람의 재앙을 기뻐하는 자는 형벌을 면하지 못할 자니라(잠 17:5).

그의 군대 기수 또한 붉은 깃발을 들고 다녔다. 그의 방패 문양은 아브라함의 아들 이삭을 조롱하는 남자를 보여 주는 문양이었다.

에서 장군은 유혈 병사로 이루어진 두 부대를 지휘했다. 그들 중 한 부대는 다른 사람이 축복받는 것에 불평했고, 다른 부대는 다른 사람들에 대해 은밀하게 복수하는 것을 지지하는 자들이었다.

> 그의 아버지가 야곱에게 축복한 그 축복으로 말미암아 에서가 야곱을 미워하여 심중에 이르기를 아버지를 곡할 때가 가까웠은즉 내가 내 아우 야곱을 죽이리라 하였더니(창 27:41).

그의 군대 기수는 붉은 깃발이고 그의 방패 문양은 야곱을 살해하기 위해 은밀하게 숨어 있는 남자 문양이었다.

사울 장군은 근거 없이 시기하고 악마처럼 격노하는 유혈 병사로 이루어진 두 부대를 지휘했다.

> 분은 잔인하고 노는 창수 같거니와 투기 앞에야 누가 서리요(잠 27:4).

그의 군대 기수는 붉은 깃발을 들고 다녔다. 또한, 그의 방패 문양은 악의 없는 다윗에게 세 개의 피 묻은 단창을 던지는 문양이었다.

압살롬 장군도 유혈 병사로 이루어진 두 개의 부대를 지휘했다. 그중 한 부대는 이 세상 영광을 위해 기꺼이 아버지나 친구를 죽이는 유혈 병사들이었다. 그리고 다른 부대는 검으로 의로운 자를 찔러 죽일 때까지 말로 의로운 자를 억누르는 유혈 병사들이었다.

> 꿀을 많이 먹는 것이 좋지 못하고 자기의 영예를 구하는 것이 헛되니라(잠 25:27).

그의 군대 기수 또한 붉은 깃발을 들고 다녔다. 그의 방패 문양은 아버지의 피를 추구하는 아들이었다.

유다 장군은 돈 때문에 사람의 목숨을 팔려는 유혈 병사 부대와 입맞춤으로 친구를 배반하는 자로 이루어진 부대를 통솔했다.

교황 장군

> 나를 책망하는 자는 원수가 아니라 원수일진대 내가 참았으리라 나를 대하여 자기를 높이는 자는 나를 미워하는 자가 아니라 미워하는 자일진대 내가 그를 피하여 숨었으리라 그는 곧 너로다 나의 동료, 나의 친구요 나의 가까운 친우로다 (시 55:12-13).

그의 군대 기수 또한 붉은 깃발을 들고 다녔다. 그의 방패 문양은 은 삼십 개와 반역자들을 목매달기 위해 사용하는 밧줄이었다.

마지막 장군은 교황 장군이었다. 그는 한 부대를 지휘했는데 이 부대는 이 모든 영혼을 그의 지휘 아래 하나로서 연합하게 하는 역할을 했다.

> 그들이 내 생명을 엿보았던 것과 같이 또 모여 숨어 내 발자취를 지켜보나이다 (시 56:6).

나머지 부대처럼 그의 군대 기수도 붉은 깃발을 들고 다녔다. 그리고 그의 방패 문양은 화형대와 불길과 그 안에 있는 선한 사람이었다.

디아볼루스는 평원에서 패배한 이후에 재빨리 이 군대를 집결시켰다. 왜냐하면, 그는 유혈 병사들을 많이 신뢰했기 때문이다. 디아볼루스의 왕국을 강하게 하는 데 있어서 의심 군대 병사들이 종종 디아볼루스를 섬겼지만, 사실 디아볼루스는 의심 군대보다 더 유혈 병사들을 더 많이 신뢰했다.

디아볼루스는 종종 유혈 병사들을 시험해 보았다. 그리고 그들의 검은 결코 아무 소득 없이 허탕 치고 돌아오지 않았다. 그는 유혈 병사들이 마스티프(mastiff, 털이 짧고 덩치가 큰 개)처럼 그 어떤 자라도 아버지, 어머니, 형제, 자매, 왕자, 통치자, 심지어 왕 중의 왕이라도 와락 움켜잡는다는 것을 알았다. 일단 유혈 병사들이 임마누엘 왕자를 우주 왕국에서 몰아냈다고 믿었으므로 디아볼루스는 생각했다.

'그들이 동일하게 임마누엘 왕자를 〈인간 영혼 마을〉에서 왜 몰아내지 못하겠는가?'

따라서 그들의 총사령관인 위대한 불신 경이 이만 오천 명의 강한 용사로 구성된 이 군대를 이끌고 〈인간 영혼 마을〉로 진격하라는 명령을 받았다.

하지만, 마침 공교롭게도 〈인간 영혼 마을〉의 총 정찰 대장인 관찰 씨가 나가서 적을 염탐하다가 그들이 〈인간 영혼 마을〉로 오고 있다 것을 알게 되었다. 마을 사람들에게 이에 대한 경계령이 전해졌고 마을 사람들은 성문을 걸어 잠그고 마을로 향해 오는 새롭게 편성된 디아볼루스 군대를 막기 위한 만반의 준비를 했다.

디아볼루스는 군대를 데려와 〈인간 영혼 마을〉을 에워쌌다. 의심 군대 병사들은 감각 문 주변에 배치되었다. 하지만, 유혈 병사들은 전략적으로 눈 문과 귀 문 앞에 배치되었다. 불신 경은 〈인간 영혼 마을〉 사람들이 자기들의 요구에 굴복을 명하는 긴급 항복 권고를 보냈다. 만약, 그들이 감히 자기들에게 대적한다면 디아볼루스 군대가 화염으로 〈인간 영혼 마을〉을 태워 버리겠다고 위협했다.

독자들은 유혈 병사들이 진정으로 〈인간 영혼 마을〉 사람들이 항복하기를 원했던 것이 아니라는 것을 알아야 한다. 오히려 그들은 〈인간 영혼 마

신뢰 장군과 인내 장군이 영혼 마을을 강하게 하다

을〉이 파괴되고 산 자의 땅에서 끊어지기를 갈망했다. 사실이다. 그들은 〈인간 영혼 마을〉 사람들이 항복했다 하더라도 그들은 유혈 병사들의 피에 대한 갈증을 멈추거나 해소하지 못했을 것이다.

그들은 피, 즉 〈인간 영혼 마을〉 사람들의 피가 필요했다. 이것이 그들이 유혈 병사라는 이름을 갖게 된 이유다. 그래서 디아볼루스는 자기의 전쟁 도구가 효과가 없는 것으로 드러났을 때를 대비하기 위해 유혈 병사들을 남겨두었다. 유혈 병사들은 그의 마지막 비장의 무기로서 〈인간 영혼 마을〉에 대항할 수 있게 했다.

마을 사람들이 이런 불같은 항복 권고문을 받았을 때 그들의 마음이 바뀌기 시작했다. 하지만, 30분도 안 되어 그들은 그 항복 권고문을 임마누엘 왕자에게 가져가기로 동의했다.

그들은 항복 권고문 맨 아래에 이렇게 기록했다.

"주여! 〈인간 영혼 마을〉을 유혈 병사들로부터 구원하여 주소서!"

> 내가 찬송 받으실 여호와께 아뢰리니 내 원수들에게서 구원을 얻으리로다 (시 18:3).

왕자는 항복 권고문을 전달받았다. 그리고 그것을 읽어 본 후 항고 권고문 아래에 〈인간 영혼 마을〉 사람들이 덧붙였던 짧은 간청에 주목했다. 그는 직무 보고를 위해 신뢰 장군을 불렀다. 왕자는 그에게 인내 장군과 함께 가서 유혈 병사들에 의해 공격받고 있는 〈인간 영혼 마을〉의 측면을 방어하라고 명령했다. 두 장군은 명령대로 마을의 측면을 안전하게 지켰다.

임마누엘 왕자는 선한 소망 장군, 자비 장군, 자유의지 경에게 마을의 다른 측면을 방어하라는 명령과 함께 이렇게 말했다.

"세 분 장군은 의심 병사들을 계속해서 경계하시오. 나는 흉벽(胸壁)에 나의 깃발을 꽂을 것이요."

계속해서 왕자는 용감한 경험 장군에게 그의 병사들을 시장으로 데려가서 마을 사람들 앞에서 날마다 군사 훈련하라고 명령했다.

마을을 점령하기 위해 적군인 디아볼루스의 유혈 병사들은 계속해서 격렬하게 포위 공격을 했다. 마을 사람들은 특별히 유혈 병사들에 대항해서 귀 문과 눈 문을 방어하라고 명령받은 자기 부인 장군(Captain Self-Denial)과

입술을 만지심

함께 지혜로운 소규모 전투를 벌였다.

경험 장군처럼 자기 부인 장군은 용감한 젊은 장군이었고 마을 주민이기도 했다. 〈인간 영혼 마을〉로 두 번째 귀환할 때 임마누엘 왕자는 그를 마을의 유익을 위해 천명을 지휘하는 장군으로 임명했다.

자기 부인 장군은 큰 용기를 가진 강인한 장군이었고 〈인간 영혼 마을〉 사람들의 유익을 위해 기꺼이 위험을 감수하는 장군이었다. 그는 돌진해서 유혈 병사들을 포위하곤 했다. 그는 유혈 병사들에게 현저하게 눈에 띄는 두려움을 주었고 그들과 여러 번 활발한 교전을 벌였다. 그는 심지어 유혈 병사 중 일부를 죽였다. 하지만, 이런 일이 쉽게 되었다고 생각해서는 안 된다. 왜냐하면, 그는 유혈 병사들과 몇 번의 아슬아슬한 접전을 벌였고 얼굴과 몸에 상처를 입었기 때문이다.

임마누엘 왕자는 〈인간 영혼 마을〉 사람들의 믿음, 소망, 사랑을 시험한 후에 장군들과 전쟁에 능한 병사들을 함께 불러 두 중대로 나누었다.

그런즉 믿음, 소망, 사랑, 이 세 가지는 항상 있을 것인데 그중의 제일은 사랑이라 (고전 13:13).

임마누엘 왕자는 다음 날 아침 정해진 시간에 적들에게 돌격하라고 명령했다.

"병사의 절반은 의심 군대 병사들을 공격하고 나머지 절반 병사는 유혈 병사를 공격하라. 의심 군대 병사들을 공격하는 병사들은 할 수 있는 한 많이 죽이고 살해하라. 하지만, 유혈 병사들을 공격하는 병사들은 그들을 생포하라. 그들을 죽이지 말라."

다음 날 아침 정해진 시간에 장군들은 적들을 공격하러 나갔다. 선한 소망 장군, 자비 장군 그리고 무흠 장군, 경험 장군과 같은 장군에게 합류했던 장군들은 의심 군대 병사들을 공격하기 위해 전진해 나갔다. 자기 부인 장군 그리고 그와 함께 연합된 장군들과 함께 신뢰 장군과 인내 장군은 유혈 병사들을 공격하기 위해 나갔다.

의심 군대 병사들을 공격하러 나갔던 부대들은 평원 앞에서 본진을 이루어 의심 군대 병사들과 회전(會戰)하기 위해 나갔다. 하지만, 의심 군대 병사들은 지난번 전투에서 임마누엘 왕자의 군대가 자기들을 어떻게 패퇴시켰는지를 기억했다. 그들은 또 다른 참패를 당하지 않기 위하여 자기들을 추적했던 왕자의 군대로부터 줄행랑을 쳤다. 왕자의 병사들은 많은 의심 군대 병사를 추적했고 살해했지만, 그들 모두를 잡을 수는 없었다.

줄행랑을 쳤던 의심 군대 병사 가운데 일부는 고향으로 돌아갔지만, 나머지는 다섯, 아홉 그리고 열일곱씩 무리 지어 나라 전역을 떠돌아다녔다. 그들은 떠돌아다니면서 그곳에 사는 무지한 사람들 앞에서 디아볼루스 추종자들답게 마귀적인 많은 행동을 과시하고 실천했다.

이곳 사람들은 무기를 들고 저항하지 않고 그들 스스로 노예가 되는 것을 허락했다. 떠돌아다니는 의심 군대 병사들은 〈인간 영혼 마을〉 앞에 무리 지어 모였지만, 그 안에서 거주하지는 못했다. 왜냐하면, 신뢰 장군, 선한 소망 장군 또는 경험 장군이 모습을 나타낼 때 그들은 줄행랑쳤기 때문이다.

유혈 병사들을 공격하러 나갔던 왕자의 병사들 또한 그들이 명령받은 대로 행했다. 그들은 유혈 병사들을 죽이는 것을 자제했고 대신 그들을 포위하려고 애썼다. 유혈 병사들은 임마누엘 왕자가 전장에서 보이지 않자,

그가 〈인간 영혼 마을〉에 있지 않다고 결론을 내리고 장군들의 맹공격을 두려워하기보다는 더 경멸했다.

하지만, 장군들은 당면한 자기들의 임무에 주의를 기울였고 마침내 그들을 포위했다. 의심 군대 병사들을 궤멸시켰던 군대가 막강한 힘으로 도우러 왔다. 잠깐 접전이 이루어진 후에 유혈 병사들은 도망치려 했다. 하지만, 도망치기에는 너무 늦었다. 왜냐하면, 유혈 병사들은 그들이 이길 수 있는 상황에서는 해롭고 잔인하지만, 그들이 적과 막상막하(莫上莫下)일 때 사실 그들은 겁쟁이 병사들이기 때문이다.

장군들은 생포한 포로들을 임마누엘 왕자에게 데려왔다. 왕자가 그들을 살펴보았을 때 그들 모두 세 개의 다른 주(county)에서 왔지만, 모두 같은 땅 출신이라는 것을 발견했다.

첫 번째 부류는 맹인 주(Blind-man-shire) 출신으로 그동안 자기가 한 일이 무엇인지도 모르고 했던 자들이었다.

> 하나님의 의를 모르고 자기 의를 세우려고 힘써 하나님의 의에 복종하지 아니하였느니라(롬 10:3).

두 번째 부류는 맹목적인 열정 주(Blind-zeal-shire) 출신이었다. 그들은 자기가 한 일에 대해 미신적으로 믿으며 했던 자들이었다.

> 여호와께서 이와 같이 말씀하시되 여러 나라의 길을 배우지 말라 이방 사람들은 하늘의 징조를 두려워하거니와 너희는 그것을 두려워하지 말라(렘 10:2).

세 번째 부류는 시기의 주(the county of Envy) 출신으로 악의(Malice)라는 마을 출신이었다. 그들은 자기가 한 일에 대해 악의와 완고한 적대와 분노를 가지고 행했던 자들이었다.

맹인 주 출신인 첫 번째 부류는 지금 자기가 어디에 있는지 그리고 자기가 누구를 상대로 싸웠는지를 알게 되었을 때 그들은 두려워 떨었으며 또한 임마누엘 왕자 앞에 섰을 때 소리 지르며 울부짖었다. 왕자에게 자비를 요구하는 자들에게 왕자는 그들의 입술에 황금 홀(golden scepter)을 갖다 대었다.

하지만, 맹목적인 열정 주 출신자들은 그들의 동료인 맹인 주 출신자들이 보여 주었던 본보기를 따르지 않았다. 대신 그들은 자기가 한 일에 대해 스스로 할 수 있는 권리가 있다고 항변했다. 왜냐하면, 〈인간 영혼 마을〉은 그 마을의 법과 관습이 〈인간 영혼 마을〉 주변에 살았던 모든 자와는 다른 마을이었기 때문에 그들은 그렇게 항변했다. 이 부류 가운데 자신들의 악을 스스로 볼 수 있던 자들은 거의 없었다. 하지만, 자기 안에 있는 악을 깨닫고 자비를 구했던 자들은 은혜를 얻었다.

그리고 마지막 부류 즉 시기의 주(the county of Envy)의 악의 마을 출신자들은 울거나 논쟁하지도 않았다. 또한, 그들은 회개하지도 않았다. 대신 그들은 고통과 분노 가운데 왕자 앞에서 입술을 깨물고 서 있었다. 왜냐하면, 그들은 그들의 뜻을 더 이상 〈인간 영혼 마을〉에 강요할 수 없었기 때문이었다.

이 마지막 부류에서 자신들의 잘못을 진심으로 용서해 달라고 요구했던 자들은 다른 두 부류의 모든 자와 함께 〈인간 영혼 마을〉과 왕에 대적해서 그들이 했던 것에 대해 반드시 책임을 져야 했으며 또한 책임을 지게 될 것이다. 이것은 우리의 왕이신 주님 앞에서 열릴 일반적인 대 공판에서 이루어질 것이다. 그래서 그들을 자신이 했던 일에 대한 책임을 지게 하기 위해 몇 명씩 나누었다.

> 우리가 다 반드시 그리스도의 심판대 앞에 나타나게 되어 각각 선악 간에 그 몸으로 행한 것을 따라 받으려 함이라(고후 5:10).

하지만, 의심의 땅에서 온 악당 중 세 명은 잠시 그 나라를 떠돌아다닌 후에 자기들이 탈출했다고 말했다. 이런 방랑 속에서의 자유로움으로 대담해지면서 몇몇 디아볼루스 부하가 여전히 〈인간 영혼 마을〉에 살고 있다는 것을 알고서 〈인간 영혼 마을〉로 냅다 들어간 것이다. 내가 세 명의 디아볼루스 부하들이라고 말했는가? 사실 나는 네 명이라고 생각한다.

그들이 〈인간 영혼 마을〉로 들어간 후 이 네 명의 의심 군대 병사들은 사악한 질문(Evil-Questioning)이라는 이름을 가진 늙은 디아볼루스 부하의 집으로 곧장 갔다. 이렇게 그들은 우연히 〈인간 영혼 마을〉에 불구대천의 원수가 되었고 그는 마을에 사는 디아볼루스 부하 가운데 스스로 위대한 행동가임을 입증했다.

이 의심 군대 병사들이 사악한 질문 씨의 집으로 왔을 때 사악한 질문 씨는 그들을 환영했고 그들의 불행을 동정했으며 자기 집에 있는 최고의 것으로 그들을 대접했다. 그들은 서로 친해지는 데 오래 걸리지 않았다. 사악한 질문 씨는 그들이 모두 한 왕국 출신이라는 것은 알고 있었기에 그럼 모두 같은 동네에서 왔느냐고 물었다.

그들은 대답했다.

"아닙니다. 우리는 같은 주 출신이 아닙니다."

한 병사가 말했다.

"나는 선택을 의심하는 자입니다."

다른 병사들도 이어서 차례로 말했다.

"나는 소명을 의심하는 자입니다."

"나는 구원을 의심하는 자입니다."

네 번째 병사는 자신이 은혜를 의심하는 자임을 인정했다.

늙은 악한 질문 씨는 미소를 지었다.

"당신들이 어떤 주 출신이라는 것은 나에게 중요하지 않습니다. 나는 여러분이 성공보다는 실패를 더 많이 겪었다는 것을 알고 있소. 하지만, 나는 내가 당신들을 지지하고 있다는 것을 당신들이 알아주길 원하오. 왜냐하면, 나는 여러분이 나의 마음과 하나라는 것을 알 수 있기 때문입니다. 그리고 나는 여러분이 여기서 환영받고 있다는 것을 여러분이 확신할 수 있게 해 주고 싶소."

그는 그들이 모여 있는 방을 아우르듯이 자기 팔을 공중으로 대담하게 넓게 휘두르며 그들을 환영하는 몸짓을 했다. 그러자 그들은 그에게 감사했고 〈인간 영혼 마을〉 안에 머물 곳을 찾은 것에 대해 기뻐했다.

곧이어 사악한 질문 씨는 물었다.

"〈인간 영혼 마을〉을 포위하기 위해 얼마나 많은 부대가 당신들과 함께 왔습니까?"

"합쳐서 단지 만 명의 의심 군대 병사가 있었습니다. 왜냐하면, 나머지 군대는 일만 오천 명의 유혈 병사로 구성되어 있었습니다. 이 유혈 병사들은 우리나라 옆에 있었습니다만 우리는 그들 모두가 임마누엘 왕자의 군대에 의해 전멸당했다고 들었습니다. 그리고 국경을 맞대고 있지만, 우리는 그들 모두가 임마누엘의 군대에 의해 납치되었다고 들었습니다."

"일만 명의 군대라고요!"

이 늙은 신사는 텁수룩한 눈썹을 치켜올렸다.

"여러분에게 장담하건대 그 숫자는 정말 충분히 많은 수의 군대입니다. 그런데 어째서 당신들은 그렇게 강력하게 많은 수의 군대인데 감히 적들과 싸우지도 못하고 그렇게 약해졌습니까?"

"우리의 총사령관님!"

그들은 동시에 말했다.

"그분이 달아난 첫 번째 사람이었습니다."

"정말입니까? 그 겁쟁이 사령관의 이름을 나에게 말해 주시오."

그들은 말했다.

"그는 한때 〈인간 영혼 마을〉의 시장이었지만, 그를 비겁한 사령관으로 부르지 말아 주시기를 바랍니다. 우리의 왕이신 디아볼루스님을 위해 불신 경보다 더 많이 섬겼던 분은 동쪽에서 서쪽으로 찾아보아도 없습니다. 만약, 적들이 불신 경을 생포했다면 그들은 그를 교수형에 처했을 것입니다."

늙은 신사는 생각에 잠긴 채 입술을 오므렸다.

"내가 만 명의 의심 군대 병사를 이끌고 그들이 나와 함께 있었다면 지금쯤 〈인간 영혼 마을〉에서 무장을 잘하고 있었을 텐데. 내가 여러분에게 내가 할 수 있는 것을 보여 주겠소."

"동의합니다. 우리도 그것을 보고 싶습니다. 하지만, 소망일 뿐입니다. 단지 소망 외에 그것이 무엇이겠습니까?"

그들은 어깨를 으쓱하고 고개를 저었다.

그러자 늙은 사악한 질문 씨는 말했다.

"너무 큰 소리로 말하지 않도록 조심하시오. 여러분은 조용히 하고 그런 것을 비밀로 해야 합니다. 여기 있는 동안 몸조심해야 합니다. 그렇지 않으면 내가 확신 하건대 반드시 붙잡힐 것입니다."

> 내가 주의 영을 떠나 어디로 가며 주의 앞에서 어디로 피하리이까 (시 139:7).

"어째서 그런가요?"

의심 군대 병사들은 혼란 가운데 서로를 쳐다보았다.

"어째서 그렇다니요?"

늙은 신사가 되물었다. 그리고 다시 말을 이었다.

"왜냐하면, 임마누엘 왕자와 수석 비서 경과 그들의 장군들과 병사들이 여기 이 마을에 모두 있기 때문입니다. 그렇습니다! 마을은 어느 때보다 그들로 가득 차 있습니다. 그중에 한 명이 자유의지 경이며 그는 가장 잔인한 우리의 원수입니다. 또한, 임마누엘 왕자가 그에게 성문을 지키게 했습니다.

그는 자신이 할 수 있는 모든 부지런함으로 모든 종류의 디아볼루스 추종자를 찾고 수색하고 죽이라는 명령을 받았습니다.

> 우리가 간절히 원하는 것은 너희 각 사람이 동일한 부지런함을 나타내어 끝까지 소망의 풍성함에 이르러(히 6:11).

그리고 만약 그가 당신들에게 들이닥친다면 마치 당신들의 머리가 금으로 만들어진 것처럼 당신들을 패퇴시킬 것입니다."

그런데 이렇게 늙은 사악한 질문 씨와 의심 병사들이 대화를 나누고 있을 때 그때 마침 우연히 자유의지 경의 신실한 군인 가운데 하나가 늙은 사악한 질문 씨의 집 처마 아래서 그들이 하는 이야기를 듣게 되었다. 그의 이름은 근면함 씨(Mr. Diligence)였다.

> 그러므로 우리는 들은 것에 더욱 유념함으로 우리가 흘러 떠내려가지 않도록 함이 마땅하니라(히 2:1).

그는 늙은 사악한 질문 씨와 의심 군대 병사들 사이에 오갔던 모든 대화를 들었다.

근면함 씨는 자유의지 경이 많이 신뢰하고 사랑했던 사람이었다. 왜냐하면, 그는 용기 있는 사람이었고 디아볼루스 부하들을 체포하기 위해 그들을 찾는 데 있어서 결코 지치지 않았기 때문이다.

내가 독자에게 언급했던 것처럼 이 사람은 늙은 사악한 질문 씨와 디아볼루스 부하들 사이에 오고 갔던 모든 대화를 들었다. 따라서 그는 서둘러서 자기 주인인 자유의지 경에게 가서 자기가 들었던 것을 그에게 말했다.

공모자들을 체포함

"나의 신뢰하는 자여! 그대가 들었던 것이 확실한가?"

자유의지 경이 물었다.

"네! 확실합니다. 저와 함께 기꺼이 가신다면 제가 전했던 것이 사실임을 아시게 될 것입니다."

"그들이 지금 거기 있는가?

나는 사악한 질문 씨를 매우 잘 알고 있네. 그와 나는 우리가 신앙을 버렸을 때 중요한 역할을 했다네. 하지만, 나는 지금 그가 어디 사는지 모른다네."

근면함 씨는 미소를 지었다.

"저는 알고 있습니다. 만약, 경께서 저와 함께 가신다면 경을 그가 사는 소굴로 제가 인도하겠습니다."

"근면함, 나와 함께 가서 그들을 찾아보자!"

그래서 자유의지 경과 근면함 씨는 곧바로 그 집으로 갔다. 근면함 씨가 길을 인도했다. 그들은 늙은 사악한 질문 씨의 집 벽 앞에 다다를 때까지 계속 걸어갔다. 그때 근면함 씨가 속삭였다.

"나의 주시여! 들어 보세요. 경께서는 그 늙은 사악한 질문 씨의 목소리를 들을 때 그 목소리를 구분하실 수 있습니까?"

그는 고개를 끄덕이며 말했다.

"그렇다. 나는 그 목소리를 매우 잘 알고 있다. 나는 그를 오랫동안 보지 못했지만, 나는 그가 매우 교활하다는 것도 알고 있다. 그가 우리를 따돌리고 달아나지 않기를 바란다."

"그건 제게 맡겨 주세요."

그의 종인 근면함 씨가 말했다.

"하지만, 어떻게 그 집 문을 찾을 수 있겠는가?"

자유의지 경이 물었다.

"제가 찾을 수 있습니다."

그래서 근면함 씨는 자유의지 경을 모시고 늙은 사악한 질문 집으로 갔다. 자유의지 경은 문을 부숴서 열어젖히고 집으로 달려 들어가 다섯 명 모두를 사로잡았다. 자유의지 경은 그들을 이끌고, 간수인 진실된 사람 씨(Mr. True-Man)의 손에 넘겼다.

"이 자들을 잘 감시하라!"

그가 명령했다.

아침에 명철 시장 경은 자유의지 경이 간밤에 했던 일에 대해 들었다. 명철 시장 경은 이 소식을 듣자 매우 기뻐했다. 왜냐하면, 의심 군대 병사들을 체포했을 뿐만 아니라 〈인간 영혼 마을〉에 아주 큰 골칫덩어리였고 오랫동안 수색했지만, 지금까지 교묘하게 잘 빠져 다니면서 명철 시장 경에게 많은 고통을 끼쳐 온 늙은 사악한 질문 씨도 감금했기 때문이다.

제31장

심판의 날
Judgment Day

다음으로 해야 할 일은 이 다섯 사람에 대한 재판을 준비하는 것이었다. 이 자들은 체포되어 간수인 진실된 사람 씨(True man)가 감금하고 있었다. 재판 날이 정해졌고 법정이 소집되어 죄수들이 법정으로 끌려왔다. 자유의지 경이 어떤 절차 없이 처음에 그들을 붙잡았을 때 그들을 죽일 권한이 있었다. 하지만, 그는 임마누엘 왕자의 영광을 위해 그리고 마을 사람들을 위로하고 적들의 사기를 저하시키기 위해 그들을 공개 재판에 끌고 나올 필요가 있다고 생각했다.

진실 된 사람 씨는 그들을 쇠사슬로 채워 마을 회관으로 데려갔다. 왜냐하면, 그곳이 법정, 즉 재판 장소였기 때문이다. 배심원이 선정되었고 증인들이 세워졌다. 증인들의 진실만을 말할 것이라는 서약과 함께 죄수들의 목숨이 달린 재판이 시작되었다. 배심원은 비진리 씨(No-Truth), 냉혹함 씨(Pitiless), 거만 씨(Haughty)와 그들의 나머지 동료들을 재판했던 같은 배심원들로 구성되었다.

늙은 사악한 질문 씨가 먼저 법정으로 끌려 나왔다. 왜냐하면, 그는 낯선 자들이었던 의심 병사들을 환영하고 접대하고 위로했기 때문이었다. 그는 자신에게 제기된 혐의를 듣고 자신을 위해 변호할 것이 있다면 그 혐의에 대해 반대할 자유가 있다는 고지를 받았다.

이어서 그에 대한 기소문이 법정에 울려 퍼졌다.

"사악한 질문 씨. 피고는 인간 영혼의 침입자이며 본성적으로 디아볼루스를 추종하는 자이고 임마누엘 왕자를 증오하는 자이며 〈인간 영혼 마을〉의 파괴를 모의했습니다. 피고는 샤다이왕의 원수들을 잡아들이기 위한 건전한 법이 제정된 후에 샤다이왕의 원수들을 지지한 혐의로 기소되었습니다.

첫째, 피고는 임마누엘 왕자님 교리의 진리와 위엄의 자리에 의문을 제기했습니다.

> 악을 꾀하는 자의 마음에는 속임이 있고 화평을 의논하는 자에게는 희락이 있느니라 (잠 12:20a).

둘째, 피고는 만 명의 의심 군대 병사들이 마음에 입성하기를 바랐습니다.
셋째, 피고는 의심 병사들로 이루어진 군대에서 당신에게 왔던 임마누엘 왕자의 원수들을 받아들여 그들을 접대하고 격려했습니다.
이런 기소에 대해 어떻게 생각하십니까?
피고는 유죄입니까, 아니면 무죄입니까?

사악한 질문 씨는 말했다.
"재판장님, 저는 이 기소가 무엇을 의미하는지 모릅니다. 왜냐하면, 저는 그 기소와 관련이 없는 사람이기 때문입니다. 이런 일로 고발된 사람의 이름은 사악한 질문입니다. 그런데 저는 그 이름이 나의 이름이 아님을 말씀드리고 싶습니다. 왜냐하면, 제 이름은 정직한 탐구(Honest-Inquiry)이기 때문입니다.

사실 정직한 탐구라는 이름이 사악한 질문이라는 이름처럼 들리기도 합니다. 하지만, 배심원님들께서는 이 두 이름 사이에 큰 차이점이 있다는 것을 아실 것입니다. 왜냐하면, 나는 최악의 상황과 나쁜 사람들 사이에서도 죽음의 위협을 무릅쓰지 않고 상황에 대해 정직한 조사를 하길 바랄 뿐이기 때문입니다."

그때 자유의지 경이 증인 가운데 한 사람으로 앞으로 나왔다.
"존경하는 재판장님 그리고 배심원 여러분!
여러분 모두는 법정에서 이 피고가 자기 이름을 부인한 것에 대해 여러분의 귀로 분명히 들으셨습니다. 이 자는 자기 이름을 부인함으로써 이런 기소의 혐의를 자기 자신에게서 벗어 버릴 수 있다고 생각하고 있습니다.

하지만, 저는 이 자가 관련된 장본인이라는 것을 알고 있습니다.

그리고 그의 정확한 이름은 사악한 질문 씨(Evil-Questioning)입니다. 저는 이 자를 30년 이상을 알고 지냈습니다. 왜냐하면, 수치스럽게도 이 자와 저는 한때 너무나 잘 알고 지내는 사이였기 때문입니다. 당시는 폭군인 디아볼루스가 〈인간 영혼 마을〉을 다스리는 때였습니다.

저는 증언합니다. 사악한 질문 씨는 본성적으로 철저한 디아볼루스 추종자이고 우리의 임마누엘 왕자님의 원수이며 축복받은 인간 영혼을 혐오하는 자입니다. 반란이 일어날 때, 그는 거의 이십 일가량 매일 저의 집을 방문했고 심지어 저의 집에서 숙박까지 했습니다. 그때 우리는 많은 이야기를 나누곤 했습니다. 그 당시 대화의 요지는 그와 그의 의심 병사들 사이에 있었던 최근의 대화와 거의 같았습니다.

저는 그를 오랫동안 보지 못했습니다. 저는 임마누엘 왕자님이 마을에 입성하신 것으로 인해 그가 집 주소를 바꾸었다고 추정합니다. 이런 짓은 그에 대한 기소가 그로 하여금 그의 이름을 바꾸도록 했던 것과 같은 방식입니다."

자유의지 경은 죄수를 가리키며 말했다.

"하지만, 이 자가 바로 그자입니다. 재판장님."

서기관이 죄수에게 시선을 돌렸고 물었다.

"피고는 더 할 말이 있습니까?"

늙은 사악한 질문 씨는 조금 더 똑바로 서서 거만한 태도로 고개를 높이 쳐들고 말했다.

"네, 할 말이 더 있습니다. 지금까지 나에 대해 모든 불리한 증언은 단지 한 명의 증인의 말에 의해 이루어진 것입니다. 유명한 〈인간 영혼 마을〉에서 증인 한 사람의 증언에 근거해서 사람을 처형하는 것은 불법입니다."

> 사람의 모든 악에 관하여 또한 모든 죄에 관해서는 한 증인으로만 정할 것이 아니요 두 증인의 입으로나 또는 세 증인의 입으로 그 사건을 확정할 것이며 (신 19:15).

근면함 씨가 일어서서 앞으로 나와 법정에서 증언했다.

"재판장님, 요 전날 밤에 마을의 악한 거리(Bad Street) 어귀에서 경계를 서고

귀 기울여 듣는 근면함 씨

있을 때 저는 우연히 이 노인의 집 안에서 웅성거리는 소리를 들었습니다."

그는 사악한 질문 씨를 향해 손짓했다.

"저는 '여기서 무슨 일이 있는 거지?' 하고 자신에게 질문했습니다. 그러고는 그 말을 듣기 위해 조용히 집 가까이 갔습니다. 왜냐하면, 마치 집 안에서 싸움이 있는 것처럼 들렸기 때문입니다. 그리고 저는 디아볼루스 부하들의 비밀 모임을 내가 우연히 발견했다고 생각했습니다.

그래서 저는 좀 더 정확히 상황을 파악하기 위해 그 집의 벽에 조금 더 가까이 다가갔습니다. 그리고 나서 외국에서 온 자들이 집 안에 있다는 것을 알아차리는 데는 그리 오래 걸리지 않았습니다. 그들은 아주 큰 소리로 이야기했고, 저는 그들이 말하는 것 대부분을 이해했습니다. 왜냐하면, 저는 많은 지역을 여행했기 때문입니다.

이 늙은 신사가 사는 무너질 듯한 오두막집에서 그들이 사용하는 언어를 듣자마자 나는 창문에 있는 구멍으로 나의 귀를 갖다 대고 모든 말을 엿들었습니다. 늙은 사악한 질문 씨는 의심 병사들에게 그들이 누구인지 어디서 왔는지 그리고 이 지역에서 그들이 맡은 일은 무엇인지를 물었습니다. 그들은 그에게 자신들은 의심 병사들이고 그들이 여기에 온 이유를 말했습니다. 그러자 이 늙은 신사는 그들을 자기 집으로 맞이했습니다.

그는 또한 얼마나 많은 의심 군대 병사가 있었느냐고 물었습니다. 그들은 만 명의 의심 군대 병사가 있었다고 대답했습니다. 그런 후에 그는 어째서 그들이 더 용감하게 〈인간 영혼 마을〉을 공격하지 않았느냐고 물었습니다.

사악한 질문 씨는 그들의 총사령관이 그의 왕인 디아볼루스를 위해 싸워야 했을 때 줄행랑을 친 것으로 인해 그들의 총사령관을 겁쟁이라고 불렀습니다. 저는 이 늙은 사악한 질문 씨가 자기가 만 명의 의심 군대 병사를 이끌었다면 지금쯤 〈인간 영혼 마을〉에서 무장을 잘하고 있었을 것이며 곧 그러한 모습을 보여 주겠다고 약속하는 것을 들었습니다."

그는 죄수 쪽을 향해 손가락을 흔들며 이렇게 증언을 마쳤다.

"이 늙은 사악한 질문 씨는 또한 그들에게 조심하고 쥐 죽은 듯이 있으라고 말했습니다. 왜냐하면, 만약 그들이 잡힌다면 그들은 죽어야 하기 때문이라고 그는 말했습니다."

서기관은 돌아서서 죄수에게 말했다.

"사악한 질문 씨, 이제 우리는 당신에게 불리한 또 다른 증인이 있는 것 같고, 그의 증언은 피고가 이 사건에 연루되어 있다는 것을 보여 주는 세부 사항으로 가득 차 있습니다. 그는 피고가 이 자들을 피고의 집으로 받아들였고 그들에게 먹을 것을 주었다는 것은 진실이라고 맹세하고 있습니다.

더군다나 피고가 그들이 디아볼루스 부하들이고 샤다이왕의 원수들인 것을 알고도 말입니다. 그는 또한 피고가 만 명의 의심 군대 병사들이 〈인간 영혼 마을〉에 입성하기를 바라고 있었다는 것은 진실이라고 맹세하고 있습니다. 또한, 증언하기를 피고는 그들에게 조용히 지낼 것과 샤다이왕의 종들에게 잡히지 않기 위해 조심하라는 충고를 했다고 밝히고 있습니다.

> 그들은 악한 목적으로 서로 격려하며 남몰래 올무 놓기를 함께 의논하고 하는 말이 누가 우리를 보리요 하며 그들은 죄악을 꾸미며 이르기를 우리가 묘책을

찾았다 하나니 각 사람의 속뜻과 마음이 깊도다(시 64:5-6).

이 모든 것은 피고가 디아볼루스 부하라는 것을 여실히 보여 주고 있습니다."

사악한 질문 씨의 얼굴이 붉어졌다. 하지만, 그의 목소리는 차분했다. 그는 말했다.

"이런 혐의 중 첫 번째 혐의에 관하여 저는 저의 집에 왔던 자들은 낯선 사람들이었다고 말하겠습니다. 그렇습니다. 저는 그들을 집 안으로 들어오게 했습니다. 그리고 나는 그들에게 먹을 것을 주었습니다.

낯선 자들을 접대하는 것이 〈인간 영혼 마을〉에서 범죄가 되나요?"

그가 어깨를 으쓱하며 말했다.

"어째서 제가 베푼 친절로 인해 비난받아야 합니까?

내가 만 명의 의심 군대 병사가 〈인간 영혼 마을〉에 있기를 바랐던 이유에 관해서 말하자면 저는 결코 증인들이나 의심 병사들에게 그 이유를 언급하지 않았습니다. 나는 단지 그들이 잡혀서 〈인간 영혼 마을〉이 잘 되기를 원했다는 것을 의미한 것이었습니다.

나는 또한 그들이 장군들의 손에 잡히지 않도록 조심하라고 말했습니다. 하지만, 그것은 내가 샤다이왕의 원수들이 도망가기를 원해서가 아니라 내가 어떤 사람도 살해당하는 것을 꺼리기 때문이었습니다."

명철 시장 경이 답변했다.

"나그네를 접대하는 것은 미덕입니다. 하지만, 샤다이왕의 적들을 접대하는 것은 반역입니다. 피고는 말재간으로 판결의 집행을 피하고 연기하려 애쓰고 있습니다. 피고가 우리 〈인간 영혼 마을〉을 파괴하려고 일부로 멀리서 온 다른 디아볼루스 부하들에게 거처를 제공하거나 그들을 환대하고 그들에게 먹을 것을 제공하고 그들을 지지하는 자가 되는 것은 절대 용납할 수 없습니다."

사악한 질문 씨의 콧구멍이 벌름거렸다.

"나는 이런 장난이 어떻게 진행될지 훤히 보입니다. 나는 틀림없이 나의 이름과 내가 베푼 친절로 인해 죽어야 함이 틀림없습니다."

이 말을 한 후에 그는 한마디 말도 하지 않았다.

그런 후에 외국 태생의 의심 군대 병사들을 한 번에 한 명씩 법정으로 소환했다. 가장 먼저 소환된 자는 택함 의심 병사(Election-doubter)였다. 그가 법정 앞으로 나왔을 때 그에 대한 기소장이 낭독되었다. 그는 태생적으로 〈인간 영혼 마을〉에서 태어나지 않았고 〈인간 영혼 마을〉에서 쓰는 언어를 말하지 못했기 때문에 통역하는 자가 그를 위해 통역했다. 재판장은 이 의심 병사에게 어떻게 자신을 변호할 것인지 물었다.

"피고는 임마누엘 왕자의 원수, 〈인간 영혼 마을〉을 증오하는 자 그리고 왕자님의 가장 건전한 교리를 반대하는 자로 기소되었다."

그는 대답했다.

"나는 택함 의심 병사임을 고백합니다. 이것이 내가 양육 받았던 유일한 종교입니다. 만약, 내가 나의 종교 때문에 죽어야 한다면 나는 순교자로 죽을 것입니다. 따라서 나는 전혀 개의치 않습니다."

재판장은 안경테 너머로 의심 병사를 내려다보며 말했다.

"택함을 의심하는 것은 복음의 위대한 교리를 전복시키는 것입니다. 특별히 그것은 하나님의 전지, 권능과 뜻을 의심하는 것입니다. 그것은 자기 피조물에 대해 가진 하나님의 자유를 빼앗는 것이고 〈인간 영혼 마을〉의 신앙을 방해하는 것이며 구원을 은혜가 아닌 행위에 의존하게 하는 것입니다.

> 사람이 의롭게 되는 것은 율법의 행위로 말미암음이 아니요 오직 예수 그리스도를 믿음으로 말미암는 줄 알므로 우리도 그리스도 예수를 믿나니 이는 우리가 율법의 행위로써가 아니고 그리스도를 믿음으로써 의롭다 함을 얻으려 함이라 율법의 행위로써는 의롭다 함을 얻을 육체가 없느니라(갈 2:16).

이 의심 군대 병사는 하나님 말씀을 반박하고 〈인간 영혼 마을〉 사람들을 걱정하게 만듭니다. 따라서 최고의 법에 따라 그는 죽어야 합니다."

그다음으로 소명-의심(Vocation-doubter) 병사가 법정으로 소환되었다. 그의 기소 내용도 그가 〈인간 영혼 마을〉의 소명을 부정해서 기소된 것을 제외하고 첫 번째 의심 병사의 기소 내용과 같았다.

재판장은 그에게 물었다.

"자신을 위해 무슨 변호를 하시겠습니까?"

의심 군대 병사는 말했다.

"악을 멈추게 하고 선한 것을 하며 또한 그렇게 할 때 결국 행복의 약속을 얻는다는 호소를 제외하고 심지어 말씀의 일반적인 음성에 의해서도 아니고 나는 〈인간 영혼 마을〉에 대한 하나님의 뚜렷하고 강력한 소명과 같은 것이 있다고 믿지 않습니다."

> 하나님이 우리를 구원하사 거룩하신 소명으로 부르심은 우리의 행위대로 하심이 아니요 오직 자기의 뜻과 영원 전부터 그리스도 예수 안에서 우리에게 주신 은혜대로 하심이라 (딤후 1:9).

재판장은 고개를 흔들었고 다시 안경테 너머로 의심 군대 병사를 바라보며 말했다.

"피고는 디아볼루스 부하이고 경험이 가르치는 임마누엘 왕자의 진리 가운데 많은 부분을 부인했습니다. 임마누엘 왕자님은 〈인간 영혼 마을〉을

육욕적인 감각에 대한 수색

부르셨습니다. 그리고 〈인간 영혼 마을〉은 임마누엘 왕자님의 가장 뚜렷하고 강력한 부르심을 들었습니다. 그 부르심으로 〈인간 영혼 마을〉은 소생했습니다.

다시 말해 〈인간 영혼 마을〉은 깨어났고 왕자님과의 교제를 바라고 그분을 섬기고 그분의 뜻을 행하고 단순히 그분의 선하신 뜻에서 행복을 추구하려는 하늘의 은혜를 소유했습니다.

> 그는 허물과 죄로 죽었던 너희를 살리셨도다(엡 2:1).

그리고 이 선한 교리에 대한 피고의 혐오감으로 인해 피고는 반드시 죽어야 마땅합니다."

그런 후에 은혜-의심 병사(Grace-doubter)가 법정으로 소환되었고 그에 대한 기소장이 읽혔다. 그는 답했다.

"비록 내가 의심 땅 출신이지만, 나의 아버지는 바리새인의 자손입니다. 겉으로 그는 이웃 가운데 신실했지만, 늘 은혜를 의심하며 살았습니다. 그리고 그는 나에게 믿으라고 가르쳤고 나는 분명히 그런 가르침을 믿고 있으며 평생 동안 믿을 것입니다. 하지만, 〈인간 영혼 마을〉은 결코 은혜에 의해 거저 구원받지 못할 것입니다."

재판장은 권위를 가지고 말했다.

"임마누엘 왕자의 율법은 분명합니다. 우리가 구원받는 것은 율법의 행위가 아니라 은혜에 의해서입니다.

> 그리스도 예수 안에 있는 속량으로 말미암아 하나님의 은혜로 값없이 의롭다 하심을 얻은 자 되었느니라(롬 3:24).

그러나 피고의 종교는 육체의 행위에 의존합니다. 왜냐하면, 율법의 행위는 육체의 행위이기 때문입니다. 게다가 피고가 가진 것을 말할 때 피고는 하나님에게서 그분의 영광을 빼앗았고 그 영광을 죄악된 인간에게 주었습니다. 피고는 그리스도에게서 그가 하셨던 사역의 필요성과 이루셨던 사역의 충족성을 빼앗았습니다. 그리스도의 사역을 대신해서 피고는 육체의 행위를 신뢰했습니다. 피고는 성령의 사역을 멸시했고 육체의 의지와 율법적인 사고방식을 확대했습니다.

피고는 디아볼루스의 부하이고 디아볼루스를 따르는 자의 아들입니다. 따라서 피고가 추종하는 디아볼루스 원칙 때문에 피고는 마땅히 사형받아야 합니다."

재판정은 배심원을 심의하기 위해 밖으로 내보냈다. 배심원은 즉시 유죄 평결과 사형 선고를 내렸다.

그런 후에 양심 서기관이 일어나서 죄수들에게 말했다.

"법정에 소환된 피고들은 기소되었고 우리의 왕자이신 임마누엘 왕자님과 유명한 〈인간 영혼 마을〉의 안녕에 대한 중대한 범죄에 대해 유죄가 입증되었다."

> 죄의 삯은 사망이요 하나님의 은사는 그리스도 예수 우리 주 안에 있는 영생이니라(롬 6:23).

그들은 십자가에 못 박혀 사형선고를 받았다. 사형 집행은 디아볼루스가 〈인간 영혼 마을〉에 대항하기 위해 최후의 군대를 일으켰던 장소에서 진행되었다. 하지만, 늙은 사악한 질문 씨는 예외로 그의 집을 배경으로 상류 쪽 악한 길(upper Bad Street)에서 교수형을 당했다.

〈인간 영혼 마을〉 사람들이 마을의 평화를 헤치는 원수들을 제거했을 때 자유의지 경과 그의 시종인 부지런함 씨에게 〈인간 영혼 마을〉에 아직 살아 있는 디아볼루스 부하들을 철저히 수색하고 체포하라는 명령과 함께 체포해야 할 명단이 전달되었다.

그 명단에는 **멍청 씨**(Mr. Fooling), **선함은 사라지게 하라 씨**(Let-Good-Slip), **비열한 두려움 씨**(Mr. Slavish-Fear), **사랑 없음 씨**(Mr. No-Love), **불신 씨**(Mr. Mistrust), **육신 씨**(Mr. Flesh), **게으름 씨**(Mr. Sloth)가 포함되어 있었다.

그들은 또한 사악한 질문 씨의 자녀들을 체포하라는 명령받았다. 왜냐하면, 사악한 질문 씨가 죽은 후에 그 자녀들이 남아 있었기 때문이다. 그들을 구금하고 그들이 살던 집은 철거해야 했다.

사악한 질문 씨의 남겨진 아이들은 장남 **의심 씨**(Mr. Doubt)와 차남 **율법적인 삶**(Legal-Life)이었고, 뒤를 이어 **불신**(Unbelief), **그리스도에 대한 잘못된 생각**(Wrong-Thoughts-of-Christ), **약속 파괴**(Clip-Promise), **육욕적인 감각**(Carnal-Sense), **느낌으로 살기**(Live-by-Feeling), **자기 사랑**(Self-Love)이었다. 그는 한 아내에게서 이런 자녀들을 낳았다. 그의 아내의 이름은 **희망 없음**(No-Hope)이었다. 그녀는 **늙은 불신 씨**(old Incredulity)의 조카딸이었다.

그녀의 아버지 늙은 어둠(old Dark) 씨가 죽었을 때 불신 씨는 그녀를 자기 딸로 받아들였고 그녀가 결혼 연령이 될 때까지 그녀를 양육했다. 불신 씨는 그녀를 사악한 질문 씨에게 아내로 주었다.

이제 자유의지 경은 그의 시종인 부지런함 씨의 도움으로 자신이 맡은 임무를 수행했다. 자유의지 경은 거리에서 멍청 씨(Fooling)를 붙잡았고 그의 집 가까이 있는 지혜 부족 골목(Want-wit Alley)에서 그를 목매달아 죽였다. 멍청 씨라는 이 작자는 〈인간 영혼 마을〉 사람들이 신뢰 장군(Captain Credence)을 디아볼루스의 손에 넘겨주길 원했던 자였다. 그 대가로 디아볼루스는 아마 자기의 군대를 마을에서 철수시켰을 것이다. 임무 수행으로 분주한 자유의지 경은 어느 날 시장에서 선함은 사라지게 하라 씨(Let-Good-Slip)를 붙잡았고 율법에 따라 그를 사형에 처했다.

〈인간 영혼 마을〉에는 묵상 씨(Mr. Meditation)라는 이름의 정직하고 가난한 사람이 있었다. 〈인간 영혼 마을〉 사람들이 그들의 신앙을 버렸을 때 그의 존재는 별로 중요하지 않았다. 하지만, 그는 이제 마을에서 최고의 명성을 얻었다.

> 오직 여호와의 율법을 즐거워하여 그의 율법을 주야로 묵상하는도다(시 1:2).

선한 것은 사라지게 하라 씨는 이전에 마을에서 엄청난 재산과 부가 있었다. 하지만, 임마누엘 왕자가 마을에 도착하자마자 왕자는 마을의 공동 유익을 위해 그 재산을 몰수했다. 그의 재산은 마을의 공동 유익을 증진하고자 묵상 씨에게 위탁되었다. 그가 죽은 후에 그의 아들인 잘 생각하기 씨(Mr. Think-Well)와 그의 아내인 경건 부인에게 그 재산이 위임될 예정이었다. 경건 부인은 양심 서기관의 딸이었다.

그 후 자유의지 경은 약속 파괴(Clip-Promise)를 체포했다. 이 자는 자기 행동으로 샤다이왕의 많은 부를 횡령해서 남용했던 악명 높은 악당이었다. 이런 이유로 그는 대중의 본보기가 되었다. 기소된 후에 그는 우선 형틀에 목과 손목이 끼워졌고 그런 후에 마을의 모든 아이와 종에게 채찍질을 당하는 형이 내려졌다. 그는 죽을 때까지 목이 교수대에 달려 있었다.

혹자들은 약속파괴 씨가 받았던 형벌이 어째서 그렇게 가혹했는지 궁금해하기도 했다. 하지만, 마을의 정직한 상인들은 약속 가운데 하나를 깨는 것도 단지 짧은 시간에 마을에 끼칠 수 있는 커다란 해를 잘 알고 있다. 그리고 나의 판단은 다음과 같다. 즉 이 자가 살았던 방식으로 이 자의 이름과 삶의 모든 것이 처리되어야 했기 때문이다.

자유의지 경은 또한 육욕적인 감각(Carnal-Sense) 씨를 체포했고 그를 감옥에 가두었다. 나는 독자에게 어떻게 그를 체포했는지를 말할 수 없다. 그런데 이 자는 감옥을 부수고 줄행랑을 쳐버렸다.

맞다!

이 대담한 악당은 아직 마을을 떠나지 않았다. 그는 매일 디아볼루스 무리의 소굴에 숨어 있었고 밤에 출몰하는 유령처럼 정직한 사람들의 집에 자주 나타났다. 그래서 〈인간 영혼 마을〉의 시장에는 다음과 같은 공고가 붙었다.

> 육욕적인 감각 씨의 행방을 발견하고 그를 체포해서 죽이는 자는 날마다 임마누엘 왕자의 식탁에 참여하는 것이 허락되고 〈인간 영혼 마을〉의 보고를 지키는 책임자가 될 것이다.

많은 사람이 이 과업을 이루기 위해 집중했고 종종 그자를 발견했지만 그를 사로잡거나 죽이는 데는 실패했다. 그러던 중 자유의지 경은 그리스도에 대한 잘못된 생각 씨(Mr. Wrong-Thoughts-of -Christ)를 잡아 감옥에 보냈다. 그런데 이 자는 만성적인 폐결핵으로 감옥에서 죽었다.

자기 사랑(Self-Love)도 생포되어 구금되었다. 하지만, 〈인간 영혼 마을〉의 많은 사람이 그와 연루되어 있어서 그에 대한 판결은 연기되었다. 하지만, 자기 부인 씨(Mr. Self-Denial)는 이렇게 말했다.

"만약, 그런 악당들을 무심코 눈감아 준다면 나는 나의 임무를 내려놓을 것입니다."

> 이에 예수께서 제자들에게 이르시되 누구든지 나를 따라오려거든 자기를 부인하고 자기 십자가를 지고 나를 따를 것이니라(마 16:24).

교수형 당하는 멍청 씨

그리고 자기 부인 씨는 군중들 가운데 그 죄수를 잡아서 자기 병사들 가운데 두었다. 그러자 병사들은 그 죄수의 머리를 가격해서 죽였다. 이런 일은 마땅히 해야 할 일이었지만 마을의 몇몇 사람은 소곤대며 그런 일에 대해 불평했다. 하지만, 누구도 감히 노골적으로 이의를 제기하지는 못했다. 왜냐하면, 임마누엘 왕자가 마을에 있었기 때문이다.

자기 부인 장군(Captain Self-Denial)의 이런 용감한 행동은 임마누엘 왕자의 주목을 받았다. 그래서 왕자는 그를 불렀고 그를 마을의 귀족인 경(卿)으로 삼았다. 자유의지 경 또한 마을을 위해 그가 이루었던 일로 인해 임마누엘 왕자에게서 큰 칭찬을 받았다.

자기 부인 장군은 이 모든 것에서 용기를 얻었고 자유의지 경의 도움으로 디아볼루스 부하들을 추적했다. 그들은 느낌으로 살기 씨(Live-by-Feeling)와 율법으로 삶 씨(Legal-life)를 사로잡았고 그들이 죽을 때까지 감옥에 가두었다.

하지만, 불신 씨(Mr. Unbelief)는 매우 민첩한 부류였다. 그를 붙잡으려고 몇 번이고 시도했지만, 결코 잡을 수가 없었다. 따라서 그와 디아볼루스 부족 가운데 가장 교묘한 자 몇몇은 〈인간 영혼 마을〉에 남아 있다. 그들은 〈인간 영혼 마을〉이 존재하는 한 이런 방식으로 그곳에 머물 것이다.

하지만, 자기 부인 경과 자유의지 경은 그들을 그들의 소굴과 은신처에서 나오지 못하게 했다. 그리고 만약 그들 가운데 하나가 나타나거나 우연히 〈인간 영혼 마을〉에서 발견된다면 마을 전체가 무장하고 그들을 추격했다. 그렇다. 심지어 〈인간 영혼 마을〉의 아이들도 그들을 만나면 마치 도둑을 본 것처럼 소리를 쳤고 그들이 돌에 맞아 죽기를 바랐다.

그래서 마침내 〈인간 영혼 마을〉은 어느 정도 평화와 안정을 누렸다. 임마누엘 왕자는 마을 국경 안에 살았다. 장군들과 병사들은 그들의 임무를 수행했고 마을 사람들은 자신들 삶의 방식에 신경을 썼다. 마을은 사업을 하며 먼 나라와 교역을 했다.

제32장

임마누엘 왕자의 메시지
Emmanuels Message

〈인간 영혼 마을〉이 적들과 평화를 파괴하는 자들을 제거했을 때 임마누엘 왕자는 시장에서 모든 사람을 만나 미래의 일들에 대한 가르침을 전달하려고 계획했다. 마을 사람들이 그 가르침을 준행한다면 임마누엘 왕자는 그들의 안전과 평안을 책임지실 것이고 〈인간 영혼 마을〉에서 자란 디아볼루스 부하들을 심판하고 파멸하실 것이다.

정해진 날이 왔고 마을 사람들은 시장에 모여 있었다. 임마누엘 왕자는 우편과 좌편에 자신을 보필하는 모든 장군과 함께 자기의 병거에서 내려왔다. 모두 정숙했고 서로 사랑의 인사를 나눈 후에 왕자는 말하기 시작했다.

"마음 깊이 사랑하는 나의 〈인간 영혼 마을〉이여!

나는 너희에게 큰 특권을 많이 주었다. 나는 다른 자들 중에서 너희를 골랐고 나 자신을 위해 너희를 선택했다. 이것은 너희가 그럴만한 가치가 있어서가 아니라 나를 위해서다.

> 너는 여호와 네 하나님의 성민이라 네 하나님 여호와께서 지상 만민 중에서 너를 자기 기업의 백성으로 택하셨나니(신 7:6).

또한, 나는 너희를 나의 아버지의 율법의 두려움에서뿐만 아니라 디아볼루스의 손에서도 구원했다.

> 그리스도께서 우리를 위하여 저주를 받은바 되사 율법의 저주에서 우리를 속

량하셨으니 기록된바 나무에 달린 자마다 저주 아래에 있는 자라 하였음이라 (갈 3:13).

나는 너희를 사랑하기 때문에 구원했으며 그리고 너희에게 유익을 주도록 나의 마음을 정했기 때문에 구원한 것이다.

여호와의 말씀이니라 너희를 향한 나의 생각을 내가 아나니 평안이요 재앙이 아니니라 너희에게 미래와 희망을 주는 것이니라(렘 29:11).

나는 너희 영혼을 구하기 위해 값을 완전히 지불했다. 금이나 은과 같은 썩어질 것이 아닌 피의 대가, 즉 나 자신의 피로 너희를 샀다. 나는 너희를 나의 것으로 삼기 위해 나의 피를 대가 없이 거저 땅에 쏟았다.

나는 천국의 즐거움에 방해가 될 만한 것은 무엇이든지 제거하여 나의 아버지와 〈인간 영혼 마을〉에 대한 너희의 빚을 청산했다. 그리고 나는 왕의 도성(royal city)에서 내 아버지와 함께하도록 너희를 위해 거할 집을 마련했다. 거기서 너희가 보게 되는 것들은 너희 눈으로 보았던 그 어떤 것과도 다를 것이다. 사람이 결코 상상조차 할 수 없는 것들이 왕의 도성에 있다.

내 아버지 집에 거할 곳이 많도다 그렇지 않으면 너희에게 일렀으리라 내가 너희를 위하여 거처를 예비하러 가노니 가서 너희를 위하여 거처를 예비하면 내가 다시 와서 너희를 내게로 영접하여 나 있는 곳에 너희도 있게 하리라 (요 14:2-3).

나의 〈인간 영혼 마을〉이여!

너희는 내가 이루었던 일과 내가 어떻게 너희를 너희 대적의 손에서 구원했는지 목격했다. 그런데 너희는 이 대적들과 함께 나의 아버지에게 반역했고 너희는 그들이 너희를 소유하고 파괴하는 것을 기꺼이 허락했다.

나는 먼저 나의 율법으로 너희에게 왔고 그런 후에 복음으로 너희에게 왔다. 이는 너희를 일깨워 나의 영광을 보여 주기 위함이었다. 또한, 나는 너희가 어떤 자들인지, 너희가 말했던 것, 너희가 행했던 것과 얼마나 여러 번 너희가 나의 아버지와 나에게 반역했는지를 잘 알고 있다.

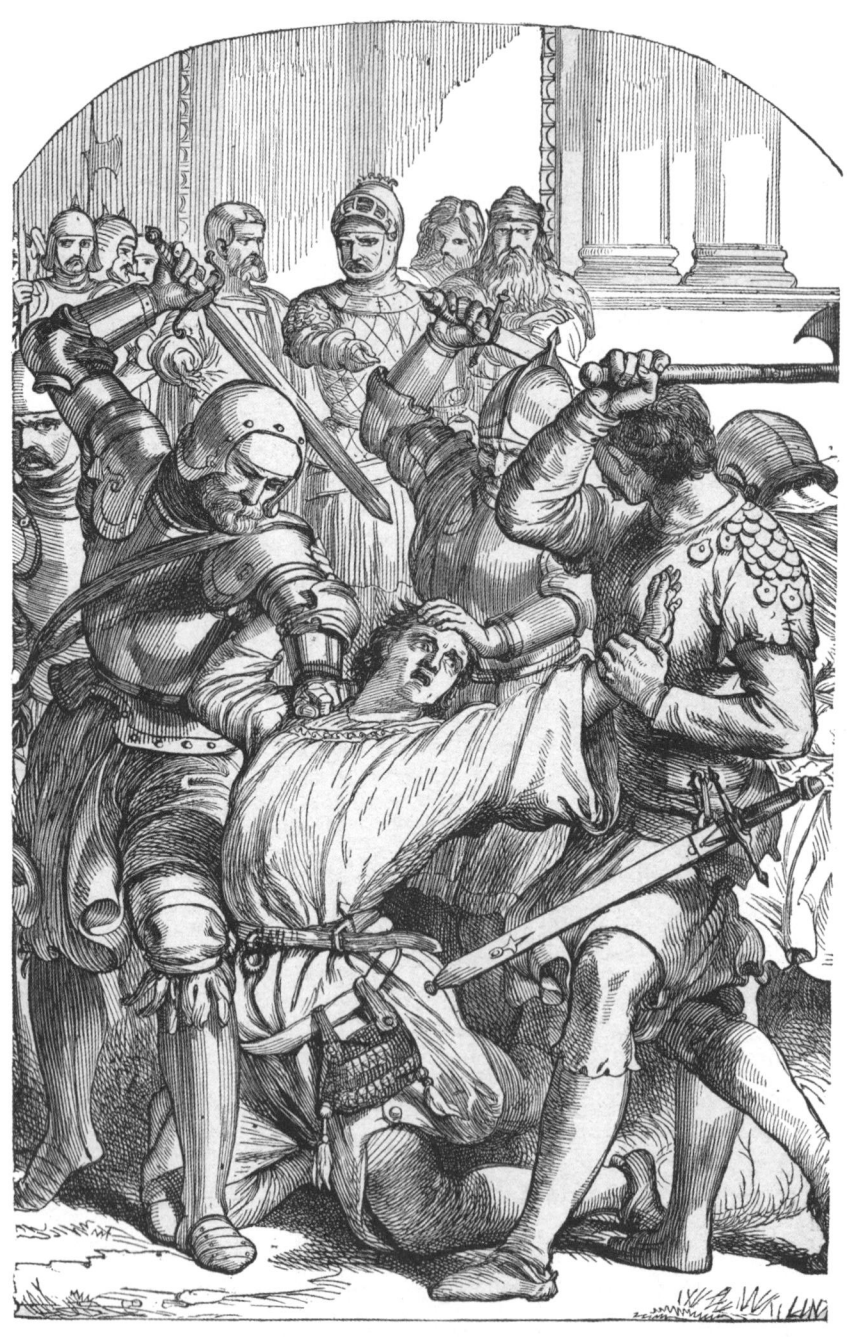

자기 사랑의 죽음

그런데도 너희가 오늘 보는 것처럼 나는 너희를 버려두지 않고 너희에게 와서 너희의 행위를 인내하고 너희를 기다렸다. 그리고 결국 내가 베푸는 은혜와 호의를 통해서 나는 너희를 용납했고 너희가 예전처럼 너희의 영혼을 잃어버리는 것을 허락하지 않았다.

> 주의 약속은 어떤 이들이 더디다고 생각하는 것같이 더딘 것이 아니라 오직 주께서는 너희를 대하여 오래 참으사 아무도 멸망하지 아니하고 다 회개하기에 이르기를 원하시느니라(벧후 3:9).

나는 너희 주변을 맴돌며 너희를 사방으로 고통스럽게 했다. 이것은 너희가 너희의 죄악 된 삶의 방식을 깨닫고 너희 마음이 선과 행복을 바라는 마음의 변화로 이끌기 위함이었다. 내가 너희에 대해 완전한 승리를 거두었을 때, 나는 그 승리를 너희의 유익이 되도록 했다.

너희는 너희의 경계 안에 내가 함께 데려왔던 나의 아버지를 섬기는 자들의 무리를 보고 있다. 이들은 장군들, 통치자들, 군인들, 전쟁에 능한 용사들이며 또한 전쟁을 수행하기 위한 뛰어난 장비들이다. 이들은 너희의 원수들을 진압하고 패배시키기 위한 것이다.

나의 〈인간 영혼 마을〉이여!

너희는 내가 말하는 것을 안다. 이들은 나의 종이고 또한 너희의 종이기도 하다. 나는 이들과 함께 〈인간 영혼 마을〉을 점령하려고 계획했다. 이것은 나를 위해 너희를 지키고 정화하고 강하게 하며 또한 깨끗하게 하려는 그들의 자연스러운 성향과 관계가 있다.

오, 나의 〈인간 영혼 마을〉이여!

이 모든 것은 너희가 나의 아버지의 임재와 축복과 영광 가운데 서도록 준비해 주기 위함이다. 왜냐하면, 나의 〈인간 영혼 마을〉 너희는 이것을 위해 창조되었기 때문이다."

나의 〈인간 영혼 마을〉이여!

너희는 내가 어떻게 너희의 배교를 눈감아 주고 너희를 치료했는지 알게 될 것이다. 나는 너희에 대해 분노했지만, 나는 나의 분노를 물리쳤다. 왜냐하면, 나는 여전히 너희를 사랑했기 때문이다. 나의 분노와 분개는 너희 원수의 멸망과 함께 잊혀졌다. 나를 너희에게 다시 이끌었던 것은 너희의 선함이 아니었다. 왜냐하면, 나는 너희에게서 나의 얼굴을 숨겼고 너희와 너희 죄악으로부터 나의 임재가 떠났기 때문이다.

너희의 배교는 너희의 선택이었다. 하지만, 너희를 회복시키는 방식과 방편은 나의 것이었다. 내가 기뻐하지 않는 것들에 너희가 관심을 기울이기 시작했을 때 나는 그것들에 대해 울타리와 성벽을 세웠다. 나는 너희가 즐기는 달콤한 것들을 쓰게 만들었고 너희의 날을 밤으로 만들었고 너희의 매끄러운 길을 가시로 뒤덮인 길로 만들었다.

나는 또한 하나님을 두려워함 씨(Mr. Godly-Fear)를 임명해서 〈인간 영혼 마을〉에서 일하게 했다. 너희가 크나큰 부패와 비참한 배교를 경험한 후에 나는 너희의 양심과 명철, 너희의 의지와 애정을 자극했다. 나는 너희가 나를 찾도록 너희 〈인간 영혼 마을〉에 생명을 주었던 분이다. 이것은 너희가 나를 찾으며 또한 너희가 나를 찾았을 때 너희의 건강, 행복 그리고 구원을 찾게 하기 위함이었다. 나는 디아볼루스 부하들을 〈인간 영혼 마을〉에서 두 번 몰아냈다. 또한, 나는 그들을 정복하고 너희 앞에서 그들을 멸망시켰다.

나의 〈인간 영혼 마을〉이여!

이제 나는 평화 가운데 너희에게 돌아왔다. 그리고 나를 대적하는 너희의 죄악은 마치 그런 죄악이 결코 일어나지 않은 것과 같다.

> 동이 서에서 먼 것 같이 우리의 죄과를 우리에게서 멀리 옮기셨으며(시 103:12).

너희에게는 이전 날과 같지는 않을 것이다. 왜냐하면, 나는 처음부터 너희를 위해 더 좋은 일을 할 것이기 때문이다.

나의 〈인간 영혼 마을〉이여!

아직 잠깐, 즉 몇 계절이 더 지난 후에 나는 유명한 이 인간 영혼을 철저히 취해서 이 마을에 있는 돌들, 재목, 성벽, 먼지와 거주민들을 나 자신의 나라, 즉 나의 아버지의 나라로 옮길 것이다. 그러나 내가 하는 말에 근심하지 말라. 왜냐하면, 나는 〈인간 영혼 마을〉을 강하고 영광 가운데 세울 것이기 때문이다.

이것은 지금 알고 있는 왕국과는 다를 것이다. 나는 나의 아버지가 거하시도록 〈인간 영혼 마을〉을 세울 것이다. 왜냐하면, 그것이 우주 왕국의 원래 목적이었기 때문이다. 하지만, 거기서 나는 〈인간 영혼 마을〉을 보기에도 경이롭고, 긍휼의 기념비와 베푸신 긍휼을 찬미하는 곳으로 만들 것이다.

〈인간 영혼 마을〉에 거하는 자들은 그들이 결코 보지 못했던 것들을 보게 될 것이다. 그들은 나와 나의 아버지 그리고 너희의 수석 비서 경(Lord Secretary)과 함께 교제를 나누게 될 것이다. 이것은 여기서는 불가능한 달콤한 교제다. 가령 너희가 천 년 동안 우주 왕국에 살았다 하더라도 이런 차원의 교제는 지금 여기서는 결코 이루지 못했을 것이다.

새로운 〈인간 영혼 마을〉에서의 너희는 더는 살인자들이나 디아볼루스 부하들과 그들의 위협을 두려워하지 않을 것이다. 너희에 대한 음모나 계책이나 계략이 더는 없을 것이다. 너희는 일어났던 악에 관한 이야기나 디아볼루스 부하들이 울려대는 시끄러운 북소리를 듣지 못할 것이다. 너희는 너희를 두렵게 했던 디아볼루스 기수들을 보지 못하거나 디아볼루스의 군기에 더는 눈이 가지 않을 것이다. 공격이나 방어를 위한 어떤 디아볼루스의 방벽들도 너희에게 대항하여 세워지지 않을 것이다.

> 이것을 너희에게 이르는 것은 너희로 내 안에서 평안을 누리게 하려 함이라 세상에서는 너희가 환난을 당하나 담대하라 내가 세상을 이기었노라(요 16:33).

너희는 더 이상 장군이나 전쟁 기계 그리고 군인들이나 전쟁에 능한 전사들이 필요하지 않을 것이다. 또한, 새로운 〈인간 영혼 마을〉에는 어떤 슬픔이나 근심이 없을 것이다.

> 지금은 너희가 근심하나 내가 다시 너희를 보리니 너희 마음이 기쁠 것이요 너희 기쁨을 빼앗을 자가 없으리라(요 16:22).

어떤 디아볼루스 부하들도 너희가 사는 변두리에 몰래 기어들어 가거나 너희 성벽 안에 굴을 파는 것은 불가능할 것이다. 너희의 경계 안에서 너희는 그들을 영원히 보지 못할 것이다. 삶은 여기에서 바라는 것보다 더 오래 지속될 것이다. 그리고 그 삶은 어떤 방해 없이 항상 달콤하고 새로울 것이다.

나의 〈인간 영혼 마을〉이여!

너희는 슬픔을 함께했던 많은 사람을 만날 것이다. 나는 나의 아버지의 궁전과 왕의 도성을 위해 그들을 선택했고, 구속했고, 구별했다. 너희 모두는 서로를 보며 기뻐하게 될 것이다.

나의 〈인간 영혼 마을〉이여!

나의 아버지가 세상을 창조한 태초부터 결코 보지 못했던 것들을 그분의 보물 가운데 보관해 오셨다. 그리고 너희가 그것들을 즐기게 될 때까지 너희를 위해 봉인해 두셨다. 내가 전에 너희에게 내가 나의 〈인간 영혼 마을〉을 헐고 다른 곳에 〈인간 영혼 마을〉을 세울 것이라고 말했다. 내가 〈인간 영혼 마을〉을 세우는 곳에 너희를 사랑하고 너희를 기뻐하는 자들과 함께 있을 것이다. 하지만, 그들이 너희가 높아져 영광스럽게 되는 것을 볼 때 그들은 더 기뻐할 것이다!

나의 아버지가 너희를 데려오기 위해 그들을 보내실 것이다. 그들이 너희를 맞아들이는 것은 너희를 데리고 가는 병거와 같은 것이다. 너희는 바람 날개를 탈 것이다. 그들은 너희를 새로운 성소로 데려가고 인도하고 안내할 것이다. 너희 눈이 그것을 볼 때 너희는 바라던 안식처를 갖게 될 것이다.

> 또 그 때에 그가 천사들을 보내어 자기가 택하신 자들을 땅 끝으로부터 하늘 끝까지 사방에서 모으리라(막 13:27).

나의 〈인간 영혼 마을〉이여!

나는 너희에게 앞으로 일어날 일들을 보여 주었다. 그러므로 너희가 듣고 이해할 수 있다면 성경의 진리에 따라 내가 돌아와서 너희를 나에게로 이끌 때까지 너희의 책임과 실천이 무엇이 되어야 할지를 너희에게 말하겠다.

첫째, 나는 너희가 너희 자신을 깨끗하게 하고 내가 너희에게 준 예복, 즉 세마포를 세속으로 더럽히지 않기를 명령한다. 너희는 그 옷을 희고 깨끗하게 유지해야 한다. 이것이 너희의 지혜와 명예가 될 것이며 내 영광을 위한 것이 될 것이기 때문이다. 너희의 옷이 희고 깨끗이 할 때, 세상은 너희를 나의 것으로 볼 것이기 때문이다.

우슬초로 나를 정결하게 하소서 내가 정하리이다 나의 죄를 씻어 주소서 내가 눈보다 희리이다(시 51:7).

따라서 너희의 의복이 희고 깨끗할 때 나는 너희의 삶의 방식을 기뻐할 것이다. 너희의 행동은 번개의 섬광과 같을 것이고 너희 주변 모든 사람에게 명백하게 비출 것이기 때문이다. 내가 말한 대로 옷을 입어라. 그리고 나의 율법에 따라 너희의 길을 곧게 하라. 그러면 너희의 왕이 너희의 아름다움을 바랄 것이다. 그분은 너희의 주님이고 너희는 그분을 예배하기 때문이다.

나는 너희의 의복을 씻어 깨끗이 할 수 있는 열린 샘을 제공했다. 그래서 너희는 너희 의복을 내가 너희에게 요구했던 것처럼 희게 유지할 수 있다.

그가 빛 가운데 계신 것 같이 우리도 빛 가운데 행하면 우리가 서로 사귐이 있고 그 아들 예수의 피가 우리를 모든 죄에서 깨끗하게 하실 것이요(요일 1:7).

따라서 나의 샘에서 자주 씻어 더러운 의복으로 다니지 않도록 주의하라. 너희가 더러운 의복으로 돌아다니는 것은 나에게 불명예와 수치를 가져오는 것이다. 따라서 나의 의복, 너희의 덮개, 내가 너희에게 입혀 주었던 의복이 육체로 더럽혀지거나 때가 묻지 않도록 하라.

네 의복을 항상 희게 하며 네 머리에 향 기름을 그치지 아니하도록 할지니라(전 9:8).

나의 〈인간 영혼 마을〉이여!
나는 디아볼루스의 계책, 음모, 시험, 모의에서 너희를 구원하였다. 내가 선으로 베푼 이 모든 것에 대해 나는 너희에게 어떤 것도 요구하지 않는다. 다만, 나의 사랑과 〈인간 영혼 마을〉에 베푸는 계속되는 나의 은혜를 기억할 것을 너희에게 요구한다. 이는 너희에게 부여했던 유익의 분량에 따라 행하도록 너희를 격려하기 위함이다.
나의 축복받은 〈인간 영혼 마을〉이여!
내가 너희에게 했던 말을 기억하라!
나는 살았고 나는 죽었다. 하지만, 나는 다시 살았고 더는 너희를 위해 죽지 않을 것이다. 나는 살아 있다. 이것은 너희가 죽지 않게 하기 위함이다. 내가 살아 있음으로 너희 또한 살아 있을 것이다. 나는 십자가에서 흘린 나의 피로 너희를 나의 아버지와 화목하게 했다.

나를 통해 너희가 나의 아버지와 화목했으므로 너희는 나를 통해 계속 살게 될 것이다. 그리고 나는 너희를 위해 기도할 것이다. 그리고 너희를 위해 싸울 것이며 너희에게 선을 베풀 것이다.

> 곧 우리가 원수 되었을 때에 그의 아들의 죽으심으로 말미암아 하나님과 화목하게 되었은즉 화목하게 된 자로서는 더욱 그의 살아나심으로 말미암아 구원을 받을 것이니라 (롬 5:10).

죄 외에는 어떤 것도 너희를 해칠 수 없다. 죄 외에는 어떤 것도 나를 근심하게 할 수 없다. 또한, 죄 외에는 그 어떤 것도 너희 대적 앞에서 너희를 비열하고 쓸모없게 할 수 없다.

그러므로 나의 〈인간 영혼 마을〉이여, 죄에 주의하라!

내가 왜 디아볼루스 부하들을 너희 성벽 안에서 살도록 허락했고 아직도 허락하는지 아는가?

그것은 너희로 계속해서 죄에 경계하고 너희의 사랑을 시험하여 너희가 깨어 있게 하기 위함이다. 또한, 그것은 너희가 나의 고귀한 장군들과 그들의 병사들과 나의 긍휼을 소중히 여기게 하기 위함이다. 그리고 일부 디아볼루스 부하들이 너희의 성벽 안뿐만 아니라 너희의 성과 요새 안에 살 때 너희가 한때 그 안에서 살았던 비참한 상황을 너희에게 상기시키기 위해서이다.

나의 〈인간 영혼 마을〉이여!

가령 내가 너희의 성문 안에서 그들을 모두 죽였다 하더라도 많은 디아볼루스 부하가 너희를 속박하기 위해 여전히 밖에서 기다리고 있다. 너희의 성문 안에 사는 모든 디아볼루스 부하를 제거한다고 하더라도 밖에 사는 자들은 바로 지금 이 순간도 너희를 삼키기 위해 여전히 기다리고 있다. 그들은 내가 너희 안에 남겨 둔 것이다.

그러나 이것은 너희에게 해를 끼치기 위함이 아니다. 오히려 너희가 깨어 경계하고 그들에게 대항해 싸운다면 이것은 너희에게 유익이 될 것이다. 하지만, 만약 너희가 그들에게 귀를 기울이고 그들을 섬긴다면 그들은 너희에게 해를 끼칠 것이다.

그들이 너희를 유혹하는 어떤 방법에서든지 나의 계획은 너희를 멀리 몰아내게 하는 것이 아니라 오히려 너희를 나의 아버지에게 가까이 가게 하기 위함이라는 것을 알아야 한다. 즉, 그들과 싸우는 영적 전쟁을 배우고 아버지에게 탄원하고 너희 눈에 너희 자신이 아무것도 아닌 미약한 존재임을 알게 하기 위함이다.

> 하나님께 가까이함이 내게 복이라 내가 주 여호와를 나의 피난처로 삼아 주의 모든 행적을 전파하리이다(시 73:28).

나의 〈인간 영혼 마을〉이여!
내가 하는 이 말을 부지런히 귀담아들으라!
나의 〈인간 영혼 마을〉이여!
나에게 너희 사랑을 보이라!

너희 성벽 안에 사는 디아볼루스 부하들이 너희 영혼을 구속했던 분을 향한 너희의 소망과 의향을 빼어가지 못하게 하라. 디아볼루스 부하를 보게 될 때 그로 인해 나에 대한 사랑을 더 깊게 하라. 나는 너희에게 죽음을 가져왔을 독화살로부터 여러 번 너희를 구원했다.

나의 〈인간 영혼 마을〉이여!
디아볼루스 부하들에게 대항하기 위해 너희 친구인 나를 위해 굳게 서라. 그러면 나는 내 아버지와 그분의 모든 궁전 앞에서 너희를 굳건히 지지할 것이다. 나를 사랑하고 시험에서 승리하라. 그러면 너희의 연약함에도 불구하고 나는 너희를 사랑할 것이다.

나의 〈인간 영혼 마을〉이여!
나의 장군들, 나의 병사들 그리고 나의 전쟁 무기들이 너희를 위해 했던 것을 기억하라. 그들은 너희를 위해 싸웠고 너희와 함께 고난을 겪었다. 그들은 너희 손에 유익을 베풀기 위해 많이 인내했다. 그들이 너희를 돕지 않았다면 너희들은 디아볼루스와 동맹을 맺었을 것이다. 그러므로 그들을 먹이라. 너희가 잘 지낼 때 그들도 잘 지낼 것이다. 너희가 불행을 겪을 때 그들도 병들고 아프고 약해질 것이다.

나의 〈인간 영혼 마을〉이여!

나의 장군들을 아프게 하지 말라!

만약 그들이 약하게 된다면 너희는 강해질 수 없다. 또한, 그들이 연약하게 된다면 너희는 너희 왕을 위해 용감해지거나 용맹할 수 없다. 너희는 너희 자신의 감각으로 살아갈 생각을 해서는 안 된다. 너희는 내가 너희에게 일러준 말씀을 생각하며 살아야 한다.

나의 〈인간 영혼 마을〉이여!

너희는 믿어야 한다. 내가 너희에게서 떠나 있을 때도 나는 여전히 너희를 사랑하고 나의 마음 안에 너희를 영원히 품고 있다는 것을 알아야 한다. 그러므로, 나의 〈인간 영혼 마을〉이여! 내가 너희를 사랑한다는 것을 기억하라. 내가 너희에게 나의 원수들을 경계하고 기도하며 싸우는 기술을 가르쳤기 때문에 이제 나는 너희에게 너희를 향한 나의 사랑이 항상 동일하다는 것을 믿어야 한다고 명령한다.

나의 〈인간 영혼 마을〉이여!
나는 너희를 향한 나의 마음과 나의 사랑을 정했다!
깨어 있으라!
보라, 나는 너희가 이미 받았던 것 외에 어떤 다른 짐도 너희에게 부과하지 않았다. 내가 올 때까지 내가 말한 것을 굳게 붙들라!

> 내가 속히 오리니 네가 가진 것을 굳게 잡아 아무도 네 면류관을 빼앗지 못하게 하라 (계 3:11).

이는 내가 살아 있고 너희도 살아 있겠음이라

부록

존 번연의 생애

- 윌리엄 브록(William Brock) -

＊　　　　＊　　　　＊

　존 번연(John Bunyan, 1628-1688)은 1628년 베드퍼드셔(Bedfordshire)의 엘스토우(Elstow)에서 태어났다. 이곳은 낭만적이거나 그림 같은 풍경이라고는 찾아볼 수 없는 곳이었다. 천재성의 발달이 자연의 웅장함이나 아름다움의 영향에 의존했다면, 전망해 볼 때 이 젊은 이방인은 불쌍한 처지에 놓여 있었다. 엘스토우 주변에는 산도 없고, 큰 폭포는 물론 작은 폭포도 협곡이나 계곡도 없었다. 밀과 보리의 땅, 사람들이 부족함 없이 빵을 먹을 수 있는 땅이지만 언덕에서 놋을 캐낼 수 있는 땅은 아니다.

　번연의 선조에 대해 역사는 어떤 언급도 하지 않는다. 심지어 그의 부모에 대해서도 알려진 것이 거의 없다. 교구 등록부에는 그가 태어나기 전의 기록이 없다. 그가 태어난 후 한 번의 결혼과 두 번의 출생, 두 번의 세례, 여섯 번의 장례식이 기록되어 있다. 가족은 가난하고 평범했다. 아버지는 이마에 땀을 흘려 일용할 양식을 얻었을 뿐만 아니라 그가 일용할 양식을 얻게 했던 직업도 낮은 직업 중 가장 낮은 직업이었다. 그는 땜장이로 냄비와 프라이팬 그리고 다른 금속 물건을 수리하는 일을 했다. 그는 일자리를 구하기 위해 이 지역 저 지역을 돌아다녔지만 엘스토우에서 살았다.

　존의 부모는 얼마큼의 배움이 아들에게 도움이 될 것이라는 생각이 들었다. 가난하고 별 볼 일 없는 사람이었지만, 그의 아들이 가난하고 보잘것없는 사람으로 성장해야 할 이유는 없었다. 교육은 존의 인생에서 운명을 개선할 수도 있었다.

　가까운 베드퍼드에는 빈민층 자녀를 위한 무료 학교가 있었다. 그곳에 존을 보내 읽고 쓰는 법을 배우게 해달라는 부모의 마음이 하나님을 기쁘시게 했다. 존은 그 학교에 다녔지만 뛰어나지는 않았다. 후에 그가 고백했듯이, 그는 배운 것은 거의 없었고, 배웠던 작은 것도 곧 잊어버렸다. 그는 곧 학교에서 쫓겨나 아버지와 함께 냄비와 프라이팬의 기술과 수공예(手工藝, the art and mystery, 도제 계약서에 문구 쓰는 일)를 다루는 일을 하게 되었다.

　존의 불경은 불쾌감을 줄 만큼 심각한 수준이었다. 저주, 욕설, 거짓말, 신성 모독에 있어서 그와 필적할 수 있는 사람은 거의 없었다. 그는 마을 부도덕의 주동자였으며, 온갖 젊은 허영심으로 이웃 지역의 모든 젊은이를 감염시키는 죄악의 대명사였다. 그는 성경에는 관심이 없었고, 대중가요(ballad)나 지역 뉴스를 더 좋아했다. 그는 오래된 우화와 호기심을 돋우는 예술에 익숙했다. 그는 행동과 성향에 있어서 그가 양심적으로 조심했다고 밝히는 간음을 금지하는 일곱 번째 계명을 제외하고는 하나님의 율법 전체를 위반하는 악명 높은 위반자였다. 그는 죄를 짓고 싶은 욕망이 강했다. 아직 저지르지 않은 죄가 무엇인지 살펴보고, 그런 후에 자기 욕망을 채우기 전에 죽지 않기 위해 최대한 서두르는 것이 그가 했던 연구였다.

1644년 번연이 열여섯 살 때 군대에 입대하여 당시 의회와 왕 사이에 벌어진 충돌에 참여했다. 그는 왕당파(Royalist)에 속해 있었을 가능성이 있지만, 일반적으로는 그 반대편에서 싸웠다는 인상이 강하다. 증거가 결정적이지는 않지만, 그의 충성심은 매우 분명하여 그가 주권자에 대항하여 무기를 들지 않았을 것이다. 반면에 동료들의 타락에 대한 그의 언급은 라운드 헤드(the Roundheads, 17세기 영국 청교도혁명기의 의회파) 또는 크롬웰의 추종자 및 의회 지지자보다는 카발리어(Cavaliers, 영국 찰스 1세 시대의 왕당파) 또는 왕당파와의 연관성을 나타낸다. 올리버 크롬웰(Oliver Cromwell)이 아니라 루퍼트 왕자(Prince Rupert)가 그의 영웅이었다.

한번은 큰 위험에 처한 적이 있었다. 레스터(Leicester) 포위 공격 당시 그는 공격을 감행할 병사 중 한 명으로 선발되었다. 하지만, 번연 대신 다른 사람이 출정 허가를 받았다. 공격 초기에 그의 대타가 머스킷 총알에 맞아 사망했다. 이 사건은 번연에게 큰 영향을 미쳤고, 그에게 이 사건은 자기 삶의 방식의 오류에서 돌이키라는 주님의 소환으로 보였다. 또한, 이 사건이 유일한 소환은 아니었다. 그전에도 여러 번 그는 불시의 위기에서 구출된 적이 있었다. 그는 물에 빠져 거의 죽어가던 중에 구해진 적이 한두 번이 아니었다.

이러한 경험은 그의 영혼에 깊이 작용했다. 하나님의 선하심이 그를 회개로 이끌었지만, 그는 하나님의 성령을 거역하고 밤낮으로 불행해졌다. 그리고 두려운 꿈과 환상이 그를 두렵게 했다. 마을의 공터에서 난동을 부릴 때, 그는 종종 어찌할 바를 모르는 자신을 발견했다. 하나님은 그에게 진노하셨다. 그는 파멸한 사람이었다.

그는 이런 생각을 떨쳐 버리기 위해 자기의 오래된 죄악에 깊이 빠져 들었다. 그는 점점 더 하나님을 거역했고 심지어 불경함과 악행에 더 많은 시간을 보내기 위해 자기의 일을 소홀히 하기까지 했다. 그 결과 며칠 동안 그는 먹을 빵이 없었다.

어떤 친구들은 친절하게도 그를 불쌍히 여기며 무엇보다도 좋은 아내가 있다면 더 잘할 수 있고 눈앞에 닥친 파멸에서 벗어날 수 있을 거라고 결혼을 조언했다. 그는 친구들의 조언을 받아들였고 경건하다고 생각되는 아버지를 가진 여자를 찾았던 것이 다행이었다. 그러나 신중한 사람이라면 무모한 약혼이라고 말했을 것이다. 편파적인 친구들조차도 그것이 성급하다고 생각했을 것이다. 왜냐하면, 그들은 많은 것이 부족한 것은 말할 것도 없고 접시나 숟가락조차 없었기 때문이다. 그런 약혼은 결과에서 볼 때 아마도 인정받을 수 없는 위대한 모험이었지만, 앞으로 펼쳐질 결혼 생활의 전망에서 모방하도록 권장되지는 않았다.

하지만, 번연의 부인은 남편에게 두 권의 책을 가져다주었기 때문에 가치 있는 물건이 완전히 부족한 것은 아니었다. 하나는 루이스 베일리(Lewis Bayly)의 『경건의 실천』(The Practice of Piety)이었고, 다른 하나는 아서 덴트(Arthur Dent)의 『평범한 사람이 천국으로 가는 길』(The Plain Man's Pathway to Heaven)이었다. 하지만, 존은 너무 타락한 나머지 글을 읽을 수 있는 능력을 상실해 버렸고, 그녀는 그 상실을 회복하기 위해 남편을 도와야 했다. 결혼 생활에 대한 그녀의 헌신에 만족한 그는 그녀의 간청에 굴복하고 친절하게 책을 받아들였다. 두 사람은 함께 책을 읽었다. 함께 책을 읽을 때 그녀는 존이 신앙인이 되도록 설득하기 위해 지혜로운 말을 끼워 넣었다. 그녀의 어린 시절의 가정이 그렇게 행복했다.

그녀의 결혼한 가정도 행복할 수 있다면 얼마나 좋을까!

어려움은 없었다. 남편이 아버지를 본받기만 한다면 가난했던 그들의 집은 곧 하나님의 집이 되고 천국의 문이 되었을 것이다.

어느 정도는 존의 부인의 호소가 승리했다. 존은 당시의 종교에 열렬히 빠져 들었고 최고의 사람들과 함께 하루에 두 번씩 교회에 갔다. 그는 하나님의 사역을 크게 존경하고 존중했으며, 그들의 이름과 의복과 사역은 분명히 그를 도취시켰다.

엘스토우에서의 일요일은 유쾌함과 진지함이 묘하게 뒤섞여 있었다. 교회에서는 공동 기도문(the Book of Common Prayer)에 따라 두 번의 예배가 있었고, 5월 제의 놀이(May games), 성령 강림절 축제(Whitsun ales), 모리스 춤

(morris dances, 영국 전통춤의 하나) 등 다양한 스포츠가 있었다. 그는 종소리로 교구민을 예배에 참석하게 하는 것과 스포츠에서 자기의 역할을 익숙하게 잘 수행했다. 그는 교회 종을 울리는 데 능숙하여 언제든지 그 지역 전체를 대상으로 종 울리기 실력을 겨루고자 도전할 준비가 되어 있었다.

어느 일요일, 교구민에게 예배를 알리는 종을 울린 후 교회로 들어간 그는 평소처럼 아내의 곁에서 회중과 함께 예배에 참여하여 설교를 기다렸다. 설교자는 안식일을 어기는 악을 진술하는 데 있어 지적이고 진지했다. 설교는 제 역할을 했다. 이 설교는 그를 위한 것이었다. 존 번연은 더 이상 네 번째 계명을 위반하지 않았다. 그는 앞으로는 마음과 영혼을 다해 그 계명에 순종하기로 결심했다. 그의 마음은 단번에 결정되었다.

하지만, 이러한 인상은 일시적인 것으로 판명되었다. 식사를 제대로 하기도 전에 그는 설교를 생각에서 떨쳐 버리고 다시 예전의 스포츠와 게임으로 돌아갈 준비를 하고 있었다. 그리고 이내 곧바로 실행에 옮겼다. 바로 그날 오후 그는 마을의 공터에 나가, 평소의 열정으로 '고양이 놀이'*에 몰두하고 있었다. 갑자기 그는 하늘에서 들려오는 음성을 들었다. 그는 잠시 생각하다가 자신의 '작은 막대기'(cat)를 바닥에 던지고는 게임을 그만두었다. 그러고는 마치 동상처럼 서서, 초인적인 목소리의 물음에 떨고 있었다.

"너의 죄를 버리고 천국에 갈 것인가, 아니면 죄를 지닌 채 지옥에 갈 것인가?"

그는 그리스도께서 자신과 마주 보고 서 계시고, 자신이 마땅히 받아야 할 형벌을 가하기 위해 오셨다고 생각했다. 존은 결정하는 데 많은 시간이 필요하지 않았다. 그는 듣고, 생각하고, 결심했다. 그는 자기의 사악한 삶 때문에 저주받을 수밖에 없다고 결론지었다. 그렇다면 차라리 하나의 죄 때문에 저주받기보다는 많은 죄 때문에 저주받는 것이 낫다고 생각했다. 그래서 그는 다시 놀러 갔고, 그의 동료 중 그의 내면에서 일어나고 있던 놀라운 생각과 감정의 과정을 알아차린 사람은 아무도 없었다.

✝ "a game of cat", 이 놀이는 전통적인 영국의 어린이 놀이 중 하나로, "Tip-cat" 또는 "Cat and Dog"라고도 불린다. 이 게임에서 작은 나무 막대기 (보통 "cat"이라고 불림)를 다른 나무 막대기["bat" 또는 "dog"]로 쳐서 공중으로 날려 보내고, 상대방이 이를 잡지 못하게 하는 것이 목표이다- 역주.

하지만, 그의 양심은 여전히 편치 않았다. 존의 부인은 그를 그리스도에게로 인도하기 위해 끊임없이 신중한 노력을 기울였으며, 그가 비난받는 사건도 자주 일어났다. 어느 날, 그는 늘 하던 대로 길에서 저주와 욕설을 퍼붓고 바보 같은 짓을 하고 있었을 때, 한 여인이 그에게 말했다.

"이 불경한 자식아! 내 평생 그런 욕설은 들어본 적이 없었다. 너는 온 마을의 모든 젊은이를 망치기에 충분해."

그는 부끄러웠다. 왜냐하면, 특별히 그를 꾸짖었던 여인 자체가 죄 많은 삶으로 알려진 사람이었기 때문이다. 그는 진심으로 다시 어린아이가 되어, 그런 악랄한 욕설 없이 말하는 법을 배울 수 있기를 바랐다. 여인의 꾸짖음은 효과가 있었다. 그는 욕설을 그만두었고, 성경을 읽는 사람이 되었으며, 말과 삶에서 개혁된 사람이 되었다. 그의 이웃들은 그의 변화를 알아차렸다. 그들은 그의 앞에서나 그의 뒤에서나 그를 칭찬하기 시작했다. 이는 그를 기쁘게 했고, 그는 자만심에 빠졌다. 영국에서 자기만큼 하나님을 기쁘게 할 수 있는 사람은 없었다. 그는 이제 모든 것이 잘되었다고 생각했다. 자기 부인이 요구되었고, 그는 종교적으로 자기 십자가를 짊어졌다.

그는 춤을 열정적으로 좋아했고, 1년 내내 여전히 춤을 추었고 때로는 마을 공터에서, 때로는 공터에 서 있는 건물 안에서 춤을 추었지만, 이제 그는 춤이 거룩하지 못한 것이라고 믿었고, 가능한 한 거룩해지기를 바라며 춤을 포기했다. 옛 동료들이 그에게 춤추기를 권유했고 유명한 음악이 그를 유혹했지만, 그는 다시는 춤을 추지 않겠다고 결심했고, 결코 춤을 추지 않았다.

그가 가장 좋아했던 또 다른 오락은 종을 치는 것이었는데, 일부 사람들은 종을 치는 것이 지나치거나 가치 있는 목적에서 벗어나 오락의 수단으로 변질되면 종을 치는 일이 부적절하다고 생각했다. 그는 이 역시 포기해야 한다고 생각했다. 그가 시작한 종교성은 종치는 것을 즉시 포기해야 한다고 요구했다. 그런데도 그는 그것을 좋아하고 갈망하며 계속했다. 마침내 그는 양심의 주장에 굴복했고 종탑을 자주 찾았지만, 종은 울리지 않았다. 하지만, 어쩌면 그곳에 있는 것 자체가 잘못이었을지도 모른다. 종 가운데 하나가 하나님의 심판으로 떨어질 수도 있었다. 이러한 위험을 피하기 위해 그는 항상 종탑의 주요 들보 가운데 하나의 들보 아래에 있었다. 하지만, 그곳에는 위험이 있었다. 왜냐하면, 종은 너무 흔들리고 반동하여 안전하지 않았기 때문이다. 그는 두려움으로 종탑 안으로 들어가지 않았다. 탑이 무너질 것이 염려되어 그곳에서 자신이 안전하다고 확신할 수 없었기 때문이다.

그렇다면 무엇을 해야 하는가?

하나님의 심판으로 죽는다는 것은 자신의 신앙고백에 재앙이 되고 천국으로 들어가는 것에 치명적이었을 것이다. 그래서 그는 종을 울리는 일에서 완전히 손을 씻었고, 단호하게 자신의 약속을 지켰다.

단순히 외형적인 종교를 고백하는 많은 사람과 마찬가지로, 존 번연은 자신의 길이 주님 앞에서 완전하다고 믿었다. 그의 삶과 태도에 주목할 만한 변화가 찾아왔다. 그는 마침내 천국을 확신했다. 그런 변화는 놀라울 정도로 놀라운 것이었다. 그의 아내는 기쁨을 주체할 수 없었다. 그녀의 가정은 아버지의 가정처럼 되어가고 있었다. 결혼 생활에서 두 책의 내용이 결실을 보고 있었다. 『경건의 실천』(The Practice of Piety)이 남편의 실천으로 구체화되고 있었다. 『평범한 사람이 천국으로 가는 길』(The Plain Man's Pathway to Heaven)에서 존은 바로 그녀와 함께 걷고 있었다.

그러나 불행하게도 이것은 모두 실수였다. 그를 변화시키신 분이 우리의 증인이지만 그는 그리스도 예수 안에서 새로운 피조물이 되기 위해 죽음에서 생명으로 넘어가지 않았다. 그의 행동이 바뀌었음에도 불구하고 마음에는 변화가 없었다. 그는 여전히 성령의 중생이 필요했다.

존의 영적 상태에 대해 문제를 제기하는 사람들이 있을 뿐만 아니라 그의 전기 작가 중 일부는 그가 아직 구원받지 못했다는 그의 주장을 조롱하고 분개했다. 그들은 그가 강퍅해졌거나 타락했다는 사실을 부인한다. 그들은 존이 종교적 열정에 사로잡혀 있었음이 틀림없으며 그의 감정 상태에 근거하여 하나님과 가깝거나 멀다고 생각했다. 창조주로부터 소외된 것은 상상이지 실제가 아니라고 생각했다.

하지만, 전기 작가들은 틀렸고 엘스토우 출신의 이 사람의 말이 맞았다. 삶의 개선이 본성의 갱신은 아니다. 그 자체가 아무리 훌륭하다 할지라도 그것은 구원을 받기 위해서는 충분하지 않다. 하나님의 말씀은 최고 상태에 있는 인간에게 '네가 거듭나야 하겠다'라고 선언한다(요 3:7). 당시 자기의 영적 상태에 대한 존의 이해와 설명이 강렬하고 열정적이었을지 모르지만, 진실을 부정해서는 안 된다. 그는 자기의 상태를 정확하게 묘사했다. 그는 하나님의 의에 대해 무지하고 자기 의를 세우려 하여 하나님의 의에 복종하지 않았던 이스라엘 백성의 경우와 정확히 일치했다(롬 10:3). 그는 '살았다 하는 이름은 가졌지만 죽은 자'였다(계 3:1).

존의 근본적인 감수성은 놀라울 정도였다. 그의 본능과 충동은 다소 지배적인 면이 없지는 않았지만 활발하게 작용하고 있었다. 그의 이웃들이 아무런 감동을 받지 않는 곳에서 그는 동요했다. 그들이 특별한 점을 전혀 보지 못하는 곳에서, 그는 황홀경에 빠지거나 눈물을 흘리고 있었다.

이 시기에 존의 말과 행동이 자신의 기질과 특성에 국한된 것이 아니라 모든 영적 회심의 특징이라고 생각되지 않도록 이런 특성을 잘 염두에 두어야 한다. 어떤 사람들은 많은 감정을 보이지 않지만, 다른 사람들의 감정과 열정은 큰 폭풍이 몰아치는 동안 바다의 파도처럼 고르지 않게 오르락내리락하는 것처럼 보인다.

회심은 구원에 필수적이지만, 존이 묘사한 것처럼 두꺼비처럼 우리 자신을 혐오할 정도로 굴욕감을 느끼지 않고, 쟁기질한 땅에 앉아 있는 까마귀에게 하나님의 사랑을 말하고 싶을 정도로 홍분하지 않아도 회심은 일어날 수도 있다. 우리의 거듭남은 순례자의 거듭남처럼 확실할 수 있지만, 우리는 존처럼 악마가 우리의 옷을 잡아당긴다고 생각한 적이 없으며 또한 우리 영혼에 대한 그리스도의 긍휼을 생각하며 만족스럽게 존과 함께 감격할 준비가 되어 있지 않다. 모든 사람은 기질에 따라 영적으로 영향을 받는다. 따라서 존은 아직은 작은 목소리보다는 크고 강한 바람의 영향을 더 많이 받았다.

어느 날 그는 베드퍼드로 일을 보러 갔고, 거리에서 일을 처리할 수 있었던 것이 그에게 좋았다. 그가 지나갈 때 몇몇 가난한 여인이 문가에 앉아 있었다. 그는 그곳에 수레를 내려놓고 그녀들의 대화를 들어볼까 하고 생각했다. 그녀들은 신앙적인 여인처럼 보였고, 그는 아마도 종교적인 대화에 참여할 기회를 가질 수 있다고 생각했다. 이것은 그가 자기 아내에게 말하는 것처럼, 이제 그가 좋아하게 된 행위였다. 그가 귀를 기울였을 때, 그는 놀라움을 금치 못했다. 엘스토우 교회의 설교에서는 한 번도 새로운 출생의 필요성, 인간 마음의 배교, 악한 자의 유혹, 성령의 은혜 또는 그리스도 안에서 하나님의 주권과 자비에 대해 알려준 적이 없었다. 여인들이 말하는 것들은 그에게 큰 충격을 주었다. 이런 것이 사실이라면, 그는 분명히 경건한 사람의 진정한 증거가 부족한 것이었고, 그녀들이 말하는 것이 진실인 것처럼 보였다. 여인들은 그들의 방식에서 매우 소박하고 행복해 보였으며, 그녀들의 말하는 모든 것에 은혜가 넘쳐서 그들의 지성과 진실성이 의심할 여지가 없었다.

그들이 계속해서 대화를 나누는 동안, 존은 자기 수레에서 작업을 다시 시작하다가 멈추기를 여러 번 반복했다. 그동안 그의 내면에서는 중대한 영적 갈등이 계속되고 있었다. 하나님은 존이 기꺼이 그리스도 예수 안에서 기뻐하고 더 이상 육신을 신뢰하지 않게 만들고 계셨다.

존은 이 소중한 조력자들과 친분을 맺으려 했다. 그들은 기꺼이 그의 요청에 응하며 하나님의 길을 더 완벽하게 설명해 주기 위해 최선을 다했다. 그 결과 두 가지가 나타났다.

첫째, 존의 마음은 여인들이 성경에서 가져온 말씀을 부드럽고 온화하게 받아들였다.
둘째, 그의 마음은 그가 듣고 읽은 좋은 것들에 대해 끊임없이 묵상하는 쪽으로 크게 기울었다.

그에게 "진리를 알지니 진리가 너희를 자유롭게 하리라"(요 8:32)라는 성경 말씀이 성취될 순간이 다가오고 있었다. 하지만, 그 과정은 천천히 진행되었다. 하나님의 은혜를 방탕으로 변질시키던 어떤 사람들은 그와 만나 자기의 망상으로 그를 오염시키기 위해 열심히 노력했다. 마귀 역시 그를 큰 곤경에 빠뜨렸다. 그리고 이것은 존으로 하여금 아버지가 아이를 그리스도께로 데려갈 때 귀신이 그 아이를 거꾸러뜨리고 크게 괴로워했던 아이를 생각하게 만들었다(눅 9:42).

존은 자기에게 필요한 믿음이 있다고 말할 어떤 권리를 가지고 있었던가? 그는 자기가 구원받기로 선택되었다는 증거를 가지고 있지 않았다. 은혜의 날이 이미 지나가 버리지 않았다고 단언할 수도 없었다. 그렇지만 그는 이러한 유혹에 대해 최선을 다해 대처했다. 그는 용감하게 싸웠지만, 때때로 거의 패배할 뻔하기도 했다.

어느 날 아침, 그가 베드퍼드로 가는 길에 한 가지 제안이 퍼뜩 떠올랐다.

"기적을 시도해 보라, 말에게 물을 먹이는 작은 못에 있는 웅덩이들에 '마르라'라고 그리고 마른 곳에는 '웅덩이가 되라'라고 말하라."

그는 심지어 하나님의 이름으로 그것을 말하려고 했지만, 먼저 가까운 울타리 아래로 가서 하나님께 그에게 능력 주시기를 기도해야 한다는 생각이 떠올랐다. 이 제안이 그의 구원이 되었다. 그는 자신의 위험을 인식했고, 그에게서 벗어날 수 있었다.

그 후 어떤 날은 또 다른 제안이 떠올랐다.

"희망을 버려라."

그는 이렇게 교묘하게 제안된 난관을 보고 매우 큰 정체 상태에 빠졌다.

'무한한 은혜와 풍성함을 베푸시는 위대하신 하나님께서 당신을 자비의 도구로 자발적으로 선택하지 않으셨다면, 그가 가슴이 찢어질 때까지 갈망하고 수고해도 이로부터 어떤 유익한 것도 나오지 않을 것이다.'

몇 주 동안 그는 억눌리고 낙담하고 있었는데, 어느 날 단순히 하나님을 신뢰하는 사람이 받은 축복에 관한 구절이 떠올랐다. 이 말씀은 그의 마음을 크게 밝히고 용기를 주었지만, 유감스럽게도 그는 성경에서 그런 말씀을 찾을 수 없었다. 그는 계속해서 그 말씀을 찾았고 다른 사람들에게도 찾아달라고 요청했다. 하지만, 그 말씀을 찾기까지 1년이 넘게 걸렸고, 결국 그 말씀은 외경에 있는 것으로 밝혀졌다. 외경은 어떤 권위도 없기 때문에 그는 그 말씀에 대한 희망을 잃을 뻔했다.

그때 그는 성경에도 같은 종류의 말씀이 있고 그 말씀에 대해 확신할 수 있다는 것을 기억했다(롬 4:6-8, 시편 32:1-2).* 따라서 그는 악한 자(the Wicked One, 마귀)를 침묵하게 했다. 그는 주님을 신뢰할 수 있었다. 또한, 옛 세대는 주님을 신뢰하는 사람은 누구도 부끄러움을 당하지 않을 것이라는 사실에 관한 증거였다. 그는 악한 자를 침묵시키고 주님을 신뢰하고 있었

✠ [롬 4:6-8] 일하는 자에게는 그 삯이 은혜로 여겨지지 아니하고 보수로 여겨지거니와 일을 아니할지라도 경건하지 아니한 자를 의롭다 하시는 이를 믿는 자에게는 그의 믿음을 의로 여기시나니 일한 것이 없이 하나님께 의로 여기심을 받는 사람의 복에 대하여 다윗이 말한 바 불법이 사함을 받고 죄가 가리어짐을 받는 사람들은 복이 있고 주께서 그 죄를 인정하지 아니하실 사람은 복이 있도다 함과 같으니라.

[시편 32:1-2] 허물의 사함을 받고 자신의 죄가 가려진 자는 복이 있도다 마음에 간사함이 없고 여호와께 정죄를 당하지 아니하는 자는 복이 있도다.

지만, 자신의 영혼 깊은 곳에서 그리스도께 구원을 간청하며, 회심의 상태에 이르기를 얼마나 간절히 원했는지 표현할 수 없었다.

이때까지 그는 자신의 영적인 혼란을 혼자서 감내해 왔다. 마침내 그를 따뜻하게 맞아준 가난한 여인들에게 자신의 속마음을 털어놓게 되는 기회가 찾아왔다. 여인들은 그의 이야기를 주의 깊게 듣고 최선을 다해 대답해 주었다. 하지만, 얼마 지나지 않아 그들은 그의 질문에 당황하게 되었고, 그런 신비한 문제를 어떻게 설명해야 할지 전혀 알지 못했다. 아마도 그들의 목사인 기포드 씨(Mr. Gifford)가 그런 문제를 설명할 수 있을 것이라고 생각했다.

그들은 기포드 목사와의 만남을 주선했고, 존은 그의 집에 초대받았다. 이보다 더 좋은 일은 일어날 수 없었다. 기포드 목사의 현명한 판단과 넓은 지식이 그의 새로운 친구인 존의 성급하고 상상력이 풍부한 마음을 다스리고 억제하는 데 도움을 주었다. 하나님이 그들의 영혼을 다루시는 것에 대해 교인들과 개인적으로 대화하는 것은 목사가 교화를 촉진하기 위한 한 가지 방법이었으며,

그리고 이 만남에 엘스토우 장인이 소개되었다. 그의 실수 중 많은 부분이 미묘하게 수정되었고, 하나님의 뜻을 파악하는 건전한 습관이 점차 발견되었다. 그는 성령을 통해 성경 말씀에 기록하신 내용을 더 세밀하고 부지런히 생각하는 데 익숙해지도록 권유를 받았다. 존은 하나님의 말씀에 더 많이 의존하고 자신의 감정과 상상력은 덜 의존하기 시작했다.

그리고 그로 인한 즉각적인 결과는 그의 고통이 다시 시작되는 것이었다. 그는 자신이 가장 비참한 범법자처럼 보였다. 그는 묵상을 더 많이 하면 할수록 더 많이 두려움에 떨었다. 그는 자신의 적극적이고 오만한 충동의 영향으로 압도당했다. 그는 자신이 마치 어떤 집시 여인이 치마 속에 강제로 데려가 친구와 고향에서 멀리 떨어지게 된 아이와 같다고 생각했다. 그는 반 마일 뒤에서 자신을 부르는 목소리를 들었다. 그는 개나 두꺼비의 상태가 자신의 상태보다 낫다고 여겼다. 그는 자기 죄를 회개하고 슬퍼할 수만 있다면 큰 재산이라도 기꺼이 내놓았을 것이었다. 그는 자기가 악마에 사로잡혀 있다고 확신했다.

존은 희망을 잃지 않고 열심히 기도하고 성경 공부에 매진했다. 그러던 중 이웃집에 앉아 매우 슬퍼하고 있을 때 갑자기 성경 말씀 한 구절이 그에 임했다.

만일 하나님이 우리를 위하시면 누가 우리를 대적하리요(롬 8:31).

그리고 얼마 지나지 않아 그가 마을로 들어가던 중 또 다른 말씀이 그에게 들려왔다.

그의 십자가의 피로 화평을 이루사 만물 곧 땅에 있는 것들이나 하늘에 있는 것들이 그로 말미암아 자기와 화목하게 되기를 기뻐하심이라(골 1:20).

바로 그때 그의 집 안의 난롯불 곁에 앉아 있을 때 또 하나의 말씀이 그에게 다가왔다.

자녀들은 혈과 육에 속하였으매 그도 또한 같은 모양으로 혈과 육을 함께 지니심은(행 10:16).

그가 "임함", "들려옴", "다가옴"이라고 부르는 이 암시가 지속되지는 않았지만, 베드로의 그릇처럼 갑자기 그에게서 하늘로 올라가게 되었다(행 10:16).

존이 하나님의 위로의 말씀이 사라지지 않았으며, 여전히 그의 평안을 위해 손 닿는 곳에 있다는 것을 기억했더라면 그에게 더 좋았을 것이다. 하나님의 말씀은 확실하고 변함없이 남아 있었고, 심지어 존의 감정이 계속해서 요동치는 동안에도 그렇다. 그리스도 안에서 그가 얻는 위로의 근거는 그의 감정이 아니라, 그리스도께서 자신을 희생하여 그의 죄를 없애셨다는 신적인 확신이었다.

짧은 복음적 평안을 누리는 시기 동안, 존은 자신이 태어나기 수백 년 전에 살았던 경건한 사람의 경험에 대해 읽고 싶어 했다. 그는 현대의 종교 서적들이 이론적이고 피상적이며, 저자들이 결코 슬픔과 절망의 깊은 곳까지 내려가 본 적이 없다고 생각했다. 그는 루터의 갈라디아서 주석서를 우연히 발견했다. 그 주석서는 너무 오래되어서 넘길 때마다 금방이라도 다 떨어질 듯했다. 하지만, 존은 손수레와 도구들을 다루면서 거칠고 투박해진 손으로 조심스러우면서도 능숙하게 루터의 글을 살펴보았고 머지않아 그 책을 완벽하게 이해하게 되었다. 이 책은 그 당시 존에게 상상할 수 없을 만큼 잘 맞는 책이었다. 왜냐하면, 루터는 비슷한 열정과 감정의 기복을 가진 사람이었기 때문이었다. 하나님의 말씀을 제외하고, 다른 어떤 책도 존에게 그렇게 소중한 책은 없었다.

평안의 기간은 짧았고, 다음 유혹과의 만남은 무엇보다도 최악이었다. 일 년 내내 거의 쉬지 않고 그리스도를 팔아넘기려는 유혹, 즉 그리스도를 찾는 일을 그만두고 세상으로 돌아가고 싶다는 유혹을 받았다. 이런 괴물 같은 생각은 우리가 깨닫기 어렵지만 뚜렷한 방식으로 그에 의해 실현되었다. 어느 날 아침 침대에 누워있는데, "그를 팔아라", "그를 팔아라", "그를 팔아라"라는 말이 그가 말할 수 있을 만큼 빠르게 들렸다. 그는 "안 돼, 안돼, 안돼, 수천 번 말해도 안돼!"라고 계속 대답했다. 하지만, 마침내 많은 분투 후에 "그분이 원한다면 그분을 보내 주자"라는 생각이 그의 마음속에 자리 잡았고, 그는 자기 마음이 그런 생각에 자유롭게 동의하는 것을 느꼈다. 이제 심령이 짓눌린 존은 자기 마음이 강퍅해졌고, 자기가 그리스도를 영원히 거부했으며, 더 이상 구원의 희망이 없다고 생각했다.

이제 그에게는 '죽지 않는 구더기' 외에는 아무것도 없었다(막 9:48). 그는 나무 꼭대기에서 총에 맞은 새처럼 떨어지는 것을 느꼈고 큰 죄책감과 두려운 절망에 빠졌고, 2년 동안 거의 지독한 비애를 겪었다. 때때로 그리스도의 말씀이 일시적인 희망을 불러일으키기도 했지만, 그가 겪었던 기억이 떠오르자 그는 압도당했다.

"너는 구주를 팔았으니 저주를 받았다."

존의 경우는 처음부터 끝까지 놀라운 것이었다. 다른 사람들이 이를 모방하려고 해서는 안 된다. 하지만, 우리는 아마도 우리 마음속에 있는 죄와 그 죄성 그리고 하나님의 눈에 비친 우리 죄악의 극심한 죄성을 더 잘 인식하는 것이 좋을 것이다. 존의 경우 또한, 죄인들이 구세주에게 나아가지 못하게 방해하는 우리의 대적인 악마가 얼마나 활동적이고 강한지를 우리로 하여금 깨닫게 한다.

존은 일시적인 안도감을 느꼈던 사례를 언급한다. 그는 두려움으로 인해 쓰러질 것 같았을 때, 마치 창문으로부터 바람 소리가 그에게 밀려오는 것 같았으나 매우 상쾌함과 함께 이런 음성을 들었다.

"너는 한 번이라도 그리스도의 피로 의롭다 함 받기를 거부한 적이 있느냐?"

그는 신음하듯 대답했다.

"아닙니다."

그러자 "너희는 삼가 말씀하신 이를 거역하지 말라"(히 12:25)는 하나님의 말씀이 권능으로 그에게 임했다. 이상하게도 이 말씀은 그의 영혼을 사로잡았고, 한동안 주인 없는 지옥의 개처럼 으르렁거리며 울부짖던 그 소란스러운 생각을 진정시켰다. 이 시간은 3일 또는 4일 동안 지속되었고, 그런 후에 그는 다시 불신과 낙담에 빠지기 시작했다.

하지만, 결국 구원은 효과적이고 영구적으로 이루어졌다. 그가 들판을 지나고 있을 때 "너의 의는 하늘에 있다"라는 문장이 그의 영혼에 다가왔다. 그는 영혼의 눈으로 하나님 우편에 계신 예수 그리스도를 자기의 의로 보았기 때문에 그가 어디에 있든지, 무엇을 하든지 하나님은 '그에게 나의 의가 부족하다'라고 말씀하실 수 없었다. 왜냐하면, 그리스도와 그의 백성은 모두 하나인 하나님의 의가 그의 눈앞에 있었기 때문이다. 믿는 자의 선한 마음의 틀이 그의 의를 더 좋게 하지 않는다. 또한, 믿는 자의 악한 마음의 틀이 그 의를 악하게 하지 않는다. 그의 의는 어제나 오늘이나 영원히 동일하신 그리스도 자신이기 때문이었다. 존에게 그 들판은 다름 아닌 천국 문이었다. 그때 그곳에서 그는 부패의 속박에서 벗어나 하나님의 자녀로서 영광스러운 자유 안으로 들어갔다.

이후에 그는 자신이 겪었던 기억할 만한 영적 기복에 관해 요약했다. 그리고 기도에서 믿음의 연약함, 영혼이 끊임없이 이어지는 영원한 위험에 대해 무관심함 그리고 한 번은 하나님께서 무엇을 하셔야 할지를 자기가 정하려 했던 교만함에 근거하여 그런 영적 기복을 설명한 후, 그는 그런 영적 기복이 제압되어 자기에게 대단히 유익하게 작용했다고 결론지었다. 이는 마치 욥이 큰 고난을 겪은 후 두 배의 복을 받았던 것처럼, 자기도 이전에 누렸던 것보다 두 배나 더 많은 복을 받았다고 결론지었다. 그의 요약에서 가장 특징적인 한 문장을 발견되는데, "내게 오는 자는 내가 결코 내쫓지 아니하리라"(요 6:37)라는 구절을 인용한 후, 이렇게 말했다.

"오, 내 마음이 요한복음 6장의 그 복된 구절 때문에 사탄과 얼마나 많은 싸움을 벌였는가!"

오랫동안 다른 사람들에게는 그들의 친구인 존이 그리스도께 속해 있다는 것이 분명했고 이제 존 자신도 그런 마음을 가지고 있었다. 그는 그 순간을 구체적으로 설명하거나, 자신이 생명으로 이동하게 된 행위를 정의할 수도 없었지만, 그는 정말 하나님 앞에서 살고 있었다.

그가 하나님의 말씀을 계속 배우면서 깨닫게 된 것은 사람들 앞에서 그리스도를 고백해야 한다는 것이었다. 이에 따라 그는 자신이 선택한 교회에 그리스도의 의식에 따라 함께 걷고 싶다는 소망을 설명했다. 그는 기꺼이 받아들여져 세례를 받은 후 그 교회의 회원으로 등록되었다. 주의 만찬에 참여할 때 그는 마치 자신이 그리스도의 죽음의 미덕 속으로 뛰어든 것처럼 느꼈다. "너희가 이를 행하여 나를 기념하라"라는 말씀은 그에게 매우 귀중한 말씀이었다(눅 22:19, 고전 11:24-25).

이 무렵 그는 폐결핵 또는 결핵으로 보이는 병에 걸렸다. 그는 회복했다가 다시 병에 걸렸지만 결국 회복되어 건강해졌다. 투병 기간 동안 그는 종교적 감정의 기복을 몇 차례 겪었지만, 전반적으로 하나님 안에서 기뻐할 수 있게 되었다.

그가 병에서 회복되어 벽난로 앞에 앉아 있던 중 아내에게 말했다.

"여보, '내가 예수께로 가야 한다'라는 그런 성경 구절이 정말 있나요?"

그 순간 그녀는 그런 구절을 기억하지 못했다. 그들은 2분 또는 3분 동안 함께 생각했고, 그때 히브리서의 한 구절을 기억해 냈다.

"여보, 이제 알겠어. 너희가 이른 곳은 새 언약의 중보자이신 예수라는 말씀이야"(히 12:22-24).

그는 기쁨에 넘쳐 침대로 갔으나, 그리스도 안에서 얻은 승리로 인해 거의 누워 있을 수 없었다.

건강이 회복된 그는 교회 회원의 의무를 성실히 수행하며 헌신적인 모임과 병자 심방에서 담임목사를 효과적으로 도왔다. 이러한 측면에서 그의 능력은 매우 두드러졌기 때문에 형제들은 공동의 동의하에 그를 교회의 집사로 임명하여 교회의 세속적 봉사와 가난한 사람들에 대한 공식적인 관심을 그에게 맡겼다.

엘스토우에서 베드퍼드로 이사한 그는 집사 직분을 수락하고 이를 잘 활용하여 지역 사회에서 좋은 평판을 얻었다. 당시 그는 홀아비였지만 사별의 상황에 대해서는 어떤 이야기도 없다.

베드퍼드 교회 기록의 한 항목에 따르면 존은 형제들의 존경을 한 몸에 받았음을 알 수 있다.

1657년 6월 27일에 열린 회의에서 집사 직분이 존 번연에서 존 퍼니에게로 이전되었는데, 이는 그가 설교에 너무 많이 종사한 결과 더 이상 그 직무를 제대로 수행할 수 없었기 때문이다.

그의 동료 회원 중 일부는 그가 사적인 모임에서 그들에게 권면의 말을 해 주기를 원했다. 존은 그들의 요청에 겸허한 마음으로 동의했고, 두 차례의 집회에서 자신의 은사를 발견했다. 이를 통해 그들의 의견을 확인한 그들은 그를 마을 설교에 초대했다. 때때로 그의 순응은 매우 만족스러웠고, 그의 동료들은 사역에 대한 그의 부르심에 대해 의심의 여지가 없었다.

그들은 목사에게 의견을 보고했고, 목사는 적당한 때에 그들의 의견에 동의한다는 자기의 의사를 교회에 전달했다. 이와 관련해서 존은 금식하며 주님께 간절히 기도했고 얼마 후 공식적인 말씀의 설교자로 임명되었다. 그는 자신의 연약함을 깨닫고 큰 두려움과 떨림으로 그 일에 전념했지만, 하나님의 성령이 그를 재촉했고 성경에서 큰 격려를 받았다.

그 외에도 그에게는 더 많은 격려가 있었다. 왜냐하면, 그 지역 전역에서 수백 명이 말씀을 듣기 위해 몰려왔기 때문이다. 많은 사람이 그에게서 깨달음을 얻었다고 고백하고 확언하였으며, 그로 인해 하나님의 말씀이 그의 마음에 큰 위안을 주었다.

이에 대해 그는 이렇게 말했다.

"멸망할 뻔한 자의 축복이 내게 임했고, 나는 과부의 마음이 기쁨으로 노래하게 했다."

의심할 여지 없이 그에게는 필연적인 사명이 주어졌고, 이내 이렇게 되었다.

… 만일 복음을 전하지 아니하면 내게 화가 있을 것이로다(고전 9:16).

양심을 위해 받는 고난

곧 존에게 다음과 같은 오래된 질문이 제기되었다.

"네가 무슨 권위로 이런 일을 하느냐, 또 누가 이 권위를 주었느냐?"

답은 준비되어 있었다. 설교할 수 있는 그의 능력이 그의 권위였다. 특별히 그 능력에 대해 그가 속한 교회가 판단을 내렸기 때문이다. 그의 형제들은 매우 신중하고 기도하는 마음으로 그를 그 사역으로 요청했고, 그는 그런 요청에서 하나님의 음성을 인식했다. 그가 필요로 했던 모든 안수는 이렇게 얻어진 것이었다.

하지만 당시 정부는 또 다른 형태의 안수를 요구했다. 안수를 받은 목사들만이 설교할 수 있었고, 그들은 반드시 국가의 공식 승인을 받아야 했다. 존은 국가가 그러한 문제에서 판단할 권리를 부인하며 이를 전혀 신경 쓰지 않고 자신의 길을 계속 갔다. 그에 대한 고발이 접수되었고, 그는 이튼(Eaton)에서 설교한 혐의로 기소되었다. 1658년 3월 3일 특별 기도를 한 후, 그의 형제들은 그의 변호를 위한 조치를 취했다. 그들은 상당히 성공을 거두어 존에 대한 혐의는 철회되었다.

스튜어트 왕조의 복고(the Restoration of the Stuarts)와 함께 교회 권력의 폭정이 종교의 자유를 향한 가장 가혹한 공격 중 하나를 가했다. 존의 사역과 같은 사역은 가장 엄중한 처벌하에 금지되었다. 그는 단지 목숨의 위협을 무릅쓰고 이를 계속할 수 있었다. 안전한 대안은 침묵을 지키는 것뿐이었다.

한동안 그는 이 침묵의 대안을 선택했지만, 그는 밤의 어둠 속에서 설교하기로 동의했던 다양한 벽지의 장소에서 방해받지 않기 위해 가끔 변장했다. 그는 변장하는 것을 매우 싫어했지만, 결국 어떤 위험을 감수하더라도 설교하기로 결심했다. 마을 사람들이 하나님의 말씀을 간절히 듣기 원했고, 삼셀(Samsell)로 와 달라고 하자, 그는 만약 하나님의 뜻이라면 그들이 바라는 것처럼 가겠다고 대답했다. 인근 마을에서 회중이 모였고, 설교자는 자리에 있었지만, 실망이 곧 닥쳐왔다. 그가 오고 있다는 소식을 들은 당국은 법을 집행할 준비를 하고 있었다. 그가 감히 설교를 감행할 경우를 대비해 체포할 수 있도록 이미 서명된 영장을 들고 경비원들을 배치해 두었다.

존은 이런 위험에 대한 통보를 받았고, 예배를 다른 시기로 연기해야 하는지에 대한 의문이 제기되었다. 이대로라면 그는 체포될 수도 있었지만, 탈출할 수 있는 기회는 충분히 있었다. 하지만, 존은 하나님의 자비하심으로 절망에 빠져 예수 그리스도 안에서만 찾을 수 있는 소망이 필요한 사람들에게 복음을 전하도록 자신을 선택하셨기 때문에 도망친다면 온 교회가 낙심할 것이라고 생각하여 도피는 생각조차 하지 않았다. 게다가 세상이 이런 비겁함을 기회로 삼아 복음을 모독할 것이라고 생각했다. 그래서 중요한 삼셀 집회는 계속되었다.

존은 개회 기도를 드렸고, 이 기도에 형제들은 전심으로 "아멘"으로 화답했다. 그런 다음 그는 염려하는 자와 용감한 자 사이에서 투쟁을 말하는 어조로 "네가 인자를 믿느냐"(요 9:35)라는 본문을 낭독했다. 그가 계속 진행하고 있을 때 경찰이 들어왔고, 그는 그 자리에서 그를 체포했다. 영장이 발부되었기 때문에 순응하는 것 외에는 다른 방법이 없었고, 죄수는 경찰의 요구대로 그와 함께 가야 했다. 그리고 형제들은 용기를 내야 했다. 그들의 설교자는 도둑이나 살인범으로 체포될 수도 있었지만 그렇지 않았다는 것에 하나님께 감사했다. 이럴 때 그들처럼 박해자보다 박해받는 자가 되는 것이 훨씬 낫다.

경찰관이 다가와 말했다.

"더 이상은 안됩니다. 재판관은 기다리지 않습니다. 당장 가셔야 합니다."

그러나 그들은 너무 늦었고, 윙게이트 재판관(Justice Wingate)은 이미 떠난 뒤였다. 존은 큰 호의로 일종의 보석으로 그날 밤 석방되었다. 다음 날 아침, 존은 그 경찰을 만나 그와 함께 법정으로 갔다. 윙게이트 재판관은 땜장이가 설교할 권리가 없다고 주장했다. 그것은 땜장이의 인격과 능력에 달린 문제라는 답변이 나왔다. 재판관은 존에게 법이 그에게 설교하지 말라고 명령했음을 상기시키며, 그만두는 것이 좋겠다고 충고했다. 간단하게 재판관에게 그것에 대한 확신을 줄 수 있는 사람이 있다면 그는 자유의 몸이 될 수 있었다. 그의 친구들이 틀림없이 그에게 그런 확신을 주었을 것이다. 문서는 이미 작성되어 있었다. 존이 해야 할 일은 더 이상 설교하지 않겠다고 동의하기만 하면 그는 자유의 몸이 될 수 있었다.

존의 친구들은 무엇에 동의해야 했는가?

그들은 존이 설교를 그만두어야 한다는 것에 동의해야 했다. 존은 친구들이 그런 책임을 거부할 것이라고 윙게이트 재판관에게 확신있게 말했다. 진리가 진리인 것이 확신한 것처럼 석방되면 즉시 가서 설교할 것이기 때문이었다. 그러자 서기는 존이 감옥에 가도록 명령하는 법정 명령서를 준비하라는 명령을 받았다. 존이 감옥으로 향하려고 할 때 오랜 지인인 리달 박사(Dr. Lidall)가 법정에 들어왔다. 호기심 가득한 대화가 이어졌다. 박사는 존을 사도들을 대적했던 악명 높은 구리 세공인의 후손이라고 비난했다(딤후 4:14-15).

존은 구리세공업자뿐만 아니라 제사장들과 바리새인들도 사도들에게 저항했고, 공교롭게도 그런 사제들과 바리새인들의 후손들이 멀지 않은 곳에 있다고 반박했다. 리달은 격분하여 계속 말을 했고 존으로부터 더 심한 반응을 받아 마땅하지만, 존은 진실에 해가 되지 않게 그가 할 수 있는 한 최대한 말을 아꼈다.

그 결과 1660년 11월 13일, 존은 영국 국교회 정부의 큰 비난을 받으며 전국에서 여러 차례 불법 종교 집회에 참석했다는 혐의로 감옥에 갇히게 되었다.

그를 구하기 위한 또 다른 노력이 이루어졌다. 포브스 씨라는 사람이 그에게 부적절한 교회 관행을 포기할 것을 권유하며, 진심으로 친절하게 그에게 설교할 권리가 없다고 확신시켰다. 존은 정중하지만 단호하게 반박했다. 그러자 그는 감옥으로 끌려갔다. 법정을 나서면서 그는 그들에게 자신이 하나님의 평화를 지니고 간다고 말하고 싶은 충동을 억누르기가 어려웠으나, 그는 침묵했고 하나님의 위로를 자신의 불쌍한 영혼에 간직한 채 감옥으로 향했다.

그 후 열린 재판(판사들에 의해 형사 사건이 심리되는 시기)에서 존에 대한 기소장이 제출되었다. 이 기소장에는 '그는 악마적이고 사악하게 교회에 가지 않았으며 법에 반하여 불법적인 종교 집회를 옹호했다'라는 혐의가 명시되어 있었다. 그는 유죄를 인정하라고 요구받았지만 거절했다. '교회'라는 단어가 가진 의미에서 그는 결석자가 아니라 자주 다니는 사람이었다.

하지만, 그가 자기가 속한 교구에 갔는가?

아니었다. 그리고 그는 자기의 교구 교회에 가지 않은 것에 대해 법원의 동의하에 그 이유를 설명했다. 이것은 논쟁으로 이어졌다. 하지만, 이 논쟁에서 그는 잔인하게 조롱과 모욕을 받았고, 그는 침착함을 유지하며 자기의 입장을 고수했다. 그는 당시 정부의 적이 아니었다. 그는 자기가 하나님을 경외하고 왕을 존경하는 옛날 방식의 사람 중 한 명임을 공언했지만, 감히 만왕의 왕을 거역할 용기는 없었다. 하나님께서 각 사람에게 주어진 은사대로 섬기라고 명하셨기 때문에(벧전 4:10), 죄수인 그는 말씀을 전하는 일로 섬겨야 한다고 말했다. 그는 재판정에 있는 여느 판사 못지않게 가이사의 것은 가이사에게 바칠 준비가 되어 있었다. 하지만, 그는 하나님께 속한 것을 가이사에게 바칠 수는 없었다(마 22:21).

존이 발언한 후, 그의 형벌은 불가피했으며 다음과 같은 판결이 내려졌다.

"당신은 다시 감옥으로 가야 하며, 3개월 동안 거기 머물러야 한다. 3개월이 지나도 복종하지 않고, 교회에 가서 예배를 드리지 않고, 설교를 그만두지 않는다면, 당신은 이 나라에서 추방될 것이다. 그리고 추방 명령이 내려진 날 이후에도 이 나라 안에서 발견되면, 당신은 목을 매달게 될 것이다."

이 감옥은 왕국에서 최악의 감옥 중 하나였으며, 존 스스로 "굴"이라고 적절히 불렀다. 감옥에는 단 두 개의 감방과 작은 뜰 하나가 있었는데, 모두 우즈강과 같은 높이에 위치해 있었다. 삼십 명이면 가득 찰 공간이었지만, 종종 육십 명이 밤낮으로 그곳에 갇혀 있었다. 운동과 신선한 공기에 익숙한 32세의 남자에게 그런 감금은 끔찍했음에 틀림없다. 단 일주일만 있어도 그의 결단력을 시험하기에 충분했다. 많은 사람은 그가 오랫동안 그런 굴욕과 고통을 견딜 수 없을 것이라고 생각했다. 그가 기회만 얻는다면, 그는 분명히 철회할 것이라고 여겼다. 판사들도 그렇게 생각했고, 치안 서기인 콥 씨(Mr. Cobb)를 보내 죄수에게 그들의 호의를 전하고, 설교하지 않겠다는 약속을 하고 석방을 받아들이도록 설득했다. 그 사자는 그에게 강하게 권유했다. 존이 중범죄자들과 함께 감옥에 있는 것만으로도 충분히 나쁜 일이었다. 콥은 재판이 열리면 더 큰 형벌이 내려질 것이므로 상황이 더 악화되어 국외로 추방될 수도 있고, 그보다 더 나쁜 일이 생길 수도 있다고 말했다.

면담은 몇 시간 동안 계속되었지만, 아무런 효과가 없었다. 바울은 자기 시대의 권세들이 하나님께 속해 있음을 인정했지만, 그럼에도 그는 자주 감옥에 있었다. 예수 그리스도께서는 빌라도에게 그가 하나님으로부터 주어진 권세 외에는 아무런 권세도 없다고 말씀하셨지만, 그분은 빌라도 아래에서 죽으셨다. 그리고 죄수는 치안 서기가 바울이나 그리스도께서 권위를 부정했다고 말하지 않기를 바랐다. 율법은 두 가지 방식으로 순종하는 길을 제공했다. 사람의 양심에 합당한 경우, 그는 적극적으로 순종해야 했고, 존은 그렇게 할 준비가 되어 있었다. 사람의 양심에 반하는 경우, 그는 수동적으로 순종해야 했으며, 그가 당해야 할 일을 감내하며 고난을 받아들여야 했다. 존은 이를 위해서도 준비가 되어 있었으며, 심지어 죽음에 이르기까지도 그럴 각오가 되어 있었다.

이것이 존의 결심임을 들은 콥은 가만히 앉아 더 이상 아무 말도 하지 않았다. 존은 그의 정중하고 온유한 대화에 감사하며, 천국에서 다시 만나기를 기도한 후 헤어졌다. 콥과 헤어진 후 존은 그 결과를 받아들이기 위해 해롭고 역겨웠지만 그 굴로 다시 돌아왔다.

때마침 대관식이 있었다. 국가의 관습에 따라 가장 극악한 죄수를 제외한 모든 죄수가 사면되었다. 존은 사면받지 못했다. 그의 적들은 그에게 불리하게도 법적인 억지소리에 의존했고, 그 결과 그의 희망과 노력은 헛되었고 그는 계속 감금되었다. 그의 아내(그는 투옥되기 약 1년 전에 재혼했다)는 탄원서를 들고 런던으로 갔지만, 아무런 성과도 없었다. 이제 남은 유일한 희망은 재판을 맡은 판사들에게 있었다. 그들은 대관식 사면을 근거로 그를 석방하도록 명령할 수도 있었다.

그들이 도착했을 때 존은 그들에게 가서 자신의 석방을 요구하길 원했지만 허락되지 않았다. 아내가 나설 수밖에 없었다. 용기 있고 지혜로운 여성이었던 그녀는 여러 차례 판사들을 만날 수 있었고, 그때마다 효과가 있어서 사건의 시비곡직에 대한 긴 논의가 있었다. 그녀는 훌륭하고 현명하게, 열정적으로 변호했지만, 대법원장이 그녀의 고통에 대해 특별한 동정심을 보였음에도 불구하고, 그는 개입하지 않겠다고 했다. 그는 그녀가 판결을 취소할 수 있는 두세 가지 방법이 있긴 하지만, 그녀에게는 그것을 시도할 수 있는 수단이 없었고 존의 감금은 계속되었다.

존은 스스로 일을 하며 가족을 부양하기 위해, 그 당시 유행하던 신발과 코르셋 끈에 작은 금속 장식을 다는 다소 초라한 일을 하였으며, 할 수 있는 만큼의 많은 일을 했다. 때때로 그는 손에 닿는 몇 권의 책을 읽었고, 특히 하나님의 말씀에 대해서는 지칠 줄 모르는 체계적인 주의를 기울였다.

다음 재판에서 그는 자유를 얻기 위해 노력을 기울였다. 그때마다 "그가 설교를 그만두겠다고 약속할 것인가?"라는 요구가 빠짐없이 제기되었다. 그가 동의한다면, 석방되는 데에 아무 장애도 없었을 것이다. 하지만, 존은 설교를 그만두는 것에 동의하지 않았고, 그는 6년 동안 감옥을 떠나지 않았으며, 한 세기 후 감옥 개혁가 존 하워드가 자기희생적인 열정으로 사명을 수행하도록 만든, 그 불결한 환경 속에서 그가 할 수 있는 한 최선을 다해 견뎌냈다.

때때로 존 번연은 거의 압도당하는 때가 있었다. 아내와 가난한 자녀들과의 이별은 종종 마치 살을 뼈에서 떼어 내는 것만큼 고통스러웠다. 그것은 그가 아내와 자녀들이 방문하는 것을 좋아했지만, 그가 만약 그들에게서 떠나면 그들이 겪을 수많은 어려움을 자주 생각했기 때문이었다. 특히, 그는 맹인으로 태어난 그의 맏딸 메리를 생각했다. '가엾은 아이'라고 그는 생각했다.

"이 세상에서 네가 받을 몫으로서 겪게 될 슬픔이 얼마나 클 것인가! 너는 아마도 매를 맞고, 굶주림과 추위, 헐벗음 그리고 수천 가지 재난을 겪게 될 것이다. 하지만, 나는 지금 그저 바람이 너에게 불어오는 것조차도 견딜 수 없구나."

그러나 그는 스스로를 다잡고 힘을 되찾아, 자기의 무력한 가족들을 주님께 맡겼다. 그는 자기의 집을 아내와 자녀들 머리 위에 무너뜨리고 있었지만(존이 자기의 신념과 결단 때문에 가족에게 고통과 어려움을 가져다준다는 의미-역주) 그럼에도 그는 그렇게 해야만 했다.

한동안 그는 추방되어 구덩이에서 죽거나, 그의 투옥이 교수형으로 끝날 수 있다고 생각했으나, 설교할 권리를 포기할 수는 없었다. 고난에서 벗어나는 것은 그에게 큰 기쁨을 주었을 것이다. 왜냐하면, 그는 고통스러워하며 종종 신음했기 때문이다. 하지만, 그는 그리스도께 불충성함으로써 자유를 사려 하지 않았다.

12년 동안 투옥이 계속되었고, 간수 중 일부는 친절했으나 어떤 이들은 압제적으로 불친절했다. 친절한 이들의 우호적인 태도 덕분에 간간이 감옥 생활이 완화되기도 했다. 감옥이 더 견딜 만해졌을 뿐만 아니라, 그의 명예를 걸고 돌아오겠다는 약속 아래 수도에 있는 형제들을 방문할 허가도 받았다. 이런 사실이 보고되었고, 어느 날 밤 당국에서 나온 전령이 간수를 깨워 존을 보자고 요구했다. 마침 존은 그곳에 있었다. 그는 적들이 그 순간 경계하고 있을 것이라는 생각에 한두 시간 전에 막 돌아온 참이었다. 하급 관리가 아무리 그에게 친절을 베풀었더라도, 판사들과 당국은 전혀 그런 친절을 보여 주지 않았다.

마침내 구원의 시간이 가까워졌다. 1672년 3월, 왕은 교황주의자들을 제외한 모든 비국교도가 허가된 장소에서 그때그때 허가받은 목사 아래 공적인 예배와 신앙 행위를 할 수 있도록 허용하는 선언을 발표했다. 이 선언의 정신은 당시 감옥에 갇혀 있던 비국교도들의 석방을 포함하는 것이었다. 이에 따라, 그들의 석방을 위한 시도들이 이루어졌고, 특히 양심을 위해 고난받는 이들 중 가장 많은 수를 차지한 퀘이커 교도에 의해 이러한 노력이 주도되었다. 조지 오퍼(George Offor) 씨의 지칠 줄 모르는 노력과 큰 비용을 들인 조사 덕분에, 고난받는 이들이 어떻게 석방되었는지에 대한 몇 가지 일반적인 오해를 바로잡는 사실이 밝혀졌다. 오퍼 씨는 존에 대한 그의 정교하고 탁월한 회고록에서 이러한 사실을 상세히 기록했다.

다음은 그중 간략한 예다.

> 퀘이커 교도를 대표하여 찰스 2세 앞에 나선 한 사람이 다음과 같이 말했다.
> "폐하께서는 저를 전에 본 적이 있으십니다."
> 그러자 왕이 물었다.
> "어디서 봤는가?"
> "우스터 전투 후 폐하를 안전하게 프랑스로 모셔다드린 배에서 폐하를 보았습니다."
> "기억하네."
> "그리고 해적이 우리를 추격했고, 우리 중 몇몇이 노를 저어 폐하를 육지로 데려갔으며, 얕은 물에 이르자 우리 중 한 명이 폐하를 어깨에 태워, 물에 젖지 않도록 완전히 들어 올려 가까운 마을까지 데려갔던 것을 기억하십니까?"
> "물론."
> "그날 폐하를 육지로 모셔다드린 사람이 바로 저였습니다. 이제 저는 폐하께 제가 곤경에 처한 폐하에게 친절을 베풀었던 것처럼, 지금 고통 받고 있는 제 형제들에게도 친절을 베풀어 주시기를 요청하러 왔습니다."
> 그 장면 전체가 왕의 기억 속에 떠올랐다. 이 남자, 리처드 카버는 중요한 위기에서 꼭 필요한 친구가 되어 주었다. 그는 분명히 보상받을 자격이 있었다. 하지만, 이 비국교도들은 너무나 광신적이어서, 감옥에서 풀어 준다면 이전의 모든 죄를 반복할 것이고 다시 감옥으로 보내질 것이었다. 그런데도 이 나이 든 선원은 청원을 계속했고, 이들을 다시 감옥으로 보낼 법들이 잘못된 법이니 폐지되어야 한다고

폐하께 상기시켰다.

찰스 왕은 그의 온화한 성품으로 이 퀘이커 교도에게 나중에 다시 요청해도 된다고 말했다. 지체할 틈도 없이, 다른 퀘이커 교도들이 청원에 동참하였고, 결국 카버는 모든 비국교도의 석방을 성사시켰다.

다소 지연은 있었지만, 1672년 9월 13일에 존을 석방하는 명령이 서명되었다. 존은 자기의 일들이 파산 상태에 이르렀고, 마치 새로 태어난 사람처럼 다시 시작해야 한다는 것을 알게 되었다. 석방되기 전에 왕으로부터 설교 허가증이 그에게 보내졌다. 기포드 씨가 사망한 후, 교회는 존이 그들의 바람에 동의할 경우 그가 그들의 목사가 되어야 한다고 결의했다.

사도들의 방식을 따라, 그는 주님의 죄수가 되었다. 그는 교회의 머리이신 그리스도의 특권을 주장하고 옹호하기 위해 자신의 생명을 아끼지 않고, 기꺼이 재산의 약탈을 받아들였다. 설교하지 말라고 그에게 내려졌던 금지령은 그리스도에 대한 모욕이었다. 자유로운 기도를 억압하는 것은 성령에 대한 범죄였다.

따라서 그는 자신을 방어하는 것 외에 다른 선택이 없었다. 하늘의 권위에 대한 그의 충성은 지상의 권위에 대한 불충성을 필요로 했다. 그는 신적인 법과 상충되었기 때문에 교회법을 따를 수 없었다. 그는 감옥으로 갔고, 그곳에서 죽을 때까지 머물 각오가 되어 있었다. 그것은 무모한 광신이나 절망적인 당파심에서 나온 것이 아니라, 경외심과 경건한 두려움의 명령에 따른 것이었다. 보이지 않는 그분을 보는 자로서(히 11:27), 그는 주님 앞에 즉흥적으로 마음을 쏟아내는 특권을 포기할 용기가 없었다. 또한, 하나님 은혜의 복음을 증언하라는 주 예수께 받은 사역을 포기할 수도 없었다.

♪ 그의 사역과 목회

존은 자신의 사역을 주님으로부터 받았다고 믿었다. 그 믿음은 그의 영혼 위에 놓인 주님의 짐과도 같았다. 기쁜 소식을 전하고자 하는 열망은 마치 그의 뼛속 안에 붙은 불과 같았다. 그래서 긴 수감 기간 동안, 금지되지 않은 경우에는 예수님을 위해 동료 죄수들을 섬기는 종이 되었다. 따라서 그의 오랜 투옥 기간 동안, 금지된 때를 제외하고, 그는 예수님을 위해 죄수들의 종이 되었다. 그의 섬김은 대체로 사람들을 덕스럽게 했으며 가끔은 특별히 인상적이고 강력한 힘으로 가득 차 있었다.

그는 언젠가 감옥에서 다섯 마디 말조차 할 수 없을 것 같은 무력감을 느꼈던 순간을 언급한다. 회중은 기다리고 있었고, 본문은 요한계시록 21장의 하나님께로부터 하늘에서 내려오는 거룩한 예루살렘에 관한 구절이었다. 희미하게 비치는 벽옥의 빛(glimmerings of the jasper)이 그의 눈에 들어왔고, 그는 더 깊이 깨달을 수 있을 것이라고 생각하기 시작했다(여기서 벽옥의 빛은 요한계시록 21장에 묘사된 새 예루살렘의 모습을 상징하는 표현으로 영적 깨달음이나 신성한 계시를 상징한다. 벽옥은 성경에서 하나님의 영광과 천상의 빛을 나타내는 보석으로 자주 등장하며 번연이 이 빛을 본 것은 그가 신적 영감을 받았다는 상징적 표현이다-역주). 그는 몇 번의 탄식과 함께 자기의 묵상을 주님께 올렸다. 곧바로 도움을 받았고, 형제들은 모두 배불리 먹고 충만했다. 나눠진 은혜가 너무 넘쳐 그들이 충분히 먹은 후에도 남은 음식이 많아 그는 한 바구니 가득히 거두어들였다. 그날 번연이 그들에게 말할 때, 하나님의 성령이 죄수들 사이에 역사하셨다

이와 같은 훈련은 그가 그리스도의 교회 목사로서의 목회적 임무를 준비하게 했다. 존은 성경을 부지런히 공부하고 영적 은사의 신중한 계발을 통해서 웅변가로 성장했고, 성경에 능통한 사람이 되었다. 출소하자마자 그는 큰 예배당이 자신을 기다리고 있다는 것을 알게 되었고, 그곳은 적절한 절차에 따라 등록된 예배당이었다. 첫날부터 많은 사람이 그곳에 모였다. 그의 설교는 깊이 있고 경건한 연구를 통해 준비되었다. 설교가 끝난 후, 설교에 대한 그의 판단에 따라 더 추가로 사용하기 위해 때때로 설교를 글로 작성했다. 그의 자원은 부족했다. 처음에 그는 하나님의 말씀과 기도 외에는 가진 것이 거의 없었다. 그가 계속해서 선포했던 것처럼 그는 더 높은 원천에서 도움과 영감을 얻었다.

그는 자기의 우물에서 물을 길어 올리는 것이 그의 기쁨이었다(자기의 내면에 있는 신앙적 자원을 활용하여 영적 통찰과 깨달음을 얻는 것을 의미한다. 여기서 우물은 하나님께서 그에게 주신 믿음의 샘이자 성령의 인도 아래 얻어진 내적 자원을 의미한다-역주). 그는 말씀과 성령의 증거로 하나님께서 주신 것만으로 담대히 나아갈 수 있었다.

존의 이러한 위대한 성경 습관은 그가 작성한 모든 설교에서 분명하게 드러났다. 성경이 끊임없이 등장할 뿐만 아니라 적절하고 결론적이어서, 의도하지 않더라도 성경의 통일성과 신앙의 유비를 놀랍게 보여 주었다. 그는 가장 간단한 표현과 문체를 채택했다. 그의 생각은 이해하기 쉬운 말들이 종종 정확하게 핵심을 찌르지만, 고상하고 학문적인 말은 공허하다는 것이었다. 그의 주장은 결코 불확실한 소리가 아니었다. 그의 사역을 즉시 이해할 수 있었다. 서민들은 그의 말을 기꺼이 들었고, 더 까다로운 사람들도 불만을 제기할 여지가 없었다. 그는 투박하지 않고 명확하게 자기를 표현했고, 직설적이면서도 거칠지 않게 말했다.

그는 설교를 전할 때 날카롭고 명쾌하며 훌륭한 목소리와 호감 가는 태도를 갖추고 있었다. 그는 본성과 은혜 모두에 있어서 예수 그리스도의 훌륭한 사역자로서 자격을 갖추고 있었다. 따라서 그의 모임 장소가 항상 붐비고 많은 사람이 바깥에 서서 기다려야 했던 것은 놀라운 일이 아니었다. 그는 이웃 전역에서 느껴지는 힘을 지닌 설교자였으며, 다양한 사람이 그의 가르침에 참여하려고 노력했다.

그는 정해진 시기에 인근 마을을 방문했고, 그곳에 오늘날까지도 계속되는 지교회가 세워졌다. 때때로 그는 대도시를 방문하기도 했는데, 그곳에서 그의 인기는 고향에서와 마찬가지로 대단했다. 하루 전 공지만으로도 많은 회중을 모으기에 충분했다.

그 당시 한 사람은 이렇게 말했다.

"내 계산으로는 그가 설교하는 것을 듣기 위해 한겨울 어두운 아침 7시에 천이백 명의 사람이 모인 것을 보았다. 나는 또한 주일에 런던 외곽의 한 모임 장소에서 약 삼천 명의 사람이 모인 것을 보았는데, 그들은 그의 설교를 듣기 위해 모였고, 그중 절반은 자리가 부족해 돌아가야 했다. 그때 존은 사람들 사이로 거의 끌리다시피 하여 뒷문으로 들어가 강단으로 올라가야 했다."

이것은 그가 초기에 사역했던 모습을 다시금 연상시키는 장면이었다. 그뿐만 아니라 베드퍼드셔(Bedfordshire)와 헤르츠(Herts)의 낯선 외진 장소에서, 한밤중에 천 명의 사람이 설교를 듣기 위해 모이곤 했는데 그의 인기는 그 자신에게 경외심을 불러일으켰다. 하지만, 그는 주님 앞에서 자기를 낮췄다. 하늘로부터 은혜가 주어지지 않으면, 자신이 지나치게 높아지게 될 것이고, 마귀가 그를 사로잡아 그의 뜻대로 이끌 것이라고 생각했다. 그리고 마침 그에게 불리한 소문들이 심하게 퍼져 나갔다. 그가 일곱 번째 계명(간음하지 말라)을 어겼다는 주장이 있었고, 아홉 번째 계명(이웃에게 거짓 증언하지 말라)도 어겼다는 소문이 있었다.

어느 날, 보몬트 씨가 갑작스럽게 사망했다. 그의 딸은 이전에 존의 설교를 들으러 다닌다는 이유로 집에서 쫓겨났었는데, 존의 설교를 더 이상 들으러 가지 않겠다고 약속하고 다시 집으로 들어갈 수 있게 되었다. 그녀는 자신이 했던 약속을 후회하며, 아버지에게 그 금지를 취소해 달라고 간청했다. 어느 날 밤, 아버지가 잠자리에 들기 전에 그녀는 간절하게 그 요청을 했고, 아버지는 크게 충격을 받았다. 그리고 그날 밤, 그는 사망했다.

그러자 그가 독살되었고, 그의 딸이 독극물을 투여했으며 그녀의 목사가 그 방법을 알려 주었다는 소문이 돌았다. 이 소문은 동네를 들썩이게 했다. 그 여자는 살인자였고, 비국교도 설교자는 그녀의 정부(情夫)라는 소문이었다. 존은 아내와 자녀가 있는 가정이었지만 추문을 일으킨 간음자라는 소문이 퍼졌다.

그에 대한 심판이 기다리고 있었고 이에 대한 조사가 열렸다. 이미 활발하게 진행 중인 다른 조치들에 앞서 예비 심사가 이루어졌다. 하지만, 조사와 함께 이 사건은 마무리되었다. 고발자들은 그들의 뻔뻔함 때문에 조사관에게 꾸지람을 들었고, 참석자들의 야유와 혐오 속에서 법정에서 거의 쫓겨나다시피 했다.

존은 다음과 같이 말했다.

"이 사건을 마무리하며, 나는 하나님을 나의 영혼에 대한 증거로 불러, 내가 결백하다는 것을 증언합니다. 내가 나 자신 안에 있는 어떤 선함 때문이 아니라, 오직 하나님이 나에게 자비로우셨기 때문에 나를 지키셨으며 앞으로도 하나님께서 나를 계속 지켜 주시기를 기도합니다."

(충분한 근거 없는 소송으로) 상대방을 괴롭히기만 했던 이 재판은 유익하게 작용했다. 그의 설교는 더욱 효과를 발휘했고, 그는 예수 그리스도의 훌륭한 사역자로서 더욱 높은 명성을 얻게 되었다. 다른 교회와 더 큰 교회들이 그에게 초청을 보냈다. 더 넉넉한 수입을 제안하며 그의 지위를 유지하겠다는 제안도 있었지만, 그는 요지부동이었다. 기회가 주어질 때마다 다른 곳으로 가서 설교하고 선을 행할 수 있어야 한다는 조건 하에 베드퍼드

(Bedford)와 그 주변 지역이 그의 활동 영역이었다. 그의 호칭이 되었던 '주교 번연'으로서 사람들이 그의 도움이 필요하다고 생각되는 외딴 지역까지도 방문하는 데 있어서 수고와 노력을 아끼지 않았다. 그는 이제 방해에 대한 어떤 두려움 없이 설교하고 조언을 줄 수 있었다. 따라서 비록 다른 지역에서 설교해야 하는 종교적 상황에 대해 습관적으로 반대했지만, 이를 잘 활용했다. 설교자로서의 소명에서 그는 나쁜 평판이든 좋은 평판이든 결코 벗어나지 않았다.

그의 친구 찰스 도(Charles Doe)는 다음과 같은 이야기를 전한다.

> 번연 씨가 케임브리지 근처 길을 걷고 있을 때, 그가 설교하는 것을 본 한 학자가 그를 추월하여 이렇게 말했다.
> "당신은 원본도 없고 학자도 아닌데 어떻게 감히 설교를 합니까?"
> "당신은 그 원본을 가지고 있습니까?"
> "예."
> "그럼, 당신은 성경을 기록한 저자들, 즉 예언자들과 사도들 스스로가 쓴 바로 그 동일한 원본을 가지고 있습니까?"
> "아니요."
> "하지만, 우리는 그 원본의 정확한 사본을 가지고 있습니다. 어떻게 그걸 알 수 있을까요?"
> "어떻게 아냐고요? 우리는 우리가 가진 것이 원본의 정확한 사본이라는 것을 믿기 때문입니다."
> "맞습니다. 저도 영어 성경이 원본의 정확한 사본이라고 믿습니다."
> 그러자 그 학자는 가버렸다.

말씀의 씨앗이 좋은 땅에 떨어졌고, 많은 사람이 회심하여 주님께로 돌아왔다. 그는 부목사로서 교회의 복지를 위해 열심히 일했고 그의 돌봄 아래에 있는 교회는 꾸준히 성장했다. 부목사로서 그는 교회의 복지를 위해 열심히 일했다. 그는 성례의 집행을 신중히 감독했고, 성례가 정기적으로 준수되어야 한다고 강력히 주장했다. 존은 성례가 은혜 자체가 아니라 은혜의 수단이라고 믿었다. 성만찬은 그리스도의 몸과 피를 제공하는 것이 아니라 그것을 상징했다. 존은 그 상징과 표지가 죄에 대해 진정으로 죽은 자들과 새 생명 가운데 행하는 자들에게 큰 유익이 있다고 믿었다. 그것들을 소홀히 하는 것은 특권을 잃는 것이며, 잘못을 저지르는 것이었다.

그는 양심적이고 동정심 어린 관심으로 병자들을 찾아가 돌보았다. 교인들 사이에 이견이 있을 때 신속하게 개입했다. 그는 다양한 걱정을 가진 진리를 추구하는 이들에게 유익하고 적절한 조언을 제공했다. 그는 다른 지역으로 이사한 교인들과 계속 서신을 주고받았고, 그들이 새로운 곳에 정착하면 교회와 협의하여 자매 교회로 소속을 옮기는 것에 동의했다. 잘못을 저지른 자들에게 내려지는 징계에 대해서는 어떠한 대가를 치르더라도 철저히 따랐다. 그는 먼저 비공식적으로 권면했고, 실패하면 그 문제를 당회에 보고했다. 그리고 조사 후 그들이 처벌이 필요하다고 판단되면, 그는 그 죄와 관련된 규율을 설명했고, 그에 따라 처벌이 이어졌다.

처벌에 대한 준비는 용서할 준비와 함께 동일하게 이루어졌다. 쫓겨난 사람이 진심으로 회개를 보이면, 목사는 그의 회복을 도우며 그를 가장 거룩한 신앙 안에서 다시 세우는 데 기쁨을 느꼈다. 그러나 존은 하나님을 섬기는 일을 독점하지 않았다. 그는 주님 안에서 형제 공동체의 지도자였다. 그는 강단에 서는 사람이자 교회의 목사였지만, 교회의 모든 회원을 동료 일꾼으로 여기며 그들이 가장 잘할 수 있는 섬김에 그들을 소개했다. 젊은 이들과 나이 든 이들 모두가 자기의 권리와 책임을 익히게 되었으며, 그들 모두가 복음의 신앙을 함께 지키기 위해 힘쓰고 서로의 짐을 나눠서 지는 데 있어 공통된 노력을 기울였다. 이는 그리스도의 법을 성취하기 위함이었다(빌 1:27; 갈 6:2).

그는 이런 여러 방식으로 성령께서 자신을 감독자로 세우신 교회를 돌보았다. 그는 교회에 생명의 양식을 공급하고, 믿음의 일을 위해 교회를 훈련했으며, 경건에 이르도록 훈련시키고, 자기를 부인하는 열정을 불어넣었다. 또한, 그는 성도에게 단번에 주신 믿음의 도를 위하여 힘써 관대하게 싸우라고 함으로써 교회를 불명예스럽고 파괴적인 분쟁에서 지켰다(유 1:3).

J 그의 저술 활동

존은 펜을 다루는 데 능숙했다. 글을 쓰는 것이 그에게는 즐거움이었다. 글은 그의 마음에서 머리로 그리고 머리에서 손가락을 거쳐 페이지로 흘러나왔다. 실제로 글 쓰는 행위는 고되고 다소 느렸을 것이라는 추측을 할 수 있다. 그의 초기 필체를 보면, 가장 짧은 책을 출판하기 위해 준비하는 데에도 상당한 시간이 걸렸음이 틀림없다. 그의 생각이 분명 손보다 앞서갔다.

그는 설교자가 되자마자 1656년에 저술가가 되었고 그의 첫 작품은 논란의 여지가 있었다. 이 책의 제목은 『성경에 따라 열린 몇 가지 복음의 진리』(Some Gospel Truths Opened, According to the Scriptures)였다. 이 책의 목적은 특정한 퀘이커교도들이 퍼뜨리던 오류와 성경 폄하, 하나님의 어린 양의 대속적 희생에 대한 폄하를 반박하는 것이었다.

이 책은 즉시 답변이 이루어졌고 그는 논란에 대해 지나치게 가혹한 답변을 내놓았다. 이후 다른 책들이 이어졌고, 그 후 그는 투옥되었다. 하지만, 집필은 계속되었다. 생계유지를 필요가 그의 필력을 자극했다. 그는 가족을 부양해야 했고, 비록 감옥에 있었지만, 스스로도 생계를 유지해야 했기 때문이다. 이를 위해 끈 끝 장식 제작(lace-tagging) 작업이 충분하지 않았기 때문에, 그는 소품 몇 편을 썼고, 그의 친구들이 그것들을 거리에서 판매할 수 있도록 인쇄했다. 그것들이 너무 잘 팔려서, 뉴게이트와 런던 브리지 근처의 거리 가객들이 그의 인기를 이용해 자신들이 만든 부적절한 위조품에 그의 초상화와 이니셜을 붙여 팔았다.

그는 자기를 염려하는 (그의 설교로 은혜받은) 사람들을 위해 하나님의 크신 자비가 자기에게 임한 이야기를 짧게 기록했다. 그의 출생부터 투옥까지 이어지는 이 이야기는 세계에서 가장 감동적인 자서전 중 하나로 꼽힌다. 물론, 이것은 그의 회심과 하나님의 일에 헌신한 모든 기록의 핵심을 구성한다. 이 글을 읽는 독자는 실제로 그 사람 자신의 말을 듣고 있는 셈이다. 그의 이야기 전반에 흐르는 진지한 어조는 다음과 같은 한 대목에서 특히 감탄을 자아낸다.

"하나님은 나를 설득하실 때 장난하지 않으셨다. 마귀는 나를 유혹할 때 장난하지 않았다. 그리고 지옥의 고통이 나를 붙잡았을 때, 나도 장난하지 않았다. 따라서 내가 그것들을 이야기할 때도 장난칠 수 없으며, 있는 그대로 솔직하고 간단하게 진술해야 한다."

그의 자서전 제목인 『죄인 중에 괴수에게 넘치는 은혜』(Grace Abounding to the Chief of Sinners)는 그가 찾을 수 있는 가장 적절한 제목이었다.

더 정교한 출판물이 뒤따랐다. 그런데 존의 상황에서 이런 출판물을 준비한다는 것은 항상 놀라움을 자아내는 일이었음이 틀림없다. 그 책들은 칭의와 죽은 자의 부활과 같은 위대한 주제들에 대한 심오한 논문이었다. 또한, 비록 현대의 논문들이 신학교에서 존이 썼던 논문들을 대체했을지라도 존의 논문이 함유한 지적 능력의 강건함이나 통찰력, 진리를 파악하려는 경건하고 떨리는 염려, 또는 표현하려는 감정의 정확하고 힘찬 서술 면에서 존의 논문을 능가하는 경우는 거의 없었다. 그의 소수의 문학적 자원에 알려진 유일한 추가 자료는 성구 색인과 폭스의 『순교사 열전』(Book of Martys)이였고, 그가 글을 쓰던 유일한 장소는 끊임없는 방해가 있었고 편리함이라고는 전혀 없는 일반 감방이었다.

이 감옥에서의 저술들은 대체로 논쟁적인 성격을 띠었으며, 일부 경우에는 논쟁자가 관대하지 않고 거칠었다. 매콜리(Macaulay)는 자기 교회의 제13조를 사실상 부정하는 글을 쓴 파울러 목사(Rev. Mr. Fowler)에게 존이 "사납다"고 표현했다. 분명 그는 무례했지만, 파울러 역시 적어도 그만큼 무례했고, 둘 다 지나치게 악의적이고 거친 태도에 가까웠다.

감옥에서 출판된 마지막 작품은 『나의 신앙 고백과 나의 실천에 대한 이유』(A Confession of my Faith, and a Reason of my Practice)라는 제목의 글이었다. 이 글의 목적은 기독교인을 그리스도인으로서 주의 만찬에 참여하도록 허용하는 관행을 옹호하기 위한 것이었다. 존의 견해로는 한 사람이 사랑으로 역사하는 믿음의 증거를 보여 주면 충분했다. 존은 한 사람이 주의 만찬에 참여하기 전에 신앙 고백에 기초해서 세례를 받는 것을 선호했을 것이다. 하지만, 그 사람의 삶이 경건함을 증명한다면 존은 그 사람이 그 예식에 참여하는 것을 허락하곤 했다. 존은 그러한 사람의 교회 특권에 대한 권리를 의심할 여지가 없다고 믿었으며, 베드퍼드에서는 모든 특권이 그 사람의 것이 될 수 있었다.

하지만, 주요 침례교 지도자는 큰 반발을 일으켰고, 이러한 개방된 성찬은 주님에 대한 대담한 불충성으로 비난받았다. 하지만, 존은 조용히 원칙을 고수하며, 전능하신 하나님이 자기의 방패가 되어줄 것을 확신하면서

"눈썹에 이끼가 자랄 때까지"(즉, 죽을 때까지라도 존은 자기의 원칙을 포기하지 않겠다는 의지를 상징적으로 드러낸 것을 의미-역주) 이 원칙을 위해 고난을 겪을 준비가 되어 있었다.

존이 감옥을 떠나기 전에 빛을 봤을지도 모르는 또 다른 책이 있다. 이 책은 그의 이름을 사실상 불멸하게 만든 작품이다. 『천로역정』(*The Pilgrim's Progress*)은 베드퍼드 감옥에서 시작되고 완성되었다. 그 작품은 거의 노력 없이 그에게 찾아왔으며, 꿈처럼 부드럽게 다가와 감정과 문체의 비교할 수 없고 셀 수 없이 많은 뛰어남을 저절로 드러냈다. 그가 다른 책을 쓰던 중에 갑자기 이 작품을 쓰기 시작했다. 여러 가지 아이디어가 그에게 떠올랐고 그것들을 적기 전에 또 다른 많은 아이디어가 떠올랐다. 그는 기쁨을 느끼며 펜을 들었다. 그가 글을 쓰면 쓸수록 여러 가지 내용이 떠올랐고, 쓰는 동안에도 계속해서 많은 내용이 떠올랐으며, 결국 그 길이와 폭 그리고 범위에 이르러 그는 만족하면서도 놀라움을 금치 못했다. 그는 이 주제를 철저히 혼자만 간직했으며, 어떤 사람의 도움도 받지 않았다. 그는 과거의 저장된 자료로부터 어떤 소재도 얻지 않았다. 그는 장엄한 물소리나 동방 하늘의 화려한 장관, 또는 영원한 산들의 숭고한 고독과 침묵에서도 어떤 영감도 얻지 못했다.

그는 감옥의 거주자였고, 항상 느리고 잠잠한 우즈강(Ouse River)의 평지에 사는 거주자였다. 하지만, 그에게 말할 수 없는 기쁨을 준 것은 자기가 주인공인 크리스천이 놀라운 변화를 겪으며 기쁨의 산(Delectable Mountains), 뿔라 땅(the land of Beulah)을 지나 하나님의 낙원에 이르게 했다는 것이었다. 형식과 소재 모두 그의 것이었으며, 그가 작품을 완성할 때까지 어느 누구에게도 알리지 않았다.

감옥에는 마섬 씨(Mr. Marsom)라는 사람이 있었는데, 그의 가족을 통해 『천로역정』이 완성되자 존이 동료 죄수들에게 그 책을 출판해야 할지 아니면 출판하지 말아야 할지에 대한 의견을 구하기 위해 그 책을 읽어 주었다고 전해지고 있다. 만장일치 같은 것은 없었다. 어떤 사람은 "존, 그 책을 출판하게"라고 했고, 어떤 사람은 "그렇게 하지 말라"라고 했다. 어떤 사람은 "유익할 수 있다"라고 했고, 또 어떤 사람은 "안 된다"라고 했다." 마섬은 혼자서 원고를 꼼꼼히 검토한 후 바로 언론사에 보낼 것을 권했다.

하지만, 반대하는 의견이 우세했고, 1678년에야 출판되었다. 이 책의 인기는 즉각적이고 엄청났다. 10년 안에 12판이 출판되었고, 존이 사망하기 전에 영국에서만 10만 부가 팔렸다. 그때부터 지금까지 이 책은 가장 중요한 책 중 하나로 자리해 왔다. 이 책은 무대에도 인용되었다. 로맨스 소설의 등장인물들은 이 책을 활용해 왔다. 수필가들은 이 책의 여러 부분을 깊이 숙고하여 전체에 대한 그들의 심오한 논문에 더하려 했다. 비평가들은 그 아름다움과 결함을 지적으로 파악하려고 이 책을 해부하고 분석했다. 번역을 통해 지구상의 거의 모든 나라에서 읽을 수 있게 되었다. 예술가들은 이런 것의 뛰어난 장면들을 묘사하는 데 그들의 최대 역량을 쏟아부었지만, 아마도 지금 대중에게 선보인 이 판만큼 더 효과적이지는 않았을 것이다. 효과가 뛰어나진 않았을 것이다.

『천로역정』 출판 후, 『악인 씨의 역사』 등 한두 권의 책이 더 나왔고, 그런 후에 1682년에는 『거룩한 전쟁』이 출간되었다. 이 책은 사실 서문에서 그리고 인간 영혼(Mansoul)이 먼저 디아볼루스(Diabolus)에 의해 점령되고 그런 후에 임마누엘(Immanuel) 왕자에 의해 정복되는 과정을 묘사할 때, 작가 자신을 묘사하고 있다는 것을 알 수 있다. 전체적인 묘사는 군사적이며, 레스터(Leicester) 포위전에서 그가 병사로서 생활했던 것이 그가 효과적으로 사용한 생생한 삽화들을 제공해 주었다. 조물주로부터 인간을 유혹하는 데 성공한 악마의 첫 번째 공격이 놀랍게 묘사되어 있으며, 하나님 아들의 성육신에 의한 인간의 회복도 마찬가지다. 더 놀라운 것은 악한 자가 인간을 다시 자기의 권세 아래로 끌어들이려는 새로운 시도들이다. 이 작품이 담고 있는 깊은 철학은 그것이 구현되고 장식된 천재성과 친밀하게 연결되어 있다. 형이상학적, 시적 그리고 복음주의적 요소가 거의 동등하게 결합하여 있다.

이 책은 저자의 생애 동안 여러 번의 출판을 거쳤으며, 그 독보적인 뛰어남에 걸맞은 정도는 아니지만 여전히 요청이 끊이지 않고 있다. 이 책은 인간의 지체 속에 있는 죄의 법이 사탄의 힘에 의해 어떻게 작용하는지 그리고 성령의 협력적 은혜를 통해서 그런 힘이 어떻게 억제될 수 있는지를 이해하려는 사람을 위한 현존하는 가장 훌륭한 인간 지침서다.

그리고 1-2년 안에 『천로역정』의 제2부가 출판되었다. 제2부에서는 크리스천의 아내와 자녀들이 이웃인 자비(Mercy)와 함께 그를 따라 천국으로 가는 모습이 보인다. 그들의 여정에 성격을 깊이 상징하는 이름을 가진 다른 동료들도 합류하고, 대담한 수호자 담대함(Great-Heart)의 보호 아래 결국 그들은 목적지에 도달한다. 순례자들이 아름다운 성으로 올라가 서로를 따라갈 때 그들을 환영하기 위해 광활한 지역이 말과 전차, 나팔 부는 자들로 가득한 광경을 보는 것은 영광스러운 일이다. 존의 재능은 이 두 번째 부분의 전반적인 분위기가 첫 번째 부분과 비교될 때 확연히 드러난다.

크리스천의 여정은 대부분 승리를 얻기 위한 끔찍한 투쟁이었고 크리스천 여성의 여정은 대체로 고향을 향한 즐거운 여정이었다. 크리스천의 아들들은 교회의 투쟁을 위한 축복으로 남겨졌으며, 저자는 훗날 그들에 대해 더 할 말이 있을지도 모른다는 암시를 해주었다. 그의 암시는 제3부의 집필과 관련하여 분명히 실현되었다. 왜냐하면, 그의 죽음 몇 년 후, 출판업자 나다니엘 폰더(Nathaniel Ponder)는 그 원고가 자기에게 맡겨졌으며 곧 출판될 것이라고 발표했기 때문이다. 하지만, 폰더의 출판에 대해 더 이상 들려오는 소식은 없었다. 실제로 제3부라고 주장하는 것이 나오기는 했으나, 그것은 위조된 것이었다. 내적 증거와 정황 증거는 그것이 두 개의 진짜 꿈과는 아무런 연관도 없다는 것을 증명했다.

다른 책들이 뒤이어 나오면서, 대략 60권에 달하는 존의 저작이 완성되었고, 그중 몇 권은 상당히 방대한 분량이었다. 그의 저작물 중 많은 것이 훈계였지만, 모두 기독교 신앙의 근본 진리와 관련이 있었다. 여러 경우에 이 책들은 그의 설교를 확장한 것이었는데, 그는 그 책들이 경건하지 않은 독자들을 무감각에서 깨우고 성도들 사이에 더 깊은 영성을 불러일으킬 가능성이 있다고 강하게 느꼈기 때문이다.

그는 자신의 세대뿐만 아니라 앞으로 다가올 세대에도 섬기길 원했다. 조롱자의 반대를 반박하기 위해 그들의 반대를 계속해서 굴복시키는 것은 정말 고통스러운 일이었지만 그는 그 일을 수행했다. 훈련되지 않고 지나치게 비판적인 사람들의 다양한 어려움을 해결하는 것은 힘든 작업이었지만 그는 그 일을 해냈다. 신앙을 부인하거나 왜곡하기 위해 넘쳐나는 다양한 유혹에 대항하여 나라 전역에 있는 하나님의 교회에 경고하는 것은 무거운 책임이지만, 그는 그 책임을 다했다. 그는 하나님의 다스림 아래에서 강단에서뿐만 아니라 인쇄물로도 큰 선행을 이루었으며, 수천 명의 동포에게 하나님 은혜의 복음에 대한 자신의 포괄적인 지식과 깊은 감탄을 심어주었다.

사람들은 일반적으로 『소년과 소녀를 위한 책』(*Book for Boys and Girls*)과 같은 단순한 작품뿐만 아니라 『율법과 펼쳐지는 은혜』(*Law and Grace Unfolded*)와 같은 더 깊은 작품에 매료되었고, 감사히 받아들였으며, 궁극적으로 설득되었다.

80권의 책 중 어느 한 권도 그의 의도가 분명하지 않다고, 그의 언어가 이해하기 어렵다고, 그의 논리가 명확하지 않다고, 그의 비유가 친숙하지 않다고, 그의 진실성이 의심된다고, 그의 목적이 선하지 않다고 자신 있게 말할 수 있는 책은 없었다. 그의 어조는 보아너게나 바나바와 같아 분노에 찬 또는 애처롭거나 경고하는 또는 위로하는 어조였으며, 그런 어조는 독자들을 그리스도인으로서의 신앙의 초기 또는 더 성숙한 교제로 이끄는 데 가장 적합해 보이는 방식이었다.

게으른 사람들을 훈계하는 데 있어서 그의 능력을 보여 주는 다음과 같은 예가 있다.

> 게으른 자여, 아직도 잠들어 있는가?
> 너는 죽음의 잠을 자겠다고 결심했는가?
> 하늘과 지옥에서 온 소식도 너를 깨우지 못하겠는가?
> 너는 여전히 조금 더 자자, 조금 더 졸자, 손을 모으고 좀 더 누워 있자라고 말하려는가?(잠 6:10; 24:33)
> 아, 내가 탄식하는 데 능숙하고 너를 향한 애절한 마음이라도 있다면 …
>
> 내가 너를 얼마나 불쌍히 여길까!
> 내가 너를 얼마나 애통해할까!
> 불쌍한 영혼이여!
> 길 잃은 영혼이여!
> 죽어가는 영혼이여!
> 내가 너를 위해 슬퍼할 수 없는 이런 냉정한 마음이 웬 말인가!
> 네가 팔다리 하나를 잃거나 자식이나 친구를 잃는다 해도 그리 큰일은 아닐 것이다!
> 하지만, 불쌍한 사람아!
> 그것은 너의 영혼(YOUR SOUL)이다!

만일, 네가 지옥에 단 하루만, 아니 1년만, 아니 만 년만 있어야 한다면
그건 비교하자면 아무것도 아닐 것이다.
하지만, 그건 영원이다!
아, 이 마음을 베어 가르는 '영원히'(EVER)라는 말이여!

또 왼편에 있는 자들에게 이르시되 저주를 받은 자들아 나를 떠나 마귀와 그 사자들을 위하여 예비된 영원한 불에 들어가라(마 25:41).

낙담한 자들을 대할 때, 그는 이렇게 그의 지혜를 전했다.

하나님 은혜에 대한 의심보다 많은 사람에게 있어 더 흔한 것은 없다. 이것은 이 세상에서 어떤 일보다 죄인에게 가장 어울리지 않는 일이다. 율법을 어기는 것도 충분히 더러운 사실이지만 더 나쁜 것이 있을 수 있다면, 그로부터 구원하는 하나님 은혜의 충분성에 의문을 제기하는 것은 죄보다도 더 나쁜 일이다. 따라서 절망에 빠진 영혼이여, 내가 지금 당신에게 말하는 것이니, 불신을 멈추고 노예 같은 두려움을 버리며, 의심을 울타리에 걸어 두고, 당신에게 충분한 초대가 있음을 믿으라. 왜냐하면 당신 앞에 (생명)의 강이 흐르고 있기 때문이다. 그리고 당신의 선함과 선행의 부족에 관해서 말할 때 결코 그것들이 당신을 낙담시키지 못하게 하라. 이 강은 생명수의 강, 은혜와 자비의 강이다. 그리고 죽기를 꺼리는 사람들이 톤브리지(Tunbridge), 엡섬(Epsom), 배스(Bath)(톤브리지, 엡섬, 배스)는 영국의 지역으로, 예로부터 사람들이 치료 목적으로 방문하는 온천이나 광천수로 유명한 곳들이다. 따라서 본문에서 이 지역들을 언급한 것은 사람들이 육체적 건강을 위해 이 온천들을 찾는 것처럼, 독자도 영혼의 회복과 영원한 삶을 위해 생명의 물에 가까이 있어야 한다는 비유로 사용된 것이다-역주) 다른 장소에 거처나 생활에 필요한 준비를 하는 모습과 그들이 그곳의 물가에 집을 마련하는 모습을 보면, 당신도 축복받은 이 생명의 물 가까이 늘 있고자 하는 강한 열망이 생길 것이다. 당신이 해야 할 일은 없다, 내 말은 당신의 영혼을 의심과 두려움으로부터 치유하기 위해서는 오직 이 물을 마시고 영원히 사는 것뿐이다.

그리스도 안에서 기뻐하는 신자에게 맞는 다음과 같은 말씀이 있다.

그리스도인이 자기 위치, 관계, 지위를 지키며, 자신의 품격과 소명에 맞게 모든 것을 행하는 것은 하나님께 사랑스럽고 기쁨이 된다. 그러면 그들은 마치 정원의 꽃과 같다. 정원사가 그들을 심은 그 자리에서 그대로 서 있으며, 벽에 핀 우슬초(hyssop)로부터 레바논의 백향목(cedar)에 이르기까지, 그들의 열매가 곧 그들의 영광이다. 그리고 그것들이 접붙여진 줄기가 가장 풍성한 줄기이며, 그로부터 전해지는 수액이 가장 좋은 수액이며, 우리 영혼에 옷을 입히시는 분이 가장 지혜로운 농부이시니, 우리가 선행에 부유하지 않다면 이는 자연과 모범과 기대에 얼마나 어긋나는 일이겠는가. 그러므로 온기가 없는 그림 불이 되지 않도록, 향기를 지니지 못한 그림 꽃이 되지 않도록, 열매를 맺지 못한 그림 나무가 되지 않도록 주의하라.

7 그의 말년

양심을 위한 고난은 끝까지 존을 위협했다. 그의 비국교도 신념과 복음주의적인 신실함은 그를 당국에 가장 불편한 존재로 만들었고, 당국은 여러 차례 그의 재산을 몰수했다. 그의 예배당은 폐쇄되었고, 한동안 그와 그의 회중은 들판에서 모임을 가져야 했다.

미래에 대한 이런 불확실성 속에서 그는 1685년 12월 23일 자로 작성된 문서를 통해 그가 획득한 모든 재산을 사랑하는 아내에게 넘겼다. "땜장이 존 번연"은 본연의 애정에서 우러나온 모든 물품, 소유물 및 채무 등 그것이 어디에 있든지 그녀에게 양도했다.

따라서 최악의 상황에 대비한 그는 주님의 일에 때를 얻든지 못 얻든지 항상 힘썼다. 그의 명성은 계속해서 높아졌다. 유익을 끼칠 기회가 사방으로 확장되었다. 그는 책에 더 익숙해졌고, 사회에 대한 더 큰 지식을 독특하게 활용했다. 모든 것이 이 목적에 종속되었기에 그의 회중은 그가 익숙한 주제를 예리하게 언급하는 모습에 자주 깊은 인상을 받았다. 그의 독자들은 그 시대의 사건들과 견해를 강력하게 언급하는 데 깊은 인상을 받았다. 그는 한때 런던 시장의 목사로서 어떤 직책을 맡게 되었을 때, 또는 검소한 식사를 마치고 설교를 하려던 길가 오두막집의 유쾌한 손님으로서, 그는 똑같이 선을 행하고 선을 얻는 데 열중했다. 그는 하나님께 인정받는 자가 되기 위해 말씀을 연구했다(딤후 2:15).

1699년 초, 그는 발한병(發汗病)으로 심각한 고통을 겪었고, 죽을지도 모른다는 두려움에 떨었다. 이후 부분적인 회복이 이루어졌고, 쇠약해진 기력을 최대한 회복한 후 일을 재개했다. 하지만, 종말이 가까워지고 있었고, 얼마 지나지 않아 죽음이 찾아왔다. 자기 자신과 헌신적인 아내가 원했던 것과는 달리 그는 집에서 이틀이나 떨어진 곳에서 그의 아내가 제때 오지 못한 채 죽음을 맞이했다.

유산을 상실할 위기에 처한 한 젊은이의 설득으로 그는 그 젊은이의 아버지와 화해를 시도하기로 했다. 존이 아버지와 대화하지 않고는 화해의 가능성이 없었고, 이는 베드퍼드(Bedford)에서 레딩(Reading)까지 50마일을 여행해야 하는 일이었다. 그는 이런 일을 맡았지만, 말을 타고 이 여정을 감행해야 했다. 그는 자기희생적인 이 사명을 잘 설명한 덕에 아버지는 즉시 아들을 용서하고 상속을 하기로 동의했다. 성공에 크게 기뻐한 존은 귀갓길에 그 젊은이가 이런 결과를 들을 수 있도록 그 젊은이가 살고 있는 런던에 들르려고 결정했다. 날씨는 유난히 궂었고, 여행은 지칠 대로 지쳤다. 스노우 힐(Snow Hill)에 있는 친구 샤독스 씨(Mr. Shaddocks)의 집에 도착했을 때, 그는 열병에 걸렸고, 회복하길 희망했으나 열흘 후인 1688년 8월 31일 세상을 떠났다.

존의 죽음은 그의 삶에 걸맞은 완성이었다. 그의 허리는 띠로 동여매어져 있었고, 그의 등불은 밝게 준비되어 있었다. 그는 끝까지 견뎠고, 하나님이 참되시다는 것을 승리감으로 확신하며 생을 마감했다.

그는 임종을 맞이하며 곁에 있는 사람들에게 이렇게 말했다.

> 아름다운 비전이 의미하는 바에 대해 더 알고 싶다면, 내 바람은 여러분이 거룩하게 살고, 그리하여 '와서 직접 보라'는 것입니다. 나는 주 예수 그리스도의 아버지께로 가며, 의심할 여지 없이 그분께서는 그분의 복된 아들의 중재를 통해 죄인인 나를 받아주실 것입니다. 나를 위해 울지 마십시오. 우리는 오래지 않아 만나 새 노래를 부르며, 끝없는 세상에서 영원한 행복을 누릴 것입니다.

그는 스스로 천국에 더 나은 영원한 실체가 있음을 알았다(히 10:34).

존의 시신은 번힐 필드(Bunhill Fields)에 묻혔고, 많은 사람의 존경과 사랑 속에 안장되었다. 베드퍼드(Bedford)에서는 특히 그의 유족 교회에서 그리고 주변 이웃들 사이에서 슬픔이 극심했다. 불과 2주 전만 해도 그의 동네 사람들은 그가 자비의 임무를 위해 버크셔(Berkshire)로 떠나는 모습을 보았고, 그들이 생각하기에 그는 전보다 약간 덜 강건해 보였지만 여전히 강하고 건강한 60세의 남자였다. 그들 중 일부는 정중하게 작별을 고하고, 다른 사람들은 더 친숙하고 친근하게 그에게 신의 가호가 있기를 기원했다.

그리고 이제 그는 죽어 세상을 떠났다. 버림받은 한 사람을 향한 그의 사려 깊은 친절함이 그의 최후를 초래했다. 자신의 세대를 하나님의 뜻에 따라 섬기며 그는 잠들었고 조상에게로 돌아갔다.

너그러우며 존경받는 번연이여!

당신은 수고에서 벗어나 안식하고 있으며, 당신의 행적은 당신을 따른다. 당신의 여정은 실망과 성취로 가득 찼지만, 일관성이 있었다. 당신은 박해도 받았고 칭송도 받았으나, 신실했다. 이 세상에서 다가올 저세상으로 나아가는 당신의 여정은 시작의 수렁에서부터 끝의 위안과 승리에 이르는 당신의 독보적인 꿈에 나오는 비유와 일치했다.

The Holy War

정복당한 디아볼루스

내가 속히 오리니 네가 가진 것을 굳게 잡아
아무도 네 면류관을 빼앗지 못하게 하라

(계 3:11)